SONG HONGBING

WÄHRUNGSKRIEGE V
Die nächste Flut

Song Hongbing

Song Hongbing ist ein junger Wirtschaftsforscher, der in die Vereinigten Staaten ausgewandert ist. Dort arbeitet er als Berater für die amerikanischen Pensionsfonds Freddie Mac und Fanny Mae, Pensionsfonds, die während der Finanzkrise 2008 verschwinden werden.

货币战争⑤山雨欲来

WÄHRUNGSKRIEGE V
Die nächste Flut

Aus dem Chinesischen übersetzt und veröffentlicht von Omnia Veritas Limited

www.omnia-veritas.com

© Omnia Veritas Ltd - 2022

Alle Rechte vorbehalten. Kein Teil dieser Veröffentlichung darf ohne vorherige Genehmigung des Herausgebers in irgendeiner Form vervielfältigt werden. Das Gesetz zum Schutz des geistigen Eigentums verbietet Kopien oder Vervielfältigungen zur gemeinsamen Nutzung. Jede Wiedergabe oder Reproduktion, ganz oder teilweise, mit welchen Mitteln auch immer, ist ohne die Zustimmung des Herausgebers rechtswidrig und stellt eine Verletzung dar, die nach dem Urheberrechtsgesetz geahndet wird.

VORWORT 13

KAPITEL I 17

GOLD ENTHAUPTET, DER KAMPF UM DEN DOLLAR 17
12. April Goldmassaker 18
Der 15. April, ein einmaliger Horror 21
Die "chinesische Tante" tritt gegen die Wall Street an. 22
London Gold: Adelige Geburt, private Wege 26
Schweizer Gold: Das Herz einer Dame, das Leben einer Magd ... 31
U.S. QE3: Ein Stein rührt tausend Wellen, das Vertrauen in den Dollar wird erschüttert 41
Gegenseitiges Echo: Industrieländer kommen zusammen, Abwertungskriegstrommeln ertönen 43
Kettenreaktion: Ihre Majestät die Königin als Requisite, die Bank von England als Showstopper 54
Ängste eskalieren: EU-Raubüberfälle häufen sich, zypriotische Sparer geraten in Panik 55
COMEX-Goldbestände lösen roten Alarm aus 57
Inventar-Wolke 62
Gold-ETF, der "kleine Tresor" der Wall Street 65
Offenlegung von Insidern 69
Wie lange wird die rote Flagge noch wehen? Gibt es eine Zukunft für Gold und Silber? 74
Erläutern Sie 79

KAPITEL II 81

DER WAHRHEITSTUNNEL, DURCH DEN RAUM DER BLASE 81
Der schwarze Geier auf dem Aktienmarkt 82
Bernankes Schock 85
Börsenboom oder Börsenflaute? 87
Wie sieht ein Aktienrückkauf aus? 92
Aktien kaufen durch Anleihen, Gott weiß was 97
"Alterung" des Unternehmensvermögens 99
Kann der Aktienmarkt nach dem Ausschalten des QE-Ventilators noch ansteigen? 103
Ein turbulenter Anleihemarkt 106
Bestand an Unternehmensanleihen schrumpft, Marktmacher passen sich nicht an 111
Junk Bonds, "Subprime" bei Unternehmensanleihen 117
Erläutern Sie 120

KAPITEL III 124

DER GELDSCHRECK, DIE SCHLAFWANDELNDE SCHATTENPARTEI 124
Syrien-Krise, rechtzeitiger Regen für die Wall Street? 125

Ein Rückkauf ist ein Pfand für eine Anleihe 131
Die Juni-Überraschung am Repo-Markt 135
Traditionelle Geldschöpfung 138
Schattengeld: ein neues Gesetz der Geldschöpfung 142
Eine Unterhypothek, ein paar Flaschen mit einem Deckel für Akrobatik
.... 147
"Buyback expiry"-Geschäfte: eine neue Spielart für Finanzmagier 150
Die "Fantasiedrift" von Schrottschulden 153
Schattengeld und Schattenbankwesen 158
Wie viel der Schattenwährung wurde durch die Repo-Hypothek
geschaffen? 163
Warum gibt es im Juni eine Geldkrise? 165
Erläutern Sie 169

KAPITEL IV 173

ZINSVULKAN, DER LETZTE TAG DER ABRECHNUNG 173

Federal Reserve plötzlich "impotent", Bernanke ändert unerwartet seine
Meinung 174
QEs Titanic, kopfüber in den Repo-Eisberg 176
Sicherheitsknappheit verschärft sich angesichts der strengen Vorschriften
.... 181
Wie Schattenbanken die Konkurrenz ausschalten können 184
Die US-Notenbank agiert bei der Zinswende als Schiedsrichter und
Torhüter zugleich 188
Zinsvulkan, der ultimative Killer von Vermögensblasen 191
Zinsswaps, die New Yorker können sich nicht weh tun 193
Zinsswaps zwischen Staaten und Banken 195
Die Zinsswap-Hacks hinter dem Detroit-Konkursfall 198
Von Zinsswaps zu Zinsfängern 201
Der Ursprung des Libor 203
Wer manipuliert die Zinssätze? 207
Ultra-niedrige Zinssätze lassen die größte Finanzblase der Geschichte
platzen 213
QE aufgeben heißt, den Tod suchen, QE fortsetzen heißt, auf den Tod
warten 216
Erläutern Sie 221

KAPITEL V 224

WALL-STREET-SPEKULANTEN IN AKTION 224

Die Wunden der blutenden Immobilienpreise: Zwangsversteigerte Häuser
.... 225
Zwangsvollstreckung blockiert, Hauspreise stabilisieren sich 229
Wall-Street-Spekulation, der Rhythmus der Hauspreisumkehr 232
Phoenix, der erste Test für die Spekulanten 235

    Das Vegas-Kopfgeld 238
    Wenden Sie sich an Südkalifornien 239
    Black Rock, der größte Landbesitzer in den Vereinigten Staaten........... 242
    Wer sind die Opfer der Spekulation an der Wall Street?........................ 247
    Ist der Immobilienmarkt wach oder schlafwandelt er?............................ 249
    Ein neuer Trend für junge Leute: zurück in die Heimat ziehen, um "das Alte zu essen" 252
    Zinsvulkan wird Immobilien verbrennen 255
    Die tödliche Falle des "Tenant Empire" 258
    Roadmap zur Großen Flucht für den Sieg... 261
    Das zweite Schlachtfeld der Flucht: mietgesicherte Wertpapiere........... 265
    Erläutern Sie 269

KAPITEL VI 271

    GETEILTER REICHTUM, GEBROCHENE SCHWINGEN DER TRÄUME 271
    An der Wall Street aß der Präsident hinter verschlossenen Türen 272
    "Die Volcker-Regel" 276
    Der Untergang von London Whale 278
    Gesetzlosigkeit und Gesetzwidrigkeit... 285
    Sinkende Mittel- und Unterschicht.. 291
    Die Wahrheit über den Arbeitsmarkt 294
    Die Aufteilung des Reichtums hat dem amerikanischen Traum die Flügel gebrochen 307
    Gier und Traumdiebstahl.. 311
    Die Vermögensfragmentierung ist weitaus gravierender als die Einkommensfragmentierung.. 318
    Erläutern Sie 324

KAPITEL VII 327

    ROMS AUFSTIEG UND FALL, BLUTRÜNSTIGER WEG DER GIER...................... 327
    Tod des Zivilprotektors Gracchus 328
    Die Erziehung des Gracchus 330
    Das Landänderungsgesetz der Brüder Gracchus..................................... 333
    Harte Arbeit baute Rom auf, Gier zerstörte die Republik...................... 336
    Die große Wende: Von der Ausbeutung nach innen zur Expansion nach außen 345
    Das kaiserliche Zeitalter der Geldwirtschaft 349
    Fragile Geldkreisläufe.. 355
    Die Wirtschaftskrise im Dornröschenschlaf... 359
    Der wirtschaftliche Charakter der Militärdiktatur 365
    Währungsabwertung und Hyperinflation 369
    Der Zusammenbruch der Währung läutete das Ende des Reiches ein.. 375

KAPITEL VIII 381

 Aufstieg und Fall der Nördlichen Song-Dynastie 381
  Die Nördliche Song-Dynastie, der Höhepunkt der zweiten Geldzivilisation
  der Menschheit 382
  Währungsüberschreitung und Inflation 389
  Der Aufstieg des Bankiers 392
  Der Kampf zwischen Gold und Macht 398
  6-7% der Wohlhabenden haben 60-70% des Landes annektiert 401
  Die Zerstörung des Traums der Song-Dynastie 404
  Die "Geldknappheit" wird durch den Schnee noch verschärft 409
  Warum hat Wang Anshi seinen Weg geändert und warum ist er
  gescheitert? 413
  Der letzte Wahnsinn der Gier 417
  Die erste Papierwährung der Welt 421
  Staatskredite, Gier wie immer 426
  Erläutern Sie 430

KAPITEL IX 432

 Was ist nicht der Chinesische Traum? 432
  Der "Römische Traum", "Der Songtraum", "Der amerikanische Traum" ist
  zerbrochen. 433
  Die zweite Reichtumsfusion in den Vereinigten Staaten 438
  Was ist nicht der Chinesische Traum? 444
  Immobilien und Vermögensverteilung 449
  Der Schlüssel zur Urbanisierung ist die Schaffung von Arbeitsplätzen ... 457
  Landübertragung und Einkommen der Landwirte 460
  Nur mit grenzenloser Kraft kannst du deine Träume fliegen lassen 467

POSTSCRIPT 472
ANDERE TITEL 475

VORWORT

Die Denkfähigkeit der Menschen ist angesichts der überwältigenden Informationsflut und der Unzahl von Meinungen oft gelähmt. Kritische Daten werden von Rauschdaten übertönt, wichtige Details werden durch Minutien verwechselt, tiefere Pathologien werden durch oberflächliche Pathologien verwechselt, Kernüberlegungen werden in trivialer Logik gefesselt, die Analyse verliert die Orientierung und das Urteilsvermögen geht in die Irre. Letztlich verdrängt die Illusion die Wahrheit.

Dies gilt insbesondere für den wirtschaftlichen Bereich.

Fünf Jahre nach dem Ende der Finanzkrise im Jahr 2008 sind die Meinungen über die zukünftige Entwicklung der Weltwirtschaft immer noch geteilt. War die quantitative Lockerung in den USA wirksam oder nicht? Ist das Überschießen der Weltwährung ein Segen oder ein Fluch? Werden die Finanzmärkte immer sicherer oder immer gefährlicher? War die wirtschaftliche Erholung stabil oder nur von kurzer Dauer?

Kurz gesagt: Bewegt sich die Welt allmählich von der letzten Rezession weg, oder beschleunigt sie ihr Abgleiten in die nächste Krise?

Widersprüchliche Marktentwicklungen, widersprüchliche Wirtschaftsdaten, absurde Interpretationen, uneinheitliche Haltungen, kontroverse politische Maßnahmen - willkommen in der chaotischen und lauten Szene des Aufschwungs in der heutigen Welt!

Das Fehlen eines tieferen Verständnisses für das Wesen der Wirtschaftstätigkeit ist auf das Fehlen eines tieferen, einheitlichen logischen Rahmens zurückzuführen. Anstatt in einem höchst rationalen Zustand an der Wirtschaft teilzunehmen, jagen die Menschen inmitten intensiver Emotionen voller Verlangen nach Reichtum. Die menschliche Natur, und insbesondere die ihr innewohnende Gier, war schon immer die grundlegende Kraft, die die Wirtschaft antreibt.

Alle Aktivitäten, die die Menschheit je unternommen hat, drehten sich immer um zwei grundlegende Aufgaben, nämlich die Schaffung von Reichtum und die Verteilung von Reichtum, von der alle anderen Aktivitäten abgeleitet sind. Ob es nun darum geht, Reichtum zu schaffen oder ihn zu verteilen, die Gier der Menschen war von Anfang an die Quelle ihrer letzten Energie.

Das "Gute in der Gier" treibt den technologischen Fortschritt an, der Energie spart, die Zeit verkürzt, die Intensität verringert und das Vergnügen steigert, was zu einer kontinuierlichen Steigerung der Produktivität und einer wohlhabenderen Vermögensbildung führt. Die unersättliche Gier der Habgier kann jedoch zu Tricksereien, Spekulationen, Betrug, schnellen Gewinnen und Extravaganz verleiten, die wiederum den Produktivitätsfortschritt ersticken, zu einer verzerrten Verteilung des Wohlstands führen und die wirtschaftliche Vitalität der Gesellschaft verringern.

Der Schwerpunkt dieses Buches liegt darin, die Verteilung des Reichtums als Skalpell zu verwenden, um wirtschaftliche Aktivitäten zu sezieren, den amerikanischen Traum von heute mit dem römischen Traum und dem Traum der Song-Dynastie in der Geschichte zu vergleichen und eine historische Referenz für den chinesischen Traum der Zukunft zu liefern.

Die ersten sechs Kapitel des Buches sind ein mikroskopischer Blick auf den aktuellen Zustand der US-Wirtschaft, wobei der Dollar vom Goldmarkt aus betrachtet wird, die Wirtschaft vom Aktienmarkt aus analysiert wird, das Kapital vom Anleihemarkt aus verstanden wird, die Finanzen vom Repo-Markt aus erforscht werden, ein Blick auf die Krise vom Zinsmarkt aus geworfen wird, ein Einblick in die Blase vom Immobilienmarkt aus gewährt wird, die Erholung vom Arbeitsmarkt aus identifiziert wird und schließlich die Gier von der Verteilung des Reichtums aus betrachtet wird.

Der Einbruch des Goldpreises im April 2013 wurde als gute Erholung der US-Wirtschaft und damit als Rückgang der Nachfrage nach Gold aus Gründen der Risikoaversion interpretiert; und der Beweis für eine gute Wirtschaft sind die Rekordhochs am Aktienmarkt, aber wenn wir die Ursache für die Dynamik der Aktienmarktrallye analysieren, werden wir feststellen, dass das Aktienrückkaufverhalten börsennotierter Unternehmen in der Tat die dominierende Kraft ist, die die Aktienkurse nach oben treibt; die Mittel für den Aktienrückkauf stammen wiederum aus der Finanzierung des Anleihemarktes, und das

Feuer am Anleihemarkt ist das Ergebnis der quantitativen Lockerung der Geldpolitik. Der anormale Boom an den Finanzmärkten ist also auf das durch die QE-Politik geschaffene Umfeld mit extrem niedrigen Zinssätzen zurückzuführen.

Hat die durch QE ausgelöste Geldflut wirklich zu einer Erholung der Realwirtschaft geführt? Die Antwort ist nein.

Die Umsatzwachstumsrate des Unternehmens ist rückläufig, nach Abzug der Inflation ist sie sogar in ein negatives Wachstum gefallen; die Investitionsausgaben der Unternehmen schrumpfen, was die langfristigen Schwierigkeiten auf dem Arbeitsmarkt erklärt, was dazu führt, dass die Kernaktiva der Realwirtschaft ernsthafte "Alterungssymptome" zeigen, gefolgt von einem raschen Rückgang der Arbeitsproduktivität; Immobilienpreis Erholung ist nichts anderes als das Meisterstück der Wall Street Spekulation in Immobilien, die Verringerung der Beschäftigungsmöglichkeiten, was zu einer großen Zahl der jüngeren Generation wurde aus dem potenziellen Wohnungskauf Team verdrängt, hat die Immobilien Erfolg bestimmt worden; die Vereinigten Staaten Mainstream-Mittelklasse hochbezahlten Arbeitsplätzen Erholung ist langsam, vor 2025 sind schwierig, auf das Niveau des Jahres 2000 wiederherzustellen.

Die QE-Politik hat es nicht geschafft, die Realwirtschaft zu retten, im Gegenteil, das billige Geld fördert nicht das Wirtschaftswachstum, sondern zerstört die Kapitalbildung.

Wenn sich die QE in fünf Jahren Wirtschaftspraxis als gescheitert erwiesen hat, ist der Weg aus der QE keineswegs glatt. Der Ausstieg aus QE wird einen Zinsvulkan auslösen, während die Fortsetzung von QE den Repo-Eisberg frontal treffen wird, wobei beide Wege mit dem Wiederaufflammen der Finanzkrise enden. Die Federal Reserve schwankt bei QE zwischen dem Wandern und Zögern, was sowohl die Realwirtschaft in eine ausweglose Situation bringt, als auch die Finanzmärkte an den Rand der Gefahr bringt.

Ob die Zinssätze unendlich niedrig gehalten werden können oder nicht, ist der Windsack für die nächste Runde der Finanzkrise!

Die Vereinigten Staaten haben sich auf einen Weg begeben, der nur einigen wenigen zugute kam, aber die große Mehrheit der Bevölkerung in Mitleidenschaft zog. Dies ist auf die übermäßige Gier der Mächtigen und Reichen zurückzuführen, die eine Umkehrung der sich verschärfenden Tendenz zur Verschmelzung von

Vermögenswerten erschwert hat, was wiederum die wirtschaftliche Misere verschlimmert hat.

In den letzten drei Kapiteln des Buches wird die Betrachtung auf das Jahr 2000 ausgedehnt, von einem genauen Blick auf die US-Wirtschaft bis hin zu einer Untersuchung des historischen Kontextes; vom Wendepunkt des Aufstiegs und Niedergangs der römischen und nordischen Song-Prosperität bis hin zu einer schrittweisen Zeitlupenaufnahme eines hochgradig angenäherten Niedergangsprozesses: Die Gier steigt, es kommt zu Annexionen; Land wird angehäuft, die Besteuerung wird deformiert; die Staatskasse ist leer, die Währung wird entwertet; die Macht des Volkes ist erschöpft, es kommt zu inneren Unruhen und äußeren Problemen!

"Der Zusammenbruch des amerikanischen Traums, des römischen Traums und des Traums der Song-Dynastie sagt uns nicht, was der chinesische Traum ist, aber er kann uns daran erinnern, was nicht der chinesische Traum ist.

Wenn ein zukünftiges China es vermeiden kann, diese Lektionen der Geschichte zu wiederholen, kann keine Macht es daran hindern, seinen Traum von der Verjüngung als ein mächtiges, an Menschen reiches Land zu verwirklichen.

KAPITEL I

Gold enthauptet, der Kampf um den Dollar

Im April 2013 nahm der Goldmarkt eine plötzliche Wendung zum Schlechteren, und der Einbruch des Goldpreises schockierte die Welt.

"Gold ist tot", "Gold ist nutzlos", "der Bullenmarkt ist vorbei", "die Blase platzt", "der Goldpreis wird auf 500 Dollar fallen" und so weiter, so lauten die Schlagworte. Gold ist über Nacht von einem hoch angesehenen Investmentstar zu einem "Paria" geworden, den die öffentliche Meinung gerne verhöhnt.

Das Vertrauen in den Investitionswert von Gold und Silber wurde grundlegend erschüttert, Pessimismus war weit verbreitet, und sogar die grundlegende Logik, dass übermäßig ausgegebene Währungen schließlich zu Inflation führen, wurde zweideutig. Die Marktstimmung ist von der rationalen Logik stark abgekoppelt, und Preissignale und Wohlstandsempfinden sind falsch ausgerichtet. Es genügt zu sagen, dass die Wahrnehmung von Gold in eine noch nie dagewesene Krise gefallen ist.

Gibt es wirklich keine Hoffnung für Gold? Das ist absolut nicht der Fall!

Im Jahr 2013 schlugen die US-Regierung und die Wall Street mit einer Heftigkeit auf den Goldmarkt ein, wie es sie seit 30 Jahren nicht mehr gegeben hat; was wiederum ein weiteres Problem verdeutlicht: Ein derartiger Wahnsinn und ein derart intensives Verhalten bedeutet, dass die Angst des Dollars vor Gold ebenfalls so groß ist wie seit 30 Jahren nicht mehr!

Das schwache Vertrauen in den Dollar ist genau das, was dem Gold schadet!

In diesem Kapitel wird eine eingehende Analyse der Hintergründe und Hintergründe der Goldabschaffung durch die Vereinigten Staaten am 12. April und der Ursachen für die Notlage des Dollars vorgenommen. Aus historischer Sicht war Gold schon immer der Reichtum der "Arche Noah"; in der Realität der Marktanalyse sind die Produktionskosten von Gold der Tiefpunkt des Marktes; mit Blick auf die zukünftige Entwicklung muss Gold der größte Nutznießer der Dollarkrise sein.

Goldmassaker vom 12. April

> *„Für die Amerikaner könnte eine finanzielle und wirtschaftliche Katastrophe nahe sein. Die US-Notenbank und die Finanzinstitute, auf die sie sich stützt, haben sich zusammengetan, um die Gold- und Silberpreise zur Abschreckung von Anlegern zu senken, was ein Beweis dafür ist."*
> Paul Roberts, ehemaliger stellvertretender Sekretär des des Finanzministeriums der Vereinigten Staaten, 4. April 2013

> *„Es ist wahr, dass die (US)-Regierung den in die Höhe schießenden Goldpreis verabscheut, vor allem, weil sie die größte Währungsabwertungspolitik in der Geschichte betreibt ... (ob der Goldpreissturz vom 12. April manipuliert war oder nicht) werden wir nie erfahren."*
> Bipa Magellan, ehemaliger Sonderassistent des Präsidenten der Vereinigten Staaten für Wirtschaftspolitik, 7. Juni 2013

Der 12. April 2013 war der dunkelste Tag in der Geschichte des Goldes.

Seit Jahresbeginn hat sich der Goldpreis von rund 1.700$ bis zum 11. April an den Rand eines riesigen Abgrunds bewegt, und am 12. April um 20.30 Uhr EDT wurde der Goldpreis auf 1.542$ festgesetzt, der letzte Moment der Ruhe vor dem Kataklysmus.

Dieser Tag fiel mit dem Freitag zusammen, der New Yorker Gold-Terminmarkt öffnete gerade auf den schwarzen Wolken, Blitz und Donner, 100 Tonnen Gold-Verkaufsaufträge fielen vom Himmel, diese plötzliche schweren Ausverkauf wie eine riesige Welle in der Regel in den unvorbereiteten Markt zerschmettert, den langen Kopf hastig unter den Kampf, Goldpreise stürzte. In den folgenden zwei Stunden atmete der in Panik geratene Markt ein wenig auf. Die Händler wurden von einem ahnungslosen Überfall aus dem Hinterhalt betäubt, und eine Zeit lang machten Gerüchte die Runde, und die Menschen gerieten in Panik.

Doch plötzlich verpuffte der große Ausverkauf und es kehrte wieder Ruhe auf dem Markt ein.

Es war die charakteristische Stille, die dem großen Erdbeben vorausging, und ein starkes Gefühl der Bedrohung umgab den Markt.

Um 10:30 Uhr schlug die wahre Katastrophe schließlich zu, als der Ausverkauf von 300 Tonnen Gold wütete, was 11% der weltweiten Goldproduktion des Jahres 2012 entspricht! Die verblüfften Händler sahen nicht mehr eine 10 Meter hohe Dünung, sondern einen 30 Meter hohen Tsunami! Die Angst lässt das Herz bis zum Gefrierpunkt gefrieren, und Augenblicke später verbrennt der Wahnsinn das Hirn bis zum Platzen, und die Flucht ist wie ein Überlebensinstinkt, der das gesamte Verhalten bestimmt. Die Marktdynamik kehrte sich in einem Augenblick um und die Schreie der Leerverkäufe waren ohrenbetäubend.

Der wichtige Unterstützungspunkt von $1525 wurde sofort durchbrochen, und die Richtung des Goldbullenmarktes seit dem Jahr 2000 kehrte sich um. Alle Long-Käufer, die an diesem Bullen-Bären-Demarkationspunkt einen automatischen Stop-Loss gesetzt hatten, waren wie Mumienkrieger, die durch einen Zauber geweckt wurden, sich plötzlich der Short-Armee anschlossen und ihr eigenes Lager töten wollten.

Zu dieser Zeit, wenn der New Yorker Markt am liquidesten ist und die großen Goldmärkte in London und Europa geöffnet sind, so dass der extreme Schrecken der Goldpreislawine voll zum Tragen kommt, ist der Zeitpunkt des Leerverkaufs auf die Minute genau festgelegt!

Die Schockwelle des Goldeinbruchs ging sofort um die Welt, und der Londoner Markt wurde gleichzeitig in Mitleidenschaft gezogen. In London wird jedoch eher physisches Gold gehandelt als auf dem New Yorker Goldterminmarkt, und für Kunden, die bereit sind, Kassagold abzuziehen, bot der Einbruch der New Yorker Terminkontrakte eine gewisse Gelegenheit, mit einem Abschlag zu kaufen. Als sich die Käufer auf dem Londoner Markt jedoch darauf vorbereiteten, einen Tauchgang zu machen, stellten sie plötzlich fest, dass ihr Computer-Handelssystem eine äußerst seltene "Fehlfunktion" hatte und niemand kaufen oder verkaufen konnte. Zwar können sie immer noch telefonisch Aufträge erteilen, doch kann es in London zu einer Zeit, in der sich die Marktbedingungen rasch ändern, zu einer Verknappung des Kassagoldangebots kommen, so dass es schwierig ist, ihre Geschäfte vollständig zu realisieren.

In Panik geratene Käufer von physischem Gold in London fragen sich, was auf dem Markt wirklich vor sich geht. Unterdessen bleiben die Goldpreise auf dem New Yorker Markt in einer Lawine stecken. Wenn die Goldpreise weiter fallen, wird die große Mehrheit der Long-Positionen aufgelöst und der Goldmarkt wird sich beschleunigen. Um das Risiko des Besitzes von physischem Gold abzusichern, mussten die Käufer in London, die nicht in der Lage waren, auf dem Londoner Spot-Goldmarkt zu kaufen, um die Kosten zu streuen, Leerverkäufe auf dem New Yorker Futures-Goldmarkt tätigen, um ihre Verluste zu decken. Sie mussten das Beste daraus machen, und der Fluchtinstinkt war wieder einmal vorherrschend.

Erst Leerverkauf, dann Fragen stellen!

Auch die Londoner Händler sprangen auf den leeren Wagen und zertrümmerten die Leichen der Langen, während sie ihre rasende Fahrt fortsetzten.

Der Abwärtstrend der New Yorker Gold-Futures auf dem Londoner Markt für physisches Gold, der eigentlich hätte bekämpft werden müssen, ging nicht nur unblutig vorüber, sondern entwaffnete auch erfolgreich die Londoner Käufer, die physisches Gold hielten, und zwang sie, sich der Armee der Gold-Shortings anzuschließen.

Die beispiellose Stärke der Short-Attacke, nachdem der Stopp-Loss-Punkt bei $1525 durchbrochen wurde, löste einen groß angelegten Long-Stopp-Loss des Rücksetzers aus und zwang dann den Londoner Markt der physischen Goldkäufer, sich der Meuterei anzuschließen, eine Zeit lang sozusagen ins Niemandsland.

Leerverkauf! Leerverkauf! Leerverkauf!

Von New York bis London, von Singapur bis Hongkong, von Shanghai bis Tokio wurden verängstigte Goldanleger abgeschlachtet und die Märkte blutig geschlagen.

Die Medien an der Wall Street kommentierten den Einbruch des Goldes aufgeregt wie einen freien Fall, und die Shorts hätten "eine scharfe Klinge wie eine weiche Creme".

Die psychologischen Schutzmechanismen des Goldmarktes sind völlig zusammengebrochen. Der elektronische Handel wird nach dem Ende der öffentlichen Ausschreibung fortgesetzt. Um 17:07 Uhr war der Goldpreis auf 1476,1$ gefallen, der größte Rückgang des Tages mit 88,8$!

Dies ist der Vorbote einer noch größeren Katastrophe!

Auf dem Gold-Terminmarkt nutzen sowohl die Long- als auch die Short-Seite den Margenhandel, um mit kleinen Mitteln den Weg zu großen Transaktionen zu ebnen, wobei das Hebelverhältnis bis zu 1:20 betragen kann. Wenn der Preis fällt, trägt die lange Marge das gleiche Vielfache des Verlustes. Das Ausmaß des Tageseinbruchs bei den Goldpreisen musste eine große Anzahl von Long-Margin-Konten zum Einsturz bringen. Während des gesamten Wochenendes machten Banken und Maklerfirmen keine Pausen, sondern machten Überstunden, um ein Konto nach dem anderen zu zählen. Unmittelbar danach wurde den verblüfften Long-Kunden ein "Ultimatum" gestellt: Sie haben nur 24 Stunden Zeit, um entweder zu kapitulieren und die Position an der Börse zu schließen oder bis Sonntag eine große Menge Bargeld aufzunehmen, um die Einschusszahlungen zu decken.

Der Gold-Terminmarkt war zwei Runden heftiger "Luftangriffe" ausgesetzt

Im Moment, die schmerzhafte lange, nicht nur einen schweren Verlust von Geldern erlitten, sondern auch große psychologische Ängste gelitten. Das Wochenende alle Medien Maschinen sind in vollem Gange, Leerverkäufe Gold Nachrichten und Kommentare sind überall, "Goldpreis Zusammenbruch", "Bullenmarkt Ende", "Blase platzen", "lächerlich Gold weinte", "platzen", "wilde Dump" und andere extrem leistungsstarke Schlagzeilen überflutet Fernsehen, Radio, Zeitungen und das Internet, die Atmosphäre des Terrors in den Medien unter der übertriebenen Vergrößerung, schnelle Verbreitung, groß angelegte Infektion. Nach einem Wochenende psychologischer Gärung trieb die Verzweiflung den Goldmarkt am Montag, dem 15. April, in eine Katastrophe auf dem Niveau des "Artensterbens".

Der 15. April, ein einmaliger Horror

Ein Unglück, das einmal in 10 Jahren eintritt, wird als Katastrophe bezeichnet, ein Unglück, das einmal in 50 Jahren eintritt, wird als große Katastrophe bezeichnet, ein Unglück, das einmal in 100 Jahren eintritt, wird als große Katastrophe bezeichnet, und ein Unglück, das einmal in 2 Millionen Jahren eintritt? Ich fürchte, man kann es nur als eine Katastrophe auf "Aussterbe-Niveau" bezeichnen.

Was am 15. April 2013 auf dem Goldmarkt geschah, war eine Katastrophe wie beim Aussterben!

Während des gesamten Wochenendes füllten die Nachschussforderungen in Form von Schneeflocken den globalen Goldmarkt, und die Hebelwirkung unter den Goldpreisen stand kurz vor dem Untergang. Am Montag wurden die asiatischen Märkte gerade eröffnet, die Menschen, die verzweifelt waren, um zu entkommen, trampelten aufeinander, und es gab zahlreiche Tote und Verletzte, so dass die größte Flucht in der Geschichte des Goldes eröffnet wurde.

Der Londoner Markt stürzte ab, der US-Markt brach zusammen, die Fernsehnachrichten der Goldpreis-Show hat nicht Schritt gehalten mit dem Gold Sturz, die Welt war verblüfft, um die Herzen der Menschen der Reichtum "Arche Noah", tatsächlich in nur wenigen Stunden zu sinken.

Im Laufe des Tages schloss der New Yorker Futures-Goldpreis im freien Fall bei 1361$, nachdem er am Freitag noch bei 1501$ gelegen hatte. Das ist ein wilder Rückgang um 140$ bzw. 9,3% und der stärkste Einbruch an einem Tag seit 30 Jahren!

Was die Volatilität der Märkte betrifft, so war der Intraday-Handel an diesem Tag noch aufregender. Die britische *Tageszeitung "Daily Telegraph"* schrieb am 16. April,

> „Wenn Sie die Theorie der Normalverteilung als Grundlage für Ihre Berechnungen verwenden, werden Sie montags (auf dem Goldmarkt) eine Volatilität sehen, die nur einmal in 500 Millionen Handelstagen oder einmal in 2 Millionen Jahren auftritt."[1]

Wenn eine Katastrophe dieses Ausmaßes eintritt, werden auch die Dinosaurier aussterben. Die Cheerleader der Wall Street-Medien haben ihre Stimmen herausgerissen und skandiert: Gold ist am Ende!

Die "chinesische Tante" tritt gegen die Wall Street an.

Die Goldanleger wurden jedoch nicht "ausgerottet", und was dann geschah, überraschte die Welt!

---

[1] Thomas Pascoe, The Gold Price Crash is Further Evidence of Market Rigging, The Telegraph Blogs, 2013-04-16.

16. April, gerade in den Futures Goldpreise stürzte in den Wellen, in der Stille eines Gewitters!

Als hätten sie den Schuss gehört, stürmten die physischen Goldgräber in der ganzen Welt plötzlich und fast im selben Moment aus allen Ecken. Sie stürmten gewaltsam und ohne Vorwarnung die Goldgeschäfte und Banken der großen Städte, und ein Goldrausch, wie man ihn seit einem halben Jahrhundert nicht mehr gesehen hatte, erfasste die Welt!

In Festlandchina hört man als erstes von der "chinesischen Großmutter". Sie verstehen weder das Wall Street Journal, noch kennen sie die technischen Diagramme der New Yorker Gold-Futures. Wenn sie sehen, dass der Goldpreis fällt, so wie wenn sie hören, dass der Preis für Pekings Dritte Ringstraße von 50.000 Yuan (pro Quadratmeter) auf 30.000 Yuan gefallen ist, wo ist dann der Grund, nicht zu rauben? Sie kümmern sich nur um den Wert und nicht um den Wert, und sie kümmern sich nicht um die Zukunft. Das Denken der Menschen ist einfach: Gold ist wertvoller als Papier, und Erde ist fester als Geld!

Nicht nur in den Großstädten wie Peking, Schanghai, Guangzhou und Shenzhen kam es zu einem massiven Goldrausch, sondern auch in fast allen Provinzhauptstädten wurde berichtet, dass Gold ausverkauft war.

Wie groß ist dieser Kauf genau? Die Daten von der Shanghai Gold Exchange sagen alles.

Die Shanghaier Goldbörse ist die zentrale Drehscheibe für den gesamten legalen Spotgoldhandel in China. Sämtliches inländisches Mineralgold, zurückgewonnenes Gold und aus Übersee importiertes Gold muss zunächst an der Shanghaier Goldbörse eingehen, bevor es legal gehandelt und ins Land versandt werden kann. Auf dem Einzelhandelsmarkt stammen alle Goldprodukte letztlich von der Shanghaier Goldbörse. Zu den Mitgliedern der Shanghaier Goldbörse gehören Finanzinstitute, die Produktion, Verhüttung, Verarbeitung, der Großhandel sowie der Import- und Exporthandel mit Edelmetallprodukten wie Gold, Silber und Platin. Kurz gesagt, das Ausgangsvolumen der Shanghai Gold Exchange.

Die "chinesische Tante" kauft am 16. April 2013 massenhaft Gold - das ist das Gesamtvolumen allen legalen Goldes, das auf dem chinesischen Markt gehandelt wird.

Im April 2013 stieg das Ausgangsvolumen der Shanghai Gold Exchange im Vergleich zum Vorjahresmonat um 182% auf atemberaubende 236 Tonnen! Das Depotvolumen des Instituts für das gesamte Jahr 2012 betrug 1.138 Tonnen, und das Depotvolumen im April 2013 entspricht fast dem des ersten Quartals 2012!

Bis Ende April hat der inländische Goldmarkt im Grunde aus dem Lager, der Shanghai Gold Exchange's Spot Gold Prämie als der internationale Markt pro Gramm höher als fast 10 Yuan, während die normale Situation ist in der Regel nicht mehr als 1 Yuan, was bedeutet, dass Gold zu Hause zu kaufen, als Gold im Ausland kaufen pro Unze teuer$ 50! Ein solch hoher Aufschlag spiegelt die Tatsache wider, dass physisches Gold auf dem chinesischen Markt bereits extrem knapp ist.

Da der inländische Goldpreis zu teuer ist, sind viele "chinesische Mütter" nach Hongkong geeilt, um die Waren zu kaufen, was direkt dazu führte, dass die Gold- und Silberhandelsbestände in Hongkong "geplündert" wurden. Der Gesamtbetrag der Transaktionen erreichte einen Rekordwert von 160 Milliarden Hongkong-Dollar, was einem Goldhandelsvolumen von 400 Tonnen entspricht! Am 24. April waren die physischen Goldbestände in Hongkong fast aufgebraucht und mussten dringend aus London und der Schweiz aufgefüllt werden, wobei die Bestellungen viermal so hoch waren wie üblich!

Ende April, mit dem Herannahen des inländischen "May Day" langen Feiertag, eine große Anzahl von "Chinese amah" wieder mit einer großen Menge an Geld "bombardiert" Hongkong, Hongkong Gold-Geschäfte wieder eine volle Schüssel mit Geld. Laut Medienberichten aus Hongkong stiegen die Goldverkäufe in den 1.200 Juweliergeschäften des Gebiets vom 29. April bis zum 2. Mai im Vergleich zum Vorjahr um 50% und verkauften 40 Tonnen Gold in 4 Tagen!

"Chinas große Mütter" wurde berühmt in den Krieg, sie in der internationalen Gold-Futures-Preis stürzte, Goldmarkt Popularität Zusammenbruch Krise, fegte das Festland China und Hongkong Gold, schockiert den internationalen Finanzmarkt, sondern auch erschüttert die Wall Street hohen Tiere.

Am 10. April veröffentlichte Goldman Sachs einen Bericht, in dem sie Gold stark ablehnten und ihren Kunden rieten, Gold in großem Umfang zu verkaufen. Nur 13 Tage später musste Goldman Sachs angesichts des weltweiten Ansturms auf physisches Gold seine Meinung ändern und erklären, dass sie zwar weiterhin eine pessimistische Haltung gegenüber Gold einnehmen, ihren Kunden aber nicht empfehlen, Gold zu shorten.

Tatsächlich bricht der Ansturm auf Gold nicht nur in China aus, sondern der Enthusiasmus für Investitionen in physisches Gold und Silber breitet sich wie ein Präriefeuer auf der ganzen Welt aus.

Unmittelbar nach dem Einbruch der Goldpreise an den New Yorker Terminbörsen begannen die physischen Gold- und Silberanleger in den USA mit einem massiven Ansturm.

Am 16. April gaben Amark und CNT, die größten US-Edelmetallhändler, bekannt, dass ihre Silberbestände nicht mehr vorrätig sind und dass sie außerdem vom US-Finanzministerium als Rohstofflieferanten für die Herstellung von Gold- und Silbermünzen benannt wurden. SD BULLION, eine wichtige US-amerikanische Website für Edelmetallbestellungen, meldete daraufhin an diesem Tag auf ihrer Homepage "Out of stock! " auf ihrer Homepage. ("AUSVERKAUFT!") mit dem bemerkenswerten Hinweis: "Aufgrund des beispiellosen Ausmaßes der heutigen physischen Verkäufe wird sich die Auslieferung der Bestellungen um 20 Tage verzögern. "

Bill Hayne, der seit 41 Jahren in der Edelmetallbranche tätig ist, konnte nicht anders als zu klagen:

> *„Noch nie gab es eine so große Verknappung von Gold und Silber, viele der US-Edelmetall-Großhändler haben keine Ware mehr auf Lager, die Abholung von Bestellungen verzögerte sich um 4 bis 6 Wochen. Das Verhältnis von Käufern zu Verkäufern von physischem Gold und Silber hat ein schwindelerregendes Verhältnis von 50:1 erreicht, was die Gebühren für alle Edelmetallkäufe in die Höhe schnellen lässt."*

Am 17. April zeigte ein Bericht der US-Finanzmünzanstalt, des weltweit größten Anbieters von Gold- und Silbermünzen, dass die Amerikaner an diesem Tag einen Kaufrausch erlebten und eine Rekordmenge von 635.000 Unzen Gold oder zwei Tonnen Gold kauften! Und die "Chinese Auntie" in der "May Day" Fegen der Hong Kong Markt, der Umfang der Verkauf von 10 Tonnen pro Tag!

Am 24. April, als das Hongkong-Gold ausverkauft war, gab die US-Münzanstalt bekannt, dass auch die 1/10-Unzen-Goldmünzen ausverkauft waren und das Angebot mehr als einen Monat lang unterbrochen war. 1/10-Unzen-Goldmünzen sind die beliebteste Goldmünzenanlage in den Vereinigten Staaten, deren Absatz seit 2013 um 118% gegenüber dem Vorjahr gestiegen ist. Im April verkaufte die US-Münzanstalt fast 210.000 Unzen (6,8 Tonnen) Gold im Wert von 311 Mio. USD, die höchste jemals von der Münzanstalt verkaufte Menge.

Indien, der größte Goldverbraucher der Welt, importierte im April 142,5 Tonnen Gold, was einem Anstieg von 66% gegenüber dem Durchschnitt der vorangegangenen drei Monate entspricht; in Australien erreichte der Goldverkauf der Perth Mint im April ein Rekordhoch von 112.000 Unzen (3,6 Tonnen), was einem Anstieg von 534,4% gegenüber dem Vorjahr entspricht; und in Japan bildeten sich lange Schlangen von Japanern, die drei Stunden lang geduldig warteten, um in den Goldgeschäften im Geschäftsviertel Ginza in Tokio Gold zu kaufen.

Von Istanbul bis Abu Dhabi, von Mumbai bis Dubai, von Nordamerika bis Europa, von Australien bis zur Schweiz, von Singapur bis Hongkong, von Peking bis Tokio haben physische Goldanleger in aller Welt in den zwei Wochen des Zusammenbruchs des Vertrauens in Futures-Gold in großem Stil physisches Gold gekauft.

Es gibt ein Wunder aus Eis und Feuer auf dem Goldmarkt! Der Futures-Goldmarkt ist kalt bis hin zum "Aussterben", während der physische Goldmarkt heiß bis zum "heißen" Markt ist!

Man fragt sich, ob wir über dieselbe Sache sprechen? Warum ist das physische Gold der Welt so begehrt, während der Goldpreis für Termingeschäfte "immer weiter fällt"? Welcher Markt bestimmt wirklich den Goldpreis?

Um die Gründe dafür zu verstehen, muss man einen Blick in die Geschichte des Weltgoldmarktes werfen.

London Gold: Adelige Geburt, private Wege

Anfang des 19. Jahrhunderts war Großbritannien das erste Land der Welt, das einen Goldstandard einführte, bei dem der Preis für eine Unze Gold gesetzlich auf 3,17 Schilling und 10,5 Pence festgelegt wurde. Einfach ausgedrückt, war es die Bank of England, die sich verpflichtete, alles Gold jederzeit zum Preis von 3,17 Schilling und 9 Pence zu kaufen und es in unbegrenzten Mengen zum gesetzlichen Preis von 3,17 Schilling und 10,5 Pence auf dem Markt zu verkaufen. Die Bank of England war zu dieser Zeit der größte Marktmacher auf dem Weltgoldmarkt. Ihre Hauptaufgabe besteht darin, den Goldpreis zu verteidigen und die Sicherheit des Goldstandardsystems zu gewährleisten.

Natürlich geht die Bank of England nicht persönlich auf den Markt, um zu kaufen und zu verkaufen, sondern verlässt sich auf die fünf großen Londoner Goldschmiede für das Großhandelsgeschäft, die sich wiederum auf ihre eigenen mächtigen Kanäle für den Einzelhandel verlassen. Das Wesen des Finanzwesens besteht auch darin, dass der Kanal der König ist, aber der Kanal, der im Umlauf ist, sind Finanzprodukte.

Londons fünf große Goldhändler sind fast zwei- oder dreihundert Jahre alt, die berühmteste ist die Rothschild-Familie, sie kontrollieren nicht nur die europäischen Länder des öffentlichen Schuldenmarktes, sondern auch den weltweiten Goldmarkt ist ihr Hegemon, im 19 Jahrhundert ist bekannt als die "sechstgrößte Macht in Europa. Neben der Familie Rothschild ist die Familie Mocatta die zweitälteste und betreibt seit neun Generationen ein Goldgeschäft in London, noch älter als die Rothschilds. Zu den anderen drei gehören Johnson Matthey, Sharps Pixley und Samuel Montagu, die bereits 1750 mit der Gold- und Silberkontrolle begannen. [2]

Seit dem 19. Jahrhundert hat Großbritannien die Vorherrschaft über die Wiege der industriellen Revolution inne, gestützt auf die Vorherrschaft im Seeverkehr und gestützt auf seine Finanzkraft, ein Kolonialreich aufgebaut, das sich über Europa, die Vereinigten Staaten, Asien, Afrika und Ozeanien erstreckt, die weltweite Versorgung mit Rohstoffen und Energie monopolisiert, die Aufteilung des Weltmarktes kontrolliert, den Kanal für den Seehandel innegehabt und den Fluss des internationalen Kapitals gesteuert. Die Welt Gold aus Südafrika, Kanada, den Vereinigten Staaten, Russland, Brasilien, Australien und anderen Orten der Goldminen nach London gepoolt, die Bank of England auf der Grundlage von Goldreserven, um das Pfund zu schaffen, um durch die Welt zu gehen, dann das Pfund Kapital und Industrieprodukte aus Großbritannien in alle Ecken des Weltmarktes, und schließlich, die riesigen Gewinne in mehr Gold zurück nach

---

[2] Timothy Green, *The New World of Gold*, George Weidenfeldand Nicolson, London, 1982, S. 108.

London verpackt, schließen Sie den großen Kreis des internationalen Kapitals.

Das klassische Goldstandard-Währungssystem bildete eine solide Grundlage für den Wohlstand und die Hegemonie Großbritanniens, bis Deutschland als Nachzügler begann, diesen Mechanismus der Vermögensbildung unter britischer Herrschaft in Frage zu stellen.

Mit dem Ausbruch des Ersten Weltkriegs wurde der weltweite Goldkreislauf, dessen Zentrum in London lag, unterbrochen, und die am Krieg beteiligten Länder mussten den Austausch von Papiergeld und Gold aussetzen. Im Kriegszustand floss die Goldproduktion der britischen Kolonien wie Südafrika direkt in die Tresore der Bank of England und wurde zu Großbritanniens Goldreserven für die Kriegszeit.

Nach dem Ende des Ersten Weltkriegs war Großbritannien zwar militärisch siegreich über Deutschland, aber wirtschaftlich am Boden zerstört. Die Amerikaner hingegen sahen tatenlos zu, wie der massive Zustrom von Gold aus Europa in die Vereinigten Staaten ihre Wetten absicherte und zu einem Aufschwung der amerikanischen Industrie und des Finanzwesens führte. Zu diesem Zeitpunkt hat der Dollar das Pfund deutlich aufgewogen.

Der Krieg war vorbei, aber Großbritannien, das während des Krieges viel Geld drucken musste, obwohl es keine bösartige Inflation erlebte, hatte riesige Dollarschulden und wurde von einer Vorkriegs-Gläubigernation zu einer Nachkriegs-Schuldnernation gegenüber den Vereinigten Staaten. Londons Status als internationales Finanzzentrum wurde von New York an sich gerissen, und die Hegemonie der Weltwährung Pfund Sterling wurde vom Dollar verdrängt. Das britische Finanzsystem wurde schwer verwundet, was zu einer Verzögerung der Rückkehr des Pfunds zum Goldstandard und zu einer ernsthaften Störung der Ordnung des internationalen Handels und der Arbeitsteilung in der Welt führte, um die das Vereinigte Königreich jahrhundertelang gekämpft hat.

Im Jahr 1913, die vier großen Wirtschaftsmächte vor dem Krieg, den Vereinigten Staaten, Großbritannien, Deutschland und Frankreich, insgesamt 5 Milliarden Dollar in Goldreserven, von denen die Vereinigten Staaten bis zu 2 Milliarden, Großbritannien 800 Millionen, Deutschland 1 Milliarde, Frankreich 1,2 Milliarden. Nach dem Krieg verfügten die vier Großmächte über Goldreserven in Höhe von insgesamt 6 Milliarden Dollar, die Vereinigten Staaten über 4,5

Milliarden Dollar, mehr als das Fünffache des Vereinigten Königreichs, mit einem absoluten Vorteil. Aber das britische Empire war offensichtlich nicht in der Lage, sich rechtzeitig auf die Hegemon-Mentalität einzustellen, und die Bank of England bestand darauf, den Goldpreis nur in Pfund anzugeben, während das Pfund gegenüber dem Dollar deutlich an Wert verlor.

Auf diese Weise würden goldproduzierende Länder wie Südafrika von der Bildfläche verschwinden. Die Bank of England sammelte ihr Gold in Kriegszeiten zu einem festen Preis ein, und der Goldpreis ist eindeutig gestiegen, und wenn sie den festen Preis beibehalten würde, würde sie eindeutig viel verlieren. Natürlich ist Großbritannien souverän, und Südafrika kehrt New York nur ungern den Rücken, aber sie suchen verzweifelt nach einem Absatzmarkt in London, der den Goldmarktpreis wirklich widerspiegelt.

Es liegt auf der Hand, dass die Rothschilds in London sowohl in Bezug auf ihre Finanzkraft als auch auf ihre Spitzenposition nicht mithalten konnten. So versammelte die Familie Rothschild mit gemeinsamer Unterstützung der goldproduzierenden Länder und der Goldmakler die fünf großen Londoner Goldhändlerfamilien und begann am 12. September 1919 mit der ersten "Londoner Goldpreisbildung".

An diesem Tag stellte Gold einen Rekord für die erste Börsennotierung auf und der Goldpreis wurde auf 4,18 £ festgelegt: £4.18!

Von da an kamen die Vertreter der vier großen Londoner Goldhändler jeden Werktag pünktlich um 10.30 Uhr in die Büros der Familie Rothschild in der Londoner Finanzmetropole, und sie saßen getrennt in einem geheimen Raum, in dem die Rothschild-Vertreter insgesamt fünf Personen waren, und niemand sonst durfte hinein. Jeder von ihnen hat eine Standleitung zum Handelsraum des eigenen Unternehmens, der wiederum große und kleine Goldmakler aus der ganzen Welt miteinander verbindet. Die Rothschild-Preiskammer ist das Nervenzentrum des weltweiten Goldhandels, in dem die sieben großen Goldminen Südafrikas, Goldexporteure aus der ehemaligen Sowjetunion, Südamerika, Australien und die wichtigsten Goldlieferanten der Welt, Goldnachfrager aus Hongkong, dem Nahen Osten, Indien, Tokio und anderen Orten sowie Spekulanten aus verschiedenen Ländern eng in ein Netz von weltweiten Goldproduktions- und Vertriebskanälen eingebunden sind. Derzeit wartet die Welt nervös auf die Festsetzung des Goldpreises an diesem Tag.

In dem geheimen Raum waren fünf Personen in derselben Position, und der Vorsitzende war natürlich der Vertreter der Familie Rothschild. Er beginnt mit der Ankündigung: "Meine Herren, wir beginnen heute mit 498 Dollar." (Nach 1968 wurde der Londoner Goldpreis in US-Dollar angegeben und bezog sich auf den New Yorker Schlusskurs) Unmittelbar danach teilten die fünf Personen den Handelsräumen ihrer jeweiligen Firmen den Anfangspreis telefonisch mit, und die Händler begannen sofort, die Kunden am Telefon nach Kauf- und Verkaufspreisen zu fragen, während weitere Kunden in der Leitung warteten. Sehr bald sortierte jeder Handelsraum die Kauf- und Verkaufsaufträge seiner eigenen Kunden, berechnete die rollierende Differenz und meldete sie dann schnell an den geheimen Raum der Familie Rothschild zurück. Innerhalb von Sekunden gaben fünf Personen bekannt, ob sie auf der Grundlage der Ergebnisse der rollierenden Differenz in ihren jeweiligen Handelsräumen Käufer oder Verkäufer waren oder kein Interesse an diesem Preis hatten. In der Regel tritt die Preisfestsetzung in Kraft, wenn das Volumen der von fünf Personen gemeldeten Käufe und Verkäufe mehrere Tonnen erreicht (eine Zahl, die geheim gehalten wird) und sich das Gesamtvolumen von Käufern und Verkäufern in etwa die Waage hält. Stimmt die Zahl der Verkäufe nicht überein, muss der Vorsitzende einen anderen Preis ausprobieren, und alle sind wieder beschäftigt, bis bei diesem Preis die Gesamtzahl der Verkäufe und Käufe ausgeglichen ist. [3]

Als sich die fünf Personen schließlich auf einen zufriedenstellenden Preis einigten, war das Londoner Gold "finalisiert". Dieser Festpreis wurde den Händlern sofort per Telefon mitgeteilt, und blitzschnell wurde der Preis für das Londoner Gold in alle Ecken der Welt weitergegeben, und der riesige internationale Goldmarkt begann zu brodeln.

Wenn der Goldpreis relativ stabil ist, reicht ein einziger Test aus, aber wenn der Goldpreis stark schwankt, muss er möglicherweise 20- oder 30-mal versucht werden, und ein Mal im Oktober 1979 dauerte 1

---

[3] Ebd. S. 121.

Stunde und 39 Minuten! Der längste Versuch fand am 23. März 1990 statt, als eine Bank aus dem Nahen Osten den Verkauf von mindestens 14 Tonnen Gold verlangte, was die Zeit auf 2 Stunden und 26 Minuten verlängerte, und der Preis fiel während des Fixing-Prozesses um 20 Dollar. Die größte Orderfixing-Transaktion fand im März 1968 statt, als die USA den Vietnamkrieg verloren und das Pfund stark abwertete, die Spekulanten in Scharen Gold kauften und der von den westlichen Zentralbanken gebildete Goldpool auf über 2.000 Tonnen Gold zusammengedrängt wurde. Daraufhin wurde der Londoner Goldmarkt für volle zwei Wochen geschlossen. Mit der Wiedereröffnung des Goldmarktes wird Gold nicht mehr in Pfund, sondern in Dollar gehandelt.

Bis 2004 beherrschte die Familie Rothschild die Londoner Goldpreisgestaltung. In diesem Jahr gab die Rothschild-Familie bekannt, dass sie ihre Goldpreisrechte freiwillig aufgegeben hat, und begründete dies mit mangelnder Rentabilität. Bedenken Sie, dass täglich Tausende von Tonnen Gold gehandelt werden, fast eine Million Tonnen pro Jahr, mit einem Gesamttransaktionswert von nicht weniger als 20 Billionen Dollar! Pricing Macht ist prophetische Macht, die Börse Hochfrequenz-Händler, um den Markt 1 Millisekunde wissen, können Hunderte von Millionen von Dollar in der Investition Preis zu zahlen, die Rothschild-Familie in den Goldpreis "prophetischen" Zeit ist mehr als 1 Millisekunde? Mit solch einer riesigen Macht konnte niemand sonst darum kämpfen, aber die Rothschild-Familie war in der Lage, sie freiwillig aufzugeben, und es schien, dass die Wassertiefe der Rothschild-Familie ein unglaubliches Niveau erreicht hatte.

Schweizer Gold: Das Herz einer Dame, das Leben einer Magd

Der Ausbruch des "Zweiten Weltkriegs" unterbrach die guten alten Zeiten des Londoner Monopols auf dem Weltgoldmarkt. Von 1939 bis 1954 war der Londoner Goldmarkt gezwungen, in den Wirren des Krieges und des Nachkriegschaos zu schließen. Konnte das britische Empire seinen Status als Weltfinanzzentrum nach dem Ersten Weltkrieg gerade noch halten, so würde der beispiellose Verlust Großbritanniens im Zweiten Weltkrieg, insbesondere nach der gewaltsamen Zerstückelung seines Kolonialreichs durch die Vereinigten Staaten, London für immer der Möglichkeit berauben, die finanzielle Vorherrschaft wiederzuerlangen. Auf dem Goldmarkt hat sich in aller Stille ein weiterer mächtiger Rivale etabliert, nämlich die Schweiz.

Die Schweiz wurde von Hitler während des Zweiten Weltkriegs absichtlich als "neutrales Land" "geschützt" und diente als Drehscheibe für geheime Handelsgeschäfte zwischen Nazi-Deutschland und den Alliierten. Aus den Hauptbüchern der Schweizer Banken, die beim Schweizer Finanzministerium hinterlegt sind, geht hervor, dass das Schweizer Gold von 332 Millionen Dollar im Jahr 1941 auf 846 Millionen Dollar im Jahr 1945 anstieg, wovon mindestens 500 Millionen Dollar aus Nazideutschland stammten, eine Zahl, die sich mit einer Untersuchung des Kongresses unter Clinton deckt. Dem Bericht zufolge erhielt die Schweiz während des Zweiten Weltkriegs Nazi-Gold im Wert von 440 Millionen Dollar, von denen 316 Millionen Dollar von den Nazis aus anderen Ländern geraubt wurden.

Zwischen 1945 und 1954, als der britische Goldmarkt noch geschlossen war, begannen die Schweizer Banken, sich zu bewegen und die Goldversorgung und die Vertriebskanäle in der ganzen Welt zu konsolidieren, um einen globalen Goldmarkt mit der Schweiz als Zentrum zu schaffen. Was die Lieferkanäle anbelangt, so hatten die Schweizer keine ideologischen Skrupel und schmiedeten einerseits starke Geschäftspartnerschaften mit der ehemaligen Sowjetunion und den sozialistischen Lagern in Osteuropa und gingen andererseits sogar nach Südafrika, um den britischen Mauerfuß auszugraben. Was die Absatzkanäle betrifft, so war die erfolgreichste Expansion der Schweizer die Entdeckung der starken Nachfrage nach Gold auf dem asiatischen Markt, insbesondere in China, wo sie ein Vermögen gemacht haben.

1949, als das chinesische Kuomintang-Regime kurz vor dem endgültigen Zusammenbruch stand, stiegen die Goldpreise in Peking und Shanghai auf 50 bis 55 Dollar, während die Goldpreise auf dem europäischen Markt nur 38 Dollar betrugen. Die Reichen und Vermögenden der Minzu-Regierung begaben sich auf einen Goldrausch zu Preisen, die weit über denen in Europa lagen, und deponierten dieses Gold schließlich in Schweizer Banken. Die riesigen Gewinne wurden von den Schweizern eingefahren. Gleichzeitig ist der Kredit der Schweizer Banken in China tief verwurzelt, und auch nach der Gründung des Neuen China wird das internationale Goldgeschäft hauptsächlich über die Schweiz abgewickelt.

Die rasche Expansion des Schweizer Goldmarktes brachte bald große und kleine Goldhändler aus der ganzen Welt auf seine Rechnung, und zusammen mit der Schweizer Goldraffinationstechnologie wurden Schweizer Goldbarren allmählich zum beliebtesten Standardprodukt der Welt. Anfang der 1970er Jahre flossen 80% des südafrikanischen Goldes in die Schweiz und nicht in das Vereinigte Königreich. Von 1972 bis 1980 exportierte die ehemalige Sowjetunion 2.000 Tonnen Gold, die in der Schweiz gebündelt wurden. In der Mitte der 70er Jahre, die Vereinigten Staaten und der IWF, um vollständig "demonetize" Gold, eine große Skala auf dem Markt zu verkaufen Goldbarren, die intelligente Schweizer leise aß in einem Drittel von ihnen. Die Schweizer exportieren außerdem jedes Jahr 500 Tonnen Gold nach Italien und in die Schmuckindustrie des Nahen Ostens, von Rom bis Teheran, von Istanbul bis Riad, von Singapur bis Hongkong, überall sind die Schweizer raffinierte Goldbarren.

Der riesige Goldmarkt verschafft der Schweiz reichlich Goldreserven: Auf jeden Schweizer kommen bei der Schweizer Zentralbank 13,2 Unzen (411 Gramm) Gold, das ist 11-mal mehr als der Pro-Kopf-Bestand der Vereinigten Staaten, dem größten Goldreserveland! Der Schweizer Franken ist zur stärksten Währung der gesamten westlichen Welt geworden, da er mit Goldbarren unterlegt ist, die bis zu 1,1 Mal größer sind als jede andere im Umlauf befindliche Schweizer-Franken-Note.[4]

Angesichts einer gewaltigen Herausforderung durch die Schweiz verlor Großbritannien schließlich seinen Thron als weltweite Golddrehscheibe für 300 Jahre und entwickelte sich allmählich zu einem reinen Handelszentrum.

Der Vorteil Londons bei den Goldpreisen wurde jedoch nicht geschmälert. Die Briten haben einen allgemeinen Trend gesehen, aufgrund des globalen Dollars langfristige Überholung, Finanzinstitute und Marktspekulanten in den Goldmarkt, um die riesige Menge an Geld zu erfassen, wurde in der Finanzkraft der Endnachfrager von physischem Gold stark überschritten, Großbritannien, solange das Finanzkapital fest erfassen die Investitionen braucht, ist es weit mehr rentabel als die Kontrolle Goldversorgung und Marketing-Kanäle.

---

[4] Ebd. S. 125.

Anstatt ein weltweiter Beweger von physischem Gold zu sein, ist es besser, ein Preisbestimmer der internationalen Goldpreise zu sein.

Fazit: Lassen Sie die Schweizer die Handarbeit machen und seien Sie selbst der Chef.

Wenn die Kombination von London und der Schweiz als ein "Front-Shop, Back-Factory"-Modell gesehen wird, ist London das Geschäft und die Schweiz die Produktion. London nutzte seine vorteilhafte Position als europäisches Finanzzentrum, verwandelte sich in ein Goldpreiszentrum, Transport, Lagerung, Prüfung, Raffination und andere harte Arbeit in die Schweiz ausgelagert, wird London vor allem auf den Ausbau der Goldinvestoren Kanäle konzentrieren, sowie für sie eine Vielzahl von Produkten, die Goldmarkt Clearing-Bücher fest in ihren Händen, wird abholen und liefern solche trivialen Angelegenheiten in die Schweiz zu behandeln.

Die Schweiz hat das Herz einer Dame, aber am Ende ist es das Leben des Dienstmädchens.

Der 2. Januar 1975 war ein bedeutender Tag in der Geschichte des Goldes. Nach mehr als 40 langen Jahren gab die US-Regierung endlich die Aufhebung des Goldverbots bekannt, und die Amerikaner konnten von nun an legal Gold besitzen.

Die Welt weiß, dass der Dollar auch als "US-Dollar" bekannt ist, weil der Dollar durch Gold gedeckt ist, und die Vereinigten Staaten können so viele Waffen besitzen, wie sie wollen, wie kann es also den Amerikanern verboten werden, Gold zu besitzen? Ist Gold gefährlicher als Schusswaffen?

Für die US-Regierung können Waffen Leben kosten, Gold kann Herzen kosten, und Herzen sind schwerer zu kontrollieren als Leben.

Das britische Empire war das erste, das Anfang des 19. Jahrhunderts den Goldstandard einführte, gefolgt von den europäischen Ländern. Zu dieser Zeit wurden die Vereinigten Staaten von den Europäern noch als das "fremde Land" der Finanzzivilisation angesehen, in dem es keine moderne Zentralbank und kein stabiles Währungssystem gab. Seit der Kolonialzeit hat es viele verschiedene Arten von Währungen gegeben. Mit kolonialen Banknoten, zweigleisigen Gold- und Silbersystemen, Lincoln Greenbacks und sogar der Möglichkeit für jede Bank, ihr eigenes gesetzliches Zahlungsmittel auszugeben, kann das 19. Jahrhundert als 100 Jahre großer Kontroversen, Chaos und Experimente im amerikanischen

Währungssystem beschrieben werden. Es ist interessant festzustellen, dass das Wirtschaftswachstum in die Höhe geschnellt ist, während die amerikanische Währung in Unordnung geraten ist. In diesen 100 Jahren entwickelten sich die Vereinigten Staaten von einem schwachen ehemaligen Kolonialstaat zu einem Land, das alle entwickelten Länder in Europa überholte und auf einen Schlag zur Weltmacht Nummer eins wurde.

So wie die ersten Reichen reich wurden, bevor sie begannen, aristokratische Umgangsformen zu pflegen, wurden die Vereinigten Staaten zu einer Wirtschaftsmacht, bevor sie ihr unübersichtliches Geldsystem als unschicklich empfanden, obwohl sich Reichtum und Macht konzentrierten, während das Geldsystem chaotisch verteilt blieb. Schließlich führten die Vereinigten Staaten im Jahr 1900 den Goldstandard ein, wobei das Gesetz besagte, dass 1 Unze Gold = 20,67 Dollar entsprach.

Der Erste Weltkrieg versetzte die Vereinigten Staaten in einen Rausch, da große Mengen europäischen Goldes in die USA strömten und so den großen Wirtschaftsboom und die große Blase auslösten, die in den 1920er Jahren folgten. 1929 stürzte der US-Aktienmarkt ab, und 1931 begannen die US-Banken einen massiven Bankrott. Verängstigte Sparer strömten zu den Banken und benutzten Dollarscheine, um ihr Gold auszugeben, was zum Zusammenbruch tausender Banken führte. Am 3. März 1933, einen Tag bevor Roosevelt als Präsident vereidigt wurde, kam es zu einem internationalen und nationalen Ansturm auf die Goldreserven der Federal Reserve Bank of New York. [5]Wenn Roosevelt am 4. März nicht entschlossen handelt, wird das US-Zentralbanksystem bankrott gehen! Dies ist ein Bankrott im wahrsten Sinne des Wortes, denn die Federal Reserve Bank of New York ist ein privates Unternehmen und keine Regierungsbehörde.

Eine der ersten Maßnahmen, die Roosevelt bei seinem Amtsantritt am 4. März 1933 ergriff, war die sofortige Schließung des Bankensystems der Nation und die Einnahme eines 10-tägigen Urlaubs. Am 11. März erließ Roosevelt einen Erlass, der den Goldumtausch durch die Banken im Namen der Stabilisierung der Wirtschaft stoppte, und am 5. April befahl er den amerikanischen Bürgern, ihr gesamtes

---

[5] Liaquat Ahamed, *Lords of Finance*, The Penguin Press, New York, 2009, S. 448.

Gold abzugeben, das die Regierung für 20,67 Dollar zwangsweise aufkaufte. Neben seltenen Goldmünzen und Goldschmuck wurde jeder Amerikaner, der Gold privat aufbewahrte, mit einer schweren 10-jährigen Gefängnisstrafe und einer Geldstrafe von 250.000 Dollar belegt, und im Januar 1934 wurde der Gold Reserve Act erneut verabschiedet, wobei der Dollar dramatisch auf 35 Dollar für eine Unze Gold abwertete, die amerikanischen Bürger aber kein Recht hatten, es umzutauschen. Die Amerikaner haben erst vor ein paar Monaten Gold abgegeben, und die Dollarscheine in ihren Händen sind um die Hälfte abgewertet, bevor sie überhaupt heiß wurden.

Roosevelts Goldverbot, das in jenem Jahr zur Rettung kam, dauerte tatsächlich über 40 Jahre! Diese Situation wurde nach dem Krieg noch unvorstellbarer, als die Vereinigten Staaten, die über 2/3 der weltweiten Goldreserven und die Hälfte des weltweiten BIP verfügten, ihren Bürgern den Besitz von Gold über einen so langen Zeitraum verboten, ohne dass es dafür eine Begründung gab. Dies zeigt deutlich, dass die Isolierung von Gold aus dem täglichen Leben der Amerikaner der Schlüssel zu dieser Politik ist. In der Tat sind die Vereinigten Staaten seit langem entschlossen, "das Gold an sich zu reißen und auf sich allein gestellt zu sein" und den Dollar zur Beherrschung der Welt einzusetzen.

Die Politik der langfristigen Isolierung hat sich in der Tat als sehr wirksam erwiesen. Nach der Legalisierung von Gold im Jahr 1975 kam es zu keinem massiven Goldrausch, weil die Amerikaner eine "Amnesie" in Bezug auf Gold hatten. Verglichen mit der Geschichte Chinas ist die Geschichte der Vereinigten Staaten nur eine einzige Dynastie in der Zeit. Für die Chinesen ist das "Verstecken von Gold in einer unruhigen Welt" die ultimative Erfahrung, die durch die bitteren Lektionen von Tausenden von Jahren Geschichte immer wieder bestätigt wurde, während die Amerikaner, die den Aufstieg und Fall einer kompletten Großmacht nicht erlebt haben, nicht glauben, dass die Vereinigten Staaten untergehen und die Geschichte sich umkehren wird. Für eine solche Denkweise gibt es im amerikanischen Denken keine empirische Entsprechung. Da das amerikanische System das Ende der Geschichte ist, und wenn die amerikanische Hegemonie aufrechterhalten werden kann, dann ist der Dollar natürlich die ultimative Form der menschlichen Währung, kann Gold überhaupt einen Wert haben?

Auf dem Goldmarkt, der 1975 in den Vereinigten Staaten gerade erst eröffnet worden war, herrschte ein allgemeiner Mangel an

Verständnis und Aufgeschlossenheit gegenüber Goldanlagen. Gold-Futures werden an den Warenbörsen praktisch nicht nachgefragt, und Goldhändler sind die wenigsten. Während ihrer Zeit im Goldhandel langweilen sie sich oft und vertreiben sich die Zeit sogar mit Schachspielen.

Natürlich ist die vorübergehende Stabilität des Dollars eine Illusion.

Als der Dollar 1971 vom Gold abgekoppelt wurde, stieg der Goldpreis allmählich von 35 Dollar auf 42,22 Dollar und die Inflation in den Vereinigten Staaten setzte ein. Der Durchschnittsamerikaner glaubt jedoch, dass dies die Folge der Ölkrise von 1973 war und dass sich die Preise bald wieder normalisieren würden. Schließlich waren die Preise in den USA vor 1971 170 Jahre lang stabil, und während Weltkriege zu Preisschwankungen führen können, haben die Preise unter dem Goldstandard einen langen historischen Trend zu sinkenden Preisen beibehalten, und die Amerikaner sind mit Inflation nur allzu vertraut. Nach der Ölkrise hat sich die Inflation in den Vereinigten Staaten jedoch verschärft, anstatt sich abzuschwächen, und die Menschen werden allmählich nervös.

Der Dollar begann 1977 auf dem internationalen Devisenmarkt zu kollabieren, und bis 1978 war die Inflation in den USA von 4% um 1971 auf 10% angestiegen und erreichte 1979 schwindelerregende 14%! Zu diesem Zeitpunkt war die Psyche der Amerikaner nicht mehr zu beruhigen, und sie gingen von Nervosität zu Angst über, mit einem plötzlichen Ausbruch von Begeisterung für Gold. Zeitungen, Radio und Fernsehen reagierten schnell, und die Goldpreise, die sonst unbemerkt geblieben waren, wurden schnell zu Schlagzeilen. Die iranische Geiselkrise und die sowjetische Invasion in Afghanistan haben den Goldmarkt weiter angeheizt.

Der ursprünglich obskure Goldhändler wurde sofort zum Liebling des Futures-Marktes und vervielfachte seinen Wert. In nur einem Monat, im Dezember 1978, überschritt der US-Goldterminmarkt die schwindelerregende Zahl von 1 Million gehandelter Kontrakte, verglichen mit einem Durchschnitt von nur 800.000 Kontrakten in den Jahren 1975 und 1976. [6]

Innerhalb von drei Jahren explodierte das Handelsvolumen mit Gold-Futures um das Zehnfache und löste eine Futures-Revolution auf dem US-Goldmarkt aus. Der triste physische Goldhandel in der Schweiz erstickt den wohlhabenden amerikanischen Anleger einfach, und das konservative alte Londoner Geschäftsmodell kann den riesigen Appetit der amerikanischen Spekulanten nicht befriedigen. Die Amerikaner sind von Natur aus abenteuerlustig und innovativ und haben ein angeborenes Spieler-Temperament.

Da Sie den Goldmarkt erschließen wollen, müssen Sie groß aufspielen.

Die New Yorker Rohstoffbörse (COMEX) hat mit 100 Unzen Standardgoldbarren mit einem Goldgehalt von 99,5% pro COMEX-Kontrakt, die kleiner sind als die Londoner Standardgoldbarren mit 400 Unzen, ein revolutionäres Gold-Futures-Produkt eingeführt. Der Kundenstamm hat sich aufgrund der niedrigeren Preise stark erweitert. Noch wichtiger ist, dass der Terminkontrakt ein Einschussmodell verwendet, bei dem nur etwa 5% Einschuss für den Kauf jedes Kontrakts erforderlich sind. Bei einem Goldpreis von 1.000$ beträgt der Gesamtpreis pro Kontrakt 100.000$, ein Preis, der eindeutig zu hoch ist, um eine Teilnahme des Einzelhandels zu fördern. Wenn nur eine Marge von 5%, d. h. 5.000$, hinterlegt wird, kann der Kunde Gold im Wert von 100.000$ für nur 5.000$ kaufen und verkaufen. Das 20-fache der Hebelwirkung ist einfach zu viel für den Zocker!

COMEX ist in 1/4 der Londoner Goldbarren erhältlich, ergänzt durch eine 20-fache Hebelwirkung, was einer 80-fachen Senkung der Schwelle für Investitionen in Gold entspricht! Damals haben die Schweizer mühsam Lobbyarbeit bei Goldgräbern und Juwelieren auf der ganzen Welt betrieben, dann mühsam Lager-, Raffinerie- und Transportanlagen gebaut, um die Schweiz zum Goldzentrum der Welt zu machen, und dann jahrzehntelang hart gearbeitet, um von den Londoner Finanziers um Gold gespielt zu werden. Und die Amerikaner durchschauten den führenden Trend bei den Goldmarktinvestitionen,

---

[6] Timothy Green, *The New World of Gold*, George Weidenfeld and Nicolson, London, 1982, S. 136.

senkten kühn die Schwelle für Investitionen in Gold, stimulierten und befriedigten die Gier und das Glücksspiel in der menschlichen Natur und schnappten dem Londoner Goldmarkt mühelos eine große Zahl internationaler Kunden weg.

Der Cowboy-Geist von New York steht in krassem Gegensatz zum aristokratischen Treiben in London, wo die hohen Tiere Goldinvestitionen als höchst privates Geschäft betrachten, bei dem Kunden und Händler in einer Atmosphäre relativer Ungezwungenheit und mangelnder Regulierung verhandeln können, und wo das beklemmende Gefühl der strengen Regulierung und des intensiven Handels auf dem Terminmarkt zu stark ist. Einfach ausgedrückt: Der Londoner Markt betrachtet den Goldhandel als ein Geschäft, das die Identität und die Privatsphäre schützt, und die wirklich Wohlhabenden brauchen einen komfortablen und aufmerksamen Service wie in London. Der Londoner Markt ist der Ansicht, dass diejenigen, die mit Gold spekulieren, nur reiche Leute sind, und dass diejenigen, die Gold verstecken, die Reichsten der Welt sind.

Die Cowboys in New York kümmern sich nicht um die großen und kleinen Dinge, es ist schwer, Geld zu verdienen.

Die Eröffnung des öffentlichen COMEX-Marktes und der Londoner Goldpreisbildung ist ganz anders, ohne den Londoner aristokratischen Stil und privat, sobald die Eröffnung in einer extrem angespannten und überschwänglichen Atmosphäre stattfindet. Kauf- und Verkaufsinformationen aus der ganzen Welt werden über Händler wie Merrill Lynch und Goldman Sachs zu einer Flut von abgehackten Aufträgen zusammengetragen, die sofort per Telefon an eine Telefonzelle auf dem Börsenparkett weitergeleitet werden. Die Telefonisten, die jeweils 15 Telefonleitungen zu bedienen hatten, mussten die Aufträge auf den Transaktionszetteln skizzieren und mit einem Zeitstempel versehen, während sie die Kundenanfragen entgegennahmen. In diesem Moment standen die Kommunikatoren (Runner) schon lange an der Seite und warteten darauf, dass das Trading-Ticket einfach auf dem Tisch landete, sie schnappten es sich sofort, sobald sie konnten, und sprinteten dann im Hundert-Meter-Sprint direkt auf die Händler im Saal zu. Trading Wahnsinn, Hunderte von Telefonleitungen in einem dichten Spinnennetz verflochten, von den Telefonzellen den ganzen Weg zum nächsten Ort, um den Händler, der Korrespondent flog in Schichten von "Stolperdraht" in der Mitte, überraschend niemand jemals gefallen ist, ist einfach ein Wunder!

Der New Yorker Gold-Terminmarkt mit seiner hohen Intensität, seinem schnellen Tempo, seinem großen Volumen und seinen niedrigen Kosten war ein beispielloser Erfolg, und der COMEX-Markt war ein Magnet für Goldanleger in aller Welt, deren Arbeitszeiten durch die New Yorker Handelszeiten völlig durcheinander gebracht werden. Europäer müssen in ihren Büros lange aufbleiben; Menschen aus dem Nahen Osten haben es schwer, vor Mitternacht zum Abendessen zu kommen; und am schlimmsten sind die Anleger in Hongkong und Asien dran, die grundsätzlich nach 3 Uhr morgens zu Bett gehen.

In den frühen 1980er Jahren übertraf der New Yorker Terminmarkt für Gold den Londoner Markt für physisches Gold in Bezug auf Größe und Liquidität zunehmend. In den letzten zehn Jahren hat sich die Macht der Preisbildung in New York zunehmend durchgesetzt. Die überwiegende Mehrheit der Anleger auf dem Goldterminmarkt sind in Wirklichkeit Spekulanten, die in diesem angespannten, aufregenden Markt mit Herzklopfen spielen. An den Futures-Märkten wird oft weniger als 1% des Volumens umgesetzt, und es ist für die teilnehmenden Zocker eine ziemlich gesichtslose Angelegenheit, wenn sie am Ende ihren Spot zurückziehen müssen.

Für jeden beliebigen Rohstoff gilt: Je größer das Handelsvolumen auf dem Markt, desto größer der Einfluss auf den Preis. Der Grund dafür ist, dass Rohstoffe auf dem Markt mit dem größten Handelsvolumen am liquidesten sind, am leichtesten liquidiert werden können und die Preise am genauesten ermittelt werden. Der Goldmarkt ist da keine Ausnahme. Wenn jedoch das Handelsvolumen von Futures, Optionen usw. auf "Papiergold" das Volumen des physischen Goldhandels um das Hundertfache übersteigt, ist dieser Markt kein Gold-Terminmarkt mehr, sondern ein Terminmarkt namens Gold. Genauer gesagt, ein Casino, das auf den Goldpreis wettet.

Das ist der Grund, warum die "chinesische Big Mama" und die physischen Goldinvestoren der Welt in großer Zahl Gold kaufen, aber nicht am Goldpreis rütteln können.

Da das Casino immer größer wird und die Einsätze immer höher werden, die Goldchips aber immer knapper werden, entsteht ein Risiko: Wenn die Chips ausgehen, kann das Casino gezwungen sein, zu schließen.

Dieses potenzielle Risiko sammelte sich Ende 2012 und Anfang 2013 an und löste schließlich eine gewaltige Welle auf dem Goldmarkt aus.

U.S. QE3: Ein Stein rührt tausend Wellen, das Vertrauen in den Dollar wird erschüttert

QE3 wird die Bilanz der Fed bis Ende 2013 auf 4 Billionen Dollar aufblähen. Am 14. September 2012 kündigten die USA den Beginn der dritten Runde der quantitativen Lockerung (QE3) an. Die Federal Reserve druckt weiterhin Geld, um jeden Monat hypothekarisch gesicherte Anleihen (MBS) im Wert von 40 Milliarden Dollar und Staatsanleihen im Wert von 45 Milliarden Dollar zu kaufen, also insgesamt 85 Milliarden Dollar pro Monat. Noch beunruhigender ist die Behauptung der Fed, dass QE3 so lange fortgesetzt wird, bis sich die Lage auf dem Arbeitsmarkt verbessert, während sie gleichzeitig andeutet, dass eine Überschreitung der Inflationsgrenze toleriert werden kann. Auf diese Weise ist QE3 zu einer "Drei-Nichts-Politik" geworden, ohne Zeitbegrenzung, ohne Limit und ohne Ergebnis! Mit einer Nettoaufstockung der Basiswährung um 1 Billion Dollar allein im Jahr 2013 wird die Bilanz der Fed bis Ende 2013 4 Billionen Dollar betragen und damit viermal so groß sein wie vor der Finanzkrise 2008!

Obwohl QE1 und QE2 nicht den am meisten gefürchteten Preisanstieg bewirkten, weiß niemand auf dem Markt, ob die "Drei-Nein-Politik" von QE3 den schlafenden Inflationsdämon erwecken wird. Der Hauptgrund dafür, dass die Währungsumstellung nicht zu einer sofortigen Inflation geführt hat, war, dass die neue Währung vorübergehend in den Sumpf des Finanzsystems getaucht wurde, mit einem ineffizienten Leerlaufprozess. Aber diese Situation ist nicht dauerhaft stabil, und die monatliche Geldinfusion in Höhe von 85 Milliarden Dollar wird die Schwierigkeit, die fragile Stabilität aufrechtzuerhalten, noch erhöhen, und die Inflation ist ein unausweichlicher Zweifel, ob das Endergebnis eine wundersame wirtschaftliche Erholung oder ein tragischer Zusammenbruch sein wird. Die Verbreitung von Basiswährungen in dieser Größenordnung hat einen riesigen Geldsee von erschreckendem Ausmaß geschaffen.

Peter Schiff, CEO von Europacific Capital, hat in einer Rede, in der er eine zukünftige Fernsehansprache des US-Präsidenten simulierte, der Welt die Gefahren von QE3 vor Augen geführt:

> *„Meine lieben Mitbürgerinnen und Mitbürger, wir werden die öffentlichen Ausgaben drastisch kürzen, die Steuern erhöhen, die medizinische Grundversorgung abschaffen, die Renten kürzen, und das alles nur, weil die Chinesen wollen, dass wir ihnen das Geld zurückzahlen. Glauben Sie, dass das passieren*

> wird? Niemals! Das amerikanische Volk wird sagen: Ihr abscheulichen Chinesen, die ihr darauf besteht, uns Geld zu leihen, weil ihr wisst, dass wir es nicht zurückzahlen können, ihr seid Wucher-Vampire! Wir werden es nie zurückzahlen!"

Peter Schiff hat darauf hingewiesen,

> „Die Chinesen scheinen wie vom Erdboden verschluckt zu sein, wenn ihnen jemand sagt, dass die Amerikaner niemals ihre Schulden zurückzahlen werden, weil sie dazu schon seit mehreren Leben nicht mehr in der Lage sind. Die Reaktion der Chinesen darauf war überraschenderweise, den Kopf in den Sand zu stecken und sich zu sagen: 'Das wird es nicht, das wird es nicht, US-Staatsanleihen sind die sicherste Anlage der Welt. Dann wurden, wie immer, Chinas Ressourcen in die Vereinigten Staaten geschickt, um sie gegen grünes Papier einzutauschen und dann US-Staatsanleihen zu kaufen. Und angesichts von 100 Millionen weiteren armen Menschen in China scheint das Leben dieser Landsleute völlig unwichtig zu sein als die Staatsverschuldung der USA. Es stellt sich heraus, dass die Chinesen selbst die diskriminierendsten Menschen der Welt sind!"

In der Tat verstehen alle Länder der Welt, dass QE3 ein Trick der Vereinigten Staaten ist, um die Geißel auf andere Länder zu lenken und die Krise zu übertragen, aber die Reaktion jedes Landes ist anders. Das ist wie ein Mafiaboss, der knapp bei Kasse ist, eine glänzende Machete trägt, in einen Bus einsteigt und von den Fahrgästen nacheinander Schutzgeld verlangt, und die Fahrgäste trauen sich nicht, etwas zu sagen und geben ihre Schätze ehrlich heraus. Als der schwarze Chef aus dem Bus ausstieg, sprengten die Fahrgäste sofort ihre Nester in die Luft und schworen, nie wieder eine solche Demütigung zu ertragen. Aus diesem Grund haben die Länder Währungstauschgeschäfte und Ausgleichszahlungen in Landeswährung vorgenommen, und die Menschen haben genug von der Erpressung durch die Mafia.

Das QE3 hat zweifellos dazu geführt, dass sich die nationale Unzufriedenheit mit dem Dollar von einer stillen Brutstätte, die sich ausbreitet, schnell zu einem öffentlichen Aufschrei und Zorn entwickelt hat.

Die Fed ist sich der Folgen ihrer Ankündigung von QE3 sicherlich bewusst, aber ohne QE3 wird die Fata Morgana der wirtschaftlichen Erholung sofort wieder zunichte gemacht werden.

Um den Dollarkurs zu kontrollieren, ohne dass es zu einer größeren Krise kommt oder andere Länder einen neuen Versuch unternehmen, sich des Dollars zu entledigen, werden die Vereinigten Staaten eine dreidimensionale Kombination aus geldpolitischen, wirtschaftlichen, marktwirtschaftlichen, medialen und geopolitischen Konflikten anstreben, um den Dollar wahllos zu verteilen und ihn für alle zu ergattern, was ein absolutes akrobatisches Kunststück mit großen Schwierigkeiten darstellt.

Da jeder sieht, dass der Dollar verrotten wird, werden die USA andere Währungen noch mehr verrotten lassen, und da die Schwellenländer eine weitere Anstrengung unternehmen wollen, um den Dollar loszuwerden, sollen die Volkswirtschaften dieser Regionen zuerst in den Ruin getrieben werden.

Gegenseitiges Echo: Industrieländer kommen zusammen, Abwertungskriegstrommeln ertönen

In der Vergangenheit ärgerten sich die Vereinigten Staaten am meisten über die Abwertung der Währungen anderer Länder und beschuldigten und bedrohten sie stets mit der "Manipulation des Wechselkurses", wie das Sprichwort besagt, dass nur Staatsbeamte Feuer legen dürfen und das Volk keine Lampen anzünden darf. Vor allem für China und Japan, die beiden größten Handelspartner und die größten Schuldner, sind die Vereinigten Staaten noch schikanöser und verlockender, nur die Aufwertung des Yuan und des Yen zu hassen ist nicht genug.

Am 22. Januar 2013 gaben die japanische Regierung und die japanische Zentralbank eine gemeinsame Erklärung zum Thema "Nachhaltiges Wirtschaftswachstum ohne Deflation" ab, in der sie das Ziel eines Preisanstiegs von 2% anstreben. Das Mittel dazu ist die "drastischste" Abwertung des Yen seit 50 Jahren, wobei die Basiswährung um 60 bis 70 Billionen Yen pro Jahr (etwa 600 bis 700 Milliarden US-Dollar) erhöht werden soll, Ziel ist die Verdoppelung der gesamten Basiswährung innerhalb von zwei Jahren!

Wegen Japans Super-Version von QE sind die Deutschen wütend, die Brasilianer fluchen, der IWF schreit, die Russen sind verärgert, die Koreaner haben Angst, die Chinesen sind geblendet, und die Amerikaner sind? Wascht euch und geht schlafen!

Wie könnte Abe schließlich ohne die Unterstützung oder sogar heimliche Duldung der Vereinigten Staaten den Yen auf Kosten der Amerikaner abwerten? Für die Vereinigten Staaten sind die Handelsverluste gering und die Position des Dollars ist groß, das kleinere Übel. Der Dollar steht angesichts einer starken Abwertung des Yen viel besser da.

Der Kern von Abes Wirtschaftspolitik besteht darin, Inflationserwartungen zu wecken, die 20 Jahre andauernde Deflation in Japan umzukehren und die japanischen Verbraucher zu zwingen, ihre Ausgaben zu erhöhen, um das Wirtschaftswachstum anzukurbeln.

Diese Denkweise ist ein völliges logisches Durcheinander!

Die Deflation in Japan ist das Ergebnis, nicht die Ursache der wirtschaftlichen Probleme. Die Ursache für die schwachen Preise in Japan ist der schleppende Konsum, und die Ursache für den schleppenden Konsum ist der schleppende Konsumwunsch der Bevölkerung aufgrund der starken Überalterung. Kann das Problem dadurch gemildert werden, dass der Ruhestand der Älteren in hohem Maße von ihren früheren Ersparnissen abhängt und dass die Überemission von Geld die Älteren nur noch mehr ihrer Kaufkraft beraubt und dass selbst steigende Preise nur zu einer noch stärkeren Konsumschwäche führen werden? Der Kern von Abes Wirtschaftspolitik ist die Umverteilung von Wohlstand, die Übertragung des Wohlstands der alternden Bevölkerung auf die jüngere Bevölkerung, um die Wirtschaft mit der Kaufkraft der jüngeren Bevölkerung anzukurbeln. Aber kann in einem stark alternden Japan der Konsumzuwachs der jungen Menschen den schrumpfenden Konsum der alternden Bevölkerung vollständig ausgleichen?

Die Strategie Japans, seine Währung abzuwerten, wird unweigerlich zu Vergeltungsmaßnahmen oder sogar Belagerungen durch andere Länder führen.

Ältere Menschen brauchen Mäßigung, aber Abe besteht auf der Einnahme hoher Dosen von Viagra, was den Körper nur noch mehr schwächt.

Neben der wirtschaftlichen Hand haben die Vereinigten Staaten auch eine politische Hand vorbereitet. Kurz bevor die Fed am 14. September 2012 QE3 ankündigte, beschloss das japanische Parlament am 10. September, die Diaoyu-Inseln mit 2,05 Milliarden Yen zu "verstaatlichen", was direkt zur Eskalation des Konflikts zwischen China und Japan führte.

Es gibt keine reinen "Zufälle" in dieser Welt!

Die Eskalation des Konflikts zwischen China und Japan um die Diaoyu-Inseln hat die Spannungen im asiatisch-pazifischen Raum mit der Konfrontation zwischen China und Japan, den Spannungen mit Nordkorea und den Reibereien im Südchinesischen Meer verschärft und die Absicherungsfunktion des Dollars gestärkt. Und was noch wichtiger ist: Wer traut sich angesichts dieser scharfen Konfrontation, einen weiteren Währungsherd in der asiatisch-pazifischen Region zu entfachen und den US-Dollar aus seiner Umklammerung zu befreien?

Die geldpolitische Strategie der USA in der asiatisch-pazifischen Region besteht darin, offensiv gegen den Yuan und defensiv gegen den Yen vorzugehen, um die ostasiatischen Widersprüche zu stimulieren und die Position des US-Dollars zu stärken, um die Einführung von QE3 zu schützen!

Neben der Mobilisierung des Yen zur Abwertung ist auch die Beteiligung des Euro wichtig.

Die Abwertung von Währungen ist eine natürliche Versuchung für Regierungen, insbesondere für hoch verschuldete Länder. Kurzfristig würde eine Währungsabwertung nicht nur die Krise lindern und die Verschuldung verschleiern, sondern auch die Exporte ankurbeln, die Beschäftigung verbessern und politische Leistung demonstrieren. Es ist nur so, dass es normalerweise zu offensichtlich ist, es alleine zu tun, und es ist leicht, Kritik und sogar Handelsrepressalien auf sich zu ziehen, aber wenn die Vereinigten Staaten und Japan es wagen, die Führung zu übernehmen, ergreift die EU, die von der europäischen Schuldenkrise zu Tode gequält wurde, die Gelegenheit der Währungsfreigabe nicht, es wäre zu unpassend.

Am 6. Dezember 2012 ließ die EZB verlauten, dass sie über eine Senkung der Einlagenzinsen auf Negativzinsen nachdenkt, angeblich mit dem Ziel, die Banken zu veranlassen, ihre Mittel anderweitig einzusetzen. Zum Thema Negativzinsen sagte der Präsident der Europäischen Zentralbank, Mario Draghi: "Der Ausschuss der Europäischen Zentralbank hat zum ersten Mal die Möglichkeit erörtert, den Zinssatz für Tagesgelder in den negativen Bereich zu senken, und ist, falls erforderlich, "einsatzbereit". [7]

Schließlich ist der Euro bekanntlich stark, und vor allem die Deutschen, die die EZB dominieren, haben eine pathologische Inflationsempfindlichkeit, die, wie ich fürchte, mit der bitteren Lehre zusammenhängt, dass die Deutschen in den letzten 100 Jahren drei Währungscrashs erlebt haben. Keine Abwertung des Euro ist ein schlechter Tag, und eine Abwertung diskreditiert ihn.

Ob es um Leben oder Gesichter geht, die Deutschen sind immer noch schmerzlich zerrissen.

Für die USA reichte die Erklärung des Euro, er sei offen für Negativzinsen, aus, um das Blatt für den Dollar zu wenden.

Es zeichnet sich jedoch eine größere Gefahr für den Dollar ab.

Wann immer in der Geschichte Chinas die Macht der Zentralgewalt abnahm, führte dies unweigerlich zu lokaler Vorherrschaft und Warlord-Chaos. Das Gleiche gilt für die internationale Währungshegemonie. In den 1950er Jahren wurde der Rubel gegen den Dollar eingesetzt, in den 1960er Jahren forderte der Franc den Dollar heraus, in den 1970er Jahren stieg das Gold, in den 1980er Jahren war der Yen aggressiv, in den 1990er Jahren war es relativ ruhig, und dann spaltete der Euro die Grenze.

Der Erfolg des "Währungsaufstandes" im Euro war ein enormer Ansporn für kleine Länder, zu versuchen, auf eigenen Füßen zu stehen, indem sie den Dollar abschaffen, der rücksichtslos unterdrückt wurde.

Im November 2000 gab die irakische Zentralbank bekannt, dass sie den US-Dollar durch den Euro als Ölabrechnungswährung ersetzen und ihre Devisenreserven in Höhe von 10 Milliarden Dollar an den Euro anpassen werde. Die Europäer sind überglücklich und die Eurozone öffnet sich. Im Dezember kündigte der stellvertretende irakische Ministerpräsident und Finanzminister Al-Azawi an, dass der Irak angesichts der feindseligen Haltung der Vereinigten Staaten gegenüber dem Irak beschlossen habe, den US-Dollar ab Anfang 2002 formell

---

[7] Ambrose Evans-Pritchard, ECB mulls negative ates as Europe's economic crisis deepens, The Telegraph, 2012-12-6.

durch den Euro als Handelswährung zu ersetzen. Um die Umsetzung zu gewährleisten, verlangte die irakische Regierung von staatlichen und privaten Unternehmen die Einhaltung der Regeln für die Verwendung des Euro für die Handelsabwicklung, und im Sommer 2001 wertete der Euro gegenüber dem US-Dollar weiter auf, wovon der Irak durch Saddams Euro-Abrechnungspolitik reichlich profitierte. In der Folge reagierten auch viele OPEC-Länder, die bereit waren, im Gegenzug für einen stärkeren Euro Öl an die EU zu verkaufen, während sie sich vom schwachen Dollar abwandten.

Die Vereinigten Staaten sind nun außer sich vor Wut. Wenn die erdölexportierenden Länder des Nahen Ostens dem Beispiel Saddams folgen, wird die Hegemonie des Dollars in zwei Hälften zerbrochen sein, und wenn der Dollar kein Öl mehr kaufen kann, wer wird dann noch bereit sein, den immer schwächer werdenden Dollar zu halten?

Er sah die Tür zur Hegemonie des Dollars und war bereit zuzuschlagen, aber er wusste nicht, wie er um sein Leben kämpfen sollte. Der schwache Irak kann nur von einem erbitterten Kampf oder gar einem Krieg zwischen den Großmächten profitieren. Die EU und Russland, die von Saddam als Schirm benutzt werden, haben weder den Willen noch die Kraft, in einen Konflikt mit den USA auszubrechen. Saddam, der im Nahen Osten sehr unpopulär ist, dürfte auch von den OPEC-Ländern keine große Unterstützung erhalten. Wer das Schicksal der Vereinigten Staaten so allein herausfordert, muss mit tödlichen Vergeltungsmaßnahmen rechnen.

Im März 2003, nur etwas mehr als ein Jahr nach seiner Eröffnung, wurde das irakische Euro-Geschäft von der Geißel der nationalen Vernichtung heimgesucht.

Eine weitere Person, die bei dem Versuch starb, die Hegemonie des Dollars herauszufordern, war Libyens Gaddafi.

Gaddafi träumte in den 1970er Jahren davon, dass sowohl der Nahe Osten als auch Afrika am Rande des Weltsystems lagen, reich an Öl, mit großen Bevölkerungen und riesigen Märkten, und dass sich der marginalisierte Status der Region ändern würde, wenn der Nahe Osten und Afrika vom Glauben zum Markt integriert und die europäischen und amerikanischen Mächte aus dem Kontinent verdrängt würden. Später wendeten sich die Länder des Nahen Ostens aufgrund der Etablierung des Petrodollar-Systems allmählich von seinem Traum ab. In einem Anfall von Wut verließ Gaddafi die Arabische Liga. Seitdem hat er sich für den Aufbau der Afrikanischen Union eingesetzt.

Die Verwirklichung seines Traums von Afrika ist ohne finanzielle Mittel unmöglich. Gaddafi ist bestrebt, seinen Fokus auf die Durchreise durch Afrika auf die Währung zu legen. Er plant aktiv ein neues Währungssystem und versucht, sich mit dem malaysischen Premierminister Mahathir und anderen islamischen Ländern zusammenzutun, um eine neue islamische Währung - den Goldenen Dinar - einzuführen.

Der goldene Dinar geht auf das Jahr 632 zurück und blieb bis zum Untergang des türkischen Reiches im Jahr 1922 die Handelswährung in der islamischen Welt. Nach islamischem Recht entspricht ein Dinar 4,22 Gramm (0,135 Unzen) reinem Gold. Gaddafis Projekt des Goldenen Dinars hat eindeutig ein gewisses Sendungsbewusstsein und ein starkes realistisches Bedürfnis nach einer Rückkehr zur Geschichte in der islamischen Welt.

Im Jahr 2003 erschien der Gold-Dinar offiziell, hat es nicht zu einem Sturm der monetären Wandel, aber die Vereinigten Staaten und der IWF wurde von dieser Idee schockiert, Gold Monetarisierung ist nicht nur ein heftiger Konflikt mit den Bestimmungen des IWF, sondern auch, um vollständig zu umgehen den IWF und starten Sie ein anderes Feuer. Insbesondere das Konzept des goldenen Dinars hat sowohl eine universelle Anziehungskraft als auch einen starken ideologischen Beiklang, der in der arabischen Welt auf große Resonanz stößt.

Neben der Förderung der neuen Währung plant Gaddafi auch aktiv die Gründung dreier großer Finanzinstitutionen, nämlich der Afrikanischen Zentralbank, des Afrikanischen Währungsfonds und der Afrikanischen Investitionsbank, um die Ausgabe einer einheitlichen afrikanischen Währung auf der Grundlage des Wertes des Goldenen Dinars vorzubereiten, die Afrika und die arabische Welt in eine Währungsunion einbinden würde.

Gaddafi möchte, dass der goldene Dinar als Standardwährung für den Verkauf von Öl und anderen Ressourcen im Nahen Osten und in Afrika dient und damit den Dollar vollständig aus seinem Griff nach dem Euro befreit. Gaddafis geldpolitische Ambitionen waren wohl höher als die von Saddam, und er erwog nicht nur, den Dollar und den Euro zu streichen, sondern auch zu versuchen, ein unabhängiges Währungssystem für Afrika und die arabische Welt zu schaffen.

Gaddafis Pläne stellten jedoch sowohl den Dollar als auch den Euro in Frage, und ohne den starken Schutz der Großmächte im Rücken scheiterten Gaddafis Ambitionen schließlich an der gemeinsamen Strangulierung durch die beiden Mächte.

Der Dollar, der wichtigste Eckpfeiler der US-Hegemonie, muss, egal wer an seiner Position rütteln will, durch ein starkes internationales Bündnis sowie eine glaubwürdige Kriegsabschreckung gestützt werden, sonst ist es nicht mehr als ein Aufstand der Schausteller, ein Jahrzehnt ist schwer zu erreichen.

Am 27. März 2013 schlossen sich China, Indien, Russland, Brasilien und Südafrika, die so genannten BRICS-Länder, in dem gemeinsamen Bedürfnis zusammen, ihre eigenen Interessen zu schützen, und beschlossen, eine BRICS-Entwicklungsbank zu gründen, die bereit ist, die Landeswährung für die gegenseitige Abrechnung und Kreditvergabe unter den BRICS-Ländern zu verwenden und so ihre Abhängigkeit vom US-Dollar und Euro zu verringern.

Die BRICS-Länder haben sich schließlich auf den Weg des "Währungsaufstands" begeben.

Zusätzlich zu den BRICS-Ländern, die 12 Länder Südamerikas, die Union der südamerikanischen Nationen, auch unzufrieden mit der "Tyrannei des Dollars", hat am 25. November 2011 angekündigt, "Währung Aufstand", die Einrichtung der Bank des Südens, den regionalen Handel zu fördern lokalen Währung Abrechnungssystem, schrittweise 120 Milliarden Dollar pro Jahr des intraregionalen Handels "Nicht-Dollarisierung".

Vergiss nie, was du vorher getan hast, und vergiss nie, was du danach getan hast. Ob es sich nun um die BRICS oder die Union Südamerikanischer Nationen, die Shanghaier Organisation für Zusammenarbeit oder den Kooperationsrat der arabischen Golfstaaten handelt, der einzige Weg zu echter währungspolitischer Unabhängigkeit besteht darin, sich in der Hoffnung auf Erfolg zu vereinen. Wenn diese Regionen von der Landkarte des Dollars verschwinden, wird dies das Ende der Dollar-Hegemonie und der Hegemonie der Vereinigten Staaten bedeuten.

Das ist es, was für den Dollar auf dem Spiel steht. Als der Dollar in Gefahr war, fingen die Deutschen wieder an, herumzualbern. Am 16. Januar 2013 machten die Deutschen eine weltweit schockierende Ankündigung, dass Deutschland 300 Tonnen Gold, die bei der Federal Reserve Bank of New York gelagert sind, und 374 Tonnen Gold, die bei der französischen Zentralbank lagern, nach Hause schicken würde.

rief das US-Magazin *Forbes* aus,

> *„Die schockierende Nachricht, dass die Deutschen sich darauf vorbereiten, ihre Goldreserven aus den USA und Frankreich nach Hause zu bringen, lässt Edelmetallspekulanten befürchten, dass dies das erste große Signal dafür ist, dass das Vertrauen zwischen den Zentralbanken auf der ganzen Welt schwindet... Die Krise des Vertrauens in den Wert des Papiergeldes hat den Besitz von physischem Gold zu einer instinktiven Reaktion gemacht."[8]*

Ein Sprecher der deutschen Zentralbank erklärte gegenüber Forbes, dass die deutschen Goldlieferungen nicht zum Verkauf bestimmt sind, sondern um einer künftigen "Währungskrise" vorzubeugen. Vor ein paar Monaten behauptete die deutsche Zentralbank, eine kleine Menge Gold von der Federal Reserve zum Einschmelzen zurückgeschickt zu haben, um die Reinheit und das Gewicht zu testen, aber die endgültige Ankündigung der Rückkehr einer viel größeren Menge, die nicht helfen konnte, aber starke Zweifel auf dem Markt verursachen.

Die britische Tageszeitung Daily Telegraph rief am 15. Januar aus: "Diese Aktion bedeutet, dass das Vertrauen zwischen den westlichen Zentralbanken zusammengebrochen ist. "Bill Gross, Chief Investment Officer der Pacific Investment Management Corporation (Pimco), dem größten Rentenfonds der Welt, twitterte ebenfalls: "Berichte, dass Deutschland Gold aus New York und Paris zurück nach Hause verschiffen wird - vertrauen sich die Zentralbanken nicht mehr gegenseitig? "

Im November 2012 berichtete die deutsche Wochenzeitung Der Spiegel, dass die Vereinigten Staaten das Ersuchen Deutschlands, einen Blick auf die eigenen Goldreserven zu werfen, mit dem Hinweis auf "mögliche Sicherheitsrisiken und Verfahrensprobleme im Tresorraum" abgelehnt hätten, was zu zunehmenden Forderungen nach einem Rückruf der deutschen Goldreserven geführt habe.

Während des Kalten Krieges bewachte die sowjetische Armee mit Millionen von Soldaten den Tresorraum der Deutschen Bundesbank,

---

[8] Robert Lenzner, The Germans Want Their Gold Reserves Back In Germany, Forbes, 2013-01-19.

und die Deutschen konnten sich des Gefühls nicht erwehren, dass ihr Gold vor den Augen der sowjetischen Armee lag. Daher bewahrte Deutschland einen Teil seiner Goldreserven in den Vereinigten Staaten, Frankreich und dem Vereinigten Königreich auf, damit das Geld der Familie nicht auf einen Schlag vernichtet wurde. Mit dem Ende des Kalten Krieges können die Deutschen nicht umhin, über den bei anderen hinterlegten Reichtum nachzudenken, selbst wenn er nicht zurückgeschickt wird, kann sich das Herz solider anfühlen. Doch ein solch vernünftiges Ansinnen wird von den Vereinigten Staaten aus offensichtlich nicht überzeugenden Gründen wiederholt abgelehnt.

Die Deutschen begannen sich zu fragen, ob mit ihrem eigenen Gold etwas schief gelaufen sein könnte. Bereits 2011 machten sich die Deutschen Sorgen um ihre eigenen Goldreserven, und 2012 war diese Stimmung nicht mehr aufzuhalten. Laut der deutschen Wochenzeitung *Der Spiegel,*

> *„Die Bundesbank hat das Ersuchen (um Überprüfung der ausländischen Goldreserven durch den deutschen Rechnungshof) mit der Begründung abgelehnt, dass die Zentralbanken normalerweise nicht die Reserven der anderen Zentralbanken überprüfen, dass die Vorgehensweise des Rechnungshofs nicht der Praxis der Zentralbanken entspricht und dass es keine Zweifel an der Ehrlichkeit und Glaubwürdigkeit der ausländischen Verwahrer gibt."*[9]

Es ist klar, dass die Bundesbank sich nur ungern mit der Fed anlegt und dass es eine Art unausgesprochene tiefe Beziehung zwischen den westlichen Zentralbanken gibt. Aber der Reichstag kündigte, und ein Abgeordneter rannte persönlich zur Federal Reserve Bank of New York, um eine Überprüfung der deutschen Goldreserven zu verlangen, und der Empfangschef war nicht in der Lage oder nicht willens, dem deutschen Abgeordneten zu sagen, wo die Goldbarren sind. Bald waren auch andere europäische Zentralbanken gezwungen, die Nachricht zu verbreiten, dass die Goldreserven in großer Zahl verleast worden waren, und immer mehr Deutsche begannen, stark zu bezweifeln, dass ihre eigenen Goldreserven von den Amerikanern "verloren" worden waren.

---

[9] Checking the Vaults: Deutsche sorgen sich um ihre ausländischen Goldreserven, Der Spiegel, 2012-05-14.

Die deutsche Zentralbank argumentiert immer noch mit den Vorteilen eines Verbleibs des Goldes in den USA, insbesondere im Falle einer Krise in Deutschland, wo das Gold sofort zur Finanzierung einer Rettungsaktion verwendet werden kann. Die deutschen Parlamentarier widersprachen einander, dass es aufgrund des großen Vertrauens zwischen den beiden Zentralbanken keinen Unterschied zwischen Gold in Deutschland und in den Vereinigten Staaten gebe, da die Finanzierung von Hilfsmaßnahmen überall möglich sei.

Die deutsche Zentralbank, das deutsche Parlament, die Öffentlichkeit, alle Gesellschaftsschichten mussten unter dem starken Druck der Koalition der Prominenten schließlich zustimmen, die Goldreserven zurückzurufen.

Die Befürchtungen der Deutschen waren nicht unberechtigt; tatsächlich hatten sogar die Amerikaner selbst die gleichen Zweifel. Seit Eisenhower in den 1950er Jahren Präsident war, ist mehr als ein halbes Jahrhundert vergangen, und der Goldbestand der Fed wurde nie wieder geprüft. US-Kongressabgeordnete, vertreten durch Ron Paul, haben versucht, die Goldreserven der Fed zu prüfen, aber der Vorschlag wurde nie angenommen.

Am 9. Januar 2013 schickte die amerikanische Öffentlichkeit eine Petition auf der Website des Weißen Hauses ab, in der es hieß: "Am 31. Dezember 2012 gab das US-Finanzministerium bekannt, dass es 261 Millionen Unzen Gold besitzt, die in Denver, Fort Knox, West Point und der Federal Reserve Bank of New York lagern. Die letzte vollständige Prüfung dieses Goldes reicht bis ins Jahr 1953 zurück." Die amerikanische Öffentlichkeit ist der Meinung, dass eine öffentliche Prüfung dieses Goldes jetzt durchgeführt werden muss. Sobald die Ergebnisse der Prüfung vorliegen, müssen sie schriftlich verifiziert werden, um zu bestätigen, wer der wahre Eigentümer des Goldes ist. So muss z. B. festgestellt werden, wie viel Gold an Goldhändler oder Finanzinstitute vermietet und wie viel an Stellen außerhalb des Finanzministeriums (einschließlich ausländischer Regierungen) verkauft oder getauscht wurde. In der Petition wird auch die Identität der Prüfer gefordert, wobei argumentiert wird, dass es sich diesmal um professionelle Prüfer außerhalb der United States Mint, des Finanzministeriums, des United States Comptroller General, des Attorney General und des Federal Reserve System handeln muss".

Es ist noch nicht lange her, da hatte die belgische Zentralbank öffentlich zugegeben, dass 41% ihrer Goldreserven zu einem extrem niedrigen Zinssatz von 0,3% verleast worden waren, eine Nachricht, die beide Seiten schockierte. Neugierige Forscher haben herausgefunden, dass die Goldreserven der westlichen Zentralbanken nicht unter physischem Gold, sondern unter Gold und "Goldforderungen" (Gold Receivables) aufgeführt sind, aber es wird nicht angegeben, wie viel "Goldforderungen". Jeder, der Buchhaltung studiert hat, weiß, dass "Bargeld" und "Forderungen" unterschiedliche Bedeutungen haben. Offensichtlich sind auch Gold und Goldforderungen nicht dasselbe.

Das Gold-Leasing-Verhalten der belgischen Zentralbank ist kein Sonderfall, die Federal Reserve und die deutsche Zentralbank haben seit langem ähnliche Operationen durchgeführt, sie werden Gold mit ultraniedrigen Zinsen an Goldhändler verleasen, Goldhändler werden dieses Gold auf dem Markt verkaufen, das Bargeld wird in US-Staatsanleihen reinvestiert, beides unterdrückt den Goldpreis, aber auch einen stetigen Gewinn zwischen Staatsanleihen und Gold-Leasing-Spread. Das geliehene Zentralbankgold ist schon lange auf dem Markt verschwunden, Goldhändler können das Darlehen weiter "rollen", während die Bilanz der Zentralbank immer das "Forderungsgold" ist, und das echte Gold kann nie wiedergefunden werden.

Wenn das Volk auf Prüfungen besteht, wird es Ärger geben, und ich fürchte, die Hälfte der Goldreserven der westlichen Zentralbanken wird dann längst weg sein. Die amerikanische Öffentlichkeit schreit nach einer Prüfung der Goldreserven, der deutsche Bundestag schreit nach einem Rückruf der Goldreserven, das Schweizer Referendum verlangt, dass die Zentralbanken die Goldreserven nicht verkaufen dürfen, die Niederlande, Polen, Schweden und andere Länder sind ebenfalls verblüfft. Die Federal Reserve und die deutsche Zentralbank sind schockiert, wenn die echte Prüfung, zwangsläufig das Ostfenster, können wir nicht essen.

Also, die Federal Reserve und die deutsche Zentralbank begann zu verhandeln, die Medien euphemistisch als "die Zentralbank begann, einander zu misstrauen", kann die Federal Reserve nicht offen ablehnen, die deutsche Zentralbank die Anfrage, aber die Bedingungen können noch verhandelt werden, nur 40 Tonnen pro Jahr, und wenn mehr, wir alle zusammen sterben!

Infolgedessen kündigte die Bundesbank die Rückführung von 300 Tonnen Gold über einen Zeitraum von sieben Jahren an.

Sieben Jahre?

Im September 2011 kündigte der venezolanische Präsident Chávez an, dass 211 Tonnen Gold, die in den Vereinigten Staaten und Europa gelagert waren, in das Land zurückgeschickt werden sollten.

Deutschlands Goldtransporte nach Hause machen international Furore, und eine andere Zentralbank ist entsetzt, nämlich die Bank of England.

Kettenreaktion: Ihre Majestät die Königin als Requisite, die Bank von England als Showstopper

Gerade als die Deutschen und die Amerikaner die Bedingungen für den Goldrückruf eng aushandelten, schmollten die Briten. Schließlich hat auch Deutschland 440 Tonnen Gold in den Tresoren der Bank of England. Wäre die deutsche Öffentlichkeit also nicht misstrauisch gegenüber der Bank of England, wenn sie der Fed nicht mehr traut?

Je mehr der Engländer darüber nachdachte, desto mehr fühlte er sich schuldig: "Warum hat mich der Hund der Familie Zhao dann zweimal angeschaut? Ich hatte berechtigterweise Angst".

Am 13. Dezember 2012, die deutsche Zentralbank ist immer noch in Verhandlungen mit der Federal Reserve, die britische BBC plötzlich hochkarätige Bericht über die Queen's Inspektion der Bank of England Tresor Nachrichten.

Am 13. Dezember 2012 besuchte die Königin die Bank of England und besichtigte den Tresorraum. Normalerweise fragt die englische Königin nur sehr wenig über Politik, geschweige denn über Geldpolitik und Goldreserven. Es war das erste Mal seit 15 Jahren, dass die Königin die Bank of England besichtigte und auch den Tresorraum aufsuchte. Die Königin, die seit 15 Jahren nicht mehr in der Bank of England war, hatte im Dezember 2012, als kein größeres Ereignis stattfand, keine Lust, den Tresorraum zu besuchen. Was seltsam ist, muss eine seltsame Ursache haben.

Die britische Presse berichtete ausführlich über die Inspektion der Königin und konzentrierte sich dabei insbesondere auf die dichten Stapel von Goldziegeln in den Tresoren der Bank of England, um dann zu sehen, wie die alte Dame die Stapel streichelte und beklagte: "Leider gehört nicht alles Gold hier uns. "Die Worte der [10]Königin haben zwei Bedeutungen: erstens, dass Gold eine gute Sache ist, und zweitens, dass Großbritannien die Goldreserven, die andere Nationen bei ihm hinterlegt haben, treu bewacht.

So etwas wie "Zufall" gibt es in dieser Welt nicht!

Die logische Folge ist, dass die Königin selbst gar nicht daran gedacht hat, die Tresore der Bank of England zu besuchen, sondern dass es sich um eine absichtliche Anordnung der Bank of England handelte, und dass sie die Medien gebeten hat, daran mitzuwirken, eine große Sache daraus zu machen, indem sie die Inspektion der Königin in Bildern und Worten öffentlichkeitswirksam darstellte, was implizit die riesigen Goldbestände in den Tresoren zeigte und indirekt jeden Verdacht gegen die Goldreserven der Bank of England zerstreute. Diesmal ist die Königin von England das Requisit, um die Goldreserven Großbritanniens zu präsentieren!

Ein Sprichwort sagt: "Tue nichts Böses, und fürchte dich nicht vor einem Klopfen an der Tür. Diejenigen, die Stärke haben, zeigen sie nicht absichtlich; diejenigen, die sie absichtlich zeigen, müssen sie vermissen! "

Es scheint, als ob der Schritt Deutschlands, die Goldreserven aus New York zurückzuholen, einen empfindlichen Nerv bei den Briten getroffen hat.

Ängste eskalieren: EU-Raubüberfälle häufen sich, zypriotische Sparer geraten in Panik

Am 16. März 2013 flog Zypern in die Luft! Die Eurogruppe hat Zypern ein Ultimatum gestellt, dass die Bedingung für die Rettung seines Bankensystems darin besteht, dass die Sparer mit einer unerhörten Sparersteuer abgeschnitten werden müssen!

Die britische *Daily Mail* ruft aus: „Dies ist ein großer EU-Bankraub."

---

[10] Queen Questioned Financial Crisis, BBC News, 2013-12-12.

Es ist allgemein bekannt, dass Bankguthaben keine Anleihen, keine Aktien oder irgendeine Form der Investition sind, sondern die grundlegendste Form der Existenz von Privateigentum der Bürger. Das Wesen von Ersparnissen ist eine Einlage von Vermögen, und der Sparer ermächtigt niemanden, das Geld in irgendeinem Namen für riskante Investitionsaktivitäten zu verwenden, weshalb die Banken den Sparern bedingungslos das Recht einräumen müssen, ihre Einlagen jederzeit abzuheben. Das Scheitern von Bankinvestitionen hat nichts mit den Sparern zu tun, und es gibt keinen Grund, dass alle Verluste von den Sparern getragen werden müssen. Obwohl Bankrisiken in einer realen Gesellschaft unvermeidlich sind, soll das Einlagensicherungssystem in Europa und den Vereinigten Staaten sicherstellen, dass die Interessen der Einleger vor unrechtmäßigen Verletzungen geschützt werden, was ein Minimum an moralischer Grundlage darstellt.

Das Prinzip der Unantastbarkeit des Privateigentums ist seit langem die Wertebasis der westlichen Gesellschaft. Ohne die Zustimmung der Sparer, ohne eine faire Diskussion in der Gesellschaft, ohne ein gerechtes Gerichtsverfahren hat die "Troika" der Eurogruppe, der EZB und des IWF die Regierung Zyperns durch Zwang und Anreize gezwungen, unter völliger Missachtung des Grundprinzips der Gerechtigkeit eine "Undercity-Allianz" zu akzeptieren, die schlimmer ist als ein offener Akt des Raubes, da sie die moralischen Grundlagen der Gesellschaft eklatant untergraben hat.

Es kam die Nachricht, dass die zyprische Bevölkerung so verängstigt war, dass sie zur Bank rannte, um Geld abzuheben, nur um festzustellen, dass ihre Konten eingefroren worden waren. Die wütende Menge begann zu randalieren und einige fuhren sogar Bulldozer gegen die Türen der Bank.

Auch wenn die Steuer auf Bankguthaben letztlich nicht eingeführt wurde, haben sich die enormen Verluste für Großsparer zu einem finanziellen Alptraum entwickelt. Der Schritt der EU gilt als Vorbild für künftige Bankenrettungsprogramme in anderen Mitgliedsstaaten, und Europas Wohlhabende sind in großer Panik.

Wenn das Vermögen nicht einmal auf einer Bank sicher ist, geschweige denn auf einem volatilen Aktienmarkt, einem stark schwankenden Anleihemarkt und einem unbeständigen Devisenmarkt.

Der Reichtum, zumindest ein Teil davon, braucht dringend einen sicheren Hafen außerhalb des Finanzsystems. Am Ende des Jahres 2012 und Anfang 2013, die Vereinigten Staaten QE3 provoziert die Währung

Panik, durch den Yen Super-Abwertung und der Euro negativen Zinserwartungen, wurde multipliziert, die BRICS-Länder sind bereit, ein neues Feuer zu starten, um die Situation des Dollars Turbulenzen zu stärken, mit den Deutschen gekoppelt, um Gold Verdacht zu transportieren, die Briten hier und es gibt keine Silber 300 Tael Leistung, sowie die Zypern-Spar-Krise eskaliert, schließlich induziert den Markt zu den globalen Währungen der extremen Unruhen, die reichen Horten Gold dunkle Flut begann zu steigen.

COMEX-Goldbestände lösen Alarmstufe Rot aus

Der New Yorker Gold-Terminmarkt kann zwar jede Menge Papiergold-Handelsvolumen "aus dem Nichts" schaffen, aber alles hat einen Vor- und einen Nachteil, 100 Flaschen mit nur einem Deckel zu jonglieren, geht früher oder später schief.

Futures-Kontrakte dürfen physisch geliefert werden, obwohl unter normalen Umständen 99% der Kontraktinhaber keine physische Lieferung verlangen (sie interessieren sich nur für den durch den Spread erzielten Gewinn). In einer bestimmten Situation ist es jedoch möglich, dass sich der Inhaber eines Terminkontrakts plötzlich auf die Forderung nach physischer Lieferung konzentriert, was zu einer potenziellen Krise des physischen Goldabflusses führt. Darüber hinaus zeigt sich, dass die Kunden, die ihr Gold nur in den Tresoren der COMEX deponieren, durch den Vorfall in Zypern stark stimuliert werden: Wenn die Ersparnisse der Anleger in den Banken jederzeit entzogen werden können, warum sollten sie dann glauben, dass das in den Tresoren der Terminbörsen deponierte Gold nicht beschlagnahmt wird?

Unter normalen Umständen sind die Menschen bereit, ihr Bargeld auf der Bank zu lassen, aber wenn eine Krise ausbricht, eilen die Menschen zur Bank, um ihre Einlagen abzuheben, und die Terminmärkte tun das Gleiche in Panik.

Die Goldbestände der New Yorker COMEX lassen sich in zwei Hauptkategorien einteilen: "Qualifiziertes" und "reguliertes" Gold. Der Begriff "qualifiziertes Gold" bezieht sich auf Goldbarren, die die Reinheits- und Gewichtsanforderungen der COMEX erfüllen, die jedermann gehören können, die im Tresor der COMEX hinterlegt und aufbewahrt werden und die nicht für Terminlieferungen verwendet werden können. Bei "Liefergold" muss es sich zunächst um qualifiziertes Gold handeln, d. h. um registrierte Goldbarren, die für die Lieferung von Termingeschäften verwendet werden können.

Um genau zu sein, verfügt die COMEX nicht über einen eigenen physischen Tresor, sondern ihr Tresor besteht aus den Tresoren der fünf größten Goldhändler zusammen. Zu den fünf größten Goldhändlern gehören JPMorgan Chase, HSBC, Scotiabank Canada (SCOTIA MOCATTA), BRINK'S (INC) und MANFRA. Die fünf größten Goldhändler übermitteln der COMEX täglich Bestandsinformationen, und die COMEX veröffentlicht auf der Grundlage dieser Zusammenstellung einen täglichen Bestandsbericht.

Es ist zu beachten, dass die COMEX lediglich die von den fünf größten Goldschmieden übermittelten Bestandsdaten zusammenfasst und die Richtigkeit dieser Angaben nicht überprüft.

Seit 2010 sind die Goldbestände an der New Yorker COMEX mit 11 Millionen Unzen (etwa 354 Tonnen) im Wesentlichen stabil geblieben, und das Gold-Superkasino scheint normal zu funktionieren. Die Situation hat sich jedoch Ende 2012 drastisch verschlechtert, als die Goldbestände an der COMEX eine Lawine auslösten.

Seit Dezember 2012 kam es auf dem US-Goldterminmarkt zu einer dramatischen Verschiebung des physischen Goldes, wobei die COMEX-Goldbestände Anfang April von mehr als 11 Millionen Unzen auf 8 Millionen Unzen (257 Tonnen) stark zurückgingen und fast 100 Tonnen Gold von den Kunden abgezogen wurden. (Anmerkung: Die 400 Tonnen Gold, die bei der Eröffnung am 12. April abgeworfen wurden, sind deutlich mehr als der gesamte Bestand der COMEX! In weniger als 4 Monaten hat die COMEX satte 27% ihres Goldes verloren! Bei diesem Tempo des Verfalls wird es schwierig sein, den gesamten COMEX-Goldbestand bis zum Ende des Jahres zu halten.

Was passiert, wenn sich kein Gold im Tresor der COMEX befindet? Ganz einfach, es kommt zu einem massiven Lieferausfall auf dem Terminmarkt. Was ist mit einem Vertragsbruch? Die Antwort ist, dass einzelne Ausfälle als Unfälle und große Ausfälle als Krisen bezeichnet werden. Die Finanzmärkte leben vom Vertrauen, ohne das sie zusammenbrechen.

Tatsächlich war der Ausfall bereits eingetreten, und Anfang April war ABN AMRO, die größte Bank der Niederlande, nicht mehr in der Lage, physisches Gold zu liefern. In einem Entschuldigungsschreiben an die Kunden teilte die Bank mit, dass sie nicht in der Lage sei, physisches Gold an die Kunden zu liefern, und bereit sei, Lieferungen in bar vorzunehmen. Auf einem normalen Markt sollte ABN in der Lage sein, problemlos physisches Gold auf dem Markt zu kaufen und es an Kunden zu liefern, wenn der Goldpreis fällt, d. h. wenn ein Überangebot an Gold besteht. Offensichtlich war es zu diesem Zeitpunkt bereits schwierig, physisches Gold zu finden.

Wird das Problem gelöst, wenn die COMEX die Regeln für die Lieferung von Termingeschäften auf Bargeld anstelle der physischen Lieferung ändert? Wenn die physische Lieferung ganz abgeschafft wird, wird sie zu einem reinen Kasino, das nichts mehr mit Gold zu tun hat. Dann gehen alle Kunden, die eine Nachfrage nach Gold haben, verloren, und die verbleibenden Zocker können direkt in die Casinos in Las Vegas gehen, wo das Glücksspiel noch besser sein wird.

Wenn dem COMEX-Goldterminmarkt der Spotmarkt ausgeht, verlieren die USA die Preissetzungsmacht über den Goldpreis, was die Preissetzungsmacht über den Devisenmarkt und letztlich die Erschütterung der Vorherrschaft des Dollars bedroht.

Einige argumentieren, dass Gold nichts anderes als ein gewöhnlicher Rohstoff ist und nichts mit einem Pfennig zu tun hat. Ja, rechtlich gesehen wurde Gold in der Tat Anfang der 1970er Jahre vom IWF zwangsweise "demonetisiert". Gesetze müssen jedoch auf die öffentliche Meinung reagieren, und Gesetze, die nicht von der öffentlichen Meinung getragen werden, sind nichts weiter als ein Stück Papier. Es ist diese Wahrheit, dass das Gesetz nicht über das Volk herrscht. Gold ist rechtlich gesehen kein Geld, hat aber in den Köpfen der Weltöffentlichkeit den Status von Geld, der sich der Reichweite des Gesetzes entzieht. Die Zentralbanken aller Länder haben Goldreserven, aber keine Stahl- oder Diamantenreserven. Dies ist kein so genanntes "Relikt der Barbarei", sondern die ewige Anerkennung des Goldes als ultimativer Repräsentant des Reichtums.

Die Menschen können nicht anders, als ein paar mehr Blicke zu werfen, wenn sie eine schöne Frau auf der Straße sehen. Wenn die Medizin hochentwickelte Instrumente für Tests zur Verfügung stellen kann, wird sie die wunderbaren Veränderungen in den verschiedenen Hormonen im Körper eines Menschen aufdecken, wenn er eine schöne Frau sieht. Ebenso wird das goldene, glänzende, weiche, edle, glatte und schwere Gefühl, wenn man Gold in die Hand nimmt, die Veränderungen in der menschlichen Hormonausschüttung stimulieren und die Menschen dazu bringen, wegzuschauen.

Wenn man ein Gedankenexperiment durchführt, ein Kilo Goldbarren und ein Kilo pechschwarze Eisenblöcke nebeneinander auf eine belebte Straße legt und die Reaktion der Passanten beobachtet, wird man unweigerlich feststellen, dass die Leute zufällig nach den Goldbarren greifen, während die Eisenblöcke entweder weggetreten oder ignoriert werden. Man braucht keine Wirtschaftstheorie und keine fortgeschrittenen Kenntnisse, um instinktiv auf die gleiche Weise zu reagieren. Was jeder haben will, wird niemand ablehnen, und das ist die Inflation. Die wahre Währung bedarf keines Gesetzes; sie entsteht auf natürliche Weise, entwickelt sich spontan und zirkuliert automatisch, sie ist die Währung, nach der die Herzen aller Menschen streben. Daher können die natürlichen monetären Eigenschaften des Goldes von keiner Macht beseitigt werden, sondern im Gegenteil, alle Mächte müssen sich das Gold aneignen, um die Herzen und den Verstand des Volkes zu gewinnen.

Gold ist seit jeher der natürliche Feind aller gesetzlichen Zahlungsmittel, und aufgrund der Gewalt des französischen Geldes hängt Gold von den Herzen und Köpfen der Menschen ab. Wenn französische Münzen hin und her gehen, werden sich die Herzen automatisch dem Gold zuwenden. Die Gerechtigkeit der Welt liegt im Herzen, die Gerechtigkeit der Währung liegt im Gold.

Die QE-Politik der USA ist in Wirklichkeit ein monetäres Übel, das als Rettung der Wirtschaft bezeichnet wird, in Wirklichkeit aber eine Ausplünderung des Reichtums ist, und die wahllose Ausgabe von Geld wird unweigerlich zur Abwanderung des Volkes führen. Die Vereinigten Staaten können zwar den Goldpreis durch Gold-Futures unterdrücken, aber sie können die Öffentlichkeit nicht davon abhalten, physisches Gold in großem Stil zu erwerben.

Von Dezember 2012 bis Anfang April 2013 kam es in den Tresoren der COMEX zu einem häufigen Rückgang. Insbesondere die Bestände von JPMorgan Chase befanden sich in einer verzweifelten Lage: Sie fielen von 2,8 Mio. Unzen (90 Tonnen) auf weniger als 1 Mio. Unzen (ca. 30 Tonnen) - ein Rückgang von fast 70%!

Es handelt sich nicht mehr um eine normale Futures-Lieferung, sondern um einen ernsthaften Gold-Run!

JPMorgan Chase ist nicht nur der größte Akteur auf dem Goldmarkt, sondern auch bei den Zinssätzen, Wechselkursen und fast allen anderen Finanzmärkten. Im Januar und Februar 2013 entfielen allein auf JPMorgan Chase 67% bzw. 60% der physischen

Nettogoldlieferungen an der COMEX, im März und April sogar 95% bzw. 83%!

Es ist keine Übertreibung, wenn man sagt, dass JPMorgan Chase die Geschicke des COMEX-Goldterminmarktes vollständig beherrscht.

Wenn der Tresor von JPMorgan Chase weiterhin in diesem Tempo Gold verliert, wird er sich nicht einmal mehr zwei Monate halten können, was bedeutet, dass der Optimus Prime der COMEX zusammenbricht und ein massiver Zahlungsausfall unvermeidlich ist. Die Vereinigten Staaten schätzen die Situation des Goldes anders ein, und sobald der Dollar die Deckung durch den starken Dollar und das schwache Gold verloren hat, wird er sofort zum "Kaiser ohne neue Kleider".

Seit Dezember 2012 ist der Goldbestand von JPMorgan Chase von 2,8 Millionen Unzen auf weniger als 1 Million Unzen Anfang April gefallen

Der einzige Weg, die Szene zu retten, ist ein Gold-Supersturz des "weißen Terrors" zu schaffen, zu donnernden Gold-Futures Sell-Off, zerstören alle Widerstände wird, fliegen gerade nach unten den Goldpreis vollständig den Markt zu erschüttern, das Gold in der Art von Investoren zitternden Händen zu schütteln, auf der einen Seite, lassen Sie die Wall Street Bonzen in kurzen Handel, um ein Vermögen zu machen, auf der anderen Seite ist es bequem für J.P. Morgan Chase in den niedrigeren Preis billig fegen, den Wiederaufbau der fast dezimiert Goldbestand. Gleichzeitig werden alle Goldkäufer, die die Chance ergriffen haben, angesichts eines Zusammenbruchs Gold zu kaufen, aus Angst weglaufen und so einen nachfolgenden Preisdruck verhindern.

Das ist ein toller Plan, um drei Fliegen mit einer Klappe zu schlagen!

Dies ist der Hauptgrund, warum die Vereinigten Staaten den "4-1-2"-Staatsstreich zur Unterdrückung von Gold gestartet haben!

Ein solcher Plan vereint perfekt die vielfältigen Interessen eines Weißen Hauses, das verzweifelt versucht, seine Dollar-Position zu stärken, einer Fed, die verzweifelt versucht, ernsthafte öffentliche Zweifel an QE3 zu zerstreuen, eines Finanzministeriums, das absichtlich die Überprüfung der Goldreserven vermeidet, und ängstlicher Wall-Street-Bonzen.

So wurde die Welt Zeuge einer Reihe von "Zufällen", die nahtlos ineinander übergingen.

Anfang April drehten sich die Wall-Street-Medien kollektiv um, das Geräusch der Goldblase war unaufhörlich, Gold wurde vom hoch angesehenen "Darling" plötzlich zum verfluchten "Katastrophenstern".

Am 10. April lud Obama 14 globale Finanzriesen zu einem geheimen Treffen ein, um ihre Pläne zu besprechen.

10. April, Goldman Sachs veröffentlicht eine bärische Gold-Bericht (zuvor wurde mehr als bärisch), blies die kurze Gold "Rallye-Ruf", für eine Zeit, der Berg regen ist über zu kommen Wind vollen Boden.

Am 11. April machten Gerüchte die Runde, dass Zypern den Verkauf von 13,9 Tonnen Gold plane, gefolgt von Gerüchten, dass Portugal (382 Tonnen) und Italien (2451 Tonnen) diesem Beispiel folgen könnten, und der Goldmarkt war in Aufruhr.

11. April, die Federal Reserve Sitzungsprotokolle "versehentlich" vor der Zeit durchgesickert, das Protokoll spiegelt die Fed internen Vorschlag, QE3 früh zu beenden.

All dies war eine angemessene psychologische Vorbereitung auf das "Goldene Massaker" vom 12. April.

Inventar-Wolke

Die Bonzen der Wall Street sind Experten in der technischen Analyse des Terminmarktes und können die möglichen schockierenden Auswirkungen des Ausverkaufs von 400 Tonnen Gold bei der Eröffnung des "4-1-2" genau vorhersagen, aber sie können die Auswirkungen des Goldpreissturzes auf die physischen Goldkäufer nicht beurteilen.

Gerade in der Wall Street großen Bruder in der Papier-Gold-Markt, um das Gold viele Köpfe in der Rüstung getötet, die Flucht in Unordnung, "China große Mutter" und die Welt der physischen Goldkäufer plötzlich ausgeschwärmt, traf die Wall Street großen Brüder eine Überraschung, sie haben keine Zeit, um die physische Gold-Trophäe zu sammeln hatte, war "große Mutter" fegen sauber. Mit diesem Phänomen hatten die Wall Street-Bonzen nicht gerechnet, denn es widerspricht völlig der Regel, dass der Verkauf von physischem

Gold nach jedem Goldpreisabsturz seit dem Jahr 2000 wirksam unterdrückt wird.

Nicht nur, dass gewöhnliche Anleger auf der ganzen Welt Gold kaufen müssen, solange der Preis niedrig ist, auch die Zentralbanken stocken ihre Goldreserven in aller Stille gegen den Markt auf. Die weltweiten Goldkäufe der Zentralbanken erreichten im vierten Quartal 2012 ein 48-Jahres-Hoch und nahmen im ersten Quartal 2013 und nach dem "4-1/2"-Crash weiter deutlich zu. Vor allem die Zentralbanken der Schwellenländer haben das Tempo beschleunigt, mit dem sie die lange vernachlässigten Goldreserven zu niedrigen Preisen aufbrauchen. Die Zentralbanken Russlands, der Türkei, Südkoreas, Kasachstans, Aserbaidschans, Weißrusslands, Kirgisistans, der Mongolei und der Ukraine haben ein noch nie dagewesenes Interesse an ihren Goldreserven gezeigt.

Der rege Verkauf von physischem Gold hat die hohen Tiere an der Wall Street überrascht, und selbst Terrence Duffy (CEO von CME), der Eigentümer des Gold-Terminmarktes, musste in einem Interview am 29. April 2013 zugeben:

> *„Ein interessantes Phänomen in Bezug auf Gold ist, dass der Einbruch vor zwei Wochen zu einem deutlichen Rückgang des Goldhandelsvolumens bei allen Arten von (Papier-)Produkten geführt hat, während bei Goldmünzen und physischem Gold das Gegenteil der Fall ist. Das zeigt, dass die Menschen keine Goldzertifikate oder irgendetwas anderes (Papiergold) wollen, sie wollen nur physisches Gold."*[11]

Auf diese Weise verdienen die Wall Street-Bonzen zwar eine Menge Geld mit dem Leerverkauf von Gold-Futures, doch ihr wichtigstes strategisches Ziel ist der Wiederaufbau der COMEX-Bestände, und dieser Plan ist in die Hose gegangen. Nicht nur das, sondern die COMEX-Bestände wurden schneller abgebaut als vor dem 1. und 2. April, und allein am 25. April verlor die COMEX 7% ihrer Bestände, während die "Qualified Gold"-Bestände von JPMorgan Chase am selben Tag um satte 65% fielen!

---

[11] Terrence Duffy, Präsident und Executive Chairman der CME Group Inc. bei Bloomberg TV.

Bis zum 7. Mai war das "Liefergold" von JP Morgan auf ein Rekordtief von 137.000 Unzen (ca. 4,3 Tonnen) gefallen, und allein am 7. Mai wurden 54.000 Unzen oder 28,5% des Gesamtbestands abgezogen!

Am 10. Juni war der Goldbestand von JPMorgan Chase noch gefährlicher. Der Bestand an "Liefergold" sank weiter auf 136.000 Unzen, und der Bestand an "Qualifikationsgold" fiel noch schneller. Der gesamte Goldbestand des Unternehmens beträgt nur noch knapp 550.000 Unzen (17,7 Tonnen).

Am 12. Juni 2013 hatte JPMorgan Chase nur noch knapp 550.000 Unzen (17,7 Tonnen) Gold in seinem Bestand

Mit etwas mehr als 4 Tonnen "Liefergold" auf Lager ist es bereits gefährdet, und selbst mit dem vorübergehend konvertierbaren "Qualifizierungsgold" sind 17 Tonnen Lagerbestand ein Tropfen auf den heißen Stein, um den weltweiten physischen Run auf Gold zu bewältigen.

Zu diesem Zeitpunkt ist die größte Angst eine größere "Lieferankündigung"!

Das Ergebnis ist, dass alles, was mit Angst einhergeht!

10. Juni, COMEX überrascht ein riesiges Ausmaß der "Lieferung Bekanntmachung", fragte Kunden JPMorgan Chase im Juni 6208 Verträge von physischem Gold zu liefern, die Gesamtmenge von 620.000 Unzen (ca. 20 Tonnen), neun Mal den normalen Monat (Januar und Februar) Liefervolumen!

Das ist mehr als der gesamte Bestand von JPMorgan Chase (550.000 Unzen)!

Einfach ausgedrückt: JPMorgan Chase muss dringend Gold aus anderen Quellen beschaffen, oder es wird zahlungsunfähig. Wenn der Chef des weltweiten Gold-Terminmarktes ausfällt, ist alles in der Schwebe.

Am 10. Juni 2013 sah sich JPMorgan Chase einem "Run" von 620.000 Unzen (20 Tonnen) Gold auf seinen gesamten COMEX-Bestand gegenüber. Die Bestände von JPMorgan Chase sind für die Juni-Terminlieferung unzureichend, was bedeutet, dass die Bestandsmeldungen der fünf großen Goldhändler wie JPMorgan Chase möglicherweise stark überhöht sind. Tatsächlich haben einige Kunden schon lange den Verdacht, dass die Bestände der fünf großen

Goldhändler einen Haken haben, wie z. B. die Veruntreuung von Kundengold, privates Goldleasing und Swaps (SWAP). Die Hinterfragung der Tresore der Fed dürfte bei den fünf größten Goldhändlern noch häufiger und rücksichtsloser sein. Aus diesem Grund löste die Ankündigung des deutschen Goldtransports im Januar 2013 bei vielen Kunden, die ihr Gold in COMEX-Tresoren gelagert hatten, Panik aus, und sie zogen ihr Gold aus den COMEX-Tresoren aus und lagerten es einfach selbst. Allerdings ist es nur eine Frage der Zeit, bis die Bestände wieder aufgestockt werden. Wenn aber JPMorgan Chase den Punkt erreicht hat, an dem es das Gold nicht mehr liefern kann, ist das nicht mehr in Frage gestellt, sondern es liegt eindeutig Betrug vor.

Und so geschah das "Zufällige" erneut.

Am 3. Juni erschien im täglichen Goldbestandsbericht der COMEX wie aus dem Nichts eine schockierende Aussage: "Die Informationen in diesem Bericht stammen aus vertrauenswürdigen Quellen, aber wir übernehmen keine Verantwortung für die Richtigkeit oder Vollständigkeit dieser Informationen. Dieser Bericht wird nur zu Informationszwecken zur Verfügung gestellt. "

Warum eine so plötzliche Erklärung? Warum zu diesem Zeitpunkt? Wenn die Genauigkeit der Goldman-Bestände das Einzige ist, was zählt, was ist dann der Sinn der COMEX-Regulierung? Lügen Finanzinstitutionen nicht immer? Wenn sie alle ehrlich wären, wo hätte es dann 2008 einen Finanz-Tsunami gegeben?

Die Bestände von J.P. Morgan erreichen die Talsohle, und die Futures-Lieferungen stehen kurz vor dem Ausfall, was eigentlich eine gute Nachricht für Gold sein sollte. Der Goldpreis für Juni-Futures ist jedoch weiter gefallen und tendiert näher an die 1.000$-Marke heran.

Dies lässt darauf schließen, dass JPMorgan Chase andere Möglichkeiten zur Beschaffung von Gold haben muss, und der Gold-ETF ist eine davon.

Gold-ETF, der "kleine Tresor" der Wall Street

Eines Tages im Jahr 1910 lag der deutsche Meteorologe Wegener zur Rekonvaleszenz im Krankenhaus, langweilte sich und starrte auf die Weltkarte an der Wand. Plötzlich stellte er fest, dass die Umrisse des europäischen und des afrikanischen Kontinents denen Nord- und

Südamerikas verblüffend ähnlich waren, und dass, wenn man die Karte ausschneiden und die beiden Kontinente zusammensetzen würde, dies fast nahtlos möglich wäre. Auf der Grundlage jahrelanger meteorologischer und geologischer Forschungen schlug er kühn die "Kontinentaldrift-Doktrin" vor. Auf diese Weise wurde ein Meteorologe ungewollt zum Vater der Plattenlehre der modernen Geologie.

Betrachtet man die Kurve der Goldabflüsse bei den börsengehandelten Goldfonds (GLD) analog zur Kurve der COMEX-Bestandsverluste, so stellt man fest, dass beide eine ungewöhnlich ähnliche Form haben.

Links ist das Rätsel der Wegenerschen Kontinentaldrift, rechts das Rätsel der Gold-ETF und der COMEX-Bestände

Wenn die Bestände von JPMorgan Chase für die Lieferung von Termingeschäften nicht ausreichen, ist es dann wahrscheinlich, dass sie aus den Beständen des Gold-ETF wieder aufgefüllt werden?

Die Antwort ist sehr wahrscheinlich.

Die jüngste 12-jährige Goldhausse hat den Wunsch der weltweiten Anleger nach Gold geweckt, und die Mentalität der Anleger unterscheidet sich völlig von der der Goldkonsumenten, die Gold nicht deshalb halten, weil sie es besitzen wollen, sondern weil sie damit Geld verdienen wollen. Für sie ist das Geldverdienen der Zweck, Gold ist nur das Mittel. Der Besitz von Gold ist jedoch mühsamer, denn der Kauf, die Prüfung, der Transport, die Lagerung und der Verkauf der Ware sind mit Kosten verbunden. Mit Gold-Futures lässt sich zwar auch Geld verdienen, ohne dass man physische Waren besitzen muss, aber der Futures-Markt ist volatil und riskant, nichts für schwache Nerven. Der Markt braucht ein Goldprodukt, es scheint ein physisches Gold zu haben, aber ohne jede Mühe und Kosten, und kann jederzeit gekauft und verkauft werden, das ist der Grund, warum Gold-ETF-Fonds glänzen.

Das Prinzip der Gold-ETF ist: Goldproduzenten zu Gold-ETF-Fonds Sendung Gold physisch, ETF-Fonds, um diese Gold als Sicherheit in der Börse ausgestellt "Warehouse-Quittungen", die minimale Einheit ist 1/10 Unze, um die Anleger die Einstiegsschwelle zu reduzieren, können diese "Warehouse-Quittungen" (Fondsanteil) frei gehandelt werden, Verwaltungsgebühren sind auch sehr niedrig. 2003 Gold-ETF einmal gestartet, schnell Feuer in der ganzen Welt, die aktuelle Gold-ETF-Fonds-Riese ist in der New York Stock Exchange GLD aufgeführt. 2004 Auflistung, seine Skala schnell erweitert, im Dezember 2012 hatte 1.350 Tonnen Gold gehalten werden, können die Länder außerhalb der Goldreserven der größten Goldbesitzer genannt werden. im September 2012, die weltweit alle Gold-ETF-Fonds hat insgesamt etwa 2330 Tonnen Gold. Allerdings halten einige Gold-ETFs Gold, das eigentlich Terminkontrakte sind oder in Form von anderem Papiergold existiert.

Wenn die Wall-Street-Medien über den Goldpreisanstieg berichten, wird als Grund meist angeführt, dass die Goldbestände des GLD schrumpfen, was darauf hindeutet, dass sich die Anleger vom Gold abwenden und das Geld aus dem Goldmarkt abfließt.

Wenn das Geld hereinkommt, verwendet der GLD-Fonds das Geld, um physisches Gold zu kaufen und die "Lagerscheine" an die Anleger auszuhändigen, ein Vorgang, der leicht zu verstehen ist. Was passiert also, wenn das Geld abfließt?

Dort versteckt sich die Katze!

Der Inhaber eines "Lagerscheins" kann den Lagerschein jederzeit übertragen und auch das Gold in natura bei GLD einfordern. Wenn es sich um eine Übertragung handelt, dann bleibt der Goldbestand von GLD unverändert, aber die Inanspruchnahme von Gold in Naturalien sieht anders aus, das nennt man "Einlösung", GLD muss das Gold aushändigen und die Lagerscheine vernichten, die beiden sind nicht im Rückstand, die Konten werden abgeschrieben, zu diesem Zeitpunkt wird der Goldbestand von GLD sinken.

Die Wall Street-Bonzen hatten bei der Gestaltung des GLD ihre Hand im Spiel, und nur 15 Großbanken waren in der Lage, mit dem Treuhänder des GLD, der Bank of New York Mellon, und der Depotbank HSBC, die Teil der Gruppe sein sollten, Geschäfte zu machen. Die großen Jungs halten mindestens 100.000 "Lagerscheine", bevor sie das physische Gold "einlösen" können.

Diese Anordnung wird vollständig ausschließen alle Kleinanleger in GLD von der Schwelle der "Rücknahme" physisches Gold, ihre einzige Möglichkeit ist in den Schrecken des Goldes stürzen, wird "Warehouse-Quittung" auf den Sprung Preis Übertragung auf 15 Wall Street großen Brüder, große Brüder lachend lecken das Blut der Kleinanleger auf dem "Warehouse-Quittung", dann finden Sie den Client des Komplizen, um die Konten von GLD zu beseitigen, dann erhalten Sie den Frachtbrief, dann gehen Sie zu einem anderen Komplizen HSBC Bank Treasury Tür klopfen, HSBC identifiziert und versandt, große Brüder feiern, sich gegenseitig gratulieren und reich werden. Am Ende liefern die großen Jungs das Gold, das ursprünglich den GLD-Kleinanlegern gehörte, an die COMEX-Terminkunden. Die Kleinanleger des GLD werden umgeschichtet und die Lieferung der COMEX-Futures wird nicht verweigert.

Wo ist das Gold von GLD versteckt? Es wird treuhänderisch bei der HSBC in London verwahrt, physisch im Tresor der UBS in Zürich, Schweiz, und das Gold ist auf dem Bestandsradar der COMEX völlig unsichtbar.

Was meinen Sie mit "skrupellos"? Die hohen Tiere der Wall Street sind das beste Beispiel dafür!

Was ist Betrug, und die GLD-Regeln sind das anschaulichste Beispiel dafür!

Was bedeutet es, unglücklich zu sein? Kleinanleger in GLD sind die größten Verlierer!

Nachdem Deutschland angekündigt hatte, Gold nach Hause zu schicken, kam es an der COMEX und beim Gold-ETF zu einem gleichzeitigen Rückgang der Gesamtbestände (Quelle: Bloomberg).

Das Schöne an GLD ist, dass es das Geld der Kleinanleger nutzt, um sich selbst zu schröpfen. Die Fähigkeiten der großen Jungs beim Scheren von Wolle sind wirklich auf dem neuesten Stand und innovativ, und es ist faszinierend, das zu beobachten. Wenn die Kleinanleger das Gold direkt besitzen, ist es für die Großen nicht einfach, das Gold aus den verstreuten Ecken der Welt zu holen, aber der GLD nutzt die Methode der Stimulierung der menschlichen Gier, um das Geld und das Gold der Kleinanleger in den Händen der Großen zu konzentrieren, es zu nehmen und sich daran zu laben.

Im Juni 2013 kam es bei JPMorgan Chase tatsächlich zu einem Gold-Run, da das COMEX-System nicht in der Lage war, die Termingeschäfte abzuwickeln, und GLD zu einer bequemen und komfortablen Gold-"Abhebungsmaschine" von JPMorgan Chase wurde. Steigt der Goldpreis oder bleibt er unverändert, dann werden die Kleinanleger des GLD ihre "Positionen" nicht ehrlich übergeben, und nur ein Einbruch des Goldpreises kann die "Positionen" der verängstigten Kleinanleger erschüttern. Dies ist die Ursache für den erneuten Einbruch des Goldpreises Ende Juni.

Betrachtet man die Goldbestände des Gold-ETF und der COMEX zusammen in einem Diagramm, wird das Problem deutlich: Im Januar 2013, als Deutschland ankündigte, Gold nach Hause zu verschiffen, begann sich der Goldpreis umzukehren, während die Bestände der COMEX und des Gold-ETF in einer sehr "zufälligen" synchronen und proportionalen Weise fielen. Anders ausgedrückt: Die Goldbestandsverluste der COMEX können teilweise durch die Bestände der Gold-ETFs wieder aufgefüllt werden.

Auf lange Sicht ist die ETF-Gold Abfluss keineswegs eine schlechte Sache, und die Interpretation der Wall Street Medien ist völlig entgegengesetzt, die Gold-ETF "Blutverlust", veranschaulicht die COMEX physischen Goldmangel ist ernst, die ETF-Gold aus der zentralisierten Kontrolle der großen Jungs wieder die Freiheit, sie wieder auf der ganzen Welt verstreut, und schließlich in die Taschen der asiatischen und Schwellenländern "große Mütter", werden sie klammern sich an die wirklich wertvollen Schatz, der Wall Street großen Jungs wollen diese Gold zu locken, in der Nähe eines Traums.

Offenlegung von Insiderinformationen

Manch einer mag sich fragen, es gibt keine undurchlässige Mauer auf der Welt, und die "Enthauptungsaktion" von Gold seit April ist überhaupt nicht durchgesickert?

Die Antwort lautet: Natürlich gibt es sie.

In einem langen Artikel mit dem Titel "The Assault On Gold", der am 4. April (acht Tage vor der Enthauptung des Goldes) auf der Website veröffentlicht wurde, wurde die bevorstehende "Aprilscherz-Offensive" der Vereinigten Staaten gegen das Gold genau "vorausgesagt".

Bei dieser Person handelt es sich um Paul Craig Roberts, einen ehemaligen stellvertretenden Sekretär des US-Finanzministeriums.

Roberts diente als stellvertretender Finanzminister für die US-Wirtschaftspolitik in der Reagan-Regierung und gilt als einer der Begründer der Reagan-Ökonomie.

In seinem Artikel weist Roberts darauf hin, dass die Goldspitze von 500 Dollar im Jahr 2011 die Federal Reserve und das US-Finanzministerium stark erschütterte, und dass die US-Regierung die dominierende Kraft beim Gold- und Silbersturz ist, da sie die Hegemonie des Dollars verteidigen muss, um Gold zu unterdrücken.

> *„Für die Amerikaner könnte sich eine finanzielle und wirtschaftliche Katastrophe anbahnen. Die US-Notenbank und die Finanzinstitute, auf die sie sich stützt, haben sich zusammengetan, um die Gold- und Silberpreise zu drücken und die Anleger abzuschrecken, wie dies hier zu sehen ist."*

Ich habe Roberts' Gold Alert in meinem Sina Weibo-Post vom 7. April 2013 (600.000 Leser) vorgestellt. Dies geschah 5 Tage vor dem "4-1-2"-Goldpreissturz.

> *Die "Aprilscherz-Offensive" der Fed in Bezug auf Gold begann mit einer Nachricht an die Goldhändler (u.a. JPMorgan Chase), die ihre Kunden rasch über die Absichten (der Fed) informierten und ihnen mitteilten, dass Hedgefonds und andere große Anlageinstitute im Begriff seien, ihre Goldpositionen zu verkaufen, und dass die Kunden bis dahin rasch aus dem Edelmetallmarkt aussteigen sollten. Da diese Insider-Informationen zur eigenen Strategie der Regierung gehören, werden die Anleger nicht in der Lage sein, solche Aktionen zu verfolgen.*
>
> *"Wie ich bereits erklärt habe, war das gemeinsame Vorgehen gegen Gold und Silber genau darauf ausgerichtet, den Wechselkurs des Dollars zu schützen. Wenn Gold und Silber keine Bedrohung (für den Dollar) darstellen würden, würde die Regierung nicht gegen sie vorgehen.*
>
> *"Die US-Notenbank stellt jährlich eine Billion Dollar an neuem Geld her, aber die Welt wendet sich bei den internationalen Handelsabrechnungen und den Dollarreserven vom Dollar ab, was zu einem Anstieg des (Dollar-)Angebots und einem Rückgang der Nachfrage führt. Das bedeutet, dass der Dollar fallen wird und sich die inländische Inflation aufgrund höherer Importpreise verschlimmern wird, was zu höheren Zinssätzen und dem Zusammenbruch von Anleihen, Aktien und Immobilien führen wird.*
>
> *"Der kombinierte Angriff der Fed auf Gold und Silber wird wahrscheinlich nicht von Erfolg gekrönt sein und dient lediglich dazu, der Fed mehr Zeit zu verschaffen, damit sie weiterhin Geld drucken kann, um das Staatsdefizit zu bezahlen, während sie die*

Zinsen niedrig hält und die Anleihekurse sichert, um die Bilanzen der Banken zu stützen.[12]

Die US-Regierung ist insofern klug, als sie die Instrumente des Marktes, den Einfluss der Medien und die enorme Energie der Wall Street nutzt, um die Marktpsychologie zu manipulieren, um die Erwartungen für Gold und Silber zu verändern und so ihre politischen Ziele zu erreichen, ohne irgendwelche Anzeichen zu zeigen. Dies ist weitaus effektiver als der Einsatz von administrativen Mitteln wie Kauf- und Mengenbeschränkungen.

Der Einfluss der US-Regierung auf die Goldpreiserwartungen lässt sich an einer Reihe von "Zufällen" bei den aufeinanderfolgenden Goldpreisanstiegen und -rückgängen ablesen.

Im März 2008 überstieg der Goldpreis zum ersten Mal in der Geschichte die Marke von 1.000$ und erreichte 1.011$, und im April begann der IWF, den Verkauf von Goldfinanzierungen zu diskutieren, angeblich um armen Ländern besser zu helfen. Mit solch lahmen Begründungen sollen natürlich die Erwartungen an den Goldpreis beeinflusst werden. Und tatsächlich stürzte der Goldpreis im September aufgrund dieser Nachricht um 27% auf 740$ ab.

Im Februar 2009 erreichte der Goldpreis 984$ und näherte sich damit erneut der 1.000-Dollar-Marke, und im März, beim G20-Gipfel, der zur Erörterung des Goldverkaufsplans des IWF anberaumt wurde, übertraf der Umfang mit 403 Tonnen die Erwartungen bei weitem. Es überrascht nicht, dass der Goldpreis im April aufgrund dieser Nachricht um 12 Prozent auf 870 Dollar fiel.

Im November 2009 erreichte der Goldpreis mit 1175$ ein weiteres Rekordhoch. Im selben Monat kündigte der IWF aus "Dringlichkeit" den Verkauf von 200 Tonnen Gold an Indien an, woraufhin der Goldpreis drei Monate später um 10% auf 1.058$ fiel.

Im Juni 2010 erreichte der Goldpreis ein Allzeithoch von 1261 Dollar, und am 7. Juli enthüllte das Wall Street Journal plötzlich, dass die Bank für Internationalen Zahlungsausgleich (BIZ) ein Gold-Swap-Geschäft (SWAP) mit Geschäftsbanken abgeschlossen hatte: "Wenn die Kredite (der Geschäftsbanken) bei der BIZ Gold gesichert haben,

---

[12] Paul Craig Roberts, *The Assault on Gold*, PaulCraigRoberts.org, 2013-04-04.

das aus irgendeinem Grund nicht zurückgezahlt werden kann, dann kann die BIZ beschließen, dieses Gold auf dem Markt zu verkaufen, und ein Goldverkauf dieses Ausmaßes würde das Angebot auf dem Markt stark erhöhen. "Infolgedessen fiel der Goldpreis bis Ende Juli auf $1157, was einem Rückgang von 8,2% entspricht.

Am 5. September 2011 erreichte Gold ein Allzeithoch von $1920. Von 1.328$ im Februar desselben Jahres, stieg es fast 600$ in 7 Monaten! 21. September, die Vereinigten Staaten startete eine 400 Milliarden Dollar Verzerrung Betrieb, der ursprüngliche Markt dachte, dass Gold steigen würde, aber nicht erwartet, ähnlich wie die "vier - eins zwei" Tragödie aufgetreten ist, die verrückte Futures Ausverkauf am 22. und 23. wird der Goldpreis nacheinander durch 1.800 Dollar und 1.700 Dollar der Barriere zerschlagen werden. Vor allem am 23. September, nach dem Einbruch des Goldpreises, kam die COMEX zu einem "Kessel des Bezahlens" und kündigte plötzlich eine beträchtliche Erhöhung der Goldhandelsspanne um 21%, Silber um 16% an. Es war "zufällig" wieder ein Freitag, und der nächste Tag war das Wochenende, und der Gold-Longmarkt brach genau wie am "4-1-2" zusammen. Infolgedessen fielen die Goldpreise in dieser Woche um 9,7%.

So viele "Zufälle" und sehr geringe Wahrscheinlichkeiten von Ereignissen treten auf dem Goldmarkt häufig auf, dieser Markt ist wirklich "verwunschen", fürchte ich.

Neben Roberts ist auch die ehemalige hochrangige US-Regierungsbeamtin Pippa Malmgren (Pippa Malmgren) der Meinung, dass es auf dem Goldmarkt "spukt".

Bipa-Maglen, ehemals Sonderassistentin von Präsident George W. Bush Jr. für Wirtschaftspolitik, berichtet dem Präsidenten über Bewegungen auf den Finanzmärkten und dient als allgemeine Koordinatorin des Weißen Hauses für Finanzaufsichtsbehörden wie die Federal Reserve, die U.S. Futures Trading Commission (CFTC) und die U.S. Securities and Exchange Commission (SEC).

Am 7. Juni 2013 enthüllte Bipa Magalhaes in einem Interview eine Menge Gold.

Der Reporter fragte,

„Was ist von dem Goldeinbruch am 12. April zu halten?"

antwortete Bipa-Maglen freimütig:

> „(Die US-Regierung) verabscheut den in die Höhe schießenden Goldpreis, und das ist in der Tat wahr, zumal sie die größte Währungsabwertungspolitik der Geschichte betreibt... Wir haben noch nie erlebt, dass so viele entwickelte Industrieländer diese (Währungsabwertungs-)Strategie gleichzeitig verfolgen. Es ist also nur natürlich, dass die Regierungen nervös werden. Einige der größten Banken haben böswillig Leerverkäufe (von Gold) getätigt und dem Markt erklärt: 'Es (Gold) wird auf jeden Fall abstürzen. Ich bin mir nicht sicher, ob dieses Verhalten als überraschend gilt. Was dann geschah, war ein sehr, sehr großes (Goldverkaufs-)Volumen, ein historisch seltenes Handelsvolumen, das am Freitag (12. April) in nur einer halben Stunde stattfand."

Der Reporter fragte,

> „Das ist ein klarer Akt der Manipulation, nicht wahr?"

Bipa Margren antwortete,

> „Ich verstehe, was Sie meinen. Es ist interessant, dass alle Leute die Regierung auffordern, diesen Vorfall zu untersuchen, und es sieht so aus, als würde es nicht gut ausgehen. Letztendlich werden wir also (die Wahrheit) nie erfahren."

Der Reporter fragte,

> „Wenn die CFTC eine Untersuchung im Namen der US-Regierung einleiten und schließlich der Regierung berichten darf: 'Wir haben ein Verbrechen gefunden, aber die Verdächtigen sind die Regierung und die Federal Reserve.' Wie steht es damit?"

Bipa Margren (lacht):

> „Ja, Sie müssen sich sofort verhaften lassen."

Der Reporter fragte,

> „Also ist es für Sie eigentlich unmöglich, diese Art von Ereignissen zu untersuchen, oder?"

Bipa Margren antwortete,

> „Nein, das kann man nicht (nachprüfen). Ich denke, das ist der Grund, warum viele der Institutionen, die ich berate, sehr besorgt über Goldinvestitionen sind, weil sie das Gefühl haben,

> *dass er (der Goldmarkt) manipuliert wird. Die Volatilität des (Gold-)Preises ist für sie nicht mehr zu ertragen."*[13]

Es besteht kein Zweifel, dass entweder Paul Roberts oder Bipa Magalhaes den Goldmarkt aus der Perspektive der US-Regierung gesehen haben. Als Sonderassistentin des Präsidenten muss sie ein klares Verständnis für die Anomalien der Finanzmärkte haben, falls der Präsident sie darum bittet. Es sollte kein Zweifel daran bestehen, dass die US-Regierung dem Goldmarkt, der natürlich mit dem Status des Dollars verbunden ist, große Bedeutung beimisst.

Interessanterweise verriet Bipa-Maglen in einem anderen Interview ihre Ansichten zur Internationalisierung des Yuan:

> *„Sie (China) wollen, dass der Yuan eine starke, goldgedeckte Währung in der Welt ist, während andere Länder auf Inflation und Abwertung der Währung setzen. Die jüngsten bilateralen Währungsabkommen (Chinas) mit Australien, Frankreich, Russland, Singapur und vielen anderen Ländern spiegeln die Bereitschaft wider, (den Yuan) als Weltreservewährung zu ersetzen."*

Wie lange wird die rote Flagge noch wehen? Gibt es eine Zukunft für Gold und Silber?

Der Goldstreik vom 12. April wurde als klassisches Beispiel für eine "psychologische Operation" beschrieben, die darauf abzielt, die Wertvorstellungen, Glaubenssysteme, Emotionen, Motivationen, die Logik und das Verhalten der Zielgruppe zu beeinflussen, insbesondere die Auswirkungen auf das Verhalten, die unmittelbar zu Preisschwankungen führen.

Der dramatische Rückgang des Goldpreises hat erfolgreich den erwarteten Effekt der "psychologischen Kriegsführung" hervorgerufen, die Menschen begannen zu zweifeln, ob das Konzept des "Versteckens von Gold in einer unruhigen Welt" noch gültig ist, das Vertrauen in den Investitionswert von Gold und Silber wurde ernsthaft erschüttert, Pessimismus ist weit verbreitet, das Singen und Wehklagen ist weit

---

[13] Eric King im Gespräch mit Dr. Philippa "Pippa" Malmgren, King World News, 2013-06-07.

verbreitet, und sogar die grundlegende Logik der übermäßig ausgegebenen Währung wird schließlich zu einer Inflation führen, ist ebenfalls zweideutig geworden. Die Marktstimmung hat sich von der ruhigen Vernunft abgekoppelt, die Preissignale stimmen nicht mehr mit der Intuition des Vermögens überein, und die Wahrnehmung von Gold ist sozusagen in einem noch nie dagewesenen Zustand der Verwirrung.

Zu diesem Zweck ist eine umfassende und kritische Analyse erforderlich.

Was das Bedürfnis betrifft, so werden die Menschen immer Gold besitzen wollen, was durch 5.000 Jahre menschlicher Zivilisation bestätigt wurde, und der Schlüssel ist, zu welchem Preispunkt dieser Impuls in die Tat umgesetzt wird. Aus der Angebotsperspektive hängt dies davon ab, welche Art von Goldpreis die Goldproduzenten bereit sind, weiterhin zu zahlen.

Dies bezieht sich auf die Kosten der Goldproduktion.

Für die Produktionskosten von Gold gibt es derzeit zwei statistische Methoden: die eine heißt "Cash Costs" (Bargeldkosten), die andere ist die "Total Costs" (Gesamtkosten). Bei der ersten Methode werden nur die grundlegendsten Kosten für die Aufrechterhaltung des normalen Betriebs einer Goldmine, wie Abbau, Verarbeitung, Raffination usw., berechnet, und schließlich die Kosten pro Unze geförderten Goldes, indem die Gesamtproduktion der Mine durch die oben genannten Kosten geteilt wird. Bei dieser Methode werden die Gesamtkosten des Goldes jedoch deutlich unterschätzt. Um die Rentabilität eines Unternehmens aufrechtzuerhalten, muss jeder Goldproduzent ständig nach neuen Goldressourcen bohren und tief in bestehende Goldreserven eindringen, was enorme Kosten verursacht. Darüber hinaus sollten auch die Finanzkosten der Unternehmen (Schuldzinsen usw.) und die Steuerkosten in die Goldproduktionskosten einfließen, und schließlich müssen Derivatabsicherungen, Abschreibungen auf Vermögenswerte und andere Investitionsgewinne und -verluste (die nicht mit der Goldproduktion zusammenhängen) aus dieser Analyse herausgerechnet werden, um die finanzielle Situation der Produktionsunternehmen wirklich und umfassend widerzuspiegeln. Obwohl diese Kosten nicht direkt mit der Produktion der bestehenden Goldminen zusammenhängen, handelt es sich um reale Kosten, die den Goldunternehmen entstehen und ohne die die notwendigen Gemeinkosten nicht tragbar wären. Wenn diese Kosten zusammen betrachtet werden, handelt es sich um die "Vollkostenmethode" für Gold.

Auf der Grundlage der Cash-Cost-Methode gehen einige davon aus, dass Gold $600-$800 pro Unze kostet, während andere von $1000-$1100 sprechen, abhängig von den verschiedenen Goldminen.

Hebba Alternative Investments hat eine systematische Untersuchung aller börsennotierten Goldunternehmen der Welt nach der Vollkostenmethode durchgeführt. Diese Unternehmen sind mit einer Gesamtgoldproduktion von 800 Tonnen im Jahr 2012, d. h. etwa einem Drittel der gesamten 2012 weltweit geförderten Goldmenge (2.700 Tonnen), ausreichend repräsentativ.

Die durchschnittlichen "Vollkosten" eines börsennotierten Goldunternehmens werden berechnet.

Im Jahr 2011 waren es 1168$/oz.

Im Jahr 2012 waren es $1287 pro Unze.

Unter anderem sind die Kosten für Gold im vierten Quartal 2012 auf 1.399$/oz gestiegen!

Die Bergbaukosten sind aufgrund der zunehmenden technischen Schwierigkeiten bei der Erschließung neuer Minen im Vergleich zum Abbau bestehender Minen, wie z. B. in Südafrika, die eine Tiefe von 3.200 Metern erreicht haben, in die Höhe geschnellt. Zusätzlich zu den Bergbaukosten sind seit 2009 auch die Kosten für Arbeit, Energie, Ausrüstung, Transport und Kanalisation aufgrund der starken Währungsschwankungen in die Höhe geschnellt. So wurde beispielsweise das Goldprojekt von Barrick, dem weltgrößten Goldförderer, in Pascua Lama (Südamerika) im April 2013 von der chilenischen Regierung unter Berufung auf Umweltschutzgründe gestoppt, da die Mine an der Grenze zwischen Chile und Argentinien liegt, und die enormen Geldsummen, die Barrick in den Vorjahren investiert hatte, waren plötzlich verloren. Die enormen versteckten Kosten, mit denen solche Goldunternehmen konfrontiert sind, werden bei der traditionellen "Cash-Cost-Methode" nicht berücksichtigt, sind aber real.

Darüber hinaus führte Herba Investments auch eine Vollkostenmessung für Silber durch und stellte fest, dass die durchschnittlichen Vollkosten aller börsennotierten Silberunternehmen weltweit (70 Millionen Unzen bzw. etwa 10% der weltweiten

Produktion) im vierten Quartal 2012 23,04$ betrugen, verglichen mit 20,80$ im gleichen Zeitraum 2011, was einem Kostenanstieg von 10,8% im Vergleich zum Vorjahr entspricht.

Hatten die Vollkosten für Gold Ende 2012 noch fast 1.400$ erreicht, so ist der Goldpreis bis Juni 2013 auf rund 1.250$ gefallen, was bedeutet, dass die Goldproduzenten weltweit in der Regel rote Zahlen schreiben werden.

In der Tat ist dies bereits geschehen.

Am 21. Juni 2013 gab das in den USA börsennotierte Goldunternehmen Golden Minerals Company (AUMN) die Schließung von 470 Produktionsstätten in seiner Mine Velardena in Mexiko bekannt. Im Mai desselben Jahres prognostizierte das Unternehmen einen negativen Cashflow von 5 Mio. USD für die nächsten drei Quartale des Jahres bei einem Goldpreis von 1.500 USD und einem Silberpreis von 25 USD. Und der Gold- und Silberpreis lag im Juni deutlich unter den Vollkosten, so dass die Unternehmen gezwungen waren, Mitarbeiter zu entlassen und die Produktion zu drosseln.

Am 22. Juni kündigte Barrick, das größte Goldunternehmen der Welt, an, dass es in 55 Minen in Nevada und Utah massiv Arbeiter entlassen werde, da die Goldpreise es Barrick schwer machten, die Produktion aufrechtzuerhalten. Fast zeitgleich wird ein anderes weltbekanntes Goldunternehmen, die Newmont Mining Corporation, eine weitere Entlassung in ihrer Goldmine in Nevada vornehmen, nachdem sie bereits 33% ihrer Mitarbeiter in der Goldmine in Colorado entlassen hat. Das Unternehmen erklärte, dass steigende Kosten und sinkende Goldpreise es gezwungen haben, die Produktion zu drosseln.

Am 24. Juni kündigte Newcrest Mining Ltd, das zu den fünf größten Goldunternehmen der Welt gehört, eine Wertberichtigung von bis zu 5,5 Mrd.$ an, die größte in der Geschichte der Goldindustrie. Es besteht kein Zweifel, dass die Goldproduktion zurückgehen wird, wenn der Goldpreis für längere Zeit unter die Vollkosten des Goldes fällt.

Seit 2001 hat sich der Goldpreis etwa verfünffacht, und nach dem gesunden Menschenverstand von Angebot und Nachfrage sollte der Anstieg der Gewinne mit einem Anstieg der Produktion einhergehen, aber in Wirklichkeit hat sich die mineralische Goldproduktion in zwölf Jahren kaum verändert, von 2.560 Tonnen im Jahr 2001 auf 2.700 Tonnen im Jahr 2012.

Die Zahl der Mega-Goldminen, die derzeit weltweit abgebaut werden, ist verschwindend gering: Nur 156 der 400 Minen produzieren mehr als 100.000 Unzen (ca. 3+ Tonnen) pro Jahr; von diesen produzieren nur 21 Minen mehr als 500.000 Unzen (ca. 16 Tonnen) pro Jahr; und nicht mehr als 6 Mega-Goldminen produzieren 1 Million Unzen (32 Tonnen) pro Jahr. Da der Goldbergbau seit Tausenden von Jahren betrieben wird, sind alle einfachen Goldminen auf der Erde ausgegraben worden. Zwar wurden in den letzten 10 Jahren auch einige große Goldminen entdeckt, aber keine der Mega-Goldminen mit Gesamtreserven von mehr als 20 Millionen Unzen (ca. 643 Tonnen) Gold wurde gefunden.

Es wird argumentiert, dass die Kosten der Goldproduktion keine Rolle spielen, weil die überwiegende Mehrheit des geförderten Goldes nicht verbraucht wird, der Bestand viel größer ist als die zusätzliche Menge, und der Goldpreis durch den Goldbestand bestimmt wird. Mit neuen und gebrauchten Häusern ist es dasselbe: Wenn es einen Mangel an neuen Häusern gibt, werden die Besitzer von gebrauchten Häusern Skrupel haben, zu verkaufen, und der Gesamtpreis der Immobilie wird steigen. Ebenso wird die Nachfrage nach neuem Gold, wenn sie nicht durch die Marktnachfrage gedeckt wird, auf die bestehenden Goldbesitzer zurückgreifen müssen, und wenn der Preis zu niedrig ist, wird niemand verkaufen wollen. Natürlich kann der Verkauf von Goldreserven durch die Länder das Verhältnis von Angebot und Nachfrage erheblich verändern, aber in der gegenwärtigen Situation, in der die Zentralbanken weltweit zu Nettokäufern von Gold geworden sind, ist es nicht leicht, die Länder davon zu überzeugen, ihre Goldreserven zu verkaufen, vor allem wenn man bedenkt, dass die deutsche Zentralbank Gold an andere Zentralbanken verschenkt.

Nach dem Goldeinbruch im April 2013 zeigt das Out-of-Stock-Volumen der chinesischen Shanghai Gold Exchange, dass China im selben Zeitraum den Großteil des weltweiten Goldmineralgoldes verbraucht hat, während der Goldverbrauch Indiens nicht mit dem Chinas mithalten kann. China und Indien allein könnten 2013 mehr als 2.000 Tonnen Gold verbrauchen, der Nahe Osten und die globalen Zentralbanken werden mindestens 1.000 Tonnen kaufen, und das physische Goldfieber im Rest der Welt heizt sich, angeregt durch die niedrigeren Goldpreise, rasch auf.

Es ist wichtig festzustellen, dass der Goldpreis bereits unter den Produktionskosten der Goldunternehmen liegt und dass diese Kosten mit einer Rate von fast 10% pro Jahr rapide ansteigen, so dass immer mehr Goldproduzenten gezwungen sein werden, ihre Produktion zu drosseln oder Minen zu schließen, und das Goldangebot rasch schrumpfen wird. Dies wirft die Frage nach der unvermeidlichen Tendenz zur Umschichtung der Goldbestände auf, wenn die neuen Goldzuführungen nicht ausreichen, um die rasch wachsende Nachfrage zu decken.

Tatsächlich hat sich dieser Trend in den letzten rund 40 Jahren fortgesetzt, d. h. seit der Abkopplung des Dollars vom Gold im Jahr 1971 hat sich die Richtung der weltweiten Goldbestände vom Westen in den Osten verlagert, von den älteren Industrieländern zu den Schwellenländern, was völlig mit dem übereinstimmt, was in der Geschichte der Menschheit an der Wende der Zivilisationen geschehen ist: Die Richtung der Goldbewegungen zeigt eine Verschiebung der Wohlstandskreativität, eine Verschiebung von Wohlstand und Vertrauen und markiert letztlich eine Verschiebung der globalen Macht.

Gold fließt immer dorthin, wo man die Schaffung von Wohlstand respektiert!

Erläutern Sie

Die Dunkelheit vor der Morgendämmerung ist die verzweifeltste, aber in der Dunkelheit bricht die Morgendämmerung an.

Im Jahr 2013 haben die US-Regierung und die Wall-Street-Bonzen den Goldmarkt mit einer seit 30 Jahren nicht mehr gekannten Heftigkeit gestürmt. Dies wiederum verdeutlicht ein weiteres Problem: Dieser Wahnsinn und dieses drastische Verhalten bedeuten, dass die Angst des Dollars vor Gold ebenfalls so groß ist wie seit 30 Jahren nicht mehr.

Das schwache Vertrauen in den Dollar ist genau das, was dem Gold schadet!

Wie Roberts sagt, ist es unwahrscheinlich, dass der Schlag der Fed gegen Gold und Silber letztendlich erfolgreich sein wird. Er dient lediglich dazu, der Fed mehr Zeit zu verschaffen, damit sie weiterhin Geld drucken kann, um das Staatsdefizit zu bezahlen, während sie die Zinsen niedrig hält und die Anleihekurse sichert, um die Bilanzen der Banken zu stützen.

Im Vergleich zu 2008 war das US-Finanzsystem 2013 nicht robuster, sondern fragiler. Es hat sich gezeigt, dass die quantitative geldpolitische Lockerung der Fed zu Ende gegangen ist, und vor diesem

Ende ist eine weitere Klippe ohne Boden in Sicht, und seit fünf Jahren hat die Superinflation des Dollars nicht zu einem echten Wirtschaftsboom, sondern zu einer viel größeren Blase auf globaler Ebene geführt. Die Aufrechterhaltung von Vermögensblasen muss sich auf eine akkommodierende Geldpolitik stützen, die dazu bestimmt ist, noch größere Blasen platzen zu lassen.

Die Frage ist nicht, ob die Krise ausbrechen wird, sondern wann und wo sie beginnen wird. Wenn die Finanzkrise 2008 eine Krise der Finanzinstitute war und die Regierung die faulen Schulden des Finanzsystems mit einer Geldflut auf sich selbst übertragen kann, dann wird die nächste Krise eine Krise des Geldes selbst sein.

Die Vereinigten Staaten haben klar erkannt, dass es kein "gutes Ende" der QE-Politik geben kann, dass eine Währungskrise unvermeidlich sein wird, und dass die einzige Ausstiegsstrategie darin besteht, die Krise zuerst in anderen Ländern auszulösen, wenn gewährleistet werden soll, dass der Dollar nach der Krise in Trümmern liegt.

Jede Währungsoption, die das Potenzial hat, den Dollar zu ersetzen, sei es der Euro, der Yen, der Renminbi, Gold oder Bitcoin, ist etwas, das die USA niemals tolerieren werden. Die USA haben es geschafft, den Yen verrotten zu lassen, den Euro sich selbst zu überlassen, Gold sich selbst zu überlassen und Bitcoin sich selbst zu überlassen, nur damit die USA die Strategie der "Umzingelung der drei Schlangen und einer" gegen den Yuan anwenden und den Yuan weiterhin zur Aufwertung zwingen.

Die Ursache für die bevorstehenden globalen Währungskriege ist der Niedergang des Dollars, der mit der Abkopplung vom Gold im Jahr 1971 begann. Von da an wurde die Hegemonie des Dollars, frei von jeglichen starren Zwängen und ohne jegliche Kontrolle, zur Diktatur des Dollars. Absolute Macht führt zu absoluter Korruption, so auch die monetäre Macht.

Alle Früchte fallen aufgrund der Anziehungskraft aller zu Boden; alles Geld verliert aufgrund der menschlichen Gier an Wert. Am Ende glänzt das Gold immer noch in den Ruinen der monetären Begierde.

KAPITEL II

Der Wahrheitstunnel, durch den Raum der Blase

Unter den Gründen für den "4-1-2"-Goldeinbruch sind die Wall-Street-Medien vor allem von der extremen Prosperität des US-Aktienmarktes begeistert. Die Unternehmensgewinne sind stark angestiegen, und die Aktienindizes haben Rekordhöhen erreicht, was darauf hindeutet, dass sich die Aussichten für die wirtschaftliche Erholung der USA verbessern und ein stärkerer Dollar unvermeidlich ist. Der Zweck des Goldbesitzes ist nichts anderes als die Absicherung des Risikos einer Rezession in den Vereinigten Staaten und der Abwertung des Dollars, da sich der Aktienmarkt glänzend entwickelt hat, wird sich der Wert des Goldes zwangsläufig verringern.

Optimistische Erwartungen an die Erholung der US-Wirtschaft sind in der Tat nichts Neues. Die Wall-Street-Medien hatten vorausgesagt, dass sich die Wirtschaft der Vereinigten Staaten in der zweiten Jahreshälfte 2009 stark erholen würde, aber das Ergebnis war ein Mangel an Dynamik, und im folgenden Jahr änderte sich das Narrativ dahingehend, dass die Wirtschaft im Jahr 2010 deutlich wachsen würde, aber was folgte, war ein Mangel an Wachstum, und dann 2011, 2012, 2013, Jahr für Jahr Optimismus und Erwartungen, Jahr für Jahr schlechte Leistung. Fünf Jahre später, 3 Billionen Dollar quantitative Lockerung, fast 5 Billionen Dollar Haushaltsdefizit, die Vereinigten Staaten waren noch nie so verrückt, Geld zu drucken und auszugeben, im Gegenzug für eine unsterbliche Wirtschaft, hohe Arbeitslosenquote, geldpolitische Instrumente und Steuerpolitik der schlechten Wirkung, ist beispiellos. Bis 2013 trägt die US-Wirtschaft die QE "Atemmaschine" seit fünf Jahren atmen, aber immer noch nicht wagen, es ausziehen.

Was ist Realität und was ist Illusion zwischen Rekordhochs am Aktienmarkt und einer schleppenden wirtschaftlichen Erholung?

Dieses Kapitel wird Sie durch den Tunnel der Wahrheit und durch den Raum der Blasen führen!

Der schwarze Geier auf dem Aktienmarkt

Eines Tages im Dezember 2009 kam Ham Bodek nach New York, um an der Party eines Elektronikhändlers teilzunehmen, wo er ein großes Geheimnis entdeckte, das ihn seit Monaten verfolgte.

Als ehemaliger Aktienhändler bei Goldman Sachs und UBS gründete Hamm 2007 eine Hochfrequenzhandelsfirma. Der sogenannte Hochfrequenzhandel soll die Reaktion des menschlichen Gehirns durch die Geschwindigkeit eines Computers ersetzen, um Positionen in Millisekunden umzuwandeln und Gewinne mitzunehmen. Am Anfang waren die Gewinne des Unternehmens gut, aber dann wurde das Geschäft immer schwieriger, und die Aktienaufträge waren immer unerreichbar und die Gewinne wurden durch die Handelsgebühren aufgefressen.

Zunächst vermutete er, dass mit dem Handelscode des Unternehmens etwas nicht stimmte, und nach monatelanger Prüfung konnte er das Problem immer noch nicht finden. Ich kam an diesem Tag zu der Party, um von den Vertriebsvertretern dieser elektronischen Handelsplattform zu erfahren, was das Problem war.

Schließlich hielt Ham einen Vertriebsleiter an der Bar an, und nach einigen weiteren Fragen musste der Vertriebsleiter ernst werden. Er fragte Hams Firma, welche Art von Handelsauftrag sie verwende, und Ham antwortete: einen Limit-Auftrag (Limit-Order). Der Vertriebsleiter lachte und sagte: Sie können keine Limit-Order verwenden. Ham war verblüfft, denn ist eine Limit-Order nicht die gängigste Art, Aufträge zu erteilen? Sie wird von fast allen verwendet, von Fondsmanagern bis hin zum durchschnittlichen Kleinanleger. Einfach ausgedrückt: Wenn Sie ein Auge auf eine Aktie geworfen haben, deren Preis bei 10$ liegt, können Sie mit diesem Limit-Auftrag den Handel unter 10$ abschließen.

Das Problem liegt jedoch im Matchmaking-System der elektronischen Handelsplattformen, wo die häufigsten Handelsaufträge mit "trojanischen Pferden" verdeckt werden.

Die Erklärung des Verkaufsleiters ließ Ham im Traum aufwachen, es stellte sich heraus, dass das Computerprogramm des Matching-

Systems alle Kaufaufträge sortiert, ursprünglich sollte der höchste Preis ganz oben in der Auftragswarteschlange stehen, der exakt gleiche Preis sollte nach dem Prinzip "Wer zuerst kommt, mahlt zuerst" geordnet werden, d.h. nach dem Prinzip der Preispriorität und der Zeitpriorität, aber viele Handelsplattformen haben eine "Hintertür" in der Auftragssortierung gelassen, Hochfrequenzhandels-Sonderaufträge werden ganz oben in der Auftragswarteschlange "versteckt", während die gewöhnlichen Limit-Aufträge nach hinten gequetscht werden. Zum Zeitpunkt des Handels werden Sonderaufträge immer als erste zum besten Preis ausgeführt, und unabhängig von der Preisentwicklung haben Sonderaufträge immer eine höhere Priorität als Limitaufträge. Wenn die Preise steigen, drehen sich die Hochfrequenzhandels-Sonderaufträge um und stehen ganz oben in der Warteschlange der Verkaufsaufträge, um als erste zum besten Preis zu verkaufen, so dass der Traum "jeder Einzelne verdient nur keinen Verlust" wahr wird. [14]

Wenn sich der Markt plötzlich ändert und der ursprüngliche Auftrag in die falsche Richtung geht, wird der spezielle Auftrag für den Hochfrequenzhandel dann Geld verlieren? Die Antwort lautet: Nein!

Der Algorithmus für den Hochfrequenzhandel beurteilt die Stärke der Warteschlange für Verkaufsaufträge innerhalb von Millisekunden, bestätigt, dass der Preistrend sich umkehren wird, und bevor der Preis Zeit hat, sich zu ändern, verkauft der spezielle Auftrag die Aktie zum ursprünglichen Preis an den Kaufauftrag in der Warteschlange dahinter, und die Entnahme ist blitzschnell abgeschlossen.

Hams Geschäft ist der Hochfrequenzhandel, aber er hätte sich nie träumen lassen, dass in dem Kollokationsmechanismus des Handelssystems noch etwas verborgen ist. Der Vertriebsleiter riet Hamm, dieses Geheimnis niemandem zu verraten; Limit-Order sind die unterste Beute in der Nahrungskette des Aktienhandels und ausschließlich für die Hochfrequenzhändler an der Spitze bestimmt.

Zwar hat nicht jede Börse ein solches "Schlupfloch", aber es spiegelt das Kernkonzept des Hochfrequenzhandels wider: "Rush to run", nachdem der Abzug gedrückt wurde, ist die Kugel noch nicht

---

[14] Scott Patterson, Dark Pools: The Rise of the Machine Trades and the Rigging of the US Stock Market, Crown Business, 2012-06.

abgefeuert, die Pistole ist noch nicht zu hören, alle Spieler warten noch, Rush to run Leute sind bereits zu allen vorausgeeilt.

Man kann sagen, dass die Hochfrequenzhändler keine Kosten scheuen, um den "Rush to run" zu erreichen.

Die beiden Finanzzentren New York und Chicago sind 700 Meilen voneinander entfernt, und bei Glasfaserkabeln beträgt die Datenübertragungsgeschwindigkeit nur 7 Millisekunden, aber 7 Millisekunden sind für einen Hochfrequenzhändler zu lang. Ein Hochfrequenzhandelsunternehmen gab 300 Millionen Dollar aus, um einen Tunnel aus Glasfaserkabeln durch die Appalachen zu bauen, die kürzer sind und die Datenübertragungszeit auf 6 Millisekunden reduzieren können. In der Welt des Hochfrequenzhandels ist eine Millisekunde mehr wert als 300 Millionen Dollar.

Einst waren die US-Börsen mitgliederbasierte, gemeinnützige Institutionen, deren Hauptaufgabe darin bestand, faire, gerechte und offene Märkte aufrechtzuerhalten. Seit der Umwandlung in eine gewinnorientierte Organisation ist das Geldverdienen jedoch zur wichtigsten Aufgabe der verschiedenen Börsen geworden, und die "drei Börsen" sind zu einer Taktik der Börsen geworden, die auf die Erzielung von Mieteinnahmen ausgerichtet ist. Je näher der Server des Unternehmens am Rechenzentrum der Börse steht, desto einfacher ist es für das Unternehmen, wegzulaufen. Die Börse nutzt den Standort ihres eigenen Rechenzentrums, um Geld zu verdienen, indem sie Hochfrequenzhandelsunternehmen erlaubt, Servercluster in ihrer Nähe zu platzieren. Im Gegenzug importieren die Hochfrequenzhandelsunternehmen ihre eigenen massiven Auftragsströme in die Börsen.

Seit der Geburt des Hochfrequenzhandels, der 30 bis 50% des Gesamtvolumens der US-Aktien ausmacht, wagt es keine Börse, diese neuen Kunden mit großen Aufträgen zu bremsen. Um die neuen Kunden zufriedener zu machen, bietet die Börse auch eine größere Bandbreite an, die es ihnen ermöglicht, die Vorteile, die sie bereits haben, durch höhere Datenübertragungsgeschwindigkeiten zu erweitern. Einige gierige Handelsplattformen haben, um den Bedürfnissen von Hochfrequenzhändlern gerecht zu werden, sogar "trojanische Pferde" in ihre Matchmaking-Systeme eingebaut, die es ihnen ermöglichen, die normalen Auftragsinhaber auf dem Markt zu überrennen.

Sobald die Server der HF-Händler die beste Position im Maschinenraum der Börse einnehmen, befinden sie sich in der Tat am oberen Ende des Datenstroms des Markthandels. Auf diese Weise können sie nicht nur laufen, sondern auch "die Straße nehmen".

Auf dem Höhepunkt der IT-Blase in den 1990er Jahren verarbeitete die Börse 1.000 Notierungen pro Sekunde, und im Jahr 2013 waren es schwindelerregende 2 Millionen Notierungen pro Sekunde, wobei der Hochfrequenzhandel 90% bis 95% aller Marktnotierungen ausmacht! Der Zweck der Erzeugung des "Rauschens" von Massennotierungen besteht nicht in erster Linie darin, Transaktionen durchzuführen, sondern die Geschwindigkeit der Datenverarbeitung an der Börse zu verlangsamen, den Kanal der normalen Aktionäre zu verdrängen und die Zeit zu verzögern, in der der Markt echte Handelsinformationen erhält, was einem "Blockadeangriff" des Internets gleichkommt.

So oder so ist der Hochfrequenzhandel ein schwerwiegendes Unrecht, da er wie ein schwarzer Geier über dem Markt schwebt, bereit, sich auf die Wehrlosen zu stürzen. Wenn der Markt stabil ist, beutet er alle Aktionäre aus, was wie eine verdeckte Steuer wirkt, und wenn der Markt Liquidität braucht, verschwindet sie schnell, was zu heftigen Marktturbulenzen führt.

Der Hochfrequenzhandel ist nur ein Detail des Aktienmarktes, aber ein Blick auf das Gesamtbild. Wenn Gier vorherrscht, verzerrt sie unweigerlich den Markt und untergräbt die Fairness; und, angespornt durch billiges Geld, beginnt der Wunsch nach Gier, sich bösartig aufzublähen, und das verzerrt nicht nur die gesamte Wirtschaft, sondern schafft sogar noch größere Ungerechtigkeit im Wohlstand.

Bernankes Schock

Am 19. Juni 2013 erklärte der Vorsitzende der US-Notenbank, Ben Bernanke, dass bei einer weiteren Verbesserung der Wirtschaftslage "eine bescheidene Verringerung der Anleihekäufe in der zweiten Jahreshälfte angemessen wäre". Was bedeutet es, wenn sich die Wirtschaft verbessert? Zum ersten Mal gab Bernanke eine klare Definition eines Rückgangs der Arbeitslosenquote auf 7 Prozent, ab dem die fünfjährige quantitative Lockerung (QE) der Geldpolitik auslaufen würde.

Vielleicht ist Bernanke im Herzen von großem Vertrauen in die wirtschaftliche Erholung erfüllt, vielleicht ist er sich aber auch der enormen Risiken für die Fortsetzung von QE bewusst und möchte der Welt vor seinem Ausscheiden aus dem Amt Anfang 2014 beweisen, dass seine Gelddruckpolitik ein Erfolg war und die US-Wirtschaft auch ohne die Aufrechterhaltung von QE funktionieren kann. Er wäre der erste Held der menschlichen Wirtschaftsgeschichte, der die Welt erfolgreich mit Geld gerettet hat.

Der Ausstieg aus der quantitativen Lockerung übertraf Bernankes Erwartungen und war ein großer Schock für den Markt, und gleichzeitig wurde er überrascht. Unmittelbar nach Bernankes Worten gerieten die weltweiten Finanzmärkte in Panik, und der Goldmarkt fiel um 5,4%. Es überrascht nicht, dass die Rücknahme des QE-Programms bedeutet, dass Bernanke Recht hatte, dass sich die US-Wirtschaft erholt hat und die Absicherungsfunktion des Goldes überflüssig geworden ist, warum also Gold halten? Doch auch der Aktienmarkt, der auf eine wirtschaftliche Erholung gehofft hatte, stürzte ab: Der US-Aktienindex S&P 500 fiel um 2,5% und verzeichnete damit den stärksten Tageseinbruch seit 20 Monaten. Auch die Aktienmärkte in Europa und Japan sind in schlechter Verfassung, selbst der chinesische Aktienmarkt bleibt nicht verschont, und andere Schwellenländermärkte fallen allesamt auf den Boden.

Das ist seltsam, deutet der Ausstieg aus dem QE nicht auf eine Erholung der Wirtschaft hin? Der Aktienmarkt sollte zuversichtlicher sein, wie kann es da einen Absturz geben?

Die Erklärung der Cheerleader der Wall Street-Medien ist, dass ein verfrühter Ausstieg aus der QE zu einer abgebrochenen wirtschaftlichen Erholung führen könnte, was wiederum das Vertrauen in die Aktienmärkte beeinträchtigen könnte. Die QE-Politik läuft jedoch schon seit fünf Jahren. Wenn es also zu früh ist, 2013 auszusteigen, ist es dann nicht auch zu früh für das Jahr des Affen?

Zum Zeitpunkt der Finanzkrise 2008 war das US-Finanzsystem wie ein schwerkranker Patient, der am seidenen Faden hing. Unmittelbar danach, die Federal Reserve Organisation Rettung, Kongress Notfall Mobilisierung, das Finanzministerium zu nehmen Behandlung, Steuerzahler gezwungen Bluttransfusion, Zinssatz Morphium, Defizit Schrittmacher, monetäre Elektroschock, alle Arten von therapeutischen Mitteln um jeden Preis, schließlich hängen den Atem der Wall Street Patienten. Nach dem Tragen der

"Atmungsmaschine" von QE, Wall Street Bonzen allmählich verlangsamt, die Börse erholt, und ein paar Jahre nach der Linie, verdienen Bonzen wieder eine Menge von Gehirn Fett, großen Bauch.

Wie wäre es, wenn die Wall Street immer mit einem QE-Beatmungsgerät auf und ab hüpft und dabei immer unanständig aussieht. Wann immer es heißt, dass der Markt QE-Beatmungsgerät, um den Schlauch zu ziehen, Wall Street ist ganz über den Ort, auf der Suche nach dem Tod zu leben, und die Welt ist besorgt über das Herz. Wenn die Schläuche wirklich gezogen werden, wird die Wall Street weiter schlafwandeln, oder wird sie zurück auf die Intensivstation gehen?

In der virtuellen Welt, die von den Cheerleadern der Wall Street-Medien geschaffen wurde, wird das Leben der Menschen jeden Tag von guten Nachrichten heimgesucht: Die Arbeitslosigkeit geht immer weiter zurück, das Verbrauchervertrauen steigt immer weiter an; die Immobilienpreise erholen sich kräftig und die Bankgewinne werden immer höher; Schieferöl und -gas glänzen und die Produktion fließt eine nach der anderen zurück; die Federal Reserve druckt billiges Geld, aber die Inflation ist so niedrig, dass Bernanke sich Sorgen macht; die Unternehmensgewinne sind beispiellos und die Vorstandsvorsitzenden reißen sich darum, Aktien zurückzukaufen; die Kapitalmärkte sind auf Rekordhöhe und der wirtschaftliche Wohlstand ist da.

Die Rekordstände an den US-Börsen sind der "unumstößliche Beweis" für eine wirtschaftliche Erholung? Wenn das der Fall ist, was genau ist Bernankes Angst vor dem Ausstieg aus QE? Warum zum Teufel dreht die Wall Street durch?

Der US-Aktienmarkt hat wiederholt Rekordhöhen erreicht und gilt weithin als der "stichhaltige Beweis" für die wirtschaftliche Erholung der USA, wenn die stichhaltigen Beweise geöffnet werden können, können wir sehen, ob die US-Wirtschaft ist gesund in den Bauch.

Börsenboom oder Börsenflaute?

Der Dow Jones ist, wenn man so will, ein Barometer für den US-Aktienmarkt, aber der S&P 500 ist eher repräsentativ für den S&P 500, die 500 repräsentativsten Unternehmen in allen Sektoren der US-Wirtschaft, mit einer kombinierten Marktkapitalisierung von 13,8 Billionen US-Dollar im ersten Quartal 2013 und 5,14 Billionen US-

Dollar an Gesamtvermögenswerten, die mit dem S&P 500 verbunden sind.

Der S&P 500 erreichte am 28. März 2013 ein Allzeithoch von 1.569 Punkten, und die Finanzkrise von 2008 scheint nur noch eine Erinnerung zu sein, zumindest hat der Aktienmarkt die Konturen eines neuen Bullenmarktes gezeigt, der seit März 2009, als er ein Tief von 667 Punkten erreichte, um 135% gestiegen ist.

Der Grund für den Anstieg der Aktie sieht sehr gut aus, da der Gewinn pro Aktie (EPS, Earnings Per Share) des S&P500 von 85$ im Jahr 2007 auf geschätzte 110$ im Jahr 2013 stark angestiegen ist, was einem Anstieg von 29,4% entspricht. Wenn man alle Unternehmen im S&P500 als eines betrachtet, dann steigt die Ertragskraft des Unternehmens pro Aktie dramatisch und der Wert des gesamten Unternehmens steigt natürlich.

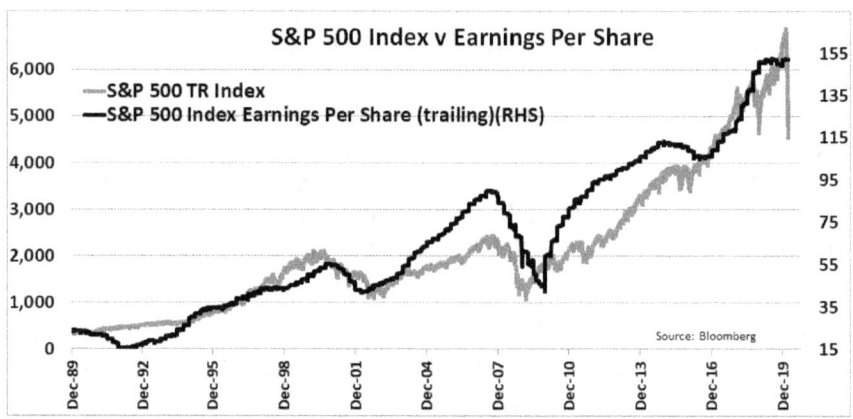

Jährliche Veränderung des Gewinns je Aktie (EPS) für S&P500 [15]

Der Gewinn pro Aktie bestimmt den Wert einer Aktie!

Während der Aktienindex stärker gestiegen ist als der Gewinn je Aktie, ist das KGV des Aktienmarktes vom 15,2-Fachen im Oktober 2007 auf das 13,8-Fache gefallen. Mit anderen Worten: Aktien sind im Jahr 2013 billiger als im Jahr 2007. Sollte ein guter Markt wie dieser

---

[15] Fact Set Earnings Insight Report, Bottomup EPS-Schätzungen: Aktuell & Historisch, 2013-11-01.

nicht stark steigen, wenn man 100 Dollar in Aktien investiert, die im Jahr 2013 7% ihres Wertes abwerfen, also weit mehr als die Zinsen auf Bankeinlagen und Staatsanleihen?

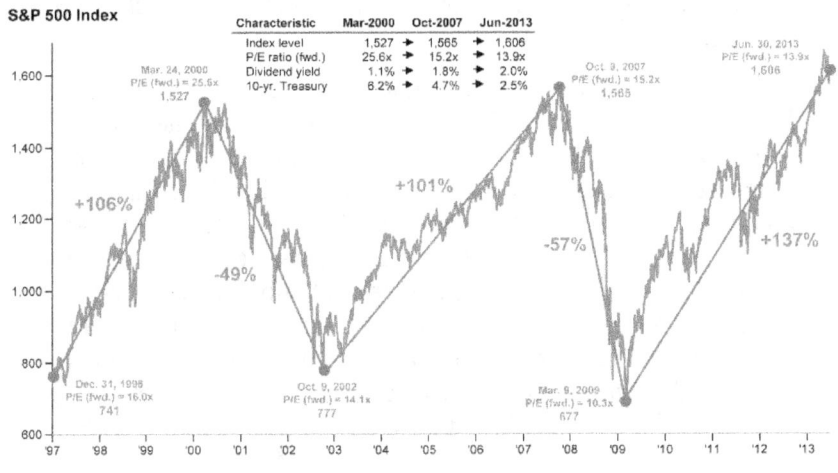

S&P500-Index 1997-2013

Das Geheimnis des Ganzen liegt darin, wie genau der Anstieg des Gewinns pro Aktie zustande kommt!

Um ein gutes Unternehmen zu führen, ist die grundlegendste Aufgabe, die Quellen zu öffnen und die Kosten zu senken, die Quellen zu öffnen, um die Verkaufserlöse zu erhöhen, die Kosten zu senken, um die internen Kosten zu senken, ein zweigleisiger Ansatz ist effektiver.

Nach einem schweren weltweiten Wirtschaftsabschwung infolge der Finanzkrise im September 2008 brach der Umsatz der Unternehmen ein, und im dritten Quartal 2009 verschlechterte sich das Umsatzwachstum des S&P500 auf -15,81%. Angesichts des harten Überlebenskampfes war die erste instinktive Reaktion der großen Unternehmen die Entlassung von Arbeitnehmern in großem Umfang, wobei ein Mann die Arbeit von zwei tat, wodurch die Betriebskosten gesenkt und die Produktivität erhöht wurde, weshalb die Arbeitslosenquote in den USA im gleichen Zeitraum stark angestiegen ist.

Zu diesem Zeitpunkt leitete die Fed die erste Runde der quantitativen Lockerung (QE1) in Höhe von 600 Milliarden Dollar ein und rettete damit nicht nur das kurz vor dem Zusammenbruch stehende Bankensystem, sondern gab auch dem Aktienmarkt einen doppelten Schub an Vertrauen und Geld. Die Maßnahme der Federal Reserve, die kurzfristigen Zinssätze auf ein extrem niedriges Niveau von 0 bis 0,25% zu drücken, während die massiven Käufe von Staatsanleihen und MBS (hypothekarisch gesicherten Wertpapieren) die langfristigen Zinssätze drückten, ermöglichte es dem Unternehmen, seine Finanzierungskosten erheblich zu senken.

QE-Politik führte zu einer deutlichen Abwertung des Dollar-Wechselkurses, S&P500-Unternehmen sind führende Unternehmen in verschiedenen Bereichen der US-Wirtschaft, ihre Leistung in 30% bis 50% der Umsatzerlöse direkt aus Übersee-Märkte, die Abwertung des Dollars macht sie in eine vorteilhafte Position im internationalen Wettbewerb, direkt das Wachstum der Übersee-Verkäufe zu stimulieren; darüber hinaus, wenn Übersee-Einkommen in Dollar in den Finanzberichten des Unternehmens erscheinen, sondern auch auf "Wechselkurs-Dividenden" des Reichtums zu erhalten erhöhen Wirkung. Infolgedessen haben das Wachstum des Auslandsumsatzes und die "Wechselkursdividende" den Gewinn des Unternehmens erhöht.

Infolgedessen ist der Gewinn pro Aktie des Unternehmens seit 2009 deutlich gestiegen, was auf fünf Faktoren zurückzuführen ist: erhebliche Entlassungen zur Senkung der Betriebskosten, verbesserte Produktivität, niedrigere Finanzkosten, durch die Abwertung des US-Dollars stimulierte Verkäufe in Übersee und höhere Buchgewinne aus Währungsdividenden.

Infolge dieser Faktoren stieg der Gewinn je Aktie des S&P500 von 2009 bis 2010 um 39,4%. Trotzdem blieb der Gesamtumsatz des S&P500 im ersten Quartal 2010 mit einem negativen Wachstum von -8,35% im negativen Bereich.

Die Grenze ist nicht Open Source, die Grenze ist die Drosselung!

Nach der Beendigung von QE1 verschlechterten sich die US-Wirtschaftsdaten rasch wieder, und der Aktienmarkt stürzte nach einer starken Erholung ab.

Das war der Hintergrund, vor dem die Fed im November 2010 QE2 einführen musste. Angespornt durch eine neue Runde des Gelddruckens in Höhe von 600 Mrd. USD begann sich das Umsatzwachstum des S&P 500 schließlich ins Negative zu wenden und kletterte von 3% auf 6% am Ende von QE2, und der Gewinn pro Aktie stieg von 2010 auf 2011 um 14%. Umsatzwachstumsrate des S&P 500 in den USA (S&P) [16]

Im September 2011 eskalierte die europäische Schuldenkrise erneut, als die Angst vor einem Zahlungsausfall Griechenlands zunahm. In diesem Moment ist es der wichtige Wendepunkt der US-Wirtschaft, QE1 und QE2 spielen kann die "positive Energie" erschöpft ist.

Das Umsatzwachstum des S&P500 ist so hoch wie nie zuvor, und das Kosteneinsparungspotenzial des Unternehmens stößt an seine Grenzen. Der Produktivitätsanstieg durch Entlassungen erreichte im vierten Quartal 2009 mit 5,8% seinen Höhepunkt und fiel dann 2013 direkt wieder auf 0,6% zurück. Das ist genau das, was in aufeinanderfolgenden Rezessionen passiert ist, in denen das Öl aus den Beschäftigten herausgepresst wurde, ohne dass es eine größere technologische Revolution gab. Gleichzeitig haben die Auswirkungen des monetären Stimulus auf Open Source ihren Höhepunkt erreicht, und die positiven Auswirkungen der Dollarflut auf die US-Unternehmen werden durch eine strategische Verlagerung der weltweiten Versuche, in lokaler Währung abzurechnen, aufgehoben.

Nach 2010 ging die Produktivität in den Vereinigten Staaten stark zurück, und das Potenzial für Effizienzgewinne durch Entlassungen war ausgeschöpft. [17]Es überrascht nicht, dass der Aktienmarkt nach dem Ende von QE2 am 30. Juni 2011 erneut einbrach.

Wenn die starke Rallye am US-Aktienmarkt vor September 2011 im Wesentlichen den realen Zustand der US-Wirtschaft widerspiegelte, die durch die Anreize der ersten beiden QE-Runden die Talsohle erreicht hatte, dann hat sich der Aktienmarkt seither von der wirtschaftlichen Realität abgekoppelt und ist in den Raum der Illusion geflogen.

Seit dem dritten Quartal 2011 haben sich die Hauptfaktoren für das Wachstum des Gewinns je Aktie grundlegend geändert. Ein neuer Faktor zeichnet sich als dominante Kraft ab, und zwar das Aktienrückkaufverhalten von Aktiengesellschaften.

---

[16] Standard & Poor's, Aktuelles reales Umsatzwachstum des S&P 500.

[17] Sam Ro, How Labor Productivity Evolves During Economic Recoveries, Business Insider, 2013-08-09.

Wie sieht ein Aktienrückkauf aus?

In den Augen chinesischer Aktionäre besteht der Hauptzweck der Börsennotierung eines Unternehmens darin, Geld zu verdienen, so dass die Unternehmen alles tun können, um Daten zu fälschen, Erklärungen zu verschönern, Projekte zu übertreiben, Beziehungen zu glätten, die öffentliche Meinung zu beeinflussen, kurz gesagt, alles für die Börsennotierung, alles für das Geld. Nachdem ich an der Börse notiert bin, muss ich das Geld für den Rückkauf der Aktien bezahlen. Wer würde so etwas Dummes tun?

Die CEOs des US S&P500 sind definitiv nicht dumm, sie sind in der Regel keine Unternehmer, sondern professionelle Manager, die motiviert sind, die Aktien unseres Unternehmens zurückzukaufen, um ihre Taschen mit mehr Geld zu füllen!

Seit den 1990er Jahren hat die US-amerikanische IT-Branche einen Trend zu stimulieren Mitarbeiter mit Aktienoptionen Pionierarbeit geleistet, IT ist eine neue wachstumsstarke Branche, jeder Dollar in das Geschäft investiert kann mehr Renditen in der Zukunft zu verdienen, um so die Kosten für die Cash-Löhne zu minimieren, und die zukünftigen Erwartungen des Unternehmens zu gewinnen und zu halten Talent hat sich zu einem beliebten Mittel der Industrie, Aktienoptionen ist der attraktivste Ansatz. Bei einer Aktienoption handelt es sich im Wesentlichen um ein Leistungsrecht, das den Arbeitnehmern das Recht einräumt, während eines bestimmten Zeitraums in der Zukunft eine bestimmte Menge an Unternehmensaktien zu einem vereinbarten Preis zu erhalten. Liegt der Aktienkurs zu diesem Zeitpunkt über dem vereinbarten Preis, kann sich der Mitarbeiter den Streugewinn entweder direkt auszahlen lassen oder die Aktien zum vereinbarten Preis kaufen und langfristig halten. Ist der Aktienkurs niedriger als der vereinbarte Preis, kann der Mitarbeiter auf die Ausübung der Option verzichten. Aktienoptionen nutzen den aktuellen Aktienkurs eines Unternehmens als Dreh- und Angelpunkt und künftige Kurse als Hebel, um das Leistungspotenzial der Mitarbeiter auszuschöpfen, wobei das Unternehmenswachstum eng mit dem persönlichen Gewinn verknüpft wird. Aktienoptionen stehen allen zur Verfügung, vom Vorstandsvorsitzenden des Unternehmens bis hin zu den wichtigsten Mitarbeitern.

Für die Vorstandsvorsitzenden der großen S&P500-Unternehmen sind die Gehälter nur ein Taschengeld, und die Aktienoptionen sind der große Umsatzbringer. Der Vorstand hat es sich gut überlegt: Hunderte von Millionen Dollar pro Jahr für die Einstellung eines CEOs auszugeben, ist sehr unwirtschaftlich, aber es kann einen beträchtlichen Wert in Form von Aktienoptionen bieten, die Aktien steigen, wenn der CEO gut abschneidet, und die himmelhohen Leistungsprämien kommen hauptsächlich vom Aktienmarkt und erfordern nicht, dass das Unternehmen das Geld ausgibt. So wurden die Aktienoptionen zur Karotte, die der Vorstand dem CEO vor die Nase hielt, und um sie zu essen, musste der Aktienkurs steigen.

Wenn die Unternehmen jedes Quartal ihre Ergebnisse bekannt geben, starten die CEOs der Wall Street und der öffentlichen Unternehmen ein großes Gewinnspiel über die Leistung, wobei der Gewinn pro Aktie ein klassischer Bestandteil des großen Gewinnspiels ist.

Seit September 2011 fällt es den CEOs schwer, durch Umschichtungen innerhalb des Unternehmens einen signifikanten Durchbruch zu erzielen, und die Ausweitung des Außenumsatzes wird durch den weltweiten Wirtschaftsabschwung stark eingeschränkt. Je näher der Wettermin rückt, desto größer wird die psychische Belastung, wenn die Erwartungen der Wall Street nicht erfüllt werden, und desto größer wird der Zeitfaktor im nächsten Quartal sein. Der effektivste Weg, den Gewinn pro Aktie kurzfristig zu steigern, ist der Rückkauf von Aktien des eigenen Unternehmens, die ohnehin dem Unternehmen gehören, ohne selbst dafür zu bezahlen. Ein Aktienrückkauf würde zu einer Verringerung der Zahl der im Umlauf befindlichen Aktien führen, wodurch die Aktien des Unternehmens knapper werden. Die massiven Barrückkäufe in Verbindung mit der Verringerung der im Umlauf befindlichen Aktien haben sicherlich zu einem Anstieg der Aktienkurse geführt. Dies war der erste Anstoß zur Beschleunigung der Aktienrallye.

Wann immer das Unternehmen die Nachricht des Rückkaufs angekündigt, die Medien Cheerleader oft erklären, dass das Unternehmen glaubt, seine Aktien zu billig ist, bereit, die Aktien aus der Tasche zurückkaufen, was bedeutet, dass das Unternehmen glaubt, seine Aktie wird sicherlich in der Zukunft steigen, nachdem alle, ist das Unternehmen mehr interne Verständnis für den Betrieb des Unternehmens, die CEOs sind so zuversichtlich, dass die Anleger nicht haben, um den Grund zu folgen? Dies ist der zweite Anstoß für den Kursanstieg durch den Rückkauf.

Nach dem Aktienrückkauf wird die Verringerung der im Umlauf befindlichen Aktien bei unverändertem Gesamtergebnis des Unternehmens das Niveau des Gewinns je Aktie nach der Abflachung erhöhen, mit anderen Worten, der Gewinn je Aktie kann gemacht werden! An der Wall Street wurde der starke Anstieg des Gewinns je Aktie positiv aufgenommen, da die Erwartungen ins Schwarze trafen. Da die Versuchung, den Aktienkurs zu erhöhen, bereits groß war, folgten weitere Anleger, was einen dritten Impuls für den Anstieg des Aktienkurses darstellte.

Mit den vereinten Kräften dieser drei war die Strategie der Aktienrückkäufe zur Steigerung der Aktienkurse ein großer Erfolg. Die Vorstände und Aktionäre waren überglücklich über den gestiegenen Wert ihrer Unternehmen, die Vorstandsvorsitzenden freuten sich über ihre riesigen Boni, und an der Wall Street floss das Geld in Strömen, als der Aktienmarkt boomte und die Vermögenswerte stiegen, was zu Finanzierungen, Rückkäufen, Fusionen, neuen Aktienangeboten und vielen anderen neuen Geschäften führte.

Wenn wir den Rückkauffaktor herausnehmen und die Wahrheit ans Licht kommen lassen, sehen wir, dass die Unternehmensgewinne des S&P500 seit September 2011 im Grunde stagniert haben und dass die Aktienmarktrallye nicht auf einem Anstieg des wahren Niveaus der Unternehmensgewinne beruht, sondern ein Produkt der "buchhaltungstechnischen Revolution" ist!

Die vierteljährlichen Gewinne des S&P500 nach Abzug der Aktienrückkäufe stagnieren seit September 2011 weitgehend. Vom dritten Quartal 2011 bis zum ersten Quartal 2013 stieg der Gewinn je Aktie des S&P500 um 3,7 US-Dollar, wobei Aktienrückkäufe 2,2 US-Dollar oder fast 60 Prozent "beisteuerten" und der Anteil des "organischen Wachstums", den das Unternehmen aus eigener Kraft erzielte, nur 1,5 US-Dollar betrug.

Nahezu 60% des zusätzlichen Gewinns je Aktie bei S&P wurden durch Aktienrückkäufe erzielt (JPMorgan Chase). In der buchhalterischen Revolution der hohen Gewinne je Aktie werden nicht nur die Gewinne überschätzt, sondern auch die Ausgaben unterschätzt.

Gerade als der S&P500 ein Allzeithoch erreichte, verzeichneten diese Unternehmen auch Rekorddefizite in ihren Pensionskonten. Im Jahr 2012 belief sich das Defizit auf 451,7 Mrd. USD, was einem Anstieg von 27% gegenüber 2011 entspricht! Der Grund dafür ist, dass das durch QE geschaffene ultraniedrige Zinsumfeld die

Anleiherenditen, auf die sich die Rentenkonten stützen, unter Druck gesetzt hat. Obwohl das Unternehmen in den letzten Jahren stark auf 401K-Ruhestandsprogramme gesetzt hat, bei denen die Mitarbeiter von ihren Gehaltsschecks Geld für die künftige Rente beiseite legen und das Unternehmen das Geld entsprechend verdoppelt, ist die Belastung für das Unternehmen im Vergleich zu traditionellen Rentenplänen deutlich geringer. Die traditionellen Rentenpläne umfassen jedoch immer noch 91 Millionen Erwerbstätige, weit mehr als die Zahl der 401K-Teilnehmer.

Die Aufstockung von Rentenkonten ist eine normale Unternehmensausgabe, wird aber von vielen Unternehmen bewusst ignoriert, um den Gewinn pro Aktie künstlich in die Höhe zu treiben. Bedenken Sie, dass die Pensionsaufwendungen von Ford im Jahr 2012 satte 5 Mrd. USD betrugen und damit fast so hoch waren wie die Investitionsausgaben. Wenn die "Fesseln" der Pensionszahlungen angelegt werden, wird der Tanz um den Gewinn pro Aktie zum Stolperstein.

Es sollte gesagt werden, dass die unglücklichen Rentner im Stillen die Rechnung für die QE-getriebene Kapitalbonanza bezahlen.

Im ersten Quartal 2013 kündigten 328 der 500 Unternehmen des S&P 500 Aktienrückkäufe an, das sind satte 66%, mit einem Gesamtvolumen von 208 Mrd. USD an geplanten Rückkäufen - ein Rekordwert für das erste Quartal seit 1985. Die Größenordnung, die Beträge und der Umfang sind nur mit denen von 2007 vergleichbar, als die Börsenblase zu platzen drohte. Davon führten 212 Rückkäufe zu einem Rückgang der im Umlauf befindlichen Aktien, und selbst wenn diese Unternehmen überhaupt nicht wachsen würden, würde ihr Gewinn pro Aktie automatisch steigen.

Der Vergleich zeigt, dass der stärkste Anstieg der Aktienkurse im Jahr 2007 zu verzeichnen war, als der Rückkauf auf dem Höhepunkt der Börsenblase stattfand. 2013 trat das Phänomen erneut in den Vordergrund.

Bei der Geschwindigkeit und dem Umfang der für 2013 angekündigten Rückkäufe wird das gesamte jährliche Rückkaufprogramm schätzungsweise 833 Mrd. USD erreichen und damit deutlich über den 477 Mrd. USD von 2012 und nur geringfügig unter dem Wert von 2007 liegen. Kein Wunder, dass die Wall Street zuversichtlich ist, dass der Gewinn pro Aktie 2013 über 110$ liegen wird, und wenn sich das KGV einem relativ bescheidenen Wert von 18 annähern kann, wird der S&P 500 in der Nähe von 2.000 Punkten liegen, was ein Aufwärtspotenzial von fast 18% für das Jahr bedeutet.

Warren Buffetts Berkshire Company ist einer der "Sonderlinge" in einer Welle von Aktienrückkäufen. Buffett selbst hat Aktienrückkäufe stets als manipulative Taktik zur künstlichen Aufblähung der Aktienkurse abgelehnt und geschworen, den Rückkauf seiner eigenen Aktien erst dann in Betracht zu ziehen, wenn der Aktienkurs von Berkshire unter 110% des Buchwerts fällt. Am 12. Dezember 2012 gab Buffett jedoch plötzlich bekannt, dass er Berkshire-Aktien für 1,2 Mrd. USD zu 120% des Buchwerts zurückkaufen würde. Das Paradoxe daran ist, dass sich Buffetts Rückkaufaktion nur an einen "anonymen" Investor richtete. Einfach ausgedrückt: Buffett leitete 1,2 Mrd. USD an Vorteilen an einen bestimmten Aktionär weiter. Wer weiß schon genau, woher diese Person kam, die angeblich ein langjähriger Investor von Buffett war.

Interessanterweise fällt der Zeitpunkt von Buffetts Aktienrückkauf genau in die Zeit, in der die USA die Lösung der "Fiskalklippe" in Angriff nehmen. "Die Erbschaftssteuer und die Kapitalertragssteuer sind die Hauptpfeiler der Verhandlungen, und die Steuerlast wird 2013 drastisch steigen. Buffett kauft nun zu einem hohen Preis Aktien von dem "geheimnisvollen Mann" zurück, von dem viele vermuten, dass er damit Profit machen und Steuern für seine reichen Freunde vermeiden will. Das Komische daran ist, dass Warren Buffett erst am Vortag einen offenen Brief veröffentlicht hatte, in dem er forderte, dass "die Reichen mehr Steuern zahlen sollten" und dass "die Erbschaftssteuer deutlich erhöht werden sollte, nicht nur, weil es ethisch ist, sondern auch, weil es wirtschaftlich sinnvoll ist". Da die Tinte des offenen Briefes noch nicht getrocknet ist und Buffetts Worte noch in seinen Ohren klingen, ist es kein Wunder, dass er am nächsten Tag seinen reichen Freunden dabei geholfen hat, Hunderte von Millionen Dollar an Steuern zu sparen, und die Leute rufen aus, dass "Heuchelei" eine neue Definition braucht.

Seit 2009 hat der S&P500 fast 2 Billionen Dollar in Aktienrückkäufe investiert und plant für 2013 Rückkäufe, was 14,5% des gesamten Marktwerts der Aktien entspricht!

Nur wenigen ist bewusst, dass börsennotierte Unternehmen zum wichtigsten Käufer auf dem US-Aktienmarkt geworden sind und den Anstieg der Aktienindizes maßgeblich beeinflussen, indem sie eine eiserne Preisuntergrenze für den Aktienmarkt schaffen und dann in großem Stil in den Markt einsteigen, sobald dieser fällt, und die Aktienkurse in die Höhe treiben. So wie die Federal Reserve der größte Käufer auf dem Markt für US-Staatsanleihen ist, hat diese Monopolmacht einen Punkt erreicht, an dem sie die Marktpreise manipulieren kann. Solange die Verfügbarkeit von Kapital kein Problem darstellt, ist eine Aktienmarktrallye vorprogrammiert.

Aber woher kommen die riesigen Mengen an Barmitteln, die von börsennotierten Unternehmen zurückgekauft werden, wenn nicht aus Marktverkäufen?

Kaufen Sie Aktien, indem Sie sich Gott weiß was leihen

Im April 2013 kündigte Apple, das über 144 Milliarden Dollar an Barmitteln verfügte, das größte Aktienrückkaufprogramm der Geschichte im Wert von 60 Milliarden Dollar an! In der Zwischenzeit gab Apple bekannt, dass es 17 Milliarden Dollar an Schulden aufnimmt, um den Aktienrückkauf zu finanzieren. Es ist seltsam, dass Apple so viel Bargeld hat, das es nirgendwo ausgeben kann, warum also Schulden für einen Rückkauf aufnehmen? Es stellt sich heraus, dass 70 Prozent der Barmittel von Apple (102,3 Milliarden Dollar) im Ausland liegen und nur 42,4 Milliarden Dollar in den USA nicht ausreichen, um das Rückkaufprogramm abzuschließen. Warum also führt Apple die Barmittel aus Übersee nicht nach Hause zurück? Das liegt daran, dass 35 Prozent der Bundeseinkommensteuer auf Einkommen in den USA mit blutigen Backen auf die Rückgabe dieses steuerpflichtigen Einkommens warten. Lassen Sie Apple 35 Milliarden Dollar an Einkommensteuern an die Regierung zahlen, es sei denn, Apple hat den Kopf in den Wolken.

Es ist naiv zu behaupten, dass die wirtschaftliche Erholung der Vereinigten Staaten unmittelbar bevorstehen könnte, wenn die Vereinigten Staaten nur eine "Steuerbefreiung für die Rückführung von Auslandsgewinnen" einführen würden, die die Gewinne der im Ausland verbliebenen US-Unternehmen zurückbringen würde, aber Studien zeigen, dass das Geld nicht zur Schaffung von Arbeitsplätzen verwendet wurde, sondern hauptsächlich in Aktienrückkäufe und Dividenden investiert wurde.

Die Umsätze von Apple in den Überseemärkten sind schnell gewachsen, aber die Inlandsverkäufe in den USA stagnieren seit zwei Jahren und begannen im ersten Quartal 2013 sogar zu schrumpfen.Der

Gesamtumsatz des S&P500 hat sich seit September 2011 Quartal für Quartal verlangsamt und ist, wenn man die Inflation nicht berücksichtigt, im Juni 2013 in den negativen Bereich gefallen. Geld ist immer gewinnorientiert, die Realwirtschaft in den USA ist in ziemlich schlechter Verfassung, warum sollte also Geld aus dem Ausland zurückkommen? Selbst wenn es zurückkommt, wird es zur Spekulation mit Vermögenswerten verwendet, um schnelles Geld zu verdienen, ohne in eine Branche mit düsterer Zukunft zu gehen.

Das Schöne an der Verschuldung von Unternehmen ist nicht nur, dass sie für Rückkäufe verwendet werden können, um die Aktienkurse schnell in die Höhe zu treiben, sondern auch, dass sie Dividenden zahlen und von den "Arbitragevorteilen" zwischen Dividenden und Schuldzinsen profitieren können. Chinesische börsennotierte Unternehmen zahlen nur selten Bardividenden, aber 80% der S&P-500-Unternehmen in den USA zahlen Bardividenden, und Dividenden sind einer der Hauptgründe für Anleger, sich für ein Unternehmen zu interessieren.

Intel verfügte 2011 über liquide Mittel in Höhe von 25 Mrd. USD und hatte praktisch keine Schulden. Verlockt durch die ultraniedrigen Zinssätze, die durch QE hervorgerufen wurden, nahm Intel 2012 Schulden in Höhe von 6 Mrd. USD für Aktienrückkäufe und Dividenden auf, die in Zukunft ohne bessere Investitionsmöglichkeiten deutlich höher ausfallen könnten. Intels Logik ist einfach: Die Kosten für die Zahlung von Dividenden liegen bei etwa 4%, während die Kosten für die Aufnahme von Schulden nur 1,55% betragen. Mit anderen Worten: Die Aufnahme von Fremdkapital zur Zahlung von Dividenden kann 2,45% "arbitrieren"! In diesem Fall ist derjenige, der keine Schulden macht, ein Narr!

So sind Dividenden und Rückkäufe zwei wichtige Kanäle für börsennotierte Unternehmen, um den Aktionären Vorteile zukommen zu lassen; und in dem durch die QE-Politik geschaffenen Umfeld mit extrem niedrigen Zinssätzen sind die Aufnahme von Geld, Dividenden und Schuldenrückkäufe zu einem Trend für börsennotierte Unternehmen geworden. Von den beiden Optionen sind Dividenden und Rückkäufe mit höheren finanziellen Kosten verbunden, während Rückkäufe deutlich niedriger sind.

Das US-Steuerrecht bevorzugt eindeutig Schulden, wobei Schuldzinsen vom steuerpflichtigen Einkommen abgezogen werden können und Dividenden doppelt besteuert werden. Beträgt das

Einkommen eines Unternehmens 100 Dollar, ziehen die Bundessteuern zunächst 35 Dollar ab, so dass dem Unternehmen 65 Dollar zur Ausschüttung verbleiben, auf die eine Gewinnsteuer von 20% erhoben wird, so dass den Aktionären nur 52 Dollar verbleiben. Im Vergleich dazu ist es viel schöner, Schulden zu haben. Die Zinsen für die Verbindlichkeiten des Unternehmens können von künftigen steuerpflichtigen Einkünften abgezogen werden, und die 65 Dollar nach Abzug der Bundessteuern fließen in Form von Anleihezinsen an die Gläubiger, die am Ende 65 Dollar in der Tasche haben.

Die Fremdfinanzierung von Unternehmen ist stark mit Aktienrückkäufen korreliert. In einem durch QE künstlich niedrig gehaltenen Zinsumfeld besteht für börsennotierte Unternehmen ein Anreiz, den Umfang ihrer Verbindlichkeiten zu erhöhen, unabhängig davon, ob sie Aktien zurückkaufen oder Dividenden ausschütten. Der Umfang der Schuldenaufnahme von US-Unternehmen ist stark positiv mit Aktienrückkäufen korreliert, kurz gesagt, die Unternehmen sind für Rückkäufe und Dividendenzahlungen stark fremdfinanziert.

Der sich in den letzten Jahren verschlechternde Trend in der Realwirtschaft lässt sich auch an den Veränderungen in der Bilanz des US-Bankensystems ablesen, wo die Rate der Kreditschöpfung seit 2012 zu sinken beginnt, ein deutliches Zeichen für eine Abkühlung der Wirtschaft. Es ist wichtig zu beachten, dass die enorme Kreditschöpfung, die durch Aktienrückkäufe angeregt wurde, bereits in der Abkühlungskurve der Wirtschaft enthalten ist, und die Rate der Kreditschrumpfung in der realen Wirtschaft wäre noch schlimmer, wenn diese spekulativen Schuldenaufblähungen nicht berücksichtigt würden.

Die umfangreichen Aktienrückkäufe, sei es durch Bankkredite oder Anleihefinanzierung, haben die Gesamtverschuldung von S&P erheblich erhöht. Die Aktienkurse sind variabel, während die Verbindlichkeiten starr sind. Auf dem Nährboden der durch QE geschaffenen niedrigen Zinssätze hat sich das Virus der Spekulation und der Gier rasch ausgebreitet, und die Börsenkurse haben sich von der Realwirtschaft abgekoppelt.

"Alterung" des Unternehmensvermögens

Warum sitzen börsennotierte Unternehmen auf riesigen Bargeldbeständen und nehmen hohe Kredite auf? Warum wird das Geld aus der Verschuldung nicht dazu verwendet, die Zahl der Mitarbeiter zu erhöhen, die Investitionen auszuweiten und die Wettbewerbsfähigkeit zu stärken?

Denn Geld ist immer gewinnorientiert, genauer gesagt, die dahinter stehende Menschheit ist immer gewinnorientiert!

Die Führungskräfte der S&P500 haben sich massenhaft Geld geliehen, großzügig Dividenden ausgeschüttet und fröhlich zurückgekauft, nur um die Aktionäre bei Laune zu halten, den Vorstand zufrieden zu stellen und schließlich das Geld aus der Einlösung von Aktienoptionen in gutem Glauben in die eigene Tasche zu stecken. Um das künftige Unternehmenswachstum und die Rückzahlung der Schulden müssen sich die nächsten Führungskräfte kümmern.

Daraus ergibt sich ein ernstes Problem mit einem gravierenden Mangel an "Kapitalausgaben" und produktiven Investitionen im Allgemeinen auf Unternehmensebene! Die Rentabilität eines Unternehmens hängt von seinen Kernaktiva ab, die stabil sind, wachsen und Cashflow generieren, wie eine Henne, die ein goldenes Ei legt und sorgfältige Pflege und Aufmerksamkeit braucht. Aber auch Hühner haben eine gewisse Lebensdauer, und es ist wichtig, diese so lange wie möglich zu verlängern und für ihre Gesundheit zu sorgen, damit die Hühner noch mehr goldene Eier legen können. Umgekehrt haben die Güter eines Unternehmens einen Lebenszyklus, und die Unternehmen müssen kontinuierlich in die Instandhaltung, Verbesserung, Optimierung und Verlängerung der Lebensdauer ihrer Güter investieren, um die Rendite zu maximieren - hier kommen die "Investitionsausgaben" ins Spiel.

Im Zeitalter der Landwirtschaft, in dem der Boden das wichtigste Gut mit einer nahezu unbegrenzten Lebensdauer war, wurden Investitionen in die Ausweitung der Anbauflächen, die Verbesserung des Bodens, die Erhaltung der Fruchtbarkeit, den Bau von Bewässerungsanlagen, die Auswahl guten Saatguts, die Verbesserung der landwirtschaftlichen Geräte, das Tiefpflügen usw. getätigt, um den landwirtschaftlichen Ertrag des Bodens zu maximieren. Im Industriezeitalter waren Fabriken und Produktionsanlagen das wichtigste Kapital, und es wurden Maßnahmen wie der Bau neuer Anlagen, der Betrieb von Geräten, die Wartung von Maschinen, die Optimierung von Prozessen, die Erneuerung der Technologie und die Verbesserung von Fertigkeiten ergriffen, um die Kapazität zu erhöhen und den Absatz zu steigern und so die Gewinne zu maximieren. In der

Ära der wissensbasierten Wirtschaft sind Patente, Markenrechte, Urheberrechte und kreative Ideen zu zentralen Vermögenswerten geworden, und die Lebensdauer dieser Rechte an geistigem Eigentum ist einerseits gesetzlich geschützt, andererseits werden sie durch die Piraterie ausgehöhlt. So verschlingt beispielsweise ein Film von den Dreharbeiten über die Werbung bis hin zur Aufführung eine Menge Geld, und wenn er Erfolg hat, ist er profitabel, wenn er scheitert, ist er mager. Ein neues Medikament kann von der Forschung und Entwicklung bis zum Pilotversuch, von der Prüfung bis zur Produktion Jahre oder sogar ein Dutzend Jahre dauern und Hunderte von Millionen Dollar kosten; wenn es erfolgreich ist, ist es eine Superhenne, die das goldene Ei legt und zu einem ausgezeichneten Vermögenswert wird, der einen Pharmakonzern mehrere Jahre oder ein Dutzend Jahre lang ernährt.

Unabhängig von der Epoche und der Branche bestimmen die Investitionsausgaben die Lebensdauer und die Effektivität einer Anlage!

Das Kapital folgt dem Prinzip des Gewinnstrebens: Wo die Erträge hoch sind, fließt es. In der Vergangenheit haben große technologische Umwälzungen immer zu Produktivitätssteigerungen geführt, was wiederum eine Steigerung der Rentabilität bedeutete, und in der Verlockung einer hohen Rentabilität ist das Kapital automatisch in die Bereiche der Produktionsschaffung geflossen, was Innovation und Produktion weiter stimuliert und ein größeres Wachstum des gesellschaftlichen Wohlstands ermöglicht hat. Zu diesem Zeitpunkt ist die wirtschaftliche Entwicklung stark, die Menschen sind voll beschäftigt, das Land hat einen Haushaltsüberschuss, die politische Stabilität ist klar, und die Währung ist stark und inflationsfrei. In der "Durststrecke" der technologischen Innovation wird der Produktivitätsfortschritt jedoch stagnieren, die hohe Rentabilität der Industrie wird nur schwer aufrechtzuerhalten sein, und die Kapitalrendite wird sich mit Sicherheit verschlechtern. An diesem Punkt wird sich das Kapital auf der Suche nach höheren Renditen auf Fusionen von Vermögenswerten verlegen und so den gesellschaftlichen Reichtum umverteilen.

Die IT-Revolution der 1990er Jahre, die zu erheblichen Produktivitätssteigerungen führte, unterscheidet sich grundlegend von den Produktivitätssteigerungen in den Jahren 2009-2011 in den USA, die durch technologische Innovationen ausgelöst wurden und auf Entlassungen zurückzuführen sind; Investitionsausgaben und

Produktivitätssteigerungen können sich gegenseitig befruchten und sich fortsetzen, während letztere zu einem Rückgang der Investitionsausgaben führen können, nachdem das Potenzial für Entlassungen ausgeschöpft ist.

Im September 2011 war die spontane Erholung der US-Wirtschaft an ihre Grenzen gestoßen, und signifikante Produktivitätssteigerungen auf dem Niveau der IT-Revolution waren immer noch nicht in Sicht, so dass kein Bargeld in börsennotierten Unternehmen und keine ausreichende Liquidität auf den Finanzmärkten automatisch in Investitionen fließen würden. Staatliche Geldpolitik und fiskalische Anreize können dem Gewinnstreben des Kapitals niemals entgegenwirken.

Vermögenswerte werden abgeschrieben, ihr Nutzen nimmt mit der Zeit ab. Die beste Option für Investitionsausgaben besteht darin, weiterhin neue gute Vermögenswerte zu schaffen - je jünger die Vermögenswerte sind, desto eher sind sie in der Lage, Wohlstand zu schaffen - und zweitens in die Instandhaltung alternder Vermögenswerte zu investieren, um die Rate der abnehmenden Erträge zu verlangsamen. Wenn Investitionsausgaben gestoppt werden oder wenn sie stark untertrieben sind, was dazu führt, dass neue Vermögenswerte zu wenig schaffen und die Abschreibungsverluste bei älteren Vermögenswerten sich dem Nutzen, den sie bringen, weiter annähern oder ihn sogar übersteigen, dann ist der letztendliche Niedergang der Unternehmensgewinne eine logische Notwendigkeit.

US-Investitionsausgaben sinken nach September 2011 von Quartal zu Quartal (*Wall Street Journal*). Genau das ist dem S&P 500 seit September 2011 widerfahren, und ob man nun den Gesamtbetrag der Investitionsausgaben der Unternehmen oder die Aufschlüsselung nach Ausrüstung, Software, Bau usw. betrachtet, der September 2011 war der Wendepunkt für einen erheblichen Rückgang der Investitionsausgaben, und 2012 war sogar noch schlimmer, da weder die verzerrten Operationen der Fed noch das QE3 vom September 2012 es schwierig gemacht haben, den Einbruch der Investitionsausgaben großer Unternehmen umzukehren.

Der Mangel an Investitionen wird zu dem Problem der "Überalterung" des Unternehmensvermögens führen, das ein wichtiger Grund für die tiefe Krise der europäischen und japanischen Volkswirtschaften ist. Von den Ländern mit alternden Vermögenswerten hat Japan mit einem Durchschnittsalter von 14

Jahren das größte Problem. Nach der Finanzkrise lag die durchschnittliche Gewinnspanne der japanischen Unternehmen bei nur 1% bis 2,5% und damit weit unter dem weltweiten Durchschnitt. In Europa beträgt das Durchschnittsalter der Anlagen etwas mehr als 10 Jahre, in den Vereinigten Staaten etwas mehr als 8 Jahre und in den asiatischen Ländern ist es mit durchschnittlich 7 Jahren am geringsten.

Seit 2001 haben Japan, Europa, die Vereinigten Staaten und Teile Asiens Probleme mit der Überalterung ihrer Anlagen, und nach 2010 hat sich der Trend zur Verschlechterung beschleunigt, wobei sich die asiatischen Länder in Bezug auf das Alter der Anlagen den Vereinigten Staaten angenähert haben.

Die Gründe für die schleppende Erholung der Weltwirtschaft sind vielfältig: Die Überalterung von Vermögenswerten ist einer davon, die zunehmende Verschuldung drückt auf die Rendite der immer älter werdenden Vermögenswerte, und die Hausse an der Börse ignoriert die harten Realitäten der Wirtschaft völlig.

Die Menschen werden letztendlich den Preis für ihre eigene Kurzsichtigkeit zahlen.

Vergleich des Vermögensalters in Europa, Amerika, Japan und Asien: Japan ist am längsten, gefolgt von Europa. Die Vereinigten Staaten stehen an dritter Stelle, und einige asiatische Länder sind am kürzesten.

Kann der Aktienmarkt nach dem Ausschalten des QE-Ventilators noch ansteigen?

Wie hat sich der US-Aktienmarkt in den 5 Jahren seit der Finanzkrise verändert, als die Fed ihre QE-Maßnahmen einstellte?

Die vom US-Finanzministerium veröffentlichten Daten zeigen anschaulich die Auswirkungen des Umfangs der Anleihekäufe durch das QE auf den Aktienmarkt. Die Folge der Anleihekäufe der Fed war ein deutlicher Anstieg der Fed-Bilanz, wobei der Umfang der Anleihebestände mit Laufzeiten von mehr als fünf Jahren stark mit der Entwicklung des US-Aktienmarktes korreliert.

Zwar bedeutet Korrelation nicht Kausalität, aber die Anleihekäufe im Rahmen von QE haben einen starken Einfluss auf die Aktienmärkte, da der S&P500 Unternehmensanleihen ausgibt, hauptsächlich mittel- und langfristige Anleihen mit einem Alter von mehr als fünf Jahren, die in erster Linie für Aktienrückkäufe finanziert werden, und wenn die Fed QE durchführt, wird sie in großem Umfang Geld drucken, um ihre Käufe von mittel- und langfristigen Staatsanleihen und MBS-Anleihen auf dem Anleihemarkt zu konzentrieren, insbesondere zwei Runden von Verzerrungsoperationen (OT) und QE3. Die Anleiheinvestoren verkaufen ihre mittel- und langfristigen Staatsanleihen und MBS an die Zentralbank und erhalten so einerseits eine große Menge an Bargeld, andererseits müssen sie ihr Bargeld mittel- und langfristig anlegen, so dass mittel- und langfristige Unternehmensanleihen bei einem begrenzten Angebot an Staatsanleihen zu einem offensichtlichen Ersatz werden.

Durch diesen Akt der Vermögensumwandlung, bei dem Staatsanleihen durch Unternehmensanleihen ersetzt werden, wird die Gelddruckmaschine der Fed und die Verbindungsleitung zum Aktienmarkt vollständig geöffnet, so dass das neue, durch QE geschaffene Geld in den Aktienmarkt fließen kann, was den Aktienmarkt in die Höhe treibt.

Nach der Analyse des US-Finanzministeriums hat der Umfang der Anleihekäufe der Fed einen Einfluss auf den Aktienmarkt, der sogar auf eine einzelne Woche genau sein kann. Von Januar 2009 bis April 2013 stieg der S&P 500 Index in 159 Wochen, in denen die wöchentlichen Anleihekäufe der Fed mehr als 5 Mrd.$ betrugen, um 540 Punkte bzw. 54%; in 62 Wochen, in denen sie weniger als 5 Mrd.$ betrugen, stieg der Aktienmarkt um 141 Punkte bzw. nur 15%; und in 29 Wochen, in denen die Fed keine Anleihen mehr kaufte, fiel der Aktienmarkt um 51 Punkte bzw. 2%.

Nach der Finanzkrise von 2008 wurde die Erholung des US-Aktienmarktes grob in zwei Phasen unterteilt: Die erste Phase von Anfang 2009 bis September 2011 kann als "reflexartige Erholung" unter geldpolitischen Anreizen bezeichnet werden. In diesem Zeitraum entließ S&P500 aus Reflex sofort Mitarbeiter, ergriff instinktiv den Rettungsring niedriger Zinsen und niedriger Wechselkurse, behauptete sich inmitten der Finanzkrise, senkte die Kosten, verbesserte die Produktionseffizienz, nutzte die Dividende des Dollarkurses voll aus, stärkte seine Gewinnbasis, und der Aktienmarkt erholte sich kräftig.

Ab September 2011 trat die Aktienmarktrallye in ihre zweite Phase ein, und in dem anhaltend lockeren geldpolitischen Umfeld kam es zu einer "überschwänglichen Rallye" am Aktienmarkt, bei der sich die Aktienkursentwicklung von den wirtschaftlichen Realitäten abzukoppeln begann und sich allmählich entfernte, angetrieben nicht vom realen Wachstum der Unternehmensleistung, sondern von der "buchhalterischen Revolution" der Aktienrückkäufe.

Der Aktienmarkt lebt von geldpolitischen Impulsen.

Aufgrund des Charakters des Kapitals für den Gewinn wurde die riesige Menge an Bargeld in den Büchern börsennotierter Unternehmen nicht in die Konsolidierung des langfristigen Entwicklungspotenzials des Unternehmens investiert, sondern verschwendet, um die kurzsichtigen Interessen der Aktionäre zu befriedigen, um Dividenden und Rückkäufe zu zahlen, die überwiegende Mehrheit der Unternehmen aus diesem Grund auf Kosten der Durchführung von riesigen Beträgen von Schulden. Dies verschärft nicht nur den Trend zur Überalterung der Vermögenswerte und untergräbt die künftige Rentabilität, sondern setzt die Unternehmen auch dem doppelten Risiko einer hohen Verschuldung und plötzlicher Zinsänderungen aus.

Ein großer Teil des Geldes für Aktienrückkäufe stammt aus dem Bankensystem und dem Anleihemarkt, der während der QE-Politik mit extrem billigem Geld überschwemmt wurde. Die hochwertigen Anleihen des S&P500, die in den Augen renditehungriger Fondsmanager natürlich ein Muss sind, haben die Kosten für die Finanzierung von Aktienrückkäufen auf ein noch nie dagewesenes Niveau getrieben.

Ob in einem "überschwänglich steigenden" Aktienmarkt der "Überschwang" aufrechterhalten werden kann, hängt nicht von der eigenen Leistungssteigerung des Unternehmens ab, sondern davon, ob die Finanzierungskette für weitere Aktienrückkäufe reißt.

Durch die billige Geldpolitik der QE hat sich der Aktienmarkt an ein reichliches Kapitalangebot gewöhnt, und das extrem niedrige Zinsumfeld hat die Risikopreisbildung auf dem Anleihemarkt gelähmt, der zu einer weitaus sprudelnderen Wette geworden ist als der Aktienmarkt.

Wenn die Fed beginnt, aus dem QE auszusteigen, ist es der Anleihemarkt, der in erster Linie vom Zusammenbruch bedroht ist. Eine erneute Risikoprüfung erfordert einen höheren Zinsausgleich, und wenn die Zinssätze über eine psychologische Untergrenze hinaus ansteigen, übersteigt das Risiko die Grenzen dessen, was Anleiheinvestoren ertragen können, und eine Verkaufswelle wird den Anleihemarkt ausbluten lassen. Wenn der Anleihemarkt die billige

Finanzierung von Aktienrückkäufen nicht aufrechterhalten kann, werden die überhöhten Finanzierungskosten die CEOs von Aktienrückkäufen abschrecken, und die Kette der Fonds, die den Boom am Aktienmarkt stützen, wird schließlich reißen. Damals war es egal, wie schön die Geschichte mit den Gewinnen pro Aktie war, und egal, ob PE Investitionspotenzial hatte, ein Aktienmarkt, der die Hauptkapitalkette unterbrochen hatte, war dazu bestimmt, ein Schlachthaus zu werden, aus dem die Menschen nur mit Mühe entkommen konnten.

Ein turbulenter Anleihemarkt

Wenn in China von Kapitalmärkten die Rede ist, fällt das Wort "Börse" wohl am häufigsten. Seit der Öffnung des chinesischen Aktienmarktes Anfang der 1990er Jahre haben Hunderte von Millionen chinesischer Aktionäre in den 20 Jahren der Börsenturbulenzen viele Mythen über den Reichtum von heute auf morgen erfahren, aber auch zahllose schmerzhafte Lektionen darüber, wie man gefangen gehalten und geschnitten wird. Gewinnen und Verlieren sind zwar wichtig, aber die Aufregung, die Spannung, der Schmerz und die Freude, die mit einem steilen Anstieg und Fall einhergehen, sind die wahren Versuchungen, denen man widerstehen muss. Der Anleihemarkt hingegen vermittelt dem Durchschnittsbürger einen eher entfernten und ungewohnten Eindruck von dem, was er mit seinen Anleihen tun kann. Sechs Monate oder ein Jahr warten, bis die Zinsen gezahlt werden? Wenn der investierte Betrag zu gering ist, werden Kleinanleger die Wertsteigerung ihres Vermögens überhaupt nicht spüren. Außerdem sehen die Kurse von Anleihen weit weniger schwankungsanfällig aus als die von Aktien, und Aktienbesitzer, die seit langem an die Aufregung gewöhnt sind, werden es schwer haben, die Monotonie und Langeweile zu ertragen.

In der Tat ist der US-Anleihemarkt weitaus größer, mit mehr Produkten und einem größeren Spielraum als der Aktienmarkt, und fast alle wichtigen Finanzinnovationen haben ihren Ursprung auf dem Anleihemarkt.

Im Jahr 2012 belief sich das Gesamtvolumen des US-amerikanischen Anleihemarktes auf 3.814 Billionen Dollar und der Gesamtmarktwert des Aktienmarktes auf 18,67 Billionen Dollar.

Was die Größe betrifft, so hat der US-Anleihemarkt eine Kapazität von 38 Billionen Dollar, was ungefähr dem doppelten Marktwert der Aktien entspricht. Nach Art der Anleihen gibt es Staatsanleihen, institutionelle Anleihen, kommunale Anleihen, Unternehmensanleihen, hypothekarisch gesicherte Wertpapiere, Asset-Backed Securities, kurzfristige Wechsel usw. Was die Anzahl der Produkte anbelangt, so haben allein von den 9 Billionen Dollar an Unternehmensanleihen mehr als 80.000 Unternehmen Anleiheprodukte mit unterschiedlichen Laufzeiten und Zinssätzen begeben, wobei mehr als 37.000 und mindestens 5.000 Anleihen aktiv gehandelt werden. Der Anleihemarkt übertrifft den Aktienmarkt sowohl hinsichtlich des Volumens als auch der Komplexität bei weitem. Außerdem ist der Handel mit Anleihen kapitalmäßig viel größer als der mit Aktien, wobei die aktiveren Anleihen in der Regel mit dem 70-fachen Betrag von Aktien gehandelt werden.

In der Börse, wollen die Anleger über die Aktien von Tausenden von börsennotierten Unternehmen zu erkundigen, ist nicht ein großer Aufwand, jede Aktie, egal wie viel Liquidität, nachdem alle die gleiche Qualität, die alle einen bestimmten Prozentsatz des Unternehmens Eigentum, die Aktienkursberechnung ist auch relativ einfach, den Handel zentralisiert, transparente Informationen, und vollständig elektronisch, Investitionen in Aktien ist schnell und billig.

Anders sieht es aus, wenn es um den Handel mit Anleihen geht, die von Zehntausenden von Unternehmen emittiert werden, mit Zehntausenden von Anleiheprodukten mit unterschiedlichen Laufzeiten und Zinssätzen, deren Preise weitaus komplizierter zu berechnen sind als die von Aktien, da sich die Bonitätseinstufungen, die Haltedauer, die Zinssätze, die Wechselkurse und andere Faktoren ständig ändern. Das größte Problem ist, dass der Anleihemarkt keine zentralisierte Handelsplattform ähnlich einer Börse hat, der Haupthandel stützt sich immer noch auf den traditionellen Market-Maker-Ansatz, Verkaufsmanager und Händler sind die Seele des Marktes, und ihre Beziehungen sind der wahre Kanal für den Anleihemarkt.

Als beispielsweise ein Pensionsfondsmanager eine fünfjährige US-Schatzanleihe im Wert von 25 Mio. USD kaufen wollte, rief er zunächst den Vertriebsleiter eines Market Makers an, und obwohl er viele Vertriebsmitarbeiter kannte, konnte er nach jahrelangem Screening schließlich einige der zuverlässigsten alten Geschäftspartner ausfindig machen, die nicht nur auf den Markt für fünfjährige

Schatzanleihen spezialisiert sind, sondern auch über viele Jahre hinweg große Kundenressourcen und den günstigsten Preis angesammelt haben.

Wenn der Verkaufsleiter des Market Makers einen Anruf des Rentenfondsmanagers erhält, erklärt er sich sofort bereit, den besten Preis zu bieten, und er will sicherstellen, dass das Geschäft erfolgreich ist, denn jeder Anleiheverkauf bedeutet für ihn einen großen Bonus am Jahresende.

Der Verkaufsleiter sagte dem Käufer, er solle einen Moment in der Leitung warten, dann riss er seine Stimme heraus und fragte den Händler des Unternehmens, der in der Nähe saß, nach einem Angebot: "Fünf Jahre und 25?" 25 ist die Abkürzung für 25 Millionen Dollar, der Händler ist ein alter Partner, mehr als 5 Jahre Erfahrung im Handel mit Staatsanleihen, also wird sogar das Wort "Staatsanleihen" weggelassen, Zeit ist Geld, jede Sekunde hat ihren Preis! Der Händler schrie, ohne nachzudenken, "10!", was sich auf 101-10 bezieht, wobei 101 der nächste Marktpreis ist und 10 die Abkürzung für 10/32 Prozent.

Händler gehen von einem anderen Standpunkt aus als Vertriebsleiter, bei denen der Umsatz am Gesamtumsatz gemessen wird, während Händler an den Handelsgewinnen gemessen werden, und ihr Instinkt besteht darin, niedrig zu kaufen und hoch zu verkaufen, um Margen zu erzielen. Obwohl Händler und Vertriebsleiter Partner sind, werden Geschäfte, bei denen Geld verloren geht, nicht abgeschlossen. Dem Vertriebsleiter, der den Markt und die Kundenpsychologie gut kennt, kam das Angebot des Händlers etwas zu hoch vor, und er fragte: "Können Sie 9 und 3/4 machen? Es ist ein alter Kunde! "Der Verkaufsleiter möchte, dass der Händler noch 1/128 Prozentpunkt nachgibt.

Eine der Grundausbildungen, die die jüdische Finanzfamilie ihren Kindern von klein auf vermittelte, war das Auswendiglernen der feinen Abstufungen, die 1/8, 1/16, 1/32, 1/64, 1/128... entsprachen. Denn im Finanzgeschäft übersteigen die kleinen Abstufungen, die riesigen Geldbeträge und die geforderte Reaktionsgeschwindigkeit die Vorstellungskraft der normalen Menschen bei weitem. Das Geschäft musste innerhalb eines Wimpernschlags abgeschlossen werden, und es blieb keine Zeit, den Taschenrechner zu betätigen. Wenn man ein wenig zu langsam im Kopf ist, geht entweder das Geschäft verloren oder die Kosten und Vorteile werden falsch berechnet, und 1/128eines

Prozentpunktes sind 1.953.125 Dollar für eine Transaktion von 25 Millionen Dollar!

Da der Händler um die Bedeutung des alten Kunden und die Bedeutung des Partners wusste, rechnete er kurz im Kopf nach und antwortete sofort: "Neun und drei Viertel ist in Ordnung! "Der Verkaufsleiter sagte dem Pensionsfondsmanager, der online gewartet hatte, sofort: "Ich kann Ihnen 9 und 3/4 geben, obwohl der Marktpreis 10 beträgt!" und der Pensionsfondsmanager jubelte vor Freude: "Abgemacht! " Der Vertriebsleiter sagt "Deal" ins Telefon! Eine Seite rief dem Händler zu: "Verkauf 25, Preis 9 und 3/4, Deal mit dem ×× Fonds! "Der Händler flog herbei, um die Bestellung aufzugeben, und schrie: "Abgemacht! "Der Vertriebsleiter bestätigt schließlich den Auftrag des Pensionskunden und legt den Hörer auf.

Die gesamte Transaktion dauerte nur ein paar Dutzend Sekunden!

Rentenfondsmanager wollen zum niedrigsten Preis kaufen, während Händler zum höchsten Preis verkaufen wollen, und Verkaufsmanager wollen das Geschäft schnell abschließen. Wenn es sich länger als eine Minute hinzieht, legt der Käufer den Hörer auf, um den nächsten Market Maker anzurufen und ein Angebot einzuholen, und das Geschäft ist verloren. Der Verkaufsleiter muss in Windeseile ein Kompromissangebot machen, während das Gehirn des Händlers auf Hochtouren laufen muss, wenn er die Angebote mehrerer Verkaufsleiter gleichzeitig bearbeitet, die Käufer nach ihrer Wichtigkeit einstuft und dann die Spreads separat berechnet, um die Kosten des Kaufs und das Risiko der Volatilität zu bewerten. Er musste innerhalb von ein oder zwei Sekunden eine Entscheidung treffen. Das Gehirn eines Superhändlers ist nicht mehr eine Frage der "Software"-Verarbeitungsgeschwindigkeit, sondern die "Hardware" wird geboren, um anders zu wachsen.

Unmittelbar nach der Auftragsbestätigung übernimmt der "Mitteltisch" des Anleihemarktmachers, dessen Aufgabe es ist, Kredit und Risiko zu kontrollieren. Da die Kontrahenten unterschiedlich kreditwürdig sind und sich in Umfang und Anzahl der Kooperationen unterscheiden, haben sie für jeden Geschäftspartner eine eigene "Kreditlinie" festgelegt und sind berechtigt, das Unternehmen zu warnen, wenn die Risikoschwelle überschritten wird. Gleichzeitig müssen sie auch eine Gesamtkontrolle über das unternehmensweite Risiko haben und es in Echtzeit überwachen.

Wenn der mittlere Tisch abgeräumt ist, geht die Bestellung an das "Back-Office". Das Back-Office kümmert sich um logistische Angelegenheiten, wie z. B. die Buchführung über die Anzahl und den Betrag der Käufe und Verkäufe, den Zeitpunkt und die Art der Lieferung und die Zahlungsmittel, die Ermittlung möglicher Unstimmigkeiten bei den Aufträgen, die Buchführung über den Gewinn und Verlust des Unternehmens und die Bearbeitung aller übrigen Details am selben Tag. Schließlich verbucht die Buchhaltung die Transaktionen und erstellt eine Aufstellung der Zinserträge und Forderungen aus Anleihen.

Die Aufgabe der Market Maker besteht darin, die Liquidität auf dem Anleihemarkt zu fördern und die Transaktionskosten zwischen Käufern und Verkäufern zu senken. Der größte dieser 21 ist der Markt für Staatsanleihen, der First-Level-Market-Maker, kann direkt mit der Federal Reserve, dem Offenmarktausschuss der Fed der Zinspolitik zu tun, ist es auf diese 21 First-Level-Market-Maker zu implementieren, ist ihr Status entspricht dem Goldstandard-Ära der Bank of England auf die fünf großen Goldhändler verlassen. Sie sind stets bereit, Anleihen auf dem Markt zu kaufen und zu verkaufen und dabei eine bestimmte Marge zu erzielen. Unter normalen Bedingungen beträgt der Spread bei 5-jährigen Staatsanleihen nur 1/128 eines Prozentpunktes, was einem Handelsvolumen von 1 Million Dollar entspricht, und die Market Maker könnten theoretisch 78.125 Dollar verdienen. In der Praxis kann ein guter Händler jedoch nur etwa die Hälfte des Gewinns, d. h. 39,06$, erzielen, wenn er zum Mittelpunkt zwischen dem Kauf- und dem Verkaufspreis der Call-Offerte handelt.

In dieser mageren Differenz von 39,06$ sind auch Finanzierungskosten, umlagefähige Kosten für Front-, Middle- und Backoffice sowie indirekte Personalkosten, Verkaufsprämien, Marketing, Systemunterstützung und mehr enthalten. Nach Abzug der direkten und indirekten Kosten ist die Nettogewinnkomponente einer Reihe von Marktrisiken ausgesetzt, wobei die größte Variable die Volatilität der Zinssätze ist, wobei internationale Nachrichten, Wirtschaftsdaten und unvorhergesehene Ereignisse zu erheblichen Zinsschocks führen können. Während der Handelszeiten führen veränderte Zinssätze häufig zu Schwankungen des Preises von 1% der Treasuries, d. h. der Preis von Treasuries im Wert von 1 Million Dollar kann um 10.000 Dollar steigen oder fallen! Eine geringfügige Verzögerung seitens des Händlers und der Gewinn von 39$ würde durch einen Verlust von 10.000$ aufgefressen, der das gesamte Ergebnis von 250 erfolgreichen Geschäften mit 1 Mio.$ Treasuries ist!

Market Maker sind Blut lecken auf der Spitze des Messers, in der mageren Ausbreitung, um ihren Lebensunterhalt zu verdienen, müssen Sie auf den riesigen Handel Skala verlassen, um Geld zu verdienen. 2012, in den 10 Billionen Dollar des Umlaufs in den Anleihemarkt, der Gesamtbetrag der täglichen Handel bis zu 532 Milliarden Dollar, an zweiter Stelle nur auf dem Devisenmarkt von 4 Billionen Dollar pro Tag Handelsvolumen. Zusätzlich zu den Staatsanleihen gibt es insgesamt 8 Billionen Dollar an Unternehmensanleihen, die mit rund 180 Milliarden Dollar pro Tag gehandelt werden. Auch andere Arten von Anleihen im Wert von 20 Billionen Dollar werden häufig auf dem Markt gehandelt.

Damit ein Market Maker in der Lage ist, eine Anleihetransaktion dieser Größenordnung zu absorbieren, muss er über einen beträchtlichen Anleihebestand und erhebliche Finanzierungskapazitäten verfügen, um den Markt mit ausreichender Liquidität zu versorgen. Für den US-Aktienmarkt sind die Impulse für die Aktienmarktrallye zunehmend von Aktienrückkäufen abhängig, die wiederum auf die Anleihefinanzierung von öffentlichen Unternehmen angewiesen sind. Wenn der Bestand an Unternehmensanleihen der Market Maker bis zu einem gewissen Grad sinkt, führt dies unweigerlich zu einem Mangel an Liquidität auf dem Anleihemarkt und zu steigenden Transaktionskosten, was schließlich die Finanzierungskosten der börsennotierten Unternehmen stark ansteigen lässt und ihre Fähigkeit zum Aktienrückkauf schwächt, was wiederum zu einem schwachen Anstieg des Aktienmarktes führt.

Der Bestand an Unternehmensanleihen eines Market Makers wird zu einer Wetterfahne für die Beobachtung von Veränderungen am Aktienmarkt.

Bestand an Unternehmensanleihen schrumpft, Marktmacher passen sich nicht an

Es ist allgemein bekannt, dass Seen eine wichtige ausgleichende Rolle im Flusssystem spielen. Bei Überschwemmungen können die Seen das überschüssige Wasser aufnehmen, um Überschwemmungen durch ansteigende Flusspegel zu vermeiden; bei unzureichender Wasserführung der Flüsse können die Seen zusätzliches Wasser liefern, um die Flüsse vor dem Austrocknen zu bewahren, und spielen somit eine ausgleichende Rolle bei der Regulierung des Wasserflusses.

Wenn die Anleihekurse zu hoch steigen, wird der Market Maker eine große Menge an Beständen abwerfen, um Spread-Gewinne zu erzielen und die Dynamik des Preisanstiegs zu unterdrücken; wenn die Anleihekurse zu niedrig sind, wird der Market Maker niedrige Bestände absorbieren, die Bestände ausweiten und darauf warten, dass der Preis wieder ansteigt, um Gewinne zu erzielen, wodurch der Anleihemarktpreis nach oben gezogen wird. Market Maker spielen daher eine wichtige Funktion als Preisstabilisatoren auf dem Anleihemarkt.

Der Bestand an Unternehmensanleihen bei den US-Börsenanbietern schrumpft stark. Seit der Finanzkrise 2008 haben die Market Maker bei der Regulierung des Anleihemarktes jedoch so sehr versagt, dass der Anleihemarkt mit absurd niedrigen Renditen "überschwemmt" wurde. Dabei ist das Problem der Unternehmensanleihen am deutlichsten.

Im Oktober 2007 erreichten die Bestände der US-Marktmacher an Unternehmensanleihen ein Allzeithoch von 235 Mrd. USD, und der extreme Optimismus auf dem Aktienmarkt erreichte seinen Höhepunkt, so dass die Marktmacher in großem Umfang Anleihen horteten, weil sie sie für ein Schnäppchen hielten. Letztendlich führte der Zusammenbruch der Finanzmärkte dazu, dass die Market Maker eine Menge Geld verloren.

Einmal von einer Schlange gebissen, zehn Jahre Angst vor dem Brunnenseil. Die Bestände der Market Maker an Unternehmensanleihen haben sich seit der Finanzkrise nie wieder erholt, und im Februar 2012 lagen die Bestände an Unternehmensanleihen nur noch bei 42,4 Mrd. USD und damit 82% unter ihrem historischen Höchststand! Im März 2013 waren es nur noch rund 56 Mrd.$.

Market Maker Bestand an Unternehmensanleihen ernsthafte Schrumpfung führte zu zwei Konsequenzen: Erstens, der Preis von Unternehmensanleihen stieg und verlor die Bremsen, die Aufwertung Wirkung ist sehr offensichtlich, so zieht alle Arten von Mitteln in den Anleihemarkt für Gold, gibt es eine offensichtliche Blase Phänomen, dieses Phänomen ist ähnlich wie das Austrocknen von Seen, die Regenzeit Flusspegel stieg; zweitens, aufgrund des Mangels an Liquidität, die von der Market Maker, das Ergebnis ist, dass der Kauf von Unternehmensanleihen ist einfach und schwierig, das ist wie die Trockenzeit Fluss Pause.

Die Market Maker haben ihre Bestände an Unternehmensanleihen stark reduziert, während sie gleichzeitig ihre Bestände an Staatsanleihen massiv erhöht haben. Von Mai 2011 bis zum Jahresende haben sich die Bestände an Schatzanleihen auf 74,7 Mrd. USD fast verdoppelt, während die Bestände an Unternehmensanleihen um die Hälfte auf 61,1 Mrd. USD zurückgingen. Damit überstiegen die Bestände an Schatzanleihen bei den Market Makern zum ersten Mal die Bestände an Unternehmensanleihen. Der Grund dafür ist einfach: Da die Erlöse aus dem Halten von Schatzanleihen die von Unternehmensanleihen überstiegen, was natürlich der quantitativen Lockerung der Fed zu verdanken ist, da die Fed während der QE-Operation nur Schatzanleihen und institutionelle MBS-Anleihen kauft, stieg der Preis von Schatzanleihen stärker an. Von Mitte 2007 bis Ende 2011 lag die Gesamtrendite von Schatzanleihen bei 38% und damit höher als die von Unternehmensanleihen (37%), und Schatzanleihen sind sicherer und entsprechen eher den neuen Grundsätzen der Finanzaufsicht.

Die Marktmacher haben ihre Bestände an Staatsanleihen massiv aufgestockt, während die Bestände an Unternehmensanleihen stark zurückgegangen sind. Hier muss man sich klarmachen, dass Anleihekurse und Renditen genau das Gegenteil sind. Im Falle eines Investitionshauses zum Beispiel werden die Leute sowohl den Preis als auch die Miete berücksichtigen, wenn sie ein Haus kaufen. Wenn das Haus 1 Million Dollar kostet und die jährlichen Mieteinnahmen 50.000 Dollar betragen, beträgt die jährliche Rendite eines Investitionshauses 5%. Wenn der Hauspreis auf 1,1 Millionen Dollar steigt und die jährlichen Mieteinnahmen gleich bleiben, sinkt die Rendite auf 4,5 Prozent; ebenso steigt die Rendite auf 5,6 Prozent, wenn der Hauspreis auf 900.000 Dollar sinkt und die Mieteinnahmen gleich bleiben. Die Immobilienpreise verhalten sich umgekehrt proportional zur Investitionsrendite. Der Grundgedanke bei Anleihen ist ähnlich wie bei einem Haus: Der Preis einer Anleihe entspricht dem Preis eines Hauses, die Zinserträge einer Anleihe entsprechen der Miete, und die Rendite einer Anleihe entspricht der Rendite eines Hauses. Je mehr Menschen Anleihen kaufen, desto höher wird der Kurs der Anleihe, aber desto niedriger ist ihre Rendite; wenn alle verkaufen, sinkt der Kurs der Anleihe und die Rendite steigt. Dabei bleiben die Zinsen für die Anleihe konstant.

Wenn die Fed QE einführt, wie nimmt man dann jeden Monat eine große Menge an Treasuries und MBS-Anleihen vom Anleihemarkt? Indem man Geld druckt, um es mit 21 Primärmarktmachern auszutauschen. Natürlich ist das Drucken von Geld eine bildliche Umschreibung dafür, dass die Fed überhaupt keinen Gelddrucker braucht, sie tippt einfach eine Reihe von Zahlen auf einen Computerbildschirm, drückt dann die Eingabetaste und das Geld kommt heraus, so viel wie nötig, ohne dass sie eine Fabrik eröffnen oder mühsam eine betreiben muss. Das Ergebnis der QE ist, dass der Anleihenbestand des Market Makers die Bilanz der Fed überflutet und ihm ein entsprechender Betrag auf dem Konto der Fed gutgeschrieben wird. Auf diese Weise halten die Market Maker eine große Menge an Bargeld in ihren Händen, und die Gesamtgeldmenge in der gesamten Wirtschaft wird ausgeweitet, was die Art und Weise ist, wie die Fed durch QE Geld in die Finanzmärkte injiziert.

Wenn die Market Maker das Geld haben, gehen sie zum Finanzministerium und bieten für neue Staatsanleihen, so dass die Regierung das Geld ausgeben kann (Primärmarkt). Dann verteilen die Market Maker die Anleihen über ihre eigenen Kanäle, Schicht für Schicht, in der ganzen Welt, und schließlich kauft und verkauft jeder Anleihen über Market Maker, das ist der Sekundärmarkt. Das vorangegangene Beispiel der Pensionsfondsmanager, die Staatsanleihen kaufen, fand auf dem Sekundärmarkt statt.

Market Maker sind auch die größten Investmentbanken, sie helfen Unternehmen bei der Zeichnung von Unternehmensanleihen, oft selbst zuerst alle Anleihen zu kaufen, so dass das Unternehmen Bargeld bekam, den Besitzer für Aktienrückkäufe wechseln, hohe Aktienkurse spekulieren, und dann CEOs lachend den Bonus teilen. Market Maker können Unternehmensanleihen halten oder sie an Anleiheinvestoren wie Pensionsfonds, Investmentfonds, Hedgefonds, Geldfonds, große Unternehmen, ausländische Institutionen usw. weiterverkaufen.

Da es zu viel Geld auf den Finanzmärkten gibt, sind die Fondsmanager heiß auf das Vorhandensein großer Bargeldsummen in den Büchern, das Geld hat es nicht eilig, zu investieren, es liegt brach. Sobald eine Unternehmensanleihe emittiert wird, stürzen sich alle auf sie. Während die Anleihekurse gestiegen sind, haben sich die Renditen verschlechtert. Mit der QE-Runde der Kodierung ist der Währungsüberschuss zu einer Währungsflut geworden, und die Fondsmanager sind jetzt wie hungrige Wölfe mit grünen Augen, die sich sofort auf Anleihen mit etwas besseren Renditen stürzen, wenn sie sie sehen.

Angeregt durch QE wuchs der Umfang der Unternehmensanleihen um bis zu 10% pro Jahr, und das aus der Anleihefinanzierung gewonnene billige Geld wurde zur Jahrtausendwende in Aktienrückkäufe umgewandelt, wobei der S&P500 in der Erwartung eines starken Aktienanstiegs um 16,7% zulegte.

Seit 2008 wurden Unternehmensanleihen im Wert von insgesamt 5,7 Billionen US-Dollar ausgegeben, während die Renditen von 5,7% auf 2,0% gesunken sind.

Die Renditen fielen um mehr als die Hälfte, was bedeutete, dass die Anleihekurse in die Höhe schnellten. Wenn die Marktmacher über große Anleihebestände verfügen, ist dies ein guter Zeitpunkt, um sie mit großem Gewinn zu verkaufen, und ein solcher Verkauf wird den Anstieg der Anleihekurse wirksam dämpfen und somit eine Preisregulierung bewirken. Aufgrund der Knappheit der Bestände waren die Marktmacher jedoch nicht in der Lage, die Rolle des überschüssigen Wassereinlasses in den See wirksam zu spielen, was dazu führte, dass der Anleihemarkt mit Geld überschwemmt wurde.

Als Anleiheinvestoren mit Freude exorbitant teure Unternehmensanleihen aufkauften, wurde ihnen allmählich klar, dass das Halten dieser Anleihen ein wachsendes Problem darstellte, denn wenn sie sie gegen Bargeld verkaufen wollten, mussten sie einen Market Maker finden, der ein sehr schlechtes Angebot machte. Und wenn andere Institutionen Unternehmensanleihen kaufen wollten, verkauften die Market Maker zu ebenso enttäuschenden Preisen. Die Kluft zwischen den von den Market-Makern genannten An- und Verkaufspreisen wird immer größer, und die Wut der Anleiheinvestoren wächst. Das ist so, als ob der neue Wohnungsmarkt extrem heiß ist, während der sekundäre Wohnungsmarkt sehr ruhig ist, es gibt Häuser, die verkauft werden wollen, um Geld einzunehmen, aber Leute, die ein Haus kaufen wollen, können nicht anfangen. Die Informationen von Käufern und Verkäufern auf dem Anleihemarkt liegen in den Händen der Market Maker, die sich scheuen, ihre Anleihebestände zu erweitern und Finanzierungen anzubieten. Die Haltung der Marktmacher ist: Wollen Sie Anleihen kaufen? Tut mir leid, ich habe keine mehr auf Lager. Möchten Sie Anleihen verkaufen? Tut mir leid, ich habe zu wenig Geld.

Die Verknappung der Bestände an Unternehmensanleihen bei den Market Makern hat zu einem ernsthaften Engpass auf dem Anleihemarkt geführt.

Die Verschlechterung der Liquidität auf dem Markt für Unternehmensanleihen hat die Anleiheinvestoren endgültig verärgert. Sie haben sich wiederholt an die Marktmacher gewandt, doch diese sagen, sie könnten nicht helfen. UBS, Goldman Sachs und BlackRock sind allesamt Vorreiter beim Aufbau eigener Plattformen. Bislang waren die Auswirkungen jedoch nicht signifikant. 2013 wurden im Anleihehandelssystem von UBS nur 30 Transaktionen pro Tag abgewickelt - eine traurig geringe Zahl.

Der Anleihemarkt unterscheidet sich vom Aktien-, Devisen- oder Goldmarkt. Auf diesen Märkten sind Kursschwankungen völlig normal, jeden Tag gibt es immer wieder Ausschläge von 10% oder sogar 20% nach oben oder unten, und für Anleger, die an ein hohes Risiko gewöhnt sind, ist das ein spannender Kampf. Die Natur des Anleihemarktes ist jedoch eine völlig andere, und die Anleger sind auf der Suche nach Stabilität und Sicherheit. Die Rolle des Marktmachers "See" Durchsatz von Wasser ist keineswegs entbehrlich, sondern eine grundlegende Eigenschaft des Anleihemarktes. Wo um alles in der Welt würde es jemand wagen, in US-Staatsanleihen zu investieren, wenn die Anleihekurse jeden Tag fallen und steigen würden? Wie kann eine Anlageinstitution mit hohen Sicherheitsanforderungen wie Renten- und Versicherungsgesellschaften einem solchen Sturzflug standhalten? Elektronische Handelsplattformen, die Käufer und Verkäufer direkt mit ihren Bedürfnissen in Verbindung bringen, können sicherlich die Transaktionskosten senken, aber sie schaffen auch unweigerlich einen Resonanzeffekt auf dem Markt. Wenn alle gemeinsam für Anleihen sind, kommt es zu einem gleichzeitigen Ansturm; wenn der Pessimismus aller schnell ansteckend ist, brechen die Anleihekurse ein. Es wäre, als würde man alle Seen zuschütten, ohne dass der Wasserfluss behindert würde, aber die Flüsse würden in der Regenzeit unkontrolliert über die Ufer treten und die Flussbetten in der Trockenzeit bis auf den Grund austrocknen.

Schwierigkeiten beim Kauf und Verkauf von Unternehmensanleihen aufgrund sinkender Bestände werden die Käufer schließlich dazu zwingen, von den emittierenden Unternehmen eine Entschädigung zu verlangen, was sich in steigenden Anleiherenditen niederschlagen wird. Die eigentliche Ursache dieses Problems ist immer noch die QE-Politik der Federal Reserve, ohne die

Fed als der größte Käufer des Bodens, die Anlagerendite auf Staatsanleihen kann nicht mehr als Unternehmensanleihen, nach allem, sollte ein hohes Risiko bringt hohe Renditen, werden die Marktteilnehmer nicht den Bestand an Unternehmensanleihen in einem solchen Ausmaß zu reduzieren. je länger die Umsetzung der QE-Politik, wird die Anleihemarkt Verzerrungen ernster sein.

Wenn der Markt für Unternehmensanleihen in den USA ernsthaft verzerrt ist, kann der Junk-Markt für Unternehmensanleihen als extrem verzerrt bezeichnet werden.

Junk Bonds, "Subprime" bei Unternehmensanleihen

Junk Bonds sind, wie der Name schon sagt, Schrott in Anleihen und unterscheiden sich in ihrer Art nicht von Subprime. Die "Subprime"-Darlehen, die durch die Finanzkrise 2008 heiß diskutiert wurden, beziehen sich speziell auf die US-Hypothekendarlehen "kein Job, kein Einkommen, kein Vermögen" der "drei No-Leute", um Kredite zu beantragen, werden diese Darlehen für eine groß angelegte Ausfall bestimmt sein, wenn der Preis des Hauses fällt. In den Tagen des Immobilienbooms in den Vereinigten Staaten haben die Banken verzweifelt Subprime-Darlehen ausgegeben, um "Virusschweinefleisch" zu produzieren; die Investmentbanken haben mutig MBS-Anleihen und CDOs verpackt, verarbeitet und in Standard-"Virusschweinefleischdosen" verpackt; die für die Qualitätsprüfung zuständige Ratinggesellschaft hat ein Auge zugedrückt und willkürlich das AAA-Rating für hochwertige Produkte vergeben, was zur Vergiftung des Gebiets der weltweiten Investoren geführt hat.

Die Emittenten von Ramschanleihen sind natürlich Ramschunternehmen, die "drei Nichtsnutze" der Wirtschaft. Die meisten von ihnen haben "keine festen Produkte, keine festen Kunden, keinen stetigen Cashflow". In der Hochkonjunktur geben die Verbraucher viel Geld aus und achten weniger auf die Produktmarke und das Preis-Leistungs-Verhältnis, so dass auch die Produkte von Schrottfirmen einen Teil des Kuchens abbekommen können; aber in der Rezession ziehen die Verbraucher ihre Geldbörsen enger, achten stärker auf das Preis-Leistungs-Verhältnis und legen bei gleichem Preis mehr Wert auf Qualität. Müllunternehmen verfügen in der Regel über keine Kerntechnologie, haben eine schwache Produktwettbewerbsfähigkeit, eine unzureichende Managementebene, niedrige Qualität und hohe Preise, werden oft im harten Marktwettbewerb eliminiert, der Cashflow ist sehr instabil, bei übermäßiger Verschuldung steigt die Ausfallquote stark an.

Im Jahr 2009 überschritt die Emission von Schrottanleihen in den USA nach der Krise endlich die 100-Milliarden-Dollar-Schwelle; 2010 überschritt sie erstmals die 200-Milliarden-Marke; 2012 setzte sie die "Schrottlegende" fort und übertraf die 250-Milliarden-Spitze; 2013 ist sie sogar noch willkommener, um die Tür zu öffnen: Anfang Mai wurden 150 Milliarden emittiert, das ganze Jahr wird den Rekord von 2012 leicht übertreffen und einen neuen "Schrott-Ruhm" schaffen. Das Gesamtvolumen der Schrottanleihen hat sich auf 1,1 Billionen Dollar aufgebläht, und ihr Anteil am 9,2 Billionen Dollar schweren Markt für Unternehmensanleihen hat 12% erreicht!

Die Geschichte ist zwar erstaunlich ähnlich, aber die Märkte sind immer vergesslich.

Vor der Finanzkrise von 2006 belief sich das Gesamtvolumen des US-Marktes für hypothekarisch gesicherte Anleihen (MBS) auf etwa 10 Billionen Dollar, von denen 1,5 Billionen Dollar oder 15 Prozent nachrangig zu MBS waren. Die Junk Bonds von 2013 ähneln zunehmend den nachrangigen Anleihen von 2006.

Von 2009 bis 2013 stiegen die Kurse von Ramschanleihen jährlich um 21% und die Renditen fielen von 20% auf beispiellose 5%, und am 8. Mai 2013 fielen die Renditen von Ramschanleihen zum ersten Mal seit Beginn der Aufzeichnungen unter 5% und erreichten ein Rekordtief von 4,97%! Dies entspricht dem Niveau der 10-jährigen US-Staatsanleihe im Juli 2007.

Treasuries sind die sicherste Sorte auf dem Anleihemarkt, solange man sich keine Sorgen um einen Zusammenbruch der USA macht. Unter den Anleihen mit gleicher Laufzeit haben Schatzanleihen die höchsten Kurse und die niedrigsten Renditen. Im Mai 2013 wurden Junk-Unternehmen erfolgreich auf den US National Credit 2007 "hochgestuft"!

Wenn es andersherum ist, dann ist es so, dass der nationale Kredit der USA im Jahr 2007 bis 2013 auf "Ramsch" reduziert wurde.

Die Geschichte wiederholt sich, denn Investmentfonds, Renten- und Versicherungsgesellschaften, die sich auf einen Kaufrausch bei mit Subprime-Hypotheken besicherten Anleihen eingelassen hatten, wurden 2013 zu großen Käufern von Schrottanleihen, wobei allein Investmentfonds 70 Prozent der im ersten Halbjahr 2013 neu emittierten Schrottanleihen aufnahmen. Jeder wusste, dass Junk-Bonds früher oder später zu Junk-Bonds werden würden, aber angesichts des QE-Programms der Fed glaubte niemand, dass die Krise sofort ausbrechen würde. Der größte Schmerz für die Anleger ist jetzt, dass sie nicht kaufen können, und die Zukunft ist, dass sie nicht verkaufen können.

Wenn die Hauspreise in den USA unbegrenzt steigen könnten, würden die Subprime-Kreditgeber in diesem Jahr nicht massiv in Verzug geraten, und sie würden einfach bei der Bank eine "Mehrwert-Hypothek" für den Teil des Hauses beantragen, der jedes Jahr an Wert gewinnt, und könnten das Geld zur Abzahlung der Hypothek verwenden. Sobald die Hauspreise jedoch nicht mehr steigen, wird die finanzielle Kette der "drei Habenichtse" schnell zusammenbrechen, was zu einem massiven Zahlungsausfall führen wird.

Der Preis von Schrottanleihen ist wie der Preis von Immobilien, und solange die Renditen unendlich fallen, kann der Preis von Schrottanleihen unendlich steigen. Auf diese Weise können sich die Schrottfirmen immer wieder neues Geld auf dem Markt leihen, sich weiter verschulden, und es kommt nicht zu Zahlungsausfällen. Aber kann die Hypothese eines unendlichen Rückgangs der Renditen standhalten?

Jedes Mal, wenn die Fed eine Niedrigzinsphase einleitete, seit Junk Bonds in den 1980er Jahren populär wurden, ist die Rendite von Junk Bonds gesunken, aber sie sind immer noch attraktiver als Staatsanleihen und andere normale Anleihen. Da sich zu viel Geld in den Händen von Institutionen befindet, treibt der Instinkt, hohe Renditen zu erzielen, das Geld in "schöne" Schrottanleihen, die für Schrottunternehmen leicht zu leihen sind, so dass die Ausfallquote nicht hoch ist. In Krisenzeiten wie 1991, 2001 und 2008 sind Junk-Bonds jedoch immer die ersten, deren Renditen ansteigen, gefolgt von einem massiven Ausverkauf und einem sprunghaften Anstieg der Ausfallraten.

Betrachtet man die Ausfallquote von Junk Bonds im 10-Jahres-Zyklus, so ist der historische Trend eindeutig: BB-geratete Junk Bonds sind zu 19% ausgefallen, B-geratete zu über 30% und CCC/C-geratete zu fast 60%! Es liegt auf der Hand, dass Junk-Bonds nicht lange gehalten werden können. Die Mentalität der institutionellen Anleger ist also nur eine kurzfristige Spekulation, Geld verdienen und weglaufen, und es hat sich längst ein Konsens gebildet, dass der Preis von Junk

Bonds in Zukunft ungewöhnlich stark einbrechen wird, sobald sich der Zinstrend umkehrt.

Wenn Seuchen und Krankheiten ausbrachen, waren ältere Menschen und Kinder oft die ersten, die erkrankten. Bei einer Finanzkrise ist es immer das schwächste Glied in der Schuldenkette, das zuerst bricht, und der Vorläufer eines Schuldenkollapses ist immer die Umkehrung der Zinstrends.

Anfang 2007 begann die Subprime-Hypothekenkrise mit einem "Zins-Reset", der einen Bruch in den Finanzierungsketten der Subprime-Kreditgeber und einen Tsunami von Zahlungsausfällen auslöste, der 2008 über den Globus schwappte. 2013 waren die Renditen von Schrottanleihen absurd niedrig und der gesamte 38-Billionen-Dollar-Anleihemarkt war wie ein Kessel, der kurz vor dem Überkochen stand. Sobald die Rendite von Ramschanleihen steigt, werden institutionelle Anleger, die plötzlich erkennen, dass das Zinsrisiko stark unterbewertet ist, aufwachen, Ramschunternehmen werden es plötzlich schwer haben, sich auf dem Markt Geld zu leihen, und CDS (Credit Default Swaps), die Windfahne des Ausfallrisikos, werden wie eine Rakete in die Höhe schnellen.

Junk Bonds sind zwar nicht die größte Blase auf dem Anleihemarkt, aber sie sind dazu bestimmt, das erste Opfer zu werden.

Erläutern Sie

Unter den populären Filmen in den Vereinigten Staaten gibt es eine Kategorie von "Zombie"-Blockbustern, in denen Menschen mit einer Art Virus infiziert werden und sich in Zombies verwandeln, und normale Menschen von ihnen gebissen und mit dem Virus infiziert werden und sich in Zombies verwandeln, und dann drehen weitere Zombies durch und beißen Menschen, bis ganze Städte und sogar Länder voller Zombies sind.

Das ist es, was auf dem Anleihemarkt passiert.

Die Anleihekäufe der Fed verbreiten tatsächlich eine Art "Virus" namens Wahnsinn, mit dem Markt in hochwertigen Anleihen immer weniger, Fondsmanager werden "Zombies", sie kämpfen für ein Stück "Rendite" Vermögenswerte und beißen sich gegenseitig, bis der Markt in der gesunden normalen Menschen immer weniger, Anleihekurse wurden nach oben spekuliert.

Wenn es auf dem US-Markt keine normalen Vermögenswerte mehr gibt, werden die "Zombies" nach Asien, Europa und Südamerika strömen und den "Virus" auf die Schwellenländer und die Welt übertragen.

In einem Umfeld, in dem die Erholung der Realwirtschaft schwach ist, ist jede Wirtschaft ein "alternder" Vermögenswert mit langsamem Cashflow-Wachstum, und als sich alle großen Länder der Welt zu einer geldpolitischen Lockerung zusammenschlossen, strömten die Geldfluten zu diesen ungenutzten Vermögenswerten, ohne dass es zu einer grundlegenden Verbesserung des Cashflows kam, sondern zu einer starken Überbewertung der Vermögenswerte. Die Welt nennt diese renditeschwache, risikoarme Situation die "neue Normalität"!

Unter der "neuen Normalität", solange es eine Zentralbankeskorte gibt, solange es einen kontinuierlichen Fluss von lockerem Geld gibt, wird das Marktrisiko nicht mehr existieren. Die Menschen scheinen das "wirtschaftliche Perpetuum mobile" erfunden zu haben, dass das Drucken von Geld einen immerwährenden Boom der Vermögenspreise bewirken kann!

In der Tat sind "lockeres Geld", "ständige Wertsteigerung" und "wirtschaftliches Perpetuum mobile" logisch unmöglich. Wenn wir als Gedankenexperiment davon ausgehen, dass sich der US-Anleihemarkt in einem völlig geschlossenen Zustand befindet, in dem die Zentralbank ständig Geld druckt, um Anleihen zu kaufen und Geld in den Markt zu treiben, was ist dann sein Endzustand? Die Fed wird nach und nach alle 38 Billionen Dollar an Anleihen auf dem Markt aufkaufen, der Anleihemarkt wird mit der gleichen Menge an Bargeld überflutet, die eigene Bilanz der Zentralbank wird ebenfalls auf die gleiche Größe ausgeweitet, was werden die Anleihefondsmanager in diesem "idealen" Zustand tun? Sie werden alle verhungern, weil es auf dem Markt keine Vermögenswerte mehr gibt, die Cashflow generieren können, und der Anleihemarkt wird aufhören zu existieren.

Es gibt also eine theoretische Grenze für leichtes Geld, und die Zentralbanken können nicht unbegrenzt in Anleihen investieren, so dass die ewige Wertsteigerung von Vermögenswerten ein Mythos ist und ein wirtschaftliches Perpetuum mobile noch unwahrscheinlicher ist. Dies ist der wesentliche Grund, warum die Fed im Mai 2013 mit der Vorbereitung ihres Ausstiegs aus dem QE-Programm begonnen hat.

Wenn die Vermögenspreise nicht mehr steigen, erreichen die Renditen gleichzeitig ihren tiefsten Punkt. Jeder möchte, dass sich die

Vermögenspreise auf einem hohen Niveau stabilisieren, ohne dass sie fallen müssen, aber die Geschichte lehrt, dass dies nie geschieht. Die Preise von Vermögenswerten sind wie ein Düsenflugzeug: Wenn ihm der Treibstoff ausgeht, kann es nicht mehr durch die Lüfte gleiten und stürzt kopfüber ab, während gleichzeitig die Renditen in die Höhe schnellen!

Das Fatale ist, dass die Zentralbank keinen Fallschirm für die Anleger hat, wenn die Vermögenspreise aus den Höhen fallen.

Man könnte sich fragen, was wäre, wenn sich die Wirtschaft unter dem geldpolitischen Stimulus erholen würde? Wachsende Geldströme könnten höhere Vermögenspreise stützen. Leider haben Geldbewegungen ihre eigenen Gesetze und lassen sich nicht auf den Willen des Menschen übertragen. Wenn man Geld mit Wasser vergleicht, fließen seine Bewegungsgesetze immer entlang des "steilsten" Gefälles, und diese "Steilheit" ist die Gewinnspanne.

Wenn die Währung über einen längeren Zeitraum zu locker ist, werden die durch steigende Vermögenspreise erzielten Gewinnspannen höher sein als die Gewinnspannen der Branche, und je größer diese Lücke ist, desto weniger Geld wird in die Branche fließen und nur noch der Wertsteigerung der Vermögenswerte nachjagen. In extremeren Fällen kann sich dies sogar auf das Geld der Branche auswirken und zu einem Anlagenrausch führen. Was wäre, wenn die Regierung das Geld ermutigen würde, in die Industrie zu fließen, oder das Geld zwingen würde, seinen Fluss zu ändern? Das ist so, als würde man einen Staudamm bauen, um das Wasser aufzustauen. Solange es eine große Lücke im Wasserstand der Gewinnspannen gibt, wird der Geldfluss immer die Barriere umgehen und weiterhin in Branchen mit hohen Gewinnspannen fließen.

Die QE-Politik der USA ist zum Scheitern verurteilt, und je länger sie andauert, desto schlimmer wird der Misserfolg. Auch die geldpolitischen Anreize in Europa, Japan und anderen Ländern haben keine Aussicht auf Erfolg und sind nichts anderes als eine Wiederholung der Katastrophen, die sich im Laufe der Geschichte wiederholt haben.

In der realen Welt wird es inmitten des Kursrausches bei Anleihen immer einige wenige nüchterne und mutige Anleger geben, die wie äußerst geduldige Jäger sind, die ständig ihre Kräfte sammeln, Munition vorbereiten und plötzlich einen Leerverkaufsangriff starten, wenn die Anleihekurse am Ende eines kräftigen Anstiegs stehen. Zu diesem

Zeitpunkt reicht eine kleine, aber entschlossene Menge an Kapitalkraft aus, um eine große Zahl von Anhängern gegeneinander aufzubringen, was zu einer plötzlichen Umkehrung der Marktpreise führt. Der Rückgang der Anleihekurse wird einen beschleunigten Anstieg der Renditen auslösen, was die Erwartung weckt, dass die Anleihebestände schrumpfen werden, was wiederum dazu führt, dass sich noch mehr Leute der Ausverkaufsarmee anschließen, und die Situation wird in einem Teufelskreis unhaltbar werden. Aus diesem Grund ist es unwahrscheinlich, dass sich die Vermögenspreise nach ihrem Höchststand auf einem hohen Niveau stabilisieren.

In Anbetracht der derzeitigen Lage der globalen Realwirtschaft, in der die extrem niedrigen Zinssätze sowohl die Aktien- als auch die Anleihemärkte stark überbewertet haben, würde eine Umkehrung der Renditen eine massive Korrektur der Vermögenspreise erzwingen, die, wenn sie sich zu einem Preissturz entwickelt, wahrscheinlich eine neue Finanzkrise auslösen würde.

Auf dem Markt für Unternehmensanleihen fallen natürlich zuerst die Ramschanleihen, was sich dann auf die Anleihekurse normaler Unternehmen auswirkt und zu einer Unterbrechung der Kette von Rückkäufen börsennotierter Unternehmen auf dem Aktienmarkt führt, was den Zusammenbruch des Aktienmarktes auslöst.

Junk Bonds sind jedoch nur die gefährlichste Blase auf dem Anleihemarkt, aber bei weitem nicht die schlimmste. Der Einbruch der Preise von Vermögenswerten auf den Märkten für Unternehmensanleihen und Aktien ist auch nicht die schlimmste Situation auf den Finanzmärkten. Sie dienen nur als Zündschnur, die einen viel größeren Markt für Finanzderivate und einen viel explosiveren Markt für Staatsanleihen auslöst.

Die Geldpolitik löst das Problem nicht, die Geldpolitik selbst ist das Problem!

KAPITEL III

Die Geldangst, die schlafwandelnde Schattenpartei

Jahrhunderts zu verstehen, ohne das fraktionierte Reservesystem zu kennen, und es ist unmöglich, die Finanzmärkte des 21. Jahrhunderts zu verstehen, ohne zu wissen, dass Repo-Hypotheken Geld schaffen.

Die gegenwärtige Geld- und Finanztheorie ist noch immer in der traditionellen Ära der 1980er Jahre verhaftet, während die Veränderungen auf den heutigen Weltfinanzmärkten den intellektuellen Inhalt und die analytischen Methoden der Vergangenheit weitgehend hinfällig gemacht haben.

Wenn Sie in einem Artikel, der die weltweite monetäre und finanzielle Situation analysiert, die Schlüsselwörter Repo-Markt, Repo-Sätze, Wertminderung von Sicherheiten, Asset-Swaps, Unterbesicherung, Schattenbankwesen, Schattengeld usw. nicht finden, können Sie den Artikel im Grunde genommen einfach in den Papierkorb werfen, weil er die Schlüsselbereiche der heutigen Weltfinanzmärkte überhaupt nicht anspricht und es unmöglich ist, dem Problem auf den Grund zu gehen!

In den USA ist das Angebot an Schattengeld mehr als dreimal so groß wie das der traditionellen Geldmenge M2. Wie kann man die Preise von Vermögenswerten auf den Finanzmärkten verstehen, ohne die Grundsätze der Schattengeldschöpfung zu kennen? Die Bedeutung des Schattenbankwesens liegt nicht in der fehlenden Regulierung, sondern in der Tatsache, dass es das Zentrum der Schattengeldschöpfung ist, was alle anderen Probleme des Schattenbankwesens überlagert.

Nur durch die Etablierung eines völlig neuen Wissenssystems können die Menschen verstehen, warum es im Zeitalter der globalen Geldvermehrung zu solch bizarren Ereignissen wie der

"Geldknappheit" kommen kann, und nur dann können sie zutiefst darauf aufmerksam gemacht werden, dass sich hinter der Geldknappheit der Vorläufer einer ernsteren Finanzkrise verbirgt.

Syrien-Krise, rechtzeitiger Regen für die Wall Street?

Am 21. August 2013 wurde die Welt von der Nachricht schockiert, dass syrische Oppositionskräfte behaupteten, die syrischen Regierungstruppen hätten chemische Waffen eingesetzt und mehr als 1 300 Menschen getötet. Am 23. August begann das US-Verteidigungsministerium mit der Entsendung von Streitkräften in den Nahen Osten, und am 24. August sagte US-Präsident Barack Obama, der syrische Bürgerkrieg betreffe die "zentralen nationalen Interessen" der Vereinigten Staaten, und am 27. August erklärte das Militär, der Krieg könne nur auf Befehl des Präsidenten beginnen. Von der Nachricht über die Chemiewaffen bis zum Abschluss des US-Kriegseinsatzes vergingen nur sieben Tage, und auf den Krieg im Irak und in Afghanistan haben sich die USA mindestens anderthalb Jahre lang vorbereitet.

Kurioserweise war gerade erst am 18. August das Chemiewaffen-Untersuchungsteam der Vereinten Nationen auf Ersuchen der syrischen Regierung in der syrischen Hauptstadt Damaskus eingetroffen, um den Einsatz von Chemiewaffen durch die Opposition zu untersuchen. Die syrische Regierung behauptet, dass die Opposition im März Chemiewaffen eingesetzt hat, um Massen von Opfern zu verursachen, während die Opposition diese Behauptung bestreitet und glaubt, dass die Regierung Chemiewaffen eingesetzt hat. Aufgrund der Verstrickungen zwischen den beiden Seiten wurde das Untersuchungsteam der Vereinten Nationen von der syrischen Regierung hinzugezogen, um die Wahrheit herauszufinden. Unter den Augen des Untersuchungsteams der Vereinten Nationen haben die chemischen Waffen plötzlich einen hohen Tribut gefordert. Die Kriegsparteien in Syrien, wer auch immer sie sind, würden es wagen, in einer solchen Situation Chemiewaffen einzusetzen, entweder in ihrer Dreistigkeit oder in ihrer völligen Dummheit.

Unabhängig von der Wahrheit haben die Vereinigten Staaten jedoch einen großen Schlag ausgeführt. Diese Kriegskrise kommt zu einem extremen Zeitpunkt. War Obama schon lange darauf vorbereitet, Syrien anzugreifen?

Das Zeitalter der großen Daten könnte auch mit großen Daten sprechen. Wenn Sie die weltweiten Schlagzeilen zum Thema "Obama, Syrien" mit dem Google-Trend-Suchtool "Google Trend" nachschlagen, werden Sie feststellen, dass Obama in den letzten fünf Jahren nur selten über Syrien gesprochen hat. Wenn man der Google-Suchtechnologie trauen kann, dann werden in der heutigen Online-Gesellschaft alle diese Kommentare schnell in die Google-Suchmaschine einfließen, sobald Obama Syrien in der Öffentlichkeit erwähnt.

Die Suchergebnisse zeigen jedoch, dass in den fünf Jahren bis zum 16. August 2013 das Schlagwortpaar "Obama, Syrien" weltweit fast nie in den Schlagzeilen auftauchte!

Erst nach dem 16. August begann Obama, ausführlich über Syrien zu sprechen. Offensichtlich kam die Syrien-Krise für Obama so plötzlich, dass er nicht viel Zeit hatte, sich darauf vorzubereiten. Warum sollte er dann innerhalb weniger Tage eine überstürzte Entscheidung über einen Kriegseintritt treffen? Krieg ist schließlich kein Kinderspiel! Russland stellte die Beweise in Frage, China verlangte die Wahrheit, die UNO argumentierte, die EU lehnte ab, die NATO verweigerte ihre Teilnahme, Großbritannien zögerte, einen Rückzieher zu machen, das amerikanische Volk zögerte, in den Krieg zu ziehen, und die Menschen im Nahen Osten zögerten noch mehr, in den Krieg zu ziehen. Im Falle des Irak-Kriegs war die Welt von den so genannten Beweisen für "Massenvernichtungswaffen" durch die britischen und amerikanischen Geheimdienste ignoriert worden, und es war nicht leicht, das Vertrauen anderer zu gewinnen, wenn das Vertrauen verloren gegangen war.

In der politischen Atmosphäre in Washington riecht es jedoch überall stark nach Schießpulver, und die Frage, ob man kämpfen soll oder nicht, scheint nicht mehr eine Frage der Beweise für chemische Waffen zu sein, sondern eher eine Frage, ob Obama und die Regierung der Vereinigten Staaten "den Glauben an die Welt nicht verlieren dürfen". Weil Obama gesagt hat, er würde kämpfen, muss er auch kämpfen. Das ist eine seltsame und absurde Logik. Selbst Mordverdächtigen muss per Gesetz das Recht garantiert werden, sich zu verteidigen, und die syrische Regierung wurde von den USA mit unzureichenden Beweisen für Chemiewaffen zum Tode verurteilt und ist bereit, sie in 7 Tagen hinzurichten!

Die extreme Perversität der Angst der Vereinigten Staaten vor einer derartigen Eile hat weniger mit der Vorbereitung auf einen echten

Krieg zu tun, als vielmehr damit, die Kriegsdrohung als Vorwand zu benutzen.

Während sich die Lage in Syrien rapide verschlechtert, erlebt die Wall Street eine Schockwelle!

Bernanke ist im Mai aus dem QE ausgestiegen, im Juni wieder klare Haltung, die internationalen Finanzmärkte sind im Chaos. Schlimmer noch, der Zinstrend beginnt sich umzukehren und die Renditen der US-Staatsanleihen schießen in die Höhe!

Anfang Mai lag die Rendite der 10-jährigen Staatsanleihen bei nur 1,66%, und am 16. August stieg sie überraschend auf 2,83%! Das ist eine Größenordnung, die es seit 30 Jahren nicht mehr gegeben hat!

Die US-Regierung ist der Schuldner von Staatsschulden und der beste Kredit auf dem Markt, und jeder kann bankrott gehen, aber solange die USA existieren, kann die US-Regierung immer Geld drucken, um es zurückzuzahlen. Die Rendite von Staatsanleihen ist also die untere Grenze auf dem Anleihemarkt, und jede andere Anleihe der gleichen Art wird mehr Rendite abwerfen als Staatsanleihen. Wenn die Renditen von Staatsanleihen um 70% in die Höhe schießen, werden andere Anleihen nur noch unverschämter steigen, und was ist mit dem Ramsch in Anleihen? Natürlich ist das miserabel.

Der Anstieg der Anleiherenditen, der Einbruch der Anleihekurse, bedeutet, dass der Anleihemarkt einen schrecklichen Ausverkauf erlebt hat. Man könnte sich fragen: Was ist so beängstigend an steigenden Zinsen, wenn die Rendite mit 2,83% immer noch niedrig ist?

Die Renditen der Staatsanleihen, die den Maßstab für die Preisbildung bei Finanzanlagen in den USA bilden, sind so dramatisch gestiegen, dass sie die Preisbildung auf dem 38 Billionen Dollar schweren Anleihemarkt und die Bewertung des 19 Billionen Dollar schweren Aktienmarktes hart treffen werden! Der Grund, warum die Finanzanlagen an der Wall Street so sind, wie sie sind, liegt darin, dass die Rendite der 10-jährigen Staatsanleihen nur etwa 1,66% beträgt, und wenn diese Rendite auf 2,83% steigt, dann werden die Preise aller Arten von Vermögenswerten stark unter Druck geraten und eine Abwärtskorrektur erfahren, und im August erlebte der US-Aktienmarkt den größten Rückgang seit anderthalb Jahren, und das ist der Grund.

Kann die Fed also weiterhin Anleihen auf dem Markt kaufen, um den Druck der steigenden Zinssätze zu verringern? Genau das ist der Zweck der QE-Politik. Aber das ist jetzt ein schlechter Zug!

Da die Fed bereits gesagt hat, dass sie bereit ist, aus dem QE auszusteigen, wird dem künftigen Markt für Staatsanleihen einer der größten Käufer fehlen. Die Fed hat 90% der neuen Staatsanleihen aufgefressen, wenn sie fehlt, wer kann sich dann auf dem Markt das riesige Angebot an Staatsanleihen leisten? Chinesische, japanische und ausländische Investoren werden so denken, da du rennen willst, kann ich nur schneller rennen als du, um größere Verluste in der Zukunft zu vermeiden. Infolgedessen sind alle gemeinsam aus den Staatsschulden geflohen, der Preis der Staatsschulden ist natürlich stark gefallen, und je mehr Staatsschulden gehalten wurden, desto stärker war der Wertverlust der Vermögenswerte.

Im Juni 2013 flüchtete ausländisches Kapital in größerem Umfang aus US-Dollar-Vermögenswerten als während des Höhepunkts des Finanz-Tsunamis im Jahr 2008.

Nur 3 Monate später steht die Bilanz der Fed unter Schock und weist einen schwebenden Verlust von 300 Milliarden Dollar auf! Die Zentralbanken, die riesige Mengen an US-Schuldtiteln als Devisenreserven halten, sind alle verängstigt und rennen um ihr Leben. China und Japan, die beiden größten Inhaber von US-Staatsanleihen, haben ihre Bestände im Juni um gewaltige 42 Milliarden Dollar reduziert, was den höchsten Rekord für eine solche Reduzierung in einem einzelnen Monat darstellt! Während des gesamten Monats Juni setzten ausländische Investoren zu einem rasanten Ausverkauf von US-Staatsanleihen, Unternehmensanleihen, Aktien und sämtlichen Dollarwerten an, und die US-Finanzmärkte erlebten einen Exodus ausländischen Kapitals, der sogar noch heftiger ausfiel als der im Jahr 2008, als Lehman Brothers zusammenbrach und der Finanz-Tsunami ausbrach!

Aus diesem Grund sind die Renditen 10-jähriger Staatsanleihen so stark angestiegen, dass der Ansatz der Fed, die Zinssätze durch QE-Schuldenkäufe zu drücken, außer Kontrolle zu geraten droht!

Als die Preise von Vermögenswerten dramatisch fielen, mussten die Fondsmanager an der Wall Street auf der Suche nach riskanten Renditen feststellen, dass ihre stark fremdfinanzierten, bereits überteuerten Vermögenswerte unmittelbar von massiven Abwertungen und Liquiditätsengpässen bedroht waren. Um den Druck auf die Finanzierung zu mindern, waren sie gezwungen, in großem Umfang Vermögenswerte in Übersee zu veräußern, um Dollar zurückzugewinnen. Schwellenländer, die in der Welle der Dollar-

Lockerung heiß angepriesen wurden, insbesondere solche mit offeneren Kapitalmärkten wie Indien, wurden von der Dollar-Kältewelle sofort getroffen.

Im August befanden sich die weltweiten Schwellenländermärkte in einer schwierigen Lage. Es ist nicht so, dass der Dollar zurückfließt, weil sich die US-Wirtschaft erholt, sondern dass die Zinswende eine dramatische Preiskorrektur bei den Vermögenswerten auf den US-Finanzmärkten erzwingt, was zu einem schweren Mangel an Dollar-Liquidität führt!

Bernanke hätte sich nie träumen lassen, dass die Umkehrung der Zinserwartungen so schnell und so heftig eintreten würde. Auf der einen Seite flüchten ausländische Investoren verzweifelt aus Dollar-Anlagen, auf der anderen Seite ziehen sich US-Investoren aus den Schwellenländern zurück, um die Wall Street zu retten, die Währungen laufen Amok und die Anlagen stehen in Flammen.

Am 16. August, nur vier Tage vor Ausbruch der syrischen Chemiewaffenkrise, war die Rendite der 10-jährigen US-Staatsanleihe auf 2,83% gestiegen! Mehrere Wall-Street-Institute berichten, dass die Zinswende vom Markt bestätigt wird, sobald die Renditen die 3%-Marke durchbrechen, und sowohl die Aktien- als auch die Anleihemärkte auf Talfahrt gehen werden.

Eine erbitterte Zinsabwehrschlacht bahnt sich an!

Am 16. August stieg die Rendite der 10-jährigen US-Staatsanleihen auf 2,83%.

Am 20. August rief US-Präsident Barack Obama dringend die hohen Tiere der Wall Street und die Leiter aller Finanzsektoren der US-Regierung zusammen, um eine Antwort zu verhandeln, darunter die Leiter der Federal Reserve, des Finanzministeriums, der Securities and Exchange Commission (SEC), des Consumer Financial Protection Bureau (CFPB), der Federal Housing Finance Agency (FHFA), der Commodity Futures Trading Commission (CFTC), der Federal Deposit Insurance Corporation (FDIC) und der National Credit Administration (NCUA). Obwohl der Inhalt der Sitzung nicht bekannt wurde, wird der Ausnahmezustand der steigenden Zinssätze alle oben genannten Institutionen hart treffen.

Wenn die Renditen der Staatsverschuldung steigen, dann steigen auch die Finanzierungskosten für die Gesellschaft insgesamt. Im Februar lagen die Zinsen für 30-jährige festverzinsliche Hypotheken in den USA bei nur 3,6%, im August waren sie auf 4,8% angestiegen! Auch in anderen Branchen steigen die Finanzierungskosten stark an. Die Finanzmärkte können das nicht verkraften, und die Realwirtschaft auch nicht.

Am 22. August ist die Rendite der 10-jährigen Staatsanleihe auf 2,9% gestiegen! Die Situation wird immer dringlicher.

Hedge-Fonds, Investmentfonds, Pensionsfonds und Versicherungsgesellschaften sind ebenso wie China und Japan große Inhaber von US-Staatsanleihen und anderen Anleihen und mussten mit ansehen, wie ihre Renditen in die Höhe schossen, während die Anleihekurse sprunghaft anstiegen, was zu ebenso großen Verlusten in ihren Büchern führte. Um größere Verluste zu vermeiden, haben sie zur Absicherung ihres Risikos nur Leerverkäufe von Staatsanleihen getätigt, was wiederum den Rückgang verschärft hat.

Der massive Anstieg der Zinssätze von Mai bis August hat die globalen Finanzmärkte 3 Billionen Dollar an Marktwert gekostet! Wenn der drastische Anstieg der Zinssätze nicht rasch rückgängig gemacht wird, wird er zwangsläufig eine Reihe schwerwiegenderer Implosionen der Finanzmärkte auslösen.

Für die Wall Street kam die Syrien-Krise zum richtigen Zeitpunkt!

Als Obama ankündigte, dass die Vereinigten Staaten bereit seien, Gewalt anzuwenden, spannten sich die Nerven im Nahen Osten und in der Welt sofort an. Globale Fonds flossen instinktiv wieder in US-Staatsanleihen, um sich gegen das Kriegsrisiko abzusichern, und die Rendite 10-jähriger US-Staatsanleihen sank von 2,9% auf 2,75%.

Der fast außer Kontrolle geratene Anstieg der Zinssätze seit Mai hat sich stark abgeschwächt! Die Federal Reserve hat in 4 Monaten in Folge für insgesamt 340 Mrd.$ QE-Schuldenkäufe getätigt und war nicht in der Lage, die Zinskrise zu unterdrücken, die überraschenderweise durch die bewaffnete Parade mehrerer US-Kriegsschiffe leicht entschärft wurde.

In der Zukunft, wenn sich die Fed aus dem QE-Programm zurückzieht, werden lokale Kriege, soziale Unruhen, geopolitische Konflikte und andere große internationale Krisen wahrscheinlich das wirksamste Mittel zur "Schockabsorption" steigender Zinssätze sein.

Beide Krisen werden jedoch nur zu einer vorübergehenden Abschwächung der Zinserhöhungen führen, nicht aber zu einer

Trendwende. Der Repo-Markt ist einer der kritischsten Gravitationspunkte, da der Druck für eine größere Implosion im Finanzsystem weiter zunimmt.

Ein Rückkauf ist ein Pfand für eine Anleihe

Wenn ein normaler Mensch eine Staatsanleihe kauft, kann er während der Zeit, in der er die Anleihe hält, nichts anderes tun als abwarten, und sein Geld ist so lange gesperrt, bis die Anleihe fällig wird oder er beschließt, sie zu verkaufen. Anders verhält es sich jedoch, wenn ein Finanzinstitut Staatsschulden hält, und diese können "tote Staatsschulden" in "lebendes Bargeld" verwandeln.

Das ist das Schöne am Repo-Geschäft (Repurchase Agreement).

Finanzinstitute können Geld von anderen Menschen, die freies Geld haben, mit den Anleihen als Sicherheiten zu leihen, und versprechen, die Anleihen zu einem höheren Preis nach einer bestimmten Zeit zu tilgen, ist der Unterschied der Rückkaufsrate, verdient der Anleger die Ausbreitung, und der Kreditnehmer unterzeichnet die Verpfändung des Geldes ist die Rückkaufsvereinbarung. Wegen der nationalen Kredit, so auf dem Markt ist sehr einfach zu liquidieren, gibt es eine nationale Anleihe Sicherheiten, die Kreditaufnahme Zeit ist nicht lang, die kürzeste Nacht, die längste ist nicht mehr als ein paar Dutzend Tage, so viele Finanzinstitute und Einzelpersonen mit freiem Geld, sie wollen nicht zu Bank Festgeld von den Toten, auch nicht wollen, um von der Nachfrage Zinssatz ausgebeutet werden; sie wollen beide die Flexibilität der Mittel jederzeit verfügbar, sondern auch wollen eine höhere Rendite, sondern auch die Sicherheit der Investitionen, können auch die oben genannten Anforderungen ist der Repo-Markt.

Rückkäufe sind wie Pfänder: Leute, die knapp bei Kasse sind, kommen mit den Antiquitäten ihrer Familie zum Pfandhaus, um sich Geld zu leihen, und die Antiquitäten sind das Äquivalent zu den besicherten Staatsanleihen, die zurückgekauft werden. Pfandleiher neigen dazu, bei der Bewertung einen Abschlag vorzunehmen, der in einem Rückkaufsvertrag als Abschlag bezeichnet wird; Pfandleiher verlangen in der Regel einige Tage für die Auslösung des Pfands, was die Rückkaufszeit ist; die Zinsen für das geliehene Geld sind natürlich der Rückkaufszinssatz. Kommt der Schuldner bei Fälligkeit nicht, um das Pfand auszulösen, ist er mit dem Rückkauf in Verzug, und der

Pfandleiher hat das Recht, selbst über das Pfand zu verfügen, es entweder zu verkaufen oder für sich zu verwenden. Ebenso gehören die besicherten Schatzbriefe dem Verleiher, wenn der Pensionsgeber in Verzug gerät.

Das Prinzip des Rückkaufs ist einfach und der Vorgang ist nicht kompliziert, aber seine Bedeutung auf den Finanzmärkten wird ernsthaft übersehen. Nur wenige außerhalb des Finanzsektors verstehen, dass der Rückkauf zur zentralsten Finanzierungsquelle, zum wichtigsten Mittel der Liquiditätsbereitstellung und zum wichtigsten Zentrum der Geldschöpfung auf den modernen Finanzmärkten geworden ist, und man kann sagen, dass er der Motor ist, der die gesamte Bewegung des Finanzsystems antreibt!

Auf dem US-Anleihemarkt konnten die 21 primären Marktmacher Hunderte von Milliarden Dollar an Anleihebeständen halten und sich bei der Finanzierung hauptsächlich auf den Repo-Markt stützen.

Bei der Versteigerung von Schatzanweisungen durch das US-Finanzministerium waren 21 Primärhändler berechtigt, direkt auf Schatzanweisungen zu bieten, was den Primärmarkt für Schatzanweisungen darstellte. Sie sind auch die primären Marktmacher auf dem Sekundärmarkt, und die Federal Reserve Bank of New York arbeitet bei Offenmarktgeschäften eng mit ihnen zusammen, indem sie Treasuries und MBS-Anleihen kauft und verkauft, die Fed-Bilanz ausweitet oder verkürzt, QE durchführt und alle geldpolitischen Maßnahmen ergreift, die von Primärhändlern durchgeführt werden müssen.

Tatsächlich sind die Mitglieder des Circle of First Traders allesamt blutsverwandte Zweige der 17 großen Finanzfamilien, die ihren Ursprung im 18. Jahrhundert in Europa hatten und die globalen Finanzkanäle geerbt haben, die von ihren Vorfahren über 300 Jahre hinweg geschaffen wurden. Sie arbeiten von Generation zu Generation miteinander und sind durch viele Schichten von Wurzeln miteinander verbunden. Die jüngere Generation, die am Anfang der Finanzindustrie steht, wird oft in den Banken der anderen Generation für Praktika und Schulungen eingesetzt, um sich mit den spezifischen operativen Details der Branche vertraut zu machen, aber auch um gegenseitiges Vertrauen und Freundschaft aufzubauen. Von Zeit zu Zeit konkurrieren sie auch miteinander und geraten sogar heftig aneinander, aber das eigentliche Ziel ist die Stärkung einer bestehenden Monopolstellung. Wenn es schwarze Schafe gibt, die grob widerspenstig sind und die Interessen des Ganzen bedrohen, oder faule Leute, die nicht gut geführt werden, werden sie sich zusammentun, um die Tür zu öffnen. Aufgrund der jahrhundertelangen Anhäufung von Kundenressourcen und des langjährigen Kampfes an der vordersten Front des Marktes sind ihre Informationen oft genauer und zeitnaher, die praktische Erfahrung ist weitaus größer als die akademische Herkunft des Leiters der Fed. Sie sind das eigentliche Gehirn, das Herz, die Nerven, die Knochen, die Muskeln und die Arme und Beine der US-Finanzmärkte, während Fed-Beamte so weit weg wie Washington eher ein Sprachrohr für die Medien sind.

Bei der Versteigerung von Staatsanleihen durch das Finanzministerium beläuft sich der Umfang jeder Anforderung oft auf Hunderte von Millionen Dollar, und nur die Händler der ersten Ebene haben die Kraft zu essen, und nur sie haben genügend Kanäle, um zu verkaufen. Die Größe ihrer Bestände, die oft das Dutzendfache ihrer eigenen Mittel betragen, kann als meisterhaft und kühn bezeichnet werden. Als sie die Anleihen in die Hände bekamen, besicherten die Primärhändler die Anleihen sofort auf dem Repo-Markt, und die Kreditgeber stürzten sich auf sie, um den Repo-Kuchen zu ergattern. Zu diesen großen Akteuren mit freiem Geld gehören vor allem: Währungsfonds, Investmentfonds, multinationale Unternehmen, Versicherungsgesellschaften, staatliche und lokale Regierungen, Staatsfonds, ausländische Zentralbanken und andere schwergewichtige Investoren. Warum kaufen die wohlhabenden Großanleger nicht einfach Schatzanweisungen? Da Overnight-Repo-Geschäfte manchmal mehr Rendite abwerfen als dreimonatige Schatzanleihen, sind auch andere Anleiheprodukte mit mehrmonatiger Laufzeit im Vergleich zu Repo-Geschäften blass. Gleichzeitig ist die Dauer der Repo-Geschäfte extrem kurz, die Mittel sind sehr flexibel, die Sicherheiten sind sicher und das Risiko ist fast vernachlässigbar.

Die erstrangigen Händler verwenden Schatzanleihen als Repo-Finanzierung, und wenn das Geld eintrifft, nehmen sie den Repo-Markt wieder in Beschlag, diesmal aber die Kreditgeber, auch bekannt als Reverse Repo, um genau die gleiche Sorte und Menge an Schatzanleihen auf dem Markt zurückzuleihen. Man könnte sich fragen, ob das nicht ein Taschenspielertrick ist. Es macht absolut keinen Sinn, erst die Kupons zu drücken, um Geld zu leihen, und dann die Kupons zu drücken, um Geld zu leihen. Die Primärhändler haben jedoch den Nagel auf den Kopf getroffen, und das Halten von Anleihebeständen in Höhe von Hunderten von Milliarden Dollar ist ein riskantes Geschäft, da sich die Zinssätze von einem Moment auf den anderen ändern, manchmal sogar dramatisch. Sobald sich die Zinssätze ändern, ändern sich auch die Anleihekurse, und der Umschlag eines so großen Anleihebestands nimmt viel Zeit in Anspruch, und wenn der Durchsatz nicht rechtzeitig abgeschlossen werden kann, während die Zinssätze stark gestiegen sind, dann können die hart verdienten Gebühren ganz weg sein, oder sogar Blut spucken und Geld verlieren. Die Zinskosten des Ersteren können durch die Zinserträge des Letzteren vollständig abgesichert werden. Dies ist der "Matching Hedge" der Bilanz (Matched Books). Ohne das Zinsrisiko kann der primäre Underwriter einen Fuß in die Tür bekommen und die Spanne zwischen Wholesale- und Retail-Anleihen verdienen.

Natürlich ist der Betrieb einer Versicherung auf diese Weise eine Versicherung, aber der Gewinn zwischen Groß- und Einzelhandel mit Staatsanleihen ist wirklich ein bisschen schäbig, eine Million Dollar, um ein paar Dutzend Dollar zu verdienen, hundert Millionen Dollar, um ein paar Tausend zu verdienen, sogar der Verkauf von Kohl ist eine viel höhere Gewinnspanne als sie. Natürlich geht es den Tier-1-Händlern um das Volumen, und die USA legen jedes Jahr Billionen von Dollar an Staatsschulden an, so dass immer noch ein gewisser Gewinn zu erzielen ist.

Gibt es eine Möglichkeit, mehr zu verdienen? Natürlich gibt es das. Wenn die Primärhändler "sehen" der Zinssatz wird nicht steigen, dann können Sie die letztere Druck Geld, um die Menge an Wertpapieren zu leihen zu reduzieren, und verwenden Sie das überschüssige Geld für den Ausbau der Schatzanleihe Inventar, erhöhen Sie den Gesamtbetrag der Geschäfte auf sie. nach 2011, die Primärhändler Schatzanleihe Inventar deutlich überschritten die Unternehmensanleihe Inventar, ist, weil sie "Wette", dass die Federal Reserve wird auch weiterhin das Ausmaß der QE zu erweitern, so, Schatzanleihe Renditen sind eindeutig ein anhaltender Trend der niedrigen, weiterhin in "Matching Hedge" zu engagieren, ist es eindeutig unnötig. Je größer jedoch die Diskrepanz zwischen den Beständen an Staatsanleihen und den Absicherungen ist, desto größer ist das Risiko von Zinsspitzen.

Da die Primärhändler einen unsichtbaren und entscheidenden Einfluss auf die Fed-Politik haben, "wetten" sie oft auf das Richtige.

Mit der allgemeinen Richtung der Zinssätze kann man nicht viel falsch machen, und es gibt mehr Möglichkeiten, ein kleines Tackle zu machen. Warum gibt es so viele Skandale um Zinsmanipulationen bei der London Interbank Offered Rate (Libor)? Weil die Manipulation des Zinsmarktes die Gewinnspannen der Primärhändler ausweiten kann! Viele dieser Leute sind nicht nur die Titanen des US-Finanzmarktes, sondern auch des europäischen Marktes. Der Repo-Markt ist nur ein kleiner Fall von Zinsmanipulation, der von größeren Gewinnen auf den Märkten für Zinsswaps und anderen Finanzderivaten profitiert.

Tier-1-Händler teilten die großen Aufträge von Hunderten von Millionen Dollar an Treasuries, für die sie boten, in kleinere Aufträge von mehreren Millionen Dollar auf, und die kleineren Händler auf dem Markt stürzten sich darauf, sie zu kaufen. Ihre Praxis und die großen Händler sind die gleichen, Finanzierung mit Repo, Absicherung mit Reverse-Repo, die fett einfach nicht verwenden Risikoabsicherung, direkt "nackt" halten Schatzanweisungen, und dann auf den Anleihemarkt am Telefon an die neuen Kumpanen alten Wahnsinnigen, und bald die Schatzanweisungen zu einem feineren Markt verteilt, schließlich auf der Bilanz von tausend Haushalten liegen.

Die Juni-Überraschung des Repo-Marktes

Im Mai sagte Bernanke, QE mit einem Knall zu beenden, weckte alle Teilnehmer in der Anleihemarktkette, "nackte" Anleihebesitzer eilen herum, um "Unterwäsche" zu finden, Anleiheaktien zu groß und Mangel an passenden Hedge-Händler ängstlich, von der Wand zu springen.

Im Juni, China, Japan und anderen großen US-Schatzanleihen begann zu "Sieg Flucht", Treasury Renditen abrupt verändert Gesicht, was wiederum erschreckte die Rückkaufsmarkt in vielen "Wertpapiere leihen Geld" Hedge-Fonds, Schatzanleihen Preise fielen, Sicherheiten hohe Plattform tauchen. Die Kreditgeber haben sofort gekündigt und den Kreditnehmern ein Ultimatum gestellt, um die Nachschussforderungen zu begrenzen, während die stark fremdfinanzierten Hedge-Fonds überhaupt keine Barreserven haben!

Hedge-Fonds können nur Vermögenswerte verkaufen, um Barmittel abzusichern, und nur wenige von ihnen können das tun, aber alle verkaufen gleichzeitig, und dem Markt geht die Liquidität aus, und die Preise der Vermögenswerte stürzen ab!

Ende Mai und Anfang Juli wurde der Repo-Satz für 3- und 10-jährige Staatsanleihen negativ! Im Juni, als China und Japan US-

Staatsanleihen abstießen, erreichte der Rückkaufsatz für 10-jährige Staatsanleihen -3%, was ein äußerst seltenes Schauspiel ist!

Ein Kreditgeber, der ursprünglich Geld zum Investieren übrig hatte, veranlasste den Kreditgeber tatsächlich dazu, 3% zu hinterlegen, weil die Sicherheit der anderen Partei eine 10-jährige Staatsanleihe war!

Was zum Teufel ist hier los?

Umkehrung der negativen 3- und 10-jährigen Repo-Sätze für US-Staatsanleihen ab Mai 2013

Noch mit dem Beispiel der Pfandleihe zu erklären, nehmen Sie die Familie Erbstück Antiquitäten zu Pfandleihe Hypothek Darlehen Geld, Pfandleihe Jungs Kommissionierung ihre Nasen und Augen zu sagen, dass nur 5% aus dem Darlehen, Sie sofort Feuer bis behauptet, dass weniger als 10% aus ist unangemessen, die letzte hängt davon ab, wer verbraucht, die, das Ergebnis der beiden Seiten Kompromiss bei 7% aus, das ist die normale Situation.

Nun hat sich der Markt plötzlich verändert, der Markt Gerüchte, dass diese antike wird wild von mehreren großen Sammler geworfen, zunehmend wertlos, die die Hände von anderen Sammlern, die Inventar haben, können erschrecken, haben sie auch auf den Markt zu verkaufen. Zusätzlich zu den Sammlern, ist der Markt mehr Spekulanten, spezialisiert auf das Geschäft der Kauf und Verkauf von Leerverkäufen, hörten sie die Nachricht, sofort erklärt, dass sie Waren haben, sprang aus dem Gebäude zu verkaufen, spucken Blut, um ihre Positionen zu löschen. In Wirklichkeit haben die Spekulanten die Waren nicht in ihren Händen. Auf dem Markt gab es immer ein Verkaufen und ein Kaufen, also strömten die Käufer zu den Leerverkaufsspekulanten, zahlten bar und warteten darauf, die Ware abzuholen. Die Spekulanten wussten, dass der Pfandleiher die Ware in der Hand hatte und liefen hin, um sie zu leihen, und da die Menge zunahm, waren sie bereit, einen Aufschlag zu zahlen.

Warum sind Spekulanten bereit, eine Prämie zu riskieren, um Antiquitäten zu leihen? Es stellt sich heraus, dass Spekulanten denken, dass der Preis von Antiquitäten auch fallen wird, zunächst leihen die Pfandhaus Antiquitäten zu liefern, wenn der Preis niedriger ist in ein paar Tagen, dann kaufen zurück zu den Pfandhaus Eigentümer zurück, essen die Differenz in der Mitte des Preises verdient werden.

Ursprünglich Antiquitäten stürzte, der Markt, um mehr zu verkaufen, um weniger zu kaufen, Antiquitäten sollte über die

Nachfrage, sondern Spekulanten in einer großen Zahl von Leerverkäufen beteiligt, sondern führte zu Lieferschwierigkeiten, mussten sie eine Prämie an Pfandleiher zahlen, um Waren zu leihen, um die Lieferung zu erfüllen, als Folge der Pfandleiher Antiquitäten im Gegenteil teuer. An diesem Punkt können diejenigen, die Antiquitäten in ihren Händen haben, einen Teil der Spekulationsprämie verdienen, indem sie sie an ein Pfandhaus verpfänden.

Das Gleiche gilt, wenn der Reposatz negativ wird. Der starke Anstieg der Renditen infolge des Ausverkaufs der Staatsschulden hat Banken, IWF, Versicherungsgesellschaften, multinationale Unternehmen und ausländische Anlageinstitute, die große Mengen an Staatsschuldtiteln halten, aufgeschreckt, die sich dem Ausverkauf anschließen mussten, um die erheblichen Verluste aus der Abwertung der Staatsschuld zu verringern, was den Schrecken des Staatsschuldenverfalls noch verschlimmert hat. Als professionelle Leerverkäufer haben einige Hedgefonds die Gelegenheit zum Töten erkannt. Der Ausverkauf auf dem Anleihemarkt war zwar groß, aber das Ausmaß der Leerverkäufe war noch erstaunlicher.

Diejenigen, die Anleihen in ihren Händen halten, verkaufen einfach ihre Bestände und müssen sie nicht ausleihen, aber diejenigen, die sie nur leerverkaufen, müssen sie ausleihen, um die Lieferung abzuschließen. Wenn der Umfang der gleichzeitigen Leerverkäufe einen kritischen Punkt erreicht, kommt es unweigerlich zu Engpässen bei der Auslieferung von geliehenen Wertpapieren, was dazu führt, dass viele Leute nicht in der Lage sind, Treasuries zu leihen, um die Lieferung abzuschließen. Dies ist der Zeitpunkt, an dem die Lieferausfallquote drastisch ansteigt.

Am 5. Juni 2013 erreichte die Ausfallrate bei der Auslieferung von US-Staatsanleihen 130 Milliarden Dollar.

Und genau das ist in der Realität passiert, denn am 5. Juni erreichte die Ausfallrate bei der Lieferung von Staatsanleihen einen Wert von 130 Milliarden Dollar!

Die Leerverkäufe von US-Staatsanleihen waren intensiv genug, um Bernanke zu verblüffen.

Die Umkehrung der negativen Repo-Sätze und der anhaltende Anstieg der Ausfälle bei der Lieferung von Staatsanleihen deuten darauf hin, dass sich der Repo-Markt bereits in einem Zustand extremer Abnormalität befindet, der die Liquiditätsversorgung und die

Geldschöpfungsfunktion des Finanzsystems ernsthaft beeinträchtigen und damit eine heftigere Implosion des milliardenschweren Derivatemarktes auslösen wird.

Traditionelle Währungsschöpfung

Das Bankensystem ist seinem Wesen nach ein Dienstleistungsunternehmen, dessen Hauptfunktion darin besteht, Gelddienstleistungen für die Wirtschaftstätigkeit zu erbringen. Dies unterscheidet sich nicht grundlegend vom Telekommunikationssektor, der Kommunikationsdienstleistungen erbringt, oder vom Verkehrssektor, der Transportdienstleistungen anbietet, wo das Bankensystem seine Einnahmen aus den Gebühren bezieht, die die Gesellschaft für seine Gelddienstleistungen zahlt.

Woher kommt das Geld für das Bankensystem? Die Antwort lautet: Das Bankengeld stammt aus der Selbstschöpfung des Bankensystems.

Die überwiegende Mehrheit der Menschen, die täglich mit Geld umgehen, ist sich des Mechanismus seiner Entstehung nicht bewusst und glaubt fälschlicherweise, dass die von der staatlichen Münzanstalt gedruckten Scheine die gesamte Währung der Gesellschaft darstellen. Tatsächlich machen Banknoten in modernen Ländern nur einen winzigen Teil der Währung aus, der weitaus größte Teil ist von den Banken geschaffenes Geld.

Wie genau schaffen die Banken Geld?

Betrachten wir zunächst die einfachste Bankbilanz: Wenn eine Bank in ihrem Ausgangszustand weder Aktiva noch Passiva noch Eigentumsanteile hat, lässt sich ihr Zustand wie folgt vereinfachen.

Vermögenswerte	Passiva & Eigenkapital
Bargeld: 0	Ersparnis: 100

Die Bilanz einer Bank ist der Stand der Bankgeschäfte zu einem bestimmten Zeitpunkt, also eine Art Momentaufnahme. Wenn man jeden Moment der Bankgeschäfte als Momentaufnahme betrachtet, kann man den Stand der Geschäftsentwicklung der Bank erkennen. Die Gesamtaktiva auf der linken Seite sind immer gleich den

Verbindlichkeiten plus Eigenkapital auf der rechten Seite, was eine konstante Gleichung ist.

Bargeld ist ein Vermögenswert einer Bank, während Sparguthaben eine Verbindlichkeit darstellen, denn wenn Menschen Bargeld bei einer Bank einzahlen, können sie es jederzeit abheben, und die Bank muss dem Antrag des Einlegers auf Abhebung ohne jegliche Bedingungen nachkommen, was eine Pflicht und Schuldigkeit der Bank ist.

Zu diesem Zeitpunkt kommt ein Kunde A in die Bank und zahlt 100$ in bar ein, und wenn ein weiterer Schnappschuss gemacht wird, sieht die Bilanz der Bank folgendermaßen aus.

Vermögenswerte	Passiva & Eigenkapital
Bargeld: 100	Kunde A spart: 100

Ganz einfach, die Aktiva auf der linken Seite sind immer noch gleich den Passiva + Eigenkapital auf der rechten Seite. Die Bank stellt dem Kunden A ein Sparbuch in Papierform, eine Plastikkarte oder ein U-Shield für Online-Transaktionen zur Verfügung. In jedem Fall hat der Kunde A das Recht, jederzeit Bargeld von der Bank abzuheben, und das Wesen des Banksparens ist das Recht des Einlegers, Bargeld zu verlangen.

Zu diesem Zeitpunkt kam ein anderer Kunde B, er kam nicht, um Geld zu sparen, sondern um einen Kredit aufzunehmen, die Bank führte eine ernsthafte Untersuchung des Kunden B durch, der Kreditbedarf wurde auch wiederholt überprüft, und sie beschloss, einen Kredit aufzunehmen. Aber vorbehaltlich der Vorschriften der Zentralbank, zum Beispiel aus einem$ 100 Einlage, nur ein Maximum von$ 90 kann für ein Darlehen aufgenommen werden, und die restlichen$ 10 müssen mit der Bank für Notfälle verlassen werden.

Die allgemeine Meinung ist, dass die Bank dem Kunden B 90 Dollar an Bargeld leihen muss, so dass das Bargeldvermögen nur 10 Dollar betragen sollte, ist es nicht die Aufgabe der Bank, Geld von Einlegern an Menschen zu verleihen, die es brauchen? Wenn die große Mehrheit der Menschen diese Ansicht vertritt, bedeutet dies, dass die große Mehrheit der Menschen das Geheimnis des Geldverdienens im modernen Bankwesen nicht versteht. Anstatt 100 Dollar in bar zu verwenden, hat die Bank neue Ersparnisse "aus dem Nichts" geschaffen, und wenn man eine andere Momentaufnahme machen würde, würde die Bilanz der Bank so aussehen.

Vermögenswerte	Passiva & Eigenkapital
Bargeld: 100	Kunde A spart: 100
Darlehen von Kunde B: 90	Einsparungen bei Kunde B: 90

Sie haben es nicht verstanden? Das ist richtig.

Die Banken sind wirklich wie Zauberer, sie können tatsächlich neue Ersparnisse "aus dem Nichts" schaffen! Für den Durchschnittsmenschen ist es schwierig, die Rationalität und Logik einer solchen Buchführung zu verstehen. Aber seit die europäischen Finanzfamilien im 19. Jahrhundert solche Buchhaltungsregeln aufstellten und sich im allgemeinen Rechtssystem durchsetzten, ist das System der Mindestreserve inzwischen zum vorherrschenden Standard in der Welt geworden, und ob es nun vernünftig oder gerecht ist oder nicht, ist irrelevant. Es ist wichtig, dass die normalen Menschen ein tiefes Verständnis für die Ungerechtigkeiten haben, die ihnen durch dieses System auferlegt werden. Es sei darauf hingewiesen, dass mit Ausnahme der Banken, die das Privileg genießen, Bücher "aus dem Nichts" zu führen, jedes andere Unternehmen, das dies wagt, als Betrüger behandelt wird und die juristische Person ins Gefängnis kommt. Dies verdeutlicht, dass dem Bankensystem seit dem 19. Jahrhundert ein gewisses Privileg in der Wirtschaftstätigkeit eingeräumt wurde.

Warum würde das Darlehen von Kunde B von der Bank als Vermögenswert betrachtet werden? Die Verschuldung von Kunde B ist in der Lage, Zinserträge zu generieren. Für eine Bank ist alles, was einen Cashflow einbringt, ein Vermögenswert. Die Aktiva der Bank sind also die Schulden, die der Rest der Gesellschaft ihr schuldet. Die Gesamtaktiva der Bank betragen jetzt 190$ und die Gesamtverbindlichkeiten ebenfalls 190$, und sie sind immer noch gleich. Die Schulden auf der rechten Seite haben sich um 90$ erhöht, ein neues Sparkonto, das die Bank für Kunde B eröffnet hat, der das Geld ausgeben kann, indem er es per Scheck überweist oder Bargeld abhebt.

Wenn das Sparkonto von Kunde B aktiviert wird, erhöht sich die gesamte Geldmenge in der Wirtschaft um 90 Dollar.

Unabhängig davon, wie Kunde B das Geld ausgibt, werden die 90$ früher oder später auf ein Konto bei einer anderen Bank im Bankensystem eingehen. Diese Bank wird also 90$ an Ersparnissen hinzufügen, während sie gleichzeitig 90$ an Barvermögen hinzufügt, von dem sie auch 81$ verleihen und neue 81$ an Ersparnissen schaffen kann. Dieser Kreislauf kann so lange fortgesetzt werden, bis sich die Gesamtgeldmenge im gesamten Bankensystem verzehnfacht hat und 100 Dollar an zusätzlichen Ersparnissen schließlich eine Geldmenge von 1.000 Dollar schaffen.

Dies ist die Geldschöpfung der Banken. Unter normalen Umständen wird die neue Währung nicht in Form von Banknoten auf dem Markt in Umlauf gebracht, sondern in Form von Zahlen in den Büchern des Bankensystems, die den Büchern der verschiedenen Banken hinzugefügt und von ihnen abgezogen werden, und das Geld fließt ruhig und ohne Interesse an den Veränderungen der Zahlen in den Büchern der Banken.

Wenn Kunde B einer Bank Geld leiht, entspricht diese Nachfrage der Geldnachfrage, die durch das Wachstum der Realwirtschaft entsteht, das Bankensystem schafft Geld, um diese Nachfrage zu befriedigen, und die Zinserträge sind die Dienstleistungsgebühr, die die Bank der Gesellschaft in Rechnung stellt. Wenn es in der Realwirtschaft keine neue Nachfrage nach Geldschöpfung gibt, das Bankensystem aber in der Lage ist, selbst neue Nachfrage nach Geld zu schaffen, dann werden die von der Gesellschaft an die Banken gezahlten Dienstleistungsgebühren zu "Verwaltungsgebühren", die die Banken der Gesellschaft zwangsweise auferlegen.

Da sich die Realwirtschaft in einer Flaute befindet, wird es für die Banken schwierig sein, Kredite zu vergeben, wie soll man diese "Verwaltungsgebühr" eintreiben?

Auf den heutigen Finanzmärkten ist die Fähigkeit der Banken, traditionelles Spargeld zu schaffen, geschwunden und wurde durch neue Mechanismen des Schattenbankwesens zur Schaffung von Schattengeld ersetzt. Kredite schaffen Sparverbindlichkeiten, die durch Hypotheken ersetzt wurden, die wiederum Repo-Verbindlichkeiten schaffen. Der Repo-Markt ist heute das wichtigste Zentrum der Geldschöpfung in der Welt.

Das Geld entwickelt sich weiter, und das Denken der großen Mehrheit der Gesellschaft hält damit nicht Schritt. Die heutigen Geld- und Finanztheorien befinden sich immer noch auf dem Stand der

1980er Jahre, und dieses veraltete Wissen, das völlig unfähig ist, das neue Phänomen der Geldschöpfung zu verstehen, hat zu erheblichen Fehlern in vielen aktuellen Interpretationen von Geld, Preisen, Wechselkursen, Zinssätzen und Finanzmärkten geführt.

Man kann das Wesen des Finanzwesens des 20. Jahrhunderts nicht verstehen, ohne das fraktionierte Reservesystem zu kennen, und man kann den finanziellen Kern des 21.

Schattengeld: ein neues Gesetz der Geldschöpfung

Der einfachste Weg, die Feinheiten der Geldschöpfung auf den heutigen Finanzmärkten zu verstehen, besteht darin, sich anzuschauen, wie ein Hedge-Fonds Verbindlichkeiten schafft, die den Bankeinlagen ähneln.

Wenn ein Fonds in der Ausgangssituation 100 Dollar aufnimmt und dann mit einem Paukenschlag eröffnet, kann das Geld nicht ungenutzt bleiben, so dass der Geldverwalter zunächst 100 Dollar in Staatsanleihen kauft, wodurch die Bilanz einfach wird.

Vermögenswerte	Passiva & Eigenkapital
Bargeld: 0	Haftung: 0
Staatsverschuldung: 100	Vorteile: 100

Der Zweck des Fondsmanagers beim Kauf von Staatsanleihen besteht jedoch nicht darin, die Zinsen passiv zu halten und zu verzehren, das tun Big Mom und Dad, er kauft Staatsanleihen, um die Ausweitung der Vermögenswerte weiter zu finanzieren und Geld zu verdienen. Er sicherte sich also 100$ an Treasuries auf dem Repo-Markt und hatte am Ende 90$ in bar (nur eine einfache Begriffserklärung), und die Bilanz der erhöhten Repo-Transaktion begann sich auf interessante Weise zu verändern.

Vermögenswerte	Passiva & Eigenkapital
Staatsverschuldung: 100	Rückkaufsverpflichtung: 90
Bargeld: 90	Vorteile: 100

Durch die Repo-Finanzierung erhöhte sich das Gesamtvermögen des Fonds auf 190$, und die zusätzlichen Barmittel in Höhe von 90$

konnten für risikoreiche, hochverzinsliche Abenteuer verwendet werden, um die Spanne zwischen den Zinskosten des Repo und der hochverzinslichen Rendite abzusichern.

Es ist wichtig, an dieser Stelle zu betonen, dass das Pensionsgeschäft zwar "erst verkaufen, dann zurückkaufen" ist, was wie ein "echter Verkauf" aussieht, in Wirklichkeit aber eine "echte Kreditaufnahme" ist, da der Kreditnehmer in der Rückkaufsvereinbarung versprochen hat, die Vermögenswerte innerhalb eines Tages oder einiger Tage zurückzukaufen, in Wirklichkeit aber das gesamte Zins- oder Ausfallrisiko weiterhin beim gesicherten Kreditnehmer liegt, weshalb die Rechnungslegungsvorschriften verlangen, dass die zurückgekauften Vermögenswerte in der Bilanz des Kreditnehmers verbleiben und nicht auf den Kreditgeber übertragen werden.

Lehman Brothers hatte das Konzept gestohlen, was zu dem berühmten "Repo 105"-Fall führte.

Am Vorabend der Finanzkrise führte die Aufdeckung des Subprime-Hypothekenproblems zu einer erheblichen Wertminderung der Vermögenswerte von Lehman Brothers, das stark in diesen Markt involviert war, und in einem extrem schlechten Finanzmarkt war es für Lehman schwierig, diesen toxischen Schrott rechtzeitig zu verkaufen, um einen massiven finanziellen Verlust zu vermeiden. Um seine wahre finanzielle Lage zu verschleiern, führte Lehman bei der Veröffentlichung seiner Jahresabschlüsse massive Rückkäufe durch, indem es Anleihen im Wert von 105 Dollar für 100 Dollar "verkaufte" und die Barmittel aus den "Verkaufserlösen" zur Tilgung seiner Verbindlichkeiten verwendete, was zu einer erheblichen Verringerung sowohl der Vermögenswerte als auch der Verbindlichkeiten in den Jahresabschlüssen führte und seine Finanzlage verschleierte. Wenn die Jahresabschlüsse nach 10 Tagen veröffentlicht werden, refinanziert Lehman diese Vermögenswerte und "kauft sie zurück", so dass die Vermögenswerte und Verbindlichkeiten wieder in ihren ursprünglichen Zustand versetzt werden. Lehman Brothers hatte diese Taktik angewandt, um bis zu 50 Mrd. USD an Vermögenswerten "vorübergehend" aus der Bilanz zu verschieben, indem es toxischen Müll aufkaufte, wodurch die Risikobewertung der Anleger in Bezug auf Lehman in die Irre geführt wurde und ein Finanzbetrug vorlag.

Im normalen Zustand des Repo-Marktes hätte die Verpfändung von 102 Dollar an Anleihen etwa 100 Dollar an Krediten eingebracht, aber Lehman hat Anleihen im Wert von 105 Dollar verpfändet, um 100 Dollar an Krediten zu erhalten - warum ist das so?

Wie sich herausstellte, wollte Lehman "buy-back and borrow" eher wie "echte Verkäufe" aussehen lassen! Der beizulegende Zeitwert der Übersicherung auf dem Repo-Markt beträgt 2 Prozent, und sobald dieser Wert überschritten wird, wird davon ausgegangen, dass der Kreditnehmer im Wesentlichen die tatsächliche Kontrolle über den besicherten Vermögenswert verloren hat, wodurch er sich einem "Verkauf" des Vermögenswerts annähert und es sich nicht mehr um ein Repo-Pfand handelt, und die Rechnungslegungsstandards erlauben es Lehman, diese "buchstäblich verkauften" Anleihen aus der Bilanz zu nehmen. Lehman nutzte genau dieses Schlupfloch und zog es vor, den höheren Abzinsungssatz in Anspruch zu nehmen und das Risiko eines Betrugs nach dem Buchstaben des Gesetzes zu umgehen.

Die 105%ige Übersicherung des Repo ist inzwischen berühmt geworden, und auch der "Repo 105" wird in die weltweite Finanzgeschichte eingehen.

Im obigen Beispiel wurde der Einfachheit halber ein Diskontsatz von 10% gewählt. Wenn die Kreditgeber das Risiko nicht eingehen wollen, ist der 10%ige Diskontsatz für Treasury Collateral Lending sehr sicher, denn selbst wenn der Hedge-Fonds zusammenbricht, können die Kreditgeber auch die 100$ Schatzanleihen auf dem Markt verkaufen und so leicht mindestens 90$ Kredit zurückbekommen, wenn nicht sogar mehr.

Die 90 Dollar, die der Hedge-Fonds durch den Rückkauf aufgebracht hat, entsprechen der Bareinlage von Kunde A bei einer herkömmlichen Bank, die Rückkaufsverpflichtung entspricht der Sparverpflichtung, und es ist auch eine Pflicht und Verpflichtung für den Hedge-Fonds, die Sicherheit innerhalb eines bestimmten Zeitraums zu einem etwas höheren Preis zurückzukaufen. Anders ausgedrückt: Der Darlehensgeber, der das Pensionsgeschäft hält, hat das Recht, zu gegebener Zeit sein Kapital plus Zinsen einzufordern.

Wenn man sich die Bilanzen der Hedge-Fonds genau ansieht, ist ein Problem aufgetaucht, nämlich die Tatsache, dass Treasuries dank des Repo-Marktes fast wie Bargeld verwendet werden können!

Im traditionellen Bankwesen ist die Geldschöpfung die Schaffung von Sparverbindlichkeiten durch die Ausgabe von Krediten auf der Grundlage von Reserven, dem gesetzlichen Zahlungsmittel des Landes, und im Rahmen des gesamten Bankensystems ist die Geldschöpfung die Vermehrung der Basiswährung der Zentralbank.

Auf dem Repo-Markt spielen Staatsanleihen die Rolle einer Basiswährung, die im Grunde genommen die "Reserve" für das Finanzsystem ist, um "Schattengeld" zu schaffen!

Die Sparverbindlichkeit einer Bank ist Bankgeld, das die Funktion hat, alle Markttransaktionen zu bezahlen. Ob die Menschen Bargeld von Sparkonten abheben oder Bankschecks einlösen, sie mobilisieren und übertragen damit im Wesentlichen Reserven in den Bankbilanzen. Wenn ein Einleger einen Bankscheck ausstellt, ist dies eine Anweisung, die Reserven der einzahlenden Bank auf eine andere Bank zu übertragen.

Wenn die Repo-Verbindlichkeit den Sparverbindlichkeiten der Bank entspricht, hat sie dann eine Zahlfunktion und kann sie die Staatsschuld in der Bilanz mobilisieren und übertragen? Die Antwort lautet: Ja.

Dies ist die "Neuverpfändung" des Repo-Marktes!

In der nachstehenden Abbildung ist zu sehen, dass die vom Hedge-Fonds gehaltenen ursprünglichen Schatzanleihen, die "Schattenwährungsreserve", wiederholt als Sicherheiten auf dem Repo-Markt verwendet werden können, die von allen Repo-Verbindlichkeiten in einer "Sicherheitenkette" wiederverwendet werden.

Staatsschulden werden aus dem Vermögen der Hedgefonds übertragen, um in der Sicherheitskette wiederverwendet zu werden. [18]

Die 100-Dollar-Schatzanleihe sollte ein Vermögenswert im Besitz des Hedge-Fonds sein, und als sie an Goldman Sachs, den Haupthändler auf dem Repo-Markt, verpfändet wurde, hat Goldman Sachs möglicherweise eine "Unterbesicherung" verlangt, was bedeutet, dass die Schatzanleihe des Hedge-Fonds das Recht gehabt hätte, sie während der Verpfändungsfrist erneut an jemand anderen zu verpfänden. Die Hedge-Fonds hätten natürlich das Recht gehabt, dies abzulehnen, und

---

[18] Manmohan Singh, Peter Stella, *Das (andere) Deleveraging: Was Ökonomen über den modernen Geldschöpfungsprozess wissen müssen*, 2012-07-02.

Goldman Sachs hätte dann einen höheren "Repo-Satz" verlangt, was die Finanzierungskosten der Hedge-Fonds erhöht hätte. Der Manager des Hedgefonds drehte sich um und dachte: "Wer zum Teufel ist Goldman Sachs? Es ist der Top-Mann auf dem Finanzmarkt, die Staatsverschuldung ist definitiv sicher in Goldman Sachs, solange Goldman Sachs nicht zusammenbricht, ist die "Sub-Hypothek" nicht zu viel Risiko für sich selbst, und der Rückkaufszinssatz ist niedriger, und die Menschen sind bequem, ihre eigene Bequemlichkeit, warum nicht tun? Und so stimmte er der Bitte von Goldman Sachs zu.

Goldman Sachs wechselte den Besitzer und "bezahlte" die Treasuries an die Credit Suisse, um seine Derivatehandelsposition bei der Credit Suisse zu liquidieren. Beachten Sie, dass die ursprüngliche "Repo-Verbindlichkeit" in der Bilanz des Hedge-Fonds nun zu einem Vermögenswert von Goldman Sachs geworden ist, was im Wesentlichen einem "Sparkonto" entspricht, das der Hedge-Fonds bei Goldman Sachs eröffnet hat, um im traditionellen Bankgeschäft Bankschecks auszustellen. Die "Zahlung" eines "Schecks" von Goldman Sachs an die Credit Suisse war gleichbedeutend mit der Anweisung, das Vermögen des Hedgefonds auf die Credit Suisse zu übertragen, so wie der Scheck einer traditionellen Bank die Bankreserven überträgt. Schliesslich "bezahlte" die Credit Suisse dieselben Anleihen erneut an einen Währungsfonds, der beschloss, die Anleihen vorübergehend zu halten, worauf später noch eingegangen wird.

Die durch die Währung geschaffene Energie nimmt mit jeder Unterbesicherung aufgrund der ständigen Abzinsung der Abnutzung allmählich ab. In einer solchen Kette der repo-besicherten Geldschöpfung sind Staatsanleihen das Äquivalent von energiereichem Geld, die Anzahl der Übertragungen der Sicherheiten entspricht der Länge der Besicherungskette, die den Währungsmultiplikator darstellt, und der Abzinsungssatz (Haircut) des besicherten Vermögenswerts ist der Reservesatz. Während herkömmliche Banken bei der Geldschöpfung auf ein "Mindestreservesystem" zurückgreifen, verwenden Schattenbanken "teilweise besicherte Vermögenswerte", um Schattengeld zu schaffen.

Sind Repo-Verbindlichkeiten Geld oder nicht? Es kommt darauf an, wen Sie fragen: Wenn es sich um eine Großmutter oder eine Großtante handelt, können sie die Repo-Haftung sicherlich nicht verwenden, um Lebensmittel auf der Straße zu kaufen; wenn es sich jedoch um eine institutionelle Anlage auf den Finanzmärkten handelt, ist es völlig in Ordnung, sie können die Repo-Haftung verwenden, um jeden Finanzwert zu kaufen. Bei den der Repo-Verbindlichkeit zugrunde liegenden Vermögenswerten handelt es sich um Staatsanleihen, die praktisch Bargeld oder "bargeldähnliche" Einnahmen sind, für die die Repo-Verbindlichkeit eine "bargeldähnliche" Einnahme darstellt.

Es gibt ein amerikanisches Sprichwort: Wenn ein Tier wie eine Ente aussieht, wie eine Ente ruft und wie eine Ente läuft, dann ist es eine Ente. Die Repo-Verbindlichkeit hat alle Funktionen einer Banksparverbindlichkeit, mit dem einzigen Unterschied, dass die Banksparverbindlichkeit oder das Bankgeld in allen Bereichen der Wirtschaft verwendet werden kann, um für Waren und Dienstleistungen zu bezahlen, während die Repo-Verbindlichkeit oder das Schattengeld für die Finanzmärkte bestimmt ist, um finanzielle Vermögenswerte zu kaufen und zu verkaufen.

Eine Sub-Hypothek, ein paar Flaschen mit einem Deckel für Akrobatik

Nehmen wir weiterhin das Beispiel eines Leihhauses: Sie verpfänden Ihr Erbstück an ein Leihhaus, um sich Geld zu leihen, und vereinbaren eine dreitägige Rückzahlungsfrist. In der Zwischenzeit fordert der Pfandleiher, dass er das Recht hat, Ihr Erbstück an jemand anderen zu verpfänden, und Sie werden wahrscheinlich misstrauisch sein, dass es drei Tage später, wenn Sie es auslösen wollen, nicht mehr in den Händen des Pfandleihers ist. Tatsächlich hat der Pfandleiher Ihr Baby an die große Familie Zhang in der Stadt weiterverpfändet, die es wiederum an die Geldbank der Familie Li weiterverpfändet hat. Unter normalen Umständen sind die Pfandleiher, die Zhang-Familie und die Li-Familie seriöse und mächtige Geldgeber mit familiärem Hintergrund, die ihr Haus auf dem Boden stehen haben und im Allgemeinen nicht zahlungsunfähig sind. Aber wenn die Wirtschaft den Bach runtergeht, wird auch ihr Geschäft in einen Zustand der Serienverschuldung geraten, der es schwierig macht, sich zu befreien, und Sie bekommen Ihr Erbstück möglicherweise nicht zurück, sobald einer von ihnen in Schwierigkeiten gerät.

Mit der Ausweitung der Besicherungskette wird sich das Ausfallrisiko geometrisch erhöhen und das Finanzsystem wird so anfällig wie eine Kaskade von Flügeln sein, so dass ein Schmetterling das anfälligste Glied in der Kette mit einem Flügelschlag zerbrechen kann, was einen massiven Ausfall und eine Implosion des Finanzsystems auslösen würde.

Ob die traditionelle Bank die teilweise Reserve-System, oder die heutige Schattenbank Repo-Hypothek Kette, ist sein Wesen, ein paar Flaschen eine Kappe Spiel zu spielen, desto mehr Finanz-Akrobaten spielen, desto mehr gewagt, neben den lebhaften Menschen unter den Einsätzen zu beobachten sind auch immer höher und höher, bis die Flasche zu viel ist, fiel die Flasche Kappe unabsichtlich auf den Boden, alle zusammen für die Vögel und Tiere.

Genau das ist 2008 geschehen.

Die US-Finanzaufsichtsbehörden verstehen das Wesen der Finanzakrobatik und haben daher den Umfang der Unterbesicherung für Tier-1-Händler auf maximal 140% ihrer gesamten Kundenverbindlichkeiten begrenzt, d. h. auf einen 1,4-fachen Vergrößerungsfaktor für Schattengeld.

Die Briten sind jedoch nicht so konservativ. Um einen größeren Anteil am Finanzmarkt zu gewinnen, gibt es weder im Vereinigten Königreich noch in der EU gesetzliche Beschränkungen für die Anzahl der Unterbesicherungen bei Rückkäufen.

Da die Zocker von der Wall Street in den USA nur schwer Fuß fassen können, ist das Vereinigte Königreich natürlich zu einem Zufluchtsort für Mega-Bookies geworden, die dort Hypotheken aufnehmen und umschulden.

Die Fondsmanager strömten in Scharen zu den Tier-1-Marktmachern der Wall Street, um Repo-Finanzierungen zu erhalten, wobei Lehman den wildesten der Tier-1-Händler spielte. Lehman bietet den Zockern Repo-Finanzierungen zu den niedrigsten Kosten an, alle sind Kunden, das Spiel ist hoch. Lehman erklärt den Zockern im Voraus, dass die Anleihen, die Sie mir anvertraut haben, an London weiterverpfändet werden, und dass nach englischem Recht das Eigentum an Ihren Anleihen vorübergehend an mich übertragen werden muss. London ermutigt Sie alle zum Glücksspiel, damit Sie die geringsten Kosten und den meisten Spaß haben, und solange Sie mir, Lehman Brothers, vertrauen können, garantiere ich, dass Ihre Anleihen ihren ursprünglichen Eigentümern zurückgegeben werden, absolut sicher!

Wer zum Teufel ist Lehman? Es war eines der größten "Pfandhäuser" an der Wall Street, ein jahrhundertealtes Geschäft mit dem Ruf, akrobatisch auf höchstem Niveau zu spielen und ein Finanzmagier zu sein, der nie einen Takt verpasste, und die Zocker bezweifelten, dass irgendjemand Lehman jemals des Zusammenbruchs verdächtigen würde. Also beeilten sich die Zocker, ihre Anleihen zu verwetten, die Lehman verkapselte und in großen Mengen an Lehmans Londoner Niederlassung verschickte.

Im Jahr 2008 ging Lehman tatsächlich bankrott!

Das ist etwas, was niemand im Voraus hätte bedenken können. Die Zocker bekamen Angst, und die Anleihen, die sie an Lehman verpfändet hatten, waren auf einmal weg. Bei einer Konkursentlastung ist es nicht einfach, herauszufinden, wem genau das Vermögen gehört. Wenn die Vermögenswerte in den USA treuhänderisch verwahrt werden, ist die Angelegenheit viel einfacher, und das US-Recht ist viel klarer, was den Schutz der treuhänderisch verwahrten Vermögenswerte angeht, und es ist kein Problem, sie zurückzubekommen. Lehman hat jedoch die Vermögenswerte seiner Kunden an die Londoner Niederlassung von "Lehman Brothers International (Europe)" (LBIE) übertragen, und im Vereinigten Königreich gelten ganz andere Gesetze zum Schutz von Treuhändern als in den USA.

Die Zocker waren so reumütig, dass sie Lehman Brothers vertrauten und freiwillig auf ihr Eigentum an den Vermögenswerten verzichteten, nachdem diese nach Übersee transferiert worden waren, so dass sie den Schutz des US-Rechts verloren. Die Londoner Seite glaubt, dass diese Spieler haben keine rechtliche Beziehung zu ihren Vermögenswerten, die Verteilung der Vermögenswerte nach dem Konkurs ist nach der Asset-backed und nicht-Asset-backed, um Gläubiger zu priorisieren, können sie jetzt nur als gewöhnliche nicht-Asset-backed Gläubiger, nach der Lehman London sub, die erste, die Asset-backed Menschen zu erstatten, die letzten verbleibenden Lumpen von gewöhnlichen Gläubigern zu holen, wenn es noch einige Tische, Stühle und Hocker, das ist schon ein Glückstag. Die Zocker verfielen sofort in einen Rausch aus Rufen und Schreien.

Nach der Katastrophe lernten die Zocker auf die harte Tour, dass sie der Glaubwürdigkeit der Tier-1-Händler nicht mehr trauen konnten. Wer kann schon sagen, dass sie vollkommen sicher sind, wenn Lehman untergehen kann? Sie haben sich nie um die Details der Rückkaufsvereinbarungen mit den Primärhändlern gekümmert, sondern nur darum, ob der Rückkaufzins ausreichend günstig ist, während es bei den Rückkaufsvereinbarungen an der Wall Street und in

Europa keine einheitliche Vorlage für die Branche gibt, jeder der großen Händler seine eigene Trompete bläst, jeder seine eigene Melodie singt, die Vereinbarung über die Unterbesicherung noch unsicherer ist, der Lehman-Konkurs allen das Herz schwer macht. Die Zocker begannen, mit den Händlern wortwörtlich um Bedingungen zu ringen, wie z.B. Beschränkungen für Untersicherheiten, die Verpflichtung der Händler, spezielle Treuhandkonten einzurichten, usw.

Kann ein spezielles Konto das Vermögen meiner Kunden schützen? Finanzmagier können nicht anders, als zu lachen. Die Kunden vergessen, dass der Beruf des Magiers darin besteht, das Geld anderer Leute in ihre eigenen Taschen zu "verwandeln".

"Buyback expiry"-Geschäfte: eine neue Spielart für Finanzmagier

Im November 2011, nach dem Zusammenbruch von Lehman, ging ein weiterer Tier-1-Händler, MF Global, in Konkurs, wobei 1,2 Milliarden Dollar auf mysteriöse Weise von den Konten der Kunden verschwanden.

MF Global ist einer der kleinsten Primärhändler mit nur 1/30 der Größe der anderen Großen, ganz zu schweigen von seiner geringen Größe, aber nicht von seinem geringen Mut, es strebt danach, eine Miniversion von Goldman Sachs zu werden, endete aber als eine Miniversion von Lehman. Der Hauptgrund für ihr Scheitern war die Investition von bis zu 6,2 Milliarden Dollar in europäische Staatsschulden, insbesondere in die Staatsschulden der "Europig Five".

Natürlich wurden die "Europig-Bonds" von MF Global auch auf dem Repo-Markt für besicherte Finanzierungen eingesetzt, wo das Bargeld zur Aufstockung der Wetten verwendet wurde, die dann für das Bargeld besichert werden konnten, und so weiter, bis die schwarze Hand auf dem Konto des Kunden war.

MF Global's Anleihen in Italien, Spanien, Belgien, Irland, Portugal, obwohl der Markt ist nicht bullish, aber Schuldendienst ist immer noch normal, vor allem die Zinserträge ist recht attraktiv, zusätzlich zu den Zinskosten der Repo-Finanzierung, sondern auch eine erhebliche Rendite auf den Spread. MF Global hat das Gefühl, eine große Goldmine gefunden zu haben. Mit dem zunehmenden Umfang der Eurobond-Bestände wächst jedoch auch das Problem des unzureichenden Eigenkapitals, wobei die Eurobond-Aktiva das Fünffache des Nettovermögens des Unternehmens erreichen!

Um den Anforderungen der Finanzregulierung gerecht zu werden und den Jahresabschluss zu verschönern, muss MF Global auch seine Bilanz "trimmen", vor allem nach dem Ausbruch der europäischen Schuldenkrise, die Preise seiner Vermögenswerte haben sich verschlechtert, "Trimmen" ist nicht nur "kosmetisch", sondern vor allem, um die Exposition der Verschlechterung der Vermögenswerte zu decken, das bequemste Instrument ist natürlich die Repo-Transaktion. Nachdem jedoch Lehman's "buyback 105" global "verschwunden" war, traute sich MF Global nicht mehr, den "echten Verkauf" von Vermögenswerten zu spielen, und nach einigem Nachdenken schuf es einen neuen Trick des "Repo-To-Maturity"!

MF Global zählt seinen Bestand an "Europig-Anleihen", bündelt die Anleihen, die zur gleichen Zeit fällig werden, und bringt sie zum Repo-Markt, um einen Käufer für eine Hypothek zu finden, zumal in der Transaktion ausdrücklich verlangt wird, dass der Rückkauf genau zum gleichen Zeitpunkt wie die Fälligkeit der Anleihen erfolgt, was als "Repo-Fälligkeit" bezeichnet wird. Dem Kreditgeber kam das seltsam vor, aber er verstand auch nicht den Grund dafür, denn solange es Sicherheiten gab, war die Rendite der Anleihen gut und die Länge der Laufzeit spielte keine Rolle. Infolgedessen hat MF Global eine "Europig-Anleihe" nach und nach in ein Finanzierungsgeschäft mit "Repo-Fälligkeit" umgewandelt.

Der in den Vereinigten Staaten für Pensionsgeschäfte geltende Rechnungslegungsstandard FASB 140 besagt, dass es sich bei einem so genannten "True Sale" um eine Übertragung eines finanziellen Vermögenswertes handeln muss, was bedeutet, dass der ursprüngliche Inhaber die Kontrolle über den Vermögenswert aufgibt. Das Schlüsselwort ist "Kontrolle", und Lehman hat sich dies zunutze gemacht, indem es 102% als Kontrolle und 105% als Kontrollverlust bewertete. MF Global versucht ebenfalls, das gleiche Schlupfloch auszunutzen. Als sie die Europig-Anleihen verpfändete, waren diese Vermögenswerte noch "lebendig", aber als die Rückkaufsfrist kam, starben die verpfändeten Europig-Anleihen "eines natürlichen Todes", und natürlich konnte MF Global den Rückkauf nicht abschließen.

Nach den Rechnungslegungsvorschriften ist der "natürliche Tod" der Anleihen während der Rückkaufsfrist eindeutig ein Verlust der "Kontrolle" durch den Inhaber. Infolgedessen dürfen Transaktionen mit

"Rückkaufsfrist" nach den Rechnungslegungsstandards aus der Bilanz herausgenommen werden und werden unterhalb des Jahresabschlusses in Anmerkungen vermerkt, die dicht mit mikroskopisch zu sehenden und völlig detaillosen Hinweisen versehen sind. MF Global nutzte diesen cleveren Zaubertrick, um 16,5 Milliarden Dollar an Vermögenswerten "zurückzukaufen", die aus der Bilanz verschwunden waren.

Wie lässt sich der Zauber auflösen?

Es stellte sich heraus, dass LCH. Clearnet, das europäische Unternehmen, das für das Clearing von Repo-Transaktionen zuständig ist, nicht in der Lage war, die am selben Tag fälligen Anleihe-Repo-Transaktionen zu bearbeiten, so dass die Repo-Zeit von MF Global um zwei Tage vorverlegt werden musste. Das ist eine Menge Ärger, der Nachruf erscheint zwei Tage vor dem Tod der Person, und das Ergebnis ist ein totales Durcheinander!

Der Rückkauf erfolgte zwei Tage vor dem Fälligkeitstermin der Anleihen, was bedeutete, dass MF Global nicht die "Kontrolle" über die Vermögenswerte verloren hatte, die wieder in die Bilanz aufgenommen werden mussten, und die großen Eurobond-Vermögenswerte wurden bei der Änderung des Jahresabschlusses zum 31. Juli 2011 offengelegt. Der plötzliche Anstieg der Aktiva und Passiva um 5 Mrd. USD führte sofort dazu, dass das Kapital von MF Global ernsthaft hinter den Anforderungen zurückblieb, und die Anleger, die die "Europig-Vermögenswerte" mieden, witterten sofort das große Problem.

Die Mittelknappheit von MF Global fiel mit einem wichtigen Moment in der europäischen Schuldenkrise zusammen, als der Kurs der europäischen Anleihen abstürzte und der Wert der besicherten Vermögenswerte des Unternehmens auf dem Repo-Markt erheblich schrumpfte. MF Global hat jedoch seine Verschuldung bis zum Äußersten ausgereizt, und seine eigenen Mittel sind nicht mehr in der Lage, dem Druck der Kreditgeber standzuhalten.

Die Europig-Anleihen sind nicht in Verzug, aber die hohen Leverage-Kosten sind so hoch, dass MF Global nicht mehr atmen kann, und das Leverage-Verhältnis des Unternehmens liegt jetzt bei schwindelerregenden 40:1!

Wie Lehman Brothers hat auch MF Global eine große Zahl von Fondskunden, und nach dem Zusammenbruch von Lehman wurden die Fonds durch die Aufforderung alarmiert, separate Eigenkonten zu eröffnen, um ihre Vermögenswerte zu schützen. MF Global ging sogar so weit, Gelder von den Eigenkonten seiner Kunden an die Kreditgeber zu verpfänden, als diese von Repo-Kreditgebern verfolgt wurden.

Als schließlich der Konkurs eintrat, wurden die Gelder der Fondskunden zusammen mit den Repo-Kreditgebern eingefroren. Wie ein altes Sprichwort sagt: Wenn man keine Angst vor einem Dieb hat, der stiehlt, hat man Angst vor einem Dieb, der sich erinnert.

Die "Fantasiedrift" von Schrottschulden

Im Mechanismus der repo-besicherten Geldschöpfung fungieren Schatzanleihen als Basiswährung, die den Reserven in traditionellen Banken entspricht, und aufgrund der Existenz des Repo-Marktes sind Schatzanleihen fast wie Bargeld oder "bargeldähnlich". Neben Schatzanleihen können auch MBS-Anleihen, die indirekt von der US-Regierung garantiert werden, als Repo-Sicherheiten finanziert werden.

Was wäre, wenn es sich bei den Beständen statt um Staatsschulden und Zweiraum-MBS um Schrottanleihen handelt? Können Schrottanleihen als "bargeldähnlich" fungieren? Natürlich gibt es in der Welt der Finanzmagie an der Wall Street nur das Unerwartete und nichts, was man nicht machen kann, das ist der Trick mit der Sicherheitstransformation.

Wenn ein Hedge-Fonds Junk-Bonds hält, aber eine Repo-Finanzierung durchführen will, hat er zwei Möglichkeiten: Die erste besteht darin, selbst in der ganzen Welt nach einer Gegenpartei zu suchen, die bereit ist, seine Junk-Bond-Sicherheiten zu akzeptieren, wobei der Abzinsungssatz natürlich viel höher ist und der Zinssatz natürlich nicht billig ist. Das größte Problem besteht darin, dass Hedge-Fonds nur begrenzte Ressourcen für Kunden haben und sich auch um ihre eigene Lieferung von Vermögenswerten, die Bestandsverwaltung, den Geldtransfer, die Verhinderung von Zahlungsausfällen, die Risikokontrolle und eine Reihe von Back-Office-Arbeiten kümmern müssen; Hedge-Fonds verfügen weder über gut vernetzte Vertriebsmanager für den Repo-Markt noch über erfahrene Händler; die Back-Office-Verarbeitungskapazität ist sogar noch geringer; ihre eigenen direkten Repo-Gegenparteien sind nicht kosteneffizient, was der Nachteil des bilateralen Repo ist.

Eine andere Möglichkeit ist der Drei-Parteien-Repo, bei dem jeder spontan gebildete Markt die Oberhand gewinnt, und der Repo-Markt ist da keine Ausnahme. Zwei der größten Namen auf dem Wall Street Repo-Markt sind JPMorgan Chase und die Bank of New York Mellon, die die Rolle der Clearingstelle für Repo-Transaktionen übernommen haben. Sowohl Käufer als auch Verkäufer eröffnen Konten bei Clearinghäusern, Gelder und Anleihen werden über Clearinghäuser transferiert, und die beiden Großen legen die Spielregeln für den Repo-Markt fest. Die Teilnehmer an den Repo-Geschäften "lagern" die gesamte Logistik außer dem Kauf und Verkauf selbst an die Clearingstelle aus, so dass sich alle Beteiligten nur noch auf das eigentliche Kauf- und Verkaufsgeschäft konzentrieren müssen.

Der Hedge-Fonds denkt, es ist besser, eine Clearingstelle zu finden, um Junk-Schulden Repo-Finanzierung durchführen ist zuverlässiger, so finden JPMorgan Chase, um die Absicht zu erklären, JPMorgan Chase Menschen Blick auf die Sicherheiten ist Junk-Schulden, sofort senden Sie den Manager des Hedge-Fonds zu verlassen. Es stellt sich heraus, dass die Bonzen haben auch ihre eigenen strengen Standards, die dreigliedrige Repo-Markt akzeptiert nur Staatsanleihen oder staatlich garantierte institutionelle Anleihen als Sicherheiten, ganz zu schweigen von Junk Bonds, und auch gute Qualität Unternehmensanleihen sind nicht willkommen.

Hedge-Fonds-Manager aus der Stirnrunzeln, nur zufällig über einen Repo-Markt auf die gewöhnlichen Händler kommen, nach dem Lernen der Situation, die Händler lachte, das ist nichts, mit dieser Schwierigkeit umzugehen ist einfach. Der Händler schlug eine Vereinbarung vor, bei der der Hedge-Fonds zunächst einen bilateralen Rückkauf mit dem Händler tätigte und die Junk-Bonds an den Händler verpfändete, der für die Bereitstellung der Anleihen verantwortlich war, und der Hedge-Fonds versprach, die Anleihen nach einer bestimmten Zeit zurückzugeben und seine eigenen Junk-Bonds zurückzubekommen, was als "Collateral Swap" bezeichnet wird. Natürlich müssen Hedge-Fonds eine ganze Menge bezahlen, und die Menge der besicherten Junk-Bonds muss noch höher sein. Der Hedge-Fonds-Manager rechnete nach und stellte fest, dass es zwar nicht teuer, aber immer noch kostengünstiger war als bilaterale Rückkäufe, und willigte schließlich ein.

Der Händler verfügte jedoch nicht unbedingt über überschüssige Staatsanleihen, sondern wusste, dass ein Pensionsfondsmanager die Ware in seinen Händen hielt. Also suchte der Händler den Pensionsfondsmanager auf und bot ihm einen "Spiegeltausch" mit dem Pensionsfonds an, d. h. die Junk-Bonds des Hedgefonds und die

Staatsanleihen des Pensionsfonds gegen genau denselben Sicherheitenswap, und versprach, die Staatsanleihen bis dahin zurückzugeben, um die Junk-Bonds zurückzubekommen, wobei der Pensionsfonds im Gegenzug eine beträchtliche Gebühr erhalten würde. Natürlich ist dies nur ein Teil der Gebühren, die der Hedgefonds an den Händler zahlt, der Rest fließt natürlich in die Tasche des Händlers. Der Pensionsfondsmanager war schließlich bereit, zuzustimmen.

Wissen die Pensionsfondsmanager nicht, dass Schrottanleihen viel riskanter sind als Staatsanleihen? Hat er nicht Angst, dass es schwierig ist, den Schrott in seiner Bilanz zu verbuchen? Welchen Grund hatte er für ein solch risikoreiches Geschäft? Der Pensionsfondsmanager war sich der Risiken sicherlich bewusst, aber er war nicht beunruhigt.

Es stellt sich heraus, dass auch die Verwalter von Pensionsfonds eine harte Zeit haben, da die durch QE ausgelöste Geldflut dazu geführt hat, dass die Preise für sichere Anleihen, die auf dem Markt investiert werden können, unverschämt hoch sind, während die Renditen erschreckend niedrig sind. Rentenfonds müssen die große Verantwortung übernehmen, die Rentner für ihr Leben zu bezahlen. Das Anlagerisiko darf nicht zu hoch und die Rendite nicht zu niedrig sein, da sonst die Rendite nicht mit der Inflation mithalten kann, die Rentner nicht genug Geld bekommen, um ihren Lebensunterhalt zu bestreiten, und wenn die Anleger ihre Anlagen abziehen, wird der Fonds geschlossen. Der Druck auf die Kapitalerträge hat die Fondsmanager in große Bedrängnis gebracht.

Die Händler bieten eine gute Gelegenheit für hohe Renditen, Rentenfondsmanager können nicht einfach Schrottanleihen kaufen, da die Politik und die Vorschriften dies nicht zulassen, aber "Hypothekenersatz" ist eine andere Geschichte. Für den Fondsmanager genügt es, einen Papiervertrag zu unterzeichnen, um eine Überrendite zu erzielen. Da das Modell des "Asset Swap" einem Rückkauf ähnelt, verbleiben die Staatsschulden in der Bilanz des Fonds. Auf den ersten Blick passiert nichts, und es ist kurz, riskant und lohnend. Ist das alles gut, nur weil der Himmel für ein paar Tage des Haltens von Schrottanleihen immer noch fallen kann?

Ein "Hypothekenersatz" fällt aus, Hedge-Fonds finden fröhlich JPMorgan Chase, um Rückkauffinanzierungen zu tätigen, Pensionsfondsmanager sitzen bequem und genießen die überschüssigen Einnahmen, Händler lächeln und gehen nach Hause, um Geld zu zählen.

Wem gehören die Schrottschulden wirklich? Das ist schwer zu sagen. Der Hedge-Fonds hat Treasuries in seinen Händen und hat von JPMorgan Chase echtes Geld erhalten; Junk Bonds sind sicherlich nicht in seinen Händen; der Händler kauft und verkauft sie und hat eigentlich keine Junk Bonds in seinem Bestand; und rechtlich gesehen bleiben Treasuries in der Bilanz des Pensionsfonds unangetastet.

Aber die Schrottschulden sind nirgends zu sehen!

Finanzmagie = Gesetzeslücken + Buchhaltungsrevolution, Willkommen in der magischen Finanzwelt der Wall Street!

Hochriskante Schrottanleihen sind der toxische Schrott unter den Vermögenswerten auf den derzeitigen Finanzmärkten, und nach einer "wundersamen Abwanderung" sind sie nicht wirklich verschwunden, sondern von den Büchern der Hedgefonds in die Lager der Pensionsfonds gewandert, und egal, wie das Gesetz ausgelegt wird, das eigentliche Risiko wurde auf die Pensionsfonds übertragen.

Wenn der Preis für Ramschschulden nicht schief geht, kann das Spiel endlos weitergehen. Doch eines Tages stiegen die Zinssätze plötzlich an und es kam zu Problemen. Wenn der Preis von Schrottanleihen um 30% einbricht, springt der Pensionsfondsmanager auf und schlägt verzweifelt auf den Händler ein: "Entweder ich gebe meine Staatsanleihen sofort zurück oder ich lege mindestens 50% der Sicherheiten drauf, oder ich lasse Ihren Schrott fallen!

Meine Güte, das ist ja wirklich Quatsch! Der Rentenfondsmanager starrt auf den Computerbildschirm, schwitzt und ist bereits sprachlos, weil die Schrottanleihen von allen Marktteilnehmern gemeinsam abgestoßen werden.

Der Händler, der durch den Rentenfondsmanager in den Wahnsinn getrieben wurde, ist zu diesem Zeitpunkt auch besorgt, wenn er nicht den Zusammenbruch erklären will, hat er eine gesetzliche Verpflichtung, die Junk-Schulden zu sammeln und die Staatsschulden zurückzugeben, nur verzweifelt eilen die Hedge-Fonds-Manager, eilen, um die Staatsschulden zurückzugeben, abholen seine Junk zurück, gibt es eine andere Möglichkeit ist, sofort die Marge zu erhöhen. Zu diesem Zeitpunkt sitzt auch der Hedge-Fonds-Manager auf Nadeln und Nadeln, Junk Bonds sind in seiner Bilanz, und ein starker Preisverfall wird sich direkt auf die Fondsperformance auswirken. Staatsverschuldung? Wo gibt es Staatsanleihen, die vor langer Zeit an JPMorgan Chase verpfändet wurden, dieser alte Knabe und weiß nicht, wie oft er die

Hypothek umdrehen muss, in dessen Händen nur Gott weiß. Zusätzliche Einlagen? Das Geld aus der Rückkaufschmelze hat längst weitere Schrottanleihen gekauft, und indische Aktien und Anleihen, wo ist das freie Geld? Reines indisches Zeug, wollen Sie es? Die Händler haben schon die Nase voll, die Schrottanleihen auf dem Markt sind Schrott, und die indischen Vermögenswerte sind mehr Schrott als Schrott. Der Hedge-Fonds-Manager hat die Pose eingenommen, kein Geld zu wollen, sondern das Leben zu wollen. Trotzdem haben auch Hedge-Fonds damit begonnen, Junk Debt in großem Stil zu liquidieren, um sich zu schützen.

Der Anstieg der Zinssätze im Mai 2013 war nur der Auftakt zu einem größeren Zinsvulkan in der Zukunft, und die globalen Finanzmärkte haben seit Mai bereits 3 Billionen Dollar verloren, wobei Schwellenländer wie Indien, Brasilien, Südafrika und Indonesien die direkten Opfer dieses Anstiegs sind.

Indiens Auslandsinvestitionen unterscheiden sich von denen Chinas, wo die Direktinvestitionen (ADI) überwiegen, und obwohl es an Zockern, die auf eine Aufwertung des Yuan setzen, nicht mangelt, sind die meisten Industrieunternehmen, die ihre Investitionen in China ausweiten wollen, langfristig orientiert und werden von den steigenden Zinssätzen kaum betroffen sein. Das indische Modell, das in den letzten Jahren von den westlichen Medien angepriesen wurde, ist zu einem internationalen Star geworden. Sobald Indien auf den Geschmack gekommen ist, öffnet es die Tür für den Zu- und Abfluss von Kapital, insbesondere indem es ausländischem Kapital den direkten Zugang zum indischen Kapitalmarkt ermöglicht. Infolgedessen gehört das meiste ausländische Geld, das in Indien investiert wird, zum Typus des Portfoliomanagements, bei dem Hedge-Fonds die Hauptrolle spielen, die auf die Aufwertung des indischen Kapitalmarkts setzen, aber wenig Interesse an indischen Industrieinvestitionen haben. Sobald der Wind an der Wall Street weht, können sie schneller rennen als ein Kaninchen.

Diese Verrückten und Wall-Street-Hedgefondsmanager, die nicht einmal ihre Unterwäsche anhaben, haben die Dreistigkeit, sich in großem Stil in Indien zu stürzen. Glücklicherweise hat China seine Aktien- und Anleihemärkte nicht geöffnet, und wenn China wie Indien wäre, stünde es auf der Liste der Schwellenländer, die im Juni sterben werden.

Wenn eines Tages in der Zukunft der Zinsvulkan plötzlich ausbricht, ist das erste, was brennt, 1.1 Billionen Junk Bonds, die schwere Verbrennung ist nicht nur die hochriskante Hedge-Fonds, Händler sind auch in Gefahr, die Liquidität des Anleihemarktes wird von Händlern und Market Makern am Rande des Austrocknens gelähmt werden, als Folge der Blockade der hochwertigen Anleihe Kauf und Verkauf, die Kosten für den Rückkauf stieg, wodurch ein breiteres Spektrum von Renditen stieg, Leerverkäufe Selbstversicherung und Leerverkäufe Spekulation auf dem gesamten Markt verbreitet, begann der Anleihemarkt zu implodieren heftig. Die Staatsverschuldung ist weg, die Schrottanleihen haben viel Geld verloren, die Prüfungen haben den "Hypothekenersatz"-Skandal aufgedeckt, die Anlageinstitute wurden für ihre Täuschung gescholten und haben ihr Kapital abgezogen.

Aus einem anderen Blickwinkel betrachtet, wurden die Schrottanleihen der Hedgefonds durch moderne Finanzalchemie in Staatsanleihen umgewandelt, die sich dann über eine Kette von Repo-Sicherheiten tief in das gesamte Finanzsystem ausbreiteten und dabei toxische Vermögenswerte säten, die sich weiter ausbreiten und wild wachsen würden. Je länger diese Hypothekenkette ist, desto heftiger wird die künftige Liquidation ausfallen.

Man kann nur für den allmächtigen Kurs beten, der Anstieg ist zu viel, der Spike ist eine Sackgasse.

Schattengeld und Schattenbankwesen

Schattengeld ist die vom Schattenbankensystem geschaffene Geldmenge, die auf dem Kapitalmarkt zirkuliert, finanzielle Vermögenswerte kauft und verkauft, fiktiv einen Vermögenseffekt erzeugt, eine Vermögensinflation hervorruft, die Verteilung des Wohlstands verändert, den Geldfluss in der Industrie beeinflusst und die Ressourcenallokation der gesamten Gesellschaft beeinträchtigt.

Was ist das Schattenbankensystem noch einmal?

Einfach ausgedrückt, ein System, das frei von den regulatorischen Zwängen traditioneller Banken ist, die Möglichkeit hat, Schattenwährungen zu schaffen, und Schattenwährungen gegenseitig als Zahlungsmittel akzeptiert. Traditionelle Banken müssen von der Zentralbank reguliert werden, das Gesetz erlaubt die Aufnahme von Einlagen von Einlegern, das Privileg, Bankgeld zu schaffen, und die Einlagensicherung hat Merkmale wie staatliche Garantien. Das Schattenbankensystem verfügt über keinen einheitlichen globalen

Verwaltungsmechanismus, kann die Einlagen der Einleger nicht direkt absorbieren, stützt sich hauptsächlich auf die Finanzierung durch Repo-Sicherheiten, die Schaffung von Schattengeld hängt ganz von der Marktakzeptanz ab, es gibt keine Rechtsnormen, das Geschäft scheitert ohne jede staatliche Garantie.

Warum hat sich das Schattenbankwesen verbreitet?

Die Hauptursache ist der Verlust einer wirksamen Kontrolle der Geldschöpfung nach der Abschaffung des Goldstandards in den Vereinigten Staaten im Jahr 1971 und die Aufwertung des Dollars, wobei die Preise für Vermögenswerte viel schneller stiegen als die Rentabilität der Realwirtschaft. Die Ökologie der Unternehmer verändert sich rapide, und um zu überleben und zu florieren, verlagern immer mehr Produktionsunternehmen in den Vereinigten Staaten ihren Standort nach Ost- und Südostasien, um höhere Gewinnspannen bei niedrigeren Produktionskosten zu erzielen. Unter dem Einfluss der US-Geldpolitik haben auch Europa und Japan eine Welle von Auslandsinvestitionen ausgelöst, was die industrielle Aushöhlung der Billiggeldindustrie bedeutet.

Angesichts des beispiellosen massiven Wandels in der US-Industriewirtschaft in den letzten 40 Jahren und des daraus resultierenden Verlusts an hochwertigen Vermögenswerten, die einen stabilen Cashflow generieren können, können die in den USA verbleibenden Vermögenswerte nur in zunehmendem Maße von Immobilienkrediten und Verbraucherkrediten abhängig werden, und das Rentabilitätsmodell der traditionellen Banken beginnt, sich erheblichen Herausforderungen zu stellen. Wenn eine Bank einem Unternehmen Geld leiht, insbesondere einem margenstarken, qualitativ hochwertigen Produktionsbetrieb, macht sie sich keine Sorgen um die Sicherheit des Kredits, weil sie weiß, dass das Unternehmen mehr Cashflow generieren kann, um den Kredit zurückzuzahlen. Wenn eine Bank jedoch einem Verbraucher Geld leiht, um ein Haus oder ein Auto zu kaufen, muss sie das Einkommensniveau des Verbrauchers und seine Fähigkeit zur Rückzahlung des Kredits sorgfältig prüfen, da der Kredit nicht dazu dient, die Fähigkeit zur Schaffung von Wohlstand zu steigern, sondern lediglich dazu, die Kauflust des Einzelnen zu befriedigen. An diesem Punkt werden die Mittel konsumiert und nicht zur Schaffung von Vermögen verwendet. Für die Banken besteht ein grundlegender Unterschied zwischen Produktions- und Konsumgütern: Während beide für die Bank Einkommen generieren, schaffen erstere einen Cashflow für die Wirtschaft, während letztere den Cashflow verbrauchen. Wenn der Konsum die Schaffung übersteigt, wird das Land zunehmend von der Zufuhr von Geldern aus dem Ausland abhängig, um das "interne Ausbluten" der Wirtschaft zu subventionieren, d.h. die Rückkehr des Dollars zum subventionierten Wirtschaftsmodell.

Die Qualität der Aktiva traditioneller Banken hat sich allgemein verschlechtert, und die Erträge sind deutlich schwächer geworden, während die drohende Inflation durch die Überziehung des Dollarkredits ihre Bilanzen auffrisst. Infolgedessen sah sich das Bankensystem gezwungen, auf eine stressige Art und Weise zu reagieren, indem es den Umfang seiner Aktiva und Passiva reduzierte und ein erhebliches "Downsizing" vornahm. Infolgedessen hat das Bankensystem einen starken Impuls entwickelt, seine Aktiva und Passiva zu "entsorgen". Dieser Trend fiel mit der Flutwelle der Dollar-Rückführung zusammen und schuf ein neues Rentabilitätsmodell für das Bankensystem, das einen großen und komplexen Finanzmarkt mit einer neuen Art des Spiels mit berstenden Finanzaktiva zur Erzielung von Gewinnen über Krediten schafft. Aus diesem Grund entstanden nach den 1970er Jahren die Verbriefung von Vermögenswerten, die Repo-Finanzierung und andere Finanzinnovationen.

Die enorme Nachfrage nach "Dumping"-Vermögenswerten und -Verbindlichkeiten ließ neue Märkte und neue Dienstleistungen entstehen, und Anfang der 1970er Jahre wurde in den Vereinigten Staaten die Verzinsung von Girokonten bei Banken (auf denen die Einleger jederzeit Schecküberweisungen oder Barabhebungen vornehmen konnten) verboten. Nach der Abschaffung des Goldstandards ermöglichte der massive Überfluss des Dollars den Banken die Schaffung riesiger neuer Ersparnisse, die angesichts der drohenden schweren Inflation verzweifelt nach einer zinstragenden Zuflucht suchten, und es entstanden Geldmarktfonds. Da der IWF in den Repo-Markt investiert und daher höhere Zinssätze anbieten kann und keinen bankähnlichen Zinskontrollen unterliegt, ist er den Ersparnissen, die sonst bei den Banken liegen würden, "davongelaufen" und hat sich zu einem wichtigen Kreditgeber auf den Repo-Finanzierungs- und Commercial-Paper-Märkten entwickelt, der derzeit auf einem gewaltigen Vermögen von 2,6 Billionen Dollar sitzt. Der Geldfonds scheint sicher zu sein, weil er nur in ultrakurzfristige Produkte wie Repo-Hypotheken investiert, doch im Extremfall wird er zum gefährlichsten Markt.

Am 18. September 2008, nachdem Lehman Konkurs angemeldet hatte, erlitten eine Reihe von Geldfonds aufgrund ihrer Investitionen in Lehman schwere Verluste, die selten unter den Nettowert von 1$ fielen. Die Amerikaner, die Geldfondskonten normalerweise als Bankersparnisse betrachten, hatten nicht erwartet, dass Geldfonds überhaupt Geld verlieren würden, und eine starke Panik in der Gesellschaft löste eine massive Kapitalflucht aus. Um 11.00 Uhr an diesem Tag stellte die Fed satte 550 Milliarden Dollar an Geldmitteln fest, die innerhalb von ein oder zwei Stunden von den Anlegern "verschlungen" wurden, und das Finanzministerium schoss dringend 105 Milliarden Dollar zu, konnte die flüchtenden Anleger aber nicht aufhalten. Die US-Regierung fror sofort alle Konten ein, und ohne drastische Maßnahmen drohten die 3,5 Billionen Dollar des IWF um 14.00 Uhr aufgebraucht zu sein.

Da Geldfonds die wichtigsten Kreditgeber auf dem Repo-Markt und dem Markt für Handelspapiere sind, die die kritischsten Glieder in der Kette der kurzfristigen Finanzierung für große US-Unternehmen darstellen, werden die USA, sobald das Geld versiegt, massive Ausfälle von Unternehmensschulden und sogar direkte Unternehmensinsolvenzen erleben, und der Zusammenbruch von Tausenden von Banken und Zehntausenden von Unternehmen im Jahr 1933 wird sich wiederholen.

Der Markt für Commercial Paper hat sich nach dem "Schreck" vom September 2008 nicht erholt. Gegenwärtig ist der Repo-Markt zu einer "Rettungsleine" für die kurzfristige Kapitalaufstockung von US-Finanzinstituten und Großunternehmen geworden.

Sie sitzt auf einem 13-Billionen-Dollar-Investmentfonds und ist ein aktiver Akteur im Schattenbankenmarkt. Sie versorgt den Repo-Markt mit einer beträchtlichen Menge an Anleihe- und Aktienwerten als Sicherheiten sowie mit einem Teil des Geldes, das zur Finanzierung von Repo-Geschäften benötigt wird.

Sie kontrollieren etwa 2 Billionen Dollar Kapital, drücken immer wieder "Wertpapiere, um sich Geld zu leihen" auf dem Repo-Markt, kaufen dann "Wertpapiere mit Geld", erweitern den Umfang der Vermögenswerte, Arbitrage, Wetten, kaufen und verkaufen Leerverkäufe aller Arten von Märkten auf der ganzen Welt, erfassen die Kriegsmaschinerie in der Marktvolatilität und Schlüsselereignisse, mit hoher Hebelwirkung, um riesige Gewinne zu machen.

Auch die scheinbar konservativen Pensionsfonds fühlen sich mit den 6 Billionen Dollar in ihren Händen unwohl, und statt stumm in Anleihen und anderen risikoarmen Vermögenswerten zu liegen, tüfteln sie heimlich an neuen Spielereien wie "Asset Swaps" und sind indirekt an Pensionsgeschäften und anderen Schattenbankgeschäften beteiligt.

Darüber hinaus sind Billionen-Dollar-Versicherungsgesellschaften, börsengehandelte Fonds und ausländische Staatsfonds wichtige Akteure im Schattenbankwesen.

Diese "Nicht-Banken", aber "bankähnlichen" Institute bilden zusammen das so genannte Schattenbankensystem. Das Schattenbankensystem verläuft grob entlang zweier Ketten. Die erste Kette dient dazu, den Banken zu helfen, ihre Vermögenswerte "real" zu verkaufen (Verbriefung von Vermögenswerten); die andere Kette dient dazu, den Banken zu helfen, ihre Vermögenswerte in großem Umfang zu verpfänden (Repo-Kette). Letztendlich sind die beiden Ketten miteinander verbunden, und die Endprodukte der Verbriefung von Vermögenswerten sind MBS (Mortgage Backed Securities), ABS (Asset Backed Securities), CDOs (Debt Collateralized Notes) usw., die als Sicherheiten für Finanzierungen auf dem Repo-Markt verwendet werden können, d. h. sie werden zur Basiswährung für das Schattenbankwesen und nehmen zusammen mit Staatsanleihen, Unternehmensanleihen und sogar Schrottanleihen an der Schaffung von Schattenwährung in größerem Umfang teil.

Unter dem kombinierten Effekt der Rückkehr des Dollars, der traditionellen Währungen und der Schattenwährungen sind die Preise der US-Finanzanlagen gestiegen, die Gewinne der Banken sind ins Rollen gekommen, und die "Klassenbanken" haben ebenfalls ein Vermögen verdient.

Der grundlegende Zweck dieser beiden industriellen Ketten, "Realverkäufe" und "Rückkaufsicherheiten", besteht darin, die Vermögenswerte der Banken so schnell wie möglich zu verwerten, den Zyklus des Haltens von Vermögenswerten zu verkürzen, die Geschwindigkeit des Kapitalumschlags zu beschleunigen, das Risiko einer Verschlechterung der Qualität der Vermögenswerte und der Inflation zu vermeiden, den Schwerpunkt des Gewinns auf den Handel mit finanziellen Vermögenswerten zu verlagern und einen Entwicklungspfad einzuschlagen, der vermögensschonend und transaktionslastig ist.

Dies war der Auslöser für den Ansturm der Wall Street in den 1990er Jahren, die Trennung zwischen Geschäfts- und Investmentbanking aufzuheben.

Der Glass Steagall Act von 1934, der die extreme Gier, die zum großen Finanzcrash der 1930er Jahre führte, reflektierte, isolierte Geschäfts- und Investmentbanken vollständig und sorgte mehr als 60 Jahre lang für ein reibungsloses Funktionieren des Finanzsystems. 1999 unterzeichnete Präsident Clinton mit starker Lobbyarbeit der Wall Street, 1999 unterzeichnete Präsident Clinton mit starker Lobbyarbeit der Wall Street den so genannten Gramm Leach Bliley Act, der die Grenzen zwischen Geschäftsbanken, Investmentbanken und Versicherungsgesellschaften aufhob, und in nur zehn Jahren erlebte die Welt die erste schwere Finanzkrise der Ära der "Finanzmodernisierung", die genauso groß und verheerend war wie der große Crash der 30er Jahre.

Nach der Finanzkrise war der Markt für die Verbriefung von Vermögenswerten und den Rückkauf von Vermögenswerten einst ziemlich kalt, aber die Federal Reserve, um das Wunder der "Asset Reflation" zu schaffen, zur gleichen Zeit verwendet die Unterdrückung der kurzfristigen Benchmark-Zinsen auf fast Null, Unterdrückung der mittelfristigen Zinssätze durch starke politische Erwartungen, Unterdrückung der langfristigen Zinssätze durch QE drei Arten von unkonventionellen Mitteln, als Ergebnis ist der Finanzmarkt wieder aktiv. Allerdings hat sich die Hauptrolle bei der Schaffung von Schattenwährungen von nachrangigen Unternehmensschuldtiteln zu Staatsschuldtiteln und Zweiraum-MBS verlagert, und das finanzielle Risiko konzentriert sich rasch auf Staatskredite.

Wie viel der Schattenwährung wurde durch die Repo-Hypothek geschaffen?

Im Dezember 2012 belief sich der Gesamtbetrag der von den drei Parteien zurückgekauften besicherten Vermögenswerte auf 1,96 Billionen US-Dollar.

Auf dem US-amerikanischen Repo-Markt sind Drei-Parteien-Repo-Geschäfte am weitesten verbreitet, und die besicherten Vermögenswerte sind höchstwahrscheinlich "sub-collateralized". Ende 2012 beliefen sich die am Tri-Party-Repo-Markt verpfändeten Vermögenswerte auf insgesamt 1,96 Billionen US-Dollar, die

Basiswährung, die durch die Schattenwährung geschaffen wurde, die auch als SM0 bezeichnet werden kann (um der M0 der traditionellen Banken zu entsprechen). Auf der Basis von 1,96 Billionen Dollar wird die Schattenwährung durch einen Währungsmultiplikator verstärkt, der derzeit etwa das 2,5-fache beträgt,[19] d.h. die besicherten Vermögenswerte am Drei-Wege-Repo-Markt, die im Durchschnitt 2,5-fach unterbesichert sind. Nach dieser groben Schätzung hat der Drei-Wege-Repo-Markt eine Schattengeldmenge von fast 5 Billionen Dollar geschaffen.

Im Zeitalter der finanziellen Globalisierung verengen zahllose riesige und unsichtbare Ketten von Sicherheiten die Bilanzen der Finanzinstitute der Welt ebenso wie die von Milliarden von Menschen. Die "Europig-Anleihen" mögen zunächst von deutschen Banken gehalten worden sein, dann an britische Händler weiterverkauft worden sein, dann nach zahlreichen Weiterverkäufen auf dem Londoner Markt in die Hände von MF Global oder Lehman London gefallen sein, dann über "Asset Swaps" an Hedge-Fonds und schließlich auf die Konten amerikanischer Rentner "gewandert" sein, und als die Krise kam, wurden die Verluste von amerikanischen Rentnern getragen. Ebenso können Schrottanleihen "made in the US" über Hedgefonds, internationale Cents von Primärhändlern nach London fließen, die dann an Finanzinstitute in Hongkong unterbesichert werden und dann von chinesischen QDII-Fonds gehalten werden, so dass sie in den Bilanzen der chinesischen Bevölkerung schlummern.

Als die europäische Schuldenkrise ausbrach, behauptete das US-Bankensystem, nur sehr wenige Eurobonds zu halten, aber die Bank für Internationalen Zahlungsausgleich schätzte das Risiko auf mindestens 181 Milliarden Dollar. Trotz der Zuversicht Deutschlands, das stärkste Bankensystem des Kontinents zu haben, zeigt der Grant's Interest Rate Observer, dass die Deutsche Bank mit einem Verschuldungsgrad von 43:1 an der Spitze der europäischen Finanzmagie steht.

Eine Kette von Repo-Hypotheken ist wie ein Gummiband: Je länger sie gezogen wird, desto mehr Sprungkraft hat sie und desto größer ist das Risiko, dass sie reißt. Das Ende dieses Gummibandes ist mit dem Vermögen von Hunderten von Millionen Familien verbunden,

---

[19] Ebd.

und der Anfangspunkt liegt in den Händen der Zentralbank. Der hohe Anteil der Finanzmärkte an der straffen Leverage-Spannung wird auch auf die Zentralbank übertragen. Die Leverage der deutschen Zentralbank hat sich seit 2007 verdoppelt und liegt bei 75:1, während das durchschnittliche Leverage-Verhältnis der Zentralbanken der Welt schwindelerregende 153:1 beträgt!

Wenn das Gummiband reißt, werden die Finanzinstitute scheitern und die Rettungsaktion wird die Zentralbank sein, aber was ist, wenn die Zentralbank auch insolvent ist? Es ist der Reichtum der gesamten Nation, der sie letztendlich retten wird.

Warum gibt es im Juni eine Geldkrise?

Wenn wir die Geldtheorie im engeren Sinne betrachten und die Daten im September 2013 vergleichen, beträgt Chinas M2 106 Billionen RMB, während die M2 in den USA 10,8 Billionen USD beträgt (1 USD = 6,2 RMB), und die M2 in den USA etwa 67 Billionen RMB beträgt, so dass viele Leute ausrufen: "Chinas M2 ist viel höher als die der USA"!

Ich fürchte jedoch, dass diese Wahrnehmung ein wenig korrigiert werden muss, sobald man die Realitäten der US-Finanzmärkte verstanden hat.

Das Vorhandensein von Schattengeld hat das traditionelle Geldbankwesen, das auf dem Grundkonzept der Geldschöpfung beruht, völlig obsolet gemacht. 2013, das US-Finanzministerium Office of Debt Management (Office of Debt Management) auf den Gesamtbetrag der US-Schattengeld Bewertung, kam zu dem Schluss, dass der Gesamtbetrag der US-Schattengeld ist etwa 33 Billionen Dollar (von denen der Rückkauf und re-pledging beigetragen 5 Billionen), mehr als das Dreifache der M2, die gesamte effektive Geldmenge ist etwa 45 Billionen Dollar, [20]etwa 279 Billionen Yuan!

Wenn Schattengeld als SM2 (Shadow M2) definiert wird, würde es alle Anleihen umfassen, die zur besicherten Finanzierung auf dem

---

[20] Finanzministerium, Amt für Schuldenmanagement, Bericht über das zweite Quartal des Haushaltsjahres 2013.

Repo-Markt verwendet werden können. Einfach ausgedrückt: Anleihen sind Geld! Wenn es keine Besicherung gibt, ist der Multiplikator der Schattenwährung eins und die Anzahl der Besicherungen ist der Multiplikator der Schattenwährung.

Daher muss die Definition des gesamten effektiven Geldangebots in einem Land geändert werden, nämlich.

$$\text{Effektive Geldmenge} = M2 + SM2$$

$$\text{Effektive US-Geldmenge} = \text{Schattengeld} + M2$$

Natürlich gibt es auch das Problem des Schattenbankwesens und des Schattengeldes in China, dessen Umfang unterschiedlich eingeschätzt wird, etwa zwischen 20 Billionen und 36 Billionen Yuan, zuzüglich des Schattengeldes wird die effektive Geldmenge Chinas auf 126 Billionen bis 142 Billionen Yuan geschätzt, etwa halb so groß wie die der Vereinigten Staaten, und das BIP Chinas im Jahr 2012 ist ebenfalls etwa halb so groß wie das der Vereinigten Staaten. Somit ist die proportionale Beziehung zwischen Chinas Geldmenge und wirtschaftlicher Entwicklung in etwa mit derjenigen der Vereinigten Staaten vergleichbar.

Der Unterschied zwischen China und den Vereinigten Staaten besteht darin, dass der Umfang der Schattenwährungsschöpfung in den Vereinigten Staaten 5,7- bis 10,2-mal so groß ist wie in China, während der Umfang der traditionellen chinesischen Währungsschöpfung 1,6-mal so groß ist wie in den Vereinigten Staaten. Was die Vermögensverteilung betrifft, so ist der Goldanteil im chinesischen Vermögen bei Immobilien am höchsten, während sich das Vermögen in den USA auf Finanzanlagen konzentriert. Wie konnte es im Juni 2013 zu einer plötzlichen Geldknappheit kommen, wenn die gesamte chinesische Währung so groß ist?

Tatsächlich ist das chinesische Bankensystem seit Ende Mai in Geldnot, und im Juni wurde das Problem ernst. Zeitlich fällt dies in etwa mit der Ankündigung der Fed im Mai zusammen, den Ausstieg aus dem QE-Programm vorzubereiten, und im Juni lag der Repo-Satz für 10-jährige US-Schatzpapiere bei äußerst seltenen -3%, während der chinesische Repo-Satz auf 30% anstieg! Der Hauptgrund für diese Gegensätzlichkeit liegt darin, dass US-Schatzpapiere Spekulanten Leerverkäufe in großem Umfang ermöglichen! Ohne die Störung durch Leerverkäufe wären auch die US-Repo-Sätze im Gleichschritt mit den Renditen der Staatsanleihen in die Höhe geschossen.

Nicht nur in China, auch in den Vereinigten Staaten herrscht Geldknappheit!

Die Vereinigten Staaten Finanzmarkt im Mai und Juni war die Panik Krise der steigenden Zinsen, die auf die fast Lähmung der Repo-Markt in den wichtigsten Teilen der Währungsschöpfung geführt, steigende Renditen bedeutete, dass der Wert der zurückgekauften Sicherheiten sprang, zwingt stark fremdfinanzierten Finanzinstituten, Vermögenswerte zu verkaufen, was zu einem erheblichen Mangel an Dollar-Liquidität, Wall Street "Dollar-Vakuum-Effekt", die Bildung eines globalen kalten Welle der Dollar-Repatriierung, was zu einer Reihe von Krisen in den Schwellenländern wie Börsencrash, Kapitalabflüsse, Währungsabwertung. China ist da keine Ausnahme, und der starke Rückgang des Devisenkontos im Mai ist ein Zeichen dafür.

Es sei nochmals darauf hingewiesen, dass der Rückgang des Dollars nicht auf eine kräftige Erholung der US-Wirtschaft zurückzuführen ist, sondern vielmehr auf einen stark zunehmenden Druck durch die Implosion des US-Repo-Marktes!

Das eigentliche Risiko des Schattenbankwesens ist seine Geldschöpfungsfunktion, deren Kernstück der Repo-Markt ist! Dank des Repo-Marktes werden 1-Dollar-Anleihen direkt in Bargeld der Klasse 1 umgewandelt, wodurch sich die effektive Geldmenge sofort verdoppelt! Wenn eine "Unterbesicherung" erlaubt ist, wird sich die Geldmenge weiter ausdehnen. Damit überwiegt die Bedeutung des Repo-Marktes alle anderen Probleme des Schattenbankwesens.

Es ist die Währung des Repo, die dieses Merkmal schafft und es zahlreichen Finanzinstituten ermöglicht, die Anleihen in ihrem Bestand zu nutzen, sofort neues Bargeld zu erhalten, den Anleihenbestand weiter auszubauen und dann wiederholt zurückzukaufen, um den Umfang der Vermögenswerte zu erweitern und so die Spanne zwischen den Zinskosten des Repo und der Anleihenrendite leicht abzusichern. Im Normalfall niedriger Repo-Sätze ist rollendes Geld kein Thema, und dieses Gewinnmodell ist weitaus sicherer, flexibler und attraktiver als Investitionen in Immobilien, den Aktienmarkt und die Industrie.

Das weit verbreitete Problem der "Feeder-Bonds" auf den chinesischen Finanzmärkten ist genau dasselbe wie das Funktionsprinzip der Wall-Street-Hedge-Fonds mit hoher Hebelwirkung, nur dass die chinesischen Finanzinstitute überhaupt keine Risikoabsicherung vornehmen, geschweige denn eine "kongruente Absicherung", und wenn die Finanzierungskosten des Repo-Marktes weiter steigen, werden die Folgen unvorstellbar sein. Aus diesem Grund verlassen sich alle Finanzinstitute während der Geldknappheit im Juni auf die "zentrale Mutter", um schnell "gestillt" zu werden. Es besteht kein Zweifel, dass eine systemische Krise auf den Finanzmärkten ausbrechen wird, wenn die Zentralbanken sich weigern, Liquidität bereitzustellen.

Interessanterweise war der Rentenmarkt das größte Opfer der Geldknappheit im Juni. Hochverzinsliche Anleihen, d. h. kommunale Anleihen, wurden stark abverkauft, und der Anleihemarkt erlebte einen Einbruch. Auf dem Interbanken-Anleihemarkt wurden insgesamt 1,2 Billionen Yuan an Kassageschäften getätigt, was einem Rückgang von 81,1% gegenüber dem Vorjahr und einem steilen Rückgang von 49,0% gegenüber dem Vorjahr entspricht. Im selben Monat wurden Anleihen für insgesamt 534,2 Mrd. Yuan ausgegeben, was einem Rückgang von 34,6% gegenüber dem Vorjahr und 43,3% gegenüber dem Vorjahreszeitraum entspricht. Auch der Aktienmarkt hat offenbar einen Rückschlag erlitten, und es ist nicht auszuschließen, dass ein Teil des Schattengeldes in den Aktienmarkt geflossen ist.

Wenn die Finanzinstitute in erster Linie in langfristige Projekte wie Immobilien investieren, dürften bei Liquiditätsengpässen vor allem Trusts, Poolfinanzierungen oder andere ähnliche Immobilienfinanzierungsprodukte verkauft werden, und auch Immobilien werden unter erheblichen Finanzierungsdruck geraten. Doch im Juni stiegen die Grundstückskönige der Provinzen des Landes der Reihe nach, ebenso wie das Geld Ende Juni in Shanghai, Chongqing, Nanjing, Wuhan und anderen Städten häufig ein Rekordhoch bei den Grundstückspreisen erreichte.

Chinas Repo-Markt expandiert schnell, und bei Repo-Transaktionen gibt es Probleme mit der Umwandlung von Unternehmensanleihen und Standardanleihen, die der "Fantasieabweichung" von US-Junk Bonds ähnelt, außer dass sogar die "Abweichung" weggelassen wird. Wenn die Qualität der Unternehmensanleihen hinreichend gesichert ist und der Abzinsungssatz hoch genug ist, ist das Problem nicht gravierend, aber dieses Abzinsungssystem birgt für die Zukunft Gefahren, die die Wachsamkeit der Finanzaufsichtsbehörden verdienen.

Darüber hinaus gibt es auf dem chinesischen Repo-Markt keine "Sub-Collateral"-Bestimmung, aber es ist nicht ausgeschlossen, dass die Zukunft "innovativ" sein wird. Bis ein einheitlicher rechtlicher Rahmen für "Subprime" weltweit entsteht, wird Subprime der größte Krisenherd auf dem Repo-Markt sein.

Es sollte bedacht werden, dass die Geldknappheit im Juni nur ein bescheidener Vorgeschmack auf einen zukünftigen Zinsvulkanausbruch ist.

Erläutern Sie

Was die Bank für die Gesellschaft leistet, ist eine Gelddienstleistung, und ihre Einkünfte sind die Gebühren, die die Gesellschaft für diese Dienstleistung zahlt. Die Gesellschaft legt verschiedene Vermögenswerte treuhänderisch bei Banken an und erhält dann Quittungen für die treuhänderisch verwahrten Vermögenswerte, die die umlaufende Währung darstellen. Monetäre Quittungen entsprechen Ansprüchen auf Treuhandvermögen, und die Menschen leisten Zahlungen auf dem Markt mit monetären Quittungen, und wenn monetäre Quittungen den Besitzer wechseln, bedeutet dies, dass auch das Eigentum am entsprechenden Banktreuhandvermögen den Besitzer wechselt.

Von den Vermögenswerten, die von den Banken verwahrt werden, ist derjenige mit der größten Liquidität am weitesten in der Gesellschaft akzeptiert, und wenn man diesen Vermögenswert nimmt und ihn mit irgendjemandem auf dem Markt handelt, akzeptiert jeder bereitwillig, dass derjenige mit der größten Liquidität derjenige ist, der Reichtum darstellt, das echte Geld. Geld ist also nicht Geld, sondern eine Quittung für Geld; und Geld ist auch nicht Reichtum, sondern das Recht, es zu beanspruchen.

In der Ära des Goldstandards war Gold das eigentliche Geld, die Banken waren die Orte, an denen das Geld deponiert wurde, die von den Banken ausgestellten Banknoten waren die Quittung für das Gold, und jeder, der Banknoten besaß, konnte von der Bank jederzeit das Gold im Vertrauen verlangen. Nach der Abschaffung des Goldstandards durch die Vereinigten Staaten im Jahr 1971 wurde Gold durch ein nationales gesetzliches Zahlungsmittel ersetzt, und die Geldquittungen entsprachen dem nationalen gesetzlichen Zahlungsmittel. Geldquittungen gibt es in verschiedenen Formen, ob es sich nun um Sparbücher aus Papier, Plastik-Bankkarten oder Nummern in einem Online-Bankkonto handelt, sie alle sind im Wesentlichen dasselbe, nämlich der Nachweis, dass man das nationale gesetzliche Zahlungsmittel von der Bank eingefordert hat.

Wenn Gold als Maßstab für Geld verwendet wird, muss die Fähigkeit der Banken, ihr eigenes Geld zu schaffen, durch ein zunehmendes Goldwachstum ausgeglichen werden, das weitgehend mit dem industriellen Wachstum übereinstimmt. Was passiert also, wenn einige Industriezweige viel stärker wachsen als Gold und die Qualität und Quantität ihrer Produkte und Dienstleistungen nicht genug Gold haben, um einen Handel zu rechtfertigen? Dann sinken natürlich die Preise für diese Produkte. Entsteht dadurch eine Preisdeflation? Das ist möglich, aber es schadet der Wirtschaft nicht. Letztendlich ist Gold nur ein "Rechner" für den Austausch von Waren, und die Größe des Rechners hat keinen Einfluss auf die Ergebnisse, so dass das Preisverhältnis zwischen Waren nichts mit der Goldmenge zu tun hat. Wenn die Geldmenge stabil ist, ist der Einfluss des Geldes auf die Wirtschaft letztlich "neutral".

Genau das ist in der Geschichte der weltwirtschaftlichen Entwicklung tatsächlich geschehen. Das britische System der Preisstatistiken wurde 1664 eingeführt, und wenn der Richtwert für die Preise auf 100 festgelegt wurde, dann lag der britische Preisindex 250 Jahre später, im Jahr 1914, bei nur 91. Unter dem Goldstandard herrschte lange Zeit eine deflationäre Preisentwicklung, was jedoch keinen Einfluss auf die britische industrielle Revolution hatte, die die Produktivität im Vergleich zur landwirtschaftlichen Ära um das Tausendfache steigerte, und die Vielfalt und Menge der Waren war keineswegs eine Größenordnung. Das Wesen des wirtschaftlichen Wohlstands besteht in der Tat in der Steigerung der Produktivität und dem starken Rückgang der Produktionskosten, was mit einem stetigen Rückgang der Preise für die verschiedenen Waren einhergeht, der die Produktivitätssteigerung widerspiegelt.

Dieses Phänomen ist im heutigen Internet- und Elektronikzeitalter noch offensichtlicher, wo die Preise für Computer und Mobiltelefone ständig sinken, was aber nicht dazu geführt hat, dass alle mit ihrem Geld warten, sondern sich häufiger auf den neuesten Stand bringen und mehr in größeren Mengen kaufen, und ist dies nicht das Ergebnis einer erhöhten Produktivität? Anstatt aufgrund einer "Preisdeflation" zu stagnieren, entwickeln sich diese Branchen schneller weiter.

Die Vereinigten Staaten sind ein weiteres Beispiel: Im Jahr 1800 lag der US-Preisindex bei 100, 1939 war er auf 81 gefallen, und in 139

Jahren "Deflation" wurden die Vereinigten Staaten von einer marginalen Kolonie zur Weltmacht Nummer eins, ein wirtschaftlicher Sprung, der auch unter dem Goldstandard vollzogen wurde. Kein Wunder, dass einige westliche Denker glauben, dass die Ära des Goldstandards das goldene Zeitalter des Kapitalismus war.

Das Geldsystem ist in der Tat ein Vertrag über die Verteilung des Reichtums in der Gesellschaft, wobei Geldstabilität die Welt öffentlich macht und Geldchaos die Welt krank macht.

Nachdem die Menschen jeden Tag hart gearbeitet haben, legen sie die Früchte ihrer Arbeit auf die Bank und erhalten eine Quittung, von der sie erwarten, dass sie, wenn sie in den Ruhestand gehen oder arbeitsunfähig sind, die Früchte ihrer Arbeit zurückerhalten, die dem Beitrag entsprechen, den sie für die Gesellschaft geleistet haben, damit die Lebensqualität so gut wie zuvor ist. Aber wenn die Einnahmen erheblich sinken, kommt das nicht einer Plünderung und einem Betrug gleich? In einer Gesellschaft kennen sich die Menschen vielleicht nicht, aber da es einen Geldvertrag gibt, können sie einander vertrauen, um gemeinsam mehr Wohlstand zu schaffen. Wenn die Währung abgewertet wird, wird der Grundsatz der gerechten Verteilung des Reichtums mit Füßen getreten, es entsteht ein tief sitzendes Misstrauen in der Gesellschaft, das wiederum die soziale Arbeitsteilung zerstört, die Arbeitsbegeisterung bremst, die Spekulation fördert, die Grundlage der Integrität untergräbt und zu höheren Transaktionskosten führt.

Wie kann ein Land, das nicht ehrlich zu seiner Währung ist, erwarten, dass die Bevölkerung ehrlich zu seinem Land ist? Wie kann man erwarten, dass die Menschen integer sind? Der Schaden, den eine Währungsabwertung einem Land und einer Zivilisation zufügt, ist tiefgreifend, dauerhaft und unumkehrbar.

Als Großbritannien 1914 den Goldstandard aufgab, war das Schicksal des Britischen Empire bereits dem Untergang geweiht; als die Vereinigten Staaten 1971 den Goldstandard abschafften, gaben sie die Grundlagen des Landes - Integrität, Kreativität, harte Arbeit und Sparsamkeit - auf und frönten dem degenerierten Stil von Gier, Spekulation, Vergnügen und Luxus.

Die Finanzkrise von 2008 war nur der Auftakt zu einer Reihe von schwerwiegenderen wirtschaftlichen und sozialen Krisen. Leider setzt sich die Abwertung der Währungen, repräsentiert durch den US-Dollar, weltweit durch, und es ist diese Abwertung, die das Schattenbankwesen und das Schattengeld hervorgebracht hat, während in den 300 Jahren der Industrialisierung vor 1971 die Banken den "Schatten der Bank" nicht brauchten, um Gewinne zu erzielen, und die Gesellschaft auch nicht den "Schatten der Währung".

Die inhärenten Spannungen in der immer länger werdenden Sicherheitskette der Schattenwährungen erreichen ihre Sollbruchstelle, und die weltweite Geldknappheit vom Juni 2013 war lediglich ein Vorläufer eines viel größeren Finanzbebens.

Die finanzielle Globalisierung, die Länder bereits durch Ketten von besicherten Vermögenswerten miteinander verbindet, bedeutet, dass zukünftige Krisen unweigerlich zu globalen Krisen werden.

KAPITEL IV

Zinsvulkan, der letzte Tag der Abrechnung

Von allen Wirtschafts- und Finanzdaten ist leider keine wichtiger als die Rendite der 10-jährigen US-Staatsanleihe. Sie ist der letzte Rettungsanker, bevor der Zinsvulkan ausbricht, und wenn sie anfängt, heftig zu blinken, läuft Ihre Zeit ab.

Wenn Sie noch nie etwas von Zinsswaps gehört haben, sollten Sie eine schnelle Google-Suche durchführen. Zinsswaps werden in naher Zukunft genauso berühmt sein wie Credit Default Swaps im Jahr 2008. Die Credit Default Swaps (CDS), die damals das US-Finanzsystem zum Einsturz brachten, waren nichts anderes als der fast 60 Billionen Dollar schwere Derivatemarkt, während die Zinsswaps (IRS) mehr als siebenmal so groß sein werden. Wenn CDS die Kraft einer Atombombe haben, dann ist IRS das Äquivalent einer Wasserstoffbombe.

Noch nie in der Geschichte der Menschheit haben Länder die Zinssätze so lange auf einem so niedrigen Niveau gehalten. Ein seltener Nährboden für ultraniedrige Zinssätze bringt ein seltenes Monster einer Vermögensblase hervor, die durch Verzerrungen deformiert wird und ständig die Industrie ausplündert, das Gleichgewicht des Wohlstands unter Druck setzt und die Gesundheit der Gesellschaft zerstört.

Die Zeit der quantitativen Lockerung und der Vermögensblasen geht zu Ende, und die Bemühungen der Zentralbanken, die Zinssätze zu drücken, werden letztendlich scheitern.

Wenn die neuen Chefs der EZB und der Fed immer häufiger von "Negativzinsen" sprechen, sollten Sie sofort alarmiert sein, denn das bedeutet, dass selbst Nullzinsen nicht mehr ausreichen, um einen weiteren Anstieg der Vermögenspreise zu unterstützen. Negative Zinssätze sind definitiv eine verrückte Idee, und sie werden der Welt zeigen, wie weit man mit Verrücktheiten gehen kann.

Letztlich ist der Ausbruch des Zinsvulkans das Jüngste Gericht für diese Runde von Blasen!

Federal Reserve plötzlich "impotent", Bernanke ändert unerwartet seine Meinung

Am 18. September 2013 gab die Federal Reserve bekannt, dass sie den Umfang der monatlichen Anleihekäufe im Rahmen von QE3 unverändert bei 85 Milliarden Dollar belassen wird. Die Nachricht kam heraus, die Wall Street kochte wieder, der S&P500 und der Dow Jones Index erreichten beide neue Rekordhöhen, die Renditen der 10-jährigen US-Staatsanleihen fielen an diesem Tag deutlich von 2,9% auf 2,7%, die Aktienmärkte der Schwellenländer, die Anleihemärkte, die Devisengerüchte stiegen in die Höhe, Gold, Silber und Öl erholten sich stark.

Die Entscheidung der Fed lag zu weit außerhalb der Markterwartungen.

Seit Mai, Bernanke wiederholt skandiert "fade out" (Tapering) QE's Straffung Zauber, die globalen Finanzmärkte über Nacht, die Staatsverschuldung Renditen blutigen Wind, der syrische Krieg auf die Saiten, Aktienanleihen, das Finanzsystem Geldknappheit grassiert, der Dollar fließen zurück zu den hohen Wind und Wellen, Schwellenländer voller Hühnerfedern.

Bernanke auch einen großen Sprung Angst, seiner Ansicht nach, "fade out" bedeutet nicht, dass die Währung verschärft, sondern nur das Drucken von Geld zu verlangsamen, insgesamt ist immer noch geldpolitische Lockerung, sollte der Markt nicht übermäßige "Interpretation" ah, ganz zu schweigen davon, dass er auch eine Reihe von "wenn" "hypothetische" und andere Vorbedingungen beigefügt. Er hat die "Erwartungsmanagement" im Laufe der Jahre gespielt, das plötzliche Scheitern dieser, vor allem die steigenden Treasury-Renditen fast außer Kontrolle, die Bernanke und die Federal Reserve gemacht sind dunkel alarmiert.

Was die Wirksamkeit der QE-Politik anbelangt, so gibt es innerhalb der Federal Reserve, ja sogar zwischen Europa, dem Internationalen Währungsfonds (IWF) und der Bank für Internationalen Zahlungsausgleich (BIZ), der so genannten "Zentralbank der Banken", zunehmend heftige Meinungsverschiedenheiten. Die geldpolitischen Tauben, die natürlich von Bernanke und den herrschenden

Zentralbankern vertreten werden, glauben, dass die Lockerung der Geldpolitik das Finanzsystem und die Volkswirtschaften gerettet hat und dass mit der Zeit das Wunder der wirtschaftlichen Erholung geschehen wird; Die geldpolitischen Falken hingegen sind der Meinung, dass die Zentralbanken in den fünf Jahren seit der Finanzkrise wertvolle Zeit vergeudet haben und dass die übermäßige Lockerung der Geldpolitik Lähmung und Trägheit in den Ländern gefördert hat, so dass die wirtschaftlichen Ungleichgewichte bestehen geblieben sind, die Haushaltsdefizite sich vergrößert haben, der Beschäftigungsaufschwung schwach ausgefallen ist und sich Vermögensblasen gebildet haben, ähnlich wie im Jahr 2007, während die finanziellen Risiken noch größer geworden sind.

Der ehemalige Chefökonom der BIZ, William White, warnte im Vorfeld der Fed-Sitzung im September eindringlich vor QE: "Meiner Meinung nach ist dies eine Wiederholung von 2007. Alle wirtschaftlichen Ungleichgewichte, die damals bestanden, sind immer noch ungelöst, das Verhältnis zwischen öffentlicher und privater Gesamtverschuldung und dem BIP in den Industrieländern ist um 30% höher als damals, und jetzt haben wir ein ganz neues Rätsel einer Blase in den Schwellenländern, die auf ein Platzen zusteuert... Das (ultraniedrige) Zinsniveau in den USA ist die ultimative Triebkraft für (Vermögensblasen) in der ganzen Welt, und wenn die Zinsen zu steigen beginnen, werden alle davon betroffen sein. "Die BIZ deutet sogar an, dass die Versuche der europäischen und amerikanischen Zentralbanken, die langfristigen Zinssätze durch bloßes rhetorisches "Erwartungsmanagement" zu unterdrücken, "grundlegend gescheitert" sind und dass "die Grenzen einer guten Kommunikation (der Zentralbankpolitik) und der Kontrolle über den Markt sehr deutlich geworden sind". [21]

Der Gedanke, dass die ultraniedrigen Zinsen in den USA der ultimative Treiber für die globale Vermögensblase sind, kann als goldrichtig bezeichnet werden!

Während die Blase immer größer wurde, die Magie immer böser, die Akrobatik immer gefährlicher, erwarteten die BIZ- und IWF-

---

[21] Ambrose Evans-Pritchard, BIZ-Veteran sagt, globaler Kreditexzess schlimmer als vor Lehman, The Telegraph, 2013-09-15.

Zuschauer, die mit Bangen und kaltem Schweiß zusahen, dass die starken Währungshüter an die Macht kämen, um dieses verrückte Spiel zu stoppen; der ehemalige US-Finanzminister Summers war ihre Hoffnung.

Bernanke ging auf den Tag ist nicht viel, in der Federal Reserve Vorsitzender der Anwärter, die höchste Stimme ist Ben Summers, kündigte er abrupt seinen Rückzug, so dass die Situation ein wenig klarer, die Währung Taube Kuchen des neuen Führers Yellen ist bereits schreit nach. Yellens extremer Glaube an das lockere Geld lässt Bernanke sogar noch hawkischer aussehen. Bei allen geldpolitischen Abstimmungen der Fed hat sie ausnahmslos Lockerung, Lockerung und nochmals Lockerung befürwortet, und im Jahr 2010 forderte sie sogar, den Leitzins einfach auf "negativ" zu runden! Das ist der "Mut der Bären", dem sich sogar der taubstumme große Bruder Bernanke und die taubstummen Vorgänger der Bank of Japan zu unterwerfen bereit sind - wer sagt, dass Frauen den Männern unterlegen sind?

Bernanke ist weg, Yellen ist da, gut, gut, beide sind es wert, "gefeiert" zu werden. Die Federal Reserve hat seit 3 Monaten "fade out" Leidenschaft zurückgehalten, schließlich "Impotenz" und das Ende.

Die QE-Titanic, kopfüber in den Repo-Eisberg

Im Mai 2013 begann die Federal Reserve stark auf einen bevorstehenden Ausstieg aus QE andeuten, konnte der Weltmarkt nicht helfen, aber erstaunt sein, der starke Anstieg der US-Schatzwechsel Renditen zeigt das Ausmaß der Markt Schock. QE3 hat für etwas mehr als ein halbes Jahr gefördert worden, die US-Aktienmarkt, Schuldenmarkt, Immobilien hat eine boomende Szene erschienen, die Ergebnisse der Vermögenswert Re-Inflation hat gerade aufgetaucht, was ist der Grund, warum Bernanke ist so ängstlich Vorbereitung auf QE zu beenden?

Es gibt in der Tat nur sehr wenige Leute, die zur Tür hinausschauen, hauptsächlich Forscher bei der Federal Reserve Bank of New York, der BIZ, dem IWF und eine Handvoll Akademiker, die diese Themen in einigen Studien und im Internet in kleinem Rahmen erörtern, mit wenig bis gar keiner Aufmerksamkeit der Mainstream-Medien. Erst im Mai 2013 wachten eine Handvoll Medien wie im Traum auf und begannen, über die Probleme des Repo-Marktes zu berichten, von denen die amerikanische Durchschnittsöffentlichkeit nichts mitbekommen hatte.

Im Wall Street Journal vom 23. Mai hieß es: "Der Druck der Fed auf die Schattenbanken, d.h. die Käufe von Staatsanleihen durch die Zentralbank, führt zu einer Verknappung der Sicherheiten auf dem kritischen Repo-Markt. "In dem Artikel heißt es: "Die Art und Weise, wie Geld und Kredite geschaffen werden, hat sich in den letzten 30 Jahren dramatisch verändert, werfen Sie Ihre Lehrbücher weg. "Obwohl der Artikel das Konzept der "Besicherung" missversteht, fasst er die paradoxe Essenz der QE-Politik korrekt zusammen:

> *„Die 1,8 Billionen Dollar an Staatsanleihen, die auf dem Konto der Federal Reserve schlummern, entziehen dem Repo-Markt sichere Sicherheiten, was angesichts des (monetären) Multiplikatoreffekts der 'Besicherung' bedeutet, dass die Volkswirtschaften etwa 5 Billionen Dollar weniger Kredit geschaffen haben. Dies ist die unbeabsichtigte Folge des Klassikers. Bernankes Fed ist (durch das Drucken von Geld) heftig dafür kritisiert worden, dass sie der US-Regierung riesige Defizitüberziehungen ermöglicht hat, und mit dem Blut der US-Wirtschaft zu spielen ist noch schlimmer."*[22]

Die Argumentation ist einfach: Der Repo-Markt braucht Sicherheiten, und Staatsanleihen sind die wichtigsten Sicherheiten. Die QE-Käufe haben einen Konflikt zwischen der Fed und dem Repo-Markt um Sicherheiten geschaffen, und je länger die Fed QE durchführt, desto schwächer wird die Fähigkeit der Repo-Sicherheiten, Schattengeld zu schaffen.

Tatsächlich liegen 1,1 Billionen Dollar an Zwei-Raum-MBS-Anleihen auf den Konten der Fed "brach", die als bonitätsmäßig einwandfrei gelten und auch "sichere" Repo-Aktiva sind. Wenn sowohl Staatsanleihen als auch Zwei-Raum-MBS-Anleihen als Basiswährung für Schattengeld verwendet werden, dann könnte das Schattenbankensystem aufgrund der QE-Politik ein Defizit von 7 bis 9 Billionen Dollar bei der Schattengeldausweitung aufweisen.

---

[22] Andy Kessler, *The Fed Squeezes the Shadow-Banking System*, Wall Street Journal, 2013-05-22.

Wie ernst ist das Problem der durch QE erdrückten Repo-Sicherheiten? Man könnte sagen, es ist dringend!

Wenn die Fed im Rahmen von QE Staatsanleihen auf dem Markt kauft, kauft sie alles von kurz- bis langfristigen Anleihen, aber sie konzentriert sich hauptsächlich auf mittel- und langfristige Anleihen. Auf diese Weise wird der "Schatzanleihenbestand" der Fed sehr komplex, es gibt verschiedene Laufzeiten von Schatzanleihen, und die Menge variiert stark. Eine der Methoden der wissenschaftlichen Forschung besteht darin, einfache Ersatzvariablen (Proxy) für komplexe Systeme zu finden und den Zustand des gesamten Systems durch das Studium der Ersatzvariablen zu verstehen. "10-Jahres-Äquivalente" sind wirksame Proxy-Variablen für den "Bestand an Staatsanleihen" der Federal Reserve, die das mit verschiedenen Laufzeiten und unterschiedlichen Beträgen von Staatsanleihen verbundene Zinsrisiko durch eine bestimmte Anzahl von 10-jährigen Staatsanleihen ersetzt. Kurz gesagt, der gesamte Bestand an Staatsanleihen der Fed kann durch die "Klasse der 10-jährigen Staatsanleihen" dargestellt werden.

Nach der Methode "Klasse 10-jährige Staatsanleihen" hielt die Fed im August 2013 bereits 30% aller ausstehenden Staatsanleihen, und wenn wir das QE3-Tempo beibehalten, werden es 2014 45%, 2015 60%, 2016 75% und 2017 90% sein, und Ende 2018 werden alle Staatsanleihen auf dem Markt von der Fed aufgekauft sein. Natürlich war der Repo-Markt schon lange vorher zusammengebrochen.

Ich fürchte, Bernanke hat wirklich nicht damit gerechnet, dass QE den Repo-Markt ernsthaft in Bedrängnis bringen würde. Die Ausweitung der Schattenwährung um 7 bis 9 Billionen reicht nicht aus, um die Wirkung der QE-Gelddruckmaschine der Fed auszugleichen. Der Implosionsdruck auf den Repo-Markt wird von Tag zu Tag größer werden, wenn er sich weiterhin mit einer Rate von 85 Mrd. USD pro Monat in Schatzanleihen und MBS-Anleihen mit zwei Räumen verzehrt.

Das ist der wahre Grund, warum Bernanke so verzweifelt versucht, QE im Jahr 2014 zu beenden!

In der Repo-Markt, ursprünglich gespielt wird 10 Flaschen 3 Kappen mit hohem Schwierigkeitsgrad Akrobatik, wenn die Federal Reserve mit einer Rate von 85 Milliarden pro Monat aus dem Markt zu erholen kontinuierlich "Bottle Caps", dann ein Jahr wird der Markt zu reduzieren 1 Billion US-Dollar von Sicherheiten, wenn man bedenkt, dass die US-Tripartite Repo-Markt aller Hypotheken Vermögenswerte Größe nur 2 Billionen, wie Bottle Cap Verlustrate kann nicht gesagt werden, nicht alarmierend. Wenn die Anzahl der Kappen abnimmt, wird die Akrobatik allmählich zu 10 Flaschen pro Kappe oder sogar zu 20 Flaschen pro Kappe, und je schwieriger die Akrobatik technisch wird, desto größer ist das Risiko von Fehlschlägen.

Unterschätzen Sie nicht die Billionen von Sicherheiten auf dem Repo-Markt, der ähnlich wie die Basiswährung des traditionellen Bankensystems funktioniert und dem Multi-Billionen-Dollar-Schattenbankensystem in den USA entscheidende Liquidität verschafft. Obwohl das Schattenbankensystem extrem groß ist, hängt es stark vom Vertrauen der Märkte ab, wobei die Hypothekenketten stark überlastet sind und extrem empfindlich auf jede Laune der Gegenparteien reagieren. Darüber hinaus sind die Schattenbanken nicht in der Lage, herkömmliche Ersparnisse zu absorbieren, und müssen sich auf extrem kurzfristige Finanzierungen von Finanzinstituten mit Laufzeiten von nur einem Tag verlassen. Während Sparguthaben die verstreuten Gelder Tausender kleiner Sparer bündeln, handelt es sich bei Repo-Finanzierungen um eine hochkonzentrierte und riesige Geldmenge in Finanzinstituten, und wenn die Märkte volatil sind, sind die Institute besser informiert, brauchen weniger Zeit, um eine Entscheidung zur Veräußerung zu treffen, und die Mittel fließen schneller ab.

In einem ruhigen Repo-Markt ist die Finanzierung von Overnight-Repo-Geschäften kein Problem, und um Transaktionskosten zu sparen, werden Kreditnehmer und Kreditgeber ihre Verträge immer am nächsten Tag fortsetzen. Wenn der Geldgeber plötzlich Gerüchte über den Markt für den Kreditnehmer hört, kann er sich am nächsten Tag weigern, den rollenden Rückkaufvertrag fortzusetzen, und der Kreditnehmer läuft sofort Gefahr, dass die Finanzierungskette unterbrochen wird. Natürlich kann der Kreditnehmer sofort einen neuen Geldgeber suchen, aber schlechte Nachrichten verbreiten sich an der Wall Street immer schneller als gute, und die Weigerung eines Instituts, einen Kredit zurückzukaufen, führt oft dazu, dass alle anderen die Tür schließen wie der Teufel das Weihwasser. Die Probleme von Bear Stearns, Lehman Brothers und MF Global sind zwar darauf zurückzuführen, dass sie viele toxische Vermögenswerte hielten, aber die tödlichsten Treffer in der Krise kamen alle vom Repo-Markt.

Unter normalen Repo-Marktbedingungen wurden 2007 Asset-Backed Bonds (ABS) und hochwertige Unternehmensanleihen nur mit 3 bis 5 Prozent abgezinst, während in der Finanzkrise 2008 ABS und

Junk Bonds mit 40 Prozent und hochwertige Unternehmensanleihen mit 30 Prozent abgezinst wurden. Ein solch drastischer Anstieg der Diskontsätze würde die Repo-Finanzierer dazu zwingen, riesige Mengen an Vermögenswerten zu einem Zeitpunkt anzulegen, an dem ihre Expansion an ihre Grenzen stößt, und sie wären entweder gezwungen, von Gebäuden zu springen, um ihre Vermögenswerte zu verkaufen, oder eine Unterbrechung der Finanzierungskette würde zu einem Ausfall führen, und die Liquidität auf dem Repo-Markt würde im Handumdrehen vollständig eingefroren.

Die ultimative Konsequenz der fortgesetzten QE wird eine allmähliche Schrumpfung des Repo-Marktes bis zum plötzlichen Einfrieren sein, gefolgt vom Zusammenbruch des Multi-Billionen-Schattenbankensystems!

Was ist mit dem Aktienmarkt? Der Aktienboom stützt sich auf Aktienrückkäufe, die Mittel für Aktienrückkäufe stammen aus dem niedrigen Zinssatz des Anleihemarktes, der niedrige Zinssatz der Anleihen stützt sich auf die Liquiditätsunterstützung der Market Maker, das Betriebskapital der Market Maker stützt sich auf den Rückkaufmarkt, der Rückkaufmarkt trifft den Eisberg, die Kapitalkette des Aktienmarktes wird ebenfalls brechen.

Wenn im September 2012, Bernanke und die Federal Reserve aufgeregt in QE3 engagiert, hat noch nicht erkannt, die Schwere des Problems, dann die spätestens Mai 2013, alle Kenner haben in QE diese "Titanic" Front gesehen, türmt sich ein riesiger Rückkauf Eisberg!

Im Mai bereitete Kapitän Bernanke eine Notfallverlangsamung vor, hilflose Passagiere spielten hoch, nicht das geringste Risiko wahrgenommen, wütende Spieler ließen Töpfe und Pfannen fallen, regten sich auf, die langfristigen Zinssätze stiegen plötzlich an, die Repo-Markt-Krise plötzlich, Bernanke hatte Angst, sich zu beeilen, um das Wort zu ändern. im September behielt das QE die ursprüngliche Geschwindigkeit bei, die Richtung blieb unverändert, fuhr fort, den Eisberg zu treffen.

Bernanke befindet sich in einem Dilemma: Wenn er mit QE weitermacht, wird er auf den Eisberg der Rückkäufe stoßen; wenn er QE beendet, wird er erneut einen Anstieg der Zinssätze auslösen. Zwischen den einzelnen Zögerungen tickte die Zeit, und der Abstand zum Eisberg wurde immer geringer.

Der Repo-Markt ist der Lebensnerv fast aller europäischen und amerikanischen Finanzinstitute kurzfristige Mittel, und der Markt ist völlig ohne internationale einheitliche Rechtsnormen und Rechnungslegungsstandards, weil die Repo-Sicherheitskette erstreckt sich auf beiden Seiten des Atlantiks, so weit wie die Asien-Pazifik und der Welt, daher die Gesundheit des Repo-Markt nicht nur die Fed schlaflos, auch das Vereinigte Königreich, die Europäische Union, der Internationale Währungsfonds (IWF) und der Bank für Internationalen Zahlungsausgleich (BIZ) sind besorgt über diese.

Sicherheitsknappheit verschärft sich angesichts der strengen Vorschriften

In der "Wall Street Journal" begann zu berichten, dass der Repo-Markt Sicherheiten Mangel an der gleichen Zeit, die Bank für Internationalen Zahlungsausgleich (BIZ) ist seit langem untersucht im Mai veröffentlichte auch ein hohes Maß an Besorgnis über "Qualität Sicherheiten" (HQA, High-Quality Collateral) Mangel an Berichten. [23]

Die BIZ hat eine eher ablehnende Haltung gegenüber der Lockerung der Geldpolitik in Europa und den Vereinigten Staaten eingenommen und bereits begonnen, neue Spielregeln zu formulieren, nämlich die Basel-III-Vereinbarung.

Was ist der Ursprung der BIZ? Warum schafft sie Vereinbarungen, die Finanzinstitute auf der ganzen Welt befolgen müssen? Wie haben Sie diesen Status als weltweite "Bankenregulierungskommission" erhalten?

Die Ursprünge der BIZ sind nicht einfach, wie Carlo Quigley, ein berühmter Historiker an der Georgetown University und ein Mentor des ehemaligen US-Präsidenten Clinton, einmal über die BIZ sagte.

Die Kräfte des Finanzkapitals haben einen extrem langfristigen Plan, um ein Finanzsystem zu schaffen, das die Welt kontrolliert, einen Mechanismus, der von einigen wenigen kontrolliert wird und das politische und wirtschaftliche System der Welt beherrschen kann.

---

[23] BIZ-Bericht, Asset Encumbrance, Finanzreform und die Nachfrage nach besicherten Vermögenswerten, 2013-05.

Das System wurde auf feudal-autokratische Weise von Zentralbankern kontrolliert, die es durch geheime Absprachen bei häufigen Treffen koordinierten.

Das Herzstück dieses Systems ist die Bank für Internationalen Zahlungsausgleich in Basel, Schweiz, eine Privatbank, und die Zentralbank, die sie kontrolliert, ist ebenfalls ein Privatunternehmen.

Jede Zentralbank ist bestrebt, die jeweilige Regierung zu kontrollieren, indem sie die Kreditvergabe kontrolliert, Devisengeschäfte manipuliert, das Niveau der Wirtschaftstätigkeit im Lande beeinflusst und Politiker belohnt, die sich in der Geschäftswelt kooperativ verhalten.

Das ultimative Ziel der BIZ besteht natürlich darin, die Interessen der internationalen Bankiers als Ganzes zu schützen und das weltweite Bankensystem über souveräne Staaten hinweg direkt in ihre eigene Umlaufbahn zu bringen, die Regierungen mit Finanzmacht zu unterdrücken und die Welt mit monetären Mitteln zu regieren. Um dieses "ehrgeizige" Ziel zu erreichen, müssen die kurzsichtigen, gierigen, betrügerischen und unverantwortlichen Finanzrisiken entschlossen beseitigt werden, und strenge Selbstdisziplin ist eine Voraussetzung dafür, dass die internationalen Bankiers ihr "großes Werk" vollenden können, und das Basel-III-Abkommen ist eine konkrete Forderung nach strenger Selbstdisziplin.

Eine Vereinbarung, die nicht durchsetzbar ist, ist reine Papierverschwendung. Was würde passieren, wenn eine Bank sich weigert, die Führung der BIZ zu übernehmen und die Anforderungen von Basel III nicht umsetzt? Ganz einfach: Andere Banken auf der ganzen Welt werden sich weigern, Finanzgeschäfte mit den "Störenfrieden" zu tätigen. Sie möchten Geld an eine andere Bank überweisen? Keine Bank traut sich, es anzunehmen; wollen Sie eine Finanzierung auf den Finanzmärkten zurückkaufen? Keine Gegenpartei traut sich, einen Kredit zu vergeben; wollen Sie einem Kunden einen Kredit gewähren? Keiner will Ihren Scheck! Wer würde es wagen, Geld in einer solchen Bank zu halten? Die "Störenfriede", die vom Finanzsystem ausgeschlossen sind, haben keine andere Wahl als zu sterben.

Was passiert, wenn sich ein Land weigert, die Basel-III-Vereinbarung umzusetzen? Die Folge wäre, dass alle Banken des Landes von den internationalen Finanzmärkten ausgeschlossen würden, was einer Finanzsanktion gleichkäme, dass der Import- und

Exporthandel des Landes unterbrochen werden müsste, weil die internationale Auszahlung und der Empfang von Geldern nicht möglich wäre, und dass die Investitionen des Landes im Ausland unterbrochen würden, weil Gelder aus Übersee nicht zugänglich wären. Kann ein modernes Land ein paar Tage ohne internationalen Handel und Auslandsinvestitionen auskommen? Für kleine Länder ist es wie ein Gefängnis, für große Länder ist es wie ein finanzielles Exil.

Hier kommt Basel III wirklich ins Spiel! Die souveräne Regierung eines Landes muss sich ihr unterordnen. Professor Quigley hat das alles schon vor einem halben Jahrhundert gesehen, dass die wenigen, die die BIZ kontrollieren, die wahren Herren der Welt sind, ohne demokratische Wahlen oder irgendeine Aufsicht; weder den Wählern noch den Regierungen gegenüber rechenschaftspflichtig, eine besondere und absolute Macht, die in der internationalen Gemeinschaft äußerst selten ist! Dieser Trend wird sich in absehbarer Zukunft noch verstärken, was das eigentliche Ziel der finanziellen Globalisierung ist.

Absolute Macht bedeutet nicht, dass sie nicht rechenschaftspflichtig ist, sondern dass sie nur sich selbst gegenüber rechenschaftspflichtig ist. Wenn die wenigen, die diese Macht ausübten, ein hohes Maß an Intelligenz und Fähigkeiten besäßen, würde ihr Management zu noch größerer Effizienz und besseren Ergebnissen führen - zumindest dachten die Herren der BIZ das.

Was die Liquidität betrifft, so stellt Basel III höhere Anforderungen an die Banken. Alle Banken müssen ausreichend hochwertige Sicherheiten, wie z. B. US-Staatsanleihen, vorhalten, um sicherzustellen, dass sie in der Lage sind, ihre Vermögenswerte zu veräußern, damit ihr Cashflow im Falle einer Extremsituation nicht für 30 Tage versiegt. Allein dadurch würde ein Mangel an hochwertigen Sicherheiten in Höhe von 2,3 Billionen Dollar entstehen. Gleichzeitig wurden mit dem amerikanischen Dodd-Frank-Gesetz (Dodd-Frank Act) höhere Anforderungen für Einschusszahlungen bei Finanzderivatetransaktionen eingeführt, was wiederum einen Mangel an hochwertigen Sicherheiten in Höhe von 1,6 bis 3,2 Billionen Dollar verursachen wird. Darüber hinaus dürfte die offizielle Nachfrage nach hochwertigen Sicherheiten erheblich steigen, da die den Ländern im Rahmen der Devisenbewirtschaftung und der Geldpolitik zur Verfügung stehenden Devisen von 6,7 Billionen Dollar Ende 2007 auf 10,5 Billionen Dollar im Jahr 2012 gestiegen sind. Wenn man so rechnet, wird sich der Mangel an hochwertigen Sicherheiten in den nächsten Jahren auf 5,7 Billionen Dollar ausweiten, wenn die Finanzmärkte reibungslos funktionieren.

Dies gilt für normale Marktbedingungen. Was aber, wenn der Markt unter Druck steht? Schätzungen des US-Finanzministeriums: Die Obergrenze für Ausfälle bei Qualitätssicherheiten wird auf 11,2 Billionen Dollar ansteigen! [24]

QE hat bereits zu einer Verknappung hochwertiger Sicherheiten geführt, der Druck auf das stark fremdfinanzierte Schattenbankensystem nimmt zu, und das Basel III- und das Dodd-Frank-Gesetz sind aufgesprungen, um um hochwertige Vermögenswerte zu konkurrieren, was zu einem größeren Druck auf den Repo-Markt führen wird.

Anstatt zu schmelzen, wird der Eisberg immer größer!

Wie Schattenbanken die Konkurrenz ausschalten können

Die BIZ, die US-Notenbank und das US-Finanzministerium, die alle den immer akuteren Mangel an hochwertigen Sicherheiten im Schattenbanksystem festgestellt haben, sind in ihren Schlussfolgerungen wieder relativ optimistisch, weil sie glauben, dass der Mangel durch eine Erhöhung des Angebots behoben werden kann.

Bei den so genannten Qualitätssicherheiten handelt es sich um diejenigen Vermögenswerte, die dem Kern des dreidimensionalen Risikos aus Duration, Liquidität und Kredit am nächsten kommen. Das Durationsrisiko ist leicht zu verstehen: Wenn jemand Ihnen einen weißen Schuldschein ausstellt, um sich Geld zu leihen, und wenn er ihn morgen zurückzahlt, ist das weniger riskant, wohingegen Sie nachts nicht schlafen können, wenn er sagt, dass er ihn erst in 30 Jahren zurückzahlt; das Liquiditätsrisiko besteht darin, ob Sie auf dem Markt sehr leicht den Besitzer wechseln können, wenn Sie den Schuldschein nicht behalten wollen, und je geringer der Abschlag, desto besser; das Kreditrisiko bezieht sich natürlich darauf, wie wahrscheinlich es ist, dass die Person, die sich das Geld leiht, in Zukunft in Geldnöte gerät.

---

[24] Office of Debt Management, Bericht zum zweiten Quartal 2013 - US-Finanzministerium.

Qualitativ hochwertige Sicherheiten sind der Vermögenswert, der dem Kern in Bezug auf Dauer, Liquidität und 3D-Kreditrisiko am nächsten kommt. Im dreidimensionalen Risiko ist der Teil, der dem Kern am nächsten ist, das Bargeld selbst, solange das Land noch existiert, ist die Regierung nicht zusammengebrochen, das Bargeld hat keine Angst zu halten, wie lange, nehmen Sie jemand greifen wird, gibt es keinen Ausfall; 10-jährige Staatsanleihen in Liquidität und Kreditrisiko ist nur geringfügig schlechter als Bargeld, aber das Risiko des Haltens zu lange ist höher als Bargeld; hochwertige Unternehmensanleihen (IG, Investment Grade Bond) ist höheres Risiko als Staatsanleihen, ABS (Asset-Backed Bonds) ist ein bisschen schlechter als Unternehmensanleihen.

Nach der Definition des US-Finanzministeriums zählen zu den hochwertigen Sicherheiten: Bargeld, Schatzanleihen, Staatsanleihen und MBS-Anleihen mit zwei Räumen. Man könnte sich fragen, ob Bargeld als Sicherheit zählt? Natürlich kann der Kauf von Bargeld als eine Rückkaufsvereinbarung verstanden werden, "um etwas mit Bargeld als Sicherheit zurückzuleihen, wobei die Rückkaufsfrist unbegrenzt ist, der Rückkaufszinssatz null ist und der Abzinsungssatz ebenfalls null ist". In diesem Sinne ist QE nichts anderes als ein Tausch von Bargeld, einer erstklassigen Sicherheit, gegen eine andere erstklassige Sicherheit, Staatsanleihen. Mit Bargeld kann in traditionellen Banken Geld geschaffen werden, während Staatsanleihen in Schattenbanken Geld schaffen können. Das Wesen von QE besteht also darin, die Schattengeldschöpfung durch die herkömmliche Geldschöpfung zu "ersetzen", allerdings mit weniger als idealen Ergebnissen.

Theoretisch kann die Qualität der Sicherheiten stark erhöht werden, aber es ist nur ein großes Haushaltsdefizit, um die Ausgabe von mehr Staatsschulden zu erhöhen, sondern kann auch nach oben drücken die Immobilienpreise, um das Angebot an MBS zu erhöhen, so lange wie staatliche Kredit kann unbegrenzt Überziehung, Qualität Sicherheiten können unbegrenzte Wachstum sein. Daher glaubt die BIZ, dass es keinen absoluten Mangel an Qualitätssicherheiten gibt, sondern nur regionale oder lokale Spannungen.

Das Problem ist, dass ein hochwertiger Vermögenswert in der Finanzwelt nicht gleich ein hochwertiger Vermögenswert in der Realwirtschaft ist. Die Staatsverschuldung ist ein hochwertiger Vermögenswert, weil sie durch Cashflows aus der allgemeinen Besteuerung besichert ist, die nur durch die reale Wirtschaftstätigkeit selbst generiert werden können, und letztlich schaffen die Unternehmenstätigkeit und der private Konsum zusammen hochwertige Vermögenswerte und stabile Cashflows. Somit ist nicht der Staat der wahre Schöpfer von Qualitätssicherheiten in einem Land, sondern die vom privaten Wirtschaftssektor gebildeten Qualitätsaktiva.

In einem Umfeld extrem niedriger Zinssätze investieren die Unternehmen jedoch das billig erworbene Kapital nicht in Aktivitäten, die gute Vermögenswerte schaffen, sondern wenden sich stattdessen dem schnellen Geld zu, was sich in der Schrumpfung der Investitionsausgaben der Unternehmen und der "Alterung der Vermögenswerte" der Wirtschaft insgesamt niederschlägt. Betrachtet man das Land als Unternehmen, so wächst dieses Unternehmen mit einer schrumpfenden Cashflow-Rate, während sich der CEO des Unternehmens verschuldet, um in Vermögenswerte zu investieren, die keinen Cashflow haben, wie z. B. Gemälde von Picasso oder Van Gogh, und dann im Zuge der Buchführung die Bewertung der Gemälde von 1 Million auf 10 Millionen und dann auf 100 Millionen erhöht. Während in den Büchern die Gesamtaktiva rasch ansteigen und die Gesamtverbindlichkeiten ständig übersteigen, wird der schrumpfende Cashflow von einem immer größeren Berg von Verbindlichkeiten erdrückt, und das Unternehmen muss die Bewertung der Ölgemälde ständig erhöhen und sie in Anleihen verpacken, um die Finanzierung durch andere Unternehmen zu sichern, damit das normale Betriebskapital aufrechterhalten werden kann. Zeigt ein solches Unternehmen mit einem höheren Gesamtvermögenswert an, dass es bessere Kredite erhält?

Der Staatskredit ist wie eine Kreditkarte, er hat sein eigenes Kreditlimit, ohne die effektive Unterstützung der Realwirtschaft wird die Kreditkarte immer platzen, "Eurobond" ist das jüngste Beispiel.

Die Theorie des US-Finanzministeriums und der BIZ vom unbegrenzten Angebot an hochwertigen Sicherheiten geht davon aus, dass US-Treasuries unbegrenzt überzogen werden können - eine Prämisse, die selbst ein Bruchpunkt in der Marktlogik ist.

Nach dieser Logik muss die US-Regierung Defizite machen, und sie werden weiter wachsen, denn wo sind die Staatsschulden ohne Defizite? Wo sind die hochwertigen Sicherheiten ohne die Staatsverschuldung? Wie kann man sich die Billionen Dollar schwere Leiche des Schattenbankensystems ohne hochwertige Sicherheiten leisten?

Wie können sich Schattenbanken angesichts von QE und regulatorischem Druck behaupten? Der einfachste Weg ist, hochwertige Sicherheiten zu "recyceln", aber die "Umweltschutz- und grüne" Unterhypothek ist durch die Basel III-Vereinbarung blockiert, der Rechtsrahmen der Vereinigten Staaten ist nicht leicht zu durchbrechen, der Weg ist voller Dornen.

Es gibt noch einen anderen Weg, wie die Fed aus dem QE aussteigen kann, um den Druck auf das Angebot an hochwertigen Sicherheiten zu verringern, aber Bernanke zaudert noch über die Folgen eines solchen Schrittes, es gibt mehr Sicherheiten, aber niemand will langfristige Anleihen, die Fed muss vorsichtig und zurückhaltend sein, auch wenn sie irgendwann aus dem QE aussteigen muss, aber das ist nicht der Wirtschaft oder der Beschäftigung geschuldet, und die Wahl des Zeitpunkts ist entscheidend, es ist besser, sowohl einen Ausstieg aus dem QE als auch langfristige Zinssätze zu erreichen, ohne aus dem Ruder zu laufen. Eine Kombination aus "Erwartungsmanagement" der Märkte, Wirtschaftsdaten, Geldpolitik, Geopolitik, Militärkrisen usw. muss genutzt werden, und eine solche Gelegenheit erfordert Geduld.

Der Punkt ist, dass andere warten können, Schattenbanken, die in Brand gesetzt und auf dem Herd geröstet werden, können nicht warten.

Wenn "Basel III" die Schattenbanken gezwungen hat, können sie nur größere Risiken eingehen und eine groß angelegte "Junk-Bond-Fantasietätigkeit" durchführen, um die "ungenutzten" US-Staatsanleihen in den Büchern von Pensionsfonds, Rentenfonds, Versicherungsgesellschaften und Staatsfonds zu "ersetzen" und dann die Junk-Bonds und andere Vermögenswerte mit toxischem Schrott "aufzufüllen", nicht nur, um die Anforderungen von "Basel III" zu erfüllen, sondern auch, um qualitativ hochwertige Sicherheiten zu erhalten, der Schlüssel ist, dass es keine Änderung in den Büchern gibt. Die Regulierung wird im Vergleich zu dem starken Innovationsdrang der Finanzakteure auf dem Markt immer unempfänglich sein.

Unter dem doppelten Druck der Märkte und der Regulierung wird das Schattenbankwesen explodieren! Riskantere und heimtückischere "Asset Swaps" werden sich wahrscheinlich rasch ausbreiten. Dies ist ein Ausweg aus dem Schattenbankwesen, aber auch ein Ausweg aus der weltweiten Finanzstabilität!

Bei der Zinswende ist die Fed Schiedsrichter und Torhüter zugleich

Der plötzliche Anstieg der Zinssätze im Mai 2013 versetzte die US-Notenbank in einen Schockzustand: Wie konnte der Zinsmarkt, den sie stets fest im Griff hatte, kurz davor sein, die Kontrolle zu verlieren?

Die Fed hat eine direkte Kontrolle über die kurzfristigen Zinssätze, z. B. durch die Festsetzung der Fed Funds Rate und Offenmarktgeschäfte, mit denen die kurzfristigen Zinssätze in der Nähe der politischen Ziele "fixiert" werden können. Was sind Bundesmittel? Es handelt sich dabei um die Reserven, die traditionelle Banken für die Geldschöpfung haben und die sich entweder in ihren eigenen Tresoren oder auf den Konten der Federal Reserve befinden. Viele regionale Banken, die die Einlagen der Einleger absorbiert haben, waren nicht in der Lage, eine ausreichende Anzahl von ausreichend zuverlässigen Kreditgebern zu finden, so dass das Potenzial der Geldschöpfung nicht voll ausgeschöpft wurde und die überschüssigen Reserven ungenutzt auf den Konten liegen blieben. Andere große Banken haben jedoch mehr Zugang und mehr Möglichkeiten zur Kreditvergabe, doch schränken unzureichende Reserven ihre Fähigkeit zur Geldschöpfung ein. Um das Defizit mit dem Überschuss auszugleichen, kann jede Bank unter der Koordination der Federal Reserve die überschüssigen Reserven auf dem Geldmarkt "kaufen und verkaufen": Wenn mehr Geld vorhanden ist, ist der Zins niedrig, wenn weniger Geld vorhanden ist, ist der Zins hoch. Nachdem die Fed ein Ziel für den kurzfristigen Zinssatz festgelegt hat, gibt sie Geld frei oder gewinnt es zurück, indem sie kontinuierlich Staatsanleihen auf dem Geldmarkt aufkauft und so Angebot und Nachfrage auf dem Markt beeinflusst, bis der Zinssatz in der Nähe des festgelegten Ziels liegt, was eine "Offenmarktoperation" ist.

In den letzten Jahren hat sich die Fed immer mehr in das Instrument des Repo verliebt. Wenn der Markt eng ist, die Federal Reserve und die erste Ebene der Händler, um Transaktionen zu tun, die Federal Reserve lassen Händler Geld leihen, um als Sicherheiten zu binden, das heißt, "Securities Lending", um Geld freizugeben, um den Druck des Marktes Mangel an Mitteln zu erleichtern; wenn es einen Überschuss an Mitteln, die Federal Reserve, die wiederum "aus Wertpapieren, um Geld zu sammeln", ihre eigenen Anleihen Sicherheiten, die Händler in den Händen der Währung "geliehen zurück", so dass der Zweck der Kontrahierung Marktmittel.

Der größte Vorteil eines Rückkaufs ist, dass er super flexibel und super kurzfristig ist. Der Gutscheintausch kann sogar nur über Nacht stattfinden, und nach einem Tag gehen die Gutscheine an ihre jeweiligen Besitzer zurück und alles geht wieder seinen gewohnten Gang. Wenn die gewünschten Ergebnisse nicht zufriedenstellend sind, kann man am nächsten Tag den Code schrittweise hinzufügen, bis man zufrieden ist. Mit dem Repo-Geschäft verfügt die Fed über eine leistungsstarke, präzise und effiziente Waffe neuen Stils mit weniger Nebenwirkungen und einer flexibleren Verwaltung des Geldmarktes.

Kurzfristige Zinssätze sind gut, die Kontrolle der langfristigen Zinssätze ist schwieriger. Auf dem Repo-Markt würde der längste Repo nicht länger als ein Jahr dauern, und wer würde heute, da sich die Welt so schnell verändert, Anleihen für 30 Jahre verpfänden, um sie zu finanzieren? Außerdem ist es unwahrscheinlich, dass die meisten Anleihen eine so lange Laufzeit haben.

Kann die Fed also einfach langfristige Anleihen kaufen? Dies ist die für die Preiskontrolle typische QE-Operation, die offensichtlich gegen den Grundgedanken der Marktwirtschaftlichkeit der Zinssätze verstößt. Ganz zu schweigen von der Tatsache, dass ein erzwungenes Eingreifen in den Markt für langfristige Zinssätze darauf hinausläuft, die Zentralbank in die Position eines Risikoträgers und nicht eines Risikomanagers zu versetzen. Noch deutlicher ist, dass QE und "Verzerrungsoperationen" nicht einfach nur darauf abzielen, Geld zu drucken, sondern die Entwicklung der langfristigen Zinssätze direkt zu steuern.

Und was ist die Operation Twist? Natürlich, um den Marktpreis der Zinssätze zu "verzerren", in diesem Fall die Zinskurve.

Beim Handel mit Anleihen beeinflusst jeder Augenblick den Preis einer Anleihe und die entsprechende Rendite. Stellen Sie sich vor, jemand macht mit einer Kamera einen Schnappschuss von den Renditen verschiedener Laufzeiten von Staatsanleihen zu einem bestimmten Zeitpunkt und erhält eine Renditekurve für alle Sorten von Staatsanleihen von einem Monat bis zu 30 Jahren zu diesem Zeitpunkt.

Im Zuge von QE und der "Operation Twist" in den Vereinigten Staaten lag der Schwerpunkt auf dem Ankauf mittel- und langfristiger Anleihen, deren Hauptzweck darin besteht, den Trend der langfristigen Zinssätze zu drücken. Die so genannte "Verzerrungsoperation", d.h. die Fed hält die kurzfristigen Staatsanleihen heraus, und tauscht dann die Operation der langfristigen Staatsanleihen aus, was sich in der

Renditekurve widerspiegelt, da der langfristige Zinssatz nach unten "verzerrt" wird.

Im Januar 2007 waren sich die Finanzmärkte der drohenden Krise nicht bewusst: Die Renditen für einmonatige extrem kurzfristige Staatsanleihen waren ähnlich hoch wie die für 30-jährige Staatsanleihen, und die Inflation schien sie nicht zu beunruhigen; die Renditen für zehnjährige Staatsanleihen sanken langsam von sechs Monaten auf zehn Jahre, als wären sie nicht auf die Gefahr eines künftigen Liquiditätsengpasses vorbereitet.

Der größte Unterschied zwischen der Renditekurve im September 2013 und 2007 besteht darin, dass die kurzfristigen Renditen direkt aus der Luft in den Boden gedrückt werden, was die starke und direkte Kontrolle der Fed über die kurzfristigen Zinssätze zeigt, während es umso schwieriger ist, die Renditen zu kontrollieren, je länger ihre Laufzeit ist. Die 10-jährigen Staatsanleihen wurden um 2 Prozentpunkte gedrückt, während die 30-jährigen Renditen nur um 1 Prozentpunkt gesunken sind, und die Unterdrückung der langfristigen Zinssätze durch QE und Verzerrungsoperationen ist immer noch offensichtlich, aber dies geht auf Kosten der 3 Billionen Dollar schweren Aktiv-Passiv-Expansion der Zentralbank, zu deren Nebeneffekten es gehört, dass die Vermögenspreise wieder sprudeln, das Ausmaß der Verbindlichkeiten weiter ansteigt, das Defizitproblem nur schwer zu lösen ist, das Ressourcenungleichgewicht in der Weltwirtschaft, die Ungleichgewichte auf den Finanzmärkten, die Erholung der Realwirtschaft schwach ist, der Arbeitsmarkt träge.

Die Federal Reserve krempelte die Ärmel hoch und ging in die Schlacht persönlich, unabhängig von den Kopf in die langfristige Risiko, wo es nicht einfach zu kaufen und zu verkaufen langfristige Anleihen sind alle gegessen, solange die langfristigen Zinssatz Kontrolle in der ultra-niedrigen Niveau, Hypothekendarlehen wird unglaublich billig, so dass Immobilien in der Lage sein, wieder zum Leben zu kommen, Asset Re-Inflation Traum erreicht werden kann. 1990er Jahre, die Vereinigten Staaten normalen 30-Jahres-Hypothek Zinssatz von 8% ~ 9%, und 2013 war 3% ~ 4%!

The United spielt jetzt sowohl Schiedsrichter als auch Torwart, und immer wenn der Ball in die zweite Hälfte läuft, tritt er auf die Platte, auf Händen und Knien, packend und kickend, um den Ball zurück in die erste Hälfte zu bekommen. Auf diese Weise kam das "groß aber nicht klein" der Spieler zum Tragen, jeder mutig, einer nach dem anderen, nichts riskierend, schnelles Geld nicht umsonst fischend. Foulspiel ist die Norm geworden, und Betrug ist alltäglicher, nur eine Geldstrafe.

Also, Libor-Skandal, Repo-Betrug, europäische Schulden Betrug, Öl-Betrug, Gold und Silber Manipulation, Devisen Teufel, "Londoner Wal" Verstöße, Zins-Swaps, in allen Bereichen, die den Markt genannt werden kann, kann niemand nicht sehen, die Manipulation der schwarzen Hand, hinter all der schwarzen Hand, nein ist nicht "groß, aber nicht nach unten" Figur.

Zinsvulkan, der ultimative Killer von Vermögensblasen

Wenn die vorwärts gerichtete QE den Repo-Eisberg trifft, dann wird die rückwärts gerichtete QE den Zinsvulkan auslösen!

Der Repo-Markt steht vor einem tödlichen Druck auf QE, und wenn QE 2014 nicht ausläuft, wird der Markt von der Fed zu 45% von den Treasuries abgezogen, MBS werden noch stärker unter Druck gesetzt als Treasuries, und der Repo-Markt wird an Sicherheiten erschöpft sein, so dass die Fed QE kurzfristig beenden muss.

Wenn QE im Jahr 2014 ganz ausläuft, wird der Leitzins laut Bernanke vorerst beibehalten und erst 2015 angehoben, wobei für Ende 2016 ein bescheidener Wert von 2% bis 2,5% erwartet wird. Solch niedrige Leitzinsen scheinen keine großen negativen Auswirkungen auf die Wirtschaft zu haben.

Das ist nur die Oberfläche des Problems.

Obwohl die Anleihekäufe der Fed in erster Linie darauf abzielen, die langfristigen Zinssätze zu drücken, sollten auch ihre Auswirkungen auf die kurzfristigen Zinssätze nicht unterschätzt werden. Ungeachtet der Marktberechnungen wird allgemein angenommen, dass der Umfang der jährlichen Anleihekäufe der Fed im Wert von 800 Mrd. USD eine Auswirkung auf das BIP hat, die einer Senkung des Leitzinses um 1 Prozentpunkt entspricht, während der Gesamtumfang der QE-Käufe bis 2013 einer Senkung des Leitzinses um 3,7 Prozentpunkte entspricht. Mit anderen Worten: Trotz kurzfristiger Zinssätze von 0 bis 0,25% entspricht der reale wirtschaftliche Effekt einer Senkung des Leitzinses durch die Fed auf -3,7%!

Stellen Sie sich vor, dass, wenn die US-Realwirtschaft und die Finanzmärkte in den nächsten Jahren mit einem "Reset" der kurzfristigen Zinssätze von -3,7% auf 2% bis 2,5% konfrontiert werden, diese um bis zu 600 Basispunkte (100 Basispunkte = 1 Prozentpunkt) ansteigen werden!

Zu den Auswirkungen der Anleihekäufe auf die Zinssätze gibt es zwei Denkrichtungen. Eine Ansicht besagt, dass, wenn die Fed den Umfang der Anleihekäufe bekannt gibt, die Zinssätze bereits entsprechend geändert wurden und dass künftige Verringerungen des Umfangs der Anleihekäufe keine Auswirkungen auf die Zinssätze haben werden, und dass der "Umfang der statischen Aktiva", die die Fed hält, das Zinsniveau bestimmt, d.h. der "Bestand" bestimmt die Zinssätze; eine andere Ansicht besagt, dass der "Fluss" der monatlichen Anleihekäufe einen wichtigeren Einfluss auf die Zinssätze hat, d.h. der "Fluss" bestimmt die Zinssätze. Wenn Sie die drastischen Veränderungen der Zinssätze seit Mai beobachten, werden Sie feststellen, dass sich der "Bestand" und der "Fluss" der Fed nicht verändert haben, sondern die Herzen und Köpfe! Genauer gesagt, können auch Veränderungen der "Flow-Erwartungen" einen gravierenden Einfluss auf das Zinsniveau haben!

Bei der Entwicklung der mittel- und langfristigen Zinssätze wird der Rückzug der Fed einen monatlichen Mangel von 85 Milliarden Dollar an Mitteln für den Ankauf mittel- und langfristiger Anleihen verursachen, die Fed ist der größte Käufer von Staatsanleihen und MBS-Anleihen mit zwei Räumen, wenn sie sich zurückzieht, wie werden andere Käufer auf dem Markt weiterhin "die Sänfte tragen"? Der Einfluss der Fed auf die langfristigen Zinssätze wäre schwächer gewesen, der Markt wird durch den Ausstieg der Fed nach den "Erwartungen" mehr beunruhigt sein, die langfristigen Zinssätze werden wahrscheinlich viel stärker ansteigen als die kurzfristigen Sätze.

Das alljährliche Gerangel um die Schuldenobergrenze im Kongress ist so komisch und lustig wie eine Zirkusvorstellung: Kann die Schuldenobergrenze nicht angehoben werden? Kann der Haushalt ohne ein Defizit auskommen? Die Größe der Schulden der Vereinigten Staaten wurde weit von den 1990er Jahren kann auf die 60 Billionen US-Dollar der traditionellen Schulden + Schatten Schulden verglichen werden, wurde so hoch wie 370 Prozent des BIP, steigen die Zinsen um 1 Prozentpunkt, wird die Wirtschaft Cash-Flow-Druck um mindestens 600 Milliarden US-Dollar zu erhöhen, wenn die Begegnung 600 Basispunkte der Zinssatz "Reset", Cash-Flow wird mindestens 3 Billionen ~ 4 Billionen US-Dollar Druck, in der Nähe von 20 Prozent des BIP, weit mehr als die Steuereinnahmen tragen! Vergessen Sie die wirtschaftliche Erholung und machen Sie sich bereit, eine weitere Finanzkrise zu vermeiden.

Eine Politik der ultraniedrigen Zinssätze, die nicht nur im Interesse der Vereinigten Staaten liegt, sondern ein tödliches Kerninteresse darstellt! Warum hassen die USA den Anstieg des Goldpreises? Weil der Goldpreis die Erwartung der Weltöffentlichkeit in Bezug auf die künftige Inflation widerspiegelt. Ein sprunghafter Anstieg des Goldpreises verändert die Einschätzung des Marktes in Bezug auf die Kapitalkosten, und die Kreditgeber werden höhere Zinsen verlangen, um Inflationsverluste zu decken. Steigende Zinssätze können wiederum die Inflationserwartungen des Marktes verändern, was wiederum die Bewertung des Goldpreises verändern kann.

Die USA wünschen sich sicherlich ein Umfeld, in dem die Zinssätze immer extrem niedrig sind, damit sich Vermögensblasen unbegrenzt aufblähen können, so wie die Menschen 2008 verständlicherweise in der Stimmung waren, dass die Immobilienpreise ewig steigen würden, aber irgendwann muss man sich der Realität stellen. Auf jeden Fall muss die Fed so schnell wie möglich aus dem QE-Programm aussteigen, und der Preis dafür werden steigende Zinsen sein.

Wird der Anstieg der Zinssätze nicht ausreichend kontrolliert, wird er sich zu einem Zinsvulkan ausweiten, der wiederum eine noch größere Krise auslösen wird.

Zinsswaps, die New Yorker können sich nicht weh tun

Wenn Sie von New Jersey zur Einfahrt nach Manhattan fahren, liegt der 1,5 Meilen lange Lincoln-Tunnel vor Ihnen, und Sie sind schockiert, wenn Sie die Maut bezahlen: Ende 2012 ist die Maut plötzlich auf 13 Dollar gestiegen, eine Erhöhung um 50% im Vergleich zu früher; wenn Sie in Manhattan ankommen und murrend in die U-Bahn steigen, stellen Sie fest, dass der Preis für die einfache Fahrt auf 2 Dollar gestiegen ist.Wenn Sie endlich in einem Hotel ankommen und den Wasserhahn aufdrehen, um sich das Gesicht zu waschen, und dann feststellen, dass das Wasser morgens nicht mehr fließt, rufen Sie an der Rezeption an und fragen nach, und Sie erhalten die Antwort, dass die Leitungen gewartet werden und sie unterbesetzt sind.

Willkommen in der größten Stadt Amerikas - New York!

New Yorks Finanzierungsprobleme für kommunale Dienstleistungen sind nicht das Ergebnis massiver neuer Infrastrukturbauten oder weit verbreiteter Lohnerhöhungen, sondern die New Yorker Kommunen sind in die Falle des wenig bekannten Zinsswaps getappt.

Unter normalen Umständen nehmen staatliche und lokale Regierungen Kredite auf, um Infrastrukturen wie Straßen, Brücken, Tunnel, Schulen, öffentliche Gebäude usw. instand zu halten, und zahlen die Schulden dann durch lokale Steuern zurück. Aufgrund des langen Zeitraums und der hohen Kosten dieser Projekte wählen die Kommunen bei der Ausgabe von Anleihen häufig eine Laufzeit von 20 bis 30 Jahren. Bei der Emission langfristiger Anleihen hat die Regierung die Wahl zwischen festen und variablen Zinsen. Der Vorteil von Anleihen mit festem Zinssatz ist, dass das Risiko von Zinsschwankungen überschaubar und das Kostenbudget bekannt ist; der Nachteil ist, dass der ausgegebene Zinssatz etwas höher ist als der Marktzins, so dass die Gesamtkosten höher sind. Und während variabel verzinsliche Anleihen zu niedrigeren Kosten ausgegeben werden, können Schwankungen auf dem Zinsmarkt dazu führen, dass die künftigen Zinszahlungen des Staates unerwartet in die Höhe schnellen.

Zu diesem Zeitpunkt verkaufte die Bank, die ein Gespür für die Bedürfnisse ihrer Kunden hat, der Regierung eine Option, die "das Beste aus beiden Welten" bietet, die es der Regierung ermöglicht, bei der Ausgabe langfristiger Anleihen in den Genuss eines niedrigeren variablen Zinssatzes zu kommen und gleichzeitig sicherzustellen, dass künftige Zinsschwankungen "festgeschrieben" werden. Die Angebote der Banken klingen wie ein kostenloses Mittagessen. Natürlich gibt es kein kostenloses Mittagessen in der Welt, aber die Regierung nimmt es als gegeben hin.

Die Zinssätze für langfristige Anleihen, die von lokalen Regierungen ausgegeben werden, bleiben variabel, aber die Banken sind bereit, eine separate Vereinbarung mit der Regierung zu treffen, in der sich die Regierung verpflichtet, der Bank einen festen Zinssatz auf den Gesamtbetrag zu zahlen, der durch die Anleihen finanziert wird, und die Bank verpflichtet sich, der Regierung einen variablen Zinssatz zu zahlen. Im Fachjargon heißt das, dass der Staat einen festen Cashflow gegen einen variablen Cashflow von einer Bank tauscht, was als Zinsswap bezeichnet wird.

Zinsswaps zwischen Staaten und Banken

Das Wesen der Zinsswaps ist eigentlich eine Art von Zinsversicherung, die Regierung der kommunalen Anleihe Begriff ist so lange wie 20 Jahre bis 30 Jahre, und der Zinssatz schwankt jeden Tag, manchmal sogar heftig, in einem so langen Zeitraum, wird große Mühe und Risiko für die kommunalen Schulden Zinszahlung verursachen, um dieses Risiko zu vermeiden, die Bank an die Regierung, eine Art von Zinsversicherung zu verkaufen, wenn der Zinssatz innerhalb einer bestimmten Höhe, wie 6.07%, das ist die Regierung bereit ist, das Zinsrisiko zu tragen; unter diesem Wert, die Regierung an die Bank, um die Differenz von 6,07% Marktzins, wie der Zinssatz Versicherungsprämie zu zahlen; und über 6,07%, wird die Entschädigung der Bank berechnet werden. So hat das New York City Department of Transportation (MTA) im Dezember 2007 eine 6,07%ige Zinsversicherung abgeschlossen.

Die Regierung ist der Meinung, dass sie von nun an gut schlafen kann, unter normalen Umständen sollte der Marktzins für kommunale Schulden um die 5% schwanken, die Regierung zahlt etwa 1% der jährlichen Versicherungsprämie, im Gegenzug für 20 Jahre Solidität, wenn der Zinssatz auf 8% steigt, kann sie auch fast 2% der jährlichen Bankvergütung einnehmen. Mit anderen Worten: Der Staat wettet darauf, dass die Zinsen steigen, und die Banken wetten darauf, dass sie sinken.

Wenn die Stadt New York die Denkweise der Fed wirklich versteht, sollte sie niemals auf Zinserhöhungen wetten, denn die Zinssätze sind die wichtigste Grundlage für die Preisbildung von US-Finanzanlagen, und ein starker Anstieg würde einen großen Bärenmarkt auf den Finanzmärkten bedeuten, was die Fed niemals will. Es gibt nur ein Szenario, in dem es zu einem langfristigen Zinsanstieg kommen kann, nämlich dann, wenn die Fed ihre Fähigkeit verliert, die Zinssätze zu kontrollieren. Die großen Banken wissen das seit langem, und in den letzten 30 Jahren sind die Zinssätze mit Duldung der Federal Reserve immer weiter gesunken und die Blasen in den Vermögenswerten immer größer geworden.

Die Bank verdiente nicht nur eine hohe Gebühr für die Zeichnung von Anleihen, sondern hatte bald jeden Tag ein kostenloses Mittagessen, während der Albtraum der New Yorker Stadtverwaltung Nacht für Nacht weiterging.

Im Jahr 2008 verursachten die Großbanken der Wall Street eine Finanzkrise, als die Bundesregierung die Zinssätze auf nahezu Null senkte, um sie zu retten. Infolgedessen war die Stadt New York gezwungen, weiterhin einen festen Zinssatz von 6,07% an die Banken zu zahlen, während die Banken immer weniger an die Regierung zahlten; 2007 zahlten die Banken 3,36%, 2008 sank der Zinssatz auf 0,7% und 2009 auf 0,09%, was zu einem Nettogewinn von 6,06% führte. Dies ist nur einer von Dutzenden von Zinsswap-Verträgen im MTA. Zwischen 2000 und 2011 hat das NYSDOT insgesamt 658 Millionen Dollar an die Banken gezahlt, und die Verluste gehen weiter.

Datum	MTAs fester Satz	Variabler Zinssatz der Bank	MTA-Zahlungen an die Bank	Bankzahlungen an MTA	Monatliche Nettokosten für MTA
Dez. 2007	6.070%	3.36%	$1,017.130	$563,024	$454,106
Dez.2008	6.070%	0.70%	$954,002	$110,017	$843,985
Dez.2009	6.070%	0.09%	$633,809	$9,398	$624,411

Zinssätze und monatliche Nettokosten für das 2000CD-Swapgeschäft der MTA

Für alle Emittenten von Anleihen, die die Zinskosten festschreiben wollen, führt die Zinsversicherung nicht nur zu großen Verlusten, sondern auch dazu, dass die variablen Anleihezinsen wie üblich gezahlt werden müssen. Der Emittent, der auf eine Win-Win-Situation mit der Bank hoffte, hat am Ende für sich selbst eine "Lose-Lose"-Situation.

Vergessen Sie nicht, dass ein Zinsswap nur eine weitere Vereinbarung neben der Anleiheemission ist, und die ursprünglichen normalen Bedingungen für die Zahlung variabler Zinsen auf die Anleihe bleiben in Kraft. Wenn der Emittent die Zinsentwicklung falsch einschätzt, muss er leider zwei Zinsen zahlen: zum einen die normalen variablen Zinsen für die Anleihe, die an den Gläubiger gezahlt werden, und zum anderen die teure Zinsversicherungsgebühr, die an die Bank gezahlt wird.

Der variable Zinssatz für Zinsswaps basiert auf dem LIBOR-Satz (London Interbank Offered Rate), während der variable Zinssatz für langfristige Anleihen an andere Zinssätze gebunden sein kann, z. B. an die Rendite des 30-jährigen US-Schatzamtes. Als der LIBOR-Satz auf

0,1% fiel, sank auch der variable Zinssatz für langfristige Anleihen, lag aber immer noch deutlich über dem LIBOR-Satz, beispielsweise bei 3,5%. Wenn der Zinsswap des Emittenten mit der Bank ursprünglich bei 6,07% festgeschrieben war, muss der Emittent nun zwei Gebühren zahlen: zunächst eine Zinsversicherungsprämie von 5,97% (6,07%-0,1%) an die Bank und dann eine Zinszahlung von 3,5% an den Anleiheinvestor, wodurch sich die Finanzierungskosten des Emittenten auf 9,4% erhöhen! Der Gedanke, in einem Umfeld, in dem der Zinssatz für langfristige Anleihen nur 3,5% beträgt, enorme Finanzierungskosten von 9,4% ertragen zu müssen, lässt einen Blut spucken.

Die Verursacher der Finanzkrise haben nicht nur Billionen von Dollar an staatlichen Rettungspaketen erhalten, sondern erhalten auch weiterhin 236 Millionen Dollar pro Jahr an Zinssubventionen von der Stadt New York, deren Ablösungspreis, um aus den "goldenen Handschellen" der Zinsswaps herauszukommen, satte 1,4 Milliarden Dollar beträgt! Die Stadt New York wollte sich revanchieren, und die Bank erwiderte, dass dies nicht möglich sei, da der Cashflow des Vertrags für die nächsten Jahre so hoch sei.

Beachten Sie, dass New York City nicht nur zig Millionen Dollar an die Banken für die gezeichneten Anleihen gezahlt hat, sondern nun auch gezwungen ist, riesige jährliche "Auszahlungen" an die Banken zu leisten, die allesamt Steuergelder für die Einwohner von New York City sind, die 2008 schon einmal geschoren wurden, als die Wall Street gerettet wurde, und die nun ein zweites Mal geschoren werden und noch viele Jahre lang geschoren werden. Jetzt verstehen Sie, warum die New Yorker die Wall Street besetzen!

Noch ärgerlicher ist, dass die Stadt New York im Falle eines Konkurses der Banken an der Wall Street "Beerdigungskosten" für die Beendigung des Zinsswap-Vertrags zahlen muss. Da für Zinsswaps eine Garantie eines Dritten erforderlich ist, schuldet die Stadt New York der Bank auch dann noch Geld, wenn dem Dritten etwas zustößt und der Vertrag gekündigt wird, selbst wenn die Stadt New York nicht ausfällt. Als Lehman Brothers im Jahr 2008 zusammenbrach, musste das Verkehrsministerium der Stadt New York beispielsweise 9,4 Millionen Dollar zahlen, um zwei Zinsswap-Verträge zu schließen.

Der Bundesstaat New York und die Stadt New York schlossen 86 Zinsswaps mit der Wall Street ab, die ein Volumen von 10,6 Mrd.$ haben, zusätzlich zum Verkehrssektor und zu Behörden wie der öffentlichen Bibliothek, der Wasserbehörde und der Behörde für industrielle Entwicklung, wobei die Verträge eine durchschnittliche Laufzeit von 17 Jahren haben, einige sogar bis 2036.

Das Geld, das die Stadt New York für die Instandhaltung der Infrastruktur ausgeben sollte, fließt in die Taschen der Wall Street, und die Wolle kommt letztlich aus den Taschen der Schafe. So wurden mehr als 1.800 Menschen entlassen, die Preise für den Lincoln-Tunnel stiegen, die U-Bahn wurde teurer, die Busse wurden weniger, der Stadthaushalt schrumpfte, die Hotels wurden weniger und die Qualität der Dienstleistungen in ganz New York City verschlechterte sich.

Ist die finanzielle Notlage, die durch den Zinsswap mit New York entstanden ist, schon bedauerlich genug, so ist das Schicksal von Detroit einfach nur schrecklich.

Die Zinsswap-Hacks hinter dem Detroit-Konkursverfahren

Am 18. Juli 2013 beantragte die Stadt Detroit, die als "Stadt der Autos" bekannt ist und mehr als 18 Milliarden Dollar Schulden hat, offiziell Konkursschutz und wurde damit zur größten Stadt in den Vereinigten Staaten, die Konkurs angemeldet hat.

Am 18. Juli 2013 meldete Detroit, die Automobilhauptstadt der Vereinigten Staaten, Konkurs an. Können auch Städte in Konkurs gehen? Ja, der Konkurs ist auch eine Option, wenn sich die Finanzen der Stadt verschlechtern und es keinen Ausweg mehr gibt.

Detroit ist nicht ohne finanzielle Einnahmen oder eine vollständige Unterbrechung des Geldflusses, aber es ist nicht in der Lage, das Kapital und die Zinsen für die geschuldeten Schulden pünktlich zu zahlen, während es die Möglichkeit verliert, die Schulden in absehbarer Zeit zu begleichen. Wenn eine Stadt ihre Rechnungen noch pünktlich bezahlen kann, entscheidet ein Konkursrichter, ob dem Konkursantrag auf der Grundlage der Tragfähigkeit der aktuellen Finanzlage der Stadt stattgegeben wird.

Wenn Detroit in Konkurs geht, wer wird dann die 18 Milliarden Dollar Schulden begleichen? Die Antwort ist einfach: Es gibt niemanden mehr. Die Gläubiger werden die städtischen Vermögenswerte verkaufen und den verbleibenden Wert aufteilen. Wer sind noch einmal die Gläubiger? Zählt man alle, denen die Stadt Detroit Zahlungen versprochen hat und die diese nicht geleistet haben, kommt man auf bis zu 100.000 Personen, darunter 20.000 Rentner, deren Renten stark gekürzt wurden. Darüber hinaus sind auch Banken, Anleihegläubiger, Bürgen für Anleihen usw. Gläubiger.

Zwar sind alle Menschen gleich, aber Gläubiger sind es nicht. Gläubiger, die über gesicherte Vermögenswerte verfügen (z. B. Bauwesen, Einkommenssicherung), können nicht nur weiterhin in den Genuss der Schuldenzahlungen von Detroit kommen, sondern können die verpfändeten Vermögenswerte auch direkt besitzen oder verkaufen. Andere Gläubiger können, außer unter besonderen Umständen, nur die Entscheidung des Konkursgerichts abwarten, während der sie keinen Cent erhalten. Während die städtischen Einrichtungen von Detroit vielleicht nicht viel wert sind, befinden sich in den Kunstmuseen Gemälde, Kunstwerke und Kuriositäten im Wert von 3 Milliarden Dollar, die versteigert werden könnten, wenn sie die Gläubiger in den Wahnsinn treiben.

Wie konnte eine einst stolze Automobilhauptstadt der Welt, eine großartige Stadt, die einst ein Symbol der amerikanischen Industrie war, in einen derartigen Verfall geraten, wie es heute der Fall ist?

Seine Wurzeln sind auch das unvermeidliche Ergebnis der Vertreibung der Industrie durch schlechte Währung seit der Abschaffung des Goldstandards in den Vereinigten Staaten im Jahr 1971. Während die Flut der industriellen Aushöhlung über die Ost- und Westküste der Vereinigten Staaten hinwegfegt, wandern hochwertige Industrieanlagen, die einen stabilen Cashflow generieren, weiter ins Ausland ab, während neue gute Anlagen den durch den Verlust verursachten wirtschaftlichen Schaden nicht ausgleichen können, so dass sich die Verbindlichkeiten weiter anhäufen und verschlechtern. Detroit ist ein herausragendes Beispiel für Amerikas rostigen wirtschaftlichen Abschwunggürtel.

Die letzte und tödlichste Verbindlichkeit ist die Neuverschuldung in Höhe von 1,4 Milliarden Dollar, die Detroit im Jahr 2005 aufgenommen hat und mit der die Regierung versucht, zwei stark geschrumpfte Rentenkonten zu retten, bei denen die Gehälter der städtischen Rentner stark gekürzt wurden, und deren Nichtbeachtung schwerwiegende Folgen nach sich ziehen wird.

Im Jahr 2009 wurde die Kreditwürdigkeit von Detroit herabgestuft, was automatisch die Beendigung der Zinsswaps auslöste, und Detroit war gezwungen, Hunderte von Millionen Dollar an obligatorischen "Rücknahmegebühren" an die Banken zu zahlen.

Detroit, dem das Geld ausgeht, kann das große Geld nicht bekommen und muss sich an Merrill Lynch und UBS wenden. Zu diesem Zeitpunkt waren die Banken so profitabel, dass sie einen so großen Fisch nicht so einfach vom Haken lassen konnten, dass sie anboten, Detroit Geld zu leihen, um sich selbst "einzulösen", unter der Bedingung, dass Detroit seine Steuerschulden verpfändet. Das verzweifelte Detroit musste pflichtbewusst zustimmen, und es wurde noch schlimmer, als Detroit von einer Feuergrube in eine noch größere sprang. Infolge dieser Transaktion wurden Merrill Lynch und UBS von gewöhnlichen ungesicherten Gläubigern zu vorrangigen, durch Finanzerträge gesicherten Gläubigern aufgewertet, die nicht nur in den Genuss laufender Schuldentilgungen während des Konkurses kamen, sondern auch Vorrang bei der Zuteilung guter Vermögenswerte hatten.

Merrill Lynch und UBS spielten ihr Blatt so sehr aus, dass die ursprüngliche Verschuldung von Detroit um keinen Penny reduziert wurde, sondern die Hypothek auf die Steuer verloren ging.

Im Juni 2013, als die Rechnung aufging und alle erschraken, hatten sich die ursprünglichen 1,4 Milliarden Dollar Schulden dramatisch auf 2,7 Milliarden Dollar aufgebläht und damit fast verdoppelt! Von diesem Betrag entfielen 770 Millionen Dollar direkt auf die "Tilgungsgebühr" für die Beendigung der Zinsswaps, was den gesamten Zinsaufwand von 500 Millionen Dollar weit überstieg! Und um diese neuen Schulden zu tilgen, zuzüglich notwendiger Ausgaben wie Pensionen, haben diese Ausgaben 65% der Einnahmen von Detroit bis 2017 aufgefressen!

Detroit ist endgültig in die Enge getrieben.

Ich fürchte, auch Merrill Lynch und UBS sind der Meinung, dass sie schlechte Arbeit geleistet haben, wie die an den Konkursverhandlungen beteiligten Bankenvertreter zugeben,

> *„Schön, es ist unser Geld, aber niemand will diese Bank sein, weil sie eine große amerikanische Stadt in den Bankrott getrieben hat."*[25]

---

[25] Henny Sender und Stephen Foley, *Details of Detroit's troubles come to light*, Financial Times, 2013-07-25.

Vom Zinsswap zur Zinsfalle

Die Opfer von Zinsswaps sind nicht nur die Kommunen, sondern auch Schulen und Krankenhäuser.

Die University of Maryland Medical System (UMMS), die 58% ihrer Betriebsmittel aus den Steuern der Einwohner bezieht, ist mit 180 Mio. Dollar verschuldet, und leider sind diese Schulden auch mit Banken für Zinsswaps abgeschlossen worden. Wie die Stadt New York hat auch die Universität von Maryland auf die falsche Richtung der Zinsentwicklung gesetzt und ist in die Falle der Zinsswaps getappt.

Die Zinsswaps wurden zu einer enormen Belastung für UMass, weil die Zinssätze für die Swaps so falsch waren, dass ein weiteres großes Problem auftauchte: Die Zinsswaps für die Swaps erforderten besicherte Vermögenswerte, und als die Zinssätze weiter fielen, schrumpfte der Wert der Swap-Verträge von UMass rapide und die besicherten Vermögenswerte reichten nicht mehr aus. Die Bank als Gegenpartei der Wette verlangte sofort zusätzliche Sicherheiten, und infolgedessen war UMass Health System gezwungen, Vermögenswerte in Höhe von 93 Millionen Dollar einzufrieren, ein fataler Schlag für die Einrichtung, die jährliche Einnahmen von nur 70 Millionen Dollar hat. Die jährlichen Zinsverluste in Höhe von mehreren Millionen Dollar sind bereits eine Katastrophe, und das Einfrieren von Vermögenswerten in Höhe von 93 Millionen Dollar wird die Situation noch verschlimmern und den Cashflow des UMass-Gesundheitssystems in Gefahr bringen. Zu diesem Zeitpunkt begannen die Rating-Agenturen, der Bilanz des UMass Health System ernsthafte Aufmerksamkeit zu schenken, da es nach einer Herabstufung der Kreditwürdigkeit höhere Finanzierungskosten und mehr eingefrorene Vermögenswerte haben würde, was wiederum zu einer ernsthaften Verschlechterung des Cashflows führen würde.

Das UMass Health System, das 11 Krankenhäuser in Maryland betreibt und mehr als 5.000 Mitarbeiter beschäftigt, war gezwungen, unter dem Druck des Einfrierens von Vermögenswerten und des Liquiditätsengpasses erhebliche Kürzungen beim medizinischen Personal vorzunehmen und die normalen medizinischen Ausgaben zu senken. In einem Gesundheitssystem, das sich größtenteils aus den Steuergeldern der Bürger finanziert, fließen diese lebensrettenden Mittel in die Taschen der Banken, wenn die Patienten Ärzte, Krankenschwestern, Medikamente und medizinische Geräte benötigen.

Das UMass Health System kann die Zinsswaps auch kündigen, wenn es will, solange es die Banken für 183 Millionen Dollar in bar entschädigt, was fast der Gesamtheit der Verbindlichkeiten des Systems entspricht, und das Gesundheitssystem kann den Zinsswaps nur entkommen, indem es Konkurs anmeldet.

Nicht nur das Gesundheitssystem der Universität Maryland ist in diese Falle getappt, sondern auch das Gesundheitssystem der Johns Hopkins University und mehr als 500 Krankenhäuser aller Art.

Die University of Maryland fiel fest in die Grube der Zinsswaps, und Hopkins war finanziell stark und überlebte den Verlust, wenn auch schlechter als die UMass. Am überraschendsten war die Harvard University, deren Finanzierungskette 2009 durch einen riesigen Verlust bei einer Zinsswap-Wette beinahe zerbrochen wäre.

Die Harvard-Universität, eine 30-Milliarden-Dollar-Universität und wohl eine der reichsten Universitäten der Welt, musste 2009 plötzlich Verluste aus einem Zinsswap hinnehmen, und die Folgen wären noch schlimmer gewesen, wenn der starke Mann nicht den mutigen Schritt getan hätte, den Swap mit einem Call in Höhe von 500 Millionen Dollar zu beenden. In der Tat spielt die Höhe der Gesamtaktiva in einer gegebenen Situation keine Rolle, was zählt, ist der Cashflow, und sobald dieser Cashflow zusammenbricht, können die Gläubiger einen sofort zum Konkursgericht schicken. Damals fürchtete sich der CFO von Harvard vor dem Gedanken an Zinsswaps:

> *„Zu Beginn des Herbstes sahen wir uns mit einigen ernsthaften Problemen beim Liquiditätsmanagement konfrontiert, und das Einfrieren der besicherten Vermögenswerte aus Swaps war eines davon."*

Es stellte sich heraus, dass die Harvard-Universität im Jahr 2005 ehrgeizige Vorbereitungen für die Erweiterung ihres Campus traf, indem sie Anleihen mit variablem Zinssatz in Milliardenhöhe ausgab und zur Absicherung des Zinsrisikos am 30. Juni 2005 einen Zinsswap-Vertrag mit der Bank über bis zu 3,7 Milliarden Dollar abschloss. Und es war Summers, damals Präsident der Harvard University, der sich zu einem bestimmten Zeitpunkt am lautesten für die Nachfolge des Fed-Vorsitzenden Ben Bernanke aussprach. Interessanterweise war Summers, als er in den 1990er Jahren das US-Finanzministerium leitete, der führende Befürworter der Aufhebung des Glass-Steagall-Gesetzes und vertrat die Auffassung, dass die Grenze zwischen Geschäfts- und Investmentbanken längst aufgehoben sei, dass

Finanzderivate keiner staatlichen Regulierung bedürften und dass mit der Selbstregulierung des Marktes alles in Ordnung sei.

Der Zinsswap, der direkt vor Summers' Nase unterzeichnet wurde, war auch der Schuldige, der beinahe zum Bruch der Finanzierungskette von Harvard geführt hätte. Hätte Summers diesen Zinsswap Ende 2006, dem Jahr seines Ausscheidens aus dem Amt, gekündigt, wäre es 2009 nicht zu einem riesigen Verlust aus dem 500-Millionen-Dollar-Zinsswap gekommen.

Daran lässt sich Summers' Einschätzung der Finanzmärkte ablesen.

Der Ursprung des Libor

Da der variable Zinssatz in einem Zinsswap-Vertrag in der Regel an den Libor gebunden ist und der Nettogewinn einer Bank der Differenz zwischen dem festen Zinssatz, den sie erhält, und dem variablen Zinssatz, den sie zahlt, entspricht, ist der Nettogewinn umso höher, je niedriger der Libor-Satz für die Banken ist, was das Gewinnmotiv für die Großbanken ist, sich zusammenzuschließen, um den Libor zu manipulieren.

Wo genau liegt dieser Libor? Warum machen Finanzinstitute in den USA und in der ganzen Welt ihre Geschäfte auf der Grundlage dieses Zinssatzes, und hat der Libor-Satz mehr Einfluss als der Leitzins der Fed? Um diesen Fragen auf den Grund zu gehen, muss man verstehen, woher der Libor kommt.

Libor (London Interbank Offered Rate) ist die London Interbank Offered Rate (LIBOR), deren früheste Ursprünge auf die 1960er Jahre zurückgehen, als der Aufstieg des europäischen Dollars in vollem Gange war. Nach dem Zweiten Weltkrieg erholte sich Europa allmählich von den Trümmern und verzeichnete einen wachsenden Handelsüberschuss mit den Vereinigten Staaten, während die Vereinigten Staaten aufgrund des Koreakriegs, des Vietnamkriegs, des sowjetisch-amerikanischen Rüstungs- und Weltraumwettlaufs, der Aufrechterhaltung der weltweiten militärischen Hegemonie und des großen Sozialprogramms im eigenen Land zu übermäßigen Finanzausgaben führten, die schließlich nur durch Gelddrucken gelöst werden konnten.

In den 1960er Jahren wurden die riesigen Dollarüberschüsse der europäischen Länder, die Dollarinvestitionen der multinationalen US-Konzerne in Übersee, die Dollarersparnisse der Sowjetunion, der osteuropäischen und nahöstlichen ölexportierenden Länder und die Dollar-Militärausgaben des US-Militärs auf den Überseebasen auf den europäischen Finanzmärkten gebündelt. Da der Gesamtumfang des Übersee-Dollars zum ersten Mal die Goldreserven der Vereinigten Staaten übersteigt, ist der Dollar von einem Mangel zu einem Überschuss geworden, und diese "ungenutzten" so genannten europäischen Dollars suchen verzweifelt nach neuen Investitionsmöglichkeiten.

In den 1960er Jahren befand sich Europa in einer schwierigen Lage: Einerseits gab es einen Überschuss an Dollar, andererseits waren die Finanzmärkte zersplittert. Grenzüberschreitende Kredite und Investitionen sind selten, Devisen- und Kapitalströme werden behindert, und alle Finanzgeschäfte von Unternehmen werden in der Regel von nationalen Banken abgewickelt. Warum fließen die europäischen Dollars nicht in die USA zurück? Aufgrund der strengeren Finanzkontrollen in den USA und der anhaltenden Bemühungen Londons, seine Rolle als Finanzzentrum wiederzuerlangen, herrscht dort eine Laissez-faire-Haltung gegenüber dem europäischen Dollar. Als Sigmund Warburg in London mit dem Konzept der europäischen Dollar-Anleihen Pionierarbeit leistete, strömten von allen Seiten große Mengen europäischer Dollars in die finanziell hochgradig freie Stadt London, und auf Dollar lautende Anleihen aller Art "wuchsen wie wild".

Allerdings sind diese US-Dollar-Anleihen haben einen Nachteil, das heißt, das Ausmaß der Finanzierung ist nicht groß, in der Regel nicht mehr als 20 Millionen US-Dollar, während Investmentbanken Gebühren sind oft so hoch wie 2,5%, der Grund dafür ist, dass die kontinentaleuropäischen Dollar zu kommen, um London über das Meer ist nicht einfach, standardisierte Anleihen erfordern sehr niedrige Kosten für die Mobilisierung von Kapital, um groß zu sein, offenbar die zersplitterten Finanzmärkte und Devisenkontrollen begrenzen die groß angelegte grenzüberschreitende US-Dollars.

Dieses Dilemma hat die Aufmerksamkeit eines anderen Vordenkers der Finanzwelt auf sich gezogen, Minos Zombanakis, der als "Vater des Libor" bekannt ist.

In den 1960er Jahren arbeitete Minos in der römischen Niederlassung von Manufacturers Hanover, die keine Fabrik, sondern ein jahrhundertealtes New Yorker Bankgeschäft war, und wurde 1913 einer der Gründungsaktionäre der Federal Reserve Bank of New York, der bis zu 7% der Aktien hielt. In den 1970er Jahren kontrollierte Hannover Manufacturing 89 der 130 wichtigsten Aufsichtsratssitze in den Vereinigten Staaten. Später wurde Hannover Manufacturing mit JP Morgan Chase fusioniert. Minos ist von dem großen Erfolg der Eurodollar-Anleihen beeindruckt, hat aber auch den Kern der Sache entdeckt: Wie können die Beschränkungen der Finanzierung durch kleine Anleihen durchbrochen werden?

Minos' Plan ist es, ein neues Konzept von "Europäischen Dollar-Darlehen" zu schaffen, ähnlich wie "Eurodollar-Anleihen", indem er große Syndikate bildet! Er ist davon überzeugt, dass groß angelegte Dollar-Darlehen den Finanzierungsbedarf großer Unternehmen und souveräner Regierungen besser decken können. Seine Hauptkonkurrenten waren gerade die kühnen und innovativen Investmentbanken, und Minos überzeugte mehrere Banken und Versicherungsgesellschaften, darunter die Rothschild-Bank, und erhielt die Genehmigung der Bank of England, sich 1969 auf ein bahnbrechendes Vorhaben einzulassen.

Das erste Problem, mit dem man konfrontiert wurde, war die Darlehenslaufzeit: Diejenigen, die einen großen Kapitalbedarf hatten, bevorzugten Darlehen mit einer Laufzeit von fünf Jahren oder mehr, während die Geschäftsbanken weder so langfristige Sparer waren noch bereit waren, solche langfristigen Darlehen in Betracht zu ziehen.

Die zweite Schwierigkeit bestand in der Höhe des Darlehens, da keine Bank bereit war, das Risiko eines großen Darlehens allein zu tragen. Der Plan von Minos besteht daher darin, ein Konsortium zu bilden, bei dem eine Bank die Verwaltung leitet und die andere sie durchführt, und die Darlehensbedingungen intern und die Werbung extern zu standardisieren.

Um das Problem der langen Kreditlaufzeiten zu lösen, ließ Minos die Mitglieder des Konsortiums sich auf eine Art fortlaufendes, rollierendes Kurzzeitdarlehen verpflichten, z. B. für drei oder sechs Monate, das durch kurzfristige Spareinlagen für dieselbe Laufzeit ergänzt werden konnte, wobei die Zinssätze an jedem Ende angepasst wurden. So entwickelte Minos ein operatives Verfahren, bei dem er die Mitgliedsbanken des Konsortiums dazu veranlasste, der ausführenden

Bank zwei Tage vor Fälligkeit des kurzfristigen Kredits ihre aktuellen Finanzierungskosten mitzuteilen, und dann den Durchschnitt auf genau 1/8 eines Prozentpunktes zu gewichten.

Daraus ergibt sich der Libor-Satz.

Die Innovation von Minos war ein großer Erfolg: Innerhalb weniger Monate wurden europäische Dollarkredite in Höhe von Hunderten von Millionen Dollar aufgelegt, und andere Banken folgten diesem Beispiel. Anfang der 1970er Jahre hatte der Markt für europäische Dollarkredite einen Umfang von mehreren Milliarden Dollar pro Jahr erreicht, und Hunderte von Banken wurden aktive Teilnehmer an diesem neuen Markt.

Minos' Idee der Preisgestaltung für kurzfristige Zinssätze fand weite Verbreitung und wurde in Tokio zu Tibor, in Europa zu Euribor, in Singapur zu Sibor und in Shanghai zu Shibor, den die British Bankers' Association in London in den 1980er Jahren Libor nannte und der seitdem weltweit zum Standard für die Preisgestaltung von Zinssätzen für Übersee-Dollar geworden ist.

Der Einfluss des Libor auf die Dollarkurse ist sogar noch größer als der der Federal Reserve, da 2/3 der Dollar-Emissionen ins Ausland gehen, was das Verhältnis zwischen Angebot und Nachfrage nach dem Dollar realistischer widerspiegelt, und die Libor-Zinssätze sind in der Regel etwas höher als der Benchmark-Zinssatz der Fed, was sie zu einem wichtigen Fenster für die weltweiten Dollarbewegungen macht. Wenn der Libor deutlich über dem US-Referenzzinssatz liegt, ist dies ein Anzeichen dafür, dass das Misstrauen zwischen den Banken zunimmt, was oft ein Vorbote einer Krise ist.

Der Libor enthält Zinsnotierungen für 15 Laufzeiten in 10 wichtigen Währungen, von denen die wichtigste die US-Dollar-Libor-Notierungen für 3-monatige Laufzeiten sind. 18 Banken veröffentlichen täglich um 11 Uhr ihre Bereitschaft zur Kreditvergabe, und der Durchschnitt der verbleibenden 10 Notierungen ergibt den Libor-Preis für den Tag, nachdem die vier höchsten und niedrigsten Notierungen herausgenommen wurden.

Minos hätte sich nie träumen lassen, dass die Zinsstandards, die er für die interne Verwaltung des Konsortiums vorgeschlagen hatte, nun weit über die Interbankenkredite hinausgehen würden: Hypotheken, Anleihen aller Art, Handelspapiere, Kreditkarten und sogar Rohstoffe wie Öl, Gold und Getreide, die weltweit gehandelt werden, sind in

Milliardenhöhe an den Libor gebunden, und der milliardenschwere Markt für Zinsswaps ist sogar noch enger an den Libor gebunden.

Zu Minos' Zeiten gab es keine Manipulation der Libor-Sätze, nicht weil die damalige Integrität zuverlässiger gewesen wäre als die heutige, sondern weil es keine Motivation zum Manipulieren gab. Damals diente der Libor nur zur Schätzung der Zinskosten innerhalb des Konsortiums, das "europäische Dollarkredite" vergab, und befasste sich nicht mit der Frage der Bezugnahme auf seine Indikatoren in anderen Finanzbereichen. Nach Schätzungen von *The Economist* UK bezieht sich der Libor-Satz auf die Preisbildung für globale Finanzanlagen im Gesamtwert von bis zu 800 Billionen Dollar.

Jeder, der an diesem Markt basteln will, kann mit einem Swing von 0,1 Basispunkten einen beträchtlichen Gewinn von Millionen von Dollar erzielen!

Der Libor selbst ist natürlich mit offensichtlichen Schwachstellen behaftet. Erstens beruhten die Notierungen der 18 Banken auf ihren eigenen "Schätzungen" und nicht auf realen Transaktionen zwischen ihnen, wodurch jegliche "Beweise" verloren gingen. Selbst das Londoner Goldpreissystem ist zuverlässiger als das von Libor, schließlich werden die Goldpreise von den Kunden der großen 5 Goldhändler untereinander gehandelt. Um genau zu sein, ist der Libor kein realer Marktpreis, sondern ein "imaginärer" Preis für 18 Banken, die zusammensitzen. Da es sich um einen Wettbewerb der Vorstellungskraft handelt, hat jede der teilnehmenden Banken einen starken Anreiz zu lügen, da sich die Ergebnisse der täglichen Zinsberechnungen direkt auf ihre eigenen Gewinne und Verluste auswirken und sogar einen ziemlich tödlichen Verdacht in Bezug auf ihre Kreditwürdigkeit auslösen. Der Libor-Mechanismus gibt den teilnehmenden Banken einen Anreiz zum Betrug und schafft die Voraussetzungen dafür.

Die Frage ist nur, wie weit sie dabei verrückt werden.

Wer manipuliert die Zinssätze?

Gerüchte über Libor-Manipulationen sind in Finanzkreisen keine Seltenheit; ungewöhnlich ist jedoch, dass die Manipulatoren mit nicht zu leugnenden Beweisen erwischt werden.

Die erste Enthüllung der Libor-Manipulation erfolgte im Wall Street Journal, wo der Autor in mehreren Artikeln im April und Mai 2008 die absichtliche Unterschätzung der Kreditkosten durch einige Banken in Frage stellte, was zu einem regelrechten Meinungskrieg führte. Die British Bankers Association ist der festen Überzeugung, dass der Libor ein vertrauenswürdiger Marktindikator ist, selbst inmitten einer Finanzkrise; die Bank für Internationalen Zahlungsausgleich (BIZ) behauptet, dass "die verfügbaren Daten nicht die Art von Annahme stützen, dass Banken die Zinssätze manipulieren und davon profitieren"; und der Internationale Währungsfonds (IWF) stellte fest, dass

> *„Während einige Marktteilnehmer und die Finanzmedien die Integrität des Dollar-Libor-Preisbildungsprozesses anzweifeln, deuten die Fakten darauf hin, dass die Dollar-Libor-Preisbildung nach wie vor ein genaues Maß für die vertrauenswürdige Kreditvergabe unbesicherter Mittel durch Banken ist."*

So begann eine Debatte zwischen Beamten und Beamten, Medien und Medien, Wissenschaftlern und Wissenschaftlern über Zinsmanipulationen.

Das Engagement der Wissenschaft hat die Frage der Zinsmanipulationen in ein sehr viel strengeres und intensiveres Licht gerückt. Studien haben gezeigt, dass die Banken große Portfolios an Libor-gebundenen Vermögenswerten haben und dass die Zinssätze manipuliert werden, um große Gewinne zu erzielen. So hatten beispielsweise die Zinsswaps der Citi im Jahr 2009 einen Nominalwert von 14,2 Billionen Dollar, die der Bank of America von 49,7 Billionen Dollar und die von JPMorgan Chase von 49,3 Billionen Dollar. Mit einem Zinsswap-Vertrag dieser Größenordnung und einem etwas größeren Risiko kann bei Libor-Manipulationen ein enormer Gewinn erzielt werden. In ihrem Bericht für das erste Quartal 2009 gab die Citi zu, dass der Nettozinsertrag bei einem Rückgang des Zinsniveaus um 0,25 Prozentpunkte pro Quartal einen atemberaubenden Gewinn von 936 Mio. USD erzielen würde; ein Rückgang um 1 Prozentpunkt würde einen Gewinn von 1,9 Mrd. USD bedeuten.

Wie konnten die Banken durch die Senkung der Zinssätze so erstaunliche Renditen erzielen? Vergessen Sie nicht die Tausenden von Bundesstaaten, Landkreisen und Stadtverwaltungen, Schulen, Krankenhäusern, Bibliotheken, Wasserversorgern und Verkehrsbehörden in den USA, die Zinsswap-Verträge mit Banken abgeschlossen haben, bei denen sie aufgrund sinkender Zinssätze gezwungen sind, enorme Zinsaufschläge an die Banken zu zahlen.

Es ist kein Geheimnis, dass die Krone über die Manipulation des Libor Bescheid weiß. Ende 2008 sagte der Gouverneur der Bank of England, Mervyn King, in seiner Beschreibung des Libor vor dem britischen Parlament,

> „Er (der Libor) ist in vielerlei Hinsicht der Zinssatz, zu dem die Banken sich weigern, einander Kredite zu gewähren, und nicht der Zinssatz, zu dem irgendjemand tatsächlich Kredite vergeben würde."

Auch die Federal Reserve Bank of New York ist der Libor-Manipulation gegenüber aufgeschlossen. 2008 erklärte ein Barclays-Mitarbeiter gegenüber der Federal Reserve Bank of New York: "Wir wissen, dass wir kein ehrliches Libor-Angebot machen, aber wir tun es, weil wir sonst unnötige Aufmerksamkeit auf uns ziehen würden. "Geithner, damals Gouverneur der Federal Reserve Bank of New York, hatte 2008 ein Memo an die Bank of England verfasst, in dem er Marvin King auf die Libor-Manipulationen aufmerksam machte, aber Geithner unternahm nichts, um die Bank of England zu einer gründlichen Untersuchung zu zwingen. Einige Monate nach Geithners Memo erklärte ein Barclays-Mitarbeiter gegenüber der Federal Reserve Bank of New York, dass der Libor immer noch "absoluter Müll" sei.

Das Wall Street Journal hat den Fall der Libor-Manipulation verfolgt, und im März 2011 und Februar 2012 wurde bekannt, dass die US-Finanzaufsichtsbehörden und das US-Justizministerium strafrechtliche Ermittlungen zur Libor-Manipulation eingeleitet haben.

Hier stellt sich die Frage, ob die Libor-Manipulationen in London stattfanden und die US-Gerichtsbarkeit auf die USA beschränkt ist. Auf welcher Grundlage kann das US-Justizministerium also gegen die an dem Fall im Vereinigten Königreich Beteiligten ermitteln und sie strafrechtlich verfolgen? Da die Libor-Sätze auch in den Vereinigten Staaten als Maßstab für die Preisgestaltung bei Finanzprodukten wie Hypotheken, Kreditkarten und Studentenkrediten gelten, verstößt die Manipulation der Libor-Sätze gegen innerstaatliches Recht der USA, und das US-Justizministerium ist befugt, internationale Ermittlungen und Befragungen durchzuführen.

Das Gleiche gilt für andere Länder, wie z. B. Kunming in der Provinz Yunnan, wo eine Person die Federal Reserve vor einem chinesischen Gericht verklagte, nachdem sie die Vereinigten Staaten wegen der Abwertung ihrer Dollareinlagen infolge ihrer QE-Politik verklagt hatte, wie in den inländischen Medien berichtet wurde. Diese Behauptung liegt eindeutig außerhalb der Zuständigkeit Chinas; sollte der Anwalt des Klägers jedoch Beweise dafür finden, dass die Abwertung des US-Dollars tatsächlich die legitimen Interessen des Klägers geschädigt und eindeutig gegen chinesisches Recht verstoßen hat, dann würde eine solche Behauptung auch die chinesische Justiz dazu berechtigen, eine internationale Untersuchung durchzuführen. China fehlt es eindeutig an internationaler Erfahrung, und seine Wirtschaft ist seit langem mit der Welt verbunden. Wenn ausländische Handlungen Chinas inländische Interessen verletzen, sollte China auch handeln, um seine eigenen zu schützen, oder zumindest ein starkes Gefühl der Selbsterhaltung aus der internationalen Untersuchung der USA über den Libor hervorrufen.

Obwohl Chinas Finanzmärkte nicht offen sind, haben sich viele einheimische Anleger über QDII-Fonds (Qualified Domestic Investor) in die Welt begeben, die unabhängig von ihrer Vermögensaufteilung mit ziemlicher Sicherheit mit Libor-Sätzen zu tun haben werden, und diese Anleger sind effektiv berechtigt, Ansprüche gegen die Banken geltend zu machen, die den Libor manipulieren.

Mit dem Fortschreiten der Libor-Untersuchung wurden immer mehr direkte Beweise aufgedeckt. Ein Händler der RBS gab zu, dass leitende Angestellte der Bank die Libor-Quotierer regelmäßig aufforderten, für die Bank günstige Libor-Quotierungen abzugeben, und dass sie von Zeit zu Zeit Libor-Quotierungsanfragen von einigen ihrer alten Geschäftspartner erfüllten, was intern zur Normalität geworden war. Noch brisantere Beweise für die Zinsmanipulation sind die Inhalte der Gespräche, die in E-Mails, Handy-Texten und anderen Kommunikationsmitteln zwischen den Händlern enthalten sind und die schließlich ans Licht kamen.

Finanzaufsichtsbehörden in mindestens 10 Ländern der Welt haben Ermittlungen wegen der Libor-Zinsmanipulationen eingeleitet, und gegen 20 große internationale Banken wurden Ermittlungen eingeleitet.

Das Endergebnis des Libor-Manipulationsfalls wird wahrscheinlich die strafrechtliche Verfolgung einiger Händler und nicht mehr als eine Geldstrafe für die Großbanken sein. Wissen die Chefs der Großbanken nicht, dass die Händler mit den Zinssätzen spielen? Sind sie nicht daran beteiligt? Es ist undenkbar, aber schwer,

Beweise für diese Leute zu finden. Im Gegensatz zu den dummen und rücksichtslosen Händlern, die Manipulationen in Textnachrichten aufdecken oder in ihren Kalendern vermerken, sind sie rechtlich bewusster, besser geschützt und weniger exponiert.

Wie das Sprichwort sagt, der obere Balken ist nicht der richtige Balken und der untere Balken ist nicht der richtige Balken, wagen es die Händler, den Libor rücksichtslos zu manipulieren, was auf die Duldung der Bankvorstände hindeutet; die Großbanken wagen es, zu tun, was sie wollen, denn Zentralbanken wie die Federal Reserve manipulieren die Zinssätze jeden Tag ganz offen. Der Zweck der lockeren Geldpolitik der Länder besteht darin, die Zinssätze künstlich zu drücken, und da die Bosse an der Macht dies tun, wie können sie so gut sein, ihre Untergebenen zu zügeln? Das ganze Debakel wurde nicht dadurch ausgelöst, dass die Zentralbanken vor ihrer eigenen Tür kehrten, sondern durch das Eingreifen anderer Regierungszweige.

Die Antwort auf die Frage, wer der größte Zinsmanipulator ist, lautet eindeutig nicht die Händler, die als Sündenböcke herhalten müssen, und auch nicht die Großbanken, die bestenfalls Komplizen sind, sondern die Zentralbanken sind die Drahtzieher der beispiellosen Zinsmanipulation in der Geschichte der Menschheit, und die Regierungen sind die größten Komplizen.

Die Regierung der Vereinigten Staaten ist ein großer Nutznießer der ultraniedrigen Zinspolitik, und das riesige Defizit muss dringend die Kosten für die Finanzierung der Staatsverschuldung senken, die die Bundesregierung im Jahr 2008 durchschnittlich 4,5 Prozent ihrer 10 Billionen Dollar kostete und 451 Milliarden Dollar an jährlichen Zinszahlungen auf die Staatsverschuldung kostete. Im Jahr 2012 erreichte die Gesamtverschuldung der USA 16 Billionen Dollar, während die Zinszahlungen der Bundesregierung auf die Staatsverschuldung auf 360 Milliarden Dollar sanken und der durchschnittliche Zinssatz auf die Staatsverschuldung auf 2,3 Prozent fiel, während die durchschnittliche Rendite auf die ikonische 10-jährige Staatsverschuldung nur 1,75 Prozent betrug, sogar unter der Inflation. Das ist der Zinsmanipulation der Fed zu verdanken.

Wäre die Rendite der 10-jährigen Staatsanleihe auf dem Niveau von September 2013 von 2,75 Prozent geblieben, hätte der durchschnittliche Zinssatz für Staatsanleihen 3,6 Prozent betragen und die gesamten Zinsausgaben hätten 600 Milliarden Dollar überschritten, was in etwa dem gesamten Verteidigungs- und Militärhaushalt der USA entspricht. Wenn die durchschnittlichen Zinskosten für die Staatsverschuldung wieder auf das normale Niveau von 4,5% im Jahr 2008 zurückkehren, werden die Zinszahlungen für die Staatsverschuldung auf 765 Milliarden Dollar ansteigen. Wenn man bedenkt, dass die gesamten Steuereinnahmen der Vereinigten Staaten im Jahr 2012 nur 2,45 Billionen betragen und allein die Zinszahlungen für die Staatsverschuldung fast ein Drittel der gesamten Steuereinnahmen ausmachen, was werden dann die Gläubiger der Vereinigten Staaten denken? Gibt es irgendeine Hoffnung, eine solche Schuld zu begleichen? Selbst wenn die USA Geld drucken können, um ihre Schulden zu bezahlen, wie viel Vertrauen wird dann noch in den "Goldgehalt" des Dollars bestehen?

Es besteht kein Zweifel daran, dass die US-Regierung ein starker Befürworter extrem niedriger Zinssätze ist.

Natürlich ist es nicht nur die US-Regierung, die sich aktiv für ultraniedrige Zinssätze einsetzt, sondern alle Industrieländer, die vor hohen Schulden strotzen, haben ein gemeinsames Interesse. Die Regierungen waren zunächst Opfer der Finanzkrise, führten dann aber eine enorme defizitäre Staatspolitik ein, die nur das Bankensystem billiger machte und nicht zur Erholung der Realwirtschaft beitrug, und schließlich wurden die Regierungen vom Bankensystem als "Geiseln" gehalten, gefangen in einer Schuldenfalle, aus der sie sich nicht befreien konnten.

Die verzweifelte Notwendigkeit der US-Regierung, die Kosten der Defizite zu reduzieren, der Fetisch der Fed für die Aufblähung von Vermögenswerten und der starke Appetit des Bankensystems auf riesige Gewinne haben die unüberwindbare Sackgasse der Zinsen bei extrem niedrigen Zinssätzen perfekt geformt. Sie haben sich gegenseitig benutzt, ihre Kräfte gebündelt und aufeinander aufgepasst. Vor diesem Hintergrund hat sich die Zinsmanipulation zu einer gemeinsamen Plattform entwickelt, wobei die Zentralbanken für die "erwartete Intervention" und die "politische Unterdrückung" der Zinsbewegungen verantwortlich sind, die Banken für die "Marktintervention" und die "Unterdrückung des Handels", und die Regierung der Vereinigten Staaten ständig geopolitische Spannungen, Kriegskrisen und Terroranschläge heraufbeschwört, mit einem Ziel vor Augen: In einer extrem "unsicheren" Welt sind US-Staatsanleihen der einzige sichere Hafen.

Die Libor-Manipulation ist nicht mehr als ein kleiner Ausrutscher im Gesamtkontext, und ein niedrigerer Libor ist gut für die Senkung der Finanzierungskosten für Staatsanleihen, was den Preis von Staatsanleihen in die Höhe treibt, und für das Gesamtbild der Reflationierung der Vermögenswerte. Es ist nur so, dass die Angelegenheit zu sehr in den Vordergrund gerückt wurde, dass "keine Untersuchung ausreicht, um die Zivilbevölkerung zu verärgern".

Extrem niedrige Zinssätze lassen die größte Finanzblase der Geschichte platzen

Es wird weithin angenommen, dass die Banken instinktiv die Inflation verabscheuen und ein höheres Zinsniveau bevorzugen, weil sie Kreditgeber sind, deren grundlegendes Interesse darin besteht, die Zinserträge zu schützen. Tatsächlich ist die Schlussfolgerung genau das Gegenteil, niedrige Zinsen, extrem niedrige Zinsen, dauerhaft extrem niedrige Zinsen sind der größte Segen für das Bankensystem.

Denn niedrige Zinsen treiben die Preise aller Finanzanlagen in die Höhe, und die Banken sind die größten Nutznießer dieser Entwicklung.

Der grundlegende Zweck der geldpolitischen Lockerung besteht darin, eine Aufblähung der Vermögenswerte herbeizuführen, und der allmähliche Wiederanstieg der Vermögenspreise ist wie eine steigende Flut von Meerwasser, die die in den Büchern der Banken und außerhalb der Bücher versteckten Riffe mit uneinbringlichen Forderungen übertönt und den Menschen ein ruhiges und blaues Meer vor Augen führt. Gewöhnliche Schwimmer können weder die zerklüfteten und steilen Felsen unter der Oberfläche sehen, noch die heftige dunkle Flut spüren oder die blutrünstigen Menschenfresserhaie entdecken. Ein solches ökologisches Umfeld ist für Raubtiere bestens geeignet, um zu gedeihen.

In einem Niedrigzinsumfeld kann alles Mögliche passieren. Die Rendite 10-jähriger US-Staatsanleihen beispielsweise liegt seit langem unter der Inflationsrate, was bedeutet, dass das Kapital eines vernünftigen Anlegers, der in 10-jährige Staatsanleihen investiert, langsam von der Inflation aufgefressen wird. Gleichzeitig steigt der Anteil der Staatsverschuldung am BIP von Jahr zu Jahr, was bedeutet, dass das Risiko des Schuldendienstes zunimmt. Dennoch zögerte er nicht, in US-Staatsanleihen zu investieren, weil er wusste, dass die Fed ständig Staatsanleihen kaufte, obwohl die Renditen immer niedriger wurden, der Preis der Staatsanleihen aber immer höher wurde, und er nun nicht mehr auf Zinserträge, sondern auf Kursgewinne aus war.

Erwarten die Investoren, dass die Preise weiter steigen werden, anstatt einen Cashflow zu erzielen? Das klingt ein bisschen wie eine Immobilienblase. Damals waren die Mieteinnahmen vernachlässigbar, aber die Immobilienpreise stiegen unaufhörlich, und es gab immer jemanden, der bereit war, einen höheren Preis zu bieten, um das Haus zu bekommen. Die Aktienblase war insofern sehr ähnlich, als der Anleger keinen Sinn für Dividenden hatte, sondern fest davon überzeugt war, dass der Aktienkurs immer weiter steigen würde, und dass sich ein anderer Haufen von Dummköpfen darum reißen würde, ihn zu überbieten, um ihm die Aktien aus den Händen zu kaufen, bis er merkte, dass er der letzte war.

Nicht die Bestände, sondern die Steigerungen bestimmen die Preisentwicklung.

Die Zinssätze müssen ständig gesenkt werden, um für Volatilität zu sorgen und gleichzeitig die Dynamik zu erhalten, mit der die Preise von Vermögenswerten weiter steigen können. Die ständige Aufwärtsbewegung der Fed hat zu einem Auf und Ab des Marktes geführt, während die Zinsswaps einen Abwärtstrend der Zinssätze perfekt abgesichert haben.

Die Banken wetten auf niedrigere Zinssätze, die durch die Zinsswaps unterzeichnet werden, was einem Leerverkauf von Zinssätzen auf dem Markt gleichkommt, was völlig mit dem Prinzip des Leerverkaufs von Papiergold auf dem Goldmarkt übereinstimmt: Je größer der Umfang des Leerverkaufs von Gold, desto größer der Abwärtsdruck auf den Goldpreis.

Von 2007 bis 2012 verdoppelte sich der Nominalwert der Zinsswaps von 20 Billionen Dollar auf die schwindelerregende Summe von fast 40 Billionen Dollar, was die zinsunterdrückende QE-Hebelwirkung der US-Notenbank um einen weiteren schweren Brocken erweitert. In den fünf Jahren nach der Krise haben die Federal Reserve, die Europäische Zentralbank, die Bank of England, die Bank of Japan und die chinesische Zentralbank Staatsanleihen im Wert von insgesamt 10 Billionen Dollar gekauft. 10 Billionen Dollar an Zentralbankschulden und 400 Billionen Dollar an Zinsderivaten wurden kombiniert, um eine beispiellose Ökologie ultraniedriger Zinssätze zu schaffen und die schlimmste Vermögensblase in der Geschichte der Menschheit zu erzeugen.

Von 2007 bis Ende 2013 haben die Federal Reserve, die Europäische Zentralbank, die Bank of Japan und die chinesische Zentralbank insgesamt Anleihen im Wert von 10 Billionen Dollar aufgekauft.

Die beiden Wege, auf denen die Zentralbanken Schulden kaufen und Zinsswaps durchführen, um die Zinssätze zu drücken, lassen sich grafisch wie folgt darstellen: Die Zentralbanken bereiten die Bühne vor, und die Swaps spielen.

Einem Bericht des Office of the Comptroller of the Currency (OCC) aus dem Jahr 2013 zufolge konzentriert sich der Handel mit Finanzderivaten in den Vereinigten Staaten auf eine sehr kleine Zahl von Großbanken, wobei die vier größten Banken ein Monopol auf 93% des gesamten Nominalwerts der Finanzderivate haben: JPMorgan Chase, Citibank, Bank of America und Goldman Sachs. Zins-Swaps machen mit einem Nominalwert von 188 Billionen Dollar bzw. 81% aller Derivate wiederum einen absoluten Anteil der Finanzderivate aus.[26]

Man kann sagen, wie zuversichtlich eine Handvoll Großbanken sind, die mit ihren eigenen millionenschweren Engagements gegen die Welt wetten, dass die Zinsen nicht steigen werden! Wenn man darüber nachdenkt, macht ihre Zuversicht durchaus Sinn. Diese Großbanken haben entscheidenden Einfluss auf die Fed-Politik, und viele von ihnen sind auch die Entscheidungsträger und Vollstrecker der Offenmarktgeschäfte der Fed, sowohl als Schiedsrichter als auch als Sportler. Sie haben das Recht, an den politischen Diskussionen innerhalb der Fed teilzunehmen, und noch weniger an der Umsetzung des Umsetzungsplans, und sie verfügen über eine beispiellose Marktvorhersage und sogar Entscheidungsgewalt. Sie trauen sich also, große Wetten abzuschließen, weil sie die Eigentümer des Casinos sind und die Macht haben, die Regeln des Casinos zu ändern.

Neben der absoluten Voraussicht des Marktes haben die Großbanken einen weiteren Vorteil, nämlich den absoluten Versicherungsfaktor "groß, aber nicht unter". Egal wie risikoreich sie sind, die Fed wird am Ende das Risiko tragen, weil ihr Leben oder Tod

---

[26] Quarterly Report on Bank Derivatives Activities, Office of the Comptroller of the Currency, 2013.

mit dem Überleben des gesamten US-Finanzmarktes verbunden ist, was sich direkt auf die Sicherheit der US-Wirtschaft und der Weltwirtschaft auswirkt. Wer auch immer im Weißen Haus und bei der Federal Reserve das Sagen hat, musste die "Großen" retten und wird es nicht wagen, sie zu retten.

Absolute Marktvoraussicht + absoluter Versicherungsfaktor = absolute Gier.

Welchen anderen Grund haben diese Banken, sich so kühn zu wagen?

Aber was passieren sollte, passiert immer, und es gibt Momente, in denen die Wetten enden. Wenn eine durch extrem niedrige Zinssätze aufgeblähte globale Finanzblase platzt, wird die Katastrophe gewaltig und brutal sein.

Wenn man hört, wie die Lunte für die Treasury-Renditen zu knistern beginnt, dann ist dieser schlafende Vulkan kurz vor dem Ausbruch!

QE aufgeben heißt, den Tod suchen, QE fortsetzen heißt, auf den Tod warten

Im Mai 2013 führte Bernanke ein gefährliches Experiment durch, bei dem er versuchte, die Reaktion der globalen Märkte auf den Ausstieg der Fed aus dem QE durch Zuruf zu testen und zu bewerten, und das Ergebnis war ein katastrophaler Anstieg der Zinssätze! Die Renditen der Staatsanleihen sind fast außer Kontrolle geraten, die Werte der Anleihen schrumpfen stark, die Aktienindizes stürzen ab, die Repo-Märkte stehen unter Druck, die Schattenwährungen sind verzweifelt knapp, und die Schwellenländer bluten aus.

Bernanke hat endlich begriffen, dass QE weitaus gefährlicher ist, als er bisher dachte, und dass die Fed noch lange nicht bereit ist, die schrecklichen Folgen steigender Zinsen zu bewältigen. Infolgedessen musste er auf der Fed-Sitzung im September einen Rückzieher machen und das QE mit erhobenem Haupt fortsetzen.

Der größte Vorteil der quantitativen Lockerung war die Schaffung eines Finanzumfelds mit extrem niedrigen Zinssätzen, wobei das Bankensystem von fünf Jahren der Aufblähung der Vermögenswerte profitierte. Doch alles, was einen Vorteil hat, hat auch einen Nachteil, und die Folge einer künstlichen Unterdrückung der Zinssätze ist, dass man nach der Aufhebung der Unterdrückung mit einem Gegenanstieg der Zinssätze rechnen muss, und je stärker die Unterdrückung ist, desto zerstörerischer wird der Gegenanstieg sein.

Von der wirtschaftlichen Wirkung, das gesamte Niveau der Zinssätze um mindestens 800 Basispunkte als normal verzerrt, einschließlich der Null-Leitzins-Politik um mindestens 400 Basispunkte verzerrt, während die 3 Billionen Dollar Schulden Kauf Skala "beigetragen" weitere 400 Basispunkte. zwischen Mai und September, 10-Jahres-Treasury-Renditen erholte sich nur 100 Basispunkte, die globalen Finanzmärkte sind bereits in Aufruhr, 8-mal die steigenden Zinssätze wird was bedeuten?

Bernanke weiß, dass die Fortsetzung von QE dazu führen wird, dass der Eisberg der Rückkäufe erreicht wird, so dass er keine andere Wahl hat, als QE eher früher als später zu beenden.

Wenn eine Sandboxing-Übung durchgeführt wird, um einen Ausstieg aus der QE zu simulieren, dann wird die Fed die Schockwellen einer dreirundigen Zinsexplosion überstehen müssen.

Die erste Schockwelle wird damit beginnen, dass die Fed ihre Käufe langfristiger Staatsanleihen und MBS reduziert, was den ersten Anstieg der langfristigen Zinssätze auslösen wird.

Bei negativen oder unbedeutenden realen Renditen von Staatsanleihen gelten Staatsanleihen als sicherer Hafen, vor allem weil die Anleger darauf wetten, dass die Kurse von Staatsanleihen unendlich steigen werden, und die Federal Reserve als größter Käufer auf dem Markt in der Tat für die Kurse von Staatsanleihen einen "diamantenen Boden" bildet. Die Verringerung der Anleihekäufe durch die Fed bedeutet, dass es keine Garantie für einen "diamantenen Boden" gibt, dann werden die Anleger unweigerlich höhere Renditen verlangen, um das von ihnen eingegangene Risiko zu kompensieren, und die langfristigen Zinssätze werden deutlich steigen.

Diese Marktreaktion wird wiederum von mehr Anlegern dahingehend interpretiert, dass steigende Zinssätze bereits der allgemeine Trend sind, so dass sich mehr Anleger im Voraus mit der künftigen Veränderung auseinandersetzen müssen, indem sie entweder beginnen, Anleihen zu verkaufen oder Leerverkäufe tätigen, um auf Gewinne zu spekulieren. Selbst wenn die US-Notenbank den Leitzins unverändert bei Null belässt, wird der Anstieg der Renditen für langlaufende Anleihen allmählich außer Kontrolle geraten, was mehr

Anleger dazu veranlassen wird, sich der Armee der Verkäufe und Leerverkäufe anzuschließen.

Die Zinsen für langfristige Anleihen sind außer Kontrolle, und die Renditen für kurz- und mittelfristige Anleihen sind für die Marktpsychologie ansteckend, wenn auch in geringerem Maße, aber der Anleihemarkt kann eine allgemeine Zinspanik nicht vermeiden. Auf diese Weise werden Hedge-Fonds, Währungsfonds, Pensionsfonds und Versicherungsgesellschaften, die Anleihen halten, durch Vermögensverluste infolge fallender Anleihekurse stark unter Druck geraten. Hedge-Fonds, die mit einer hohen Hebelwirkung arbeiten, würden sich in einem Zustand extremer Besorgnis befinden, da ihre Fonds fast vollständig von besicherten Repo-Finanzierungen abhängig sind. Plötzlich schrumpfte der Wert dieser besicherten Vermögenswerte dramatisch, Market Maker oder Händler begannen, Hedge-Fonds-Manager in einem Rausch anzurufen und drängten auf Nachschusszahlungen oder mehr auf besicherte Vermögenswerte, und verzweifelte Hedge-Fonds waren gezwungen, ihre riskanten Bestände zu verkaufen, um dem Druck standzuhalten. Wenn eine solche Situation auf dem Markt vorherrscht, hat der Finanzmarkt eine "Geldknappheit" verursacht.

Wenn mehrere der am stärksten fremdfinanzierten Hedge-Fonds bekannt geben, dass ihre Finanzierungsketten gerissen sind, wird der Markt in Risikophobie ausbrechen, und die bereits überlasteten Repo-Ketten werden voller Fallen sein, Ringe, die reißen könnten, London wird das Zentrum des Windes sein, Deutschland, die Vereinigten Staaten, Hongkong, China, Singapur, Südamerika und überall dort, wo die Repo-Ketten aneinandergereiht sind, werden in Panik geraten.

Dies ist nur die erste Schockwelle, die durch die ausufernden langfristigen Zinssätze ausgelöst wurde. Die zweite Schockwelle wird durch einen Anstieg der kurzfristigen Zinssätze ausgelöst.

Die Federal Reserve, die Bank of England, die Europäische Zentralbank und die Bank of Japan wagten und wagen es nicht, die kurzfristigen Zinssätze zu erhöhen, aber die Libor-Zinssätze werden nicht von der Zentralbank in einer "Kurzschlussreaktion" kontrolliert. In der Krise von 2008 sank der Benchmark-Zinssatz der britischen und amerikanischen Zentralbank bald auf Null, aber der Libor lag einst bei 4% oder mehr, und der Benchmark-Zinssatz der Zentralbank ging getrennte Wege. Der Libor ist ein reiner Marktzins, denn um am Angebot der Großbanken teilzunehmen, die selbst unter

Vermögensschwund und unzureichender Finanzierung gelitten haben, wird sich die Geldknappheit auf dem Finanzmarkt natürlich auf das Libor-Angebot auswirken. Insbesondere hat der Libor-Markt gerade eine "schwere Schläge" erlebt, die Wahrscheinlichkeit der Bank "Topping the Wind" wieder stark reduziert, Libor-Sätze werden zwangsläufig steigen.

An dieser Stelle eskaliert der Ärger!

Bei den 40 Billionen Dollar an Zinsswaps ist der variable Zinssatz im Wesentlichen an den Libor gebunden, wobei sich das Risiko in hohem Maße auf einige wenige der größten Banken konzentriert, die in den vergangenen Jahren ein Vermögen gemacht haben und sich nun dumm und dämlich stellen. Nach der Finanzkrise verdoppelten sich die Zinsswaps, und der neue 20-Billionen-Dollar-Kontrakt war natürlich eine Wette gegen die Banken auf extrem niedrige Zinssätze, und als die Banken ihre Bücher überprüften, konnten sie nicht anders, als einen kalten Atemzug zu nehmen. Das Feng Shui wendet sich zum Unglück, und schlimmer noch, der Vertragswert wird "negativ", was die Bank dazu zwingen wird, weitere Vermögenswerte "einzufrieren" und auch den bereits knappen Cashflow "einzufrieren". Begriffe, mit denen die Banken früher Tausende von Kommunalverwaltungen, Schulen und Krankenhäusern schikanierten, sind jetzt ihrerseits eine Schlinge um den Hals. Wenn die Großbanken "gerissen" genug sind, könnten solche Bedingungen natürlich "ungleiche Verträge" sein, die sich nur an andere richten, ohne sich selbst zu beschränken, d.h. ungleiche Bedingungen.

Wenn die Zinsen weiter steigen, wird sich die Schlinge um den Hals der Banken immer enger ziehen.

Moment mal, ist es nicht so, dass die Banken immer noch 2 Billionen Dollar an Bargeld auf dem Überschussreservekonto der Fed haben? Das ungenutzte Geld liegt dort still und leise und verschlingt die 0,25% Zinsen auf das Angebot der Fed. Ja, 2 Billionen Dollar "existieren" in den Bilanzen der Banken, aber es wäre falsch zu glauben, dass die Banken eine so große Summe ungenutzt lassen würden, nur um ein wenig Zinsen zu bekommen, die einem Almosen gleichen. Der "Körper" des Geldes ist noch da, aber die "Seele" ist längst aus der Bilanz der Bank geflogen.

Dies ist auch den Bilanzierungsrichtlinien für Rückkäufe zu verdanken, bei denen Bargeld zusammen mit Anleihen ein hochwertiger besicherter Vermögenswert ist, und da es für Anleihen eine Besicherungskette gibt, gilt dies auch für Bargeld. Die mehr als 6 Milliarden Dollar, die JPMorgan Chase im "London Whale"-Vorfall 2012 kläglich versagt hat, sind in der Tat ein Paradebeispiel für den Transfer von "überschüssigen Ersparnissen" nach London zum Glücksspiel, bei dem die Ersparnisse zwar noch in den Büchern stehen, aber eigentlich alles verloren ist.

Der Zusammenbruch des Marktes für Zinsswaps wird eine weitere schreckliche Auswirkung haben. Die Natur der Zinsswaps ist das Äquivalent zu den Leerverkäufen der Großbanken, und wenn dieser Markt zusammenbricht, wird der größte Gletscher, der auf die Zinssätze gepresst wurde, schnell schmelzen und die Zinssätze werden einen Vergeltungsanstieg erleben, der sich zu einem Ausbruch eines Zinsvulkans entwickeln wird!

Schauen Sie sich nur die Kurse der Anleihen an, sie geben den Anleiheinvestoren nur einen plötzlichen Hirnschiss.

Die zweite Schockwelle wird die "Wasserstoffbombe" der Zinsswaps zur Explosion bringen! Das Epizentrum der Finanzkrise von 2008 ist der Markt für Credit Default Swaps (CDS), der nur eine 60 Billionen Dollar schwere "Atombombe" ist. Wenn die Zinsswaps zusammenbrechen, ist die Finanzkrise von 2008 wie ein kaltes Gericht vor der Hauptmahlzeit, nicht genug zum Würgen.

Als die Zentralbanken versuchten, den "Großen, aber nicht Toten" wieder zu helfen, stellten sie fest, dass sie weder Waffen noch Munition hatten. Kann die Zentralbank nicht wieder Geld drucken? Vergessen wir nicht, dass es das Drucken von Geld war, das die Wasserstoffbombe zur Explosion brachte, und glaubt irgendjemand, dass weiteres Drucken die Krise retten kann?

Die wichtigste Waffe der Zentralbank ist nicht die Macht, Geld zu drucken, sondern das Vertrauen, das die Menschen ihr entgegenbringen. Den Verlust dieses Vertrauens und die Bedeutung der Macht haben sowohl die Deutsche Bundesbank 1923 als auch die Zentralbank der Republik China 1949 in der Praxis gezeigt.

Es wird auch befürchtet, dass eine dritte Schockwelle von dem prekären monetären Vertrauen wegzieht. Da die Gefahr eines Ausstiegs aus der QE so groß ist, was sind die Folgen einer Fortsetzung der QE?

Das sind die Qualitätssicherheiten auf dem Repo-Markt, die von der Zentralbank Schritt für Schritt trockengelegt werden. Auf der Rückkaufkette wird es zu einer immer spannenderen "akrobatischen

Show" kommen, bei der 5, 10 oder 20 Flaschen mit einem Deckel abgedeckt werden müssen. Ein überdehntes Gummiband des Rückkaufs wird eine stärkere Rückzugsspannung aufbauen, die entweder reißen oder schmerzhaft abprallen wird. Die Liquidität wird auch schnell austrocknen, wenn eine Panik über das Risiko von Haushalten ein plötzliches Einfrieren des Repo-Marktes verursacht.

Der Hauptzweck von Anlegern, die in großem Umfang Staatsanleihen kaufen, besteht darin, Rückkäufe zu finanzieren, um den Umfang der Vermögenswerte zu erhöhen und höhere Renditen zu erzielen. Wenn der Repo-Markt zu risikoreich ist, wird auch die Nachfrage nach Staatsanleihen rasch zurückgehen, was dem Effekt des Ausstiegs der Fed aus QE entspricht, d.h. einem Überangebot an Staatsanleihen, mit der Folge, dass auch die Zinsen steigen. Gleichzeitig werden die Marktmacher nicht in der Lage sein, große Anleihebestände mit Hilfe von Repo-Finanzierungen zu halten, was zu einem Rückgang der Liquidität des Anleihemarktes führen wird, wie es bereits bei der Verschlechterung des Marktes für Unternehmensanleihen der Fall ist. Anleihen sind gut zu kaufen und schlecht zu verkaufen, und frustrierte Anleger werden zwangsläufig höhere Renditen verlangen, um ihre Verluste auszugleichen, was, wenn man es so ausdrückt, noch höhere Zinsen bedeutet.

Was kommt als Nächstes? Bitte springen Sie zurück zur ersten Runde des Blaster. Die quantitative Lockerung der Geldpolitik nähert sich dem Ende der Geschichte, und es gibt keinen sicheren Ausweg aus QE! Die Welt steht entweder vor einer weiteren Runde schwerer Finanzkrisen oder vor lokalen Kriegen und sozialen Unruhen, oder schlimmer noch, möglicherweise vor beidem.

Die Wolke über dem Syrien-Krieg ist nicht mehr als ein Vorspiel für eine globale Krise, wobei der Nahe Osten, Südasien, Ost- und Südostasien allesamt einem hohen Risiko künftiger geopolitischer Konflikte ausgesetzt sind. Wenn Wirtschafts- und Finanzkrisen einen Punkt erreicht haben, an dem sie nicht mehr abgemildert werden können, war in der Vergangenheit oft ein Krieg die ultimative Lösung.

Erläutern Sie

In einer gut überwachten Stadt besteht kein Bedarf an schweren Einbruchstüren und Fenstern in jedem Haus. Stadtverwaltungen, die sich auf Einbrüche konzentrieren, anstatt die Armut an der Wurzel zu bekämpfen und Kriminalitätsherde auszurotten, werden nicht in der Lage sein, den grassierenden Diebstahl mit einem teuren Einbruchssystem zu bewältigen.

Zinsschwankungen auf dem Markt gibt es seit mindestens fünftausend Jahren, und das Zinsrisiko hat die Entwicklung der Zivilisation seit der mesopotamischen Zivilisation immer begleitet. Die Absicherung des Zinsrisikos ist kein einzigartiges Problem unserer Zeit; die industrielle Revolution, die elektrische Revolution, die Revolution in der Luft- und Raumfahrt waren alle mit einem Zinsrisiko verbunden, aber bis zur Einführung des "europäischen Dollars" musste man sich keine allzu großen Sorgen über Zinsschwankungen machen. Wenn der Anker des Geldwertes sehr stabil ist, schlagen Zinsschwankungen keine großen Wellen.

Als der Goldstandard in den Vereinigten Staaten abgeschafft wurde, ging der Anker der Währung verloren, und die übermäßige Überziehung des Dollars hat die Währungsstabilität weltweit ernsthaft gestört. Die Zinssätze schwankten dramatisch, die Wechselkurse schwankten stark, die Finanzwelt war plötzlich nicht mehr sicher, wodurch jeder in Gefahr geriet, und jeder Haushalt beschäftigte sich mit der Risikoabsicherung, was der Hauptgrund für das Überleben und die Ausweitung von Derivaten wie Zinsswaps, Währungsswaps, Credit Default Swaps und der Verbriefung von Vermögenswerten ist. Die monströse Expansion der Finanzderivatemärkte ist nicht die Ursache für wirtschaftlichen Wohlstand, sondern das Ergebnis eines monetären Chaos!

Je gefährlicher die Welt ist, desto mehr Versicherungen werden benötigt. Dies ist keine Szene des Friedens und des Wohlstands, sondern ein Zeichen der Endzeit.

Risikoabsicherung ist kostspielig, und wenn jeder in der Gesellschaft abgesichert werden müsste, würde dies für die Gesellschaft als Ganzes geometrisch höhere Kosten bedeuten. Der Einbau von einbruchsicheren Türen in jedes Haus wird den Wohlstand der Gesellschaft nicht erhöhen, sondern nur die Händler von einbruchsicheren Türen glücklich machen. Die Händler von einbruchsicheren Türen sind darauf bedacht, dass die Gesellschaft so unordentlich wie möglich wird, und die Stadtbewohner sind sicherlich darauf bedacht, in Frieden und Wohlstand zu leben.

Für ein großes Land, das in der Realwirtschaft verwurzelt ist, gilt: Je größer der Umfang der Finanzderivate, desto höher die Kosten für die Versicherung der industriellen Ausgaben, was nicht der industriellen Wirtschaft hilft, sondern den Rest der Bevölkerung ausbeutet. In einer solch harten und harten Existenz werden auch die guten Menschen böse, und die Fleißigen werden in den Verrat entfremdet.

Ironischerweise hat die Risikoabsicherung nicht zu einer Verringerung des finanziellen Risikos geführt, sondern eher zu weiteren Finanzkatastrophen.

KAPITEL V

Wall-Street-Spekulanten in Aktion

Der Wiederanstieg der Immobilienpreise wird als ein weiterer "unumstößlicher Beweis" für die Erholung der US-Wirtschaft angesehen, und die Wahrheit wird wieder einmal durch Desillusionierung und Fanatismus verdeckt. Der Grund, warum die Preise die große Mehrheit der Menschen verwirren können, ist, dass die Menschen dazu neigen, nur die Preise selbst zu betrachten und nicht die Gründe für ihre Entstehung zu analysieren.

Der März 2012 war ein Wendepunkt bei der Umkehrung der US-Immobilienpreise, und die sechs Jahre andauernde Baisse auf dem Immobilienmarkt nahm schließlich eine Wende zum Schlechteren. Der Schlüsselfaktor für die Trendwende bei den Immobilienpreisen war die Veränderung von Angebot und Nachfrage bei von Banken zwangsversteigerten Immobilien. Einerseits hat der Rückstau von Zwangsvollstreckungsfällen bei den Banken den starken Druck der Zwangsversteigerungen auf die Immobilienpreise gebremst; andererseits begannen die Spekulanten der Wall Street mit Unterstützung der US-Regierung, in großem Stil in den Markt einzutreten und die Bestände an zwangsversteigerten Häusern in den fünf großen Immobilienkatastrophen an der Ost- und Westküste der Vereinigten Staaten zu durchforsten, was innerhalb weniger Monate zu einer Trendwende bei den Immobilien führte.

Wall Street Spekulation in den Zehn-Milliarden-Dollar-Fonds, mobilisiert Hunderte von Milliarden von spekulativen Armee, hebeln Milliarden von Immobilien-Markt, die Verwendung von Mitteln so wenig wie die kurze Zeit, die Wirksamkeit der großen, kann als ein klassischer Fall von finanziellen Mitteln, um den Trend der Immobilien Krieg zu ändern.

Das Problem ist, dass finanzielle Manipulationen die Marktpreise kurzfristig verändern können, aber nicht in der Lage sind, langfristige Trends aufrechtzuerhalten. Die Zukunft der Immobilienbranche wird von der jüngeren Generation potenzieller Hauskäufer bestimmt, die am Rande des Verlusts ihrer Träume kämpfen.

Unter dem Eindruck des drohenden Zinsvulkans haben die Spekulanten an der Wall Street begonnen, sich auf eine "triumphale Flucht" vorzubereiten, wobei eine ihrer beiden Rückzugsrouten gescheitert ist und die andere gerade erst zu versuchen beginnt.

Denken Sie daran, dass der Erfolg des Konzepts der "rent-mortgage-backed securities" über den Durchbruch der Spekulanten an der Wall Street entscheiden wird.

Die Wunden der blutenden Immobilienpreise: Zwangsversteigerte Häuser

Im Januar 2012, als China darum kämpfte, die Hauspreise niedrig zu halten, ärgerten sich die Vereinigten Staaten darüber, dass sie die Preise nicht niedrig halten konnten. Die Chinesen glauben einfach nicht, dass die Immobilienpreise fallen können, so wie es die Amerikaner 2006 und die Japaner 1989 taten.

Der Schlüssel zum Rückgang der Immobilienpreise ist der Zusammenbruch der Hypothekenkredite. Große und schwerwiegende Zahlungsausfälle zwangen die Banken, Immobilien zu versteigern, und die niedrigen Auktionspreise drückten die Immobilienpreise. Bislang gab es in China nur sehr wenige Fälle, in denen Immobilien von den Banken beschlagnahmt und versteigert wurden, so dass das Konzept der Zwangsversteigerungen durch die Banken relativ gleichgültig ist.

Beim Kauf eines Hauses durch eine Bankhypothek, sowohl in China als auch in den Vereinigten Staaten, wird die gekaufte Immobilie als Sicherheit für die Bank verwendet, und die Bank gibt das Eigentum an der Immobilie erst dann an den Hausbesitzer zurück, wenn die Hypothek vollständig abbezahlt ist, da der Käufer keine anderen Vermögenswerte als Sicherheiten hat. Für Hauskäufer ist die pünktliche Zahlung der monatlichen Hypothekenzahlungen ein kontinuierlicher Prozess der "Einlösung" ihres Eigentums. Wenn die Rückzahlung nicht rechtzeitig erfolgt, hat die Bank das Recht, die "Tilgung" des Hausbesitzers auszusetzen und die Hypothek zu versteigern, daher der Begriff "Zwangsvollstreckung".

Unter normalen Umständen zögern die Banken, eine große Anzahl von zwangsvollstreckten Immobilien zu halten, da dies einen hohen personellen und finanziellen Aufwand bedeuten würde, der den Nutzen übersteigt, und die beste Option besteht darin, die Immobilien so schnell wie möglich zu versteigern, um die Mittel rasch wiederzuerlangen. Zwangsversteigerungen sind in der Regel sehr preiswert, und sie kommen in großer Zahl und Konzentration auf den Markt, was den massiven und heftigen Ausverkäufen auf dem "4-1-2"-Goldmarkt entspricht, wo der Fluss letztlich den Aktienpreis bestimmt. Der Zusammenbruch von zwangsversteigerten Häusern hat die Hauspreiserwartungen verschlechtert, während der Rückgang der Hauspreise das Auftauchen von zwangsversteigerten Häusern verschärft hat - ein Teufelskreis, der in den Vereinigten Staaten von 2007 bis 2012 fünf Jahre lang anhielt.

William C. Dudley, Präsident und CEO der Federal Reserve Bank of New York, stellte auf dem Wirtschaftsforum der New Jersey Bankers Association am 6. Januar 2012 besorgt fest, dass die Immobilienpreise in den USA seit 2006, als sie ihren Höchststand erreichten, um beispiellose 34 Prozent gesunken sind, wobei die Hausbesitzer 7,3 Billionen Dollar verloren haben, mehr als die Hälfte ihres Nettovermögens. Die Zahl der Wohnungsneubauten ist von einem Höchststand von 1,75 Millionen pro Jahr auf 360.000 Anfang 2009 drastisch zurückgegangen und lag 2012 bei nur noch 420.000. [27]

Anfang 2012 war die Flut der Hypothekenausfälle zwar vorbei, aber es gab immer noch 1,5 Millionen Haushalte, die seit mehr als 90 Tagen mit ihren Hauskrediten in Verzug waren, und 2 Millionen Haushalte, die sich bereits in einem Zustand der Zwangsvollstreckung befanden. Wenn eine Bank eine Immobilie beschlagnahmt, werden diese zwangsversteigerten Immobilien als REO (Real Estate Owned) bezeichnet. Wenn sich die Situation nicht radikal verbessert, werden in den Jahren 2012 und 2013 weitere 3,6 Millionen Häuser zwangsversteigert.

Erschwerend kommt hinzu, dass es in den USA 11 Millionen Familien gibt, deren Hypotheken den Wert ihrer Häuser übersteigen, und dass diese Schuldner, die in ihrem Eigentum ertrinken", einen starken Anreiz haben, ihre Häuser jederzeit aufzugeben" und sich der

---

[27] William C. Dudley, *Housing and the Economic Recovery*, Bemerkungen beim New Jersey Bankers Association Economic Forum, Iselin, New Jersey, 2012-01-06.

Armee der säumigen Schuldner anzuschließen, wodurch sich die Gesamtzahl der potenziellen Zwangsvollstreckungen in der Bank auf mehrere zehn Millionen erhöht!

Stellen Sie sich vor, dass die Banken halten Dutzende von Millionen von zwangsvollstreckten Immobilien, in Chargen und weiterhin auf die fragile Immobilienmarkt, US-Hauspreise werden unvermeidlich wieder in einem großen Zusammenbruch Situation, schwer zu erholen innerhalb von 10 Jahren.

Als die Wirtschaft boomte, sparten die amerikanischen Haushalte im Grunde nicht, und wenn sie etwas ausgeben mussten, war das Haus, dessen Wert stieg, der Geldautomat. Wenn sich die Wirtschaft in einer Rezession befindet, ist es für die Menschen schwierig, ihren Arbeitsplatz zu behalten, und bei einem negativen realen Einkommenswachstum ist es noch schwieriger, frei auszugeben. Das Haus ist das primäre Haushaltsvermögen der Amerikaner, und wenn die Hauspreise weiter fallen, schrumpft der Vermögenseffekt, und der Konsum zieht die Wirtschaft mit, ist das leeres Gerede. Wo bleiben der Geldfluss und die Steuereinnahmen, wenn der Konsum träge ist und die Wirtschaft unter Druck steht und es an wirtschaftlicher Aktivität mangelt? Und wie können die Blasen an der Börse und auf den Finanzmärkten aufrechterhalten werden?

Die Immobilienpreise weiter fallen, ist die Vereinigten Staaten tödlichsten und die meisten Kopfschmerzen wirtschaftlichen Schwierigkeiten, die Federal Reserve QE-Politik wurde für zwei Runden durchgeführt, während die Immobilienpreise wurden langsam zu verbessern.

Die Senkung der Zinssätze kann leicht zu einem Boom an den Anleihen- und Aktienmärkten führen, aber die meisten Amerikaner besitzen nicht direkt Aktien und Anleihen. Der Wohlstandseffekt der Finanzblase auf eine große Zahl wohlhabender Menschen mit Finanzvermögen ist weitaus größer als auf die durchschnittliche Mittelschicht, die darum kämpft, ihren Arbeitsplatz zu behalten und über die Runden zu kommen, so dass der rekordhohe Aktienmarkt nicht ausreicht, um ein nachhaltiges Konsumwachstum zu stimulieren, während das leichte Geld der Fed hauptsächlich in das Finanzsystem fließt und eine größere Schattenblase stimuliert, so dass die normalen Amerikaner nicht in den Genuss der Vorteile von QE kommen können. Auf diese Weise kommt die Erholung der Immobilienpreise der bereits verschuldeten und "gestressten" Mittelschicht einfach nicht zugute.

Anfang 2012 hat die US-Notenbank klar erkannt, dass das alleinige Verlassen auf QE-Gelddruck und ultraniedrige Zinssätze den Trend der fallenden Immobilienpreise nicht grundlegend umkehren wird; der effektivste Weg ist immer noch die bewährte Preismanipulation an den Finanzmärkten.

Es muss noch einmal betont werden, dass auf den Immobilienmärkten ebenso wie auf den Finanzmärkten das Gesetz gilt, dass der Preis der Ströme den Preis der Aktien bestimmt, bzw. dass die Erwartungen an den Preis der Ströme eine entscheidende Rolle spielen.

Der US-Immobilienmarkt hat einen Gesamtbestand von 133 Millionen Einheiten mit einem Gesamtwert von etwa 23 Billionen Dollar und einem jährlichen Verkaufsvolumen von 8 Millionen neuen und bestehenden Häusern, was bedeutet, dass der Verkehr nur 6% des Bestands ausmacht.

In einem Markt, in dem die Hauspreise sinken, sind Bauträger, die bereit sind, neue Wohnungen zu bauen, zunächst über den Transaktionspreis bestehender Wohnungen besorgt und beurteilen die Wettbewerbsfähigkeit und Rentabilität neuer Wohnungen auf dem Markt, und die Preisgestaltung für neue Wohnungen wird in der Tat durch den bestehenden Wohnungsmarkt beeinflusst. Auf dem derzeitigen Wohnungsmarkt werden jedes Jahr fast eine Million zwangsversteigerte Häuser verkauft, was den Transaktionspreis von mehr als 7 Millionen Einheiten aktueller Wohntransaktionen ernsthaft unterdrückt.

Wenn der Durchschnittspreis für ein Haus in einem Viertel 250.000$ beträgt, reicht es aus, einige von der Bank zwangsversteigerte Häuser für nur 120.000$ zu versteigern, um alle Hausverkäufer unter enormen psychologischen Druck zu setzen. Der Punkt ist, dass dieser Preisunterschied die Markterwartungen beeinflussen kann, so dass Käufer geduldiger und Verkäufer ungeduldiger werden.

Wenn das Verkehrsaufkommen den Bestand bestimmt, sind abgeschlossene Häuser der zusätzliche Teil des Verkehrsaufkommens, der kritischste "Punkt", der den Gesamtpreis bestimmt.

Die Federal Reserve Bank of New York und das US-Finanzministerium sind voll von Finanzmarktexperten, die wissen, wie man den Markt spielt, und da die Aktien-, Anleihe-, Zins- und Edelmetallmärkte künstlich gesteuert werden können, kann der Immobilienmarkt sicherlich von ihnen lernen. Was als "menschliche

Kontrolle" bezeichnet wird, ist im guten Sinne "Erwartungsmanagement" und im schlechten Sinne "Manipulation von Erwartungen". Ob es sich nun um "Management" oder "Manipulation" handelt, der grundlegende gemeinsame Nenner ist das Wort "menschlich".

Der Schlüssel zur Umkehrung der Hauspreiserwartungen liegt in der Kontrolle von Angebot und Nachfrage nach zwangsversteigerten Häusern, um sie nach oben zu treiben! Um dies zu erreichen, ist es zunächst notwendig, das Angebot an zwangsversteigerten Häusern zu reduzieren.

Zwangsvollstreckung blockiert, Hauspreise stabilisieren sich

Der erste Trick, um das Angebot an zwangsversteigerten Häusern zu verringern, besteht darin, die Hausbesitzer von der Bank fernzuhalten.

Das HAMP-Programm (Home Affordable Modification Program) wurde 2009 mit dem Ziel ins Leben gerufen, die Steuerzahler zahlen zu lassen und die Banken profitieren zu lassen, damit Hauseigentümer weiterhin an Häusern festhalten können, die zu "ertrinkenden Vermögenswerten" geworden sind, um Zwangsvollstreckungen hinauszuzögern. Das HAMP-Programm wird ausschließlich von den Banken geleitet, und wenn die Bank der Meinung ist, dass sie mehr von der Regierung zu gewinnen hat, wird sie den Hauseigentümer benachrichtigen, um die Bedingungen des Hauskredits zu ändern, indem sie beispielsweise die monatliche Zahlung auf Kosten der Erhöhung des Gesamtkreditbetrags leicht reduziert. Wenn die Bank das Gefühl hat, dass die Regierung nicht genug subventioniert, wird sie beschließen, direkt zur Zwangsvollstreckung und Versteigerung überzugehen.

Das HAMP-Programm sollte 4 Millionen Haushalte aus dem Sumpf der "ertrinkenden Häuser" "retten", und nur 1,2 Millionen Haushalte, die bereits mit ihren Hypotheken in Verzug geraten waren, wurden aufgrund von Problemen mit der Effizienz und der Festlegung von Standards für Kreditänderungen bearbeitet. Leider sind 306.000 Familien wieder in Verzug, und weitere 88.000 stehen kurz davor, also insgesamt 33 Prozent aller teilnehmenden Familien! Und je länger eine Familie an dem Programm teilnimmt, desto wahrscheinlicher ist es, dass sie in Verzug gerät. Die Ausfallquote für Familien, die seit Beginn des Programms im Jahr 2009 daran teilgenommen haben, liegt bei 46%! Wenn diese Familien erneut in Verzug gerieten, waren sie nicht nur mit einer höheren Gesamtverschuldung konfrontiert, sondern erlitten auch einen schwereren Kreditschaden.

Bis Ende April 2013 hatte das HAMP-Programm 19,1 Mrd. USD an Krediten erhalten, aber nur 4,4 Mrd. USD verbraucht, mit Verlusten von 815 Mio. USD aufgrund weiterer Zahlungsausfälle, und das Programm wird bis 2015 verlängert.

In der Tat ist das HAMP-Programm weniger eine Rettungsaktion als vielmehr eine Falle. Familien, die sich in der Zwangsvollstreckung befinden, sind im Wesentlichen durch den Verlust ihres Arbeitsplatzes arbeitsunfähig geworden. Die extreme Depression auf dem Arbeitsmarkt hat es diesen Familien schwer gemacht, eine angemessene Einkommensquelle zu finden, während die Gesamtsumme der Wohnungsbaudarlehen dramatisch angestiegen ist, und es besteht wenig Hoffnung, dass ihre Ausfallquote im Laufe der Zeit dramatisch ansteigen wird.

Unabhängig von den letztendlichen Auswirkungen von HAMP oder anderen "Rettungsmaßnahmen" hat die Umsetzung dieser Maßnahmen wirksam dazu beigetragen, den drohenden Angebotsdruck auf abgeschottete Häuser zu verringern und die Explosion der Zeitbombe von Millionen abgeschotteter Häuser zu verzögern.

Neben den staatlichen Eingriffen haben die Banken auch die Zwangsvollstreckung verzögert.

Im November 2010 eskalierte die plötzliche Enthüllung des "Robo-Signing"-Skandals erneut in der aufgewühlten Bankenwelt. Die Banken vergeben zwar Hypotheken, haben aber weder die Arbeitskräfte noch die Ressourcen, um die Tausenden von "Aufgaben" wie das Eintreiben von Geld, Anrufe oder die Ausstellung von Zwangsvollstreckungsbescheiden an säumige Schuldner zu erledigen, die oft an "Dienstleister" ausgelagert werden. Wenn es zu einem Zahlungsausfall kommt, steigt die Arbeitsbelastung des "Dienstleisters" dramatisch an, und seine mageren Gewinne werden durch die enorme Arbeitsbelastung des anschließenden Zwangsvollstreckungsverfahrens schnell aufgefressen. Die Mitarbeiter des Dienstleisters bearbeiten täglich Tausende von Rechtsdokumenten, einschließlich Unterschrifts- und Beglaubigungsverfahren. Aus Gründen der Bequemlichkeit und der Kostenersparnis lesen sie diese Dokumente kaum und unterschreiben sie einfach wie "Roboter", wobei sie die notarielle Beglaubigung manchmal sogar planlos ohne Zeugen und Notare durchführen, und einige Dokumente enthalten zahlreiche Fehler.

Der "Robo-Signing"-Vorfall hat einen Aufruhr in der amerikanischen Gesellschaft ausgelöst, schließlich sind Immobilien eine wichtige Grundlage des "amerikanischen Traums", und wenn eine Familie im Begriff ist, diesen Traum vor lauter Herzschmerz zu verlieren, wird die Antipathie der Öffentlichkeit gegenüber der Bank noch stärker. Durch die von den Banken verursachte Krise und den darauf folgenden "Strohmann" wurde das Zwangsversteigerungsverfahren von der Gesellschaft weitgehend in Frage gestellt.

Um eine Zwangsvollstreckung durchführen zu können, muss diese zunächst bestätigt werden, und in der Regel beeilt sich die Bank, ohne die Bestätigung der Zwangsvollstreckung abzuschließen, die Zwangsvollstreckungsmitteilung herauszugeben, den Hauseigentümer zu räumen und die Versteigerung durchzuführen. Die "verfahrensrechtliche Rechtswidrigkeit" der kollektiven Opferklage der Anwälte gegen die Bank führte zu einem langwierigen Rechtsstreit, der die gesamten Vereinigten Staaten erfasste.

Dieses riesige Durcheinander hat die Zwangsvollstreckungsbemühungen der Banken gelähmt, und es ist nie einfach, aus den Millionen von Zwangsvollstreckungen die formalisierten Anträge herauszufiltern. Da die Banken nicht in der Lage waren, den Status quo zu klären, mussten sie die Zwangsvollstreckung in großem Umfang aussetzen, was zu einem Rückstau von bis zu 2,5 Millionen Zwangsvollstreckungsfällen führte.

Zu diesem Zeitpunkt haben die Fed und die großen Banken noch keinen brillanten Plan, um die Immobilienpreise wieder anzukurbeln, und so denken sie natürlich, dass die Verluste der Banken umso geringer sind, je schneller die Zwangsvollstreckungen ablaufen.

Anfang 2012, nachdem die US-Regierung und die Banken einen Kompromiss in Bezug auf "Robo-Signing"-Fälle erzielt hatten, sahen die Banken plötzlich die Vorteile eines massiven Rückstaus von Zwangsvollstreckungsfällen, was den Rückgang der Immobilienpreise verlangsamte.

Die Banken haben endlich erkannt, dass Zwangsvollstreckungen der Schlüssel zur Umkehrung der Immobilienpreise sind!

Das Angebot an zwangsversteigerten Häusern in den USA ging im November 2010 stark zurück und schrumpfte auch 2012 weiter, was auf einen absichtlichen Rückstau von Zwangsversteigerungsanträgen bei den Banken zurückzuführen ist. Infolgedessen haben die Banken auch nach der Beilegung der Rechtsstreitigkeiten und der Beseitigung des Rückstands bei den Zwangsversteigerungen weiter gezögert, was dazu führte, dass die Zwangsversteigerungen nach wiederholten Krisen im Jahr 2012 ein Rekordtief erreichten. In New York hat sich das Zwangsversteigerungsverfahren auf 1072 Tage ausgedehnt, ein Zeitraum von drei Jahren, 4,3 Mal länger als 2007; in Florida sind es 858 Tage, in Kalifornien fast ein Jahr, und in anderen Bundesstaaten ist die Situation im Großen und Ganzen ähnlich. Die Banken haben die Zahl der Zwangsversteigerungen absichtlich reduziert, so dass sich die Immobilieninvestoren durch ein viel geringeres Angebot durchkämpfen müssen, was die drastischen Auswirkungen der Zwangsversteigerungen auf die Immobilienpreise deutlich abgemildert hat.

Natürlich erleiden auch Banken, die Zwangsvollstreckungen absichtlich in die Länge ziehen, gewisse Verluste. Wenn es zu einem ernsthaften Zahlungsausfall kommt, zahlt der ursprüngliche Hausbesitzer in dem Wissen, dass er zwangsgeräumt wird, einfach nicht weiter an die Bank, und die Bank hat kein Recht, den Hausbesitzer zu zwangsräumen, bis die Zwangsvollstreckung abgeschlossen ist. Im Laufe des Streits zwischen den beiden Parteien hat die Bank die Bereitstellung von Wohnraum für die Hausbesitzer mit einer kostenlosen Leistung gleichgesetzt.

Die Verringerung des Angebots an zwangsversteigerten Häusern wird jedoch nur dazu dienen, den Rückgang der Hauspreise zu verlangsamen, und wird nicht ausreichen, um einen Impuls für Hauspreiserhöhungen zu geben. Um die Trendwende bei den Hauspreisen zu vollenden, sind starke Kaufinterventionen erforderlich.

Das ist die neueste aufstrebende Käufergruppe im amerikanischen Immobilienmarkt - die Spekulationsbande der Wall Street!

Wall-Street-Spekulation, der Rhythmus der Hauspreisumkehr

Die Idee, überlegene Kräfte zu bündeln, um einen Vernichtungskrieg zu führen, gilt auch für die Finanzmärkte. Das Spiel des Finanzmarktes und das Schlachtfeld zwischen dem Feind und uns, alle um die Initiative zu ergreifen, das heißt, die Erwartung des Ausgangs des Krieges zu ändern, der Sieger, um den Schwung zu zerstören und der Verlierer, um die Verzweiflung der Niederlage wie ein Berg, sind alle erwartet, um die Folgen der Seite nach unten bilden.

Am 12. April 2013 zerstörte der donnernde Ausverkauf an der Wall Street den langen Widerstand des Goldmarktes vollständig und ist ein anschauliches Beispiel für den Kampf Anfang 2012 ist die Wall Street bereit, einen scharfen Gegenangriff auf dem Immobilienmarkt zu starten, um die Erwartungen des Marktes an die Immobilienpreise auf einen Schlag zu ändern, Die Hauptangriffsrichtung ist die Zwangsversteigerung von Wohnungen als strategischer Durchbruch, und die Hauptangriffskraft ist Wall Street's heftige PE, REITs und Hedge-Fonds, unter denen die Blackstone Group die Hauptkraft der Hauptkraft sein soll, das Ass im Ärmel.

Der strategische Aufbau des großen Immobilien-Gegenangriffs wurde bereits im August 2011 geplant, und der Rückstau von Zwangsversteigerungen hat eine günstige Situation für den Rückgang der Immobilienpreise geschaffen. Aus marktpsychologischer Sicht wurde die Erwartung von Leerverkäufen bis zu einem gewissen Grad unter Kontrolle gebracht, aber wenn diese günstige Gelegenheit zum Gegenangriff nicht genutzt wird, wird das künftige Angebot an zwangsversteigerten Häusern weiterhin auf den Markt strömen, und das Ausmaß wird immer größer, die Macht der Leerverkäufe wird weiter zunehmen. Nur wenn man sich auf einen plötzlichen Aufschwung konzentriert, und zwar mit einer Intensität, die groß genug sein muss, um den Markt zu erschüttern, wird es möglich sein, den Willen der Leerverkäufer zu brechen und die Hauspreise in großem Stil steigen zu lassen. Höhere Immobilienpreise wiederum werden die Quelle des Angebots an zwangsversteigerten Häusern schwächen und so den Trend bei Immobilien grundlegend umkehren.

Am 1. Februar 2012 erteilte die US-Bundesbehörde für Wohnungsbaufinanzierung (FHFA) in enger Abstimmung mit der Federal Reserve, dem US-Finanzministerium, der Federal Reserve and Insurance Corporation (FDIC), dem US-Ministerium für Wohnungsbau und Stadtentwicklung, Fannie Mae, Freddie Mac und anderen Agenturen einen "allgemeinen Mobilisierungsbefehl" an mehr als 4.000 Investmentagenturen zum Gegenangriff auf den Immobilienmarkt.

Seit August 2011 arbeitet die FHFA an einem Aktionsplan, um private Investoren für die Bewältigung des Zwangsvollstreckungsbestands der Banken zu gewinnen, und am 1. Februar 2012 wurden die Umsetzungsdetails mit dem Gesamtkonzept veröffentlicht: 1) Aufarbeitung des Zwangsvollstreckungsbestands von Fannie Mae, Freddie Mac und der Federal Housing Administration; 2) der Bruch ist eine Immobilienkatastrophe; 3) Begrüßung von Großkäufen durch Investmentinstitute zu extrem günstigen Preisen; und 4) die Bedingung, dass der niedrige Kaufpreis für eine bestimmte Zeit gehalten und vermietet wird.

Fonds, Unternehmen, Investmentgesellschaften, Banken und Einzelpersonen mit einem Nettovermögen von mehr als 1 Million Dollar können sich an diesem "Jahrhundert-Immobilienfest" beteiligen, und die Investoren können sogar Darlehen für zwei Häuser erhalten, um ihren Bestand zu erweitern. Die Größe des Anlagepakets beträgt etwa 500 bis 1.000 einzelne Häuser, und die Gesamtgröße der Zwei-Zimmer- und FHA-Zwangsversteigerungen beläuft sich auf etwa 210.000 Häuser, was bei einem Anlagepaket von 1.000 Häusern etwa 200 Superinvestoren zur Zeichnung erfordern würde.

Wie hoch ist der Preisnachlass? Der ermäßigte Preis eines Anlagenpakets beträgt nicht mehr als 30 Cent bis 40 Cent für eine 1-Dollar-Anlage. Ein Einfamilienhaus im Wert von 200.000 Dollar wird auf einen Preis von 60.000 bis 80.000 Dollar ermäßigt. Wenn die durchschnittliche Investition von 10.000 bis 20.000 US-Dollar pro Haus für die Renovierung und Sanierung, können Sie den Besitzer wechseln, um 1.000 bis 1.500 US-Dollar in den Mietmarkt zu investieren, auch unter Berücksichtigung der Leerstandszeit von Mietwohnungen und anderen Faktoren, kann die Rendite mindestens 14% bis 20% betragen. In einer renditeschwachen Wall Street ist eine solche Rendite reine Zukunftsmusik.

Angespornt durch die extrem hohen Renditen begannen die Investmentinstitute der Wall Street, vertreten durch Black Rock, den Markt für Zwangsversteigerungen in großem Stil zu zerstören.

Am 1. Februar gab die US Federal Housing Finance Agency die Immobilien Gegenangriff der "allgemeinen Mobilisierung Ordnung", hat eine unmittelbare Wirkung hatte. im März, die US-Immobilienbranche für fünf Jahre, der Bär Atem, läutete eine wundersame Wende. Die Wirkung der finanziellen Manipulation des Immobilienmarktes war bemerkenswert und der Aufschwung war dramatisch und übertraf die Erwartungen der politischen Gestalter im Voraus bei weitem.

Wie genau hat sich das Schicksal der Wall Street gewendet?

Phoenix, der erste Test für die Spekulanten

Die Immobilienblase in den USA begann im Sommer 2006 zu platzen, als die Hauspreise zunächst in die Höhe schossen, gefolgt von einem schockartigen Einbruch, und bis Anfang 2012 waren Immobilien ein Bereich, der alle frustrierte. Es war wie ein Aktienmarkt, dem ein wichtiger Akteur fehlte, der fast sechs Jahre in einer desillusionierten, pessimistischen Trance verbrachte.

Als die starken Fonds der Wall Street plötzlich und heftig in den Immobilienmarkt strömten, inspiriert von der Magie des "Aal-Effekts", verschwanden pessimistische, müde, entmutigte, faule Stimmungen plötzlich, große und kleine Immobilienspekulanten wurden wie durch einen Stromschlag allgemein aktiv. Wo immer die "Aale" der Wall Street schwimmen, beginnt der Markt zu brodeln.

Von den fünf Gebieten in den USA mit den meisten Immobilienverletzungen - Phoenix (Arizona), Südkalifornien, Las Vegas (Nevada), Florida und Atlanta (Georgia) - wählte das Geld der Wall Street Phoenix an erster Stelle.

Phoenix ist die Hauptstadt von Arizona und eines der wichtigsten Industriezentren. Mit 4,3 Millionen Einwohnern in der Metropolregion übertrifft es sogar die Einwohnerzahl des Capital District von Washington. Phoenix ist auch Sitz der Landesregierung, mit dem Forschungs- und Entwicklungszentrum und der Chip-Produktionsstätte von Intel, zahlreichen Hightech- und Kommunikationsunternehmen, dem Hauptsitz der Apollo Group, der Produktionsstätte für Militärtriebwerken von Honeywell und dem Luftwaffenstützpunkt Luke Air Force Base, die alle eine große Zahl gut bezahlter Arbeitskräfte beschäftigen, sowie zahlreichen Universitäten und Forschungseinrichtungen, die talentierte Menschen nach Phoenix ziehen. Aufgrund des warmen Winterklimas ist die Tourismus- und Golfindustrie gut entwickelt. Solange es gut verdienende Menschen gibt, muss man sich keine Sorgen um einen stabilen Mietmarkt machen.

Phoenix wurde von der Finanzkrise schwer getroffen: Die Zahl der Zwangsvollstreckungen durch Banken sank um 57 Prozent gegenüber dem Höchststand der Immobilienpreise. Der Immobilienmarkt von Phoenix ist ein erbärmlicher, miserabler Ort.

Die Rothschilds hatten ein berühmtes Sprichwort: Wenn die Straßen voller Blut sind, dann kaufe Vermögenswerte!

Eine Krise ist eine Chance inmitten der Gefahr.

Einer der ersten, der die Gelegenheit in Phoenix erkannte, waren Steve Schmitz und seine Partner. Sie gründeten 2008 eine Investmentgesellschaft, American Residential Properties, und begannen, ein Dutzend von der Bank zwangsversteigerte Häuser in Phoenix mit ihren eigenen Mitteln zu kaufen. Da die meisten dieser Häuser noch aus der Zeit der Immobilienblase von vor einigen Jahren stammen, sind sie neu, praktisch wartungsfrei und können schnell vermietet werden. Um die Mieter kennen zu lernen, ging er von Tür zu Tür und stellte fest, dass es sich bei den Mietern um eine typische amerikanische Mittelklassefamilie handelte, ein Ehepaar mit zwei Kindern und einem Hund, die aus verschiedenen Gründen ihr Haus verloren hatten, sich aber in ihrer Liebe und Hingabe zum Haus nicht von anderen Hausbesitzern unterschieden.

Im Jahr 2010 beschloss Steve, einen REIT (Real Estate Trust) zu gründen, um sich auf den Kapitalmärkten Mittel zu beschaffen, mit denen er das Geschäftsmodell der Zwangsvermietung in großem Maßstab nachbauen kann. Der sogenannte REIT-Fonds ist ein Treuhandfonds, der eingerichtet wurde, um das Problem der Doppelbesteuerung von Unternehmen und Privatpersonen zu vermeiden. Seine Gewinne werden fast vollständig an die Anleger ausgeschüttet, d. h. die Gewinne werden nur "durchgereicht" Unternehmen, sondern direkt auf das Konto des Anlegers, so dass der Anleger nur persönliche Steuern zahlen muss, das Unternehmen aber keine Steuern.

In der traditionellen Immobilienmarkt, der "Abschottung-Miete"-Modell ist vor allem das Verhalten von Kleinanlegern, während die REIT-Fonds wird der Kapitalmarkt der großen Kapital in diesen Markt, Guerillas stieß die reguläre Armee, Kleinanleger sind schwer zu kämpfen gegen die Kapitalstärke der Institutionen, die ökologische Umfeld des Marktes hat sich dramatisch verändert.

Steve und seine "American Residential Real Estate Corporation" sind in der Branche als Pioniere des "foreclosure-rental"-Modells anerkannt. Von 2010 bis zum Sommer 2012 stieg die institutionelle

Finanzierung von Phoenix von 15 Prozent auf 26 Prozent der Immobilienverkäufe. [28]

Da sich die Wirtschaft in Phoenix nur langsam erholt hat, haben mehr Familien ihr Zuhause verloren, was zu einem erheblichen Anstieg des Anteils der Mietwohnungen am Markt für Einfamilienhäuser geführt hat, der von 8% vor der Krise auf 22% im Jahr 2013 gestiegen ist. Die Zahl der zur Vermietung verfügbaren Immobilien hat sich drastisch erhöht, aber der Wettbewerb ist intensiver geworden.

Ab Sommer 2012 sahen sich die lokalen institutionellen Investoren in Phoenix einer harten Herausforderung durch PE-Giganten wie Black Rock und die heftigeren Hedge-Fonds der Wall Street gegenüber, als der mächtige Drache und das Murmeltier Phoenix angriffen. Bis zum Sommer 2013 hatte das Geld der Wall Street 11.440 der 230.000 vermieteten Einfamilienhäuser in Phoenix aufgekauft - keine große Zahl, aber der "Aaleffekt" der Wall Street hatte den gesamten Wohnungsmarkt von Phoenix aktiviert.

Der massive Zustrom von Geldern führte zu einem heftigen Wohnungsmarkt, bei dem die Hauspreise in die Höhe schossen und die Investitionsrendite rapide sank. 2013 lag die Mietrendite für Phoenix-Immobilien nur noch bei 5 bis 6%. Der Bestand an Zwangsvollstreckungen ist ausgetrocknet und die extrem günstigen Häuser sind weg.

Die Wall-Street-Spekulanten klammerten sich nicht mehr an Phoenix, sondern fielen wie Heuschrecken über Las Vegas (Nevada) und Nord- und Südkalifornien im Nordwesten her, drehten dann um und steuerten geradewegs auf Florida, Georgia sowie Nord- und Süd-Carolina an der Südostküste zu, bevor sie in die schwer getroffenen Immobiliengebiete des Mittleren Westens wie Chicago, Detroit, Denver und Ohio weiterzogen.

---

[28] Morgan Brennan, Wall Street Buying Adds to Housing Booming, *Forbes*, 2013-06-24.

Das Vegas-Kopfgeld

Anfang 2012 ist die Spekulationsbande der Wall Street nach Las Vegas übergelaufen und hat sich direkt auf Phoenix gestürzt. Das liegt daran, dass die Immobilienpreise in Vegas zwar tiefer gefallen und billiger sind, das Wirtschaftsmodell der Stadt mit einer Arbeitslosenquote von 10% aber zu homogen ist. Während der Rezession ist die Zahl der Menschen, die nach Las Vegas kommen, um Geld auszugeben, viel geringer als früher, und die Mieten sind weniger tragfähig als in Phoenix.

Als das Angebot an zwangsversteigerten Häusern in Phoenix versiegte und die Immobilienpreise in die Höhe schossen, dauerte es nicht lange, bis die Preise in Las Vegas viel billiger wurden. Die Spekulanten der Wall Street begannen Ende 2012 mit einem großen Vorstoß nach Vegas, und im November schloss sich Black Rock der Spekulationsarmee der Stadt an, wobei die Wall Street 8 Milliarden Dollar in den Immobilienmarkt der Stadt steckte, um eine Riesenwette abzuschließen.

Auf dem Immobilienmarkt von Las Vegas schützt die Gesetzgebung von Nevada (Assembly Bill 284) die Interessen der Hausbesitzer übermäßig, indem sie Zwangsvollstreckungen nahezu unmöglich macht und es erschwert, dass noch mehr stark säumige Häuser auf den Markt kommen, wodurch künstlich die Illusion geschaffen wird, dass der Markt knapp ist. Mindestens 64.000 Häuser stehen leer, und bis zu 45.000 Familien sind seit mehr als 90 Tagen mit ihren Hypotheken im Verzug, aber nur 8.000 Häuser stehen auf dem gesamten Wohnungsmarkt von Las Vegas zum Verkauf, so die Daten des örtlichen Energieversorgers.

In Las Vegas gibt es einen Zustrom von leerstehenden und unverkäuflichen Häusern, während der vorhandene Bestand an Immobilien von institutionellen Anlegern fieberhaft umworben wird. Ein Immobilienmakler aus Las Vegas, der ein zwangsversteigertes Haus für 86.000 Dollar verkaufen wollte, gab etwa 20.000 Dollar für Reparaturen und Renovierungen aus, und sobald die Anzeige geschaltet war, gab es sofort 41 Bieter, von denen 39 bar bezahlten. Der Makler hatte noch nie einen derartigen Ansturm auf ein Haus erlebt, nicht einmal auf dem Höhepunkt der Immobilienblase. Der Prozentsatz der Bargebote war so hoch, dass das Haus schließlich für 135.000 Dollar verkauft wurde, mehr als die Hälfte des erwarteten Preises.

Einerseits werden Zehntausende von leerstehenden, zwangsversteigerten Häusern davon abgehalten, auf den Markt zu kommen, und andererseits werden Milliarden von Dollar in die Hand genommen, um 8.000 knappe bestehende Häuser zu erwerben, was nicht nur die Preise für bestehende Häuser in die Höhe treibt, sondern auch die Kaufkraft auf den Markt für neue Häuser lenkt. 2013 stiegen die Verkäufe neuer Häuser in Las Vegas um 87% und die Zahl der Baugenehmigungen um 52%.

In der zweiten Jahreshälfte 2012, als die Wall-Street-Spekulanten begannen, in den Markt von Las Vegas einzudringen, wurden insgesamt 19% der jährlichen Immobilienverkäufe von Las Vegas aufgefressen, und wenn man das umrechnet, wurde fast die Hälfte der Immobilien in den letzten Monaten des Jahres von den Wall-Street-Spekulanten weggefegt. Da Barzahlungen bis zu 60 Prozent der gesamten Immobilienverkäufe in Las Vegas ausmachten, stiegen die Immobilienpreise in der Stadt im Jahr 2012 im Vergleich zum Vorjahr um 30 Prozent, was einer Kombination aus massiven Geldbeträgen und geballter Feuerkraft zu verdanken ist.

Doch auch nach dem Preisanstieg sind die Immobilienpreise in Las Vegas immer noch 56 Prozent niedriger als ihr Höchststand vor der Krise.

Wenden Sie sich an Südkalifornien

Südkalifornien Inland Empire Riverside County, Hauspreise$172K, abgeschottete Häuser$156K, Spitzenwerte 60% Rückgang

Das Inland Empire liegt im Großraum Los Angeles in Südkalifornien und ist mit 4,3 Millionen Einwohnern der zweitgrößte Großraum in Südkalifornien. In Südkalifornien herrscht ein angenehmes Klima mit sonnigen Jahreszeiten, angenehmen Wintertemperaturen und einer einmalig reichen Naturlandschaft. Hier kann man morgens zum Strand surfen, dann einen Ausflug nach Disneyland machen und schließlich die Ruhe beim Skifahren in den verschneiten Bergen von San Bernardino City genießen. Mit der Nähe zu Los Angeles, San Diego und Las Vegas, Disneyland, Hollywood, den Universal Studios, Palm Springs, Stränden, Wüsten, verschneiten Bergen und anderen Freizeitaktivitäten wird alles geboten. Eine solch verlockende Lage und natürliche Schönheit zieht natürlich Einwanderer aus den Vereinigten Staaten und der ganzen Welt an.

Doch leider wurde das Inland Empire im Zuge der Finanzkrise 2008 zum Zentrum eines Immobiliencrashs in der Region Südkaliforniens.

Als die Wall-Street-Spekulanten im April 2012 nach Südkalifornien fuhren, waren ihre Geschäfte bereits auf dem Weg zu einem Fließbandbetrieb. Sie organisierten eine modulare Art und Weise der Handhabung, jeden Morgen um 6:30 Uhr begann für den Tag der Abschottung Verkauf des Hauses schnappen Aktionsplan vorzubereiten, nahmen sie die Energie der Wall Street Analyse von Aktien, im Durchschnitt 1.000 zwangsvollstreckte Häuser pro Woche, um die Bedingungen der verschiedenen, Dutzende von LCD-Bildschirmen wiederum voluminöse Anzeige der Wall Street Handelsraum Atmosphäre zu analysieren.

Da es sich um eine Investition handelt, geht es nicht um das Streben nach Wohnkomfort, sondern um die Kontrolle der Kosten, um die Stabilität der Miete zu gewährleisten. Wenn das Haus über einen Pool verfügt, was bei einem normalen Haus ein Vorteil gewesen wäre, ist dies in den Augen der Spekulanten ein fataler Nachteil, denn ein Pool erfordert höhere Instandhaltungskosten, und eine Erhöhung der Miete, ohne die entsprechenden Kosten zu decken, macht es wahrscheinlicher, dass die Vermietung schwierig wird. Eine gute öffentliche Ordnung, ein guter Schulbezirk, eine günstige Verkehrsanbindung und die Nähe zu Einkaufszentren - nur mit diesen vier Kriterien lassen sich Mieter gewinnen.

Auf der Grundlage dieser Kriterien durchforstete die spekulative Gruppe schnell das Auktionshaus, um die Liste zu ergattern, dann begann das Fließband zu rumpeln. Fieldwork-Team sofort auf den Weg zu dem Gehäuse vor Ort, Befragung von Hausbesitzern, die Bewertung der Kosten für die Reparatur und Renovierung; Gehäuse Bewertung Team begann, eine Vielzahl von Steuern und Gebühren zu berechnen, zu erkundigen, ob das Eigentum an dem Haus ist sauber, wie z. B., ob der Hausbesitzer hat andere Gläubiger haben das Recht, das Haus als Hypothek zu behaupten, wenn das Eigentum an dem Haus gibt es andere Gläubiger kann verdorben werden, der Kauf des Hauses muss auch nach den damit verbundenen Kosten der anderen Gläubiger zurückgezahlt werden; Wohnungsübergabe, Wartungsteam sofort folgen, müssen sie den lokalen Auftragnehmer zu kontaktieren, um die kürzeste Zeit, um die Wände neu streichen, ersetzen Vorhänge, Reinigung von Teppichen, Rasenmähen, Küchenrenovierung und andere spezifische Fragen zu vervollständigen; schließlich begann das Marketing-Team, mit verschiedenen Kanälen, um Mietinformationen freizugeben, erhalten Mieter, um das Haus zu sehen, untersuchen die Mieter den Hintergrund, und den Vertrag unterzeichnen.

Im Inland Empire wurden von Mitte 2012 bis Anfang 2013 52% der zwangsversteigerten Immobilien von Wall-Street-Spekulanten veräußert, und zwar Immobilien, die nicht einmal öffentlich auf dem Markt ausgeschrieben waren. Die Nachricht von den Zwangsversteigerungen an der Wall Street hat Panik unter den lokalen Investoren ausgelöst, die zuvor befürchteten, dass die Immobilienpreise weiter sinken würden, wenn sie kaufen würden, jetzt aber befürchten, dass sie kein Haus mehr bekommen, wenn sie zu spät kommen. Noch beängstigender waren die Berichte in den lokalen Zeitungen über Hauskäufer, die 200 aufeinanderfolgende Gebote für ein Haus abgaben, ohne Erfolg, was noch mehr Panik und Verzweiflung unter den Kreditkäufern auslöste, die sich umschauten und Gebote abgaben, wenn sie ein Haus sahen. Die Welle der Hauskäufe hat die Hauspreise im Inland Empire um 18% bis 25% in die Höhe getrieben.

Im südkalifornischen Orange County entfielen 2012 22% der gesamten Hausverkäufe auf Wall-Street-Spekulationen. 2011 waren 10.600 Häuser zum Verkauf ausgeschrieben, Anfang 2013 waren es nur noch 3.300, und eine wilde Eilmentalität ließ die Hauspreise um 10% steigen. Auf dem Markt für Zwangsversteigerungen in Orange County machten institutionelle Investoren 2008 nicht mehr als 10% des Marktes aus, während Wall-Street-Spekulanten 2012 fast die Hälfte des Marktes ausmachten.

Das Inland Empire als Repräsentant der steigenden Immobilienpreise in Südkalifornien, nicht wegen der dramatischen Verbesserung der Wirtschaft, sondern wegen der Spekulationen der Wall Street auf dem Markt, die durch den "Aal-Effekt" ausgelöst wurden, ist die tatsächliche wirtschaftliche Situation in Südkalifornien alles andere als optimistisch.

Nach den Daten des U.S. Census Bureau für Städte mit mindestens 65.000 Einwohnern sind die Arbeitslosenquoten in mehreren kalifornischen Städten nach 2011 zurückgegangen, liegen aber immer noch bei 15 Prozent und damit fast doppelt so hoch wie vor 2008. Obwohl die Arbeitslosenquote in den Jahren 2011 und 2012 zurückging, sind einige Arbeitsplätze nur Niedriglohn- oder Teilzeitarbeitsplätze. Während die Rezession 2009 endete, wurden viele südkalifornische Städte 2012 noch ärmer. Die Armutsquote in Kalifornien ist von 2008 bis 2012 um 3,6 Prozentpunkte gestiegen. In Los Angeles County stieg die Armutsquote von 15,5 Prozent im Jahr 2008 auf 19,1 Prozent, während das durchschnittliche jährliche Haushaltseinkommen von 59.196 Dollar im Jahr 2008 auf 5.3001 Dollar sank.

Phoenix, Las Vegas und Südkalifornien im Südwesten der USA, einst der Geburtsort der Subprime-Hypothekenkrise, sind seit März 2012 zum beliebtesten "Investment-Mekka" für Wall-Street-Spekulanten geworden, die in den drei Gebieten jeweils 38,6 Prozent, 48,5 Prozent und 27,3 Prozent der gesamten Hausverkäufe abräumten. Unter ihnen war Las Vegas einst das begehrteste, mit 50,2 Prozent der Käufer, die im Oktober 2012 überhaupt nicht zu einem Hausverkauf erschienen - sie machten sich nicht einmal die Mühe, das Haus, das sie kaufen wollten, zu besichtigen und bezahlten es einfach. Satte 52,5% aller Transaktionen waren reine Barzahlungen.

So wie die Wenzhou Immobilienspekulation Gruppe in Chinas Provinzen eine Welle von wild steigenden Hauspreisen, Wall Street Spekulation Gruppe von Anfang 2012 begann, die Vereinigten Staaten Ost-und Westküste und der zentralen Region, wo der Bestand an zwangsvollstreckten Häusern wurde erheblich reduziert fegen, überall in der touristischen Hauptstadt zu bewegen, der Kampf um Wohnraum verschärft, sollten die lokalen Hauspreise stark steigen.

Die Manipulation des US-Immobilienmarktes durch die Finanzmärkte hat in der Tat unmittelbare Ergebnisse gezeigt.

Black Rock, der größte Landbesitzer in den Vereinigten Staaten

Unter den Spekulanten an der Wall Street steht BlackRock an der Spitze des Feldes.

Für viele PE-Fonds, Hedge-Fonds oder Vermögensverwaltungsgesellschaften besteht die Spekulation mit Wohnimmobilien darin, viele billige Wohnungen zu kaufen und zu halten, sie zunächst zu halten und für eine gewisse Zeit zu vermieten, bis die Hauspreise auf den richtigen Preis steigen, um sie dann zu verkaufen und sich aus dem Staub zu machen. Die Ambitionen von

BlackRock sind jedoch eindeutig viel größer, und das Unternehmen will mit dem Aufkauf von Immobilien ein "Mieterimperium" schaffen, das die über die Vereinigten Staaten und sogar die ganze Welt verstreuten Mietmärkte mit einem standardisierten Produkt konsolidiert, das Mietwohnungen in großen Mengen und auf industrialisierte Weise liefert. Anstatt zu versuchen, einzelne Immobilien zu verkaufen, wenn die Hauspreise hoch sind, versucht Black Rock, den Kapitalmarkt endlich in einem Stück zu verlassen.

Im Februar 2012 gab die US-Bundesbehörde für Wohnungsbaufinanzierung (FHFA) einen allgemeinen Mobilisierungsbefehl für einen Hauspreis-Gegenangriff heraus, und im April gründete die BlackRock Group ihr eigenes "Mieterimperium" (Investment Homes) und begann eine beispiellose Wohnungsfusion in der Immobilienbranche.

Da Blackstone ursprünglich auch in der Immobilienbranche tätig war, aber keine direkte Erfahrung mit der Verwaltung großer und dezentraler Mietobjekte hatte, war man bereit, die Dinge von Anfang an intern zu regeln, um Informationen aus erster Hand zu erhalten. Das "Mieterimperium" beschäftigt Tausende von Vollzeitmitarbeitern, was für einen Fonds sehr viel ist, und hat außerdem mehr als 5.000 Outsourcing-Anbieter im Visier. Beim Eintritt in einen Markt beschäftigt Empire lokale Marktanalysten, ein M&A-Team für den Kauf von Immobilien, ein Instandhaltungs- und Renovierungsteam, das das lokale Bauteam beaufsichtigt, ein Immobilienverwaltungsteam für den täglichen Betrieb und ein Vermietungsteam, das eng mit lokalen Maklern zusammenarbeitet, um Mieter zu gewinnen.

Das "Imperium" kauft hauptsächlich zwangsversteigerte Häuser von Banken oder Cash-out-Häuser von Kleinanlegern und kauft in Einzelfällen auch Häuser aus dem Wiederverkauf in großen Mengen von anderen Unternehmen. Nach Erhalt des Hauses dauern die Reparatur- und Renovierungsarbeiten etwa 2 bis 3 Wochen und kosten etwa 10% des Kaufpreises. Die Standardvorlage ist ein Haus mit drei Schlafzimmern, zwei Bädern, zwei Garagen und einem Rasen, das in der Regel die meisten "klebrigen" Familien anzieht, die mieten.

In einer Gemeinde sind die von Empire verwalteten Immobilien oft sehr auffällig, das Äußere des Hauses wird oft neu gestrichen und der grüne Rasen wird knackig gemäht. Im Inneren des Hauses ist die Badewanne im Hauptschlafzimmer eine Nummer größer als normal, die Küchenarbeitsplatten sind aus nagelneuem Marmor, und der neue

Teppich und die Wände sind hellbraun, was dem üblichen Standard für schwarzen Stein entspricht. Die Miete für ein solches Haus liegt bei etwa 1.750 Dollar pro Monat, mit einer Vermietungsquote von über 80 Prozent und einer Nettorendite von durchschnittlich etwa 6 Prozent aller Einfamilienhäuser im Besitz des Empire.

Mit solch hohen Standards hat "Empire" die Nation im Sturm erobert.

Im Juli 2012 gab Empire bekannt, dass es 2.000 Einfamilienhäuser zum Preis von 300 Millionen Dollar erworben hatte, wobei es sich auf fünf große Gebiete in den Vereinigten Staaten konzentrierte, in denen der Immobilienmarkt stark betroffen war.

Im September landete das Imperium in Tampa Bay, Florida, und ließ eine "schwere Bombe" im Wert von 1 Milliarde Dollar fallen, indem es eine große Anzahl von örtlichen Immobilienmaklern anheuerte und es auf Häuser zwischen 100.000 und 175.000 Dollar abgesehen hatte. Die "Söldner" des "Imperiums" haben die gesamte Bay Area in Scharen "durchkämmt" und eine große Anzahl von Flugblättern mit schockierenden Worten wie "all cash", "no assessment", "pay now", "quick deal" und so weiter gedruckt, und diese "Kleinanzeigen" sind überall auf den Straßen der Stadt zu finden. Das "Imperium" frisst sich in Zwangsversteigerungen mit einer Rate von Hunderten von Häusern pro Monat hinein, und sein Ziel in Tampa Bay ist es, 15.000 Einfamilienhäuser in 3 Jahren zu vernichten!

Florida Tampa Bay Gebiet, $1210 Mieten, $93K Häuser, $89K Zwangsvollstreckungen, 53% Spitzenabfall

Da die Immobilienpreise in Florida seit ihrem Höchststand im Jahr 2006 um 45% gesunken sind und eine große Zahl von Hausbesitzern gezwungen war, zur Miete zu wohnen, nachdem sie aus ihren Häusern vertrieben worden waren, hat sich der landesweite Mietmarkt rasch auf 100 Milliarden Dollar aufgebläht, was Florida aufgrund der niedrigen Preise und hohen Mieten zu einem fruchtbaren Boden für die Ausbeutung des Mietmarktes machte. Da die meisten Mieter ursprünglich Eigenheimbesitzer waren, die sich um alles im Haus zu kümmern wussten, einen ausgeprägten Gemeinschaftssinn hatten und die Standardmieter waren, die den Investoren so gut gefielen, konzentrierte sich das "Imperium" in Florida darauf, das strategische Layout, das man als ziemlich visionär bezeichnen könnte, aufzufrischen.

Im Oktober behauptete Black Rock, dass sie den US-Markt für Zwangsvollstreckungen mit einer Rate von 100 Millionen Dollar pro Woche durchforsten würden.

Im November wandte sich Black Rock nach Las Vegas, um sich den Spekulanten von der Wall Street anzuschließen, die schon früher gekommen waren, um zwangsversteigerte Häuser für satte 8 Milliarden Dollar zu verhökern.

Im April 2013 erwarb Black Rock einmalig 1.400 Wohnungen in Atlanta von einem anderen Institut und stellte damit einen Rekord für die größte Einzeltransaktion im Rahmen des Zwangsversteigerungs-Vermietungsmodells auf.

Bis September 2013 hatte Black Rock 5,5 Milliarden Dollar investiert, um 12 große US-Immobilienmärkte zu erobern, darunter 32.000 Einfamilienhäuser.

Neben dem Erwerb von Einfamilienhäusern zur Vermietung will Kuroshi auch die Produktkette des "Mieterimperiums" vervollständigen, zu dem Mietwohnungen gehören. Das Wall Street Journal meldete am 13. August: "Black Rock übernimmt GEs Wohnungsbestände". "In dem Bericht heißt es: "Die PE-Firma BlackRock Group geht eine große Wette auf den Wohnungsmarkt nach der Finanzkrise ein. "Die BlackRock Group wird 2,7 Milliarden Dollar ausgeben, um einen Großteil des 80 Einheiten umfassenden Wohnungsportfolios der GE Financial Corp. zu erwerben, das sich über Atlanta, Texas und die südöstlichen Bundesstaaten erstreckt und insgesamt bis zu 30.000 Wohneinheiten umfasst. Von den 2,7 Mrd. USD für die Akquisitionsfinanzierung will Blackstone 1 Mrd. USD aus eigener Tasche bezahlen und den Rest über die Kapitalmärkte abwickeln. Das umstrittene Geschäft ist eines der größten in der Immobilienbranche, denn Blackstone hat es auf eine Rekordzahl von Menschen abgesehen, die sich nach der Krise kein Haus kaufen können und wollen und die eine Wohnung brauchen, wobei Wohnungen eindeutig die beste Option sind, um junge Menschen zufrieden zu stellen, die sich keinen Kauf leisten können. Steigende Wohnungsmieten und sinkende Leerstandsquoten deuten darauf hin, dass sich der Wohnungsmietmarkt zum heißesten Segment der US-Immobilienbranche entwickelt. [29]

Der Moody's-Index, der Mietwohnungen in den gesamten USA erfasst, zeigt, dass Mietwohnungen seit ihrem Tiefpunkt im Jahr 2009 um 59 Prozent gestiegen sind, während der Immobilienmarkt insgesamt um 35 Prozent zugelegt hat. Die Wohnungsmieten stiegen im Jahr 2010 um 2,3%, 2011 um 2,4% und 2012 um 3,8%. Gleichzeitig sank die Leerstandsquote von 8% im Jahr 2009 auf 4,3% im Jahr 2013, ein 12-Jahres-Tief.

Black Rocks "Mieterimperium" umfasst nicht nur satte 32.000 Einzelhäuser, sondern ist, wenn man 30.000 Wohneinheiten hinzurechnet, der größte Grundbesitzer in Amerika!

Neben Black Rock haben sich auch die Mitglieder der Wall Street Speculation Group einen Namen gemacht (Stand: September 2013).

Zusätzlich zu den Hauptakteuren dieser spekulativen Gruppen gibt es unzählige kleine und mittlere Finanzunternehmen, heißes Geld aus Übersee, einzelne Spekulanten und sogar Staatsfonds, die auf den Wagen der spekulativen Wall-Street-Gruppen aufgesprungen sind und versuchen, im Rausch der Immobilienblase 2.0 ein Vermögen zu machen.

Im August 2013 gab es rund 5,6 Millionen Immobilienverkäufe in den USA, von denen der Anteil der Bargeldkäufe bei 45% lag, deutlich höher als die 30% im August 2012, verglichen mit 10 bis 20% auf dem normalen Immobilienmarkt. In den Ballungsräumen mit einer Bevölkerung von 1 Million oder mehr wurden die höchsten Raten von Bargeldkäufen in Miami mit 69%, Detroit mit 68%, Las Vegas mit 66%, Jacksonville, Florida mit 65% und Tampa mit 64% verzeichnet.

Es besteht kein Zweifel daran, dass die Spekulation eine wichtige Triebkraft für den Anstieg der Immobilienpreise in den Vereinigten Staaten geworden ist.

---

[29] Craig Karmin, Blackstone to Buy Stakes in Apartment Complexes From GE Unit, *Wall Street Journal*, 2013-08-12.

Wer sind die Opfer der Spekulation an der Wall Street?

Auf dem US-Immobilienmarkt kann man deutlich sehen, was auf dem Aktienmarkt passiert, wo die Preisrallye nicht auf eine Verbesserung der Fundamentaldaten zurückzuführen ist, sondern direkt durch Geld angetrieben wird. Auf dem Aktienmarkt haben riesige Aktienrückkäufe großer Unternehmen in Höhe von fast 2 Billionen Dollar eine neue Börsenblase entstehen lassen; auf dem Immobilienmarkt spielten die Spekulanten der Wall Street die Rolle der Initiatoren der Blase 2.0.

Überraschenderweise können die zig Milliarden Dollar der Wall Street Geld, in einem so kurzen Zeitraum, hebeln Sie die 23 Billionen Dollar Immobilienmarkt, und das Ausmaß ist so groß, die beispiellos in der Geschichte der amerikanischen Immobilien ist.

Goldman Sachs geht davon aus, dass fast 60 Prozent der Häuser bar gekauft werden.

Das sind dreimal so viele wie vor der Finanzkrise.

Noch Anfang 2012 machte sich der CEO der Federal Reserve Bank of New York Sorgen um den Immobilienmarkt, als fast alle davon ausgingen, dass der Immobilienmarkt eine 8- bis 9-jährige Rezession durchlaufen würde, wie die vorherige Rezession, die 1989 begann, wenn man bedenkt, dass die Krise von 2008 viel schwerwiegender war als die Rezession von 1990, würde der Immobilienabschwung mehr als 10 Jahre dauern. Wenn dies in einem normalen Konjunkturzyklus zutrifft, bleibt abzuwarten, ob die Verbreitung von Währungen das Ausmaß der Krise abmildern oder den Zyklus ihres Ausbruchs verkürzen wird, da es dieses Mal so viele Anomalien gab, vor allem die noch nie dagewesene in der Geldpolitik.

Der ungewöhnlich hohe Prozentsatz der bar bezahlten Hauskäufe ist eindeutig ein Zeichen für die extreme Dysfunktion des Immobilienmarktes, der nach Schätzungen von Goldman Sachs fast 60% der bar bezahlten Hauskäufe erreicht hat, dreimal so viel wie vor der Finanzkrise! Wenn man diesen Daten Glauben schenken darf, dann deuten sie darauf hin, dass es sich bei den meisten Akteuren auf dem Immobilienmarkt um Spekulanten handelt, da die amerikanische Mittelschicht nur in den seltensten Fällen in der Lage ist, ein Haus ganz bar zu kaufen. Wenn der Immobilienmarkt investitionsgetrieben ist und sich durch Upselling aus Profitgründen auszeichnet, dann handelt es sich um einen klassischen Fall einer Immobilienblase.

Es handelt sich um einen Markt, an dem sich kaum Hausbesitzer beteiligen, und zwar nicht, weil sie nicht wollen, sondern weil die Spekulanten der Wall Street ihnen die Möglichkeit zur Beteiligung verweigert haben.

Am 16. Februar 2013 berichtete die *Los Angeles Times* darüber, wie ein typischer durchschnittlicher Hauskäufer aus dem Immobilienmarkt verdrängt wurde. Der Protagonist ist ein 28-jähriger Hauskäufer mit einem stabilen, qualifizierten Arbeitsplatz, der die Darlehensbedingungen vollständig erfüllt und von der Bank einen vorab genehmigten Kredit für den Hauskauf erhalten hat. Im August 2012 begann er, sich Häuser in der Region Inland Empire in Südkalifornien anzusehen und gab 200 Angebote ab, von denen keines erfolgreich war.[30] Nach dem Crash im Inland Empire wurden teure Häuser relativ preiswert, und viele potenzielle Hauskäufer wurden nun zu qualifizierten Käufern, die die Gelegenheit nutzten, sich auf ihren "amerikanischen Traum" vom Eigenheim vorzubereiten, aber bald herausfanden, dass das Haus zwar billig war, aber nicht für sie.

Auf dem Markt für Zwangsversteigerungen haben die Spekulanten der Wall Street einen großen Teil der Häuser durch die Hintertür verkauft. Auf dem allgemeinen Markt bieten Käufer, die ausschließlich bar bezahlen, nicht nur hohe Summen, sondern zahlen auch pauschal, und Hausverkäufer sind natürlich bereit, sich für Barkäufer zu entscheiden, da sie die Zeit und das Risiko des Wartens auf eine Bankgenehmigung für ein Darlehen vermeiden wollen. Dies ist gleichbedeutend damit, dass echte Hausbesitzer vom Hauskauf ferngehalten werden, während Spekulanten den Hebel für kurzfristige Arbitrage nutzen können. Paul Leonardo, Direktor des California Center for Responsible Lending, zeigte sich hilflos,

---

[30] Alejandro Lazo, Inland Empire housing is more affordable but still out of reach, *Los Angeles Times*, 2013-02-16.

> *„Diejenigen, die sich an die Regeln halten und sich auf ihren Lorbeeren ausruhen, verpassen wirklich die Gelegenheit, sich um Wohneigentum zu bemühen."[31]*

Die Definition des neuen "amerikanischen Traums": vom Keller des Elternhauses aus: Ausziehen und im "Mieterimperium" von Black Rock leben. "

Im Inland Empire braucht der durchschnittliche Hauskäufer mindestens 20 bis 30 heftige Gebote, um überhaupt eine Aussicht auf Erfolg zu haben, und überzieht oft sein Budget, was viele dazu zwingt, andere Konsumausgaben einzuschränken, während die Glücklichen immer in der Minderheit sind. Die meisten Menschen können nur zusehen, wie die Immobilienpreise in Höhen steigen, die sie sich nicht leisten können, und sind dann gezwungen, den Traum von der eigenen Immobilie aufzugeben und in die Realität des Mietens zurückzukehren, die sie in Form der Mietanzeigen der Wall Street-Spekulanten erwartet.

Dies ist kein Phänomen, das sich nur in Südkalifornien abspielt; ähnliche Geschichten ereignen sich jeden Tag in allen Ecken Amerikas.

Es ist kein Wunder, dass der "amerikanische Traum" der jungen Generation darin besteht, aus dem Keller des Elternhauses auszuziehen und im "Mieterimperium" von Black Rock zu leben.

Ist die Immobilienbranche wach oder schlafwandelt sie?

Um dies herauszufinden, muss man sich zunächst ein Gesamtbild der amerikanischen Immobilienwirtschaft verschaffen.

Der gesamte US-Immobilienbestand beläuft sich auf 133 Millionen Wohneinheiten, in denen 310 Millionen Menschen leben, und 2013 betrug der Gesamtwert der US-Immobilien 2,37 Billionen Dollar. Die Gesamtzahl der Eigenheime beläuft sich auf 78,9 Millionen Wohneinheiten, von denen 48,4 Millionen Wohneinheiten noch mit Hypotheken belastet sind.

Von diesen Hypotheken befanden sich insgesamt 3,3 Millionen seit mehr als 90 Tagen in ernsthaftem Verzug, und sie sollten von den Banken versteigert werden, wurden aber stattdessen durch das

---

[31] Ebd.

langsame Zwangsvollstreckungsverfahren zurückgestaut, was direkt zu dem schweren Angebotsmangel auf dem nationalen Wohnungsmarkt im Jahr 2012 beitrug. Darüber hinaus gibt es 2 Millionen Kredite, die zwischen 30 und 90 Tagen in Verzug sind, und sie sind der Ersatz für die zwangsversteigerten Häuser. Offenbar sind von 48,4 Millionen Hypotheken bereits 5,5 Millionen ausgefallen, was einer Ausfallquote von satten 11,4% entspricht! Dies ist bereits eine atemberaubende Zahl.

Die Gesamtzahl der säumigen Haushalte und des "negativen Eigenkapitals" in den Vereinigten Staaten erreichte 2012 11,1 Millionen. Hinzu kommen 5,8 Millionen "ertrunkene Häuser", bei denen der Gesamtbetrag der Hypotheken den Preis des Hauses übersteigt und bei denen die Wahrscheinlichkeit, dass der Hauseigentümer das Haus verlässt, in der Regel sehr hoch ist und die eine potenzielle Quelle für Zwangsvollstreckungen sind. Zählt man die notleidenden und die ertrunkenen Häuser zusammen, beläuft sich der "Schattenbestand" an abgeschotteten Häusern auf satte 11,1 Millionen!

Die Spekulanten der Wall Street waren zwischen 2012 und 2013 anderthalb Jahre lang auf 12 großen US-Immobilienmärkten unterwegs und nahmen insgesamt weniger als 100.000 Immobilien mit, und der "Schattenbestand" war 111-mal höher als die Summe, die die Wall Street verschlang!

Der verzweifelte Druck der "Schattenbestände" kann nur durch einen weiteren starken Anstieg der Immobilienpreise gemildert werden!

Der Wiederanstieg der Immobilienpreise nach 2012 trug zwar dazu bei, das Ausmaß der Umwandlung von "ertrinkenden Häusern" in Zwangsversteigerungen abzuschwächen, und die Banken verzögerten absichtlich das Tempo der Zwangsversteigerungen und konnten so eine Angebotsverknappung und ein Bieterverfahren für Häuser herbeiführen, aber das Problem wurde durch die Verzögerung nur offengelegt, aber nicht beseitigt.

Zwangsversteigerte Häuser sind von Natur aus vermögensvergiftender Schrott, und Schattenbestände sind eine Zeitbombe, die die Banken vorübergehend in ihren Bilanzen verstecken, aber die innere Panik und Angst spricht für sich selbst. Die Basel III-Vereinbarung steht kurz vor der Umsetzung, der Zinsanstieg ist unvermeidlich, der Repo-Markt außerhalb des lockeren Inneren, die Gefahr von Liquiditätsengpässen folgt dem Schatten, zwangsversteigerte Häuser werden nicht eines Tages entsorgt, der Tag der Bank ist immer in der Qual, kopfüber zu hängen.

Die Bank of America (BOA) räumt ein, dass in den nächsten Jahren ein erschütternd großer Bestand an zwangsversteigerten Häusern zu bewältigen ist. Hypothekarkreditstrategen sagen voraus, dass in den nächsten fünf Jahren 6,6 Millionen zwangsversteigerte Häuser entsorgt werden müssen. Erst nach 2016 wird sich die Zahl der Zwangsvollstreckungen allmählich wieder normalisieren. Wie bereits erwähnt, sind 5,5 Millionen notleidende Häuser größtenteils zur Zwangsvollstreckung bestimmt, und weitere 5,8 Millionen "ertrinkende Häuser" müssen mit einem Anstieg der Hauspreise um mindestens 30 Prozent gerettet werden, und selbst dann werden noch etwa 600.000 "ertrinkende Häuser" zwangsversteigert werden. Wenn die Hauspreise im Jahr 2013 die meisten echten Hauskäufer vom Markt verdrängt haben, bedeutet ein weiterer Anstieg um 30%, dass ich befürchte, dass mehr als 80% der Immobilientransaktionen spekulativ sind.

Bis 2016 müssen die Banken 6,6 Millionen Gebäude veräußern. Unter normalen Immobilienbedingungen liegt die durchschnittliche Zahl der von den Banken zwangsversteigerten Häuser bei 21.000 pro Monat, also insgesamt bei etwa 250.000 pro Jahr. Selbst nach den optimistischsten Schätzungen der Bank of America werden die Banken bis 2016 jährlich 1,32 Millionen zwangsversteigerte Häuser veräußern müssen, mehr als das Fünffache des Normalzustands!

Kein Wunder, dass die Fed ihren Leitzins erst 2016 erhöhen wird, denn wenn die Zinsen steigen, sinken die Preise von Vermögenswerten und die Liquidität geht zurück, was nicht nur die Kosten für den Kauf eines Hauses in die Höhe treibt und die Kaufkraft von Immobilien schwächt, sondern gleichzeitig auch den Preis für toxische Vermögenswerte senkt, die die Banken erst noch veräußern müssen, so dass sie unterkapitalisiert sind.

Es ist nur das Wunschdenken der Fed und der Banken, dass der Ausbruch des Zinsvulkans nicht unbedingt nach ihrem Zeitplan erfolgen wird.

Die Schritte der Immobilien Schlafwandeln mit Hilfe der Krücke der spekulativen Hypothek Gruppe, kann auch für einige Zeit dauern, aber die spekulative Hypothek ist nicht der Weg, muss es neue Kaufkraft, um die Immobilienpreise zu unterstützen, da sonst die spekulative Hypothek Gruppe wird auch hoch sein Hedge.

Wo sind die zusätzlichen Hauskäufer, die folgen? Das liegt natürlich an der jüngeren Generation. Die Situation für die jüngere Generation Amerikas ist jedoch ziemlich düster.

Ein neuer Trend für junge Leute: zurück in die Heimat ziehen, um "das Alte zu essen"

In den letzten 30 Jahren lag das Durchschnittsalter der Erstkäufer von Wohneigentum in den USA zwischen 30 und 32 Jahren, und der zugrunde liegende Trend bei den Immobilienpreisen in den nächsten fünf bis zehn Jahren wird die Erschwinglichkeit der jüngeren Generation in ihren 20er und 30er Jahren sein.

Und der bemerkenswerteste Trend der aktuellen Generation ist dieser - nach Hause zu ziehen, um "am Alter zu nagen"! Der Prozentsatz der amerikanischen Millennials, die nach Hause ziehen, um "am Alter zu nagen", steigt dramatisch an

Der traditionelle "amerikanische Traum", im Alter von etwa 30 Jahren ein eigenes Haus zu besitzen, ist durch die Finanzkrise zerstört worden. Ein realistischerer Traum wäre es, in das "Mieterimperium" von Black Rock zu ziehen, aber es scheint, dass eine starke finanzielle Position erforderlich wäre, um diesen Traum zu verwirklichen. Die Realität sieht so aus, dass seit der Rezession immer mehr junge Menschen zurück in die Häuser ihrer Eltern ziehen, um dort "ihr Alter zu fressen". In den fünf Jahren nach der Finanzkrise kehrten 14,2% der jungen Menschen zwischen 25 und 34 Jahren in ihr Elternhaus zurück, verglichen mit 10,5% vor der Krise, während 54,6% der jungen Menschen zwischen 18 und 24 Jahren nach Hause zogen.

Für die jüngere Generation, die meisten der neuen Jobmöglichkeiten sind Einkaufszentrum Kassierer, McDonald's, Barkeeper, Hotel Kellner und andere Positionen, diese jungen Menschen aller Größen verdienen nur $ 25.000 pro Jahr, nach Steuern monatlichen Gehalt ist nur etwa $ 1.700, und es gibt keine Krankenversicherung und Sozialleistungen, Black Rock's "Mieter Reich" oft bei $ 1.750 bis $ 2.000 pro Monat beginnen, ist die junge Generation Angst, dass der einzige Weg, um weiterhin "essen die alten" zu Hause.

Die Amerikaner sind mit der Betonung eines unabhängigen Lebens aufgewachsen, und es stimmt, dass junge Menschen in der Vergangenheit nur selten von ihren Eltern abhängig waren, und nach dem College bei ihnen zu wohnen, war unter Gleichaltrigen eher demütigend. Fünf Jahre nach der Finanzkrise ist es für junge Hochschulabsolventen nicht nur schwierig, einen Arbeitsplatz zu finden, sondern sie haben auch allgemein niedrige Löhne und müssen hohe Studienkredite zurückzahlen.

Der Druck, Studentendarlehen abzubezahlen, ist etwas, das nur wenige junge Menschen im gleichen Alter in China erleben. Da die Studiengebühren weiterhin rapide ansteigen, wächst der Druck auf die Studenten, ihre Darlehen nach dem Abschluss zurückzuzahlen, weiter an die Finanzkrise und der wirtschaftliche Abschwung haben den Anstieg der Studiengebühren an amerikanischen Universitäten nicht gebremst. Die durchschnittliche Verschuldung von Studenten liegt bei 40.000 Dollar (einschließlich der von den Eltern aufgenommenen Darlehen), wenn sie die Schule verlassen, während sie bei Studenten mit Hochschulabschluss 55.000 Dollar beträgt.

Wollen Sie immer noch direkt nach dem Studium ein Unternehmen gründen? Tut mir leid, es ist nicht mehr die Ära von Bill Gates und Steve Jobs, als die Studiengebühren an öffentlichen Universitäten superbillig waren, private Universitäten im Vergleich zu heute wertlos waren, die Studenten eine Vielzahl von Bundes- und Staatsstipendien hatten und die Studentendarlehen zu sehr unter Druck standen, und der unternehmerische Antrieb der jungen amerikanischen Generation des 21. Das Wall Street Journal führte am 13. August 2013 eine Umfrage durch, aus der hervorging, dass "der Stress durch die Verschuldung der Studentenkredite der größte Einzelfaktor ist, der den Unternehmergeist unterdrückt". [32]

Studentendarlehen haben die 1-Billionen-Dollar-Marke überschritten und übertreffen damit Kreditkarten- und Autokredite zusammengenommen. Fast 40 Millionen Menschen nehmen Kredite auf, und fast die Hälfte aller Studentenschulden konzentriert sich auf die Altersgruppe der 25-Jährigen, die dominierende Gruppe der potenziellen Hauskäufer.

---

[32] Ruth Simon, *Student-Loan Load Kills Startup Dreams*, Wall Street Journal, 2013-08-13.

Werden sie in der Lage sein, ihre Studienkredite in einer Rezession rechtzeitig zurückzuzahlen? Leider ist die Ausfallquote bei Studentenkrediten so hoch wie seit 30 Jahren nicht mehr.

Von den 40 Millionen jungen Menschen, die Studentendarlehen schulden, erhält ein Teil dieser Studenten Darlehen von Geschäftsbanken, während die Mehrheit Darlehen direkt von der Bundesregierung erhält, wobei insgesamt 27,8 Millionen staatliche Darlehen erhalten. Von diesen sind 7,9 Millionen noch in der Schule und müssen ihre Kredite eine Zeit lang nicht zurückzahlen. Nur 10,8 Millionen werden in der Lage sein, ihre Kredite fristgerecht zurückzuzahlen, und die restlichen 9 Millionen sind entweder bereits in Verzug (mehr als ein Jahr im Rückstand) oder befinden sich in einem Zustand der Verzögerung und Stundung. Mit anderen Worten: Es gibt fast genauso viele Menschen, die ihre Schulden nicht rechtzeitig zurückzahlen können, wie es Menschen gibt, die dies tun! Und die Hälfte der 7,9 Millionen Schüler und Studenten wird Probleme haben, ihre Schulden zu bezahlen, sobald sie die Schule verlassen, genau wie die Senioren.

Von den 27,8 Millionen (staatlichen) Darlehensnehmern für Studenten zahlen nur 10,8 Millionen ihre Darlehen pünktlich zurück. 7,9 Millionen Menschen sind in der Schule und weitere 9 Millionen zahlen ihre Kredite nicht rechtzeitig.

Rechnet man die Kreditausfälle bei Geschäftsbanken hinzu, so ist die Gesamtausfallquote bei Studentenkrediten einfach miserabel, wobei die Quote der schwerwiegenden Ausfälle von mehr als 90 Tagen bei den unter 30-Jährigen mit Studentenkrediten bei 35% liegt. Von den 40 Millionen zukünftigen Hauskäufern könnten 14 Millionen einen Zusammenbruch ihrer Kreditwürdigkeit erleiden und aus dem Markt gedrängt werden, da diese schwerwiegenden Kreditausfälle unweigerlich zur Ablehnung von Kreditanträgen führen, wenn Banken Hypothekendarlehen bewilligen.

Die Zahl der Verkäufe neuer Häuser liegt weit unter dem normalen Marktniveau. (Quelle: Case-Shiller-Index)

In den Vereinigten Staaten, nicht nur ein Haus zu kaufen, um eine Hypothek zu beantragen, um Kredit-Geschichte zu überprüfen, sondern auch ein Haus zu mieten, um Kredit zu überprüfen, für 14 Millionen potenzielle Hauskäufer unter dem Alter von 30, ist es nicht nur schwierig, ein Darlehen zu bekommen, um ein Haus zu kaufen, sondern auch nicht einfach, eine Mietwohnung zu finden, in den Black Rock

"Mieter Reich" zu bewegen, ist wirklich ein neuer "amerikanischer Traum".

Es ist kein Wunder, dass junge Menschen in den Vereinigten Staaten keine andere Wahl haben, als nach Hause zu gehen und "ihr Alter zu essen". Im Jahr 2012 waren nur 4% der Bevölkerung in der Altersgruppe der 25- bis 30-Jährigen bereit, eine Hypothek zu unterschreiben, wenn sie einen Studienkredit hatten.

Die Fähigkeit der jüngeren Generation, ein Haus zu kaufen, wurde stark beeinträchtigt, und dies ist die Hauptursache für die anhaltende Flaute bei den Verkäufen neuer Häuser. 2013 wurden in den USA nur 400.000 neue Häuser verkauft, weit weniger als die 1,3 Millionen während der Blase und weit weniger als die 900.000 um das Jahr 2000, als die US-Bevölkerung um mindestens 40 Millionen Menschen wuchs und die Verkäufe neuer Häuser weniger als die Hälfte des Wertes des Jahres 2000 erreichten.

Wenn man sich die Zukunft der US-Immobilien ansieht, wird einerseits das Angebot an zwangsversteigerten Häusern bis 2016 um 6,6 Millionen weiter in die Höhe schnellen, und die Angebotsknappheit, die durch leerstehende, aber nicht zur Versteigerung stehende Häuser verursacht wird, wird zu mehr Neubauten anregen, und das Gesamtangebot an Immobilien wird erheblich steigen; und die Nachfrage? Von den wirklichen Hauskäufern, die sich einen Kredit leisten können, sind die meisten von den Spekulanten der Wall Street aus dem Markt gedrängt worden, und von den potenziellen 40 Millionen jungen Hauskäufern ist bereits ein Drittel aus dem Markt gedrängt worden, und am Ende werden nur noch mehr vom Immobilienmarkt im Stich gelassen.

Dies ist der künftige Trend der Immobilien Angebot und Nachfrage, das Fehlen der realen Nachfrage, wie lange kann die Spekulation Gruppe unterstützen Hauspreise?

Zinsvulkan wird Immobilien verbrennen

Am Freitag, den 12. Juli 2013, erlebten die Hypothekenzinsen den größten Anstieg an einem Tag in der Geschichte der Immobilienbranche! Wenn ein Kreditgeber am Donnerstag einen Zinssatz für ein 30-jähriges festes Hypothekendarlehen der Bank von 4,2 Prozent sah, stieg dieser Satz am Freitag auf 4,575 Prozent.

Allein im Mai lag der Zinssatz für 30-jährige Festhypotheken bei nur 3,25%, und im Juli stieg er sogar auf 5%! Steigende 30-jährige Hypothekenzinsen (Quelle: Federal Reserve Bank of St. Louis)

Natürlich war es Bernankes Schuld, dass er im Mai aus dem QE-Programm ausstieg und seine Entschlossenheit im Juni noch einmal bekräftigte, mit dem Ergebnis, dass die globalen Finanzmärkte im Juni in heftige Turbulenzen gerieten. Die Schwellenländermärkte brachen fast zusammen, die Wall Street steht immer noch unter Schock, in China kam es zu einer großen "Geldknappheit", die sich in Immobilienkrediten niederschlug, und die Hypothekenzinsen stiegen so heftig wie nie zuvor in der Geschichte.

Dies ist nur eine verbale Übung, die Anleihekäufe der Fed haben sich nicht im Geringsten verlangsamt, und die katastrophalen Auswirkungen der plötzlichen Veränderung der Marktpsychologie auf die Finanzmärkte sind offensichtlich.

Der Anstieg der Hypothekenzinsen bedeutet natürlich, dass der monatliche Rückzahlungsbetrag steigt. Wenn es einen anhaltenden und dramatischen Anstieg der Zinssätze gibt, wird dies unweigerlich zu einer "monatlichen Zahlungspanik" für Hausbesitzer führen, die unvorbereitet getroffen werden, da nicht nur die Möglichkeit eines Zahlungsausfalls stark gestiegen ist, sondern auch die Hauspreise höher sind, als die Menschen sich leisten können. Nach den Erfahrungen der Immobilienbranche bedeutet jeder Anstieg der Hypothekenzinsen um 1 Prozentpunkt einen Rückgang der Erschwinglichkeit um 10 Prozent, und der Anstieg der Zinssätze zwischen Mai und Juli führte zu einem starken Rückgang der Erschwinglichkeit um 17 Prozent.

Wenn eine durchschnittliche Familie einen festen Betrag von 2.000 Dollar pro Monat für ein Hausdarlehen ausgibt, sinkt der Betrag, den sich die Familie leisten kann, wenn die Zinsen steigen. Wenn der Zinssatz für ein 30-jähriges Darlehen mit festem Zinssatz 2,5 Prozent beträgt, kann sich die Familie ein Haus im Wert von 500.000 Dollar leisten, und wenn der Zinssatz auf 6,5 Prozent ansteigt, kann sie sich nur noch 300.000 Dollar leisten.

Als der 30-jährige Hypothekenzins von 3,25% im Mai auf 4,75% im Juli in die Höhe schoss, entsprach der Zinsunterschied zwischen den beiden Zinssätzen einem Rückgang der Immobilienpreise um etwa 50.000 Dollar.

DIE NÄCHSTE FLUT

Wenn die Zinsen steigen, sinken die Preise für Häuser, die man sich mit festen monatlichen Ausgaben leisten kann. Steigende Zinssätze setzen nicht nur die Hauspreise unter Druck, sondern wirken sich auch auf das Geschäft mit der Refinanzierung aus. Der Grund, warum die Amerikaner das Haus als Geldautomaten nutzen können, ist, dass die Kreditgeber, die die Zinsen festgeschrieben haben, bei der Bank eine Anpassung der Kreditbedingungen beantragen können, um einerseits die Zinsen zu senken und andererseits durch eine Erhöhung des Kreditsaldos Bargeld zum Ausgeben zu erhalten, was auch eines der Motive der Federal Reserve ist, die keine Mühen scheut, um die Immobilienpreise in die Höhe zu treiben, um die Wirtschaft anzukurbeln. Wenn die Zinssätze steigen, können die Menschen bei einer Refinanzierung kein Geld mehr herausnehmen, und bei begrenzten Ersparnissen müssen die Menschen weniger ausgeben.

Im Juli kündigte die Bank of America den Abschluss von 20.000 Entlassungen an, um mit faulen Hypothekenkrediten fertig zu werden; im August kündigte Wells Fargo, der größte Hypothekenkreditgeber in den Vereinigten Staaten, 2.300 Entlassungen an; JPMorgan Chase plant die Entlassung von 15.000 Mitarbeitern, von denen 3.000 Hypothekenkreditgeber sind; im September kündigte die Bank of America weitere 2.100 Entlassungen in ihrer Hypothekenkreditabteilung an; und die Citibank kündigte 2.200 Entlassungen an.

Weil neue Hausverkäufe nicht mithalten können, ist die Hypothekarkreditvergabe für Erstkäufer stark unterdrückt, und die alten Wohntransaktionen in den meisten Menschen gehören zu den spekulativen Gruppe, sie sind alle Barzahlung, müssen nicht für eine Hypothek beantragen, die ersten zwei Jahre der Bank Hypothekensektor Geschäft boomt, Gewinne gerollt, unter Berufung auf die Federal Reserve's ultra-niedrigen Zinssatz Politik durch die groß angelegte Refinanzierung Welle stimuliert. 2012, die Größe der US-Refinanzierung so viel wie $ 1,25 Billionen, und 2014 wird geschätzt, dass nur 388 Milliarden Geschäft links.

Der Zinssatz Gezeiten leise drehen, neue Darlehen für bestehende Häuser haben noch einen Aufschwung zu sehen, und die Refinanzierung wurde auch morgen, die Bank zu halten, so viele Hypothekendarlehen Menschen was nützt es?

Die Banken sehen bereits steigende Zinssätze, und die großen Entlassungen sind nur ein Regentag. Wenn der Zinsvulkan tatsächlich ausbricht, werden die Aussichten für Immobilien sehr düster sein. Da die Immobilienpreise steigen und die Zinssätze in die Höhe schnellen, nehmen die amerikanischen Haushalte und die monatlichen Hypothekenzahlungen zu.

Am stärksten betroffen waren natürlich die Hypothekenzinsen; der Zinssatz für 30-jährige Festhypotheken lag vor der Krise 2007 bei 7%, verglichen mit 9% in den späten 1990er Jahren. Von 3,25% im Mai 2013 bis zu 7-9% auf dem Weg zurück zur Normalität haben sich die Zinssätze nicht nur dramatisch verändert!

Das durchschnittliche Haushaltseinkommen in den USA liegt bei 50.000 Dollar, und nach Abzug der obligatorischen Kosten wie Steuern und Versicherungen beträgt das verfügbare Einkommen etwa 35.000 Dollar, also durchschnittlich 2.900 Dollar pro Monat. Für eine vierköpfige Familie ist ein großer Teil ihres Einkommens weg, und sie kann es sich leisten, die Hypothek von etwa 1200 Dollar zu bezahlen. Bei einem Hypothekenzinsniveau von 7-9% können sie sich nur ein Wohnungsbaudarlehen in Höhe von 160.000-170000 leisten, der Hauspreis liegt bei etwa 200.000$. Im August 2013 lag der Medianpreis eines neuen Hauses in den Vereinigten Staaten bei 257.000$, und der Medianpreis eines aktuellen Hauses lag bei 237.000$, und der Preis wurde offensichtlich überbewertet, etwa 30.000 bis 50.000$ höher, der höhere Teil ist das Ergebnis von QE, wenn QE-Ausgang, wird dieser Teil der steigenden Preise gezwungen sein, zurückzuziehen.

Der Zinsvulkan wird die reale Nachfrage nach steigenden Immobilienpreisen stark unterdrücken. Wenn 60% der Käufer auf dem Immobilienmarkt bar bezahlen, vor allem die wohlhabenden Wall-Street-Spekulanten, ist es dann möglich, dass der Ausbruch des Zinsvulkans keine Auswirkungen auf sie haben wird?

Die Antwort ist nein.

Das von Black Rock vertretene "Mieterimperium" hat einen gefährlichen Modellfehler.

Die tödliche Falle des "Tenant Empire"

Auf den ersten Blick bedeutet der Rückgang der Wohneigentumsquote in den USA, dass mehr Menschen zur Miete wohnen müssen. 2013 ist die Wohneigentumsquote in den USA auf das Niveau von 1980 gesunken, was eigentlich eine gute Nachricht für das

Modell des "Mieterimperiums" sein sollte, aber das Problem ist nicht so einfach.

Das Modell des "Mieterimperiums" mag vernünftig erscheinen, hat aber in Wirklichkeit einen fatalen Fehler. Die Eigenheimbesitzerschaft in den USA ist auf den Stand von 1980 gefallen.

Die Wachstumsrate des inflationsbereinigten Realeinkommens der amerikanischen Haushalte ist im Abwärtstrend, mit einem negativen Wachstum im Jahr 2013

Familien, die zur Miete gezwungen sind, vor allem solche mit durchschnittlichen oder geringeren Mitteln, sind entweder ehemalige Hausbesitzer, die von den Banken vertrieben wurden, oder neu gegründete Familien, die durch Studentenkredite und andere Schulden überfordert sind. Wenn die Mieter durch den Durchschnittshaushalt in den USA repräsentiert werden, ist die Miete, die sie sich leisten können, wenn sie die monatliche Hypothekenzahlung nicht aufbringen können, ebenfalls begrenzt und hat wenig Spielraum für Wachstum.

Infolge der Wall-Street-Spekulation wurden die superbilligen Mietwohnungsressourcen schnell aufgeteilt, und der rasche Anstieg der Hauspreise, so dass das Input-Output-Verhältnis der Spekulationsgruppe weiter sinkt. Anfang 2012 lag die Mietrendite der Spekulationsgruppe bei 14% bis 27%, und in der zweiten Hälfte des Jahres 2013 fiel die Mietrendite schnell auf 3% bis 4%. Inzwischen liegt die durchschnittliche Vermietungsquote der Wall-Street-Spekulanten bei nur 50% und ist damit bei weitem nicht so hoch wie ursprünglich erwartet. Black Rock ist eine relativ gute Leistung, früh, niedriger Kaufpreis, großes Kapital, die Bildung eines Skaleneffekts, die Belegungsrate von mehr als 80%, aber die Gesamtrendite von Einfamilienhaus Miete ist auch nur 6%, andere spekulative Gruppen sind schwer zu Black Rock übertreffen.

Die Verwaltung von Zehntausenden von über das ganze Land verstreuten Immobilien ist ein steiniger, arbeitsintensiver Wirtschaftszweig, der sich völlig von der Verwaltung einer Hotelkette mit einer hohen Konzentration von Bewohnern unterscheidet. Jedes Haus im "Mieterimperium" ist das Äquivalent eines Mini-Hotels, und die Kosten für die tägliche Instandhaltung und den Betrieb werden kaum wesentlich reduziert.

Das "Tenant Empire" versucht, maßgeschneiderte Produkte in großem Maßstab zu industrialisieren, um den Bedürfnissen der Kunden an verschiedenen geografischen Standorten, unter verschiedenen klimatischen Bedingungen, mit unterschiedlichen Lebensgewohnheiten und ethnischen Bräuchen gerecht zu werden, insbesondere den Tausenden von unterschiedlichen persönlichen Vorlieben, aber es ist auch schwierig, alle Aspekte zu erfüllen. Im Gegensatz zum Essen bei McDonald's und zum Aufenthalt in einem Hotel, wo eine Mahlzeit oder eine Nacht das Problem löst, ist das Wohnen in einer Wohnung ein langfristiger, individueller Prozess, der mit den psychologischen Gefühlen eines jeden Menschen verbunden ist.

In den 1990er Jahren gab es in den Vereinigten Staaten eine Welle, Immobilienmakler durch das Internet zu ersetzen, was in der Theorie durchaus sinnvoll war, in der Praxis aber nicht funktionierte. Denn man muss das Haus betreten, den Küchentisch anfassen, den Wasserhahn im Bad aufdrehen, auf den weichen Teppich treten, auf den Balkon gehen und die frische Luft einatmen, um sicher zu sein, dass diese wunderbare chemische Reaktion, die man Liebe nennt, stattfindet.

Eine Grundvoraussetzung aller Massenprodukte ist, dass die Menschen keine besondere emotionale Bindung zu diesem Produkt haben und auch nicht haben müssen, und Wohnungen fallen eindeutig nicht in diese Kategorie.

Das sind einfach Mängel im Geschäftsmodell, und noch tödlicher sind die potenziellen Gefahren des Finanzierungsmodells.

In der Tat stellen die steigenden Zinsen keine unmittelbare Bedrohung für die Immobilien dar, die Black Rock und andere Wall-Street-Spekulanten bereits erworben haben, da sie im Wesentlichen mit Bargeld einkaufen. Renditen von 6% reichen jedoch nicht aus, um ein vielversprechendes Geschäftsmodell aufrechtzuerhalten, vor allem nicht in der Anfangsphase der Modellbildung. Um das Ideal des "Mieterimperiums" erfolgreich zu verwirklichen, muss die Wall-Street-Spekulation weiter expandieren, mit einem Skaleneffekt zur Kostensenkung, um die ständig steigenden Personalkosten auszugleichen, muss sie nicht nur mit den steigenden Kosten für den Erwerb von Wohneigentum und dem durch das begrenzte Wachstum der Zahlungsfähigkeit der Mieter verursachten Engpass fertig werden, sondern auch unter der harten Prüfung der steigenden Finanzierungskosten leiden.

Die Spekulanten an der Wall Street werden durch den Kapitalmarkt und die Großbanken finanziert, und die Deutsche Bank ist der größte Geldgeber für das Modell "Mieterimperium". Wenn ein Zinsvulkan ausbricht, leiden der Repo-Markt, die Zinsswaps und die Anleihetitel, und die Liquidität des Kapitalmarkts ist erschöpft. Die Großbanken selbst können nicht schützen, die Hedgefonds schreien, wo sind die Mittel, um die Grenzen des "Mieterimperiums" zu erweitern?

Was ist wahrscheinlicher, dass die spekulative Hypothek Gruppe innerhalb der vielen Institutionen brach die finanzielle Kette, gezwungen, Eigentum in großem Maßstab zu verkaufen, um Bargeld, in dieser Zeit, Hausbesitzer sind "monatliche Versorgung Alarm" gezwungen, in großem Maßstab Standard, die spekulative Hypothek verstreut Haushalte haben Angst zu laufen weg, wer hat die Fähigkeit, an jeder Ecke Tausende von Häusern der Dump fangen?

Es wird befürchtet, dass das "Mieterimperium" tot ist, bevor die nächste Runde von Zinskrisen ihr Ausmaß erreichen kann.

Roadmap zur Großen Flucht für den Sieg

Am Anfang, die spekulative Gruppe, um die Abschottung Markt vorteilhafte Position zu ergreifen, um die Atmosphäre zu schlagen, ist der Appetit heftig, egal wie viel Geld Renovierung. Mit dem rasanten Anstieg der Hauspreise, die Erstinvestition in der spekulativen Gehäuse-Gruppe deutlich erhöht, während die Belegungsrate nicht zufriedenstellend ist, begann die Wolke des Risikos zu sammeln. Zinsen sind seit Mai 2013 gestiegen, die spekulative Gehäuse-Gruppe die Bonzen Angst, Finanzierungskosten stieg stark an, der Wettbewerb um Wohnraum wird immer härter, während die Leerstandsquote hoch bleibt, die Mieteinnahmen Potenzial begrenzt ist, das Ideal der "Mieter Reich" mehr und mehr wie "Huhn Rippen", geschmacklos, aufgegeben Schade.

Die hohen Tiere der Spekulationsbranche an der Wall Street müssen nun über einen Rückzug nachdenken.

Carrington Holdings, der erste Hedgefonds, der mit dem "Zwangsversteigerungs-Vermietungs"-Modell experimentierte, sah in den falschen Wind und begann Ende Mai 2013, sich zurückzuziehen. "Die Spekulanten, die sich immer noch auf den Markt stürzen, wurden von ihm als "dummes Geld" bezeichnet.

Allerdings ist es für die spekulative Gruppe keineswegs einfach, sich in einem Stück zurückzuziehen, und der dümmste Weg ist, das Haus direkt zu verkaufen.

Hedge-Fonds und PEs haben nicht die Absicht, von Anfang an langfristige Immobilienmanager zu werden, weder mit einem solchen Ideal noch mit einem solchen Interesse, und ihr Denken ist es, niedrig zu kaufen und hoch zu verkaufen, um Spreads zu verdienen, und je kürzer die Zeit, desto besser. Der Verkauf von Zehntausenden von Wohnungen auf dem Immobilienmarkt ist jedoch fast völlig unrealistisch, und niemand auf dem Immobilienmarkt kann es sich leisten, einen Verkauf in dieser Größenordnung zu übernehmen.

Stellen Sie sich vor, dass vor dem Verkauf eines Hauses Zehntausende von Häusern neu renoviert, in den nationalen Medien und im Internet beworben, zahllose Menschen eingestellt und von zahllosen Hausbesuchern empfangen werden müssten, um potenzielle qualifizierte Käufer zu finden; Dann müssten die Kreditwürdigkeit, der Beschäftigungsstatus, das Strafregister und die Bankverbindungen jeder Familie überprüft werden, um festzustellen, ob sie einen Kredit erhalten können und wie hoch der Zinssatz für den Kredit ist, was die Koordinierung einer großen Anzahl von Banken erfordern würde; dann müssten Zehntausende von Kaufverträgen unterzeichnet werden, und schließlich müssten die lokalen Regierungen die Registrierung, die Übertragung und die Zahlung von Steuern vornehmen, was einen enormen Arbeitsaufwand bedeuten würde. Von den ganzen Körper aus dem Weg zu betrachten, kann nur der Finanzmarkt durch die spekulative Gruppe der Ausverkauf Skala.

Für die spekulative Immobiliengruppe ist der idealste Rückzugsweg der Real Estate Trusts (REITs)-Fonds, um an die Börse zu gehen, sowohl um Kasse zu machen, um ihr eigenes Risiko zu vermeiden, aber auch um das "Mieterimperium"-Spiel weiter zu spielen, um das Geld der Aktionäre zu riskieren, die Vorteile zu gewinnen, die sie selbst haben, eine große Zahl von Sündenböcken zu tragen. Die hohen Tiere gehen ein und aus, lehnen sich zurück und sehen zu, wie die Wolken heranrollen.

Der erste Immobilienspekulant, der Krabben aß, war der Silver Bay Real Estate Trust, der im Dezember 2012 an die Börse ging und öffentlich Mittel aufnahm. Er verfügt über 2.548 Mietobjekte mit einer Gesamtinvestition von 300 Mio. USD und einem durchschnittlichen Kaufpreis von ca. 120.000 USD, mit einer durchschnittlichen Miete von

11.266 USD pro Gebäude und einer Belegungsrate von 46%. Davon wurden 900 vor Juni 2012 erworben und waren zu 91% belegt, mit Einnahmen von 4,0 Mio.$ im vierten Quartal 2012 und Betriebskosten von 24,6 Mio.$ für das gesamte Jahr, was zu einem Nettoverlust im Jahr 2012 führte. Bei einer gesättigten Belegungsrate könnten die Jahreseinnahmen 42 Mio. USD erreichen, und es wird erwartet, dass im Jahr 2013 ein Gewinn erzielt wird.

Die geplante öffentliche Finanzierung von Silver Bay in Höhe von 245 Mio.$ brachte 82% der 300 Mio.$ Anschaffungskosten mit einer 35%igen Beteiligung wieder ein. Bei einem Emissionspreis von 18,50$ stieg der Wert der spekulativen Gruppe sofort auf 455 Mio.$. Zu diesem Zeitpunkt sind 82% des Risikos der ursprünglichen Investition tatsächlich auf den Investor übergegangen, der selbst Mehrheitsaktionär bleibt. Wenn das Geschäftsmodell nicht funktioniert, ist es für die Spekulanten viel einfacher, sich aus dem Aktienmarkt zurückzuziehen, als auf dem Immobilienmarkt von Tür zu Tür zu gehen und die Häuser zu verkaufen, die sie nicht an die Aktionäre verkaufen können.

Die Auflistung ist ein wunderbarer Schritt, und die Spekulationsgruppe ist in einer guten Position, um zu kämpfen, sich zu verteidigen und sich zu bewegen.

Allerdings sind Investoren und Aktionäre viel wachsamer als vor der Krise, "Silver Bay" Debüt nicht die erwartete begeisterte Verfolgung erhalten, fiel der Börsenkurs unter den Ausgabepreis in sechs Monaten, da dann nicht verlangsamt worden.

Silver Bay hat sich seit dem Börsengang im Dezember 2012 schlecht entwickelt. Als wir den Börsengang von Silver Bay beobachteten, wurden auch andere spekulative Gruppen ungeduldig.

Colony American Homes, das sich auf einen Börsengang im Mai 2013 vorbereitet, verfügt über ein weitaus größeres Vermögen als Silver Bay und besaß Ende April 9.931 zwangsvollstreckte Immobilien, vor allem in Phoenix, Kalifornien, Florida und Texas. Das Unternehmen plant, 245 Millionen Dollar aufzubringen. Gerade als American colonial real estate gespannt auf die Börsenglocke wartete, kam Bernanke heraus, um über die Vorbereitung des Ausstiegs aus dem QE zu sprechen, die schlechten Nachrichten kamen an der Wall Street durcheinander, die Erwartung steigender Zinssätze ließ Investoren sofort den Appetit auf Immobilienprojekte verlieren, Silver Bay und andere Immobilienaktien fielen durcheinander. In Anbetracht des

Gesamtbildes mussten die amerikanischen Kolonialimmobilien Pläne zur Verzögerung der Börsennotierung bekannt geben.

Es gibt Ungläubige unter den Immobilienspekulanten, und American Homes 4 Rent ist einer von ihnen, der auf einer Notierung im Juni beharrt. American Rental Properties, das größer ist als American Colonial Properties, hat satte 2,5 Milliarden Dollar investiert und verfügt über 14.210 Immobilien mit einem durchschnittlichen Kaufpreis von 176.000 Dollar, was 56.000 Dollar mehr ist als die Anschaffungskosten von Silver Bay. Warum muss das Projekt im Juni auf den Markt gebracht werden? Weil das Unternehmen im November 2012, als der Kaufpreis nicht mehr niedrig war, 700 Millionen Dollar in ein Haus investiert hat. Nach den Erfahrungen der Branche ist die beste Zeit für den Übergang vom Großeinkauf über die Renovierung bis zur Vermietung sechs Monate, weil sich die Mieter in großer Zahl angemeldet haben, um einzuziehen, und weil es kein Phänomen gab, dass Mieter umziehen oder aufgeben, wenn die Mieter am stabilsten sind, die höchsten Mietpreise und der beste Cashflow. Wenn dieser Zeitpunkt verpasst wird, sind die Jahresabschlüsse schwer zu erkennen.

Ein Börsengang im Juni zu einer Zeit, in der das Geld knapp ist, hat seinen Preis, und er wird in einer Tragödie enden. Die US-Vermietungsgesellschaften sollten 1,25 Mrd. USD einnehmen, bekamen aber nur 700 Mio. USD, was einem Abschlag von 44% auf den Aktienkurs entspricht.

Die Börsennotierung sollte der ideale Rückzugsort für die spekulative Gruppe sein, und es war auch ein Plan, den sie Anfang 2012 in Betracht gezogen hatten, aber wer wusste schon, dass der Plan nicht mit den Veränderungen Schritt halten konnte und der Zinsanstieg zu plötzlich und jenseits ihrer Erwartungen kam.

Der Chef des Unternehmens, Black Rock, ist ein bisschen deprimiert, und ihr Eintritt in die Abschottung Markt ist es, einen schnellen Ausstieg nach dem Boden der Idee, die hervorragende PE, wenn die langfristig in die Mutter-in-law Vermietung Angelegenheiten, was ist der Status?

Die Börsennotierung dürfte auch für Black Rock die beste Option sein, aber angesichts der Lehren aus der Vergangenheit und der steigenden Zinssätze muss man sich sofort nach anderen Ausstiegsmöglichkeiten umsehen, wenn dieser Weg vorerst nicht funktioniert.

Das zweite Schlachtfeld der Flucht: mietgesicherte Wertpapiere

Gerade als das IPO-Debüt von "American Rental Real Estate" auf der Kippe stand, hatte Black Rock bereits ein zweites Schlachtfeld der Flucht eröffnet, nämlich mietgedeckte Wertpapiere.

Am 31. Juli 2013 berichtete das Wall Street Journal, dass "BlackRock und die Deutsche Bank Gespräche über die Ausgabe von RBS-Anleihen (Rental Backed Securities) führen".

Es wäre die weltweit erste Anleihe, die durch Wohnungsmieten besichert ist, und man könnte sie als den neuesten Versuch der Wall Street bezeichnen, Vermögenswerte zu verbriefen. Die Wall Street glaubt an die Idee, dass man, solange es einen zukünftigen Cashflow gibt, diesen jetzt in Wertpapiere umwandeln und morgen verkaufen kann.

Theoretisch sind Wohnungsmieten ein relativ stabiler Cashflow, während Tausende von Wohnungsmieten zu einem Pool von Vermögenswerten zusammengefasst werden können, die durch komplexe Trenntechniken zu standardisierten Anleiheprodukten veredelt werden, die in ihrer Art den MBS (Mortgage Backed Securities) ähneln und sich in ihrem Ursprung unterscheiden: MBS beruhen auf dem Cashflow der monatlichen Kreditrückzahlungen, während RBS der Cashflow der Mieten ist.

Nach der Finanzkrise hatten MBS einen schlechten Ruf, und die Wall Street war weitgehend von den MBS-Produkten anderer Investmentbanken abgeschnitten, mit Ausnahme von Fannie Mae und Freddie Mac, die indirekt von der Regierung garantiert wurden, um MBS auszugeben. Ein amerikanisches Sprichwort besagt, dass man beim ersten Mal, wenn man belogen wird, selbst schuld ist und beim zweiten Mal, wenn man belogen wird, selbst schuld ist. Ganz gleich, wie sehr der MBS-Herausgeber seine Meinung geändert hat, es ist schwer, in einem Jahrzehnt eine Verbesserung zu sehen. Die psychologischen Wunden, die MBS geschlagen hat, werden nur dann wirklich heilen, wenn diese Generation traumatisierter Anleger die historische Bühne verlässt und eine neue Generation völlig unberührter Anleger den Markt betritt.

In der gegenwärtigen Marktsituation ist die RBS bestenfalls eine Miniaturversion der MBS, die in Bezug auf Umfang und Bedeutung nicht mit der MBS von vor 2007 vergleichbar ist.

MBS werden durch das Haus besichert, ebenso wie RBS. Black Rocks erste RBS-Anleiheemission war bescheiden, etwa 240 bis 275 Mio.$, mit einem hypothekarisch belasteten Eigenheimkapital von etwa 300 bis 350 Mio.$, was 1.500 bis 1.700 Mietwohnungen entspricht, von denen jede einen durchschnittlichen Cashflow von 172.000$ oder etwa 10 Jahre Bruttomieteinnahmen generieren müsste, wenn die durchschnittliche Monatsmiete für jede Wohnung 1.500$ beträgt. Das bedeutet, dass Black Rock nach dem Verkauf der Anleihen die Häuser als solche verkauft und das verbleibende Risiko auf die Käufer der Investmentanleihen übertragen wird. Wenn die Anleihe ausfällt, ist das zwangsversteigerte Haus ein Souvenir, das Black Rock den Anlegern überlassen hat, und das Geld ist sowieso in Black Rocks Tasche.

Der Underwriter der RBS-Anleihe von Black Rock war die Deutsche Bank, der Wall Street-ähnlichste Akteur des Kontinents, der allein in der ersten Jahreshälfte 2013 eine Finanzierung in Höhe von 3,6 Mrd. USD für Black Rock organisierte und damit unter den Großbanken der führende Anbieter von Finanzierungen für den Erwerb von zwangsversteigerten Immobilien ist.

Um den Erfolg der RBS-Debüt, BlackRock und Deutsche Bank wird zwangsläufig in einem "Grand Opening" zu engagieren, nicht nur die Größe der Anleihe ist klein, sondern auch die Qualität und Quantität der Sicherheiten Vermögenswerte werden recht gut und reichlich, zur gleichen Zeit wird es auch ein großes Zugeständnis im Preis, 10 Jahre Miete Cash-Flow, wenn in 7 Jahren verkauft, werden die Anleger nicht verrückt sein.

Sind RBS-Anleihen zuverlässig?

Zumindest haben die Rating-Agenturen diesmal ihre Lektion gelernt, und Moody's ist sehr vorsichtig geworden. Kuroshi glaubt, dass das fehlende Rating für das erste Geschäft nicht wichtig ist, diesmal wird die RBS auch ohne Rating den Verkauf nicht beeinträchtigen, solange die gebotene Rendite attraktiv genug ist. Schließlich wühlen sich die renditehungrigen Fonds auf dem Markt durch den "Müllhaufen" von Vermögenswerten und suchen nach Essensresten, um ihren Hunger zu stillen. Die vorherrschende Mentalität ist, dass es besser ist, später an Gift zu sterben als jetzt lebendig zu verhungern. Blackrocks erste RBS wird ihnen sicher ein grünes Licht geben.

Auf den ersten Blick besteht das Risiko bei RBS darin, dass es an historischen Daten mangelt und das Ausfallrisiko schwer zu bewerten ist. Aber logisch betrachtet ist RBS nicht einmal so gut wie MBS, die aus Subprime-Hypotheken generiert wurden. Es gibt einen grundlegenden Unterschied in der Psychologie von Mietern und Hausbesitzern, und selbst wenn ein Subprime-Kreditgeber aus der Zeit vor der Krise ein Haus kauft, fehlt ihm eine ständige Einkommensquelle, aber nicht die Liebe und Hingabe, die Hausbesitzer für ihr Eigentum aufbringen. Die Mieter sind anders, das Haus gehört ihnen nicht, die sorgfältige Pflege des Hauses ist nie ihr Hauptaugenmerk, daher sind die Kosten für die Instandhaltung des Hauses höher. PE- und Hedge-Fonds-Manager sind Insider in Sachen Investitionen, die Erstellung von Excel-Tabellen ist einfach zu berechnen, aber die Verwaltung von Zehntausenden von zwangsversteigerten Immobilien ist viel komplizierter.

Die Fondsmanager können eine Immobilie dieser Größe sicherlich nicht selbst verwalten, und bestimmte Angelegenheiten müssen an eine lokale Verwaltungsgesellschaft ausgelagert werden. Es gibt jedoch viele Probleme, die für Outsourcing-Unternehmen schwer zu lösen sind. Die Bonität der Mieter ist unterschiedlich und ihre finanzielle Leistungsfähigkeit variiert. Im Zeitalter der "neuen Normalität", in dem das Einkommenswachstum stark eingeschränkt ist, ist die Suche nach qualifizierten Mietern und deren Bindung an die Immobilie ein komplexes und heikles Unterfangen, das Fondsmanager nicht bewältigen können und mit dem Outsourcing-Unternehmen nichts zu tun haben.

Zwangsversteigerungen sind dicht besiedelt, oft in Gemeinden mit einer hohen Anzahl armer Menschen, und sind im Allgemeinen durch eine schwache Wirtschaftskraft gekennzeichnet. Der Unterschied zwischen der Miete und der monatlichen Zahlung ist nicht so groß, dass die monatliche Zahlung noch weniger belastend ist als die Miete, und wenn es sich bei den Mietern um Familien handelt, die von der Bank rausgeschmissen wurden, weil sie ihre monatlichen Zahlungen nicht geleistet haben, wie viel besser werden sie dann in der Lage sein, ihre Miete pünktlich zu zahlen?

Die Mieter können einen einjährigen Mietvertrag unterschreiben, oder sie ziehen es vor, einen Teil ihrer Kaution zu verlieren und vorzeitig auszuziehen. Da der Betrag und die damit verbundene Haftung viel geringer sind als beim Kauf eines Hauses, ist die Ausfallquote bei einer Miete zwangsläufig viel höher als bei einer

Hypothek, mit dem Ergebnis, dass die Wohnung leer steht, bis ein Nachmieter gefunden wird, wie lange die Zeitspanne dazwischen ist und wie hoch der Mietausfall ist, darüber gibt es wiederum keine statistischen Daten.

Da Mieter ihre Wohnungen nicht so sorgfältig instand halten wie Vermieter, besteht die Gefahr, dass sie verärgert die Mietzahlung einstellen, wenn von den Mietern geforderte Reparaturen nicht sofort durchgeführt werden, weil es häufig zu Problemen wie verstopften Abwasserkanälen, undichten Dächern, ungekühlten Klimaanlagen, unbeheizten Heizungen, Kakerlakenbefall und Wasser im Keller kommt. Wenn ein Mieter entlassen wird, schwer erkrankt oder einen Unfall erleidet, der zu Arbeitsunfähigkeit führt, kann ihn niemand sofort aus der Wohnung vertreiben. Die Gesetze der einzelnen Bundesstaaten schützen die Rechte und Interessen der Mieter, die von einigen Monaten bis zu mehr als einem Jahr reichen können, und es ist nur eine Frage der Zeit, wie viel diese Unfälle kosten.

Das erste RBS-Anleihegeschäft von Black Rock ist der Startschuss für eine neue Runde von Immobilienabenteuern. Der gesamte Mietmarkt beläuft sich auf 1,5 Billionen Dollar, und wenn die RBS erfolgreich ist, wird eine große Anzahl neuer RBS in Massen notiert werden, und nachdem das Kapital zurückgezahlt ist, ist es ein risikofreier Nettogewinn, weiter zu laufen. je mehr RBS ausgegeben werden, desto schneller werden die Immobilienpreise steigen. Der rasche Anstieg der Immobilienpreise wird jedoch auch zu einem raschen Rückgang der Mietrenditen führen, und um ausreichende Renditen aufrechtzuerhalten, werden sich die spekulativen Gruppen wahrscheinlich zusammentun, um das Mietniveau in die Höhe zu treiben, denn höhere Immobilienpreise, höhere Zinssätze und strengere Hypotheken werden mehr Menschen auf den Mietmarkt zwingen, wo die spekulativen Gruppen sie bereits auf das Fest der hohen Mieten vorbereiten. Der immer größer werdende Druck wird schließlich zu massiven Mieterverlusten und dem Zusammenbruch der RBS-Anleihen führen.

Unter der Mentalität des "Sieges auf der Flucht" werden die RBS-Anleihen unweigerlich ihren Wert überschätzen und ihr Risiko unterschätzen, was wiederum die Anleger aus aller Welt täuschen wird - und genau darum geht es an der Wall Street!

Erläutern Sie

Der im März 2012 einsetzende starke Anstieg der Immobilienpreise in den USA deutet nicht auf eine wirkliche Erholung der Immobilienbranche hin, da dieser Markt in erster Linie ein Markt für Spekulanten und nicht für Käufer ist. Der Durchschnittsbürger ist anfällig für einen Preisanstieg.

Der größte Profiteur der steigenden Immobilienpreise ist nach wie vor die Wall Street.

In der Krise von 2008 rettete die Mittelschicht die Wall Street mit ihrem hart verdienten Geld, und die Wall Street drehte sich um und nutzte ihr Geld, um sich Eigentum anzueignen, das ihnen gehörte, und zwang sie, Mieter in einem "Imperium von Mietern" zu werden, das die Wall Street weiterhin mit ihrem hart verdienten Geld füttert, was einem dreifachen Raub an der Mittelschicht gleichkommt!

Die US-Regierung behauptet, eine gewählte Regierung zu sein, die die Interessen ihrer Wähler vertreten soll, aber ihre Immobilienpolitik ist eindeutig zugunsten der Wall Street ausgerichtet, so dass der Reichtum ihrer Wähler wiederholt von der Wall Street geplündert wird.

Gibt es keine andere Lösung für die Krise der Zwangsversteigerung von Immobilien, als den Spekulanten an der Wall Street bei ihrem Raubzug zu helfen?

Nein, natürlich nicht!

Die logische und gerechte Lösung für die Rettungsaktion ist eigentlich ganz einfach: Da die Wall Street die Rettungsaktion der Regierung und der Steuerzahler akzeptiert hat, sollte sie zu Recht das Eigentum an den zwangsversteigerten Immobilien abgeben, die auf Kosten der Steuerzahler zwangsversteigert wurden, und sie gehören nicht mehr der Wall Street, sondern dem Steuerzahler, der die Regierung mit der Treuhandverwaltung der zwangsversteigerten Immobilien betrauen kann.

Verzug ist Verzug, Verzug ist Verzug, Verzug ist Verzug, Zwangsvollstreckungsbesitzer müssen bestraft werden, und der Preis dafür ist der Verlust des Eigentums an der Immobilie, die Kommunalverwaltung muss die Immobilie lediglich im Grundbuch als Treuhandvermögen kennzeichnen.

Die Kommunalverwaltung kann dann mit den zwangsversteigerten Hausbesitzern einen Mietvertrag aushandeln, um das Eigentum an der Immobilie wiederzuerlangen, was sehr kostengünstig sein kann, solange diese Hausbesitzer nicht mehrere Zeiträume hintereinander mit der Miete in Verzug geraten. Zu diesem Zeitpunkt ersetzen die Mieten die ursprünglichen Grundsteuern und stellen den Kommunen weiterhin Einnahmen zur Verfügung, um den Standard der öffentlichen Dienstleistungen wie Schulen, Polizei und Krankenhäuser zu verbessern.

Auf diese Weise müssen ausgeschlossene Hausbesitzer nicht vom Markt verdrängt werden, und es gibt nicht viele ausgeschlossene Häuser auf dem Markt zu verkaufen, wodurch eine wichtige Ursache für den Verfall der Immobilienpreise beseitigt wird. Die Hausbesitzer kümmern sich weiterhin um ihre Häuser, die Gemeinde ist frei von Sicherheitsrisiken durch überwucherndes Unkraut und Einbrecher, und der allgemeine Immobilienwert der Gemeinde wird auf natürliche Weise stabilisiert.

Mit deutlich niedrigeren Mieten wird die finanzielle Belastung für die von der Zwangsvollstreckung betroffenen Hausbesitzer erheblich reduziert, und sie werden hart arbeiten, um ihre Energie wiederzuerlangen und für eine frühzeitige Rücknahme ihrer Immobilien zu kämpfen, was die zahlreichen Familientragödien deutlich reduzieren und die Gesamtkosten für die Gesellschaft senken wird.

Wenn sich die Wirtschaft allmählich erholt, werden echte Hauskäufer die Möglichkeit erhalten, an der Erholung der Immobilienmärkte teilzuhaben, und nur ihre breite Beteiligung wird die Immobilien allmählich aus dem Sumpf der Rezession ziehen.

Bei einer vernünftigen Politik gibt es keine Notwendigkeit für Wall Street-Spekulanten, die Immobilienpreise künstlich in die Höhe zu treiben. Das Problem ist nun, dass es ein Wiederaufleben massiver Immobilienspekulationen gibt, und anders als bei der letzten weit verbreiteten Spekulation im Einzelhandel mit Immobilien sind diesmal die Institutionen die Hauptakteure, die schnell in den Markt einsteigen und noch schneller davonlaufen, wenn der Wind nicht in die richtige Richtung weht. Anstelle von ruhigeren Hauspreisen lauern heftigere Schocks, und der Immobilienmarkt steuert nicht auf eine Erholung zu, sondern auf einen beschleunigten Lauf zum nächsten Crash.

KAPITEL VI

Geteilter Reichtum, gebrochene Schwingen der Träume

Der so genannte "amerikanische Traum" ist die Überzeugung, dass ein besseres Leben in den Vereinigten Staaten durch persönliche Anstrengung und unermüdlichen Kampf erreicht werden kann, und zwar unabhängig von der Herkunft aus einer bestimmten sozialen Schicht oder der außerordentlichen Unterstützung durch Eltern, Verwandte, Freunde oder andere soziale Bindungen, sondern vielmehr durch den eigenen Fleiß, den Mut, die Kreativität und die Entschlossenheit, zu Wohlstand zu gelangen.

Der amerikanische Traum ist wie ein Parkplatz mit nur 1.000 Plätzen, aber 2.000 Autos. Nur die Fleißigen und Frühaufsteher können einen Parkplatz ergattern und ihren amerikanischen Traum verwirklichen, während die Faulen nur am anderen Ende der Straße parken können.

Auf dem US-Arbeitsmarkt gab es 2007 71,8 Millionen gut bezahlte Arbeitsplätze im Vergleich zu 138 Millionen Arbeitsplätzen insgesamt, ein Verhältnis von etwa 1:2. Bis 2013 war die Zahl der gut bezahlten Arbeitsplätze auf 67,6 Millionen gesunken, was einem Nettoverlust von 2,5 Millionen Arbeitsplätzen insgesamt und einem Nettoanstieg der Bevölkerung um 15 Millionen entspricht. Es ist schwierig, einen Arbeitsplatz zu finden.

Die große Mehrheit der Amerikaner, die 90% der erwerbstätigen Bevölkerung ausmacht, hat ein um 1% geringeres Realeinkommen als 1970, wobei die reale Kaufkraft um mehr als 40 Jahre zurückliegt, während die Gruppe der 10% Reichen 50% des Nationaleinkommens auf sich vereinigt, 17 Prozentpunkte mehr als 1970!

Für die Amerikaner gibt es mehr Menschen, die auf einen Parkplatz warten, aber es gibt weniger Parkplätze, und eine winzige

Minderheit von 10 Prozent der Menschen hat Autos, die die Hälfte der Plätze belegen. Egal, wie sehr man sich bemüht, statistisch gesehen sind immer mehr Menschen dazu verdammt, vom Parkplatz ausgeschlossen zu werden, und das ist der unvermeidliche Untergang des amerikanischen Traums.

Eine lebendige und verträumte Gesellschaft, in der die "Parkplätze" für Arbeitsplätze immer größer werden sollten, in der immer mehr Menschen eine bessere Chance haben, erfolgreich zu "parken", ist eine Voraussetzung dafür, dass die Menschen daran glauben, dass sie durch ihre Anstrengungen ein besseres Leben erreichen können.

Welche Faktoren haben zur Desillusionierung des "amerikanischen Traums" geführt? Welche Lehren kann das China von heute daraus ziehen? Diesem Thema wird in diesem Kapitel nachgegangen.

An der Wall Street aß der Präsident hinter verschlossenen Türen

Am 14. September 2009 kam US-Präsident Barack Obama voller Zuversicht an die Wall Street und verfolgte damit zwei Ziele: Erstens wollte er den großen Jungs an der Wall Street eins auswischen, und zweitens wollte er sie zur Unterstützung der Finanzreform drängen.

Zu diesem Zeitpunkt fühlte sich der Präsident schon ziemlich gut, und sein Wahlkampfslogan "Wir müssen uns ändern" war bereits ein bekanntes und beliebtes Wort. Die Amerikaner kämpfen mit der Finanzkrise, dem Schlag der Arbeitslosigkeit, der Qual der Verschuldung, können mit dem Schmerz über den Verlust ihrer Häuser nicht mithalten, und der Schuldige der Krise, die Wall Street, hat tatsächlich die Rettungsaktion der Steuerzahler angenommen und einen noch übertriebeneren riesigen Bonus erhalten als vor der Krise, wie kann sich da der normale Amerikaner beruhigt fühlen? Die Stimmung in der amerikanischen Gesellschaft gegenüber der Wall Street hat sich von Ressentiments zu Wut, ja sogar zu Hass entwickelt. Die Amerikaner brauchen dringend einen heldenhaften Präsidenten, der dieses Land verändern kann, und Obama glaubt, dass er derjenige ist, den sie im Sinn haben.

Obama hat einen weiteren Grund, selbstbewusster aufzutreten, denn er ist der große Retter der Wall Street. Bei der Rettung der Wall

Street hat die von ihm geführte US-Regierung Blutgeld ausgegeben. Ein Bailout nach dem anderen, ein Silberstück des Steuerzahlers in der Staatskasse, füllt das schwarze Loch der immensen Vermögenswerte der Wall Street. Das Ausmaß der materiellen Rettungsmaßnahmen war beispiellos, die unsichtbare Bluttransfusion ist sogar noch erstaunlicher: Im Moment der Krise an der Wall Street belief sich allein die vorübergehende Liquiditätshilfe der Fed auf 16 Billionen Dollar und übertraf damit die finanzielle Rettungsaktion um Größenordnungen. Und dann ist da noch die massive QE-Politik, die auf eine Abwertung der Währung und riesige Defizite abzielt, was darauf hinausläuft, dass die Steuerzahler für die Subventionierung der Gier der Wall Street bluten müssen. Nach Obamas Ansicht schuldet die Wall Street ihm mehr als der Himmel.

Es ist auch ein günstiger Tag für den Präsidenten, um der Wall Street eine Finanzreform zu verkaufen. Er kann sich an die Vergangenheit erinnern, über die Vergangenheit nachdenken, über die Gegenwart reflektieren, einen Konsens schmieden und eine Reformagenda aufstellen, während die Bonzen der Wall Street beschämt, gedemütigt, gedemütigt und bereit sein werden, neu anzufangen. Mit einer starken öffentlichen Meinung und der Mentalität eines Erlösers betrat Obama gut gelaunt die Kanzel der Wall Street, und sein zentrales Thema war, die Gier der Wall Street "den Preis zahlen zu lassen".

Es war eine große Überraschung für Obama, dass keiner der hohen Tiere der Wall Street auftauchte! Das berichtet das *Wall Street Journal*,

> *„Nicht ein einziger CEO einer großen US-Bank war (bei der Rede des Präsidenten) anwesend."*[33]

Was ist hier los?

Wissen die großen Jungs nicht, dass der Präsident an die Wall Street kommt? Natürlich nicht, die Ankündigung der Rede des Präsidenten war schon lange in den Händen der hohen Tiere, und die Nachrichtenberichte waren überall in den Straßen von New York zu lesen. Die Bonzen kommen nicht, aber sie schicken einen Haufen

---

[33] Elizabeth Williamson und Damian Paletta, *Obama Urges Bankers to Back Financial Overhaul*, Wall Street Journal, 2013-09-14.

Lakaien auf die Bühne, die lächeln, klatschen und blinken, aber das Hauptpublikum fehlt, und die Bonzen der Finanzreform kommen nicht und reden nicht mit den Lakaien.

Obamas Gesicht verzieht sich ein wenig, und da wird ihm klar, dass die öffentliche Meinung, die Präsidentschaft, die Regulierung, die Reform in den Augen der Wall Street-Bonzen einen Scheißdreck zählt! Der Präsident ist den ganzen Weg zur Wall Street gekommen, um den großen Jungs zu zeigen, wie gierig sie sind? Dann werfen Sie den Bonzen nicht vor, dass sie dem Präsidenten kein Gesicht geben!

Nun, da er hier ist, hat Obama keine andere Wahl, als mit seiner Rede zu beginnen, nur um sich stattdessen von den hohen Tieren verprügeln zu lassen.

> *„Hören Sie mir gut zu: Wir werden nicht in die Ära des Leichtsinns und des Mangels an Mäßigung zurückkehren, die den Kern der Krise ausmachen, in der zu viele Menschen einfach von dem Wunsch nach schnellem Geld und hohen Boni getrieben werden."*

Obama weiß sehr wohl, dass solche Worte gegenüber der Wall Street ziemlich hart klingen, und gerade die Bonzen, die sie hassen, fehlen. Aber die Gier der Wall Street hätte die US-Wirtschaft fast zu Grabe getragen, und wo wären die Finanzmärkte geblieben, wenn die Regierung nicht Steuergelder zur Subventionierung der Wall Street genommen hätte? Die Arroganz der Wall Street verursacht Obamas Magengrummeln.

> *„(Die Finanzmärkte) sind zur Normalität zurückgekehrt und können es sich nicht leisten, selbstgefällig zu sein... Leider haben einige in der Finanzindustrie den Status quo falsch verstanden. Der Konkurs von Lehman Brothers und die Finanzkrise, mit der wir immer noch zu kämpfen haben, haben ihnen nicht die Lektionen erteilt, die sie verdient hätten, und sie haben sich entschieden, diese zu ignorieren."*

Die Bonzen sind sehr angewidert von der Rettermentalität des Präsidenten, keine Wahlkampfgelder der Wall Street, Obama ist nur ein namenloser Kongressabgeordneter, es waren die Bonzen, die Obama ins Weiße Haus gebracht haben, und jetzt halten sie das Retterregal hoch! Es ist ungeheuerlich, die Bonzen belehren zu wollen, wenn man nicht weiß, wer der Retter ist.

> *„Ich möchte jedoch betonen, dass diese Reformen auf einem einfachen Prinzip beruhen: Wir sollten klare Regeln für*

> *Transparenz und Rechenschaftspflicht haben. Nur dann können wir sicherstellen, dass der Markt verantwortungsbewusstes und nicht rücksichtsloses Verhalten fördert; und nur dann können wir sicherstellen, dass wir Leute belohnen, die absolut ehrlich und gewissenhaft gesetzestreu sind, und nicht Leute, die versuchen, regulatorische Schlupflöcher zu finden."[34]*

Obamas lautstarker Vorstoß für eine Finanzreform ist eine der beiden großen politischen Errungenschaften, die er in den Annalen zu hinterlassen bereit ist. Die Wall Street, die offensichtlich kein Interesse an seinen Finanzreformen hatte, zeigte sich hilflos und lehnte eine Regulierung, die die Gier der Großen einschränken würde, noch mehr ab.

Obama hat die großen Jungs der Wall Street nicht gesehen, und das große Reformvorhaben braucht schließlich ihre Beteiligung und Unterstützung. Also lud der Präsident am 14. Dezember 2009 die hohen Tiere erneut zu einem Gespräch ins Weiße Haus ein. Das Ergebnis war, dass einige der großen Tiere wieder nicht erschienen, mit der Ausrede, dass in Washington an diesem Tag Nebel herrschte und es ein Problem mit ihrem Flugzeug aus New York gab. In Wirklichkeit können sie Washington auch mit dem Zug in 90 Minuten erreichen, nur 30 Minuten länger als mit dem Flugzeug.

Vielleicht liegt es aber auch daran, dass die Zeit der hohen Tiere wirklich kostbar ist, oder dass sie sich einfach nicht die Mühe machen, dem Präsidenten beim Reden zuzuhören, und so oder so kommt, was kommen soll, und der Präsident spielt weiter die Ein-Mann-Show.

Der Präsident kann der Wall Street nicht helfen, kann der Kongress also Gesetze verabschieden, um die Gier der Wall Street zu zügeln?

Die Gesetzgebung hat eines hervorgebracht, und zwar das Finanzreformgesetz, an dem der Präsident und der Kongress gearbeitet haben - das Dodd-Frank-Gesetz, das als das umfassendste und strengste Finanzreformgesetz seit der Großen Depression gilt und einen Meilenstein in der Finanzregulierung darstellen wird, der mit dem Glass-Steagall-Gesetz (dem Bankengesetz von 1933) gleichzusetzen ist.

---

[34] Ebd.

"Die Volcker-Regel"

Unter den vielen Bestimmungen des Dodd-Frank-Gesetzes kommt die sogenannte "Volcker-Regel" dem Geist und dem Inhalt des Glass-Steagall-Gesetzes am nächsten. Sie alle folgen einem sehr einfachen Prinzip: Banken können nicht einfach Geld verdienen und die Einlagen der Kunden aufs Spiel setzen!

Das Wesen einer Bank besteht darin, Vermögenswerte treuhänderisch für die Gesellschaft zu verwalten und Gelddienstleistungen zu erbringen, und ihre legitimen Gewinne sollten sich aus den für diese Dienstleistungen erhobenen Gebühren ergeben, z. B. sind Kreditzinsen die Gebühr für Gelddienstleistungen, die der Kreditnehmer an die Bank zahlt. Historisch und in der Realität haben die Banken aufgrund des besonderen Charakters des Geldes die Monopolstellung bei den Gelddienstleistungen nach und nach ausgenutzt, um zunehmende Interessen in anderen Bereichen zu gewinnen und diese schließlich zu legitimieren.

Vor der Weltwirtschaftskrise in den 1930er Jahren konnten sich die Banken an Börsenspekulationen beteiligen, und die Einlagen der Einleger einem hohen Risiko auszusetzen, war, wenn die Spekulation Geld einbrachte, der Gewinn der Bank; wenn sie Geld verlor und das Geschäft aufgab, wurden auch die Einlagen der Einleger vernichtet, und das riskante Verhalten der Bank entführte ihre Einlagen gegen ihren Willen. Das Glass-Steagall-Gesetz, das die Geschäftsbanken vollständig von den Investmentbanken trennt, soll den Risiken ein Ende setzen, denen die Einlagen der Einleger nicht ausgesetzt werden sollten. Das Einlagensicherungssystem wurde geschaffen, um Geschäftsbanken, für die der Steuerzahler bürgt, dazu zu bewegen, der Versuchung hochriskanter Spekulationen zu entsagen. Investmentbanken können weiterhin Risiken eingehen, aber erwarten Sie nicht, dass die Steuerzahler zu ihrer Rettung kommen.

Zu Zeiten des britischen Empire war die Risikobereitschaft der Banken so kostspielig, dass im Falle des Bankrotts das persönliche Vermögen des Bankiers den unbegrenzten Ansprüchen der Einleger unterlag, und erst Mitte bis Ende des 19. Unter den strengen Auflagen des Goldstandards scheuen sich die Banken jedoch im Allgemeinen, übermäßige Risiken einzugehen. Verglichen mit der konservativen Tradition der früheren britischen Banken waren die amerikanischen Banken eher wie Cowboys des Westens.

Seit dem Beginn der massiven Überarbeitung des Dollars in den 1960er Jahren hat sich das Geld vermehrt, der Wunsch, Geld zu verdienen, ist gewachsen, und die Gier hat begonnen, sich ohne Rücksicht auf alle Hindernisse zu stürzen; die Abschaffung des Goldstandards in den 1970er Jahren und die Liberalisierung der Finanzmärkte in den 1980er Jahren führten schließlich zum Ende des Glass-Steagall Acts in den späten 1990er Jahren.

Das 21. Jahrhundert ist eine verrückte Zeit, in der das Geld alle Arten von Vorschriften durchbricht, alle Grenzen überschreitet und allen Profiten nachjagt, und das 18.Jahrhundert in Europa, das 19.

Ungezügelte Gier führte nicht nur zu dem Finanz-Tsunami, der 2008 über den Globus hinwegfegte, sondern war auch die Quelle der nächsten größeren Krise. Wie man die verrückten Geldzauberer in einem Käfig hält, ist definitiv ein Problem von Weltrang.

Obamas Finanzreformpaket, das ursprünglich keine Bestimmungen zur Zähmung der Geldbestie enthielt, der so genannte Verbraucherschutz, die Überwachung systemischer Risiken, die geordnete Abwicklung von Konkursen, das Clearing von und der Handel mit Derivaten, zielen alle darauf ab, die Verluste zu kontrollieren, die die Geldbestie letztlich verursacht, und nicht, die Quelle der wahnsinnigen Gier einzudämmen. Es ist die "Volcker-Regel", die das wirkliche Potenzial hat, das Geldgespenst zu bändigen.

Walker ist in den frühen 1980er Jahren der allmächtige, eiserne Vorsitzende der Federal Reserve, der es wagt, bei hoher Inflation die hohen Zinssätze des Killers einzusetzen, der lieber eine Rezession ertragen würde, aber auch den Status des Dollars verteidigt, ist eine ziemlich kühne Figur. Er fordert, dass sich die Banken von direkten Verbindungen zu Hedge-Fonds oder Private-Equity-Fonds trennen und den Umfang ihrer eigenen Geschäfte begrenzen müssen.

Als Obamas oberster Finanzberater musste Walker in anderen Fragen Summers oder Geithner entgegenkommen, schließlich war er lange eine Randfigur, aber in den wichtigsten Grundsatzfragen der Finanzreform ist Walker erstaunlich "schwierig", Obama stimmte schließlich zu, die "Walker-Regel" in das Finanzreformgesetz aufzunehmen.

Die Banken sind an Hedge-Fonds oder Private Equity beteiligt, was natürlich wie in den 1930er Jahren ist, als die Banken an Börsenspekulationen beteiligt waren, ihr eigenes Geld verdienten, und jetzt, selbst wenn sie verlieren, gibt es Steuerzahler, die die Opfer sind, das Risiko wird nicht umsonst genommen, der Nutzen wird nicht umsonst genommen. Die Frage des Eigenhandels (Proprietary Trading) ist komplexer, und sie ist die wichtigste Bestimmung des wiederholten Tauziehens der Wall Street mit dem neuen Gesetz. Entscheidend dafür, ob der Eigenhandel mit der "Volcker-Regel" vereinbar ist, ist, ob er zu Gewinnzwecken oder zur Risikoabsicherung erfolgt. Dient der Eigenhandel der Gewinnerzielung, so sind auch die Einlagen der Sparer gefährdet, und wenn es Gewinne gibt, gibt es auch Verluste. Die Sparer verlieren, die Steuerzahler zahlen, der Staat springt ein?

Die Wall Street argumentiert, dass, wenn es bei meinem Eigenhandel um die Absicherung des Risikos der von mir gehaltenen Vermögenswerte geht, dies nur als Kauf einer Versicherung und nicht als Geldverdienen betrachtet werden kann, habe ich nicht einmal die Möglichkeit, mein Risiko abzusichern? Dann wird das Geschäft nicht funktionieren!

Es ist wirklich schwierig, die Regeln für die Abgrenzung des Eigenhandels herauszufinden. Der Kongress und die Regulierungsbehörden haben sich so komplexe Regelungen ausgedacht, dass es Kopfzerbrechen bereitet, wie genau diese Regel in der Praxis angewendet werden soll. Tatsächlich ist die Umsetzung der Walker-Regel zu einem ebenso komplexen Thema geworden wie die globale Erwärmung, die Bekämpfung der Armut, die Heilung von Krebs oder die Lösung der Probleme im Nahen Osten.

Tatsächlich ist nicht das Problem selbst kompliziert, sondern die Einstellung, mit der es gelöst wird. Als Walker von einem Abgeordneten gebeten wurde, zu definieren, was Selbstbetrug ist, entlieh er sich ein Zitat des verstorbenen Lordkanzlers Potter Stewart: Es ist wie "erotische Literatur" und "ich erkenne es, wenn ich es sehe".

Es ist keine Frage der Rationalität, sondern ein einfaches Prinzip, einfach gesunder Menschenverstand! Im Fall des "Londoner Wals", der die Finanzmärkte 2012 erschütterte, würde der gesunde Menschenverstand ausreichen, um festzustellen, ob ein Verstoß gegen die "Walker-Regel" vorliegt.

Der Untergang von London Whale

"London Whale" ist der Spitzname von Bruno Iksil, einem Händler bei JPMorgan Chase, der im Londoner Chief Investment Office (CIO)

DIE NÄCHSTE FLUT

des Unternehmens mit Anleihederivaten handelt. Dort hat der mysteriöse Händler in den letzten Jahren für JPMorgan Chase schwindelerregende Gewinne in Höhe von Hunderten von Millionen Dollar pro Jahr erzielt.

Der CIO von JPMorgan Chase ist auch ein Ort, an dem es Spaß macht, in der Stadt London zu sein, dem finanziell freiesten und verrücktesten Ort, an dem man heute in der Welt spielen kann. J.P. Morgan Chase gilt als die "Bilanzfestung" der Bank und der "König der Löwen" im Finanzdschungel der Wall Street. Es absorbierte 1,1 Billionen Dollar an Spareinlagen, die Größe des Darlehens ist etwa 700 Milliarden Dollar, die Einlage ist viel höher als das Darlehen, könnte es weiterhin auf die US-Realwirtschaft zu verleihen, um die wirtschaftliche Erholung zu fördern, aber JPMorgan Chase zögert, dies zu tun, denn es gibt nicht viele qualifizierte Kreditgeber, und Kreditvergabe dieses alte Geschäft ist nicht sehr profitabel, aber nicht geringes Risiko. Also nahm JPMorgan Chase mehr als 300 Milliarden Dollar der Differenz an Sparguthaben und Krediten und gab sie dem CIO-Büro in London zur Anlage. Dieser CIO ist das Äquivalent eines Super-Hedgefonds innerhalb von JPMorgan Chase und verwaltet ein Vermögen von 323 Milliarden Dollar.

JPMorgan absorbierte 1,1 Billionen Dollar an Einlagen und fast 700 Milliarden Dollar an Krediten, zu 423 Milliarden Dollar. Mehr als 300 Milliarden Dollar des Spar- und Kreditguthabens des Dollars gehen an CIOs in London für hochriskante Investitionen.

Es sei darauf hingewiesen, dass der 323 Milliarden Dollar schwere Investmentfonds aus Einlagen von Sparern gespeist wird, die Arbeitsplätze schaffen können, wenn sie für Kredite verwendet werden, und sicher sind, wenn sie in Staatsanleihen und Qualitätsanleihen investiert werden, ganz im Sinne der "Volcker-Regel".

Doch die "Londoner Wale" des CIO haben sich in der JPMorgan Chase-Kultur des hohen Risikos, der hohen Belohnung und der hohen Boni in blutrünstige Haie verwandelt.

The London Whale investierte nicht wirklich in sichere und stabile Anleihen, sondern investierte stattdessen in großem Umfang in den Markt für Anleihederivate Credit Default Swaps (CDS), dessen Name in der Finanzkrise von 2008 sehr bekannt wurde, da der Konkurs von AIG, Lehman Brothers und Bear Stearns eng damit verbunden ist. Credit Default Swaps sind eine Art Kreditausfallversicherung, deren Wesen darin besteht, dass beide Parteien darauf wetten, ob die Anleihen eines Unternehmens ausfallen oder nicht, und die Partei, die die Versicherung verkauft, verspricht, für den Verlust aufzukommen, wenn die Anleihen eines Unternehmens ausfallen, während die Partei, die die Versicherung kauft, in regelmäßigen Abständen die Versicherungsprämie an die Partei zahlen muss, die die Versicherung verkauft. Da AIG zu viele Versicherungen auf dem Markt verkaufte und die Krise zu einem enormen Anstieg der Anleiheausfälle führte, verlor AIG Blut, während der Wert der Verträge einbrach, was zu einem enormen Verlust von mehr als 200 Mrd. USD führte, und niemand außer der US-Regierung konnte AIG vor dem Konkurs retten.

Einige Jahre vor den guten Zeiten erlebten CDS ein Comeback. Gier ist keine Krankheit, Gier ist die menschliche Natur und es gibt keine Heilung!

Natürlich war "London Whale" nicht dumm genug, um den gleichen Fehler wie AIG wieder zu machen, er ging nicht allein zu kaufen und zu verkaufen, ein Unternehmen die Anleiheausfallversicherung, sondern fand einen billigeren und zuverlässigeren Weg, die in den CDS-Index zu investieren ist, solange der Trend richtig ist, müssen nicht über ein Unternehmen Probleme zu kümmern.

Der "Londoner Wal" betrat den Markt mit einem der heißesten CDS-Indizes: CDX. NA.IG.9!

IG9 ist die Notierung des CDS-Index CDX Series 9, der von der Markit Group, einem Anbieter von Finanzdaten, bereitgestellt wird und die CDS-Preise von 121 nordamerikanischen Unternehmen mit Investment-Grade-Rating abbildet, darunter McDonald's, American Express, HP, Disney und andere große Marken. Zuvor waren 125 Unternehmen in der Serie enthalten, darunter auch "gefallene Engel" wie Fannie Mae und Freddie Mac, und nach der Finanzkrise wurden vier Unternehmen aus der Serie entfernt.

CDS ist bereits ein Derivat von Anleihen, IG9 ist ein Derivat von CDS, und London Whale spielt den Platz des Derivats!

Warum in IG9 und nicht in andere CDS-Indexreihen investieren? Weil diese Transaktionsreihe die aktivste ist, das Volumen der Geldzu- und -abflüsse, die gute Marktliquidität, der Nominalwert der Kontrakte bis zu 886 Mrd.$, der reale Nettowert 148 Mrd.$, d.h. der Gesamtbetrag der involvierten Gelder, wenn alle Kontrakte tatsächlich ausgeführt werden.

London Whale kaufte den 10-Jahres-IG9-Index in großen Mengen, während der kurzfristige Index geshortet wurde, wobei die Long-Positionen viel höher waren als die Short-Positionen, um das Risiko abzusichern. Im Allgemeinen ist der London Whale das Äquivalent einer Partei, die eine Versicherung verkauft, die garantiert, dass die Anleihen der 121 Unternehmen nicht ausfallen werden, so dass man sagen kann, dass der London Whale darauf vertraut, dass sich die Wirtschaft der Vereinigten Staaten verbessern wird. Seine Gegenpartei, die Partei, die die Versicherung kauft, war verpflichtet, regelmäßige Zahlungen an den "Londoner Wal" zu leisten. Wenn der IG9-Index immer niedriger wird, bedeutet dies, dass die Wahrscheinlichkeit eines Zahlungsausfalls abnimmt, der Versicherungsvertrag von "London Whale" ist wertvoller, weil die Gegenpartei höhere Prämien als das Marktniveau zahlt; wenn der Vertrag zu diesem Zeitpunkt verkauft wird, erzielt "London Whale" einen Gewinn; wenn nicht, den Buchgewinn. Das Risiko besteht darin, dass London Whale weniger Gewinn macht, wenn der IG9 zu steigen beginnt, und dass London Whale viel Geld verliert, wenn der IG9 stark ansteigt.

Zumindest bis Ende März 2012 hatte London Whale das Glück, dass sich die US-Wirtschaft zu erholen schien, das Risiko von Unternehmensausfällen naturgemäß abnahm, der IG9-Index einen Abwärtstrend aufwies und London Whale über ein gutes Ertragsbuch verfügte.

Der Mensch ist von Natur aus gierig, und in einer Kultur der Super-Gier von JPMorgan Chase wird die Gier nur noch weiter geschürt! Wer kann dieser Versuchung schon widerstehen, wenn die Gewinne mit riesigen Boni verbunden sind?

Um mehr Geld zu verdienen, begann "London Whale", seine Position zu erhöhen und sie dann wieder zu erhöhen, genau wie AIG damals, indem er wie verrückt Versicherungen auf dem Markt verkaufte. Er vertritt JPMorgan Chase, den CIO des über 300 Milliarden Dollar schweren Super-Hedgefonds, der dahinter steht, und je mehr Geld er investiert, desto größer wird sein Einfluss auf den Markt, und je mehr Versicherungen er verkauft, desto mehr Druck übt er auf den IG9-Index aus, so wie große Banken, die Zinsswap-Versicherungen verkaufen, das Zinsniveau drücken können.

Schließlich wurde London Whale zum einflussreichsten Super-Player auf dem gesamten Markt, und wenn er sich bewegte, bewegte sich der Preis mit ihm, und alle Hedgefonds auf dem Markt beobachteten seine Bewegungen, um zu beurteilen, wohin sich der Markt bewegte. Er hat sich zu einem großen Wal in einem kleinen Fluss entwickelt, der mit einem einzigen Flattern Wellen schlagen kann, und der Spitzname "London Whale" hat auf dem CDS-Markt Berühmtheit erlangt.

Ein Problem ergab sich jedoch, als das Verhalten der "Londoner Wale" die Marktpreise verzerrte. Auf einem normalen CDS-Markt sollte der Preis für den Kauf des IG9-Index vergleichbar sein mit dem kombinierten Preis eines CDS, der 121 einzelne Unternehmensanleihen kauft, da es sonst Arbitragemöglichkeiten gäbe; vor August 2011 stimmten die beiden Preiskurven fast genau überein, was darauf hindeutet, dass das Marktverhalten weitgehend normal war. Doch Ende 2011 wurde die Abweichung zwischen dem Preis des IG9 und dem Preis für den Kauf von CDS allein immer deutlicher, und es war billiger, den IG9-Index zu kaufen!

Anfang Januar 2012 betrugen die Kosten für den Kauf von IG9 zur Absicherung einer 10-jährigen Anleihe über 10 Mio. USD gegen Zahlungsausfälle etwa 110.000 USD pro Jahr, während die 121 Unternehmen, die IG9 allein gekauft haben, fast 139.000 USD für eine CDS-Versicherung bezahlt hätten, was IG9 um 29.000 USD billiger macht! [35]

Diese Entdeckung führte zu einer Flut von Hedge-Fonds auf dem Markt, entweder um die Kosten für die Absicherung gegen andere Vermögensrisiken zu senken oder um kühne Wetten gegen den "Londoner Wal" abzuschließen, wobei jeder die vom "Londoner Wal" verkaufte billige Versicherung aufkaufte. Infolgedessen entdeckte "London Whale" plötzlich, dass er "allein" auf dem Markt war, und fast jeder wurde zu seinem Rivalen. Obwohl er in den ersten drei Monaten des Jahres 2012 noch ein profitables Buch führte, verschlechterte sich die Situation immer mehr, da er bereits ein dominanter Akteur auf dem Markt war, so dass er Schwierigkeiten hatte, seine Positionen umzuwandeln. Seine Flucht würde unweigerlich dazu führen, dass der Preis für den vorliegenden Vertrag in den Keller geht.

Wenn sich der Markt umkehrt, sind die Folgen noch schlimmer! Er wird von anderen Hedgefonds auf dem Markt bei lebendigem Leibe

---

[35] Katy Burne, *Making Waves Against "Whale"*, Wall Street Journal, 2012-04-10.

aufgefressen werden, und obwohl er ein großer Wal ist, kann er dem hektischen Reißaus von Tausenden kleinerer Haie nicht standhalten.

Von Ende März bis Anfang April 2012 tauchte die europäische Schuldenkrise plötzlich wieder auf, und die US-Wirtschaftsdaten waren alles andere als ideal, und die ungünstigen Nachrichten verwandelten sich schnell in einen heftigen Schock auf dem CDS-Markt. Das sind wirklich schlechte Nachrichten für CIOs mit großen Positionen. Am 10. April verschwand der "Londoner Wal" vom Markt, und der Rückzug der Buchmacher löste seine eigene Katastrophe aus. An diesem Tag gab der interne Bericht des CIO zu, dass die Verluste 6 Millionen Dollar pro Tag erreichten, und mit dem Einbruch der Kontraktpreise stiegen die Verluste nach 90 Minuten auf 400 Millionen!

2012 beendete die CIO-Abteilung von JPMorgan Chase das Jahr mit einem riesigen Verlust von 6,2 Milliarden Dollar. Ende März und Anfang April 2012 begann der IG9-Index so heftig zu wackeln, dass der Untergang des "Londoner Wals" unvermeidlich war.

Von dem gesamten Ausfallrisiko der IG9 in Höhe von fast 150 Mrd. USD verfügt allein JPMorgan Chase über Hunderte von Milliarden und hat die Möglichkeit, die Marktpreise zu manipulieren. Je größer die Wette, desto höher das Risiko, und solange JPMorgan nicht alle Indexreihen von CDS und die CDS-Preise aller Unternehmensanleihen kontrolliert, wird die Manipulation wahrscheinlich nicht von Dauer sein.

Es muss deutlich gemacht werden, dass das Engagement von JPMorgan Chase auf dem IG9-Markt mit einem so hohen Prozentsatz keineswegs mehr eine Absicherung gegen das so genannte Risiko ist, sondern ein gezieltes Gewinnstreben! JPMorgan riskiert Hunderte von Milliarden Dollar sowohl für sich selbst als auch für die Einlagen der Kunden. Bis zu 300 Milliarden Dollar der überschüssigen Ersparnisse von JPMorgan Chase wurden still und heimlich an die CIO-Abteilung in London transferiert.

Befinden sich die Einlagen der Kunden von JPMorgan Chase nicht in den USA? Wie kann dieses Geld nach London "fliegen"?

Ein möglicher Weg ist die "Verschiebung" des Geldes durch Rückkauf zur Besicherung.

JPMorgan Chase hat Hunderte von Milliarden Dollar an überschüssigen Reserven auf den Konten der Fed, die nicht verliehen werden, sondern den mageren Zinssatz der Fed von 0,25% auffressen und dort "schlummern", was sicherlich nicht dem Wesen der Banken entspricht, die nach hohen Gewinnen streben. Ein genialer Weg, dies zu tun, besteht darin, das "Universum" der Gelder über den Repo-Markt zu bewegen.

J.P. Morgan kann "ungenutzte Mittel" auf Überschusskonten auf dem Repo-Markt verleihen und Staatsanleihen als Sicherheiten einfordern, ein so genanntes "Reverse-Repo-Geschäft". Nach den Rechnungslegungsstandards verbleiben die "ungenutzten Mittel" in der Bilanz von JPMorgan Chase. Da JPMorgan Chase eine der beiden großen Clearingstellen auf dem Markt für Drei-Parteien-Repo-Geschäfte ist, kann es die Repo-Sicherheiten "besichern", z. B. durch die Unterbesicherung von Schatzanleihen an den CIO-Sektor in London, wo es keine Obergrenze für die Anzahl der Unterbesicherungen gibt, und der CIO kann diese Schatzanleihen verwenden, um sie auf dem Londoner Repo-Markt gegen Bargeld zu besichern und dann auf dem CDS IG9-Markt zu investieren, um risikoreiche Renditen zu erzielen, weshalb der CIO seinen Sitz in London hat.

Auf diese Weise haben sich die "ungenutzten Mittel" von JPMorgan Chase auf dem Überschussreservekonto der Fed nicht verringert, und rechtlich gesehen liegen sie immer noch dort und fressen 0,25% der staatlichen Subventionen. Aber das ist nur die "Hülle" des Geldes, und seine "Seele" ist längst nach London geflogen, um mit dem Rückkauf der Hypothekenkette ein Vermögen zu machen.

JPMorgan Chase ist nur ein Beispiel für eine Großbank, bei der andere Wall-Street-Giganten durchaus in der Lage sind, ihre überschüssigen Reserven nach dem Reißbrettprinzip zu verschieben.

Aufgrund des mangelnden Verständnisses des Wesens der Repo-Markt, viele Wissenschaftler glauben fälschlicherweise, dass das US-Bankensystem in der Federal Reserve Konten haben noch 2 Billionen Dollar in "idle" Einsparungen, die finanzielle Situation sollte recht reichlich vorhanden sein, aber ich weiß nicht, wie viel von diesem Geld hat längst über das Meer schwamm in hochriskanten Glücksspiel teilnehmen ging.

Diese Gelder zu riskieren, bedeutet natürlich, die Einlagen der Einleger zu riskieren, Geld zu verdienen, das JPMorgan Chase gehört, und es durch einen Konkurs zu verlieren, was den Steuerzahlern zusteht.

Nach dem "London Whale"-Vorfall behauptete J.P. Morgan immer noch, dass es sich nicht um ein Eigengeschäft, sondern um ein Risikomanagement handelte und dass die Investition des CIO in IG9 lediglich dazu diente, die anderen Risiken von J.P. Morgan abzusichern, und nicht, um einen Gewinn zu erzielen.

Es gibt eine Lüge, die man blindes Starren und Reden nennt!

Dennoch, Kanzler Stewart hat es so treffend ausgedrückt: Es ist wie bei erotischer Literatur, ich erkenne sie, wenn ich sie sehe.

Gesetzlosigkeit und Gesetzwidrigkeit

Es gibt zwei Arten von Korruption in der Welt: die Gesetzlosigkeit, die illegale Aneignung von Vermögenswerten, und die Gesetzlosigkeit, die legale Ausplünderung des öffentlichen Vermögens. Der Himmel, das sind Gerechtigkeit, Gewissen und Rechtschaffenheit!

Das Gesetz selbst schützt nicht unbedingt die Gerechtigkeit; es kommt darauf an, wer das Gesetz macht und durchsetzt. Erinnern Sie sich an das berühmte Zitat der Rothschilds? Es ist mir egal, wer die Gesetze macht, solange ich die Währungsausgabe eines Landes kontrollieren kann!

Das Dodd-Frank-Gesetz, das die Gier an der Wall Street eindämmen soll, ist ein anschauliches Beispiel für diese Behauptung.

Die Version des Gesetzes, die Obama bei seiner Einführung unterzeichnete, wurde von 56 Seiten, wie sie der Abgeordnete Dodd vorgeschlagen hatte, und 77 Seiten, wie sie der Abgeordnete Frank vorgeschlagen hatte, auf 848 Seiten mit fast 400 Bestimmungen erweitert, was als das umfangreichste Gesetz in der amerikanischen Finanzgeschichte bezeichnet wurde.

Davor umfasste das US-Finanzgesetz kaum mehr als 50 Seiten; das Gesetz zur Gründung des US-Bankensystems von 1864 umfasste nur 29 Seiten, das Federal Reserve Act von 1913 nur 32 Seiten und das Glass-Steagall-Gesetz, das geistige Vorbild des Dodd-Frank-Gesetzes, nur 37 Seiten, so dass es nicht verwunderlich ist, dass die US-Rechtsprechung das Dodd-Frank-Gesetz als "ein hydraköpfiges Monster" bezeichnete.

In den zwei Jahren seit Obamas offizieller Unterzeichnung des Dodd-Frank-Gesetzes am 21. Juli 2010 wurde das Gesetz durch die

Kontroverse nicht vereinfacht, sondern durch das ständige Hin und Her der Wall-Street-Interessen verschlimmert; was im Juli 2010 noch 848 Seiten umfasste, ist bis Juli 2012 auf atemberaubende 8.843 Seiten angewachsen!

Und die Einzelheiten der Umsetzung des Gesetzentwurfs sind erst zu 1/3 abgeschlossen!

Die Leute werden irgendwann ein Ungetüm von Zehntausenden von Seiten sehen, sogar Zehntausende von Seiten.

Kein Wunder, dass Jonathan Macey, Professor an der Yale Law School, sich darüber lustig machte,

> *„Das Gesetz sollte eine Verhaltensregel für normale Menschen sein, und es ist klar, dass das Dodd-Frank-Gesetz nicht für normale Menschen gedacht war, es war eine Plattform für Bürokraten, um diese Leute anzuleiten, wie sie mehr Vorschriften schaffen können, die mehr Bürokratie schaffen würden."*[36]

Dies ist die taktische Vorgehensweise von Anwälten unter der Ägide der Wall Street, die sich unendlich komplexer technischer Details bedienen, um sich in die Kernfragen einzumischen, eine Flut von Dokumenten zu erstellen, die die Beteiligten überfordert, und eine endlose Welle von Kontroversen auszulösen, um den Gesetzgebungsprozess zu beeinflussen.

Die Juristen haben sich darüber lustig gemacht, dass nur zwei oder drei der besten Anwaltskanzleien in den Vereinigten Staaten wirklich verstehen werden, worum es in dem Gesetz geht, wenn die vollständigen Einzelheiten des Gesetzes vorliegen. Finanzaufsichtsbehörden, Durchsetzungsstellen auf allen Regierungsebenen, Compliance-Beauftragte in Finanzinstituten und Finanzfachleute werden eine extrem lange Lern- und Schulungsphase benötigen, um herauszufinden, was sie tun können und was nicht, und das Gesetz wird erst in zehn oder acht Jahren durchgesetzt werden.

Die "Volcker-Regel" gilt sogar noch mehr.

---

[36] Das Dodd-Frank-Gesetz Too big not to fail, Economist, 2012-02-18.

Als Walker den Antrag allein einreichte, umfassten die Vorschriften satte vier Seiten. Ursprünglich wollte Walker ein einfaches Gesetz verabschieden, das große Finanzinstitute weitestgehend davon abgehalten hätte, risikoreiche Aktivitäten im Eigenhandel zu betreiben. Nach Walkers Definition ist Eigenhandel einfach zu definieren: "Eigengeschäfte sind Geschäfte, bei denen man Geld für sich selbst und nicht für den Kunden macht. " Walker argumentiert: "Dies lässt sich erkennen, wenn man die Handelspositionen der Banken verfolgt und berechnet. "

Was Walker für einfach hielt, stieß auf den heftigen Widerstand der Wall Street. Es steht viel auf dem Spiel, und die Wall Street wird sich keinen Millimeter bewegen. Bei strikter Durchsetzung der Volcker-Regel würde allein die Einschränkung des Eigenhandels die jährlichen Einnahmen von Goldman Sachs um mehr als 3,7 Mrd. Dollar verringern. Darüber hinaus könnte Goldman Sachs mit zusätzlichen Verlusten in Milliardenhöhe rechnen, wenn die einschlägigen Vorschriften der Aufsichtsbehörden außerordentlich streng sind. Neben Goldman Sachs hat die Volcker-Regel auch Wall-Street-Größen wie JPMorgan Chase, Morgan Stanley, Bank of America und Citigroup hart getroffen, und wenn die Volcker-Regel im neuen Gesetz vom Juli 2010 bald umgesetzt wird und 2011 in Kraft tritt, wird sie die Wall-Street-Größen im Jahr 2011 satte 50 Milliarden Dollar an Gesamteinnahmen kosten.

Aus diesem Grund hat der Widerstand, die Behinderung und die Verzögerung der Umsetzung der "Walker-Regel" für die Wall Street höchste Priorität.

Zu diesem Zweck hat Goldman Sachs eine "All-Star"-Lobbygruppe in der US-Politik organisiert, um bei den Regulierungsbehörden zu intervenieren, darunter eine Reihe hochrangiger ehemaliger Regierungsvertreter. Goldman Sachs hofft, diese Institutionen davon zu überzeugen, die einschlägigen Bestimmungen der Volcker-Regel zu ändern, um die Strenge der Regel zu mildern.

Zum "Lobbykorps" von Goldman Sachs, das von Michael Pease, dem ehemaligen stellvertretenden Vorsitzenden des Finanzdienstleistungsausschusses des US-Repräsentantenhauses, geleitet wird, gehören auch Mitglieder des Bankenausschusses des Senats, des Weißen Hauses und ehemalige Schlüsselpersonen der wichtigsten Regulierungsbehörden. Durch die "Drehtür" zwischen der

Regierung und der Wall Street werden diese Würdenträger zu gut bezahlten "Diners" bei Goldman Sachs und versuchen verzweifelt zu beweisen, dass das "gute Essen", das sie bei Goldman genießen, nicht umsonst ist. Darüber hinaus hat Goldman Sachs mehrere einflussreiche Kongressabgeordnete im Ruhestand eingestellt, die in Washington ansässig sind, um seine Beziehungen zur Regierung zu stärken. Darunter befinden sich Schwergewichte wie der ehemalige republikanische Senatsvorsitzende Lott, der ehemalige republikanische Senator John Blue und der ehemalige Vorsitzende der Demokraten im Repräsentantenhaus Gephardt.

Die Wall Street und Washington waren lange Zeit ehrenhaft und nicht voneinander zu unterscheiden. Im Rahmen ihrer engen Zusammenarbeit hat das Gesetz schließlich die "Wall Street-Washington-Achse" der Goldmacht gefestigt!

Unter dem enormen Druck der Wall Street war Obama gezwungen, einen Kompromiss zu schließen, und infolgedessen haben verschiedene Interessengruppen Lobbyarbeit betrieben und eine Vielzahl von "Ausnahmen" und "Regeln" in die "Walker-Regel" eingefügt. Die Regeln sind durch die Aufnahme von Amnestiebereichen wie "Valet Trading", "Hedging", "Stop-Loss-Trading" usw. äußerst komplex geworden. Das ursprüngliche vierseitige "Volcker's Law" schwoll schnell auf 298 Seiten an, und selbst Volcker selbst seufzte, als er zusah.

100 Ausnahmen, multipliziert mit 1000 Ausnahmen, ergibt 100.000 unverständlich!

Unter den vielen "Ausnahmen" und "Befreiungen" ist es erwähnenswert, dass die "Walker-Regel" das Netz des Eigenhandels mit US-Treasuries und Zwei-Raum-MBS-Anleihen geöffnet hat. Der Grund dafür ist einfach: US-Treasuries und Zwei-Raum-MBS sind die wichtigsten Repo-Sicherheiten auf den US-amerikanischen und weltweiten Repo-Märkten. Wenn die Repo-Finanzierung, die sie umgibt, verboten wird, bricht das gesamte Schattenbankensystem zusammen und die Finanzkrise bricht sofort aus.

Ist das Pensionsgeschäft ein "Eigengeschäft" der Bank? Daran gibt es natürlich keinen Zweifel. Viele der Transaktionen der Bank auf diesem Markt sind eindeutig gewinnorientiert, aber solche Transaktionen lassen sich nicht verbieten. Es entstünde ein umfassenderes Dilemma, da die "Walker-Regel", die zwar nicht den Handel mit US-Staatsanleihen verbietet, aber den Banken strikt untersagt, Staatsanleihen anderer Länder zu Gewinnzwecken zu handeln, die Emission und den Handel mit Staatsanleihen anderer Länder schwieriger, kostspieliger und riskanter machen und ihre Marktliquidität verringern würde. Die Parteilichkeit des Vereinigten Königreichs, Japans und der EU-Länder in Bezug auf die "Walker-Regel" dürfte kaum gütlich sein, was sich unweigerlich auf die Kohärenz der Regeln für die Weltfinanzmärkte auswirkt.

Es gibt Widerstand von innen und Misstrauen von außen, und die "Walker-Regel" ist bereits ein Kampf.

Nicht nur die Wall Street hat Mist gebaut, auch die Federal Reserve ist gegenüber den Großbanken "voreingenommen". Gerade als sich die Kontroverse um die "Walker Rule"-Regeln verschärfte, ließ ein Beamter der Federal Reserve verlauten, dass die "Walker Rule"-Definition des Selbstkontrahierens je nach Finanzinstitut auch geändert werden könnte. Diese Nachricht hat die bereits entstellte "Volcker-Regel" weiter verschärft.

Nicht nur, dass die ursprünglichen Bestimmungen vom 21. Juli 2012 das Datum des Inkrafttretens des "Walker-Gesetzes" sind, sondern die Federal Reserve ist plötzlich aufgesprungen, um die Großbanken zu informieren, dass sie nicht sofort mit dem Eigenhandel aufhören müssen und zwei Jahre Zeit haben, um "die entsprechende Prüfung der Geschäftseinhaltung" durchzuführen. Die optimistischsten Prognosen gehen davon aus, dass die "Walker Rule" erst im Juli 2014 oder sogar noch später in Kraft treten wird, und die Federal Reserve hat die Befugnis, das Inkrafttreten weiter zu verzögern. Selbst dann wird die "Walker Rule" viele Ausnahmeregelungen oder Erweiterungen für Banken enthalten, die es ihnen ermöglichen, das, was jetzt ein Private-Equity- und Hedge-Fonds-Investmentgeschäft ist, für mehr als ein Jahrzehnt weiter zu besitzen, während die Eigenhandelsregeln nur eine lange Liste von Ausnahmen sein können, Ausnahmen zur Grauzone.

Walkers Theorie der "Pornographie" wird wahrscheinlich von ihm selbst genossen werden müssen. In der Tat, Walker kennt die enorme Energie der Wall Street, erwähnte er in den Regeln, um die Finanzkrise im Jahr 2024 und darüber hinaus zu verhindern, ist die Implikation, dass die vorherige Foul leicht bestraft werden, wird diese Stange das Problem 10 Jahre später umzusetzen.

Obama ist mit dem Versprechen in den Wahlkampf gezogen, die Wall Street für ihre eigene Gier bezahlen zu lassen, und dieses Versprechen hat sich während seiner ersten Amtszeit als leere Phrase erwiesen, so dass er im Endeffekt nur "für die Armen spricht und für die Reichen arbeitet".

Wenn die Großbanken der Wall Street "zu groß sind, um zu scheitern", ist das Dodd-Frank-Gesetz "zu komplex, um es durchzusetzen", und die drakonische "Volcker-Regel" sieht eher wie ein komisches "Volcker-Spiel" aus!

Deshalb schenkt die Wall Street dem Gesetz und den Vorschriften keine Beachtung, JPMorgan Chase geht das Risiko eines "Londoner Wals" ein, und Goldman Sachs drückt ein Auge zu, wenn es um das neue Gesetz geht. Seit der Verabschiedung des Dodd-Frank-Gesetzes hat Goldman Sachs mehrere neue Fonds aufgelegt, darunter einen Energiefonds, einen Yuan-Fonds und einen Mezzanine-Immobilienfonds. Goldman Sachs ist der Ansicht, dass diese neuen Fonds in der Lage sein werden, die Anforderungen der Volcker-Regel zu erfüllen, und selbst wenn dies nicht der Fall sein sollte, kann Goldman Sachs eine Verlängerung beantragen oder andere Mittel einsetzen, um diese Fonds am Leben zu erhalten.

Die Reihe scharfer Widersprüche, die im Zusammenhang mit dem Dodd-Frank-Gesetz und der "Volcker-Regel" aufgetreten sind, und das Endergebnis offenbaren noch tiefere Probleme.

Das amerikanische Volk verabscheut die Gier der Wall Street, und der Präsident und der Kongress der Vereinigten Staaten verabscheuen die Gier der Wall Street. Warum also haben sich die Wähler, der Präsident und der Kongress zusammengetan, um einen Gesetzentwurf vorzulegen, der das öffentliche Vermögen tatsächlich schützt?

Wie kommt es, dass die Schuldigen der Finanzkrise von 2008 Milliarden von Dollar an Verlusten verursacht haben, zig Millionen Menschen ihren Arbeitsplatz verloren haben, Millionen von Familienhäusern enteignet wurden und nicht ein einziger Wall-Street-Bonze dafür verurteilt und ins Gefängnis gesteckt worden ist? Warum kassieren sie nicht nur höhere Boni, sondern werden auch noch gieriger?

Die schrecklichste Korruption ist nicht die Gesetzlosigkeit, sondern die Gesetzlosigkeit! Die abscheulichste Gier ist nicht die Gier eines Einzelnen, sondern die Gier der Interessengruppe als Ganzes, die Gier, die unter dem Schutz des Gesetzes steht, die Gier des Systems!

Die Unterdrückung unter dem Schutz des Gesetzes hat zu einem grundlegenden Zusammenbruch des Prinzips der gerechten Verteilung des Reichtums und zu einer noch nie dagewesenen Spaltung der Gesellschaft in Arm und Reich geführt.

Sinkende Mittel- und Unterschicht

Am 29. August 2013 brach in mehr als 60 US-Städten ein Generalstreik der Beschäftigten von Fast Food und Einzelhandel aus. Die Mitarbeiter von McDonald's, KFC, Burger King und anderen Restaurant- und Einkaufszentrumsketten gingen auf die Straße, um gegen den zu niedrigen Bundesmindestlohn zu protestieren und nachdrücklich höhere Lohnpakete für die Fast-Food-Branche zu fordern. Sie riefen: "Sieben Dollar und fünfundzwanzig Cents, wir können nicht überleben!" Sie protestieren gegen den bundesweiten Mindestlohn von 7,25 Dollar, der sie in einen Teufelskreis permanenter Armut gestürzt hat, und der Streik zielt auf einen "existenzsichernden Mindestlohn" von 15 Dollar pro Stunde.

Traditionell sind die Fast-Food-, Einzelhandels-, Gastronomie-, Unterhaltungs- und anderen Branchen weitgehend unorganisiert, und es ist fast unmöglich, einen landesweiten Streik zu organisieren, der so mobil und zeitlich begrenzt ist, dass der Generalstreik, der Ende August über das Land hinwegging, schockierend war. Insbesondere der Süden der Vereinigten Staaten war noch nie ein aktives Streikgebiet, und dieses Mal waren die Fastfood- und Einzelhandelsbranchen in den Südstaaten aktiv an dem landesweiten Streik beteiligt, was eine starke Stimmung und Entschlossenheit widerspiegelte, die die gesamte untere Mittelschicht erfasste.

Im Vergleich zu den Gehältern von Arbeitnehmern, die darum kämpfen, an der Armutsgrenze zu bleiben, sind die Einkommen von Fast-Food-Führungskräften, die Millionen von Dollar an Boni einstreichen, außerordentlich solide, und selbst die lockere und unorganisierte Fast-Food-Branche kann mit überraschender Energie explodieren, wenn extreme kollektive Unzufriedenheit in heftige Wut umschlägt.

Es herrscht allgemein der Eindruck, dass die Löhne in der Fast-Food-Branche nicht hoch sind, aber die vom US-Arbeitsministerium veröffentlichten Zahlen sind dennoch sehr überraschend: Im Juli 2013 lag der niedrigste Stundenlohn in den USA bei 7,25 Dollar, der Durchschnittslohn im nicht landwirtschaftlichen Beschäftigungssektor bei 23,98 Dollar pro Stunde, die Arbeiter im verarbeitenden Gewerbe bei 20,14 Dollar und im Fast-Food-Bereich bei nur 9 Dollar.

Die Stundenlöhne in der US-amerikanischen Gastronomie- und Unterhaltungsbranche sind seit 2009 rückläufig (U.S. Department of Labor).

Erschwerend kommt hinzu, dass ihr realer Durchschnittsstundenlohn seit dem Ende der Krise um 6% gesunken ist. Ein solch mageres Einkommen garantiert nicht genügend Arbeitsstunden. In nichtlandwirtschaftlichen Berufen wird durchschnittlich 34,4 Stunden pro Woche gearbeitet, während die Daten der Federal Reserve Bank of St. Louis zeigen, dass die Beschäftigten in der Lebensmittel- und Unterhaltungsbranche (einschließlich Fast Food) nicht mehr als 26,4 Stunden pro Woche arbeiten, wobei die Beschäftigten in der Fast-Food-Branche nur 12.355 US-Dollar pro Jahr vor Steuern verdienen und die Armutsgrenze in den USA bei 11.490 US-Dollar pro Jahr liegt, was bedeutet, dass 3,5 Millionen Beschäftigte in der Fast-Food-Branche nur knapp über der Armutsgrenze liegen.

Die Fast-Food-Branche ist natürlich kein verlockender Job, aber der Wettbewerb um die Arbeitsplätze ist überraschend hart. Nach der Krise sind McDonald's-Jobs zum wichtigsten Bestandteil des Arbeitsmarktes geworden. 2011 beschäftigte die McDonald's-Kette in den Vereinigten Staaten 62.000 Menschen, während die Zahl der eingegangenen Bewerbungen überraschenderweise 1 Million überstieg, bei einer Annahmequote von nur 6,2%![37] ist vergleichbar mit der Annahmequote von Harvard im selben Jahr und niedriger als bei allen anderen Ivy-League-Schulen in den Vereinigten Staaten! 1 Million Menschen bewerben sich um 62.000 Stellen bei McDonald's, wo der Durchschnittslohn nur 9 Dollar pro Stunde beträgt.

Die Fast-Food-Industrie ist nicht mehr das Zeitalter, in dem Studenten für ein kleines Taschengeld arbeiteten. Das Durchschnittsalter der Fast-Food-Angestellten lag 2013 bei 28 Jahren, 30% von ihnen haben einen Hochschulabschluss und 25% von ihnen haben mindestens ein Kind und unterstützen ihre Familien!

---

[37] McDonald's Hires 62,000 in U.S. Event, Bloomberg, 2011-04-28.

Bei einem Jahreseinkommen von 12.355 Dollar beträgt das Gesamteinkommen einer vierköpfigen Familie nur 24.700 Dollar und das monatliche Einkommen nur 2.000 Dollar vor Steuern, selbst wenn beide Ehepartner arbeiten. Denken Sie an die Miete des "Mieterimperiums" von 1500 Dollar pro Monat, selbst die billigste Miete beträgt 1000 Dollar, die Transportkosten zur und von der Arbeit betragen mindestens 200 bis 300 Dollar, das Autofahren ist sogar noch teurer, wenn die ganze vierköpfige Familie jeden Tag Fast Food isst, ist das Leben nicht lebenswert, Menschen, die in Fast Food Restaurants arbeiten, können es sich nicht einmal leisten, Fast Food zu essen. Egal wie sparsam sie ist, eine vierköpfige Familie hat über 500 Dollar pro Monat für Lebensmittel und mindestens 300 Dollar für grundlegende Ausgaben wie Versorgungsleistungen und Telefon, das Gehalt ist bereits überzogen. Die Kinder können keine Kleidung kaufen, nicht ins Internet gehen, keine Handys benutzen, keine Filme sehen, nicht reisen oder in Restaurants gehen... Ist das der "amerikanische Traum"?

Die Löhne in der Fast-Food-Branche sind definitiv kein "existenzsichernder Lohn", nicht einmal ein "Überlebenslohn", und ich fürchte, das Leben eines Kindermädchens in Peking ist besser. In den Vereinigten Staaten stehen selbst solche Jobs nur 6,2% der Wettbewerber zur Verfügung.

Die Fast-Food-Industrie steht für die Lebensbedingungen einer großen Zahl von Amerikanern der unteren Mittelschicht, deren Situation sich im Zuge der Finanzkrise nicht nur schrittweise verschlechtert hat.

Am 28. Juli 2013 machte CBS News eine schockierend große Schlagzeile: "Umfrage: 80% der Erwachsenen in den USA sind von Armut und Arbeitslosigkeit bedroht, sagt eine Umfrage. "In dem Artikel wird darauf hingewiesen, dass die zunehmende Globalisierung der US-Wirtschaft, die wachsende Kluft zwischen Arm und Reich und die Abwanderung hochbezahlter Arbeitsplätze im verarbeitenden Gewerbe dazu geführt haben, dass heute vier von fünf Erwachsenen in der US-Gesellschaft mit Arbeitslosigkeit, Beinahe-Armut oder zumindest teilweiser Abhängigkeit von staatlichen Leistungen zu kämpfen haben. 46,2 Millionen Menschen leben unterhalb der Armutsgrenze, was 15% der gesamten US-Bevölkerung entspricht und eine in der Geschichte der USA noch nie dagewesene Zahl von Armen darstellt.[38]

Ende 2012 lag die Zahl der Menschen, die in den Vereinigten Staaten staatliche Lebensmittelmarken erhalten, bei 47,8 Millionen und übertraf damit die spanische Gesamtbevölkerung; gegenüber 2008 ist sie um 70 Prozent auf ein Rekordhoch gestiegen. Die Regierung gibt etwa 133 Dollar pro Person und Monat für Lebensmittelmarken aus, mit denen Lebensmittel, Fleisch, Obst, Milch usw. im Einkaufszentrum gekauft werden können. Im Jahr 1975 lag der Anteil der Amerikaner, die Lebensmittelmarken beantragten, bei nur 8 Prozent, und 37 Jahre später hat sich dieser Anteil fast verdoppelt. Der starke Anstieg der Zahl und des Anteils der Menschen, die in Armut leben, steht in krassem Gegensatz zum Wachstum des US-BIP, zu sinkender Arbeitslosigkeit, stark steigenden Immobilienpreisen und rekordverdächtigen Aktienkursen.

Welches Bild ergibt sich für die US-Wirtschaft, wenn sich die Wirtschaft verbessert und die Armut zunimmt?

Die Hauptursache für den erheblichen Anstieg der Zahl der von Armut betroffenen und von Nahrungsmittelhilfe abhängigen Menschen ist die extrem schlechte Beschäftigungslage, die es ihnen unmöglich macht, einen Arbeitsplatz oberhalb der Armutsgrenze zu finden.

Im Oktober 2009 lag die Arbeitslosenquote in den Vereinigten Staaten bei 10%, im August 2013 war sie auf 7,3% gesunken. Wenn also die Arbeitslosenquote sinkt, sollte sich der Arbeitsmarkt natürlich allmählich verbessern, wie kann dann die Zahl der Armen deutlich steigen? Die Arbeitslosenquote fällt von 10% im Jahr 2009 auf 7,3% im August 2013.

Die Wahrheit über den Arbeitsmarkt

Im Dezember 2007, als die US-Wirtschaft ihren Vorkrisen-Höchststand erreichte, gab es auf dem US-Arbeitsmarkt insgesamt 138 Millionen Arbeitsplätze, die sich je nach Art der Arbeit und

---

[38] 80 Prozent der Erwachsenen in den USA sind von Armut und Arbeitslosigkeit bedroht, so eine Umfrage, CBS News, 2013-07-28.

Einkommensniveau grob in drei Hauptkategorien einteilen lassen: gut bezahlte Arbeitsplätze, mittelgut bezahlte Arbeitsplätze und schlecht bezahlte Arbeitsplätze.

Gut bezahlte Arbeitsplätze sind das Rückgrat der US-Wirtschaft, sie bilden den Kern der wirtschaftlichen Vitalität und der internationalen Wettbewerbsfähigkeit der USA und sind die Hauptarbeitsplätze der US-Mittelschicht sowie die Grundlage der US-Kaufkraft. Mit insgesamt 71,8 Millionen Arbeitsplätzen, die 52% aller Arbeitsplätze und 65% aller Einkommen ausmachen, und einem durchschnittlichen Jahresgehalt von 50.000 Dollar, das zufällig das mittlere Einkommensniveau amerikanischer Familien ist, kann eine vierköpfige Familie ihren Lebensunterhalt bestreiten, obwohl der wirtschaftliche Druck nicht gering ist. Gut bezahlte Arbeitsplätze sind in der Regel Vollzeitarbeitsplätze mit einer 40-Stunden-Woche, die alle mit einer guten Krankenversicherung, Renten- oder 401K-Plänen ausgestattet sind. Zu diesen hochwertigen Arbeitsplätzen gehören solche in den Bereichen Finanzen, Angestellte, Informationstechnologie, Unternehmensführung, Fertigung, Bergbau, Bauwesen, Immobilien, Regierungsangestellte, Transport und Lagerhaltung und viele mehr.

Zu den mittelmäßig bezahlten Arbeitsplätzen gehören das Gesundheitswesen, die allgemeine und berufliche Bildung, soziale Dienstleistungen und andere Branchen mit einem durchschnittlichen Jahresgehalt von 35.000 Dollar und insgesamt 28,9 Millionen Arbeitsplätzen, also weniger als die Hälfte der Hochlohnarbeitsplätze und 21 Prozent der Gesamtbeschäftigung. Die Beschäftigungsmöglichkeiten für Arbeitsplätze im mittleren Lohnsegment haben zugenommen, obwohl diese Arbeitsplätze fast vollständig von staatlichen Ausgaben und Steuersubventionen abhängig sind.

Das durchschnittliche Jahresgehalt für Niedriglohnjobs beträgt nur 19.000 Dollar und umfasst Niedriglohnjobs in den Bereichen Lebensmittel und Unterhaltung, Barkeeper, Motels, Yogalehrer, Gärtner, Einzelhandel, Zeitarbeit und mehr. Die Gesamtzahl der Niedriglohnjobs belief sich auf 37,2 Millionen, was 27 Prozent aller Arbeitsplätze entspricht. Diese Arbeitsplätze bieten in der Regel keine Krankenversicherung oder andere Leistungen, und wenn man noch eine Familie mit Kindern nachzieht, ist man im Grunde arm.

Dies ist der allgemeine Überblick über den US-Arbeitsmarkt vor der Finanzkrise. Das Geheimnis des Rückgangs der Arbeitslosigkeit in den USA nach 2009 liegt in der Zunahme der Niedriglohnjobs verborgen. Sechzig Prozent der 5,8 Millionen Arbeitsplätze, die von den Cheerleadern der Wall Street-Medien angepriesen werden, fallen in diese Kategorie.

Im Juli 2013 erreichte die Gesamtzahl dieser Niedriglohnarbeitsplätze 37,5 Millionen, 2,8 Millionen "neue" Arbeitsplätze, gegenüber 34,7 Millionen am Ende der Rezession. Tatsächlich ist diese Zahl fast vergleichbar mit der Zahl von 37,2 Millionen im Jahr 2007. Mit anderen Worten: Die 2,8 Millionen Niedriglohnarbeitsplätze sind nicht "neu geschaffen", sondern "erneuert" worden.

Nach 2009 sind die Niedriglohnjobs auf das Vorkrisenniveau zurückgekehrt, und die 2,8 Millionen neuen Arbeitsplätze sind tatsächlich "erneuert" mit einem Jahresgehalt von 19.000 Dollar knapp über der Armutsgrenze, die Fast-Food-Industrie ist ein Niedriglohnjob, und das Einkommen dieser Jobs kann nur das Überleben sichern. Wenn man die Inflation aus der Gleichung herausnimmt, ist das Einkommen aus Niedriglohnjobs sogar um 6% gesunken, und sich darauf zu verlassen, dass sie die Erholung der US-Wirtschaft vorantreiben, ist eine sehr unzuverlässige Idee.

Gut bezahlte Arbeitsplätze sind das Herzstück der Mittelschicht und die Hauptstütze des Marktkonsums, und die Beschäftigungslage in diesem Sektor ist viel schlimmer.

Die Finanzkrise führte zum Verlust von 5,8 Millionen gut bezahlten Arbeitsplätzen, und in den folgenden vier Jahren konnten nur 1,4 Millionen wiederhergestellt werden. Mit einem durchschnittlichen jährlichen Wachstum von knapp über 310.000 ist sogar das natürliche Bevölkerungswachstum in den Vereinigten Staaten mehr als zehnmal so hoch!

Im Jahr 2013 lag die Gesamtzahl der gut bezahlten Arbeitsplätze bei 67,6 Millionen, was überraschend weit von den 71,9 Millionen im Jahr 2000 entfernt ist! Wenn die "Erholung" in diesem Tempo weitergeht, wird es ein Vierteljahrhundert dauern, bis die gut bezahlten Arbeitsplätze in den USA bis 2025 wieder das Niveau von 2000 erreichen!

Und hinter dem Wachstum von mehr als 300.000 hochbezahlten Arbeitsplätzen pro Jahr steht ein gewaltiges Haushaltsdefizit von 1 Billion Dollar (Staatsausgaben) und 800 Milliarden Dollar pro Jahr, die die Fed druckt. Wenn man die 800 Milliarden Dollar Druckvolumen gleichmäßig auf jeden Arbeitsplatz verteilt, bedeutet das, dass die Fed 2,5 Millionen Dollar ausgegeben hat, nur um einen Arbeitsplatz zu schaffen, der 50.000 Dollar im Jahr einbringt! Ihre Effektivität ist unvergleichlich!

Das zeigt nur eines: Beim Gelddrucken der Fed geht es überhaupt nicht darum, Arbeitsplätze zu schaffen! Ein QE von 800 Milliarden Dollar pro Jahr, wenn es direkt an Einzelpersonen verteilt wird, entspricht der Schaffung von 16 Millionen gut bezahlten 50.000-Dollar-Jobs pro Jahr! Ob Bernanke nun einen Hubschrauber fliegt, um das Geld zu verteilen, ob er das Geld aufteilt oder ob er einfach die Schulden von zwangsversteigerten Häusern abzahlt, der wirtschaftliche Effekt ist weitaus besser, als wenn er das Geld der Bank gibt! Die Natur der Fed wird aus den Ergebnissen ihrer Handlungen deutlich; sie dient nicht der Regierung, geschweige denn dem Volk, sondern der Wall Street!

Seit Anfang 2000 ist die Zahl der gut bezahlten Arbeitsplätze in den Vereinigten Staaten um negative 4,3 Millionen gestiegen, während die Gesamtkosten für den Lebensunterhalt einer Familie erheblich gestiegen sind, die Benzinpreise dreimal so hoch sind wie früher, die Studiengebühren im Allgemeinen mehr als doppelt so hoch sind, Kleidung, Lebensmittel, Wohnraum und Transportmittel erheblich teurer geworden sind und die Kosten für die Krankenversicherung und die medizinische Versorgung viel höher sind als im Jahr 2000. Damals war die Krankenversicherung bei Vollzeitbeschäftigung extrem billig, und die Arbeitnehmer zahlten nur ein paar Dutzend Dollar im Monat für die Versicherung einer Familie, ob jung oder alt, und die Kosten für ärztliche Behandlung und Medikamente lagen in der Regel bei 1 oder 20 Dollar aus eigener Tasche.

Die Zahl der gut bezahlten Arbeitsplätze lag im Jahr 2000 bei 71,9 Millionen vor der Krise im Jahr 2007, was zeigt, dass es während der "Greenspan-Blase" praktisch kein Wachstum bei den gut bezahlten Arbeitsplätzen gab! Der so genannte "Wohlstandseffekt", gekennzeichnet durch die Immobilienblase, hat keinerlei reales Wirtschaftswachstum geschaffen, sondern ein Finanzdesaster, das es seit 80 Jahren nicht mehr gegeben hat. Und die nachfolgende "Bernanke-Blase", die mit der Immobilienblase wieder wirtschaftlichen

Wohlstand bringen wollte, hat sich nur noch schlimmer als die "Greenspan-Blase" erwiesen.

Die Erholung der hochbezahlten Arbeitsplätze in den Vereinigten Staaten ist extrem langsam und liegt weit unter den Höchstständen von 2000 und 2007. Schauen wir uns schließlich das Wachstum der mittelbezahlten Arbeitsplätze an. In den mehr als vier Jahren seit der Krise sind die Arbeitsplätze im Gesundheits-, Bildungs- und Sozialwesen um insgesamt 1,1 Millionen gestiegen, das sind durchschnittlich etwa 250 000 pro Jahr. Rechnet man ab dem Jahr 2000, so ist die Beschäftigung im Gesundheits-, Bildungs- und Sozialwesen in den Vereinigten Staaten gestiegen, und selbst die Finanzkrise hat nichts an den Arbeitsplatzgewinnen in diesem Bereich geändert. Die "UNESCO-Garde" wird von Obama als "Bollwerk" zur Verteidigung des amerikanischen Beschäftigungswachstums angesehen.

Von Januar 2000 bis Juli 2013 sind 6,6 Millionen Arbeitsplätze im mittleren Einkommensbereich hinzugekommen, so dass die Gesamtzahl 2013 bei 30,8 Millionen lag. Davon entfallen allein 6,4 Millionen auf die mobile Gesundheitsfürsorge. Die sogenannte mobile Gesundheitsfürsorge ist das Gesundheitssystem außerhalb von Krankenhäusern, wie z. B. Arztpraxen, außerklinische Versorgung von Patienten, ambulante Gesundheitsdienste usw. Die Arbeitsplätze in der mobilen Gesundheitsfürsorge übertrafen überraschenderweise die 5,5 Millionen Arbeitsplätze in der US-Bauindustrie und die 4,5 Millionen Arbeitsplätze in der Konsumgüterindustrie bei weitem. Im Krankenhauswesen sind 8 Millionen Krankenschwestern und -pfleger, Fachkräfte und Verwaltungsangestellte beschäftigt.

Insgesamt sind im US-Gesundheitssystem 14,6 Millionen Menschen beschäftigt, im Bildungssystem, vom Kindergarten bis zur Hochschule, 14 Millionen Menschen und im Sozialwesen 2,2 Millionen Menschen.

Warum nimmt die Beschäftigung im Gesundheitswesen weiter zu? Weil die staatlichen Ausgaben für das Gesundheitswesen in die Höhe geschnellt sind! Im Jahr 2000 beliefen sich die Ausgaben der US-Regierung für Medicare und Medicaid auf insgesamt 300 Mrd. USD, und bis 2012 stiegen sie auf 800 Mrd. USD, was fast doppel so hoch ist wie die Wachstumsrate des BIP.

Am Ende der Clinton-Präsidentschaft im Jahr 2000 wies die US-Regierung einen Überschuss auf, und seit der Obama-Regierung im Jahr 2009 hat das Defizit vier Jahre in Folge die Marke von 1 Billion

Dollar überschritten, was einem massiven staatlichen Zahlungstransfer an den Gesundheitssektor gleichkommt. Die Ausgaben für das Gesundheitswesen sind viel höher als das BIP-Wachstum, was bedeutet, dass die Gewinne in der US-Realwirtschaft von Branchen wie dem Gesundheitswesen und der Pharmaindustrie aufgezehrt werden, die Produktionsbasis wird ständig geschwächt, und es gibt einen Grund, warum die US-Produktion nicht auf das Festland zurückkehren will.

Die abnormale Zunahme der Beschäftigung im Gesundheitssektor führt unweigerlich zu einer stärkeren Verdrängung wirtschaftlicher Ressourcen und unterdrückt somit das Wachstum gut bezahlter Arbeitsplätze. Im Bereich der sozialen Dienste ist die Situation ähnlich wie im Gesundheitswesen, wo der Staat durch Transferzahlungen Arbeitsplätze aus der Realwirtschaft in die sozialen Dienste verlagert.

Ein Großteil des Beschäftigungswachstums im Bildungsbereich ist auf die rasche Expansion des Privatschulsystems zurückzuführen: Die Zahl der Beschäftigten in nicht-öffentlichen Schulen ist in den USA seit 2000 um 45 Prozent gestiegen, während die Guthaben aus Studentenkrediten von 150 Milliarden Dollar auf 1 Billion Dollar in die Höhe geschnellt sind und es zu massiven Zahlungsausfällen kommt. Bildung soll die Zukunft des Landes stärken, aber hohe Studiengebühren und riesige Schulden zehren die Zukunft der Studenten auf und zerstören die Hoffnungen des Landes.

Die Zahl der Arbeitsplätze im mittleren Lohnsegment nimmt ständig zu, wobei die staatlichen Transferzahlungen die Hauptursache sind. Der Anstieg der Arbeitsplätze im mittleren Lohnsegment, insbesondere im Gesundheits- und Sozialwesen, hängt stark vom Haushaltsdefizit der Regierung ab, und die Kosten für die Finanzierung der Staatsverschuldung werden erheblich steigen, nachdem der Zinsvulkan in der Zukunft aktiv wird, die Fähigkeit der Regierung, ihre Schulden zu bedienen, wird ernsthaft in Frage gestellt werden, und das Wachstum der Arbeitsplätze im Gesundheitswesen wird in einen Engpass geraten. Das Beschäftigungswachstum im Bildungswesen, insbesondere im privaten Schulsystem, ist in hohem Maße von Studentenkrediten abhängig, die inzwischen 1 Billion Dollar erreicht haben, mehr als Autokredite und Kreditkartendarlehen zusammen, um die hohen Studiengebühren zu bezahlen und die Expansion aufrechtzuerhalten. In der gegenwärtigen Rezession auf dem Arbeitsmarkt gibt es bereits eine ernsthafte Krise bei den Zahlungsrückständen, und wenn die Zinssätze wieder stark ansteigen, steht eine Implosion der Studentendarlehen unmittelbar bevor, und das

Beschäftigungswachstum im Bildungswesen steht bereits vor einer Umkehr.

Die Zunahme von Niedriglohnjobs führt nicht zu einem Anstieg des Konsums; sie überleben einfach. Nicht nur die Arbeitsplätze im mittleren Lohnsegment werden in Zukunft mit Engpässen zu kämpfen haben, sondern auch die Kaufkraft wird begrenzt bleiben. Hochbezahlte Arbeitsplätze, die die Hälfte der Beschäftigung ausmachen, wurden hart getroffen und sind weit davon entfernt, sich zu erholen.

Verglichen mit dem Gesamtumsatz des Einzelhandels im Jahr 2007, fünf Jahre nach der Erholung der Wirtschaft, liegt das Jahr 2013 immer noch 2 Prozent unter dem Wert von 2007, wenn man die Inflation ausklammert, und fünf Jahre nach den drei Krisen der 1980er, 1990er und 2000 lag der Gesamtumsatz des Einzelhandels um 20 Prozent, 17 Prozent bzw. 13 Prozent höher als vor der Krise. Betrachtet man die Haushaltswaren- und Lebensmittelkategorien des Einzelhandels genauer, so ist das Niveau des realen Verbrauchs im Vergleich zu 2007 um 6 Prozent gesunken, was im Erholungsprozess nach den aufeinanderfolgenden Wirtschaftskrisen der Nachkriegszeit noch nie vorgekommen ist.[39] Daran wird das Ausmaß der internen Schädigung des Arbeitsmarktes deutlich.

Der schleppende Konsum hat seine Ursache in einem schleppenden Arbeitsmarkt, der einer der Hauptgründe dafür ist, dass sich die US-Wirtschaft nur schwer erholen kann.

Insgesamt hat sich der Verlust an niedrig bezahlten Arbeitsplätzen aus der Finanzkrise weitgehend erholt, nur 1,4 Millionen der 5,8 Millionen Arbeitsplätze im Hochlohnsektor gingen verloren, und selbst wenn 1,9 Millionen Arbeitsplätze im mittleren Lohnsegment hinzugekommen sind, bleibt ein Nettoverlust von 2,5 Millionen Arbeitsplätzen gegenüber dem Zeitraum vor der Krise. Im gleichen Zeitraum ist die US-Bevölkerung um mehr als 15 Millionen Menschen gewachsen, während die Zahl der Arbeitsplätze um 2,5 Millionen zurückgegangen ist, und der Druck auf junge Menschen, eine Beschäftigung zu finden, ist verständlich.

---

[39] David Stockman, *Die große Deformation*, Public Affair, 2013, Kapitel 32.

Was die Erwerbsbeteiligung angeht, so ist der US-Arbeitsmarkt düster: Im August 2013 waren nur 63,2% der US-Bevölkerung im Alter von 16 Jahren und älter erwerbstätig, was einen deutlichen Rückgang um 35 Jahre gegenüber dem Stand von August 1978 bedeutet. Das durchschnittliche Haushaltseinkommen in den USA ist inflationsbereinigt 7% niedriger als im Jahr 2000!

Im August 2013 sank die US-Beschäftigungsquote um 35 Jahre auf den Stand vom August 1978, und das reale US-Haushaltsmedianeinkommen (inflationsbereinigt) war 2013 um 7% niedriger als im Jahr 2000!

Die Cheerleader der Wall Street-Medien brüsten sich damit, dass die Arbeitslosigkeit sinkt, das Verbrauchervertrauen zurückgekehrt ist und die wirtschaftlichen Fundamentaldaten in bester Verfassung sind, wobei sie das düstere Bild des Arbeitsmarktes völlig verzerren und eine Fata Morgana des wirtschaftlichen Aufschwungs vorgaukeln. Bei solch schlechten Beschäftigungs- und Einkommensverhältnissen schlagen der Aktienmarkt in die Höhe, die falschen Immobilienfeuer und die optimistischen Prognosen des Wirtschaftswachstums allesamt gegen die kalte Wand der Beschäftigung!

Das Haus auf dem Felsen oder der Traum auf dem Sand? Die Rückkehr der amerikanischen Industrie ist reines Wunschdenken. Im April 2009, kurz nach seinem Amtsantritt, hielt Barack Obama in einem überschwänglichen Versuch, die amerikanische Gesellschaft zu "verändern", eine lange 45-minütige Rede an der Georgetown University. In seiner Rede beschrieb Obama die US-Wirtschaft als ein Haus in Gefahr und zitierte ein biblisches Gleichnis, das besagt, dass ein Haus, das auf Sand gebaut ist, einsturzgefährdet ist, während ein Haus, das auf Felsen gebaut ist, steht: „Wir können unsere Wirtschaft nicht auf Sand aufbauen, wir müssen unsere Häuser auf Felsen bauen."

Der Fels in der Brandung ist die solide Realwirtschaft, insbesondere die Aussicht auf die Rückkehr des verarbeitenden Gewerbes und die Wiederbelebung der neuen Energiequellen, die Obama am meisten beeindruckt haben.

Mehr als vier Jahre sind vergangen, seit Obama die verarbeitende Industrie in den USA aufgefordert hat, nach Hause zurückzukehren und zu wachsen, und die verarbeitende Industrie ist seit seinem Amtsantritt 2013 zu einem unsagbaren Schmerz in Obamas Herz geworden.

Im Februar 2011 hatte Obama bei einem Abendessen mit dem verstorbenen Apple-Chef Steve Jobs den Apple-Konzern überredet, seine iPhone-Fertigung wieder in die Vereinigten Staaten zu verlegen, worauf Jobs damals unverblümt reagierte: "Diese Arbeitsplätze werden nicht zurückkommen."

In der Tat ist die Wahrheit sehr einfach, wenn auch die verarbeitende Industrie, die in den Vereinigten Staaten bleibt, in der QE überschwemmt Währung Flut, sind nicht bereit, Geld für Investitionen zu verbringen, CEOs sind damit beschäftigt, die Ausgabe von Fremdkapital Finanzierung, und dann kaufen ihre eigenen Unternehmen die Aktien zurück, um einen schnellen Dollar, auch wenn die überseeischen Fertigung zurück in die Vereinigten Staaten, werden sie befreit?

Die Politik des billigen Geldes fördert nicht die Bildung von Industriekapital, im Gegenteil, sie vernichtet Realkapital!

Am 13. Februar 2013 stellte Obama in seiner ersten Rede zur Lage der Nation seit seiner Wiederwahl in den Kongress das verarbeitende Gewerbe in den Mittelpunkt und erklärte, dass die oberste Priorität darin bestehe, Amerika zu einem Zentrum für neue Arbeitsplätze und das verarbeitende Gewerbe zu machen. Als Beispiel für die Förderung des Trends zur Rückkehr der Fertigung nannte Obama den 3D-Druck, das in Youngstown gegründete Institut für Fertigungsinnovation, und kündigte die Schaffung dreier ähnlicher Fertigungscluster an, deren Geschäftspartner das US-Verteidigungsministerium und die Energiebehörde sind, und forderte den Kongress auf, die Einrichtung von 15 Fertigungszentren zu unterstützen, um eine neue Generation der Revolution in der amerikanischen Fertigung zu sichern.

Es stimmt nicht, dass Planung nicht ehrgeizig ist und Ehrgeiz nicht ehrgeizig ist, aber seine Wirksamkeit erweckt den Eindruck, dass der Präsident ein bisschen "ehrgeizig und unbegabt" ist. Auf der Berichtskarte für das Beschäftigungswachstum 2013 fürchtet Obama, dass er sich an die eigene Nase fassen wird. Für die erste Jahreshälfte sind die Barkeeper konkurrenzfähiger, mit einem Plus von 247.000, und was ist mit dem verarbeitenden Gewerbe, das ein gut bezahlter Job ist? Insgesamt sind nur 24.000 Menschen hinzugekommen, nicht einmal 1/10 der Zahl der Barkeeper, ob sie nun zurückkehrten oder sich zusammenschlossen.

Die US-Regierung ist im wirtschaftlichen Bereich praktisch führungslos, und unter dem Einfluss des seit langem bestehenden wirtschaftlichen Denkens der freien Marktwirtschaft will Obama gegen das Geld-für-Geld-Prinzip vorgehen, da ihm weder der Verstand noch die Hände zur Umsetzung der Politik fehlen.

Das sagte der Präsident, und alle hörten zu.

Die Abwanderung der Hochlohnproduktion wird nicht durch den Willen der nationalen Politik gesteuert, sondern durch den Profitinstinkt des Kapitals. Obama kann weder die Geldpolitik noch die Richtung der Kapitalströme beeinflussen, geschweige denn den großen Plan eines Industrieclusters.

Der Präsident der Vereinigten Staaten, das berühmteste Staatsoberhaupt der Welt und eines der am wenigsten mächtigen Staatsoberhäupter, ist lediglich ein Symbol der Macht, nicht der Macht selbst.

Im Jahr 2013 stieg die Zahl der Arbeitsplätze im verarbeitenden Gewerbe um nur 24.000, also um weniger als 1/10der Barkeeper. Eine weitere wichtige Säule von Obamas "Haus auf dem Felsen" sind neue Energien, von denen die "Schieferrevolution" besonders heiß ist.

Laut dem Weltenergieausblick 2012 der Internationalen Energieagentur (IEA) werden die Vereinigten Staaten unter dem Einfluss der Schieferrevolution bis 2017 Saudi-Arabien als weltgrößten Ölproduzenten ablösen und in Bezug auf den "Nettowert" der Energieproduktion nahezu "autark" sein. Im Energy Outlook 2013 von ExxonMobil heißt es, dass die Nachfrage nach Erdgas bis 2040 um 65% steigen wird und 20% der weltweiten Produktion aus Nordamerika kommen werden, vor allem aus nicht-konventionellen Quellen, insbesondere Schiefergas. Der Bericht kommt zu dem Schluss, dass die Schiefergasrevolution die Vereinigten Staaten bis 2025 zu einem Nettoexporteur von Energie machen wird. Der U.S. National Intelligence Council prognostiziert außerdem, dass die Vereinigten Staaten bis 2030 ihre Energieunabhängigkeit erreichen werden.

Was die Schieferrevolution anbelangt, so ist Obama eindeutig überzeugt. 2012 behauptete er, dass aufgrund der Schieferrevolution "unsere Gasversorgung die Nachfrage Amerikas für 100 Jahre garantieren wird. "Energieexperten sagen voraus, dass durch die Schieferrevolution mindestens 1,7 Millionen Arbeitsplätze geschaffen werden, bei denen es sich zweifellos um gut bezahlte Arbeitsplätze handelt, wobei eine optimistische Schätzung von 3 Millionen Arbeitsplätzen bis 2020 ausgeht.

Auch der Einbruch der US-Erdgaspreise in den letzten Jahren scheint zu bestätigen, dass eine Schieferrevolution im Gange ist. Die Cheerleader der Wall Street-Medien legen die Messlatte ebenfalls höher und behaupten, die Vereinigten Staaten würden zu einem "neuen Saudi". Und nicht nur das: Wenn Schiefergas und Schieferöl endlich den Platz des Erdöls einnehmen können, wird ein drastischer Rückgang der Energiekosten die Produktion wieder ankurbeln, mehr gut bezahlte Arbeitsplätze schaffen und den Konsum steigern, so dass ein Wirtschaftsboom unmittelbar bevorsteht.

Der Begriff "Schieferrevolution" tauchte plötzlich im Jahr 2011 auf. Wann genau hat die Schieferrevolution plötzlich Feuer gefangen? Das Zeitalter von Big Data, sprechen Sie noch mit Big Data.

Wenn man das Google-Trending-Tool verwendet, begannen die Berichte über Schiefergas im Jahr 2005, gefolgt von einem Medien-"Boom" nach 2011, und der explosive Begriff "Schieferrevolution" begann sich zu verbreiten. Was geschah 2005 wirklich? War es ein bedeutender Durchbruch in der Schiefergas-Technologie, oder war es etwas anderes?

Das Kernstück der Schiefertechnologie ist eine Kombination aus Horizontalbohrung und Hydraulic Fracturing, bei der "Fracturing-Flüssigkeiten" - chemische Substanzen, die in großen Mengen Wasser und Sedimenten eingeschlossen sind - unter hohem Druck in ein unterirdisches Bohrloch injiziert werden, wodurch die angrenzenden Gesteinsformationen aufbrechen und die Risse erweitert werden, so dass freies oder adsorbiertes Erdgas aus dem Schiefer in das Bohrloch fließen und aufgefangen werden kann. Die Chemikalien in den Fracking-Flüssigkeiten sind oft giftig und können die Sicherheit des Trinkwassers ernsthaft gefährden, wenn sie in das Grundwasser eindringen.

Die Schiefertechnologie gibt es eigentlich schon lange, sie wurde in den 1980er Jahren erprobt und machte 2005 gerade einmal 3% der US-Erdgasproduktion aus, wobei das Hauptproblem die hohen Förderkosten sind. Das Hauptproblem sind die hohen Förderkosten, die sowohl die wirtschaftlichen als auch die ökologischen und rechtlichen Kosten umfassen.

Im Jahr 2005 schlossen sich der ehemalige Präsident von Halliburton, dem Erfinder der Schiefertechnologie, und der ehemalige US-Vizepräsident Dick Cheney sowie seine Verbündeten in Politik und Ölkreisen zusammen, um

Hydraulic Fracturing von der EPA-Regulierung "befreien". In der Vergangenheit hat die EPA die Verschmutzung und die Gefahren des Hydraulic Fracturing im Rahmen des U.S. Safe Drinking Water Act streng reguliert, was ein wesentlicher Grund für die hohen Kosten von Schiefergas ist. Unter der starken Lobbyarbeit der Ölinteressen brach die Schiefergasförderung die US-Umweltschutzbehörde, die die direkte Injektion giftiger Chemikalien in den Boden strikt untersagte, und wurde zu einer hohen Priorität des Grundwasserumweltschutzes des US-Gesetzes, "die einzige Ausnahme.[40]

Im Jahr 2005 brachte der United States Drinking Water Safety Act Licht ins Dunkel der Hydraulic-Fracturing-Netze und wurde in der Rechtswelt zum berühmten "Halliburton-Schlupfloch". Man kann sagen, dass es ohne das "Halliburton-Schlupfloch" keine sogenannte Schieferrevolution gegeben hätte.

Es scheint, dass die Wertsteigerung von Vermögenswerten nicht schwierig ist, solange das menschliche Leben entwertet wird! In nur sechs Jahren ist der Anteil von Schiefergas an der gesamten US-Erdgasproduktion von 3% auf 40% gestiegen, was 2005 zum "ersten Jahr" der Schiefergasrevolution macht.

Abgesehen von den Nebenwirkungen der Vergiftung der Wasserressourcen hat die Schiefertechnologie jedoch noch einen weiteren fatalen Makel: Die Schiefergasbohrungen sind zu schnell erschöpft, so dass sie oft schon im zweiten Jahr der Produktion um 75 bis 80 Prozent einbrechen und nach fünf Jahren im Grunde aussterben. Die Produzenten mussten weiterhin stark in neue Schiefergasbohrungen investieren, um das Produktionswachstum und die Aktienkurse aufrechtzuerhalten, und mit viel heißem Geld, das diesem Beispiel folgte, hat der Markt einen starken Anstieg des Angebots und einen Preissturz erlebt.

Schiefergasbohrungen fallen mit alarmierender Geschwindigkeit aus, wobei die Produktion im zweiten Jahr um 75% bis 80% zurückgeht. Als Cheney 2005 seine EPA-Genehmigung erhielt, lag der Erdgaspreis bei 14 Dollar pro Tausend Kubikfuß; im Februar 2011 war

---

[40] William Engdahl, *The Fracked-up USA Shale Gas Bubble*, Global Research 13 March 2013.

der Preis auf 3,88 Dollar gesunken, und Anfang 2013 fiel er weiter auf 3,50 Dollar. Und die durchschnittlichen Kosten für Schiefergas liegen bei etwa 8 bis 9 Dollar, was bedeutet, dass die große Mehrheit der Schiefergasbohrungen mit großen Verlusten verbunden ist.

Der negative Finanzzyklus in der Schiefergasindustrie hat zu einem Finanzierungsproblem geführt. Bis 2013 müssen die Schiefergasproduzenten jährlich 7.000 neue Bohrungen mit Kosten von 42 Mrd. US-Dollar durchführen, um die derzeitige Produktion aufrechtzuerhalten, verglichen mit 32,5 Mrd. US-Dollar an Schiefergasproduktion im Jahr 2012. Wenn die Preise nicht steigen, verliert die gesamte Branche fast 10 Milliarden US-Dollar pro Jahr. [41]

Warum drosseln die Schiefergasproduzenten nicht die Produktion und erhöhen die Preise?

Dies hat mit den Eigentumsrechten an Schiefergas zu tun. Die meisten Schiefergasbohrungen in den Vereinigten Staaten werden auf privatem Grund und Boden gefördert, und die Grundbesitzer haben mit den Schiefergashändlern Verträge über drei bis fünf Jahre abgeschlossen; wenn sie nicht innerhalb dieser Zeit mit den Arbeiten beginnen, wird das Recht auf die Förderung des Gases eingezogen, und die Lagerstätten und andere Betriebsmittel gehen verloren. Und die Produzenten leihen sich Geld von der Wall Street, und je schneller sie fördern, desto schneller sehen sie Cashflow, die einzige Möglichkeit, den Druck zur Schuldentilgung zu verringern und auch die Aktienkurse zu steigern. In diesem Teufelskreis gilt: Je mehr Schiefergas gefördert wird, desto mehr fällt der Preis und desto mehr verlieren die Unternehmen.

Zahlreiche Unternehmen haben bereits Probleme, den Cashflow zu sichern, und müssen diese durch den Verkauf von Schiefergasvorkommen ausgleichen, während immer mehr Unternehmen gezwungen sind, in großem Umfang Abschreibungen vorzunehmen, um ihre tatsächliche Finanzlage widerzuspiegeln. Die unterkapitalisierten Unternehmen werden die ersten sein, die von dieser großen Wette ausgeschlossen werden, und selbst die kapitalstarken Big Player werden sich überfordert fühlen.

---

[41] Ebd.

Am 6. Oktober 2013 musste Shell, das Schwergewicht unter den Ölkonzernen der Welt, bekannt geben, dass es eine Wette auf die Schieferrevolution aufgegeben hatte. In seiner Rede vor der Unterzeichnung bedauerte der Vorstandsvorsitzende von Shell, dass er die "Schieferrevolution" in den USA falsch eingeschätzt hatte und bis zu 24 Milliarden Dollar für den Erwerb und die Förderung von Schiefervorkommen in Nordamerika ausgegeben hatte und im August gezwungen war, eine riesige Abschreibung von 2,1 Milliarden Dollar vorzunehmen. Shells Schieferabenteuer in Nordamerika ist hoffnungslos verfahren, und der Vorstandsvorsitzende räumt ein, dass "man daher die Abwertung von Vermögenswerten im Wert von bis zu 3 Mrd. Dollar, die keine Einnahmen bringen, anerkennen muss". [42]

Wenn Shell mit seiner Position und seinem Kapital in der weltweiten Ölindustrie bei der Schieferrevolution noch nicht profitabel ist, sind die 1,7 bis 3 Millionen gut bezahlten Arbeitsplätze in der Schieferindustrie, auf die Obama setzt, leider nur ein weiterer Frühlingstraum.

In der Tat haben alle technologischen und sozialen Revolutionen eines gemeinsam: In der Anfangsphase der wirklichen Revolutionen erkennt niemand, dass es sich um Revolutionen handelt, und die Dinge, die am Anfang als Revolutionen bezeichnet werden, sind am Ende oft Blasen.

Der Zweck der Übertreibung ist natürlich, dass die Minderheit den Reichtum der Mehrheit stiehlt. Die Wall Street ist in erster Linie ein Geldverschlinger, und der öl- und militärisch-industrielle Komplex ist nicht nur ein Geldverschlinger, sondern auch ein Lebensverschlinger. Wenn Interessengruppen mutwillig Politiken und Gesetze entführen, entfremdet sich die Gruppengier zur institutionellen Gier.

Die Aufteilung des Reichtums brach die Flügel des amerikanischen Traums

Es gibt keinen besseren Indikator für systemische Gier als die Verteilung des Nationaleinkommens, d. h. der Anteil des Einkommens

---

[42] Guy Chazan, Peter Voser sagt, er bedaure Shells große Wette auf US-Schiefergestein, Financial Times, 2013-10-06.

eines Landes, der auf die reiche Minderheit bzw. die arme Mehrheit entfällt.

Wenn man die obersten 1% der Einkommensbezieher in den USA als Superreiche bezeichnen würde, dann wären sie und nur sie die wirklich herrschende Gruppe in den USA. Bei ihnen liegt das Jahreseinkommen (einschließlich Kapitalgewinne) ebenfalls bei mindestens 443.000 Dollar, während die 0,1% der Superreichen mindestens 5,6 Millionen Dollar verdienen. Die Gesamtbevölkerung der Gruppe der Superreichen beläuft sich auf etwa 1,52 Millionen Menschen, und wenn man eine vierköpfige Familie mitzählt, beläuft sich die Gesamtbevölkerung der Superreichen auf etwa 6,1 Millionen Menschen, was nur 2% der 310 Millionen Menschen in den USA ausmacht.

Der herrschende Block in den Vereinigten Staaten nimmt nicht nur eine führende Position in allen Bereichen der Gesellschaft ein, sondern genießt auch ein hohes Maß an Mitsprache- und Entscheidungsmacht, und der Reichtum des Landes ist in den Händen dieses Blocks verteilt. Wenn es irgendeine Frage gibt, wer in der amerikanischen Gesellschaft nach der Finanzkrise am meisten profitiert hat, dann sind es diese Leute, die den Löwenanteil der Dividenden aus der Lockerung der Geldpolitik, der Wertsteigerung von Vermögenswerten, der fiskalischen Anreize, der Transferzahlungen, der Steuern, die den Dollar prägen, usw. geteilt haben, wobei satte 95% des gesamten Mehrwerts des nationalen Einkommens allein auf sie entfallen!

Man beachte, dass der herrschende Block von 1%, der 95% des Einkommenszuwachses der gesamten Gesellschaft an sich gerissen hat, eine besondere Gunst Gottes gewesen wäre, wenn nicht Politik und Gesetz bewusst gestaltet worden wären. Mit anderen Worten: Es gibt keine rationale wirtschaftliche Logik, die diese extreme Ungleichheit erklären kann.

Wie ein britischer Gelehrter es ausdrückte: Es sollte den Menschen klar geworden sein, dass die Mächtigen und die Reichen die Dinge nach den Erfordernissen ihrer eigenen Interessen tun, und das nennt man Kapitalismus.

Neben den Menschen, die Fleisch essen, gibt es auch solche, die Suppe trinken.

Unterhalb der 1% und oberhalb der 10% befindet sich die einkommensstarke Klasse in den USA. Sie sind sozusagen die Reichen oder die Elite, aber nicht die herrschende Gruppe, sie haben ein gewisses Mitspracherecht und Einfluss auf die Verteilung des Wohlstands in der Gesellschaft, aber nicht die Entscheidungsgewalt. Die Verwendung von Geld als Grundlage für die Einteilung der verschiedenen Segmente der amerikanischen Gesellschaft ist zwar etwas willkürlich, aber ein paar Fehler beeinträchtigen die Schlussfolgerungen nicht. Das Jahreseinkommen der wohlhabenden Gruppen, die der herrschenden Gruppe folgen, liegt grob zwischen 127.000 und 443.000 Dollar, und es gibt 13,6 Millionen von ihnen, so dass die Lebensqualität der wohlhabenden Gruppen genau genommen der "amerikanische Traum" ist, den die Menschen anstreben.

Mit Ausnahme der herrschenden Gruppe von 1% und 9% der Wohlhabenden zählen die übrigen 90% zur unteren Mittelschicht in Amerika. Es handelt sich um 137 Millionen Menschen, von denen viele Doppelverdiener sind, und mit den Familienangehörigen um eine Gesamtbevölkerung von mindestens 250 Millionen. Das durchschnittliche Jahreseinkommen der unteren Mittelschicht beträgt nur 31.000 Dollar, bei einem Gesamthaushaltseinkommen von etwa 62.000 Dollar für einen Zweiverdiener und etwa 50.000 Dollar für einen Medianhaushalt. Das Medianeinkommen ist das mittlere und nicht das durchschnittliche Einkommen der Haushalte der unteren Mittelschicht und ist daher repräsentativer.

Eine typische vierköpfige Familie der unteren Mittelschicht mit einem Einkommen von 50.000 Dollar hat nach Abzug von Steuern und obligatorischen Ausgaben wie Sozial- und Krankenversicherung ein monatliches Einkommen von weniger als 3.000 Dollar, die Hypothek oder Miete beträgt weniger als 1.200 Dollar, die Treibstoffkosten für zwei Autos plus Wartung mindestens 500 Dollar, die Lebensmittel und Getränke für eine vierköpfige Familie weniger als 1.000 Dollar, Internet, Mobiltelefon, Kabelfernsehen, Versorgungsleistungen, Hausinstandhaltung und andere notwendige Lebenshaltungskosten mindestens 300 Dollar, alles obligatorische Lebenshaltungskosten, also im Grunde kein Spielraum für Einsparungen. Mit einem Einkommen von 50.000 Dollar kann eine vierköpfige Familie nur die grundlegendsten Lebenshaltungskosten bestreiten, und es bleibt kaum ein Überschuss.

Viele Familien haben Autokredite, Studiendarlehen und Kreditkartenschulden, und wenn man die Ausgaben für Kinobesuche, Restaurantbesuche, den Kauf von Kleidung und Elektrogeräten, Reisen und Urlaube sowie Neujahrsfeiern berücksichtigt, hat die Familie nicht nur kaum Ersparnisse, sondern ist höchstwahrscheinlich verschuldet. Deshalb hat die überwiegende Mehrheit der amerikanischen Haushalte kaum Ersparnisse auf der Bank und ist in hohem Maße auf ihren Gehaltsscheck angewiesen.

Anstatt zu wachsen, ist das Realeinkommen der Unter- und Mittelschicht in den Vereinigten Staaten, die 90 Prozent der Bevölkerung ausmacht, in den mehr als 40 Jahren seit 1970 um 1 Prozent gesunken. Dies war in den mehr als 200 Jahren seit der Gründung der Vereinigten Staaten noch nie der Fall.

Ein Prozent isst Fleisch, neun Prozent trinken Suppe, und 90 Prozent werden gegessen, ein langfristiger Trend seit der Finanzkrise und sogar nach der Abschaffung des Goldstandards in den USA im Jahr 1971. Im Jahr 2013 besaßen die 400 reichsten Menschen in den USA mehr Vermögen als die 150 Millionen Menschen der unteren Mittelschicht zusammen, was der Hälfte der US-Bevölkerung entspricht!

Was meinen Sie mit "Der amerikanische Traum"? Arbeitsplätze sind das Fundament des Traums, Einkommenszuwachs ist der Flügel des Traums, und für 90 Prozent der Amerikaner ist das Fundament des amerikanischen Traums ernsthaft erschüttert worden, der Flügel ist längst zerbrochen, und die Verteilung des Wohlstands hat den amerikanischen Traum in den letzten 40 Jahren in einen Albtraum verwandelt.

Im September 2011 erlebten die Vereinigten Staaten den schlimmsten Klassenkonflikt in einem halben Jahrhundert seit der Bürgerrechtsbewegung der 1960er Jahre, die "Occupy Wall Street"-Bewegung, die lange andauerte, so viele Städte erreichte und eine alarmierende Anzahl von Menschen einbezog. Es ist äußerst selten in der amerikanischen Geschichte, dass die amerikanische Öffentlichkeit eine klare politische Parole ausgibt, dass die 99% der Armen die 1% der Reichen herausfordern werden! Die Proteste der Amerikaner fanden in allen entwickelten Ländern der Welt ein starkes Echo, von London bis Paris, von Frankfurt bis Rom, von Hongkong, China, bis Sydney, es gibt kaum eine Großstadt in einem entwickelten Land oder einer Region der Welt, die nicht betroffen war. Das starke Gefühl der Polarisierung zwischen Arm und Reich und der Klassenrivalität, das in der Welt nach dem Kalten Krieg einzigartig ist, ist nicht länger ein Problem der Vereinigten Staaten, sondern ein universelles Problem in allen Ländern der Welt.

Gier und Traumdiebstahl

Historisch gesehen erreichte die Wohlstandskluft in den Vereinigten Staaten 1927 ihren ersten Höhepunkt, als eine Gruppe von 10 Prozent der Reichen 50 Prozent des Nationaleinkommens an sich riss, gefolgt von der schlimmsten Wirtschaftsdepression in der amerikanischen Geschichte. Die Gründe für die Krise von 1929 unterscheiden sich nicht grundlegend von denen von 2008. Die Gründe für die Krise von 1929 unterscheiden sich nicht grundlegend von denen von 2008. Die übermäßige Lockerung der Geldpolitik führte zu einem sprunghaften Anstieg der Vermögenspreise und einer großen Umverteilung des gesellschaftlichen Reichtums, von der die Reichen am meisten profitierten und die Armen an den Rand gedrängt wurden.

1914 brach der Erste Weltkrieg aus und stürzte Europa in einen vierjährigen Krieg, während die Vereinigten Staaten der größte Waffenlieferant Europas wurden. Die Grausamkeit und Intensität des Krieges übertraf die Erwartungen der Europäer bei weitem, und der Geldverbrauch ging so weit, dass die Finanzen der Nationen in den Ruin getrieben wurden. Sechzehn alliierte Mächte, darunter Großbritannien, Frankreich und Russland, waren gezwungen, sich bei den Vereinigten Staaten zu verschulden, um den Krieg aufrechtzuerhalten, was dazu führte, dass die Vereinigten Staaten auf Kredit produzieren konnten und ihre industrielle Kapazität in die Höhe schoss. Im Jahr 1918 wurden die militärischen Siegermächte zu finanziell unterlegenen "Unterschuldnern".

Die Kreditvergabe von Geld geschuldet verstrickt, Schulden Not, Reparationen Streit langwierig, die europäische Wirtschaft ist schwer zu erholen, können die Vereinigten Staaten nicht erweitern Exporte, die Situation ins Stocken geraten, bis 1922, kam die Briten mit einer "monetären Lockerung" Methode, um das Pfund Sterling und US-Dollar-Banknoten für die Zentralbanken der Währungsreserven, Devisen zu ersetzen Gold für die Währungsschöpfung, die den Ursprung des Goldstandard-System ist. Der Dollar, das Pfund Sterling und Gold wurden gleichgesetzt, die Grundlage für die Kreditschöpfung wurde stark erweitert und die Verbreitung von Währungen, insbesondere des Dollars, führte zu einem "ungestümen 20er".

Die Unter- und Mittelschichten in den Vereinigten Staaten, die 90 Prozent der Gesamtbevölkerung ausmachen, hatten in den 1920er Jahren keinen Anteil an den Dividenden des Wohlstands, als ihr Anteil am Nationaleinkommen von 60 Prozent im Jahr 1917 auf 50 Prozent im Jahr 1927 fiel und die 10 Prozent der Reichen von 40 Prozent im Jahr 1917 auf 50 Prozent im Jahr 1927 stiegen.[43] Die riesige industrielle Produktionskapazität der Vereinigten Staaten wird durch die "schleppende Inlandsnachfrage" stark beeinträchtigt und muss sich auf die "Exportorientierung" in Richtung der europäischen Märkte verlassen.

Die Vereinigten Staaten vermarkteten nicht nur überschüssige Industriegüter in Europa, sondern stellten auch in großem Umfang billige Dollarkredite zur Verfügung, die die Europäer dazu ermutigten, amerikanische Waren zu kaufen, um die amerikanischen Produktionskapazitäten im Inland weiter auszubauen. Die Vereinigten Staaten hingegen schützen die Interessen der heimischen Industriekapitalisten mit hohen Zöllen und blockieren den Wettbewerb mit europäischen Produkten, was dazu führt, dass sich Europa zunehmend beim Dollar verschuldet, ohne über genügend Dollar zu verfügen, um die Hauptschuld und die Zinsen zurückzuzahlen. Anstatt eine wirtschaftliche Renaissance in Europa zu fördern, hat der billige Dollar die Industrieproduktion unterdrückt und Vermögensblasen stimuliert. Die in den 1920er Jahren in Deutschland aufgenommenen Dollarkredite wurden in großem Umfang für Immobilienprojekte wie den Bau von Schwimmbädern, Kinos, Stadien und sogar Opernhäusern verwendet, und zwar überall aus dem einfachen Grund, dass Vermögenswerte schneller an Wert gewannen und es einfacher war, Geld zu verdienen.

Im Jahr 1928 hob die Federal Reserve die Zinsen um 1,5 Prozentpunkte an, die Zinssätze kehrten sich drastisch um, die Zahlungsunfähigkeit stand unmittelbar bevor, der Aktienmarkt boomte und die Finanzkrise von 1929 war kein Zufall.

Anfang der 1930er Jahre fielen die Dollarschulden aus, der britische Goldstandard brach zusammen, und die europäischen Märkte brachen zusammen. Der starke Überschuss an industriellen Produktionskapazitäten in den Vereinigten Staaten, der weder von der Auslandsnachfrage noch von der Binnennachfrage gestützt wird, kann

---

[43] Anthony Atkinson, Thomas Piketty und Emmanuel Saez, *Top Incomes in the Long Run of History*, Journal of Economic Literature 2011.

nur in großem Umfang implodieren. Tausende von Kapitalisten sind bankrott gegangen, Tausende von Banken haben versagt, und 13 Millionen Menschen haben ihren Arbeitsplatz verloren.

Eine Wirtschaft, die 90 Prozent der Bevölkerung ihrer Kaufkraft beraubt, wird schließlich selbst zusammenbrechen. Gier führt zu geteiltem Wohlstand, und geteilter Wohlstand wird schließlich die Gier begraben!

Auch die Vereinigten Staaten begannen als Reaktion auf die Wirtschaftskrise der 1930er Jahre mit einer Lockerung der Geldpolitik. Von November 1929 bis Juni 1930 führte die Federal Reserve Bank of New York ihre erste Runde von QE durch, indem sie die Zinssätze von 6% auf 2,5% senkte und 500 Millionen Dollar in das Bankensystem pumpte, um den Zusammenbruch zu verhindern, und der Aktienmarkt erholte sich in der ersten Hälfte des Jahres 1930 kräftig um 50%.

Im Februar 1932 setzte sich die Federal Reserve beim Kongress dafür ein, die US-Schatzanleihe als Währungsreserve zuzulassen und bündelte sie zum ersten Mal vollständig mit dem Dollar. Historisch gesehen war der US-Kongress gegenüber den geldpolitischen Befugnissen der Federal Reserve zutiefst misstrauisch, da er befürchtete, dass die Fed eines Tages die Staatsschulden monetarisieren, das Defizit finanzieren, mit ihrer geldpolitischen Macht die Regierung korrumpieren und entführen und den Wert des Dollars untergraben könnte. Deshalb gibt es in den USA strenge Regeln für die Ausgabe von Dollars: Hinter einer 100-Dollar-Note müssen 40 Dollar in Gold besichert sein, und die restlichen 60 Dollar sind in erster Linie durch kurzfristige Handelspapiere besichert. Die Staatsverschuldung war als Sicherheit für den Dollar gesetzlich verboten, so dass vor 1932 die Staatsverschuldung bei der Emission des Dollars nicht einmal wichtiger war als Handelspapiere.

Die Fed nutzte die Krise, um den Kongress zur Dezentralisierung zu zwingen, die Tür zur Monetarisierung von Staatsanleihen öffnete sich, die Fed konnte endlich legal Offenmarktoperationen durchführen, um Staatsanleihen in großem Umfang aufzufressen und den Dollar mit Staatsanleihen zu blockieren. Seitdem sind die Federal Reserve und die Kräfte des Finanzkapitals, die sie repräsentieren, zu einem unumkehrbaren Trend geworden, der darin besteht, monetäre Macht für politische Macht zu nutzen. Im Jahr 1932 startete die Federal Reserve QE2, den Kauf von $ 1 Milliarde von Schatzanleihen, Injektion von Liquidität in das Bankensystem, im Verhältnis zu den gesamten BIP von $ 58,7 Milliarden im Jahr 1932, ist das Ausmaß der heutigen $ 270 Milliarden QE Skala entspricht, in den 1930er Jahren kann eine beispiellose Meisterleistung genannt werden, die Vereinigten Staaten Aktienmarkt stieg 101%.

Im Jahr 1933 kam Präsident Roosevelt an die Macht, dann begann die QE3, den Dollar der gesetzlichen Goldgehalt, von $ 20,67 auf 1 Unze Gold, eine erhebliche Abwertung auf $ 35, entsprechend der Basiswährung über Nacht um fast 70% erweitert, und Bernanke's QE3, um die Federal Reserve Bilanz zu erreichen "multiplizieren" das Ausmaß der ähnlich.

Die Lockerung der Geldpolitik konnte die Wirtschaft der Vereinigten Staaten nicht retten, ebenso wenig wie die Defizitpolitik von Keynes, und 1937 fielen die Vereinigten Staaten erneut in eine schwere Rezession; 13 Millionen Menschen waren arbeitslos, als Roosevelt 1933 an die Macht kam, und 1941, als die Vereinigten Staaten in den Zweiten Weltkrieg eintraten, waren es immer noch 10 Millionen; und das Scheitern, das Beschäftigungsdilemma nach acht Jahren in den 1930er Jahren zu lösen, war ähnlich schwierig wie die Erholung der Beschäftigung fünf Jahre nach der aktuellen Krise.

Der Ausbruch des Zweiten Weltkriegs hat die amerikanische Wirtschaft ein für alle Mal aus dem Sumpf gezogen. Dank der Macht des Krieges wurden Dutzende von Millionen amerikanischer Arbeitskräfte für die Kriegsmaschinerie eingesetzt, und das Problem der Arbeitslosigkeit wurde radikal gelöst.

Krieg ist immer ein Mechanismus zur Zwangsumverteilung von Reichtum, der die Regierungen zu massiven Transferzahlungen zwingt, die das Einkommen reicher Gruppen an die armen Söhne und Töchter der Kriegsteilnehmer ausgleichen. Sowohl die Militärgehälter während des Krieges als auch die Studiengebühren und militärischen Gesundheitsleistungen für demobilisierte Soldaten, die eine Universität besuchen, sorgen für Wohlstandssubventionen und gleichere Entwicklungschancen für 90 Prozent der Kinder der Armen.

Im Jahr 1917 verfügten 10% der Vermögenden über 40% des Volkseinkommens, 1927 waren es 50%.

Ab den frühen 1940er Jahren sank die 10-Prozent-Gruppe der Wohlhabenden dramatisch, von 50 Prozent des Nationaleinkommens im Jahr 1927 auf 35 Prozent im Jahr 1942, und in den 40 Jahren zwischen 1942 und 1982 teilten sich die 90 Prozent der unteren

Mittelschicht der USA etwa 67 Prozent des Nationaleinkommens, während die 10 Prozent der Wohlhabenden bei etwa 33 Prozent unterdrückt wurden. Dies waren die 40 goldenen Jahre des wirtschaftlichen Wohlstands und der Stabilität in den Vereinigten Staaten nach dem Krieg!

Die wohlhabenden Gruppen sind jedoch mit diesem Muster der Vermögensverteilung nicht zufrieden, insbesondere mit dem wachsenden Unmut der 0,1% der Superreichen, die 1975 nur 2,6% des Nationaleinkommens erhielten, verglichen mit den schwindelerregenden 10%, die sie 1927 allein genossen hatten. Die Reichen beschweren sich, und die Superreichen sind wütend.

In den 1970er Jahren beschloss die herrschende Gruppe mit den Rockefellers an der Spitze, die Regeln für die Verteilung des gesellschaftlichen Reichtums radikal zu ändern, indem sie sich anschickte, das seit der Weltwirtschaftskrise allmählich aufgebaute System des Wohlfahrtsstaates grundlegend umzustürzen, die vom Staat auferlegten Beschränkungen für die Vermehrung des Reichtums der Reichen aufzuheben und die Verteilung des Reichtums zu ihren Gunsten neu zu gestalten.

1973 veröffentlichte John Rockefeller "The Second American Revolution" und gab damit den Startschuss für die "Great Wealth Distribution Revolution". Rockefeller machte deutlich, dass eine radikale Reform der Regierung notwendig sei, um ihre Befugnisse zu beschneiden und "die Funktionen und Verantwortlichkeiten der Regierung so weit wie möglich auf den privaten Sektor zu übertragen. "In seinem Buch wählt er bewusst wirtschaftliche Fälle aus, die deutlich machen, dass eine staatliche Regulierung des Finanzwesens und der Wirtschaft unnötig ist, dass die Unterstützung der sozialen Wohlfahrt eine Geldverschwendung ist und dass nur das uneingeschränkte Streben nach Profit und das damit verbundene Finanzsystem die treibende Kraft der amerikanischen Entwicklung sein kann.

Der Klang von Rockefellers "zweiter Revolution" entfachte den lange unterdrückten Wunsch der Reichen, den Reichtum der Gesellschaft umzuverteilen, und löste in den Vereinigten Staaten eine Welle des Neoliberalismus aus. Die Reichen haben den Weg gewiesen, die Schriftsteller haben bombardiert, und die ideologischen, akademischen und journalistischen Gemeinschaften haben eine massive Kampagne der Kritik an der Regierung gestartet, mit den Hüten der Ineffizienz, der Inkompetenz, der Verschwendung, des Defizits und der Inflation überall, und die 10 Prozent der reichen Gruppe hat die Unzufriedenheit von 90 Prozent der armen Klasse mit der Hyperinflation der 1970er Jahre genutzt, um sich darauf vorzubereiten, die Fesseln der staatlichen Regulierung der Finanz- und multinationalen Unternehmen zu sprengen.

Kurz gesagt, die staatliche Umverteilung des gesellschaftlichen Reichtums und die Unterstützung der öffentlichen Wohlfahrt verhindert die freie Aneignung des Reichtums durch die Reichen, die einen Urwald der Schwachen und der Starken wollen, in einer Welt, in der der Staat die Reichen nicht daran hindern kann, den Reichtum der Armen zu erdrücken, sondern die Pflicht hat, die Armen daran zu hindern, sich dagegen aufzulehnen.

1976 begann die "zweite Revolution" der Reichen, als die Trilaterale Kommission, eine von Rockefeller finanzierte Eliteorganisation, den unscheinbaren Gouverneur von Georgia, Jimmy Carter, zu ihrem Präsidentschaftskandidaten wählte und 26 Kader der Trilateralen Kommission einsetzte, von denen Carter die meisten noch nicht einmal kannte. Während Carters Amtszeit begann die Deregulierung des Finanzsektors, und später machte Präsident Reagan die Deregulierung und Privatisierung zum Schwerpunkt seiner Regierung, während Bush sen. in Reagans Fußstapfen trat und Clintons Finanzmodernisierungsgesetz den Weg frei machte und die staatliche Regulierung aus dem Herzen der Finanzindustrie vertrieb. Später war Bush Jr. eher blau als blau und sagte, er wolle die Regierung in einen Käfig sperren, während auch Obama die hohen Erwartungen der wohlhabenden Gruppen nicht enttäuscht hat, und die Kluft zwischen Arm und Reich ist so groß wie nie zuvor seit der Gründung der Vereinigten Staaten!

Die institutionelle Gier begann, alle Beschränkungen zu durchbrechen, und sie hat den Staat aus allen Bereichen der Wirtschaft verdrängt, den öffentlichen Sektor privatisiert, die Finanzregulierung liberalisiert, transnationale Unternehmen monopolisiert, Mega-Banken und "Deregulierung" in allen Sektoren der Wirtschaft, wobei die Rufe immer lauter wurden.

Wessen Leben haben die Reichen geplündert? Offensichtlich der Regierung und den Armen. In den 40 Jahren von 1978 bis 2008 ist der Anteil der Reichen am Volkseinkommen allmählich gestiegen und hat wieder das Niveau von 1927 erreicht, wobei 10% der Reichen 50% des Volkseinkommens auf sich vereinen und die 0,1% der Superreichen allein einen Anteil von 10,4% haben! Gleichzeitig wächst das Haushaltsdefizit des Landes, die Staatsverschuldung steigt ins Unermessliche, die lokalen Regierungen stehen am Rande des Bankrotts, und die Realeinkommen von 90% der Armen fallen auf den Stand von 1970 zurück.

Im Jahr 2008 verfügten 0,1 Prozent der Superreichen wieder über 10,4 Prozent des Nationaleinkommens, vergleichbar mit 1927. Die Geschichte ist verblüffend ähnlich, denn der Kipppunkt für die Verteilung des Reichtums wurde überschritten, als die 10 Prozent der Reichen 50 Prozent des Nationaleinkommens auf sich vereinigten, und eine Wirtschaftskrise gleichen Ausmaßes wie die Große Depression der 1930er Jahre trat erneut auf! Auch der Aufschwung auf dem Arbeitsmarkt kommt nur schleppend voran, die geldpolitische Lockerung ist ebenso unwirksam, und 2013 ist sogar noch stärker polarisiert als 2007, da der Anteil der Reichen am Volkseinkommen eher zu- als abnimmt!

Obamas heftige Angriffe im Wahlkampf auf die Ungerechtigkeiten zwischen Arm und Reich haben die Herzen zahlloser amerikanischer Wähler berührt, und seine Entschlossenheit, die Kluft zwischen Arm und Reich zu bekämpfen, war so entschlossen und kühn und sein Gelöbnis so laut und deutlich, dass alle von der Tatsache bewegt wurden, dass

> „Die Kluft zwischen Arm und Reich verzerrt auch unsere Demokratie, sie verleiht einer winzigen Minderheit von Reichen durch kostspielige Lobbyarbeit und unbegrenzte politische Spenden eine außerordentliche Stimme, sie verkauft unsere Demokratie an den Meistbietenden, sie lässt die große Mehrheit der Amerikaner vermuten, dass die politische Maschinerie in Washington gegen die Armen manipuliert wird und dass die von uns gewählten Politiker nicht die Interessen des amerikanischen Volkes vertreten."[44]

Was für ein System ist das? Was auf der Bühne gesagt wurde, war die Wahrheit, und es war die Wahrheit aus dem Herzen, und was getan wurde, war so kontraintuitiv! Wie das Sprichwort sagt,

---

[44] Obamas Rede zur Einkommensungleichheit, 2011-12-06.

"Lippenbekenntnisse zahlen sich nicht aus", und Obama hat wirklich ein anschauliches Beispiel gegeben.

Die Alten sagten: Höre auf ihre Worte und beobachte ihre Taten. Das ist richtig!

Das ultimative Kriterium, nach dem eine Regierung, egal mit welchem institutionellen Etikett sie sich schmückt und welche Reformmaßnahmen sie ergreift, die Art der Kluft zwischen Arm und Reich letztlich danach beurteilen wird, ob sie sich allmählich verbessert oder verschlechtert!

Die Vermögensfragmentierung ist weitaus gravierender als die Einkommensfragmentierung

Die Polarisierung zwischen Arm und Reich spiegelt sich nicht nur in der groben Ungleichheit der Einkommensverteilung wider, sondern auch in der großen Kluft beim Vermögensbesitz.

Ein in Peking lebender Mann aus der Mittelschicht nach den 80er Jahren mit einem Jahreseinkommen von 100.000 Dollar hätte Hausbesitzer werden können, wenn er vor 2008 ein Haus gekauft hätte; hätte er bis 2013 kein Haus gekauft, hätte er die Möglichkeit verloren, sich trotz seines steigenden Einkommens ein Haus zu leisten. Immobilien sind wie eine Klassenschwelle des Reichtums; wenn man sie überschreitet, sieht man eine andere Welt, und wenn man es nicht tut, ist man für immer verstrickt.

In China sind Immobilien ein wichtiger Indikator für das Wohlstandsgefälle, während in den Vereinigten Staaten das Finanzvermögen eine Klassenschranke für den Wohlstand darstellt.

Als die Reichen 1976 ihre Revolution der Vermögensverteilung starteten, war die erste überraschende Richtung die Geldpolitik. Die Universität von Chicago, die Geburtsstätte des Monetarismus, war ursprünglich die ideologische Heimat des mit Geld bewaffneten Rockefeller-Syndikats, und der Aufstieg des Monetarismus trug zur Vereinnahmung des gesellschaftlichen Reichtums durch die Reichen bei. Friedman, der Guru des Monetarismus, wurde von der herrschenden Gruppe entsandt, um Präsident Reagan persönlich zu unterrichten und auch der britischen Premierministerin Margaret Thatcher "einen kleinen Fuchsbau zu öffnen", und die Geldmagie wurde als Allheilmittel für alle wirtschaftlichen Übel vergöttert.

Die Superreichen bewunderten die geldpolitische Ironie Greenspans 1987 als Reaktion auf den Börsencrash, und die Fed war immer die erste, die einsprang und Geld druckte, um die Lage zu beruhigen, wenn es an der Wall Street ein Desaster gab. Die Liquiditätshilfe und die Zinssenkung wurden zu Greenspans Meisterstück, der Börsencrash von 1987 war nur ein Volltreffer, die Spar- und Darlehenskrise Ende der 1980er Jahre, die Federal Reserve begann mit einer massiven Rettungsaktion für das Bankensystem; die Krise der Long-Term-Capital-Management-Gesellschaft (LTCM) in den 1990er Jahren, die Zentralbank rettete sogar Hedge-Fonds, die Subprime-Hypothekenkrise nach dem Finanzsystem ist alles Risiko.

Bernanke ging noch weiter als Greenspan, indem er das Ausmaß des Gelddruckens zur Rettung der Banken in nie dagewesene Höhen trieb. Er begann mit dem Studium der Großen Depression und beklagte vor allem, dass die Federal Reserve nicht genug Geld druckte, um die Banken von 1929 bis 1933 zu retten, damit die Superreichen nicht zustimmend mit dem Kopf nicken.

Die Renditen der 10-jährigen US-Staatsanleihen sind seit Anfang der 1980er Jahre über 30 Jahre lang gesunken. Unter der sorgfältigen Obhut der Federal Reserve sind die Bonzen der Wall Street alle risikofrei, der Gewinn ist ihr eigener, der Verlust ist das Land. In der Zwischenzeit wurde die Inflation 30 Jahre lang durch Chinas billige Arbeitskräfte unterdrückt, niedrige langfristige Zinssätze sind zum weltweiten Konsens geworden, und steigende Vermögenspreise wurden als selbstverständlich angesehen.

In den 1980er Jahren, Wall Street Investmentbanken, mit nur zehn Milliarden Dollar an Vermögenswerten, begann die ultra-kurzfristige Repo-und Commercial Paper-Finanzierung zu spielen, und dann immer wieder erweitert den Umfang der langfristigen Vermögenswerte der "Wertpapiere"-Geschäft, vor der Finanzkrise 2008, Investmentbanken saß auf Billionen von Dollar in riesigen Vermögenswerten, die Größe der Expansion von Hunderten von Zeiten. Auch Hedge-Fonds, Geldfonds und Versicherungsgesellschaften partizipieren an der größten Vermögensbonanza seit 30 Jahren.

Um eine große Mahlzeit zu essen, braucht man eine große Mahlzeit, und das ist das Ausmaß der Schulden, die Amerika wie ein aufgeblasener Ballon aufgebläht hat. Die Schulden anderer Leute sind ein Aktivposten im Finanzsystem, Staatsschulden, Kommunalschulden, Unternehmensschulden, Verbraucherschulden,

Hypothekenschulden, Studentenschulden, Autoschulden, Kreditkartenschulden, sie alle werden zu einer Delikatesse für die Reichen, die Zinsen fallen weiter, die Anleihen steigen weiter und das große Gericht wird immer appetitlicher. Die Fed wacht über die Nullzinsen, und die Auswirkungen der QE-Schuldenkäufe sind gleichbedeutend mit negativen Zinssätzen, die Wertsteigerung der Vermögenswerte bringt die Reichen zum Lächeln.

Am Wendepunkt der Vermögensverteilung im Jahr 1976 hatten die USA lediglich 5 Billionen Dollar Schulden, die Gesamtverschuldung, die sich in den 350 Jahren seit der Kolonialzeit im 17. Jahrhundert und bis 1976 angehäuft hatte. Und nur 35 Jahre nach 1976 hat sich die Gesamtverschuldung der USA mehr als verzehnfacht! In 1/10der Zeit, mit der 10-fachen Verschuldung, das ist hundertmal schneller!

In den 350 Jahren vor 1976 hatten die Vereinigten Staaten insgesamt 5 Billionen Dollar an Schulden angehäuft, verglichen mit 2008-2009. In nur zwei Jahren wuchs die Verschuldung um 5 Billionen Dollar.

Nach der Finanzkrise steigt die Verschuldung nicht nur, sie explodiert geradezu! In nur zwei Jahren, zwischen 2008 und 2009, haben die USA 5 Billionen Dollar an Gesamtschulden angehäuft und damit alle Schulden, die in 350 Jahren angehäuft wurden, eingeholt!

Verschuldung ist eine Unterdrückung des Geldflusses, und die Überschuldung des Staates und der Bevölkerung ist eine gewaltige Unterdrückung des Volkseinkommens, die den Fluss des Reichtums in der Gesellschaft verändert. Unter dem starken Schutz der Federal Reserve haben die Reichen den Reichtum der Armen rücksichtslos geplündert.

Unter dem Boom der rasch wachsenden Verschuldung wurde der Aktienmarkt hoch kapitalisiert, die Unternehmen wurden von staatlichen und gewerkschaftlichen Zwängen befreit, die Sozialleistungen für die Arbeitnehmer wurden drastisch gekürzt, die Arbeitskosten wurden im Zuge der Globalisierung weiter gedrückt, während riesige Steuerdividenden gezahlt wurden, die Unternehmensgewinne spektakulär wuchsen und der 30-jährige Börsenboom und die ständigen Dividendenausschüttungen die Geldbörsen der Reichen aufblähten.

Es ist eine unumstößliche Wahrheit in der Geschichte, dass die Reichen und Mächtigen selten Steuern zahlen, und die heutige Welt bildet da keine Ausnahme. Die Reichen verfügen nicht nur über ein überwältigend hohes Vermögen und Einkommen, sondern - was noch wichtiger ist - dieses Vermögen und Einkommen wird nur sehr gering besteuert, was dazu führt, dass der Reichtum der Reichen schneller wächst und die Macht, die Verteilungsregeln festzulegen, dominanter wird.

Das Recht, Steuern zu erheben, ist eine der wichtigsten Befugnisse aller Regierungen und ein zentrales Mittel für das Gleichgewicht einer Gesellschaft. Wenn die Steuerlast ungerecht ist, ist die Verteilung des Reichtums unausgewogen, und die Kluft zwischen Arm und Reich ist eine Folge davon. Ein wichtiges Anzeichen für das Aufkommen institutioneller Gier in einer Gesellschaft ist die Störung des Gleichgewichts des Steuersystems, die zu einer unumkehrbaren Polarisierung führt, die den Wendepunkt im Aufstieg und Fall aller Reiche und Dynastien von der Antike bis zur Gegenwart darstellt.

Es ist keine Frage des Wollens oder Nicht-Wollens, sondern eine Frage von schnell und langsam in der Korruption der herrschenden Gruppe. Das Gesellschaftssystem ist wie ein Gebäude, das von Wind, Regen, Schnee und Frost verwittert, und es wird unweigerlich altern, wobei Gebäude, die gut etabliert sind und ständig instand gehalten werden, länger halten, und Gebäude, die baufällig sind oder sich sogar selbst aushöhlen, schneller zusammenbrechen.

Wenn die herrschenden Gruppen und die Reichen ihrer Gier frönen und die Interessen der großen Mehrheit mit Füßen treten, ist das nationale Steuersystem zwangsläufig das erste, das zerstört wird. In der heutigen Welt haben die Reichen die Macht, das Steuersystem zu gestalten und die Geheimnisse der Steuervermeidung zu lüften. So ist beispielsweise die Kapitalertragssteuer bemerkenswert niedrig, von 35 Prozent im Jahr 1978 vor der "zweiten Revolution" der Superreichen über 20 Prozent im Jahr 1981[45] während der Reagan-Ära bis hin zu nur 15 Prozent im Jahr 2012. Darüber hinaus ist die Erbschaftssteuer für die Superreichen eine Mogelpackung, und es gibt verschiedene

---

[45] Robert Lenzner, The Top 0.1% Of The Nation Earn Half Of All Capital Gains, *Forbes,* 2011-11-20.

Steuervergünstigungen für Immobilien, sogar Hypothekenzinsen sind in der Steuergutschrift enthalten. Darüber hinaus gibt es verschiedene Steuerparadiese, in die natürlich nur die Reichen einreisen dürfen.

In einer Vielzahl von Methoden zur Steuervermeidung, die Superreichen weit verbreitet ist die Stiftung "Paradies"-Modell, sie häufig "nackte Spende" alle oder die meisten der Vermögenswerte, reduzieren das zu versteuernde Einkommen. Indem man einfach die Nachkommen der Familie als Hauptstimme mit einem Vetorecht in die Stiftungssatzung aufnimmt, kann man fast alle Steuerbelastungen wie Erbschafts-, Schenkungs- und Kapitalertragssteuern unbesorgt vermeiden. Natürlich müssen Stiftungen jedes Jahr einen Teil ihres Geldes für wohltätige Zwecke wie wissenschaftliche Forschung, medizinische Versorgung und Armutsbekämpfung spenden, aber diese Spenden sind nichts im Vergleich zur progressiven Einkommenssteuer, und sie sind wirksam, um den Superreichen eine Stimme zu geben. Kein Wunder, dass die Amerikaner oft sagen, dass das Wesen der so genannten Non-Profit-Organisation in der Nichtbesteuerung liegt.

Die ersten Pioniere im Spielbuch der Stiftungen waren die Rockefeller-Familie. Die Washington Post hat bereits früher aufgedeckt, dass nach zwei Generationen der Rothschild-Familie der größte Teil des Familienvermögens an Stiftungen auf verschiedenen Ebenen und Niveaus übertragen wurde, ebenso wie die daraus resultierenden untergeordneten, verzweigten, direkt oder indirekt kontrollierten Unternehmen, was zu einem Netzwerk von Stiftungen im großen Stil führte. Die Finanzberichte der einzelnen Stiftungen, die weder geprüft noch veröffentlicht werden, sind völlig aus dem Blickfeld der öffentlichen Meinung und der staatlichen Regulierung geraten.

Als Nelson Rockefeller in den 1960er und 1970er Jahren für das Präsidentenamt kandidierte und seine Finanzen offenlegen musste, gab er persönlich 33 Millionen Dollar an, was die Öffentlichkeit natürlich nicht glaubte, und gab später zu, 218 Millionen Dollar wert zu sein, sechsmal mehr als er ursprünglich hatte. Das sind 218 Millionen Dollar aus der Zeit des Goldstandards, viel zu viel mehr als der Dollar des 21. Diese Zahl ist bereits schwindelerregend, aber es ist nur ein "Taschengeld", nachdem die Rothschild-Familie den größten Teil ihres Vermögens "nackt verschenkt" hat. Bei einem derart schwindelerregenden Reichtum stellte der Senat fest, dass Nelson während der gesamten 1970er Jahre überraschenderweise keinen Cent an persönlichen Einkommenssteuern gezahlt hat.

Eine große Familie wie die Rockefellers sieht man sicher nicht auf der Liste der Reichen der Welt. Aber als die Rothschild-Familie 1975 ihre Vermögensrevolution startete, verfügte das Team des Rothschild-Familienkonsortiums, das das Vermögen der eigenen Stiftung verwaltete, über 154 Vollzeitmitarbeiter, 15 Top-Finanzexperten und ein verwaltetes Vermögen von 70 Milliarden Dollar - wohlgemerkt, das waren 70 Milliarden Dollar in den 1970er Jahren! Der Rockefeller-Bericht enthüllt, dass es in den 1970er Jahren mehr als 200 Stiftungen im Namen der Rothschild-Familie gab, und dass die Rothschild-Familie indirekt oder abgeleitet nicht weniger als tausend Stiftungen kontrollierte, nämlich die Chase Manhattan Bank (JPMorgan Chase), die National City Bank of New York (Citibank) und die Hanover Bank, ganz zu schweigen von der alten Standard Oil Company. Darüber hinaus kontrolliert sie 37 der 100 größten Industrieunternehmen in den Vereinigten Staaten, 9 der 20 größten Transportunternehmen, alle größten Wasser-, Strom- und Gasunternehmen, 3 der 4 größten Versicherungsunternehmen, 25 Prozent der Vermögenswerte der 50 größten Geschäftsbanken in den Vereinigten Staaten und 30 Prozent der Vermögenswerte der 50 größten Versicherungsunternehmen. [46]

Das war alles, bevor die Superreichen die Wohlstandsrevolution starteten!

Heute verfügen sie über einen fünfmal so hohen Anteil am Volkseinkommen wie in jenem Jahr, und das Wohlstandsgefälle ist infolge der Aufwertung der Vermögenswerte sogar noch größer: Der Anleihemarkt ist um das Zehnfache und der Aktienmarkt um das Zwanzigfache aufgebläht, während der Finanzderivatemarkt, den es damals noch nicht gab, heute ein Ungetüm von Hunderten von Milliarden ist. Die Privilegien der Superreichen haben einen Punkt erreicht, an dem sie mit dem Gesetz spielen und die Politiker die Kontrolle haben.

Die Reichen und Mächtigen, die reicher sind als der Rest der Welt, zahlen nur wenig Steuern, während das amerikanische Imperium riesige Ausgaben mit schwindelerregenden Defiziten, Bergen von Staatsschulden, schrumpfenden Sozialleistungen und einer unhaltbaren Sozial- und Gesundheitsfürsorge aufrechterhalten muss, die 90% des

---

[46] Gary Allen, *Die Rockefeller-Akte*, Buccaneer Books.

Wohlstands künftiger Generationen der Mittel- und Unterschicht aufzehren, die unter extremem und unzumutbarem Druck stehen, Steuern zu zahlen, während ihre Entwicklungschancen abnehmen. Der "amerikanische Traum" schwindet, die Hoffnung geht verloren, die Unzufriedenheit wächst, und der wirtschaftliche Schmerz wird zur sozialen Krise.

Das Problem des geteilten Reichtums, das sich in den Vereinigten Staaten herausgebildet hat, ein Problem, das alle großen Länder der Welt betrifft, ist sowohl die Ursache des letzten Finanz-Tsunamis als auch der Auslöser für die nächste Runde der Wirtschaftskrise, und anstatt sich zu verbessern, wird es immer schlimmer. Man weiß nicht, wann die nächste Krisenrunde ausbrechen wird, aber man kann sicher sein, dass es sich nicht nur um eine Finanzkrise größeren Ausmaßes, sondern auch um eine Währungskrise und eine soziale Krise handeln wird.

Nutzen Sie die Geschichte als Spiegel, um die Missstände der Gegenwart zu erkennen. Ist die Weltwirtschaft auf dem Weg der Besserung? Das Auge sieht eine Fata Morgana; sind die Finanzmärkte sicherer? Im Inneren spürte man die Stille vor dem großen Bruch. Die Luft bebte, als ob der Himmel brennen würde, und ja, ein Sturm zog auf!

Erläutern Sie

In Bezug auf die Macht hielt Präsident Bush Jr. eine wunderbare Rede, in der er sagte: "Was in den 10 Millionen Jahren der Menschheitsgeschichte am wertvollsten ist, ist nicht die schillernde Technologie, die riesigen Klassiker der Meister, die Pockenreden der Politiker, sondern die Verwirklichung der Zähmung der Herrschenden und der Traum, sie mit demokratischen Mitteln in einem Käfig zu halten. Ich stehe in diesem Augenblick in meinem Käfig und spreche zu Ihnen. "

Präsident Bush Jr. hat Recht, dass Amerika die Macht in einen Käfig steckt, aber es ist kein Käfig, der die Interessen der Wähler vertritt, es ist ein Käfig des Geldes und des Kapitals!

Die richtige Frage sollte lauten, ob es der Staat ist, der das Kapital kontrolliert, oder das Kapital, das den Staat kontrolliert. Die Form der Demokratie ist wichtig, aber das Wesen der Demokratie ist wichtiger, und der Sinn von Menschen, die das Sagen haben, ist es, eine gerechte

Verteilung des Reichtums zu erreichen! Ohne das Endergebnis geht der Sinn des Prozesses verloren.

Sowohl Clinton als auch Barack Obama gelten als Söhne des einfachen Mannes, die durch ihren persönlichen Einsatz schließlich den Traum des Präsidenten verwirklicht haben, der von vielen als Symbol für den "amerikanischen Traum" angesehen wird. Ihre Geschichte ist in der Tat inspirierend, aber kann ein Präsident, der aus dem zivilen Milieu kommt, das Schicksal von 90% der Zivilbevölkerung ändern? Clintons Aufhebung des Glass-Steele-Gesetzes, das 60 Jahre lang für finanzielle Stabilität gesorgt hatte, führte zu einem riesigen Finanzdesaster, das die Klasse, aus der er stammte, am meisten traf. Obama gelobte, die Gier der Wall Street einzudämmen, aber sein vorgeschlagenes Dodd-Frank-Gesetz wurde von der Wall Street manipuliert, und er war entschlossen, die Ungerechtigkeit des Reichtums bis zum Ende zu bekämpfen, mit dem Ergebnis, dass sich die Kluft zwischen Arm und Reich in seinen beiden Amtszeiten so stark vergrößert hat wie nie zuvor.

Zivile Präsidenten müssen den Interessen der herrschenden Gruppe dienen, was ihrer Herkunft und ihren persönlichen Idealen widerspricht, und sie können sich letztlich nur dem Willen der Superreichen beugen. Clinton hat den Interessen des einfachen Mannes geschadet und Obama hat die Situation der Schwarzen nicht verändert, würde er China gegenüber freundlicher sein, wenn ein zukünftiger Amerikaner einen chinesischen Präsidenten wählt? Ich fürchte, es kann nur noch schlimmer werden, denn er muss politisch korrekt bleiben, und die Superreichen definieren, was es heißt, politisch korrekt zu sein. Die Regierung in den Käfig des Geldes und des Kapitals zu stecken, ist die politische Korrektheit der Vereinigten Staaten, und die politische Korrektheit der Vereinigten Staaten, die sie der Welt verkaufen wollen, und wer immer diese Idee unterstützt, wird international Beifall ernten.

Der ideologische Kampf in der heutigen Welt ist nicht mehr ein Kampf um die Doktrin, sondern ein Kampf um die Verteilung des Reichtums, und die Superreichen der Welt vereinen sich in ihrer Entschlossenheit, das Schicksal von 99 Prozent der Menschheit kollektiv zu beherrschen, während die Gier des einen Prozents wächst und der Widerstand der 99 Prozent unweigerlich eskaliert, und die Occupy-Wall-Street-Bewegung, die sich 2011 über den ganzen Globus ausbreitete, ist nur ein Vorspiel dafür.

In der Vergangenheit hat institutionelle Gier, sobald sie sich verfestigt hat, spontan unumkehrbare Trends der

Vermögenskonsolidierung und der damit einhergehenden Verschärfung der steuerlichen Ungleichgewichte hervorgerufen, die wiederum zu strukturellen Defiziten bei den Steuereinnahmen geführt und die Regierungen gezwungen haben, die Steuern erheblich zu erhöhen, was wiederum die Unzufriedenheit der Bevölkerung geschürt hat. Wenn die Steuererhöhungen an die Grenzen der sozialen Stabilität stoßen und immer noch nicht den Erfordernissen der Haushaltsausgaben entsprechen, dann sind Währungsprobleme unvermeidlich. Die durch die Abwertung der Währung entfachte Inflation wiederum verstärkt den Drang der Reichen, sich Reichtum anzueignen, erhöht die Steuerlast und das Haushaltsdefizit und führt zu einer neuen Abwertungsrunde, bis die Bevölkerung, die die bösartige Inflation und die harte Besteuerung nicht mehr ertragen kann, Widerstand leistet, bis sich eine neue Dynastie bildet.

Bildlich gesprochen ist die institutionelle Gier wie eine Krebszelle, die, wenn sie sich bis zu einem bestimmten Punkt ausdehnt, alle Beschränkungen und Zwänge durchbricht und sich ins Unendliche ausdehnt, indem sie die Ressourcen anderer Zellen verzweifelt plündert, bis lebenswichtige Organe versagen und das Leben aufhört.

Einige argumentieren, dass die Abwertung der Währung das Ergebnis des Haushaltsdefizits ist, während die eigentliche Ursache des Haushaltsdefizits darin liegt, dass die Reichen die Hälfte des Reichtums besitzen und selten Steuern zahlen. Die Abwertung der Währung ist also auf die Institutionalisierung der Gier der Reichen und die Unumkehrbarkeit des Trends der Vermögenskonsolidierung zurückzuführen.

Was heute in den Vereinigten Staaten geschieht, hat sich im Laufe der Geschichte schon oft wiederholt und ist nichts Neues. Reiche blühen und vergehen, Dynastien schwanken, sowohl in der Antike als auch in der Moderne, es gibt keinen Ausweg.

Die Zukunft liegt in der Tat in der Geschichte!

KAPITEL VII

Roms Aufstieg und Fall, blutrünstiger Pfad der Gier

Die ersten sechs Kapitel sind ein mikroskopischer Blick auf den aktuellen Zustand Amerikas, ein Blick auf das Geld vom Goldmarkt aus, eine Analyse der Wirtschaft vom Aktienmarkt aus, ein Verständnis des Kapitals vom Anleihemarkt aus, eine Erkundung der Finanzen vom Repo-Markt aus, ein Blick auf die Krise vom Zinsmarkt aus, ein Einblick in die Blase vom Immobilienmarkt aus, eine Untersuchung des Aufschwungs vom Arbeitsmarkt aus und schließlich die Gier von der Verteilung des Reichtums aus.

Warum sollte man Amerika gründlich sezieren? Weil es heute der Oberherr der Welt ist und das lebende Fossil der Imperien in ihrer Blütezeit. Wenn Amerika im 18.Jahrhundert jugendlich war, Amerika im 19. Jahrhundert jung war, Amerika im 20. Jahrhundert robust war, dann ist Amerika im 21.

Die Alterung des menschlichen Körpers beginnt mit der Verlangsamung des Stoffwechsels, und der Niedergang der Imperien liegt in der Verfestigung der Klassenmobilität. Die Chance, der Reichtum der Zukunft, ist der Traum vom sozialen Aufstieg; das Austrocknen der Chance bedeutet, dass sich der Reichtum nicht mehr auf die Unter- und Mittelschichten ausbreitet und dass das Imperium den Wendepunkt seiner Blüte und seines Niedergangs erreicht hat. Jenseits dieses Wendepunkts werden sich die Quoten ins Negative wenden, der so genannte Untergang, bei dem die Schaffung von Reichtum abnimmt und die Verteilung von Reichtum zunimmt und die Gier der Wenigen auf dem Wohlstand der Vielen herumtrampelt, was den Widerstand, die Gewalt, das Blutvergießen und den Krieg der Vielen verschärft, bis das Imperium zusammenbricht.

Die Vereinigten Staaten stehen kurz vor dem Wendepunkt von Wohlstand und Niedergang des Imperiums, dessen künftiges Schicksal sich an ähnlichen Fällen in der Vergangenheit ablesen lässt, aber auch ein historisches Referenzsystem für den heutigen "China Dream" darstellt.

In diesem Kapitel wird das antike Rom während der ersten monetären Wirtschaftsexplosion der Menschheit als Kontrollbeispiel ausgewählt, die Hauptlinie der Wohlstandsverteilung als Skalpell verwendet und die extreme Gier der römischen Herrschergruppe seziert, die zu Landaneignung, steuerlicher Unausgewogenheit, fiskalischer Verarmung, Währungsabwertung, wirtschaftlicher Depression, Vermögensinflation, Klassenkonflikten, militärischer Degeneration, zivilem Unfrieden und externen Problemen sowie dem Untergang des Reiches führte, um dann ein Beispiel für die Zivilisation zu geben und die Menschen heute an den Weg zu erinnern, den wir wählen werden.

Tod des Bürgerschützers Gracchus

Tiberius Gracchus' heftige Konfrontation mit dem Senat im Jahr 133 v. Chr., dem Jahr seiner Wahl zum römischen Tribun, war in Rom wohlbekannt, und seine Forderungen wurden vom römischen Volk mit Begeisterung aufgegriffen. In der Zwischenzeit war der Hass der Adligen des Senats auf Gracchus ungebrochen, und die Angriffe und sogar physischen Drohungen gegen ihn nahmen immer mehr zu.

Die Atmosphäre in Rom wird immer angespannter, Gracchus wurde mehr als einmal eingeschüchtert, einer seiner engen Freunde wurde gerade ermordet, könnte er selbst der Nächste sein?

Ein starkes Gefühl der Vorahnung bedrückte Gracchus' Herz. Um Gracchus zu schützen, organisierten sich die römischen Massen spontan, um sein Haus Tag und Nacht zu bewachen. An diesem Tag trat der Senat zusammen, um erneut über Gracchus' Reformgesetz zu beraten, und Hunderte von Anhängern begleiteten Gracchus zum Tagungsort.

Die Adligen des Senats hatten ebenfalls eine große Anzahl von Sklaven versammelt, die mit Stöcken auf ihn einschlugen und Gracchus den Zugang zum Versammlungsort versperrten. Die Szene wurde immer chaotischer, und Gracchus rief um Hilfe, aber wütende Flüche und hitzige Auseinandersetzungen übertönten seine Stimme. Als er erkannte, dass Gefahr drohte, deutete er sofort auf seinen Kopf und sandte ein Notsignal.

Sofort rief einer der Anwesenden bösartig: "Gracchus wird die Krone tragen, er ist ein Diktator! "

Jemand stürmte sofort in die Versammlung, um dem Senat zu berichten: "Gracchus verlangt eine Krone für sich, er ist ein Diktator! "Die Patriarchen sprengten sofort das Nest, und wütende Flüche schallten durch den Saal. Eine große Anzahl von Patriarchen, bewaffnet mit ihren Sklaven, die schon lange darauf gewartet hatten, an die Reihe zu kommen, stürmten mit Stöcken aus dem Sitzungssaal und schlugen mit ihren Köpfen auf Gracchus und seine Anhänger ein. Außerhalb des Versammlungsortes umzingelten die Sklaven der Patriarchen sie sofort von allen Seiten und schwangen Stöcke, um sie zu töten. Gracchus war auf der Stelle tot!

Am Ende schleppte der Mob den Leichnam von Gracchus durch die Straßen, und der Körper des berühmten römischen Politikers wurde ohne Begräbnis direkt in den Tiber geworfen. [47]

An diesem Tag wurden Gracchus und mehr als 300 seiner Anhänger bei lebendigem Leibe mit rücksichtslosen Stöcken erschlagen, das erste Massenblutbad in den 400 Jahren, seit Rom seine Monarchie aufgegeben hatte, und dessen Schrecken und Grausamkeit ganz Rom schockierte.

Gracchus war kein gewöhnlicher römischer Bürger; er war ein ebenso prominenter römischer Adliger wie der Mann, der ihn im Senat ermordete. Sein Großvater war der berühmte römische Feldherr Hercipus der Große, der den unvergleichlichen karthagischen Feldherrn Hannibal in der Zweiten Schlacht von Buena Vista besiegte und von den Römern als "Eroberer Afrikas" bezeichnet wurde; aus der Familie seiner Großmutter stammte ein weiterer berühmter römischer Feldherr, Paulus, der Held des Illyrischen Krieges und der von den Römern bewunderte "Eroberer Makedoniens"; und sein Vater war Konsul der Römischen Republik, das Äquivalent zum heutigen Präsidenten. Nach dem Tod des Vaters lehnte seine Mutter sogar einen Heiratsantrag des

---

[47] Daron Acemoglu, James Robinson, *Why Nations Fail*, Crown Business, 2012, Kapitel 6.

ägyptischen Königs Ptolemaios ab und zog die drei Geschwister bis zum Erwachsenenalter auf, und die Geschichte dieser unerschütterlichen Liebesbeziehung zwischen den Gracchus-Eltern ist in der römischen Geschichte wohlbekannt. Sein Bruder war später ebenfalls ein prominenter römischer Politiker, und seine Schwester heiratete die kleine Zephyria, die schließlich Karthago eroberte.

Wie konnte ein so bedeutender Aristokrat, der aus einer angesehenen Familie stammte, beim Volk beliebt war und eine hohe Position in der römischen Republik innehatte, in eine tragische Situation geraten, indem er von einer Gruppe römischer Adliger, die demselben Lager angehörten, öffentlich massakriert wurde und ohne einen Platz zum Sterben starb?

Noch unglaublicher ist die Tatsache, dass der Patriarch, der das Massaker an Gracchus anführte, sein Cousin, der ehemalige römische Konsul und jetzige Hohepriester Scipio Nasica, war.

Was mit Gracchus geschah, ähnelte sehr dem, was mit dem amerikanischen Präsidenten Kennedy geschah, der zur herrschenden Elite gehörte, aus einer angesehenen Familie stammte und entschlossen war, praktische Dinge für das Volk zu tun, aber am Ende endeten sie alle auf eine schlechte Art und Weise, weil sie die Interessen der Mächtigen und Reichen in Frage stellten!

Erziehung des Gracchus

In der Tradition seiner Familie wurde Gracchus mit großem Ehrgeiz geboren, um in die politische Arena Roms aufzusteigen, wie es seine Vorfahren und Vorgänger mit ihren militärischen und politischen Erfolgen Schritt für Schritt getan hatten. In der römischen Tradition wurde die Kampfkunst verehrt, und Gracchus' Weg in die Politik begann mit einer militärischen Laufbahn. Während des Dritten Punischen Krieges folgte er seinem Schwager Little Zephyr nach Afrika, wo es zu einem letzten Kräftemessen mit den Karthagern, dem jahrhundertealten Feind Roms, kam.

Karthago (das über das Gebiet des heutigen Tunesiens herrschte) war einst der Hauptrivale Griechenlands im Mittelmeerraum, berühmt für seine mächtige Flotte und seine Vorherrschaft im westlichen Mittelmeer. Die karthagische Landwirtschaft war gut entwickelt, die Schifffahrt hoch qualifiziert und der Handel sehr wohlhabend, und die karthagische Währung war einst eine starke Währung im Mittelmeerraum.

Mit dem Aufstieg der römischen Macht wurde die Rivalität zwischen den beiden Seiten im Mittelmeerraum zunehmend hitziger. Nach 23 Jahren Kampf, dem Ersten Punischen Krieg (264 v. Chr.-241 v. Chr.), eroberte Rom schließlich Sizilien, aber die Verluste auf beiden Seiten waren beispiellos, und die Verluste des Krieges überstiegen sogar die Gesamtverluste des Feldzugs von Alexander dem Großen durch Eurasien. Der Zweite Punische Krieg (218 v. Chr.-201 v. Chr.) dauerte 17 Jahre, in denen der karthagische Feldherr Hannibal ein Heer anführte, das über die italienische Halbinsel hinwegfegte, die römische Armee ständig angriff und sogar die Sicherheit der Stadt direkt bedrohte. In der berühmten Schlacht von Caney vernichtete Hannibal mehr als 70 000 römische Legionen, was zu den größten Verlusten an einem einzigen Tag in der Geschichte der menschlichen Kriegsführung zählt. Der gesamte Krieg kostete Rom 1/5 seiner erwachsenen männlichen Bürger, und obwohl Rom letztendlich gewann, waren die Verluste extrem hoch.

Die Bedrohung durch Karthago machte die Römer unruhig, und Rom nutzte die Schwäche des karthagischen Staates, um die dritte Schlacht von Buensis (149 v. Chr.-146 v. Chr.) zu schlagen und Karthago endgültig zu vernichten. Die römische Armee belagerte die Stadt Karthago drei Jahre lang ununterbrochen, und Gracchus nahm an der letzten Schlacht der Belagerung teil, indem er der römischen Armee unter dem Kommando von Zephyrsia Minor folgte. In der Schlacht griff er an und kämpfte tapfer. Er war der erste, der die Mauern von Karthago erklomm, was ihm die Hochachtung der römischen Armee einbrachte.

Um dem ein Ende zu setzen, machte der kleine Zephyr die Stadt Karthago dem Erdboden gleich, 200.000 Karthager wurden getötet und die restlichen 50.000 in die Sklaverei getrieben, und Karthago war endgültig vernichtet. Als der kleine Zephyr das tragische Ende des Krieges miterlebte, musste er weinen, weil er befürchtete, dass die Stadt Rom eines Tages das gleiche Schicksal erleiden würde. Schließlich ist die Geschichte erstaunlich ähnlich, und von diesen Ruinen aus plünderten die Vandalen, die 455 den Staat Karthago gegründet hatten, die Stadt Rom.

Während der Schlacht gegen Karthago erlangte Gracchus Ruhm und wurde später zum Wahrsager des Priesterordens ernannt. Dies war eine sehr hohe Ehre, und in dieser Position begannen später Caesar und

Octavian in ihrer Jugend und wurden schließlich zu den obersten Herrschern Roms. Der ehemalige Konsul und Ombudsmann, der oberste Patriarch des römischen Senats, Apis Claudius, wohnte der Amtseinführung des Gracchus bei und fand sofort Gefallen an dem jungen und vielversprechenden Gracchus. Der Oberste Patriarch war so begeistert, dass er ihm an Ort und Stelle seine Tochter anbot, was Gracchus freudig annahm, und die Verlobung wurde noch an Ort und Stelle vollzogen.

Mit Hilfe seines Schwiegervaters war Gracchus so zufrieden, dass er schon in jungen Jahren zum Schatzmeister ernannt wurde und dem römischen Konsul auf seiner Expedition nach Spanien folgte. Es war diese lange Reise, die Gracchus die Augen für die große Krise öffnete, die in der römischen Republik schlummerte.

Auf der Durchreise durch Etrurien in Mittelitalien sah Gracchus weite Gebiete mit unfruchtbarem Land und verfallene und baufällige Gehöfte, Bauern, die unter dem doppelten Schlag von hoher Verschuldung und seltsam niedrigen Lebensmittelpreisen bankrott gingen. Aristokraten und Kaufleute aus Rom nutzten die Gelegenheit, sich Land anzueignen, und ließen eine große Zahl landloser Bauern ohne Unterstützung umherirren.

Gracchus war schockiert über den Niedergang des ländlichen Raums. Er wusste, dass die Soldaten der römischen Armee römische Bürger sein mussten, die über Familienbesitz verfügten, vor allem Bauern, die Grundbesitz hatten. Sie kümmern sich normalerweise um ihr eigenes Land, und wenn das Land in Schwierigkeiten ist, bringen sie ihre eigenen Waffen mit, um zu kämpfen. Sie liebten ihr Land, schützten ihr Eigentum, teilten ihre gesetzlich verbrieften Rechte, verteidigten ihre eigenen Interessen und ehrten ihre Ehre, und gemeinsam inspirierten sie die starke Kampfkraft der römischen Armee, eine magische Waffe, die es Rom ermöglichte, seine Feinde wiederholt zu besiegen. Der Grund, warum die Kaufleute Karthago gründeten und letztlich gegen die überwiegend bäuerliche Römische Republik verloren, war die mentale Stärke der Armee, die ein Schlüsselfaktor war, und bei vergleichbaren militärischen Fähigkeiten waren die Kaufleute weit weniger in der Lage, Verluste zu verkraften als die Bauern.

Für die römischen Bauern bedeutete der Landverlust den Verlust der Würde eines freien römischen Bürgers; für den Staat bedeutete er eine Verringerung der Zahl der qualifizierten Soldaten und eine

Verringerung der Kampfkraft. Nur wenige Jahre nach der Zerstörung Karthagos erlitten die unbesiegbaren römischen Legionen wiederholt Niederlagen in Spanien.

Die Niederlage des Militärs ist direkt auf die niedrige Moral zurückzuführen. Als die Soldaten die Nachricht hörten, dass ihre Frauen und Kinder in der Heimat gezwungen waren, ihr Land zu verkaufen, weil sie sich verschuldet hatten, als sie sahen, wie die Reichen Roms ihnen ihre Häuser wegnahmen, als sie an ihre eigenen neun Toten dachten, die ohne Heimat aus der Schlacht zurückkehrten, welcher Soldat würde da noch den Willen haben, bis zum Tod zu kämpfen?

In der Römischen Republik vergrößert sich die Kluft zwischen Arm und Reich rapide, die Landnahme nimmt zu und die Unzufriedenheit des Volkes wächst. Gleichzeitig wurden mit der Ausweitung der römischen Eroberungskriege im Ausland immer mehr Kriegsgefangene und ausgeplünderte Menschen in die Sklaverei verkauft, die alle Bereiche der römischen Gesellschaft überschwemmten, und die harte Unterdrückung und Bestrafung löste unter den Sklaven starke Gefühle der Revolte aus. Aus der Armee entlassene Veteranen, die durch den Verlust von Land obdachlos geworden waren, mussten durch die Straßen und Gassen der römischen Stadt ziehen. Unzufriedenheit, Unmut und Hass breiten sich rasch aus, und eine schwere soziale Krise zeichnet sich ab.

Nach seiner Rückkehr nach Rom wurde Gracchus Zeuge der schweren Krise, in der sich die Republik befand, und er beschloss, für das Amt des Protektors zu kandidieren, um eine Agrarreform durchzuführen, die Annexion einzudämmen, die Landwirtschaft wiederzubeleben und die Nation zu konsolidieren.

Das Landänderungsgesetz der Gebrüder Gracchus

Gracchus hat die Gabe eines Redners. Sein sanftes und gelassenes Auftreten und seine Selbstsicherheit sowie seine Reden, die die Missstände des Landes auf den Punkt brachten, trafen den Nerv der Zuhörer. Während seiner Kampagne für das Amt des Protektors begeisterten Gracchus' kämpferische Reden das Volk; nach seiner erfolgreichen Wahl war seine Rede zur Gesetzesänderung noch aufregender:

> *„Die Tiere in den Bergen und die Vögel in den Wäldern haben ihre Nester, aber die römischen Bürger, die für ihr Land*

> *gekämpft haben und gestorben sind, haben nichts als Luft und Sonnenschein: kein Haus, kein Land, und ziehen mit ihren Frauen und Kindern umher. Als die Befehlshaber die Soldaten auf dem Schlachtfeld aufforderten, den Tempel Gottes und die Gräber ihrer Vorfahren gegen den Feind zu verteidigen, haben sie die Soldaten getäuscht. Es ist wichtig zu wissen, dass viele Römer keinen Vateraltar und keine Ahnengräber besaßen, sondern bis zum Tod kämpften, um anderen ein Leben in Luxus zu ermöglichen und andere reich zu machen. Man nennt sie die Herrscher der Welt, aber sie haben nicht einmal ein kleines Stück Land."*[48]

Unter dem begeisterten Beifall der Öffentlichkeit brachte er ein Gesetz zur Bodenreform ein: Festlegung einer Obergrenze von 500 römischen Morgen (ca. 1.890 Morgen) für den individuellen Besitz von öffentlichem Land durch römische Bürger und einer Obergrenze von 1.000 römischen Morgen (ca. 3.780 Morgen) für Familienland, begrenzt auf zwei Söhne; Rücknahme aller Ländereien, die über diese Obergrenze hinausgehen, aufgeteilt in jeweils 30 römische Morgen (ca. 113 Morgen), die unter den landlosen Bauern zu verteilen sind; Einsetzung einer dreiköpfigen Kommission, die Gesetze erlässt und mit der Befugnis ausgestattet wird, Bauernland zurückzugeben.

Als die Nachricht bekannt wurde, sprengte der römische Senat sofort sein Nest, und die Aristokraten und Tycoons der Oberschicht sprangen auf, da nach dem neuen Gesetz ihre riesigen Ländereien beschlagnahmt und ihr Reichtum stark reduziert werden sollte.

Wie ernst ist es?

Allein nach dem Zweiten Buenos Aires-Krieg plünderte Rom bis zu 4 Millionen römische Acres (ca. 15,12 Millionen Hektar), zusätzlich zu den gewaltigen Mengen an Land, die bei den nachfolgenden Expansionen konfisziert wurden. Diese Ländereien gehören zum "Staatsland", wurden aber lange Zeit von Aristokraten und Tycoons besetzt.

In der römischen Geschichte gab es Landgesetze, die den individuellen Besitz von öffentlichem Land auf höchstens 500 römische Morgen beschränkten, und das neue Gesetz des Gracchus war lediglich

---

[48] Plutarch, *Leben des Tiberius Gracchus*, Ausgabe der Loeb Classical Library, 1921.

eine Wiederholung des alten Gesetzes. Aber die Aristokraten und Tycoons ignorierten die Gesetze zur Beschränkung des Landbesitzes in der Regel. Der römische Historiker Apian berichtete,

> „Die Großen und Mächtigen besetzen den größten Teil des nicht zugeteilten Landes, und im Laufe der Zeit werden sie ermutigt, davon auszugehen, dass ihnen ihr Land niemals weggenommen werden wird. Sie annektierten angrenzende Grundstücke und den Anteil der armen Nachbarn am Land, teils durch Überredung, teils durch gewaltsame Aneignung. Infolgedessen begannen sie, nicht mehr nur ein einziges Feld, sondern große Landstriche zu bewirtschaften und Sklaven vor allem für die Landwirtschaft und die Weidehaltung einzusetzen."[49]

Zu Gracchus' Zeiten war der Landbesitz der Aristokraten bereits gewaltig; allein Crassus Mucianus besaß 100.000 römische Morgen (ca. 378.000 Acres), Pompejis Verbündeter Domiticus besaß mindestens 60.000 römische Morgen (ca. 227.000 Acres), und Caesar, Crassus, Cicero und andere Aristokraten, von denen keiner ein Großgrundbesitzer war, stammten zum großen Teil aus der Einkreisung von öffentlichem Land.

Gracchus' neues Gesetz wagte es, die Erde auf dem Kopf der Taiyaner zu bewegen, und stellte die empfindlichsten Nerven der Aristokraten und der mächtigen Geschäftsinteressen direkt in Frage - kein Wunder, dass die Aristokraten schnell zu töten waren. Da Gracchus als Adliger die kollektiven Interessen der Aristokratie verriet, ergriff der Senat gewaltsame und extreme Maßnahmen, um die Klasse der Dissidenten zu säubern.

Der kleine Gracchus drängt weiterhin auf eine Landänderung.

Diese Taktik verärgerte jedoch die römische Öffentlichkeit und auch Gracchus' Bruder, Tiberius Gracchus. Große Trauer und ein ausgeprägter Gerechtigkeitssinn führten dazu, dass er den Ehrgeiz seines Bruders, das Gesetz zu ändern, erbte. Der kleine Gracchus wurde 122 v. Chr. mit der überwältigenden Unterstützung des römischen Volkes zum Protektor gewählt und in den ersten 121 Jahren erfolgreich wiedergewählt.

---

[49] Appian, Römische Geschichte: Die Bürgerkriege Buch I-I S. 7-13.

Daraufhin wurden der kleine Gracchus und eine große Zahl seiner Anhänger von den Adligen des Senats blutig niedergeschlagen, der kleine Gracchus wurde enthauptet, mehr als 3.000 römische Bürger, die den Landwechsel unterstützten, wurden abgeschlachtet, und das Blut befleckte den gesamten Tiber.

Nach dem Scheitern der Reformen der Gracchus-Brüder nahm die institutionelle Gier in der Römischen Republik überhand, und der Prozess der Privatisierung von öffentlichem Land beschleunigte sich erheblich. "Die Reichen annektieren erneut den Anteil der Armen am Land oder finden Vorwände, um es sich ungerechtfertigt anzueignen, so dass die Lage der Bauern noch schlimmer wird als zuvor. "Wenn die Gier der menschlichen Natur in die Massengier von Interessengruppen übergeht, ist das nie etwas, womit ein paar Reformer und lose organisierte Bevölkerungen fertig werden können.

Stavrianos, Autor von *The Globe*, beklagt sich:

> „Tiberius Gracchus und sein Bruder Tiberius Gracchus setzten sich mutig für eine Reform ein, die darauf abzielte, ihre gewählte Position als Volkstribunen zu nutzen, um eine gemäßigte Landverteilung durchzusetzen, aber die Herrscher der Oligarchie widersetzten sich dem entschlossen und scheuten keine Gewalt, um ihre Ziele zu erreichen... Das Schicksal der Gracchus-Brüder zeigt, dass eine gemäßigte und geordnete Reform keine Aussicht auf Erfolg hat."

Die Römische Republik verpasste die Chance, die Demokratie endlich zu bewahren. Das Scheitern der Reformen der Brüder Gracchus läutete den Todesstoß für die Römische Republik ein und leitete fast ein Jahrhundert blutiger Gewalt, brutaler Revolutionen und massiver Bürgerkriege ein, die schließlich zum Aufstieg zum Imperium führten.

Die Habgier der herrschenden Gruppe war ein wichtiger Katalysator für den Zerfall der römischen Republik.

Harte Arbeit baute Rom auf, Gier zerstörte die Republik

Seit der Gründung Roms auf der Grundlage der Sippe, mit Sippenverbänden als Zivilgesellschaften, Mitgliedern der Zivilgesellschaften als Bürgern und dem Land jeder Zivilgesellschaft als Territorium, gehört die römische Souveränität natürlich der römischen Zivilgesellschaft und den römischen Bürgern. Der König war das Oberhaupt der römischen Zivilgesellschaft, der Senat wurde von den Clanältesten abgeleitet, der Senat war der Regent des vakanten Throns, die Bürger konnten für die Königswahl kandidieren, und das Recht der Bürgerversammlung stand seit der Antike über dem König. Die Hauptpflicht der Bürger ist der Militärdienst, denn das Recht, in die Armee einzutreten, steht nur den Bürgern zu.

Das frühe Rom verfügte über ein System der gemeinschaftlichen Landwirtschaft, bei dem das Ackerland in öffentlichem Besitz war und das Privateigentum auf "Sklaven und Vieh" beschränkt war. Das römische Recht erkannte keine privaten Eigentumsrechte an Grund und Boden an, so dass Rom einen starken Kern der Dreieinigkeit bildete, der auf Bürgern, öffentlichem Land und Bürgerheeren beruhte. Die römische Armee war stark, weil jeder Soldat wusste, dass er zur Verteidigung seiner eigenen Interessen kämpfte. Cato, der als Konsul von Rom diente, beschreibt in seinem biografischen Werk, der Agrarchronik, das Wesen der römischen Armee auf diese Weise:

> „Die tapfersten Männer und die stärksten Soldaten sind Bauern, die ein ehrliches und festes Einkommen anstreben und selten Neid erregen, während diejenigen, die diesen Beruf ausüben, selten schlechte Ideen haben."

Es ist keine Übertreibung zu sagen, dass das frühe Rom ein Bauernstaat war. Die Römer sahen das Land als Leben an, und es gab nur wenige Sklaven in Rom zu dieser Zeit, und die Grundbesitzer kümmerten sich so gut um das Land, dass sie von anderen Völkern "gute Bauern" genannt wurden. Was sie nach ihrer täglichen harten Arbeit mitbringen, ist eine freudige und erfüllende Erholung. Die Bauern gingen viermal im Monat in die Stadt, um Handel zu treiben und andere Angelegenheiten zu erledigen. Die wirkliche Ruhe beschränkte sich auf die Festtage, an denen die Pflüge gemäß der göttlichen Ordnung angehalten wurden, und nicht nur die Bauern ruhten, sondern auch die Sklaven und das Vieh genossen ihre Freizeit. Die römische Gesellschaft drehte sich um den Ackerbau, und auch die römische Literatur begann mit der Theorie der Landwirtschaft.

Im Laufe der Geschichte haben viele Völker ihre Feinde besiegt und große Landstriche geplündert, aber keines hat das von den Gracchus mit dem Pflug und mit Blut und Schweiß gewonnene Land so bewahrt wie die Römer. Die Römer haben viele verlorene Schlachten geschlagen, aber sie haben nie Land für Frieden aufgegeben. Die Beharrlichkeit der Römer wurzelte in der Liebe zum Land, die die geistige Wurzel für Roms Fähigkeit war, schließlich über die Kaufleute von Karthago zu triumphieren, die die Nation gegründet hatten.

Das römische Territorium vergrößerte sich im Laufe der Kriege, aber die Zahl der Bürger nahm ab, und die wachsende Zahl von Nichtbürgern, die ohne die Beschränkungen des römischen Rechts und ohne Militärdienst am Gemeindeland teilhaben konnten, veranlasste die Bürger dazu, die Wehrpflicht auf alle Landbewohner zu verteilen. Mit dieser Reform führte Rom wieder eine Landzählung ein, und das Kataster wurde zu einem Register für die Einberufung, in dem Bauern mit unterschiedlichem Landbesitz und unterschiedlicher Ausrüstung an den Kämpfen teilnahmen. Die Bürger waren Nicht-Bürgern gegenüber nicht freundlich gesinnt, aber es herrschte völlige Gleichberechtigung zwischen den Bürgern, zwei Grundprinzipien, die die Römer strikt durchsetzten, wobei die Unterscheidung zwischen den eigenen Bürgern und den Fremden sehr klar war.

Die Wirtschaft wuchs stetig, der römische Reichtum wuchs von Tag zu Tag, und die menschliche Gier begann zu sprießen. Die ersten, die begannen, die Regeln zu brechen, waren die Könige und erblichen Aristokraten, die sich ein Leben lang bereichert hatten. Sie nutzten nicht nur die öffentlichen Ländereien für private Zwecke, sondern zwangen die Bürger auch zu unbezahlter Arbeit, um mehr Profit zu machen, und es kam zu einer ungerechten Verteilung des gesellschaftlichen Reichtums. Die Ausdehnung des Gemeindelandes konnte mit dem Bevölkerungswachstum nicht Schritt halten, das zu verteilende Land wurde knapp, und Rom begann, das Gemeindeland unter Privatleuten aufzuteilen, während der Adel stark davon profitierte. Nachdem sich die Aristokratie durchgesetzt hatte, nutzte sie die Wut der Bürger über die ungerechte Landverteilung, um 509 v. Chr. die Monarchie abzuschaffen und stattdessen die Republik zu gründen.

Die größte Besonderheit des republikanischen Systems sind die zwei Konsuln, die jedes Jahr gewählt werden, während der Senat die Zahl der Zivilisten erhöhen konnte und es in anderen Ländern kaum institutionelle Veränderungen gegeben hat. Bei der Bewertung eines politischen Systems kommt es nicht darauf an, welches Etikett es trägt, sondern darauf, wie es funktioniert und wem das Endergebnis dieser Arbeit besser dient. Das Wesen des politischen Systems besteht darin, dafür zu sorgen, wie der Reichtum des Landes verteilt wird. Die Abschaffung der Monarchie war auf die grobe Ungerechtigkeit der Verteilung des Reichtums zurückzuführen, und wenn man diesen

Maßstab anlegt, hat die Republik die soziale Situation nicht im Geringsten verändert.

Die Konsuln vertraten die Interessen der aristokratischen Gruppe, und die Republik etablierte eine typische aristokratische Politik, in der die Macht des Staates nicht mehr beim einzelnen König lag, sondern von der gesamten Aristokratie verwaltet wurde. Das ist solider als das Königtum, aber wenn die Gier der Adelsgruppe als Ganzes das Königtum noch übersteigt, dann wird das Problem der ungleichen Verteilung des Reichtums der Nation noch schlimmer werden.

Die Reform des politischen Systems führte zu einem dramatischen Wandel in den Finanzen und der Wirtschaft Roms, wo die Macht des Kapitals allmählich den Staat überholte. In der Vergangenheit wollten die römischen Könige nicht, dass sich die kapitalistische Macht zu sehr aufbläht, und versuchten sogar, die Zahl der Bauernhöfe so weit wie möglich zu erhöhen, um die Macht der kapitalistischen Interessen auszugleichen, aber die neuen Aristokraten der Republik waren gieriger und ihre Politik verfolgte von Anfang bis Ende das Ziel, den bäuerlichen Mittelstand zu zerstören, und die aristokratische Herrschaft mit den Großgrundbesitzern und Tycoons im Zentrum versuchte verzweifelt, die Bauernklasse zu unterdrücken, die am Rande des Bankrotts stand.

Die Regierung begann, Getreide zu kaufen und zu verkaufen, das Salz wurde monopolisiert, und der Staat übertrug alle indirekten Steuerzahlungen und Transaktionen an "Vertragspartner", wobei er von ihnen verlangte, dass sie über finanzielle Mittel verfügten, die in Form von Sachleistungen gesichert waren, was zweifellos der Tycoon-Aristokratie zugute kam. So entstand rasch eine große Klasse von Befrachtern und Vertragspartnern.

Steuergesetz, bei dem der Staat einem Tycoon Steuereinnahmen für einen bestimmten Betrag abtritt, und nachdem der Tycoon diesen Betrag bezahlt hat, gehen die restlichen Einnahmen an den Tycoon. Was den festgelegten Betrag betrifft, so handelt es sich um ein "Matchmaking" zwischen den reichen Kaufleuten und den Aristokraten selbst, das Wasser ist tief. Innerhalb weniger Jahre war die Klasse der Befrachter in Rom so reich geworden und das Geschäft so lukrativ, dass "jeder reiche Mann in Rom am Geschäft der Steuerbefrachtung teilnahm, entweder als unterzeichneter oder anonymer Aktionär".[50] Es ist klar, dass ihre riesigen Gewinne aus der Ausbeutung der Steuern der gesamten Bevölkerung stammen und dass der Schaden, den das Steuersystem den Staatsfinanzen zufügt, weitreichend und äußerst schädlich ist.

Die Klasse der römischen Steuereintreiber, die erste Generation von Finanzräubern der Römischen Republik, war dabei, die Steuereinnahmen des Landes zu erodieren, sie banden sich an die Aristokratie und ihr politischer Einfluss weitete sich dramatisch aus, so dass sie schnell zu einer Machtgruppe aufstiegen, die die nationale Politik beeinflussen konnte. Nachdem sie den "ersten Eimer Gold" gewonnen hatten, waren sie bereit, das öffentliche Land zu übernehmen.

Während des Wang-Regimes wurde das schädliche "Landbesetzungssystem" eingeführt, bei dem das Land an die mächtigsten und einflussreichsten Haushalte abgetreten wurde und von Generation zu Generation weitervererbt werden konnte, ohne formale Eigentumsrechte, aber mit besonderen Nutzungsrechten, wobei der Landbesetzer 10 Prozent der Getreideernte oder 5 Prozent der Olivenöl- und Weinproduktion zahlen musste, in der Praxis aber überhaupt keine Steuern erhoben werden konnten, was darauf hinauslief, dass die mächtigen und einflussreichen Haushalte öffentliches Land umsonst besetzten.

Seit der Republik hatte die Politik der Landprivatisierung das "Nutzungsrecht" an diesen Feldern in ein "freies Eigentum" umgewandelt, ein enormer Vorteil, an dem die einfachen römischen Bürger, mit Ausnahme des Adels und der Mächtigen, nicht teilhaben konnten, und diese dauerhaften "Felder" konnten nicht enteignet werden. Angesichts des massiven Rückgangs des öffentlichen Grundbesitzes und des gravierenden Mangels an Steuerquellen sowie der Tatsache, dass der öffentliche Grundbesitz der Mächtigen und großen Familien nicht besteuert wird, kann die nationale Steuerlast nur auf die Kleinbauern abgewälzt werden. Immer mehr Landwirte werden durch den Steuerdruck in die Verschuldung getrieben, und die

---

[50] Theodor Mommsen, *The History of Rome*, Band 3, JM Dent and Sons Ltd, 1920, Kapitel 12.

Wucherer sind dieselbe Klasse von Steuerpackern, die das Steuergeld der Kleinbauern ausbeuten.

Das römische Recht war für seine rücksichtslose Durchsetzung bekannt und erlaubte die private Kreditaufnahme trotz des gesetzlichen Verbots von Hypotheken auf Grund und Boden. Private Schulden sind faktisch durch die Person gesichert, und wenn sie nicht zurückgezahlt werden können, hat der Gläubiger sogar das Recht, den Schuldner zu töten und zu zerstückeln oder ihn und seine Kinder ins Ausland in die Sklaverei zu verkaufen, ohne dass eine staatliche Untersuchung stattfindet.[51] Später bediente sich die Klasse der Wucherer, die sich aus den Underwritern entwickelte, einfach des Militärs, um die säumigen Schuldner direkt zu verhaften.

Die Wucherer als Gläubiger hatten eine große abschreckende Wirkung auf die verschuldeten Bauern, und aus Verzweiflung und Angst hatten die kleinen Bauern keine andere Wahl, als ihr Land an ihre Gläubiger abzutreten, und Leid und Verzweiflung breiteten sich in der römischen Bauernschaft aus. Ein altes chinesisches Sprichwort besagt, dass man tötet, um für sein Leben zu bezahlen, und borgt, um für sein Geld zu bezahlen. Die Bedeutung der Rückzahlung einer Schuld ist überraschenderweise vergleichbar mit der Zahlung eines Lebens.

In nur etwas mehr als einem Jahrzehnt des Republikanismus war die Verteilung des Reichtums in der römischen Gesellschaft bereits so gravierend, dass es zu zivilen Unruhen kam. Im Jahr 495 v. Chr., als sich Rom dem Krieg näherte, setzte die Regierung die Schuldengesetze strikt durch und erregte damit den öffentlichen Zorn der gesamten Bauernschaft, und die Bürger Roms weigerten sich, sich zum Kampf einberufen zu lassen - eine in der Geschichte Roms noch nie dagewesene eklatante Weigerung, ihren Verpflichtungen nachzukommen.

Der Konsul war gezwungen, die Anwendung des Schuldengesetzes auszusetzen, die wegen Schulden inhaftierten Bauern freizulassen und weitere Verhaftungen zu verbieten. Erst dann nahmen die Bürger Roms an der Schlacht teil und besiegten den starken Feind. Doch als der Krieg zu Ende war und die Schuldengesetze streng

---

[51] Theodor Mommsen, *The History of Rome*, Band 3, JM Dent and Sons Ltd, 1920, Kapitel 11.

wurden, wurden wieder zahlreiche Bauern ins Gefängnis geworfen. Die Regierung hatte das Vertrauen des Volkes gebrochen, und die römischen Bauern waren zutiefst verärgert. Im folgenden Jahr brach erneut ein Krieg aus, die Lügen der Konsuln waren entlarvt, und niemand wollte mehr für eine solche Regierung arbeiten.

Am Ende war es der alte Clanchef, dem das Volk vertraute, der zum Diktator wurde und schwor, die Schuldengesetze zu reformieren, damit die römischen Bürger wieder auf das Schlachtfeld zurückkehren und siegen konnten. Daraufhin wurde der Antrag auf eine Gesetzesänderung vom Senat abgelehnt, und die wütenden Bürger Roms, angeführt von den Tribunen, marschierten in Rom ein und bereiteten sich auf einen bewaffneten Aufstand vor, so dass der Bürgerkrieg kurz vor dem Ausbruch stand.

Die Adligen des Senats wurden an die Wand des Krieges getrieben, was ihnen die Ernsthaftigkeit des Problems vor Augen führte. Ohne jeden Kompromiss werden allein die enormen Kosten des Bürgerkriegs zum finanziellen Bankrott führen. Hinzu kommt die ernste Situation einer gespaltenen Bürgerschaft und ein möglicher Untergang der Armee, und der Senat hat sich schließlich mit der Tatsache abgefunden, dass die Republik nur ein Jahrzehnt nach ihrer Eröffnung bankrott sein wird, wobei alle Besitzstandswahrer in großer Gefahr sind, liquidiert zu werden.

Dieser große Sieg bewegte die Bürger Roms hundert Jahre lang, und der Bürgerschutz war das wichtigste Ergebnis dieses Kampfes.

Die Aufhebung der grausamen Schuldengesetze hat nur das Ende der schlimmsten Befürchtungen der Bauern gelindert, aber nicht die Ursache für dieses Ende beseitigt. Die Aneignung von Grund und Boden und die ungerechte Besteuerung sind die Ursache für die Misere der Bauern. Der Kampf um die Verteilung des Reichtums wird immer noch erbittert geführt.

Spurius Vecellinus war dreimaliger Konsul und zweimaliger triumphaler Adliger im Übergewicht, keiner der Patriarchen der Dynastie war älter als er, und er war der Verfasser des ersten römischen Landwirtschaftsgesetzes, dessen Beitrag zur römischen Republik tiefgreifend war. Seine Einsicht in die Wurzeln der Verteilung des Reichtums, das Monopol der Steuererhebung durch die Versicherer, ist der Kern der Probleme der Nation.

Das Steuerzahlersystem hat zu einem ernsthaften Verlust an nationalen Steuereinnahmen geführt, während gleichzeitig die ungerechte Steuerlast auf die Bauern gedrückt wurde, die dadurch hoch verschuldet wurden und ihr Land verloren haben, während die steuerzahlende Klasse sowohl Steuereinnahmen veruntreut als auch Land annektiert hat und auf beiden Seiten ein Vermögen gemacht hat, wie kann sie nicht reich sein?

Dann griff er das Übel des Steuermonopols an der Wurzel an, indem er 486 v. Chr. ein Reformgesetz einbrachte, das vorsah, das Gemeindeland des Landes zu inventarisieren und einen Teil davon zu Pachtpreisen an Bauern zu verpachten, die die Einnahmen des Fiskus erhöhen würden; der andere Teil des Gemeindelandes sollte direkt an landlose Bauern verteilt werden. Der Schlüssel zu dieser Reform liegt darin, dass der Staat die Einnahmen erhöht, das Volk die Steuern senkt und die Gewinne der Steuerpacker von beiden Seiten beschnitten werden. Ein gutes Gesetz, das dem Land und dem Volk zugute kommt, wird zwangsläufig den Interessengruppen zum Nachteil gereichen, die dem Land und dem Volk Unheil zufügen. Infolgedessen wurde Veselinas, der ein großer Vater der Nation war, der Begierde nach der königlichen Macht und des Hochverrats überführt, öffentlich geköpft und seine Residenz dem Erdboden gleichgemacht.

Selbst die wichtigsten Menschen im Land, die gegen die Gier der Interessengruppen verstoßen haben, sterben, ohne begraben zu werden! Daran wird die Grausamkeit des Klassenkampfes in der römischen Republik deutlich.

Reichtum treibt die Menschen in den Wahnsinn, Gier macht sie brutal!

Nach mehr als 50 Jahren Republikanismus hatte sich die Spaltung des Reichtums bis an den Rand eines Bürgerkriegs verschärft, und schließlich wurde 451 v. Chr. mit dem Gesetz der Zwölf Messingtafeln ein Kompromiss erzielt. Das Problem der Landaneignung wurde nicht gelöst und war ein ziviler Kompromiss; die drakonischen Schuldengesetze wurden in geringerem Maße gelockert, und die Mächtigen machten Zugeständnisse.

Nach dem neuen Gesetz gilt eine 30-tägige Frist, nachdem eine Schuld festgestellt oder anerkannt wurde; ist die Schuld überfällig, wird der Schuldner dem Richter vorgeführt. Wenn die Schuld nicht erlassen wird, kann der Gläubiger den Schuldner festhalten und inhaftieren, muss ihm aber Essen und Trinken zur Verfügung stellen; mehrere

Gläubiger können gemeinsam über das Vermögen des Schuldners verfügen und es aufteilen. Verlangt der Gläubiger einen Kreditzins, der den gesetzlichen Höchstsatz von 8.333 Prozent übersteigt, wird eine Geldstrafe in vierfacher Höhe verhängt, und die Strafe für Wucher ist höher als für Diebstahl. [52]

Seit dem Kompromiss über die Verteilung des Reichtums zwischen den Mächtigen und den Bürgern Roms, der durch die Zwölf Messingtafeln zustande kam, bis zum Ausbruch des Krieges von Buenos Aires wurden die beiden Übel der Landaneignung und der hohen Verschuldung, die durch die Spaltung zwischen Arm und Reich verursacht wurden, in erheblichem Maße gelindert und die römische Republik wurde allmählich stabilisiert. Rom begann, seine Hände für die Konsolidierung des Staates freizumachen, und die allmähliche Einigung Italiens wurde erreicht, und die Stabilität Roms dauerte fast 200 Jahre lang an.

Im Jahr 264 v. Chr. brachte der Ausbruch des Ersten Punischen Krieges die Verteilung des Reichtums in Rom erneut aus dem Gleichgewicht. Dieser Krieg dauerte 23 Jahre und wurde von einem ebenso langen Krieg gefolgt, in dem die römischen Bauern lange Zeit fern von zu Hause kämpfen mussten, da sie nicht in der Lage waren, sich um ihre Felder zu kümmern, und nur auf Frauen und ältere Menschen angewiesen waren, um sie zu pflegen. Da bis zu einem Fünftel der männlichen Bürger im zweiten Krieg getötet oder verwundet wurde, wurde die Verarmung der Landwirtschaft zu einer unumkehrbaren Notwendigkeit. Im Jahr 146 v. Chr., dem Ende des Dritten Punischen Krieges, stand die römische Landwirtschaft am Rande des Bankrotts.

Der massive Bankrot der römischen Landbevölkerung und die Ausbreitung des Landraubs stimulierten die lange unterdrückte Gier der Mächtigen und Mächtigen in Rom erheblich, wobei die Landaneignung in vollem Gange war, die Steuergerechtigkeit zunahm und die Schuldenlast wuchs. Die zweite große Spaltung des Reichtums in der Geschichte der römischen Republik war weitaus gewalttätiger als die erste.

---

[52] Sydney Homer und Richard Sylla, *A History of Interest Rate*, John Wiley & Sons, 2005, Kapitel 4.

Vom Ende des Punischen Krieges (146 v. Chr.) bis zum Beginn der Reformation der Gebrüder Gracchus (133 v. Chr.) war die Römische Republik jedoch in der kurzen Zeitspanne von 13 Jahren in einen äußerst bösartigen Rausch der Reichtumsteilung verfallen, die Gier der Mächtigen und Mächtigen war gründlich ausgelebt worden, die Wut und der Hass der Bauern waren unaufhaltsam geworden, und die Republik beschleunigte ihr Abgleiten in den Abgrund.

Im Jahr 121 v. Chr. waren die Landreformen der Brüder Gracchus völlig gescheitert, und Rom stürzte in einen jahrhundertelangen Aufstand, Aufruhr, Blutvergießen, Chaos und Bürgerkrieg. Die ersten drei Giganten wetteiferten jahrelang um die Macht und griffen an; die letzten drei kämpften um die Vorherrschaft, und das Blut floss in Strömen.

Die Römische Republik starb 27 v. Chr. mitten im Kampf mit dem Schwert.

Die große Wendung: Ausbeutung nach innen wird Expansion nach außen

Rom entstand schließlich nicht durch ein inneres Gleichgewicht in der Verteilung des Reichtums, sondern durch eine Verschiebung der institutionellen Gier, von der nach innen gerichteten Ausbeutung zur nach außen gerichteten Expansion.

Nach der Einigung Italiens besiegte Rom schließlich seinen Rivalen Karthago in drei erbitterten Schlachten innerhalb von hundert Jahren und eroberte Afrika; es eroberte Makedonien und fegte die griechischen Stadtstaaten in östlicher Richtung; anschließend eroberte es Kleinasien und annektierte Syrien; schließlich zerschlug es Gallien, fiel in England ein, eroberte Spanien, eroberte Ägypten und errichtete ein Superreich, das Europa, Asien und Afrika umfasste.

In der Zeit der großen römischen Expansion (150 v. Chr.-50 v. Chr.) war es die römische Aristokratie, die als erste davon profitierte: Unmengen an Beute, Münzen, Tributen, Sklaven, Vieh, Getreide, Gold- und Silberschmuck strömten von allen Seiten nach Rom, vor allem in die Geldbeutel der Adligen. Die Eroberung machte die römische Aristokratie auch zu internationalen Landbesitzern, und große Teile des eroberten Landes wurden in die römische Landschaft eingegliedert, so dass unzählige Täler, Weiden, Wälder, Seen, Fischgründe, Bergwerke und Steinbrüche unter ihrer Herrschaft standen.

Ein weiterer großer Nutznießer war die mächtige Händlerklasse, die enorme Gewinne aus dem Einsatz, der Aneignung und der Aneignung des römischen Staatsvermögens zog. Während des Krieges versorgten sie die Armee zu hohen Preisen mit Lebensmitteln, Kleidung und Waffen und kauften dann die Kriegsbeute von der Regierung, den Generälen und den Soldaten billig auf, um ein Vermögen zu machen. Die Expansion und die Eroberung ließen die großen Kaufleute Roms zum ersten Mal die Welt betrachten, und sie fanden den superfetten Kuchen der neu gegründeten Provinzen. Die vom Senat ernannten Statthalter der Provinzen waren ursprünglich die alten Verwandten der Tycoons, und die Statthalter hatten fast unbegrenzte Macht über die Provinzen.

Marcus Tullius Cicero, der berühmte römische Staatsmann, hatte den römischen Statthalter von Sizilien beauftragt:

> *„Durch eine neue und prinzipienlose Verwaltung wurden den Bauern unzählige Geldsummen aus der Tasche gezogen; unsere treuesten Verbündeten wurden behandelt, als wären sie die Todfeinde der Nation... Berühmte antike Kunstwerke, von denen einige auch Geschenke von reichen Königen waren, wurden von diesem Gouverneur geplündert. Er tat dies nicht nur mit den Statuen und Kunstwerken der Stadt, sondern er plünderte auch die heiligsten und am meisten verehrten Heiligtümer; und wenn ein Götzenbild mit mehr als dem Durchschnitt des Altertums gemacht war und einen gewissen künstlerischen Wert hatte, dann hätte er es niemals dem Volk von Sizilien überlassen."*

Die Gesetzlosigkeit der Gouverneure ist mit der bösartigen Gier der Tycoons verflochten, wie trockenes Holz mit Feuer. Die Giganten und die Statthalter teilten sich ein äußerst lukratives Geschäft mit der Ummantelung von Steuern in der Provinz, mit der Vergabe von Landhypotheken an Bauern, die ihre Felder bewirtschafteten, und mit hochverzinslichen Krediten an Stadtstaaten und Einzelpersonen, die mit ihren Steuerzahlungen im Rückstand waren. Marcus Junius Brutus zum Beispiel lieh dem Stadtstaat bis zu 48 Prozent Zinsen, und Cicero war schockiert, als er das hörte.

Sie hatten auch ein Monopol auf alle staatlichen Aufträge und vergaben Mega-Bauprojekte wie öffentliche Gebäude, Straßenbrücken, Kanalisationsleitungen, Postkutschen, Gärtnereien und große Plätze in Rom und den Provinzen. Wie beim System der Steuerklassen gilt auch für die römische Regierung: Solange die Beziehung stimmt und der Betrag stimmt, ist sie nicht schlecht für das Geld. Riesige Gewinne sprudelten und ließen die Tycoons in ihren Träumen wach lachen. Die Giganten bildeten schließlich die ritterliche Klasse des Römischen Reiches.

Da die Aristokratie und die ritterliche Klasse über einen nie dagewesenen Reichtum verfügten, war es ihnen in den Knochen, dass der sicherste Vermögenswert Land und Felder waren, und größere Landaneignungen waren in vollem Gange. Mit der Privatisierung von Land in öffentlichem Besitz wuchs der Ruf nach dem Schutz privater Landrechte, und Cicero war ein führender Vertreter des Schutzes privater Eigentumsrechte, indem er erklärte, dass "die erste Sorge der Verwaltungsbeamten sein muss, dass der Eigentümer der Eigentümer seines Eigentums sein sollte und dass die privaten Eigentumsrechte der Bürger nicht durch die Handlungen des Staates verletzt werden sollten. "Seien Sie sich bewusst, dass der Hauptzweck der Errichtung eines Rechtsstaates und der Selbstverwaltung darin besteht, das Recht auf Privateigentum zu sichern. " "Die Beamten, die mit der Wahrung der Interessen der Nation beauftragt sind, sollten den Formen der Ausplünderung des einen und der Bereicherung des anderen ein Ende setzen... Sie sollten alles tun, damit der Neid den Reichen nicht im Wege steht. "

Im Gegensatz zur frühen republikanischen Ära verfügte Rom nun über eine große Anzahl von Sklaven aus verschiedenen Ländern, die zur Hauptarbeitskraft in den Ländern des Römischen Reiches wurden. Mit der Ausdehnung des Reiches wurden Hunderttausende von Landlosen in den neu eroberten Provinzen Asiens und Afrikas kolonisiert, und die verbleibenden Bauern wurden zu Pächtern degradiert. Allein in den letzten 30 Jahren v. Chr. gab es bis zu 100 römische Kolonien im Ausland, aus denen insgesamt 250 000 erwachsene Männer auswanderten, fast ein Fünftel der erwachsenen römischen Bevölkerung. In der Poesie und Literatur der Kaiserzeit wurde häufig das Aussterben der römischen Bauernklasse beklagt, die Grundlage der römischen Republik war verschwunden.

In ganz Italien wurde die Stadt von einigen recht wohlhabenden und mächtigen Familien bewohnt, viele von ihnen Großgrundbesitzer, die in den Provinzen Italiens und in Rom Tausende Hektar gutes Land mit endlosen Weiden besaßen, Tausende von Sklaven, die für sie arbeiteten, und professionelle Verwalter sklavischer Herkunft, die riesige Ländereien für sie beaufsichtigten. Andere sind die großen und mächtigen Grundbesitzer der Stadt, die ein verschwenderisches Leben führen, indem sie Häuser, Geschäfte, Lagerhäuser usw. vermieten.

Die steuerzahlenden Klassen und Unternehmer hatten sich zu römischen Finanziers entwickelt, die zwischen Rom und den Provinzen des Reiches pendelten und ein riesiges Netzwerk von Leuten aufbauten, vom Kaiser über den Senat bis hin zu den Statthaltern der Provinzen, die Steuer-, Wucher-, Bank-, Investitions- und andere Finanzgeschäfte betrieben, und der riesige Geldstrom des Reiches floss Tag und Nacht unaufhörlich in ihrem Finanznetzwerk, und selbst im Schlaf arbeitete das Geld ständig für sie.

Der öffentliche Platz in der Nähe des Castor-Tempels in der römischen Stadt war täglich von Spekulanten aller Art bevölkert, die Aktien und Anleihen von mit Steuern belasteten Unternehmen kauften und verkauften, Waren aller Art gegen Bargeld und Kredite eintauschten und die Höfe, Ländereien, Geschäfte, Schiffe und Lagerhäuser des Reiches sowie Sklaven und Vieh aus verschiedenen Ländern zur Versteigerung anboten.

Die Straßen rund um den Platz waren von Geschäften aller Art gesäumt, in denen sich Tausende von Handwerkern, Ladenbesitzern, Sklaven der Reichen und Agenten aus allen Teilen des Landes tummelten, um ihren Kunden eine Vielzahl von handwerklichen und landwirtschaftlichen Produkten zu verkaufen.

Gleich hinter dem Wohlstand gab es auch schattige Ecken, in denen eine kleine Klasse von Rittern, die sich aus den Superreichen zusammensetzte, in Rom auftauchte, und in denen eine große Gruppe von Wandervögeln geboren wurde.

In den großen Ghettos der abgelegenen Straßen Roms lebten Horden von Bauern, die ihre Ländereien verloren hatten, arbeitslose Proletarier, pensionierte Soldaten ohne ein einziges Dach über dem Kopf, die in einem Zustand der Unzufriedenheit, der Frustration und des Grolls lebten und bereit waren, ihre Stimmen und ihre Fäuste zu verkaufen, wenn jemand dafür zahlen würde. Mit den Worten Ciceros waren sie "ein armes, hungerndes Gesindel, ein Ausbeuter der Staatskasse".

Es war dieser Pöbel, der sich später in großer Zahl den römischen Legionen anschloss und das Wesen der Armee veränderte, indem er sich von umherziehenden Gruppen zu Pöbelgruppen entwickelte und zur gefährlichsten subversiven Kraft im Römischen Reich wurde.

Das kaiserliche Zeitalter der Geldwirtschaft

Die große militärische Expansion Roms führte auch zu einer großen Explosion der Geldwirtschaft.

Die römische Republik mit ihrem Agrarstaat hatte traditionell eine klare Tendenz, die Landwirtschaft über den Handel zu stellen, und die Geldwirtschaft war nicht gut entwickelt, wie die römische Geldentwicklung zeigt.

In den ersten 300 Jahren der römischen Geschichte gab es in Rom, abgesehen von der griechischen Kolonialstadt in Italien, keine Münzprägung, und das früheste Tauschmittel für Waren waren Rinder und Schafe, wobei zehn Schafe den Wert einer Kuh darstellten. Als das Metall abgebaut wurde, löste Kupfer Rinder und Schafe als Maßstab für alle römischen Werte ab, und Kupfer wurde in römischen Pfund, auch bekannt als As, gemessen, das etwa 328,9 Gramm pro Pfund wog. Im Vergleich zu Griechenland, wo die kommerzielle Zivilisation einen hohen Stellenwert hatte, erschien die frühe römische Währung grob und wurde von den Regionen selbst geprägt. Da der Umfang des Handels und der Markttransaktionen weitaus geringer war als in Griechenland, stellte die Gesellschaft nicht so hohe Anforderungen an die Präzision und Raffinesse des Geldes wie in Griechenland.

Die gebräuchlichste Währung im frühen Rom waren Bronzebarren aus As, die oft bis zu 5 As (etwa 1,6 kg) wogen, und die Unbequemlichkeit der Währung spiegelte die Tatsache wider, dass der römische Handel weit weniger wohlhabend war als in griechischer Zeit. Mit der allmählichen Entwicklung des Handels wurde der Gebrauch von Geld häufiger, und die schwere Währung wurde immer kleiner, leichter und präziser, um den kleinen Transaktionen des täglichen Lebens gerecht zu werden, und die schweren As aus Bronze wurden zur Hauptwährung mit einem Gewicht von 272 bis 341 Gramm pro Stück. Bis zum Ersten Punischen Krieg (264 v. Chr.-241 v. Chr.) war die schwere As-Münze das beliebteste Zahlungsmittel in der Römischen Republik.

Der Ausbruch des Punischen Krieges (264 v. Chr.-146 v. Chr.) veränderte die wirtschaftliche Landschaft Roms völlig, da die römische Bauernschaft durch die langwierigen und massiven Kriege gezwungen war, sich für lange Zeit von der Landproduktion abzukoppeln, was die Einführung eines formellen und kostspieligen Militärlohnsystems erforderlich machte. Die Zahlung von Militärzinsen beschleunigt einerseits die Geldprägung und fördert andererseits die Vereinheitlichung der Landeswährung. In der Tat war der Krieg eine noch stärkere Triebkraft für die Geldwirtschaft als für den Handel, und gleichzeitig schuf der Krieg einen riesigen einheitlichen Binnenmarkt mit einer einheitlichen Währung, die auf einem einheitlichen Markt zirkulierte, und Rom begann seinen Übergang von einer physischen zu einer monetären Wirtschaft.

Die wichtigste Änderung im Währungssystem war die Ablösung des Silberstandards durch den Kupferstandard, und der Silberdinar (Denarius) verdrängte nach und nach das sperrige Kupfer-Ass. Silbermünzen gab es auch in Rom, aber sie wurden vor allem von Griechen in den Kolonien Süditaliens und Siziliens geprägt und in Umlauf gebracht, die zwar geografisch nahe bei Rom lagen, aber psychologisch eher griechisch geprägt waren, unter anderem durch die Tatsache, dass sich ihre Prägung auch an der zierlichen griechischen Silbermünze Drachme orientierte, die überhaupt nicht dem sperrigen römischen Kupfer-Ass entsprach.

Die frühen Römer prägten Kupfer-Ass anstelle von Silber, nicht weil sie Silber nicht mochten, sondern weil es in Nordmittelitalien keine Silberminen gab. Doch als die römischen Legionen Karthago besiegten und nach und nach die Kontrolle über die karthagischen Kolonien in Spanien übernahmen, machten die großen Silberminen in Spanien die Römer reich.

Aufgrund der dringenden Notwendigkeit, Militärgehälter zu zahlen, erneuerten die Römer 211 v. Chr. die Währung und begannen, im ganzen Land einheitlich Silberdinare auszugeben. Der Dinar enthielt 4,5 Gramm Silber (das entspricht 1/72eines römischen Pfunds), dessen Wert auf 1 Silberdinar festgelegt wurde, der 10 römischen Pfund Bronzegeld entsprach, wodurch der Dinar zur wichtigsten Währung im römischen Umlauf wurde. [53]

Zur Zeit Julius Caesars (49 v. Chr. - 44 v. Chr.) begann Rom mit der Ausgabe der Goldmünze Aureus, die etwa 8 Gramm Gold enthielt und den Gegenwert von 25 Silberdinaren hatte, aber der Gold-Aureus

---

[53] *Der New Deal im alten Rom*, HJ Haskell, Alfred K. Knoff, New York 1939.

war so wertvoll, dass er weniger als Umlaufwährung, sondern vielmehr für große Handels- und Belohnungsbeträge verwendet wurde.

Die römischen Legionen zogen mit dem römischen Silberdinar über das Mittelmeer. Wann immer die römische Armee ein Gebiet besetzte, schloss sie als Erstes die örtliche Münzprägeanstalt oder erlaubte lediglich die Prägung von Kleinmünzen. Die Römische Münzanstalt wurde zur größten Münzanstalt im gesamten Mittelmeerraum, und andere Münzanstalten wurden von Rom ermächtigt, Silbermünzen zu prägen, die nach dem römischen Münzsystem geprägt werden mussten. [54]

Von 150 v. Chr. bis 50 v. Chr., in den 100 Jahren der großen Expansion Roms, verzehnfachte sich die in Rom umlaufende Geldmenge, ein Großteil davon Silberdinare. Angetrieben von der Geldflut veränderten sich die Warenströme und das Wirtschaftsmodell Roms tiefgreifend.

Weizen, Flachs und Schilfpapier aus Ägypten, Getreide aus Karthago und Sizilien, Wolle, Holz und Teppiche aus Kleinasien, Getreide, Fleisch und Wolle aus Gallien, verschiedene Mineralien aus Spanien und Britannien, Bernstein, Pelze und Sklaven aus dem Baltikum, Elfenbein, Gold und Sklaven aus Afrika südlich der Sahara sowie Gewürze, Edelsteine, Gewürze und chinesische Seide aus Asien strömten von allen Seiten nach Rom. Angeregt durch den regen Warenaustausch vollzog sich in Rom ein tiefgreifender Wandel des Wirtschaftsmodells von einer auf der Landwirtschaft basierenden Produktionsgesellschaft hin zu einer immer stärker ausgeprägten Konsumwirtschaft auf der Grundlage von Handel und Industrie.

Die hohe Effizienz und die niedrigen Kosten der Lebensmittellieferungen aus Übersee hielten die Preise in Rom erschreckend niedrig, wo die Stadt einst bis zu einer Million Einwohner hatte, zusammen mit Hunderttausenden von stehenden Armeen und einer riesigen Bürokratie, und bewusst niedrige Lebensmittelpreise wurden zu einer Notwendigkeit für die Stabilität des Römischen Reiches. Für die italienische Agrarproduktion sind diese extrem niedrigen Lebensmittelpreise gleichbedeutend mit der grundlegenden

---

[54] Theodor Mommsen, *The History of Rome*, Vol 3, JM Dentand Sons Ltd, 1920, Kapitel 12.

Zerstörung der Nahrungsmittelproduktion des Landes. Die kleinen Landwirte haben ihre Wettbewerbsfähigkeit auf dem Markt praktisch verloren, und da die Getreidepreise auf einem historischen Tiefstand sind, ist der massive Konkurs der Landwirte ein gefundenes Fressen für die Landaneignung durch die Tycoons. Die Großgrundbesitzer hatten in großem Umfang Verbesserungen in der Sklavenhaltung und bei den Anbautechniken vorgenommen, die die Kosten der Lebensmittelproduktion gesenkt hatten, und waren dennoch nicht in der Lage, mit den niedrigen Lebensmittelpreisen in Übersee zu konkurrieren.

So wurde in vielen Teilen Roms nur noch Getreide angebaut, um den Bedarf der Arbeiter auf den großen Ländereien zu decken, und die Großgrundbesitzer vernachlässigten das unrentable Getreide zugunsten der hochprofitablen Feldfrüchten und der Viehzucht. Der italienische Wein, das Olivenöl und die Wollproduktion wurden zu den wettbewerbsfähigsten Produkten des monströsen Preissystems des Römischen Reiches. Im Allgemeinen war in der römischen Agrarwirtschaft die Viehzucht rentabler als der Ackerbau, während Weinberge rentabler waren als Gemüse- und Olivengärten und Getreidefelder am wenigsten rentabel waren. Es wird geschätzt, dass der Wert der Weizenproduktion pro römischem Acker in den größeren Ländereien nur 38 Dinar betrug (etwa 10 Dinar pro Acker).[55]

Wenn man den Silberpreis mit 4 Yuan pro Gramm berechnet, entspricht ein Dinar in der Frühzeit des Reiches heute etwa 15 Yuan, und der Wert eines Getreideackers beträgt nur 150 Yuan.

Da die Landwirtschaft durch die Nahrungsmittelkonkurrenz aus dem Ausland überfordert war, nutzte Rom nur Wein, Olivenöl und konkurrenzfähige Wollprodukte, um den Handel auszugleichen, sowie das Handwerk, das allmählich an Bedeutung gewann.

Italiens rot glasierte Töpferwaren monopolisierten alle Märkte; die aufkommende Herstellung von Glaswaren, insbesondere die wunderschön gefärbten und geschnitzten Stücke, besiegten fast Syrien, das Ursprungsland des Glases; der nordwestliche Teil Italiens wurde zum Zentrum der Metallurgie, die Bronze- und Silberprodukte waren äußerst wettbewerbsfähig, und die Produktion von landwirtschaftlichen

---

[55] Ebd.

Geräten und Eisenwaffen wurde im ganzen Reich vermarktet. Darüber hinaus sind auch in Italien hergestellte Eisenwaren, Öllampen, Schmuck, Balsam usw. auf dem Markt sehr beliebt.

Italiens Industriegüter haben zwar einen gewissen Vorteil, aber sie reichen bei weitem nicht aus, um den Zustrom von Waren aus der Provinz und dem Ausland zu decken. Rom wird immer mehr zu einer Megakonsum-Metropole, und Italien ist ihr Vorort. Roms abnormer Konsum ist nicht auf seine eigene starke Produktionskapazität und rationale Markttransaktionen zurückzuführen, sondern vielmehr auf seine Abhängigkeit von der Auspressung und Ausbeutung der Provinzen.

Der Konsumboom in Rom förderte auch viele neue Industrien mit hohen Gewinnspannen. Die wohlhabenden Menschen in Rom hatten eine große Nachfrage nach exotischen Tieren. Es ist überliefert, dass ein Besitzer eine große Herde von Hühnern, Enten, Gänsen, Pfauen, Wildschweinen usw. züchtete und einen jährlichen Gewinn von 1.250 Dinar erzielte, der die Einnahmen aus dem Betrieb eines Bauernhofs bei weitem überstieg. In seinem Werk Über die Landwirtschaft erwähnt Varro, dass ein professioneller Vogelzüchter 5.000 Vögel zu einem Preis von 3 Dinar pro Stück züchtete und allein mit den Vögeln einen jährlichen Gewinn von 1.500 Dinar erzielte, der doppelt so hoch war wie der Gewinn eines größeren Bauernhofs, der 200 römische Hektar bewirtschaftete (etwa 756 Hektar). Die Gewinne aus der Aufzucht seltener Vögel sind sogar noch höher: Ein Pfau wird für 50 Dinar verkauft, ein Pfauenei zum Ausbrüten kostet bis zu 5 Dinar, und das Jahreseinkommen allein aus der Aufzucht kleiner Pfauen von insgesamt 100 Pfauen beläuft sich auf 15.000 Dinar.

Die enormen Gewinne aus Steuern, Tributen, Wucher, Bau- und Handelsmonopolen, die von den Provinzen nach Rom und dann auf das Land konzentriert wurden, schufen in Rom eine große Zahl von Superreichen. Wie Crassus, der ehemalige Große Drei, besaß er Besitztümer im Wert von 400 Millionen Dinar, was ihn zum reichsten Mann Roms machte. Er pflegte zu sagen, dass ein Mann, der es sich nicht leisten konnte, eine Legion mit seinen eigenen Besitztümern zu unterhalten, nicht als reich galt, und die Kosten für den Unterhalt einer römischen Legion für ein Jahr betrugen 1,5 Millionen Dinar. Caesar war auch ein großer Landbesitzer und versprach den Soldaten vor der Expedition nach Afrika,

> *„Wenn alle Kriege vorbei sind, werde ich sicherlich das Land an alle Soldaten verteilen, nicht wie Sulla es tat, indem er das Land von den bestehenden Landbesitzern nahm und es an die Soldaten verteilte ... sondern ich werde das kommunale Land und mein eigenes Land an die Soldaten verteilen, und gleichzeitig werde ich ihnen sicherlich die notwendigen Werkzeuge zum Kauf geben."*

Was sind 400 Millionen Dinar pro Konzept? Das sind etwa 4 bis 5 Millionen Tonnen Weizen! Der reichste Mann Großbritanniens im 17. Jahrhundert war etwa 21.000-42.000 Tonnen Weizen wert, und der reichste Mann Roms war über 1.000 Jahre später hundertmal so reich wie der reichste Mann Großbritanniens!

Die Verteilung des Reichtums in Rom war so gravierend, dass sie erschreckend war!

Die Bedeutung der Nahrungsmittelproduktion im Agrarzeitalter war vergleichbar mit dem Stellenwert des verarbeitenden Gewerbes im Industriezeitalter, und das Schrumpfen der Landwirtschaft bedeutete, dass die wirtschaftliche Basis des Landes zerfiel. Um das Imperium aufrechtzuerhalten, musste Rom bei der Versorgung mit Lebensmitteln und anderen Gütern des täglichen Bedarfs immer abhängiger von den Provinzen Asiens und Afrikas werden, während es gleichzeitig versäumte, einen Ausgleich durch gleichwertige Güter zu schaffen, was bei den Bewohnern der Provinzen nur Unmut hervorrufen konnte. Gewaltsame und brutale Eroberungen haben den erbitterten Widerstand der Barbaren an den Grenzen verstärkt, und große militärische Konflikte sind zum Alltag geworden. Die extreme Landaneignung hat die großen Städte mit unzufriedenen und wütenden Nachzüglern gefüllt. Die Grausamkeit der Sklaverei füllte das gesamte Reich mit den dunklen Strömen von Unruhen und Unterdrückung.

Eine dysfunktionale Wirtschaft und eine instabile Politik haben dazu geführt, dass das oberflächlich betrachtet wohlhabende Rom wie ein Krater dasteht und sich auf ein überdimensioniertes stehendes Heer verlassen muss, um ein gewisses Maß an Sicherheit zu gewährleisten. Eine übermäßige Abhängigkeit vom Militär führt jedoch zwangsläufig zu einer finanziellen Lähmung und einer Krise des Regimes.

Fragile Geldkreisläufe

In den Anfangsjahren des Römischen Reiches erhielt der durchschnittliche römische Soldat etwa 225 Dinar pro Jahr, die Standardstärke einer römischen Legion betrug mehr als 6.800 Mann, und für die Verpflegung einer Legion wurden 1,5 Millionen Dinar pro Jahr benötigt, und die Gesamtgröße des stehenden Heeres betrug in den Anfangsjahren des Reiches etwa 200.000 Mann. Um eine so große Armee zu versorgen, gibt die Regierung mindestens eine halbe Milliarde Dinar pro Jahr für das Militär aus. Die Kosten für die Wiederansiedlung der Veteranen sind ebenfalls enorm: Die drei letztgenannten Giganten mussten eine Politik der Enteignung der ursprünglichen Landbesitzer verfolgen, um die Veteranen wieder anzusiedeln, was zu politischen Unruhen und Unzufriedenheit in ganz Italien führte. Um die gleichen Fehler nicht zu wiederholen, setzte Octavian 30 v. Chr. Staatsgelder ein, um Land für Veteranen zu kaufen, was die Staatskasse in nur zwei Jahren 150 Millionen Dinar kostete - eine unverschämt hohe Summe.

Um die kaiserliche Regierung Bürokratie zu ernähren ist eine riesige Ausgabe, die römische Stadt des Kaisers hat eine komplette Reihe von Regierungsteam, Dutzende von Provinzen des Gouverneurs müssen Dutzende von Sätzen von Provinzbeamten zu entsprechen, und das Reich Tausende von Städten müssen auch Beamten zu regieren.

Die finanzielle Belastung der Armee und der Regierungsbürokraten war bereits so groß, dass die Regierung, um die Stabilität der Stadt Rom aufrechtzuerhalten, 200.000 römische Bürger kostenlos mit Lebensmitteln versorgen musste, und um diesen Bedarf zu decken, mussten jährlich 150.000 Tonnen Getreide aus Ägypten importiert werden. Allein diese "Unterhaltung" kostet zig Millionen Dinar, und die "Kosten für die Aufrechterhaltung der Stabilität" sind eine weitere schwere finanzielle Belastung für die Regierung. Was wäre, wenn die Lieferung von kostenlosen Lebensmitteln eingestellt würde? Dann hätte die Stadt Rom Hunderttausende von unproduktiven, arbeitslosen Nachzüglern, die sich am nächsten Morgen erheben und randalieren würden. Kein Kaiser wagte es, ein solches Risiko einzugehen, und das System der kostenlosen Lebensmittelversorgung wurde bis zum Untergang des Reiches fortgesetzt.

Bildlich gesprochen war das Römische Reich wie eine riesige Maschine, die durch militärische Expansion Gold und Silber aus den

Küstenregionen des Mittelmeers beschlagnahmte und zu Geld prägte, um ein riesiges stehendes Heer und ein aufgeblähtes Rom zu ernähren. Die Währung konzentrierte sich in der Hauptstadt und in den Grenzgebieten, in denen das Militär stationiert war, und die Staatsausgaben und der Verbrauch von Militärgehältern brachten Geld in den Wirtschaftskreislauf des Reiches. Das kaiserliche Recht wiederum ermutigte und zwang die Beherrschten, in ihrem täglichen Leben Geld zu verwenden, und führte dann das Geld aus den kaiserlichen Provinzen zurück in die Hauptstadt und die Armee, und damit natürlich auch den rollenden Reichtum.

Der größte Fehler dieses Geldkreislaufsystems besteht darin, dass es sich auf natürliche Weise nicht unendlich oft wiederholen kann. Infolge des endogenen wirtschaftlichen Ungleichgewichts des Imperiums, das mehr verbrauchte als produzierte und mehr auspresste als schuf, konzentrierte sich das Geld in Rom, und der tägliche Reichtum wurde abgeschöpft, was zu einer wachsenden Produktivitätsfalle führte. In einer Ära der militärischen Expansion, in der Geld von außen geplündert und von innen aufgestockt werden konnte, blieb die wirtschaftliche Funktion des Reiches weitgehend im Gleichgewicht. Doch als die Grenzen immer weiter in das Land der Barbaren vordrangen, nahm die Intensität der Barbarenaufstände dramatisch zu, so dass die Kosten der kaiserlichen Expansion drastisch stiegen, während der Nutzen der Plünderungen von Tag zu Tag sank. Schließlich stabilisierten sich die Grenzen des Reiches, was den Break-even-Punkt darstellte, an dem die Finanzen des Römischen Reiches gestützt werden konnten.

Sobald die Expansion jedoch zum Stillstand kommt, gerät der Kreislauf des Geldes aus den Fugen.

Die großen Expansionskriege Roms waren in der republikanischen Ära weitgehend abgeschlossen, als der erste Kaiser des Reiches, Augustus (Octavian) (27 v. Chr.-14 n. Chr.), seinen Ehrgeiz, die Welt zu beherrschen, aufgegeben hatte. Augustus, der lange im Kampf gestanden hatte, dachte lange darüber nach, dass ein kleines Zugeständnis an die unbesiegbaren Barbaren die Würde und die Sicherheit Roms noch bewahren könnte.

Zu dieser Zeit bereiteten sich die Generäle des Reiches noch fieberhaft darauf vor, gegen die Parther um die Vorherrschaft in Asien zu kämpfen, bis zum Jemen an der südlichsten Spitze der arabischen Halbinsel vorzudringen und Äthiopien zu annektieren. Sie marschierten

Tausende von Kilometern in die Wüstenregion, und in der Folge besiegten die Hitze und die Hitze die unschlagbaren römischen Legionen. In den dichten Wäldern Nordeuropas lebten germanische Barbaren, die es zwar schwer hatten, den Frontalangriffen der römischen Armee standzuhalten, die aber mit ihrem unbeugsamen Widerstandsgeist die römischen Legionen erschöpften. Im extrem kalten Norden der "Antoniusmauer" Großbritanniens lebten die wilden und widerspenstigen Eingeborenen, die nicht zu besiegen waren, deren Verbündete die Kälte und der Schneesturm waren, deren Barriere die steilen Berge und die unberührten dichten Wälder waren und deren Veteranen der römischen Legionärsdivisionen zu müde waren, um auch nur einen Zentimeter voranzukommen.

Das Römische Reich hatte sich bis an die Grenzen seiner nationalen Macht ausgedehnt. Schließlich hinterließ Augustus ein Vermächtnis: Die Grenzen des Römischen Reiches reichten im Westen bis zum Atlantischen Ozean, im Norden bis zur Donau und zum Rhein, im Osten bis zum Euphrat und im Süden bis zu den Wüsten Arabiens und Afrikas, wobei die geografischen Grenzen der Natur die dauerhaften Grenzen des Reiches waren. [56]

Im Testament des Augustus an den Senat waren detaillierte Angaben zu den staatlichen Steuern und Ausgaben aufgeführt, die leider verloren gegangen sind. In seiner Geschichte des Niedergangs des Römischen Reiches gibt Gibbon an, dass die jährlich wiederkehrenden Einnahmen der römischen Provinzen nicht weniger als 15-20 Millionen Pfund (Pfund nach dem Goldstandard) oder etwa 343-458 Millionen Dinar betrugen, was eine Vermögenssteuer von 1%, eine Personensteuer und die Enteignung von Getreide, Wein, Öl und Fleisch einschloss. Die Militärausgaben des gesamten Römischen Reiches, ganz zu schweigen von den verschiedenen Regierungsebenen, sowie die Infrastruktur und die täglichen Ausgaben aller Städte, reichen noch nicht aus, um allein durch die Einnahmen der Provinzen getragen zu werden. [57]

---

[56] Edward Gibbon, The History of the Decline and Fall of the Roman Empire, Northpointe Classics, 2009, Kapitel 1.

[57] Ebd.

Seit Augustus Kaiser war, stand er unter starkem Ausgabendruck und deutete immer wieder an, dass die Tribute der Höflinge nicht ausreichen und dass die Steuerlast für Rom und die Italiener erhöht werden müsse. Angesichts der Unzufriedenheit der römischen Bürger entschied sich der Kaiser umsichtig dafür, zunächst einen Zolltarif einzuführen, dann eine Verbrauchssteuer zu erheben und schließlich das Privateigentum der römischen Bürger zu inventarisieren und für die Besteuerung aufzubereiten. Zu diesem Zeitpunkt hatten die mächtigen und wohlhabenden Gruppen in Rom seit über 150 Jahren keine Steuern mehr gezahlt.

Augustus drängte trotz des starken Widerstands der Mächtigen auf eine Reform des Steuerrechts. Die GST liegt zwischen 2,5 und 12,5 Prozent, und egal, was das Gesetz besagt, es sind nie die Tycoons, die am Ende kaufen, sondern die Endverbraucher.

Ein weiterer wichtiger Steuerposten ist die Verbrauchssteuer, die zwar in vollem Umfang erhoben wird, aber dennoch relativ bescheiden ist und selten mehr als 1% beträgt. Steuern werden auf alles erhoben, von Markttransaktionen und öffentlichen Versteigerungen, von großen Käufen und Verkäufen von Grundstücken und Immobilien bis hin zu alltäglichen Gegenständen des täglichen Lebens, selbst wenn sie von geringem Wert sind. Der Großteil der Militärausgaben wird über die Verbrauchssteuer finanziert.

Dennoch stellte Augustus fest, dass die Finanzen immer noch nicht in Ordnung waren, und um das Defizit zu decken, beschloss er schließlich, die wohlhabende Gruppe in Rom auszunutzen, indem er eine Erbschaftssteuer von 5% erhob.

Die wohlhabenden Kreise in Rom, denen Geld wichtiger war als Freiheit, haben sich bei der Ankündigung der Erbschaftssteuer sofort in die Nesseln gesetzt, und auf den Straßen regt sich Widerstand. Obwohl Kaiser Augustus mit seiner militärischen Macht in den Händen und seiner Erfahrung aus hundert Kriegen sowie der Macht seines Reiches weit von der Stärke der Brüder Gracchus entfernt ist, muss er sehr vorsichtig sein, um die institutionelle Gier der reichen Gruppen herauszufordern.

Augustus ging sehr strategisch vor, als er den Vorschlag der Erbschaftssteuer dem Senat zur gemeinsamen Diskussion vorlegte, und es war klar, dass die Adligen im Senat ihn keineswegs abnahmen. Augustus kann nur mit Nachdruck darauf hinweisen, dass die Patriarchen, wenn sie hartnäckig bleiben, gezwungen sein werden, eine

Grundsteuer und eine Männersteuer vorzuschlagen, was eindeutig eine tödliche Bedrohung für die Adligen wäre, die über ein riesiges Landvermögen und viele Sklaven verfügen.

Die Adligen des Senats als Vertreter der wohlhabenden Gruppe hassten die Erbschaftssteuer, aber gegen Kaiser Augustus, der beim Heer beliebt war und über große Macht verfügte, konnten sie nichts tun, schließlich war die Erbschaftssteuer nicht hoch, sondern viel milder als die unangenehme Grund- und Personensteuer. Als kleineres Übel mussten sich die Adeligen mit dem neuen Steuergesetz abfinden.

Neben der Reform des Steuerrechts begann Augustus auch mit der Abwertung der Währung, indem er den Silbergehalt des Dinars von 4,5 Gramm auf 3,9 Gramm in der republikanischen Ära senkte. Durch die Erhöhung der Steuern und die Abwertung der Währung hielten sich die anfänglichen Einnahmen und Ausgaben des Reiches in etwa die Waage.

Die Wirtschaftskrise im Dornröschenschlaf

Die Blütezeit Roms war von 50 v. Chr. bis 50 n. Chr., als die Früchte der militärischen Expansion noch nachwirkten und der Frieden einen natürlichen wirtschaftlichen Aufschwung bewirkte. Die Kassen des Römischen Reiches hatten jedoch zunehmend Mühe, die ständig aufgeblähten Ausgaben zu decken. Unter Nero (54-68) sank der Silbergehalt des Dinars auf 90%, unter Trajan (98-117) auf 85% und unter Marcus Aurelius (161-180) auf 75%, so dass der Dinar Ende des 2.

Offensichtlich gibt es ein großes Problem mit dem Währungskreislauf des Reiches. Die Wurzeln des Währungsproblems liegen in der Wirtschaft, und die Wurzeln der Wirtschaft liegen in der Landwirtschaft.

Die anfängliche Dynamik des Reiches wurde durch die Expansion angetrieben, die durch den Wiederaufschwung und, sobald dieser abgeschlossen war, durch die Produktivitätssteigerung gestoppt wurde, aber die italienische Landwirtschaft stand am Rande des Bankrotts, anstatt in der Lage zu sein, die Produktivität zu steigern. In einem Zeitalter, in dem die Wirtschaft auf der Landwirtschaft beruht, wird, wenn die Landwirtschaft geschwächt wird, die gesamte städtische Zivilisation und der auf ihr basierende wirtschaftliche Wohlstand ins Leere laufen.

Der Hauptgrund für den Zerfall der landwirtschaftlichen Basis ist der zu niedrige Preis von Lebensmitteln, was nach einem alten chinesischen Sprichwort bedeutet, dass niedriges Getreide den Bauern schadet. Der Hauptgrund für die bewusste Unterdrückung der Lebensmittelpreise im Römischen Reich war die Ernährung der großen städtischen Bevölkerung, insbesondere der zahlreichen Bauern, die nach dem Bankrott in die Städte strömten.

Mit dem großen Elan von Kaiser Augustus und seinen Nachfolgern entstand innerhalb des Römischen Reiches eine schwindelerregende Anzahl von Städten: 1.197 in Italien, etwa 1.200 in Gallien, 700 in Spanien, 650 in den vier Provinzen Afrikas und etwa 900 im Osten, einschließlich Griechenland. Das Römische Reich wies eine hohe Urbanisierungsrate auf, die in der Geschichte der Menschheit vor der industriellen Revolution beispiellos war.

Zwischen der Hauptstadt und den großen Städten verläuft das weltberühmte Straßennetz der "Straße nach Rom", die von der Piazza della Roma ausgeht, Italien durch alle Provinzen durchquert und an den Grenzen des Reiches endet. Von der Antoninischen Mauer nach Rom und zurück nach Jerusalem erstreckte sich dieses großartige Verkehrssystem über 4.080 römische Meilen von der nordwestlichen Ecke des Reiches bis zur südöstlichen Grenze. Berge können durchstoßen werden, Stromschnellen bilden Brücken, Straßen werden so hoch gebaut, dass sie die umliegende Landschaft überragen, die Straßen werden mit Sand, Zement und Geröll geschichtet, und die Straßen in der Nähe von Rom sind alle aus Granit, und Roms Straßen sind so solide, dass Teile von ihnen nach mehr als 2.000 Jahren immer noch als Transportmittel funktionieren. [58]

Es ist ein Wunder, dass eine Urbanisierungsbewegung dieses Ausmaßes vor mehr als 2.000 Jahren stattgefunden hat, und sie stellt eine unvorstellbare wirtschaftliche Belastung dar. Die ausufernde Urbanisierungsbewegung hat das Reich schwer belastet, und vor allem die Agrarwirtschaft hat stark gelitten.

---

[58] Ebd.

Warum legte Kaiser Augustus so viel Wert auf die Urbanisierungsbewegung, dass er sogar so weit ging, den Staat hart zu treffen?

Als Augustus an die Macht kam, war sein größtes Dilemma dem von Qin Shi Huang sehr ähnlich: Das Reich war zwar militärisch stark genug, um große Landstriche zu erobern, aber die organisatorischen Kapazitäten der Regierung reichten nicht aus, um ein riesiges Reich von enormer Größe, Bevölkerung, kultureller Komplexität, wirtschaftlicher Vielfalt und Unzugänglichkeit effektiv zu steuern.

In den ersten Jahren der Vereinigung waren das Römische und das Qin-Reich nicht produktiv genug, ihre technologische Basis, ihr wirtschaftliches Niveau, ihr ideologisches System und ihre politische Struktur waren nicht in der Lage, die hohen Anforderungen einer direkten kaiserlichen Herrschaft in allen Teilen des Landes zu erfüllen. Qin Shi Huangs überstürzte und gewaltsame Einführung des Komitatssystems in dem Versuch, sofort eine zentralisierte vertikale Herrschaft im ganzen Land zu erlangen, überstieg Qins eigene Fähigkeiten bei weitem, und je schneller er vorging, desto härter fiel er. Es bedurfte fast hundert Jahre wiederholter Versuche von Qin Shi Huang bis zu Kaiser Wu von Han, um die große Form der zentralisierten Macht zu bilden, während die vertikale Verwaltung des ländlichen Raums im chinesischen Feudalreich nie wirklich verwirklicht wurde, und die zentralisierte Macht des Kaisers musste sich auf die große Klasse der Dorfknappen verlassen, um die Energie der Herrschaft auf die große Bauernklasse auszustrahlen.

Augustus konnte die vertikale Verwaltung der Bevölkerung durch das Reich ebenfalls nicht erreichen, und der von ihm gewählte Weg war der der Verstädterung: Das Reich kontrollierte zahlreiche Stadtverbände, und die Stadtverbände kontrollierten die Bevölkerung in ihrem Zuständigkeitsbereich, indem sie einen möglichst großen Teil der Bevölkerung in den Städten unterbrachten, um eine indirekte Herrschaft zu erreichen.

Die Verstädterung des Römischen Reiches war also keineswegs das Ergebnis einer natürlichen wirtschaftlichen Entwicklung, sondern eine hilflose politische Entscheidung zur Beherrschung eines riesigen Reiches. Die etablierte staatliche Urbanisierungspolitik passt auch perfekt zum unersättlichen Verlangen der Machtelite nach Landaneignung. Die römische Agrarwirtschaft war das doppelte Opfer der kaiserlichen Staatspolitik und der Gier der Mächtigen.

Die Provinzen Ägyptens, Siziliens, Afrikas, Spaniens usw., deren natürliche gute Boden- und Klimabedingungen die Lebensmittelpreise weit unter den Kosten der Getreideproduktion in Italien liegen lassen, hätten die Zölle zum Schutz der italienischen Landwirtschaft anheben müssen, um das Kapital des Landes zu konsolidieren, aber die römische Regierung hat fälschlicherweise die einheimische Lebensmittelproduktion aufgegeben. In den Augen der Mächtigen ist Grund und Boden der ultimative und verlässlichste Ausdruck von Reichtum, und die niedrigen Lebensmittelpreise haben den Wert des italienischen Ackerlands sinken lassen, was es für kleine und mittlere Landwirte unhaltbar macht, die in großer Zahl in Konkurs gehen werden, was den Mächtigen eine gute Gelegenheit für groß angelegte Landkäufe bietet.

Als die Bauern ihr Land verloren, strömten sie in großer Zahl in die Städte und wurden zu arbeitslosen Landstreichern, wo das Handwerk noch recht primitiv und grob war und die Arbeitsteilung bei weitem nicht ausgereift genug, um angemessene Arbeitsplätze zu schaffen. Rom mit einer Million Einwohnern steht nicht für einen städtischen Wirtschaftsaufschwung, sondern für einen Status quo des landwirtschaftlichen Bankrotts; 200.000 erwachsene männliche Bürger haben Anspruch auf kostenlose staatliche Hilfsnahrung, was bedeutet, dass 600.000 Familien am Rande des Hungertods stehen. Je größer die Zahl der arbeitslosen Migranten in den Städten ist, desto größer ist die Notwendigkeit für die Regierung, die Lebensmittelpreise zu "stabilisieren", indem sie sie niedrig hält, was die Zahlungsunfähigkeit der italienischen Landwirtschaft noch verschlimmert und zu größeren Landaneignungen anregt, was zu einem größeren Zustrom bankrotter Landwirte in die Städte führt.

Die römische Wirtschaft befand sich in einem Teufelskreis, aus dem es schwer war, auszubrechen. Die Krise der Landwirtschaft, die in Italien während der republikanischen Zeit auftrat und sich auch in der Kaiserzeit fortsetzte, schlug sich in allen Provinzen nieder. Gallien (Frankreich), das ursprünglich reich an Getreide war, wandte sich im Zuge der Urbanisierungsbewegung dem extensiven Weinbau zu. Der Grundstein für den modernen, weltberühmten französischen Wein wurde während des Römischen Reiches gelegt. In Spanien hingegen war der Anbau von Olivenbäumen vorherrschend, gefolgt von Afrika als Olivenreich, und der traditionelle Getreideanbau ging allmählich zurück. Gleichzeitig brannte der Wind der Landnahme in diesen Gebieten wie ein unaufhaltsames Feuer. Zur Zeit Neros (54-68) gehörte sechs Großgrundbesitzern die Hälfte des afrikanischen Territoriums! Im gesamten Reich konzentrierte sich mit der fortschreitenden Urbanisierung der Grund und Boden rasch in den Händen der Mächtigen und Einflussreichen.

Diese Großgrundbesitzer agierten mit einer völlig anderen Mentalität als die kleinen und mittleren Grundbesitzer, die in Rom oder in den großen Städten der Provinzen lebten, nur selten auf ihr Land kamen, um die landwirtschaftliche Produktion zu kontrollieren, und die sich weder um den Ertrag des Landes noch um die Erträge kümmerten, nicht einmal so sehr wie die Großgrundbesitzer der republikanischen Ära, die in großem Umfang Sklavenarbeit einsetzten. Seit der Beendigung der Expansion des Kaiserreichs herrscht ein großer Mangel an Sklaven, die aus ausländischen Plünderungen stammen, der Preis für Sklaven ist gestiegen, und die Zeit des groß angelegten Einsatzes von Sklaven in der Landwirtschaft ist vorbei.

Für Großgrundbesitzer ist der wirtschaftlichste Weg, Geld zu verdienen, das Land an Pächter zu vermieten und auf der Miete zu sitzen. Was den Bau von Gewässern, die Verbesserung der Bodenqualität, die Auswahl guten Saatguts und andere Dinge angeht, so ist die Investition in das Land wie die Investition in Immobilien, die Werterhaltung ist der Hauptzweck, das Sparen ist das oberste Prinzip, Geld für eine gute Landwirtschaft auszugeben ist nicht ihre Spezialität und noch weniger ihre Absicht. Gewöhnliche Pächter hingegen bringen weder das Geld auf, um das Land anderer Leute zu verbessern, noch fehlt ihnen die Fähigkeit zu investieren. Ein Rückgang der landwirtschaftlichen Produktion des Reiches ist unvermeidlich geworden.

Die Versorgung mit Nahrungsmitteln wurde allmählich zu einem großen Problem für das Reich. Griechenland und Kleinasien werden von Südrussland beliefert, wo die Produktion rückläufig ist; Italien war bei der Getreideversorgung von Ägypten, Sizilien, Spanien und Afrika abhängig, und infolgedessen verdrängen Weinberge und Olivenhaine die Getreidefelder, deren Produktivität und Ertrag zurückgehen, und Italien steht vor einer wachsenden Nahrungsmittelkrise.

Die Stadt Rom genoss zwar ein Sonderrecht auf Versorgung ohne Nahrungsmittelknappheit, aber andere Städte hatten nicht so viel Glück. Fast alle kaiserlichen Städte waren von Nahrungsmittelknappheit betroffen, und die fruchtbarsten Gebiete bildeten keine Ausnahme. Wann immer eine Hungersnot auftritt, kommt es in der Regel zu schweren Unruhen in der Gesellschaft, wobei das Volk die Regierung und das Parlament als unüberlegt anprangert und die Regierung die Großgrundbesitzer und Großunternehmer der Hortung beschuldigt. So wurde der "Getreidesammler" zum gefährlichsten Posten auf dem offiziellen Weg des Römischen Reiches, der nicht nur die Verfügbarkeit von Lebensmitteln sicherstellen, sondern auch für niedrige Lebensmittelpreise verantwortlich sein musste.

Als Spanien begann, in großem Umfang Olivenbäume anzubauen, wurde es schnell zum Exporteur von Olivenöl bester Qualität, das sich in Gallien, Britannien und anderswo gut verkaufte, und das italienische Olivenöl wurde vom Spitzenmarkt verdrängt und fraß sogar den lokalen Markt auf. Das afrikanische Olivenöl war zwar qualitativ nicht so gut wie das spanische, aber es war sehr preiswert, so dass es in Lampenöl und Kosmetika weit verbreitet war und im ganzen Reich vermarktet wurde, so dass das italienische Olivenöl seinen Markt für das untere Segment verlor und sogar das Olivenöl aus Kleinasien und Syrien sich den italienischen Markt teilte.

In Gallien, Griechenland und Kleinasien wurde der Weinanbau intensiv betrieben, und der Weinmarkt war so umkämpft und stark überversorgt, dass Kaiser Tecumseh (81-96) verfügte, die Produktion von Wein und Olivenöl einzuschränken, weder in Italien noch in den Provinzen neue Weinberge anzulegen und die Hälfte der bestehenden zu vernichten.

Die absichtliche Senkung der Lebensmittelpreise im Römischen Reich führte zu einer Reihe schwerwiegender Ungleichgewichte bei den Ressourcen, wobei sich die Agrarkrise in einer schrumpfenden Getreideproduktion aufgrund von Landaneignungen, einem starken Überschuss an Bargeldkulturen, einem stagnierenden Absatz von landwirtschaftlichen Konsumgütern für das Handwerk, einer sinkenden wirtschaftlichen Rentabilität und einer Besteuerung des Landes äußerte.

In der republikanischen Zeit waren die wichtigsten Produkte Italiens neben Wein und Olivenöl zahlreiche industriell gefertigte Erzeugnisse, die auf dem Markt einen klaren Vorteil hatten. Mit dem Beginn der Kaiserzeit war Gallien (Frankreich) industrieller und kommerzieller geworden als Italien, mit guten Häfen südlich, westlich und nördlich des Meeres und leicht zugänglichen Flüssen im Landesinneren. Gallien war außerdem außerordentlich reich an natürlichen Ressourcen und entwickelte sich, nachdem es die Verbreitung der italienischen Industrietechnologie akzeptiert hatte, schnell zum Zentrum von Produktion und Handel, wobei seine Produkte die riesigen Märkte Galliens, Afrikas, Britanniens, Spaniens und Germaniens bedienten und italienische Industriegüter von den westeuropäischen Märkten verdrängt wurden.

Zur gleichen Zeit war der Osten des Reiches ebenfalls frei von römischen Produkten und Händlern. Unter den hochwertigen Produkten haben Kleinasien und die syrischen Provinzen mit gefärbtem Leinen, feinen Wollstoffen, feinen Lederwaren, feinem Tafelgeschirr, hochwertigen Kosmetika, Parfüms, Gewürzen und Pigmenten die Nase vorn, während italienische Produkte nur schwer auf die Märkte des Ostens vordringen können. Italienische Kaufleute tauchten nicht nur im Osten nicht mehr auf, sondern verschwanden auch im Westen.

Zu diesem Zeitpunkt hat Italien seine Vormachtstellung in der Landwirtschaft, der verarbeitenden Industrie und im Handel verloren, und das Monopol des Finanzsektors steht auf dem Spiel. Mit der Aushöhlung der italienischen Wirtschaft verstärkte sich die Landaneignung, und nach dem Verlust von Land zogen arbeitslose Bauern in Scharen in die Städte. Die Städte des Reiches sind voll von Nachzüglern, die ihre Industrien verloren haben, die die Regierung hassen und noch mehr die wohlhabenden Konzerne, die ihnen ihre Industrien weggenommen haben, die mit ihrem Leben unzufrieden sind und verzweifelt nach einer Zukunft suchen, in deren Herzen nur das bösartige Feuer der Rache brennt.

In der republikanischen Zeit bestand die römische Armee aus reinen und produktiven Bauern, in der Kaiserzeit aus Proletariern, die die Reichen und Mächtigen hassten. Die Metamorphose der Armee hat eine noch schlimmere Regimekrise ausgelöst.

Der wirtschaftliche Charakter der Militärdiktatur

Gibbon fasste in seinem Buch *The History of the Decline of the Roman Empire (Geschichte des Niedergangs des Römischen Reiches)* die hoch organisierte und kämpferische Natur der römischen Armee kurz und bündig zusammen. Seiner Ansicht nach waren 100 bewaffnete Männer vielleicht nicht in der Lage, mit 10.000 randalierenden Bauern fertig zu werden, aber eine gut ausgebildete römische Legion von 10.000 Mann konnte Millionen in der Hauptstadt terrorisieren, während ein stehendes Heer von 450.000 Mann eine kaiserliche Bevölkerung von über 50 Millionen fest im Griff hatte.

Die Zahl der römischen Kaiser, die von ihren Armeen abgesetzt wurden, war so groß und so häufig, dass man befürchten muss, dass dies eine Seltenheit in der Weltgeschichte ist. Dies verdeutlicht die einfache Tatsache, dass nicht der Kaiser das Heer anführt, sondern das Heer den Kaiser kontrolliert, was insbesondere in den späteren Jahren des Reiches der Fall war.

In China gibt es ein Sprichwort, das besagt, dass "die Regierung das Volk zur Revolte zwingt". Wenn der Konflikt über die ungerechte Verteilung des Reichtums so heftig wird, dass es unmöglich ist, ihn zu schlichten, sind es oft die Bauern, die sich auflehnen und die gesamte herrschende Gruppe stürzen und dann die Dynastie wechseln. Die "Bauernaufstände" des Römischen Reiches fanden jedoch innerhalb des Systems statt, wobei der häufige Wechsel von Kaisern in der Armee und der Ausbruch von Bürgerkriegen ihre Hauptmerkmale waren.

Die Armeen der republikanischen Zeit stützten sich auf die Landbevölkerung, die tapfer für ihre Interessen kämpfte, während die Armeen der Kaiserzeit hauptsächlich aus den proletarischen Exilanten der italienischen Städte bestanden, die eine gut organisierte Gruppe von Exilanten bildeten, die die große Mehrheit der kaiserlichen Unterschicht darstellten. Statt an den Vorteilen des Wirtschaftswachstums während des kaiserlichen Aufschwungs zu partizipieren, wurde ihnen von den mächtigen und wohlhabenden Gruppen die Möglichkeit genommen, sich niederzulassen. Als ganze Klasse sind sie die unterwürfige Unterschicht, während die mächtigen und wohlhabenden Gruppen die Herrscher sind, deren einzige Aufgabe darin besteht, das hohe und kultivierte zivilisierte Leben der Stadt mit Steuern auf die Knechtschaft zu unterstützen. So fleißig und fleißig sie auch sein mögen, sie sind letztlich unerbittlich von Landaneignung und Vertreibung betroffen, und ihre Wut und Unzufriedenheit schwelt und breitet sich unter der kaiserlichen Armee aus.

In den Machtkämpfen der römischen Kaiser mit den mächtigen und wohlhabenden Gruppen, die vom Senat vertreten wurden, wurde die Armee zur wichtigsten Kraft, auf die sich die Kaiser stützten. Der Bürgerkrieg von 69-70, der nach dem Tod von Kaiser Nero ausbrach, ließ die Armee plötzlich erkennen, dass sie eine mächtige Kraft für die Umgestaltung Roms war, und ihre seit langem bestehende Unzufriedenheit und Wut gegen die mächtigen und reichen Gruppen entlud sich im Bürgerkrieg auf äußerst brutale und bösartige Weise. Die Armeen beider Seiten des Bürgerkriegs, egal wer gewann und wer verlor, randalierten in Italien und in den Städten Roms, um die

Mächtigen und Reichen abzuschlachten, und viele der adligen Familien der Patriarchen der republikanischen Ära wurden von den verrückten Soldaten ausgerottet, und das ganze Reich erschauerte darüber!

Dies war nur das Vorspiel zu einer Kriegserklärung der Armee an die Mächtigen und Reichen. Kaiser Vespasian (Regierungszeit 69-79), der in der Armee angefangen hatte und die römische Armee besser kannte, war sehr besorgt über ihre politischen Tendenzen und Ambitionen. Nach Beendigung des Bürgerkriegs begann er, die Armee zu säubern, indem er keine Soldaten mehr aus den proletarischen Exilanten auf italienischem Boden rekrutierte, sondern stattdessen eine neue römische Armee mit dem Proletariat der Provinzen als Rückgrat aufbauen wollte. Diese Strategie hatte die innere Stabilität des Römischen Reiches fast ein Jahrhundert lang aufrechterhalten.

In dieser Zeit begann sich der Wahnsinn der Landaneignung, der in Italien stattgefunden hatte, auf alle Provinzen auszuweiten, und in noch größerem Maße breitete sich der Proletarier-Exodus, der einst Italien bevölkert hatte, nun im ganzen Reich aus. Das römische Heer wurde wieder zu einer gewalttätigen Gruppe des Hasses reduziert.

Die Herrschaftsmacht des römischen Kaisers beruhte auf zwei Grundlagen: der wirtschaftlichen Macht der mächtigen und wohlhabenden Gruppen und der bewaffneten Macht der Armee. Wenn diese beiden Kräfte jedoch in einen unversöhnlichen und scharfen Konflikt geraten, kann der Kaiser nur geneigt sein, sich auf letztere zu verlassen.

Ein anderer Kaiser, der aus dem Militär stammte, Severus (reg. 193-211), erkannte dies sehr deutlich, und nachdem er den Thron mit Gewalt bestiegen hatte, um die Unruhen zu unterdrücken, erlebte er einen zweiten Bürgerkrieg, der weitaus blutiger und langwieriger war als der nach Neros Tod, dessen Kern ein erbitterter Kampf zwischen den mächtigen und wohlhabenden Gruppen und der Unterschicht, vertreten durch die Armee, um das Recht auf die Verteilung des gesellschaftlichen Reichtums war. Nero stützte sich bei seiner Thronbesteigung nicht auf den Senat, sondern auf die Unterstützung der Soldaten, und nur unter dem Druck des Heeres war der Senat gezwungen, die vollendete Tatsache seiner Thronbesteigung anzuerkennen.

Sein Testament, das er seinen Söhnen hinterließ, sagt es klar und deutlich: "Haltet euch zusammen, solange es der Armee gefällt, und der Rest braucht es nicht zu beachten. "Er erhöhte die Besoldung der Armee drastisch, gewährte den Soldaten im Ruhestand verschiedene Privilegien und bestach das Militär, indem er den Reichtum reicher Gruppen erpresste. Dies provozierte natürlich eine heftige Konfrontation zwischen dem Senat und den Reichen, während Severus gegen die mächtigen Gruppen mit einem brutaleren militärischen Vorgehen vorging.

Severus' Sohn Caracalla (der 211-217 regierte) ging bei seiner Thronbesteigung noch weiter als sein Vater und erklärte sogar öffentlich, dass die Grundlage seiner kaiserlichen Macht nicht in den oberen Klassen des Reiches, sondern in den unteren Klassen und ihren Vertretern, dem Heer, liege. Er brachte seine Verachtung und Feindseligkeit gegenüber der Aristokratie unverhohlen zum Ausdruck und verfolgte einen systematischen Ansatz zur Abschöpfung des Reichtums der wohlhabenden Gruppen, während die Besteuerung der unteren Klassen unverändert blieb.

Um der Aristokratie einen geistigen Schlag zu versetzen, verkündete Kaiser Caracalla im Jahr 212 ein berühmtes Edikt, das allen Bewohnern des Reiches das römische Bürgerrecht zugestand, was nicht nur die mächtigen Klassen de facto ihrer politischen Privilegien beraubte, sondern auch von der Armee und der Unterschicht weitgehend unterstützt wurde. Das Wesen des so genannten Klassenwiderspruchs ist der Widerspruch in der Verteilung des Reichtums in der Gesellschaft. Caracalla nutzte und provozierte diesen Widerspruch sogar, um die kaiserliche Macht zu konsolidieren, und zeigte damit, dass das Römische Reich nicht mehr an der Schaffung wertvollen Reichtums beteiligt war, sondern in einen internen Konflikt mit schädlichen und wenig hilfreichen Klassenrivalitäten verwickelt war.

In der vom Adel geschriebenen Geschichte Roms war Caracalla noch verhasster als der mörderische Tyrann und konnte als der schlimmste Kaiser der römischen Geschichte bezeichnet werden.

Seit der Ermordung von Caracalla ist die Armee immer ausschweifender geworden. In den folgenden 40 Jahren wurden mindestens 57 Kaiser durch das Licht der Welt ersetzt, und bis auf wenige Ausnahmen starben alle eines normalen Todes. Das Heer hatte seine Geduld völlig verloren, und die Störung der adeligen Ordnung hatte ein unabsehbares Ausmaß erreicht, und auf die Politik des kriegerischen Kaisers, der sich den geringsten Unmut des Heeres zuzog, folgte sofort die Geißel des Todes.

Die wohlhabenden Gruppen, die ihr Vermögen mit der Annexion von Land gemacht hatten, gerieten schließlich ins Kreuzfeuer und wurden brutal gesäubert. Der Versuch, die Interessen der Mächtigen und Reichen zu verteidigen, die nicht gewillt sind, ihre Privilegien zu verlieren, hat zu einer Reihe von Bürgerkriegen geführt. Die Militärdiktatur Roms machte nicht nur die kaiserliche Macht stark von der Armee abhängig, sondern auch das Überleben des gesamten Reiches.

Wenn es mehr als nur innere Unruhen gibt, dann sind äußere Probleme vorprogrammiert. Die Barbaren im Umkreis des Reiches waren zunächst von der Macht Roms schockiert und wagten fast ein Jahrhundert lang nicht, unüberlegt zu handeln. Doch als Roms Wirtschaft schwächelte, die Bürgerkriege weitergingen und die Herzen der Menschen zerbrachen, begann es, die Grenzen des Reiches von allen Seiten zu bedrängen, was zu einer massiven Invasion führte.

Der Kaiser musste seine Armee verstärken, um seine Macht zu festigen, und das Reich musste seine Militärausgaben erhöhen, um die Invasion abzuwehren. Zu Beginn der Regierungszeit des Augustus zählte das römische Heer nur etwas mehr als 200.000 Mann, und der Sold von 225 Dinar pro Person und Jahr verschlang bereits einen Großteil der Staatskasse; mehr als hundert Jahre später, unter Caracalla, musste das Reich ein stehendes Heer von 450.000 Mann unterhalten, und der Sold stieg auf 750 Dinar pro Person, eine finanzielle Belastung, die mehr als sechsmal so hoch war, während die Wirtschaft stark schrumpfte. Als Diokletian (284-305) nach fast 50 Jahren ziviler Unruhen an die Macht kam, war die kaiserliche Wirtschaft fast zusammengebrochen, während das Heer auf über 600.000 Mann anwuchs, die Steuern hoch waren, Währungsabwertungen an der Tagesordnung waren und eine Hyperinflation einsetzte.

Währungsabwertung und Hyperinflation

Historiker sagen, dass das 2. Jahrhundert sei das goldene Zeitalter des Römischen Reiches gewesen, mit den "fünf weisen Kaisern", politischer Klarheit, hoher Preisstabilität, der Unterordnung der Armee unter den Staat und der Tatsache, dass die Barbaren es nicht wagten, zu provozieren. Die politischen, wirtschaftlichen, sozialen und militärischen Krisen des Reiches im dritten Jahrhundert waren allesamt auf diese so genannte "Boom"-Periode zurückzuführen.

WÄHRUNGSKRIEGE - V

Nach dem Ende der militärischen Expansion des Reiches reichte die landwirtschaftliche Produktivität der damaligen Zeit nicht aus, um eine große und komplexe städtische Zivilisation aufrechtzuerhalten, und die erzwungene Urbanisierungsbewegung des Reiches musste sich auf den übermäßigen Druck auf die Landwirtschaft stützen. Das Ergebnis des "niedrigen Getreides schadet den Bauern" führte unweigerlich zum allmählichen Bankrott der kaiserlichen Agrarwirtschaft; die Laissez-faire-Politik der "Nichtunterdrückung von Annexionen" duldete die Ausplünderung der Bauern durch wohlhabende Gruppen und zwang die Bauern, die ihr Land verloren hatten, in die Städte zu strömen, was die Kosten der staatlichen "Stabilisierung" erhöhte, die Lebensmittelpreise weiter drückte und die Landaneignung verstärkte; Die Rekrutierung proletarischer Exilanten im gesamten Reich veränderte die Zusammensetzung der römischen Armee, und bewaffnete Mob-Gruppen mit Ressentiments und Unzufriedenheit gefährdeten schließlich die Stabilität des Regimes.

Die Urbanisierung der Provinzen, die von den "Fünf Weisen Kaisern" energisch vorangetrieben wurde, beruhte nicht auf den Gesetzen der natürlichen wirtschaftlichen Entwicklung, sondern auf den politischen Erfordernissen der kaiserlichen Herrschaft und wurde von den wohlhabenden Gruppen begünstigt. Wenn dieser Geldkreislauf mit negativem Cashflow nicht mehr aufrechtzuerhalten ist, wachsen die exorbitanten Steuern und die wirtschaftliche Vitalität schrumpft.

Einem der "fünf Weisen", Trajan (98-117), gelang es, Thrakien, den Pufferstaat an der Donau, zu annektieren, aber er geriet in ein strategisches Dilemma zwischen den Germanen im Norden und den Iranern im Osten, und die Lage an der Nordgrenze wurde plötzlich kompliziert. Seine militärischen Abenteuer bei der Annexion Mesopotamiens im Osten brachten keine Friedensdividende, sondern schürten stattdessen starke nationale Feindseligkeiten. Obwohl Trajan militärisch siegte, erlitt er eine finanzielle Niederlage, und das Römische Reich verlor beinahe sein Vermögen.

Die Landwirtschaft ist im Niedergang begriffen, der Handel befindet sich in einer Depression, Reiche und Arme sind gespalten, die Steuerquellen sind erschöpft, und die Kluft bei den täglichen Ausgaben des Reiches wird immer größer.

Im Jahr 117 musste Trajan den Silbergehalt des Dinars von 95% in augusteischer Zeit auf 85% senken, und die Währung wurde um bis zu 10,5% abgewertet, was einer versteckten Währungssteuer von

10,5% für die bargeldbesitzende Bevölkerung des gesamten Reiches gleichkam, um das enorme Haushaltsdefizit zu decken.

Trajans Nachfolger Hadrian (Regierungszeit 117-138), ein weiterer weltweit anerkannter "Fünf weiser Kaiser", musste das von Trajan hinterlassene Chaos beseitigen. Die Barbaren an der Nordgrenze waren wieder auf Krawall gebürstet, in Britannien waren neue Kriege ausgebrochen, in Mauretanien tobten die Kämpfe, die Juden in Mesopotamien, Ägypten und Palästina führten blutige Unruhen, und eine neue Reihe von Kriegen stand bevor. Schließlich war Hadrian gezwungen, Mesopotamien aufzugeben, nicht weil er nicht mutig oder kühn genug gewesen wäre, sondern weil die finanziellen Mittel des Reiches nicht mehr ausreichten, um den Eroberungskrieg fortzusetzen.

Als Marcus Aurelius (reg. 161-180) an die Macht kam, verschlechterte sich die Lage im Reich weiter. Er ist einer der angesehensten der "Fünf Weisen Kaiser" in der römischen Geschichte und schrieb in den Jahren des Krieges und der Armut der Pferde das berühmte Buch "Meditationen", das noch heute weit verbreitet ist. Das Ausmaß seines Krieges gegen die Sabbatier stand dem von Trajan in nichts nach, und als die römischen Elitetruppen alle nach Osten verlegt wurden, brachen die Barbaren des Donautals erneut aus und zwangen den Kaiser, umzukehren und nach Westen zu marschieren. Es kam zu mehreren Schlachten, und das Römische Reich stand wieder einmal am Rande des finanziellen Ruins.

Der Kaiser hatte geschworen, keine neuen Steuern zu erheben, und behauptete, er würde lieber sein Vermögen verkaufen, um das Reich am Laufen zu halten. Die Finanzkrise zwang den Kaiser in die Knie, und er begann buchstäblich mit der Versteigerung des Vermögens seiner Familie, die mehr als zwei Monate dauerte. Aber Züge werden nicht geschoben, Ochsen werden nicht geblasen, und Imperien können sicherlich nicht von kaiserlichen Verkäufern aufrechterhalten werden. Am Ende brach der Kaiser dennoch sein Versprechen und begann, Steuern und Abgaben zu erhöhen.

Als die Soldaten die Forderung der Barbaren nach einer Erhöhung des Soldes der Armee durchsetzten, antwortete Marcus Aurelius säuerlich: "Wenn ihr mehr als euren regulären Sold wollt, dann nur, um das Blut und den Schweiß eurer Eltern und Verwandten zu gewinnen. Was den Thron anbelangt, so kann nur der Himmel den Ruf erheben. "Es liegt auf der Hand, dass der Kaiser das Ausmaß der Finanzkrise des

Reiches sehr wohl erkannte und es vorzog, sich der Verzweiflung der Soldaten und der Heftigkeit einer möglichen Meuterei zu stellen.

Obwohl der Kaiser militärisch siegreich war, waren die Provinzen an die Grenzen ihrer Finanzkraft gestoßen, Spanien weigerte sich mehrmals, Soldaten zu entsenden, und in Gallien und den anderen westlichen Provinzen wimmelte es von Desperados, die in immer größerer Zahl ausbrachen und sogar offen in einen regelrechten Krieg mit der römischen Armee zogen. In Ägypten flohen zahlreiche Menschen aus ihren Dörfern, um dem Militärdienst, der Leibeigenschaft und den Steuern zu entgehen, und suchten Zuflucht in den Sümpfen des Nildeltas, wo sie später eine Armee aufstellten, um eine Rebellion zu beginnen.

Das Römische Reich unter Marcus Aurelius befand sich bereits in einer Krise und war in Gefahr. Um 180 musste der Kaiser den Silbergehalt des Dinars auf 75 Prozent abwerten, was einer Abwertung von 11,8 Prozent gegenüber dem tulareanischen Dinar entsprach.

Nur fünfunddreißig Jahre nach Marcus Aurelius standen die Finanzen des Reiches erneut kurz vor dem Zusammenbruch. Die Militärdiktatur von Kaiser Severus, der sich auf Familienplagiate, Beschlagnahmungen und erzwungene Schenkungen stützte, und der Reichtum, den er vom Adel erlangte, wurden von seinem Sohn Caracalla auf das reduziert, was übrig blieb. Caracalla, der stark von seinem Vater beeinflusst war, verankerte die Grundlagen der kaiserlichen Macht in der Armee, und die Militärausgaben entzogen der Staatskasse schließlich die Einnahmen.

Die einzige Lösung für die dringende Finanzkrise war eine weitere Abwertung der Währung, aber anstatt dies zu offensichtlich zu machen, wie es Marc Aurel getan hatte, führte Caracalla eine große "Innovation" durch und begann 215 mit der Ausgabe neuer Silbermünzen, den "Antinori".

Im Jahr 215 gab Caracalla den "Antonius" heraus, die römische Version des "Fold Two". Die Antinori-Silbermünze ist etwas größer als der Dinar und enthält 1,5 Mal so viel Silber wie der Dinar, hat aber einen Nennwert, der zwei Dinaren entspricht, was einer verdeckten einmaligen Abwertung von 25% entspricht, also mehr als dem Doppelten der Abwertung durch Marcus Aurelius!

Es war die erste "staatliche Kreditwährung" in der römischen Geschichte! Das Wesen des Anthems besteht darin, den fehlenden

Silbergehalt der neuen Währung durch einen 25%igen Staatskredit auszugleichen. Dieser legale Ansatz für den Wert des Geldes brach grundlegend mit der traditionellen Methode der Entwertung von Silber und ist nicht weniger wichtig als der "Sprung" vom "Affen zum Menschen".

Die Einführung der "antinomischen Münze" bedeutete eine qualitative Veränderung in der Bösartigkeit der kaiserlichen Finanzen. Das römische Volk war nicht dumm und begann, sich mit alten Silberdinaren und Silberbarren einzudecken, während die Händler die Preise ihrer Waren entsprechend dem Silbergehalt der neuen Münzen erhöhten, und die Preissteigerungen begannen sich zu beschleunigen.

Erschwerend kam hinzu, dass das Vertrauen der Römer in die Regierung stark geschwächt war und sich alle über die neue Währung beschwerten.

Rom war machtlos, Gold und Silber zu plündern, die ursprünglichen spanischen Silberminen waren erschöpft, und Silber und Gold waren spurlos vom Markt verschwunden, und die Panik auf dem Markt war wie ein Krampf, der die Rohstoffpreise wiederum ansteigen ließ. Modern ausgedrückt, handelt es sich um eine plötzliche Veränderung der Markterwartungen in Bezug auf die Preise.

Der Silbergehalt der "Antinori" sank rasch von 40% in 240 Jahren auf 4% in 270 Jahren ab. Zur Zeit des Galenus (253-268) standen die Finanzen des Reiches nicht am Rande des Bankrotts, sondern waren bankrott. Unter seiner Herrschaft erlebte Rom die schlimmste Krise seit seiner Gründung, als Hunderttausende von germanischen Barbaren zum ersten Mal seit über 600 Jahren unter die Stadt kamen. Gleichzeitig sah sich das Römische Reich mit der Abspaltung Galliens, der Unabhängigkeit des Ostens, der Abspaltung Ägyptens und der Rebellion der Afrikaner einer großen Zerfallskrise gegenüber.

Dem Kaiser blieb nichts anderes übrig, als eine Überausgabe von Geld zu tätigen. Die römischen Silbermünzen erlebten die schlimmste Entwertung der Geschichte: Der Silbergehalt der Antinori-Münze sank von 40% in 240 Jahren auf nur noch 4% in 270 Jahren! [59]

---

[59] Glyn Davies, *Geschichte des Geldes*, University of Whales Press, 2002, S. 97-98.

Darüber hinaus gab der Kaiser auch eine große Anzahl grober Kupfermünzen heraus. Diese so genannten Kupfermünzen sind in Wirklichkeit nur dünne Kupferbleche mit einem Gewicht von nur 2,48 Gramm, und selbst die Banken weigerten sich, solche schlechten Münzen anzunehmen.

Gracchus hat die Währung bis an ihre physische Grenze abgewertet!

Am Ende starb Gracchus durch die Hand einer rebellischen Armee.

Es war nicht Kaiser Aurelian (der 270-275 regierte), der die Superinflation des Römischen Reiches nach Gracchus wirklich auslöste. Aurelian war ein militärisches Genie, das während seiner kurzen fünfjährigen Regierungszeit zwei Drittel des römischen Territoriums zurückeroberte, die barbarischen Invasionen und internen Spaltungen in Europa, Asien und Afrika niederschlug und als "Wiederhersteller der Welt" bekannt wurde. Was jedoch die Abwertung der Währung anbelangt, so war er der "Drahtzieher" der Hyperinflation im Römischen Reich und spielte eine entscheidende Rolle beim letztendlichen Zusammenbruch der Währung.

Im Jahr 274 begann die berühmteste Währungsreform der römischen Geschichte mit der Einführung der "Aurelianischen Münze", einer neuen Münze mit einem Silbergehalt von 5% und einem Gewicht von 4,04 Gramm.

Aus Gründen der Glaubwürdigkeit wurde auf der Rückseite der neuen Münze die römische Zahl "XXI" geprägt, die für "20:1" steht, d. h. 20 neue Orleans-Münzen mit einem Silbergehalt von 5%, die einem Dinar aus der augusteischen Zeit entsprechen. Der Silbergehalt der neuen Münzen scheint das Versprechen eines nationalen Kredits zu haben, und in Zukunft wird der Reinheitsgrad der Silbermünzen wieder dem der augusteischen Zeit entsprechen. All dies ist jedoch nichts weiter als eine Kehrtwende.

Die Veränderung der Kurve des Silbergehalts der Währung des Römischen Reiches, des "Thermometers" der wirtschaftlichen, politischen und sozialen Gesundheit.

In der Tat ist der Wert der neuen Münze ähnlich dem der 4%igen Silbermünze "Antinori", die auf dem Markt im Überfluss vorhanden ist, aber der Kaiser hat es noch härter als Caracalla gemacht, indem er per Gesetz festlegte, dass eine neue Orleans-Münze = zwei alte Antinori-

Münzen ist, was gleichbedeutend damit ist, dass die Regierung die neue Münze auf der Grundlage der bereits abgewerteten Antinori noch einmal um 100% abwertet!

Die Menschen in Rom hatten es so eilig, wer würde es wagen, solches Geld zu nehmen? Die Menschen stürmten auf die Straßen und Gassen und begannen wie verrückt zu kaufen. Um genau zu sein, kauften sie nicht wie verrückt ein, sondern warfen das Geld wie verrückt weg! Der bescheidene Preisanstieg von 250 Jahren wurde sofort wie ein wildes Pferd von der Leine genommen und in den Staub geworfen. Nahrungsmittelknappheit, Lähmung des Handels, Banditentum und Bevölkerungsschwund brachten die Krise des Römischen Reiches im 3. Jahrhundert auf den Höhepunkt!

Der Preis für Weizen in Ägypten stieg vom 1. bis zur Mitte des 3. Jahrhunderts um das Zwei- bis Dreifache, was im Wesentlichen auf die Abwertung der Währung zurückzuführen ist. Ab 250 Jahre später begannen sich die Weizenpreise jedoch zu beschleunigen, und um das Jahr 280 waren sie 100.000 Mal so hoch wie vor 30 Jahren!

Dies ist das erste Mal, dass die Menschheit eine Hyperinflation erlebt hat!

Der Zusammenbruch der Währung läutete das Ende des Reiches ein

Kaiser Diokletian (Regierungszeit 284-305) übernahm ein Währungssystem, das zusammengebrochen war, und ein Reich, das kurz vor dem Zusammenbruch stand.

Um das Geldsystem zu retten, das das Vertrauen der Bevölkerung völlig verloren hatte, gab Diokletian zunächst neue Gold-, Silber- und andere Münzen von hohem Reinheitsgrad heraus. Er war voller Hoffnung, dass die neue Währung die Hyperinflation heilen und zumindest den Druck der steigenden Preise mindern würde.

Ohne Geld gibt es keine Wirtschaft und letztlich auch kein Imperium.

Zu seinem großen Leidwesen waren seine neuen Münzen von vergleichbarer Qualität wie die aus der Zeit Neros, aber sie waren hundertmal wertvoller. Der Grund dafür ist eigentlich ganz einfach: Der Anteil der neuen Münzen an der gesamten Geldmenge, die im ganzen Reich im Umlauf ist, ist zu gering, und wenn gute und schlechte

Münzen gleichzeitig im Umlauf sind, werden die guten Münzen immer gesammelt und nur dann zur Zahlung herausgenommen, wenn es absolut notwendig ist, wie z. B. die Staatssteuer, die für gute Münzen gezahlt werden muss; während schlechte Münzen wie heiße Kartoffeln sind, kann jeder nicht anders, als sie sofort zu benutzen, nachdem er sie bekommen hat, so dass der Strom der schlechten Münzen schneller fließt und so den Preis der Waren erhöht.

Diokletians neue Münze war wie eine Schlammkuh im Meer, die von der minderwertigen Münze in einem Augenblick ohne ein Wort verschluckt wurde.

Die Ursache für den anhaltenden Preisanstieg liegt darin, dass das Produktions-, Transport- und Handelssystem des Römischen Reiches lahmgelegt wurde und die reine Geldpolitik nicht in der Lage war, das wirtschaftliche Debakel zu beheben.

Die Bemühungen, die Währung zu retten, sind endgültig gescheitert, und die Inflation nimmt weiter zu.

Diokletian musste auf administrative Mittel zurückgreifen, um die Preise direkt zu kontrollieren, wie im berühmten königlichen Dekret über die Preise von 301. In dem königlichen Dekret macht Diokletian die Spekulation und das Horten von Waren durch Geschäftsleute für die Inflation verantwortlich und nicht den wirtschaftlichen Zusammenbruch und die Abwertung der Währung. Das königliche Dekret legt Preisobergrenzen für Tausende von Waren und Dienstleistungen fest, auf die die Todesstrafe steht. Der offiziell festgesetzte Preis, der weit unter den Kosten des Erzeugers liegt, würde jedoch, wenn er durchgesetzt würde, für die Ware auf dem Markt nicht mehr existieren.

Damit war die Preiskontrolle zum Scheitern verurteilt.

Nach dem Scheitern der Preiskontrollen verließ sich Diokletian nur noch auf die Rationierung, indem er die Versorgung des Militärs und der Regierung vollständig vom Markt abtrennte, ihn mit Naturalien besteuerte, um die Versorgung des Militärs und der Regierung zu sichern, und das einfache Volk in der Hyperinflation sich selbst überließ.

Die Produktivität des Reiches ist zusammengebrochen, immer mehr Land liegt brach, Be- und Entwässerungsprojekte werden aufgegeben, die Landwirtschaft ist bankrott, Hungersnöte und Seuchen breiten sich aus, die Bevölkerung ist drastisch geschrumpft, auf den

Seewegen wütet das Banditentum, der internationale Handel ist praktisch zum Erliegen gekommen, der städtische Handel ist in den Abgrund gestürzt, der frühere Wohlstand ist dahin, die majestätischen öffentlichen Gebäude sind nicht mehr zu reparieren und die Straßen sind von Unkraut überwuchert.

Die im Reich verbliebenen wohlhabenden Gruppen begannen in großer Zahl die Städte zu verlassen und zogen auf riesige Ländereien auf dem Lande, wobei sie auch eine große Zahl von Handwerkern mitnahmen; die Zentren der industriellen Tätigkeit lagen nicht mehr in den Städten, und die Nachfrage nach ihren Produkten beschränkte sich auf Ländereien oder Ortschaften. Die mit Stars und Sternchen geschmückten Städte des Reiches verwandelten sich in leblose wirtschaftliche Ruinen.

Die Hyperinflation führte zum Tod der kaiserlichen Geldwirtschaft und hinterließ einen zerbrochenen Gürtel autarker, feudaler, weltlicher Wirtschaften.

Im Jahr 292 teilte Diokletian das Römische Reich mit vier Kaisern in zwei Hälften. Nachdem es über 100 Jahre überlebt hatte, ging das Weströmische Reich unter.

Erläutern Sie

Es wird oft gesagt, dass Rom weder an einem Tag erbaut wurde noch an einem Tag zusammengebrochen ist und dass das Ende des Römischen Reiches im Jahr 476 nur das Endergebnis von zwei Jahrhunderten des Zerfalls war.

Die Frage, warum Rom untergegangen ist, hat im Laufe der Jahrtausende zahllose Gelehrte fasziniert, die sich darüber mühsam den Kopf zerbrochen haben, aber noch immer zu keinem akzeptablen Ergebnis gekommen sind. Montesquieu kam in seiner *Abhandlung über die Ursachen des Aufstiegs und des Falls Roms* zu dem Schluss, dass der "Verlust der Freiheit" der Schlüssel zum Untergang Roms war; Gibbon, Autor der *Geschichte des Untergangs des Römischen Reiches*, vertrat die Ansicht, dass das zentralisierte politische System des Kaisers die Hauptursache für den Untergang des Römischen Reiches war, d. h. "Roms Feinde waren in seinem Inneren: die Feinde des Kaisers.Stavriano, Autor von *The General History of the Globe*, wies auf die "instrumentellen" Krankheiten der Wirtschaft des Römischen Reiches als Ursache für seinen Niedergang hin, und die Sklaverei als

Ursache. Neben dem politischen System und den wirtschaftlichen Aspekten, die ihm zugeschrieben werden, gibt es auch religiöse, barbarische, sklavenhalterische, klimatische, geotechnische, militärische und andere Ansichten.

Ziel dieses Kapitels ist es nicht, Schlussfolgerungen über den Niedergang des Römischen Reiches zu ziehen, sondern die neue Frage aufzuwerfen, ob die große Spaltung des gesellschaftlichen Reichtums, die durch die übermäßige Gier der mächtigen und wohlhabenden Gruppen des Reiches verursacht wurde, auch eine Ursache für den Aufstieg und Fall Roms war.

Im Laufe der Jahrhunderte ging es bei den menschlichen Aktivitäten letztlich um zwei Dinge - die Schaffung von Wohlstand und die Verteilung von Wohlstand - und alles andere wurde von diesen beiden grundlegenden Aktivitäten abgeleitet. Die Schaffung von Reichtum beruht auf der Steigerung der Produktivität, und das Prinzip der Reichtumsverteilung ist Fairness. Während sich die Wirtschaftswissenschaften eher mit Ersterem befassen, konzentriert sich die Politikwissenschaft häufig auf Letzteres, und nur die politische Ökonomie kann beides leisten.

Solange Reichtum im Spiel ist, ist es unmöglich, die Gier zu umgehen. Für die Reichen ist die Begehrlichkeit eine List, für die Armen ist die Gier ein Laster. Im Grunde genommen ist die Habgier der Wunsch, mit allen Mitteln Reichtum zu erwerben, der einem nicht gehört.

Gier ist keine Krankheit, Gier ist die menschliche Natur!

Buddhisten definieren Gier, Zorn und Verliebtheit in der menschlichen Natur als die drei Gifte, die die Quelle allen Leidens auf der Erde sind. Mit anderen Worten: Ob die Menschen es wollen oder nicht, die Gier wird die menschliche Gesellschaft immer begleiten und kann nicht geheilt werden. Dies kann auch als der eigentliche Grund für den Niedergang aller Imperien in der Geschichte verstanden werden; der Niedergang des Römischen Reiches war nichts anderes als eine Verdoppelung der menschlichen Natur.

Ein gutes System ist niemals eines, das die Gier vermeidet, sondern eines, das sie so weit wie möglich einschränkt. In jeder Gesellschaft muss es eine Situation geben, in der die wenigen Reichen über die arme Mehrheit herrschen, und wir haben in der Geschichte der Menschheit nicht das Gegenteil gefunden. Im Zentrum der

Eindämmung der Gier steht der starke Drang, die trickreichen und verzweifelten Aktionen der wohlhabenden Gruppen einzudämmen, die über die Macht, die Kraft, die Motivation und die Entschlossenheit verfügen, die Regeln der gesellschaftlichen Verteilung des Reichtums zu ändern. Eine solche Beschränkung ist im besten Fall eine Selbstbeschränkung der reichen Gruppe, was in der Geschichte natürlich selten der Fall war, und im schlimmsten Fall können die Kräfte der Revolte der Armen die reiche Gruppe zwingen, sich selbst zu zügeln. Ein gutes politisches System ist eines, das in der Lage ist, die sozialen Schwingungen des Konflikts zwischen den beiden Seiten zu kontrollieren, ohne die untere Grenze des Blutvergießens und der Revolution zu überschreiten.

Das Gesetz der Zwölf Messingtafeln, der Kompromiss des heftigen Konflikts zwischen den armen Massen und den reichen Gruppen während der Römischen Republik, führte nicht zum Bruch, der Bürgerkrieg wurde abgewendet, und die Stabilität der römischen Republik war für die nächsten 200 Jahre gewährleistet. Die Römische Republik dieser Zeit mit ihrer institutionellen Fähigkeit zur Selbstkorrektur war letztlich ein politisches und wirtschaftliches System der Dreifaltigkeit von Bürgern, Gemeindeland und Zivilarmee in der Römischen Republik, das den grundlegenden Interessen Roms zu dieser Zeit entsprach und daher eine starke Vitalität besaß.

Nach dem Ausbruch des Krieges von Buenos Aires zogen die Bürger Roms in die Schlacht, erlitten schließlich schwere Verluste, brachten ihr Vermögen in den Ruin und verloren ein wirksames politisches Druckmittel gegen die Gier der reichen Gruppen, was dazu führte, dass die reichen Gruppen ohne ernsthafte Konsequenzen verrückte Vermögensfusionen durchführten. Die Verteilung des Reichtums beschleunigte sich dadurch schlagartig, die Macht der reichen Gruppen wuchs, und das soziale Gleichgewicht wurde völlig auf den Kopf gestellt. In diesem Zustand waren die Reformen der Brüder Gracchus zum Scheitern verurteilt. Es folgten hundert Jahre des Blutvergießens und des Bürgerkriegs, und die römische Republik konnte nicht mehr zurückkehren.

Das daraus entstandene Römische Reich war in der Tat eine Monstrosität, die aus den großen Dividenden der militärischen Expansion Roms hervorging, und obwohl es militärisch stark genug war, um die Mittelmeeranrainerstaaten zu erobern, reichte seine organisatorische Kapazität nicht aus, um ein riesiges Reich effektiv zu steuern. Infolgedessen musste das Römische Reich die

Urbanisierungsbewegung stark vorantreiben, mit dem Ziel einer indirekten Herrschaft durch eine kaiserliche Kontrolle zahlreicher städtischer Verbände, wobei die städtischen Verbände die Bevölkerung unter ihrer Gerichtsbarkeit kontrollierten und so viele Menschen wie möglich in die Städte integrierten. Die Urbanisierungsbewegung des Reiches war keineswegs das Ergebnis einer natürlichen wirtschaftlichen Entwicklung, sondern eine hilflose politische Entscheidung zur Beherrschung eines riesigen Reiches.

Der hochgradig deformierte Urbanisierungsprozess hatte äußerst schwerwiegende wirtschaftliche Folgen: bewusste Unterdrückung der Lebensmittelpreise, unrentabler Getreideanbau, deformierte Entwicklung von Cash-Crops, Fehlallokation von landwirtschaftlichen Ressourcen, ein falscher Boom bei Industrieprodukten, ein falscher Boom im Handel und eine allgegenwärtige Vermögensblase. Eine noch schlimmere Folge ist, dass die Gier der reichen Konglomerate im Rahmen der etablierten Politik des urbanisierten Staates wieder einmal außer Kontrolle geraten ist, die Landaneignung ein noch nie dagewesenes Ausmaß erreicht hat und die Widersprüche bei der Verteilung des gesellschaftlichen Reichtums in einem noch nie dagewesenen Ausmaß bestehen.

Letztlich führte die Aufteilung des Reichtums zum Aufstieg der Verbannten, zum Verfall der Armee, zur Konfrontation der reichen Gruppen mit den Gruppen des Pöbels, zum ständigen Bürgerkrieg, zum Blutvergießen und zum unumkehrbaren Schicksal des Untergangs des Reiches.

Das Phänomen des Zusammenbruchs von Imperien aufgrund der übermäßigen Gier der Mächtigen und Reichen ist nicht nur in der westlichen Gesellschaft anzutreffen, sondern auch beim Sturz der verschiedenen Dynastien in der chinesischen Geschichte.

KAPITEL VIII

Aufstieg und Fall der Nördlichen Song-Dynastie

Aus militärischer Sicht war die Nördliche Song-Dynastie eine schwache und schwächliche Dynastie, aber aus wirtschaftlicher Sicht war sie eine Periode großen Reichtums und extremer Prosperität. Die Nördliche Song-Dynastie war nicht nur der Höhepunkt der monetären Wirtschaftsentwicklung in der feudalen Geschichte Chinas, sondern auch ein Leuchtturm der globalen städtischen Zivilisation im Mittelalter.

Die Wirtschaft der Nördlichen Song-Dynastie war viermal so groß wie die der Sheng- und Tang-Dynastien, mit mehr als 1 800 Städten, einer Urbanisierungsrate von fast 12 Prozent und einem in der Feudalzeit beispiellosen Grad der Monetarisierung. Noch wichtiger ist, dass der hohe Grad der Verstädterung und Monetarisierung in der Nördlichen Song-Dynastie nicht wie im Römischen Reich auf dem Bedürfnis nach politischer Vorherrschaft und militärischer Garnison beruhte, sondern ein natürliches Ergebnis der gesteigerten Produktivität und wirtschaftlichen Expansion war.

Der Aufstieg der städtischen Zivilisation führte zur Blüte von Wissenschaft und Technik, Kultur und Kunst. Drei der "Vier Erfindungen" des alten China, sechs der "Acht Meister der Tang- und Song-Dynastie", wurden in dieser großen Ära geboren. Die monetäre Zivilisation der Nördlichen Song-Dynastie schuf auch die ersten staatlichen Gutschriften der Welt, den ersten Finanzmarkt für Geldscheine, und die Kaifeng Financial Street vor tausend Jahren ist nicht weniger dominant als die heutige Wall Street in den Vereinigten Staaten.

Obwohl sich die Zivilisationen Chinas und des Westens in Geschichte, Politik, Kultur, Sprache und religiöser Tradition deutlich voneinander unterscheiden, gibt es eine Gemeinsamkeit: die Menschlichkeit.

Die Blütezeit Roms war fast tausend Jahre vom Höhepunkt der Nördlichen Song-Dynastie entfernt, aber die Ungleichheit zwischen Arm und Reich, die das Römische Reich zerstörte, war auch eine fatale Quelle des Zerfalls. Das Scheitern der Reform der Brüder Gracchus und die misslungene Gesetzesänderung durch Wang Anshu zeigen, dass das politische System nicht in der Lage war, sich selbst zu korrigieren.

Infolgedessen hatten sowohl Rom als auch das Nördliche Liedgut ähnliche Probleme: Landaneignung, ungerechte Besteuerung, Haushaltsdefizite, Währungsabwertung, innere und äußere Unruhen und sogar der Ausbruch von Krisen in genau derselben Reihenfolge.

Die Geschichte ist verblüffend ähnlich, was auf die verblüffend ähnliche Menschlichkeit zurückzuführen ist, die dahinter steckt!

Die Nördliche Song-Dynastie, der Höhepunkt der zweiten Geldzivilisation der Menschheit

Nach dem Zusammenbruch des Römischen Reiches verstummte die europäische Zivilisation für tausend Jahre, gerade als die dunkelste Ära des westlichen Mittelalters die zweite Welle von Geldwirtschaften in der Geschichte der Menschheit am asiatischen Horizont einleitete.

Im Jahr 960 wurde die Nördliche Song-Dynastie gegründet, und eine große Ära begann.

Während die Zivilisation des Römischen Reiches auf der Kraft von eisernem Blut und Eroberung beruhte, war der Wohlstand der Nördlichen Song-Dynastie das Ergebnis von Fortschritt und friedlicher Entwicklung auf der Grundlage von Produktivität.

Während der Nördlichen Song-Dynastie brachen die schillerndsten Produktivitätsrevolutionen zunächst in der Energie- und Eisenverhüttungsindustrie aus.

Obwohl China bereits in der Frühlings- und Herbstzeit und in der Zeit der Streitenden Staaten (oder sogar noch früher) in der Lage war, Eisen herzustellen, waren die Kosten für die Eisenverhüttung hoch, die Produktion gering, die Qualität schlecht und der Eisenpreis so hoch, dass sich Chinas Agrarwirtschaft die große Beliebtheit nicht leisten konnte. In der Nördlichen Song-Dynastie wurde Kohle in großem Umfang abgebaut und in großem Umfang für die industrielle Energieversorgung genutzt. Die Kohle ersetzte die Holzkohle, und die

Energierevolution führte zu einem explosionsartigen Wachstum der Eisenverhüttung.

Im Jahr 1078, während der Song-Dynastie, erreichte die Eisenproduktion in der Nördlichen Song-Dynastie 75.000 bis 150.000 Tonnen, was in etwa der gesamten Eisenproduktion in Europa im 18 Jahrhundert (einschließlich Russland) vor der industriellen Revolution entspricht! Im Vergleich zu den Sheng- und Tang-Dynastien, die in der chinesischen Geschichte für ihren Reichtum und ihre Macht bekannt waren, produzierte die Nördliche Song-Dynastie drei- bis viermal so viel Eisen wie die Tang-Dynastie.

Die hochentwickelte Eisenverhüttungsindustrie der Nördlichen Song-Dynastie war nicht nur in ihrer Gesamtheit erstaunlich, sondern auch in ihrer Arbeitsteilung immer raffinierter. Zum Beispiel Stahlmesser aus Shinju, landwirtschaftliche Geräte aus Yanzhou, Hocker aus Yuanju, Geschirr aus Leizhou, Scheren aus Taiyuan, Wurfmesser aus Heshan, Nadeln aus Leiyang, Nägel aus Hangzhou usw. Im Bereich der lokalen "ersten Produkte" hat die detailliertere Arbeitsteilung eine große Vielfalt an Eisenprodukten mit einer enormen Produktion hervorgebracht. So gibt es in Hangzhou beispielsweise ein Markengeschäft, das auf den Verkauf von Eisennägeln spezialisiert ist, und ein "Nagelscharnier", das auf Eisennägel spezialisiert ist, und die jährliche Lieferung von Eisennägeln an die verarbeitende Industrie erreicht allein 600.000 kg.

Der rasante Fortschritt in der Eisenverhüttung hat auch die beispiellose Entwicklung der Stahlindustrie vorangetrieben; Stahlbewässerung, 100er Stahl, Kupferstahl und andere Stahlverhüttungsmethoden wurden weithin eingesetzt. Die technologische Revolution bei der Produktion in der Eisen- und Stahlindustrie hat wiederum zu großen Fortschritten bei den Werkzeugen der Landwirtschaft und zu einem breiten Anstieg der landwirtschaftlichen Produktivität geführt.

Die Nördliche Song-Dynastie begann, landwirtschaftliche Werkzeuge mit Stahlklingen in großem Umfang zu verbreiten, z. B. Stahlschwerter und Seitenmesser, um die Kultivierung von Ödland zu fördern, und der Regulierpflug wurde zum Regulierpflug, um tiefes Pflügen und detaillierte Arbeit zu erleichtern. In der Song-Dynastie wurden 460 kg Getreide produziert, mehr als doppelt so viel wie in der Sheng- und Tang-Dynastie und mehr als viermal so viel wie in der Zeit der Streitenden Staaten.

Die Steigerung der landwirtschaftlichen Produktion und die Ausweitung der gesamten Anbaufläche spiegelte sich unmittelbar in der erheblichen Zunahme der Bevölkerung der Nördlichen Song-Dynastie wider. Im Vergleich zu den vorangegangenen Generationen erreichte die Bevölkerung in den beiden Han-Dynastien einen Höchststand von 50 Millionen und in der Blütezeit der Tang-Dynastie von rund 60 Millionen Menschen, so dass diese Bevölkerungszunahme die Blütezeit der Han- und der Tang-Dynastie begründete. Die Bevölkerungszahl der Nördlichen Song-Dynastie übertraf seit Song Renzong die der beiden Han-Dynastien und ist mit einem Höchststand von über 100 Millionen fast doppelt so hoch wie die der Han- und Tang-Dynastien. In der Nördlichen Song-Dynastie war die Zahl der "Zähne" noch nie so hoch.

Die enorme Nahrungsmittelproduktion führte nicht nur zu einem enormen Anstieg der Bevölkerung, sondern trug auch zur ersten Urbanisierungswelle in der chinesischen Geschichte bei.

Der Anteil der Stadtbewohner an der Gesamtbevölkerung der Nördlichen Song-Dynastie erreichte 12% und überstieg damit die Gesamtzahl von mehr als 12 Millionen, was die der vorangegangenen Dynastien in den nachfolgenden Generationen weit übertraf. Die Gesamtzahl der Städte in der Song-Dynastie erreichte mehr als 1.800, und im Vergleich zu anderen Ländern der Welt zu dieser Zeit waren Nanjing, Yangzhou, Chengdu, Wuchang, Changsha, Fuzhou, Guangzhou und andere Städte Megastädte mit Hunderttausenden von Menschen, und Kaifeng, die Hauptstadt der Nördlichen Song-Dynastie, und Hangzhou, die Hauptstadt der Südlichen Song-Dynastie, waren Megastädte mit Millionen von Menschen.

Die wachsende Stadtbevölkerung war auf eine massive Versorgung mit dem Rohstoff Getreide angewiesen, was zu einem raschen Aufstieg der Geldwirtschaft in der Nördlichen Song-Dynastie führte. Während des Mittelalters ebnete die weltweit größte Urbanisierung den Weg für die Wirtschaft der Nördlichen Song-Dynastie zu einer Weltmacht.

Die Lebensweise der Stadtbevölkerung unterscheidet sich stark von der der Landbevölkerung, und nachdem sie aus der Enge der Arbeit bei Sonnenaufgang und der Ruhe bei Sonnenuntergang befreit wurde, hat sie eine nie dagewesene Wahlfreiheit erhalten, Spezialisierung ist eine Voraussetzung für ihr Überleben in den Städten, und der Markthandel ist eine tägliche Notwendigkeit. Die soziale Arbeitsteilung führte zu einem tieferen intellektuellen Verständnis der Stadtbewohner in der Song-Dynastie, während der Austausch auf dem Markt den Informationsfluss beschleunigte und der Aggregationseffekt der Bevölkerung neues Denken, neue Erfindungen und neue Bedürfnisse förderte.

Während der Song-Dynastie erfand Bi Sheng die Kunst des Druckens mit beweglichen Lettern, was als die "Informationsrevolution" des Mittelalters bezeichnet wurde und die Kosten für Informationen erheblich senkte und indirekt die Produktivität verschiedener wirtschaftlicher Aktivitäten der gesamten Gesellschaft erhöhte.

Höhere Produktivität, die mehr austauschbare Güter schafft, stimuliert eine breitere Verbrauchernachfrage.

Die Stadtbevölkerung gibt sich nicht mehr damit zufrieden, genug zu essen, sondern, was noch wichtiger ist, gut zu essen. In dem Streben nach höheren Gewinnen unter dem Impuls der Nördlichen Song-Dynastie, die rasche Entwicklung der Cash-Crop-Anbau, wie Zitrusfrüchte, Litschi nahm die Führung bei der Abkehr von der traditionellen Landwirtschaft, zu einem unabhängigen Zweig der Cash-Crops, "ein mu von Orange als ein mu von Feld Gewinn mehrmals"; so viele wie 32 Arten von Litschi, nur Fuzhou, gibt es 25 Arten von einem Ort, "so Händler verkaufen eine breite Palette von Vorteilen, während die Städter Art mehr, ein Jahr aus, ich weiß nicht, Hunderte von Millionen Dollar".

Gemüse ist eine Notwendigkeit für die Menschen in der Stadt, und der wirtschaftliche Nutzen von Gemüsegärten ist viel höher als der von Ackerland, bekannt als "ein mu Garten, zehn mu Feld". Der Song-Dichter Yang Wanli reiste einst durch Dingjiazhou, die Insel Jiangxin in Tongling, Provinz Anhui, und stellte fest, dass die Insel "dreihundert Meilen breit ist und nur Radieschen angebaut und nach Jinling verkauft werden", weshalb er schrieb: "Die Insel ist kein Ort zum Lächeln für dreihundert Meilen, und das Gemüse wird für zehn Millionen Menschen leben. "Man sieht, dass der Gemüseanbau in der Song-Dynastie sehr intensiv war und oft aus der Ferne geliefert wurde.

Die Bürger legten nicht nur Wert auf gutes Essen, sondern auch auf gute Kleidung. Ab der Song-Dynastie wurde Baumwolle populär, und Baumwollprodukte wurden bei den Städtern beliebt; Leinen erweiterte den Markt für die unteren und mittleren Einkommensschichten, und Seide war eine Notwendigkeit für die Oberschicht und die Reichen. Aus Sicht der Regierung ist Seide die wichtigste Einnahmequelle, denn die Regierung erhebt Steuern auf 10 Arten von Stoffen, wobei 8 Arten auf Seidenprodukte entfallen.

Im Jahr 1086 beliefen sich die Einnahmen der Nördlichen Song-Dynastie auf 24,45 Millionen Pferde, mehr als dreimal so viel wie die der Sheng-Tang-Dynastie. Die Herstellung von Seiden-, Baumwoll- und Leinenprodukten in dieser Größenordnung erfordert eine feinere Arbeitsteilung. Die Nördliche Song-Dynastie spezialisierte sich auf die Textilindustrie als die wichtigste "Maschine", bevor die professionelle Arbeitsteilung, ein Weber sowohl zu spinnen, und zu weben Tuch, die jährliche Produktion von etwa 20 Pferd. Als die Lokomotiven erschienen, begannen sie, Arbeiter einzustellen, um die Arbeit zwischen Spinnen und Weben aufzuteilen, und die Leistung der Weberei war bis zu 40 PS und die Produktivität wurde verdoppelt. Jede Familie besaß drei oder fünf Webstühle, sechs- oder siebenhundert, und die Gesamtzahl der Familien erreichte 100.000.

Die Produktivitätssteigerung spiegelt sich nicht nur in der Zunahme der Anzahl der Produkte, sondern auch in der Verbesserung der Qualität wider. Die Qualität der Seidenweberei in der Tang-, Song- und Yuan-Dynastie wurde verglichen, und man kam zu dem Schluss, dass "die Tang-Seide dick und dicht, die Song-Seide dünn und fein und die Yuan-Seide ähnlich wie die Song-Seide, aber etwas ungleichmäßig war". Die Stadtbewohner der Nördlichen Song-Dynastie trugen die besten Stoffe der Welt zu dieser Zeit.

Nachdem die Stadtbewohner der Nördlichen Song-Dynastie gespeist und gewärmt worden waren, widmeten sie sich mehr ihrem Lebensstil.

Porzellan ist nicht nur ein unverzichtbarer Küchenartikel für das tägliche Leben, sondern auch ein dekorativer Wertgegenstand für die Wohnungseinrichtung. Die Zweckmäßigkeit und die Schönheit des Song-Porzellans erreichten gleichzeitig einen hohen Grad an Leistung. Was die Produktivität betrifft, so war die Nördliche Song-Dynastie ein rasanter Fortschritt, der nicht nur den Herstellungsprozess von Porzellan verbesserte, sondern auch eine detailliertere und spezialisierte Arbeitsteilung ermöglichte. Der Geotechniker, der Bäcker, der Glaser, der Kastenarbeiter und der Ofenarbeiter wurden unabhängig, der Prozess der Porzellanherstellung wurde ständig optimiert. In der Vergangenheit, Porzellan gebrannt mit dem "Sagger-Methode", ein Porzellan in einem Sagger-Box gebrannt zu tun, während die Northern Song Menschen erfand die "Abdeckung brennen Methode", wird in der

Größe variieren, verschiedene Muster der Schüssel und Teller Komponenten, im Gegensatz zu der Kombination der Sagger durch die Dichtung Box einmal gebrannt platziert, Porzellanproduktion war explosives Wachstum.

Neben Porzellan, das sowohl für die breite Masse als auch für wohlhabende Bevölkerungsschichten bestimmt ist, werden spezielle handwerkliche Erzeugnisse wie Lackschnitzereien, Wurzelschnitzereien, Jadezahnknochen, Pistolen-, Gold-, Pistolen- und Silbereinlagen sowie Muscheleinlagen speziell für die Bedürfnisse des Luxusmarktes hergestellt.

Eine Reihe von Produktionsdurchbrüchen bei der Herstellung von Konsumgütern in der Nördlichen Song-Dynastie führte zu einem beispiellosen Boom in der Anzahl und Vielfalt der Waren, der mit einer beispiellosen Spezialisierung in der gesellschaftlichen Arbeitsteilung einherging. Während der Sui- und der Tang-Dynastie war die Gesellschaft grob in 112 Reihen eingeteilt, in der Song-Dynastie waren es bereits 414 Reihen, eine Steigerung um fast das Dreifache! Es gibt ein chinesisches Sprichwort mit dem Titel "Dreihundertsechzig Reihen, und aus jeder Reihe kommt ein Gelehrter", das wahrscheinlich aus der Song-Dynastie stammt.

Der Wohlstand der Rohstoffe und der Aufstieg der Geldwirtschaft führten zur Bildung von vier regionalen Märkten im Land, nämlich dem nördlichen Markt mit dem Zentrum in Peking (Kaifeng), dem südöstlichen Markt mit den Zentren Suhang und Guangzhou, dem Sichuan-Shu-Markt mit dem Zentrum in Chengdu und dem Guanlong-Markt mit dem Zentrum in Shaanxi. Diese regionalen Märkte bestehen wiederum aus einer Reihe von Städten und Marktplätzen, die ein sich überschneidendes, von oben nach unten und von links nach rechts verlaufendes Spinnennetz von Waren- und Währungsströmen bilden.

Was die nationalen Warenströme betrifft, so befinden sich landwirtschaftliche Erzeugnisse und Nebenprodukte in einer "zentripetalen" Bewegung, die sich von den Märkten und Städten auf die Städte konzentriert, während handwerkliche Konsumgüter in einer "ausstrahlenden" Bewegung sind, die sich von den Städten auf die ländlichen Gebiete ausbreitet. Die Steuern und Waren des Landes laufen in Peking von Süden nach Norden und von Westen nach Osten zusammen, während die Währung von der Hauptstadt zu anderen Märkten zurückfließt.

Der umfangreiche Warenverkehr im ganzen Land, der sich auf den Pekinger Markt konzentriert, ist in hohem Maße von der Binnenschifffahrt abhängig, so dass es einen großen Bedarf an der Herstellung von Wasserfahrzeugen gibt. In den ersten Jahren der Nördlichen Song-Dynastie erreichte die Gesamtgröße der Kanalschiffe 3.337, und auch der Überseehandel und der Seeverkehr entwickelten sich aufgrund der wirtschaftlichen Prosperität rasch. Die Tonnage der Hochseeschiffe kann über 500 Tonnen betragen und fünf- bis sechshundert Personen befördern. Gleichzeitig ist die Produktivität der Schiffbauindustrie der Nördlichen Song-Region sehr erstaunlich. Nur Wenzhou, eine staatlich geführte Werft, mit einer festen Anzahl von 252 Mitarbeitern, produziert jährlich 340 Schiffe, also fast ein Schiff pro Tag!

Der Wohlstand der Schiffbauindustrie brachte viele Generationen von Schiffbau-Magnaten hervor, und die Regierung der nördlichen Song-Staaten liberalisierte den Wettbewerb in der Schiffbauindustrie vollständig, so dass die Produktion privater hochseetauglicher Riesenschiffe die der staatlichen Werften bei weitem übertraf.

Tee, Seide, Seide und Seidengarn, Gold, Silber, Juwelen, Porzellan und Lackschätze, Pavillons und Pavillons, Poesie und Weinmalerei.

Die Stadt der Nördlichen Song-Dynastie war voller Güter, die materielle Versorgung war im Überfluss vorhanden und das geistige Streben war auf einem Höchststand. Die Wirtschaft der Nördlichen Song-Dynastie, angetrieben von der rasanten Produktivitätssteigerung der Eisen- und Stahlindustrie, erlebte auch einen großen Durchbruch im Bereich der landwirtschaftlichen Geräte, und die landwirtschaftliche Produktivität verdoppelte sich, was zu einer Konzentration der landwirtschaftlichen Bevölkerung in den Städten führte. Das Zusammentreffen der drei Strömungen Urbanisierung, Kommodifizierung und Monetarisierung führte zu einer feineren sozialen Arbeitsteilung, einem breiteren Produktivitätsanstieg und einer größeren Konsumnachfrage, was zur allgemeinen Entwicklung verschiedener Industriezweige wie Cash Crops, Textildruck und -färberei, Lebensmittelverarbeitung, Bauwesen und Schiffbau, Bergbau und Verhüttung, Porzellan-Lackwaren, Papierdruck sowie Salz, Tee und Wein führte, wodurch mehr städtische Arbeitsplätze geschaffen und die weitere Verlagerung der landwirtschaftlichen Bevölkerung in die Städte beschleunigt wurde.

Die Geldwirtschaft machte die Song-Leute nicht nur reicher, sondern auch unabhängiger in ihrem Denken. Sechs der acht Tang- und Song-Dynastien, drei der vier antiken Erfindungen Chinas, entstanden alle in der nördlichen Song-Dynastie. Die Periode der beispiellosen intellektuellen Aktivität in der chinesischen Geschichte, die Frühlings- und Herbstperiode und die Periode der Streitenden Staaten, war auch die Periode der ersten großen Entwicklung der Geldwirtschaft; im antiken Griechenland wurde die große Ära von Sokrates, Platon und Aristoteles geboren, und es war auch die Ära der Explosion der monetären Zivilisation von Lydien in der Ägäis.

Die Geldwirtschaft ist untrennbar mit der Währung verbunden, und die treibende Kraft, die die riesige Wirtschaftsmaschine der Nördlichen Song-Dynastie in Gang hält, ist der ständige Fluss von Kupfergeld.

Währungsüberschreitung und Inflation

Obwohl es in der Nördlichen Song-Dynastie kein statistisches System für das Bruttoinlandsprodukt gab, wird beim Vergleich der wichtigsten Wirtschaftsindikatoren der Nördlichen Song-Dynastie und der Sheng-Tang-Dynastie deutlich, dass die Nördliche Song-Dynastie fast die doppelte Bevölkerung und die doppelte Produktivität der Tang-Dynastie aufwies und ihre Gesamtwirtschaft etwa viermal so groß war wie die der Sheng-Tang-Dynastie. Wenn man bedenkt, dass die Nördliche Song-Dynastie stärker urbanisiert und kommerzialisiert war als die Tang-Dynastie, sollte die Geldmenge in der Nördlichen Song-Dynastie nicht weniger als das Vierfache der Tang-Dynastie betragen haben.

Doch die Wahrheit ist noch schockierender.

In der Nördlichen Song-Dynastie stieg die Menge des jährlich neu hinzugefügten Geldes allmählich von 800.000 Guan im Jahr 995 auf 1,25 Millionen Guan um das Jahr 1000, 1,83 Millionen Guan im Jahr 1007, 3 Millionen Guan im Jahr 1045 und erreichte ihren Höhepunkt mit 5,06 Millionen Guan im dritten Jahr (1080) von Yuanfeng, dem Godzong der Song!

Dabei handelt es sich nur um Kupfergeld. In der Nördlichen Song-Dynastie wurden zu dieser Zeit jährlich mehr als 1 Million Guan Eisengeld und in der Region Sichuan auch Papiergeld geprägt (der Gesamtumlauf betrug zu Beginn 1,25 Millionen Guan).

Die jährliche Münzprägung während der Regierungszeit von Tang Xuanzong Tianbao (742-756) betrug etwa 320.000 Guan, während der Regierungszeit von Tang Xianzong Yuanhe (806-820) 135.000 Guan. Wenn die Yuanfeng-Jahre von Song Shenzong der Wendepunkt der Nördlichen Song-Dynastie vom Wohlstand zum Niedergang waren, dann befanden sich die Tianbao-Jahre von Tang Xuanzong in der gleichen Position wie die Tang-Dynastie, was bedeutet, dass die Menge an neuem Geld, die während der extremen Blütezeit der Nördlichen Song-Dynastie hinzugefügt wurde, mindestens das 19-fache der Menge an Geld betrug, die während desselben Zeitraums hinzugefügt wurde.

Bis zum Jahr 1085 wurden in der Nördlichen Song-Dynastie innerhalb von hundert Jahren insgesamt etwa 140 bis 150 Millionen Guan geprägt, und der Gesamtbestand an Zahlungsmitteln belief sich zusammen mit den privat geprägten Münzen und dem noch in der vorherigen Dynastie in Umlauf befindlichen Kupfergeld auf etwa 250 bis 260 Millionen Guan. Zählt man die Anzahl der Kupfermünzen (770 in der Song-Dynastie), so kommt man auf etwa 200 Milliarden.

In der westlichen Han-Dynastie gab es nur eine Handvoll reicher Leute mit einem Familienvermögen von mehreren zehn Millionen Dollar, während die Hauptstadt der Nördlichen Song-Dynastie voller "zehn Millionäre" war. Der Grund dafür ist einfach: Die Kaufkraft des Kupfergeldes der Nördlichen Song-Dynastie wurde im Vergleich zu den Han- und Tang-Dynastien erheblich abgewertet.

In ihrer Blütezeit hatte die Nördliche Song-Dynastie eine viermal so große Wirtschaft wie die Tang-Dynastie, gab aber 19-mal so viel Geld aus, und es war klar, dass die Währungsprobleme der Nördlichen Song-Dynastie sehr ernst waren.

Die erste Auswirkung einer Währungsumstellung ist natürlich die Inflation.

> „Zwischen der frühen Song-Dynastie und der Song Renzong-Dynastie stiegen die Preise von niedrig auf hoch, und der Preisindex stieg von 100 in der frühen Song-Dynastie auf 1150, also auf das 11,5-Fache. Bis zur Herrschaft von Song Shenzong (während der Zeit der Gesetzesänderung von Wang Anshi) waren die Preise gefallen, stiegen dann aber bis Song Huizong von niedrig auf hoch, wobei die Indizes für Weizen und Reis auf 1.200 und 1.500 oder das 12- bzw. 15-fache stiegen."

Ye Shi, ein berühmter Schriftsteller der südlichen Song-Dynastie, beklagte beim Vergleich der Preisentwicklung in den beiden Song-Dynastien vor allem die steigenden Preise in Jiangsu und Zhejiang:

> „Das Land von Wu und Yue, die Hälfte der Bevölkerung der Welt, aber weniger als die Hälfte des Landes, und der Preis von Reis, Stoff und Seide wurde dreimal die vorherige (späten Nördlichen Song-Dynastie), Huhn, Schweinefleisch, Gemüse, Holz, Koks hat sich verfünffacht, das Land der Felder und Häuser hat 10-mal gestiegen, und die goldene Menge von Häusern und fruchtbaren Feldern, ist es sehr schwierig, die Menschen zu konkurrieren, ihre Preise sind Hunderte Male die Vergangenheit."

Ein wichtiges Detail in Ye Suis Beschreibung der Preise in Jiangnan am Ende der Nördlichen Song-Dynastie und zu Beginn der Südlichen Song-Dynastie ist, dass die Immobilienpreise am schnellsten stiegen, wobei die Hauspreise in Spitzenlagen überraschenderweise um das Dutzend- und Hundertfache anstiegen! Dies veranschaulicht die zweite schwerwiegende Folge der Währungsübertreibung, bei der die Inflation der Vermögenswerte weitaus heftiger ausfällt als der Anstieg des Verbraucherpreisindex!

Die monetären Überschüsse der Nördlichen Song-Dynastie wurden nicht gleichmäßig an alle verteilt, sondern konzentrierten sich durch die Ausweitung des Vermögens rasch auf einige wenige, und neben Land und Eigentum waren auch finanzielle Vermögenswerte äußerst wichtige Bestandteile.

Der "Tokyo Yumehwa Rok" berichtet über den Luxus und die Pracht der Nantong-Straße, der berühmten "Finanzstraße" von Bianliang. Auf der "Finanzstraße" gab es viele Finanzinstitute, der modische Name war damals "Jiao-yin Shop", wo verschiedene Wertpapiere wie verschiedene Währungen, "Salzgeld", "Salzgeld" und "Teegeld" in einer noch nie dagewesenen Weise gehandelt wurden. "Nantong eine Gasse, und ist ein Ort der Gold-, Silber- und Seidenhandel, das Haus ist majestätisch, die Fassade ist breit, schauen Sie es an, jede Transaktion, Bewegung ist zehn Millionen, erschreckend."

Wenn jede Transaktion zehn Millionen Bronzen beträgt, d.h. eine Transaktion auf der Ebene von 10.000 Guan, was 5 der Geldmenge der Nördlichen Song (200 Milliarden Bronzen) entspricht, und wenn Chinas Geldmenge M2 im Jahr 2013 106 Billionen beträgt, sind 5 gleich 53 Milliarden, was bedeutet, dass die Größe der einzelnen Transaktion der Nördlichen Song-Banker 53 Milliarden erreichte, was in der Tat ziemlich erschreckend ist! Bei einer solchen Größenordnung von Kapitaltransaktionen kann der Preis der "Financial Street" in Peking nur himmelhoch sein.

Damals waren die Finanzstraßen von Peking so groß und einflussreich wie heute die Wall Street in den Vereinigten Staaten.

Offensichtlich waren die Bankiers der Nördlichen Song-Dynastie nicht die Durchschnittsreichen, sondern die Superreichen. Wie war es möglich, dass das Bankwesen in der Nördlichen Song-Dynastie so unglaublich profitabel war? Tatsächlich verdienten sie ihr Geld mit einer ähnlichen Denkweise wie die Banker an der Wall Street heute: Das profitabelste Gewinnmodell waren Finanztransaktionen, wobei das traditionelle Kreditgeschäft (Wucher) noch knapp dahinter lag.

Die Bankiers des Nördlichen Liedes handelten nicht mit gewöhnlichen Waren, sondern mit typischen Finanzscheinen, d. h. mit dem staatlichen Monopol auf das Monopol von Salz und Tee, mit Finanzderivaten - sprachübergreifenden (Salz, Tee) und Salzscheinen.

Der Aufstieg des Bankiers

Die Bankiers der Nördlichen Song-Dynastie weiteten ihr Geschäft allmählich auf den Münzwechsel aus, der in der Anfangszeit auch als "Wechselstube" bezeichnet wurde. Die Nördliche Song-Dynastie war sowohl eine Zeit hoher monetärer wirtschaftlicher Entwicklung als auch das komplexeste Währungssystem in China. Der Geldumlauf im Land ist zersplittert und zersplittert, wobei in verschiedenen Regionen unterschiedliche Währungen im Umlauf sind.

In der Hauptwährung gibt es zunächst einmal den Unterschied zwischen Metallgeld und Papiergeld, Metallgeld und Kupfergeld, Eisengeld, und Kupfergeld und Eisengeld selbst hat den Unterschied zwischen großem Geld und kleinem Geld, sowie Gold und Silber in der Zirkulation des wachsenden Status, vor allem die Bedeutung von Silber in der Nördlichen Song-Dynastie hat die Tang-Dynastie weit übertroffen. Wenn sich die Waren des Landes in großem Umfang über die vier großen Märkte bewegen, müssen die regionalen Währungen umgewandelt werden, und Inflationsmuster wie Gold, Silber, Kupfer, Eisen und Papier müssen umgewandelt werden, was das grundlegendste Bankgeschäft der Wechselstube darstellt.

Die Besitzer von Wechselstuben sind täglich mit dem niedrigen An- und Verkauf von Währungen beschäftigt, um die Spanne zu verdienen, die heute als kurzfristiger Arbitragehandel bezeichnet wird. Als der Geldumlauf in der Nördlichen Song-Dynastie sprunghaft anstieg, entwickelten sie sich bald zu den wichtigsten Marktmachern auf dem Finanzmarkt der Nördlichen Song und sorgten für Liquidität im Devisenhandel. Sie reagieren äußerst empfindlich auf Marktschwankungen, und selbst die stündlichen Kursschwankungen entgehen ihnen nicht, und sie machen eine magere Spanne. Wie die Market Maker auf dem US-Anleihemarkt haben sie nach und nach einen eigenen Kundenstamm aufgebaut und starke Vertriebskanäle etabliert, und die Gewinne aus dem Devisenhandel ergeben sich aus der Spanne zwischen Großhandels- und Einzelhandelspreisen. Die Besitzer der Wechselstuben waren während der Nördlichen Song-Dynastie am empfänglichsten für Markttransaktionen und entwickelten sich allmählich zur ersten Generation der Bankiers.

Im zweiten Jahr der Yongxi-Dynastie (985) entdeckten die Bankiers der Nördlichen Song-Dynastie plötzlich eine neue Arbitrage-Handelsmöglichkeit, die weitaus profitabler war als der Währungsumtausch, nämlich die "Cross-in"-Arbitrage.

Der Song-Taizong Zhao Kuangyi begann 985 im Geheimen mit der Planung einer Drei-Wege-Armee nördlich von Liao, die auf einen Schlag sechzehn Staaten von Yan Yun zurückerobern sollte, und startete im folgenden Jahr die Schlacht am Qigou-Pass, die in einem Fiasko endete. Yang Ye, der berühmte General der Familie Yang, wurde nach der Niederlage in dieser Schlacht im Tal der Familie Chen getötet.

Wie das Sprichwort sagt: Bevor die Truppen und Pferde bewegt werden, müssen zuerst Nahrung und Gras her. Um Getreide in den Norden zu transportieren, mobilisierte die Regierung Kaufleute, die sich an der Militärlogistik beteiligten - ein in der Geschichte des feudalen Chinas beispielloses Modell der Auslagerung staatlicher Aufgaben, das nur in der hoch entwickelten Geldwirtschaft der Nördlichen Song-Dynastie möglich war. Die Kommerzialisierung und Privatisierung staatlicher Aufgaben entspricht voll und ganz der Idee des amerikanischen Neoliberalismus, und genauer gesagt, die Nördliche Song-Dynastie ist der Urheber des Neoliberalismus.

Kaufleute müssen große Mengen an Getreide selbst zu kaufen, und auch verantwortlich für die Einstellung von Menschen zu transportieren

Getreide und Gras Tausende von Meilen zu den Grenzgebieten, natürlich, die Regierung ist eine Erleichterung, aber Kaufleute haben nicht den Vorteil der frühen, ohne die Versuchung der großzügigen Gewinne, die für die Regierung arbeiten wird. Wenn das Getreide an der Grenze ankommt, wird es nach dem lokalen Marktpreis und der Nähe des Transportweges des Händlers bewertet, woraus sich eine gewisse Bevorzugung ergibt, nämlich der Gewinn des Händlers. Nach der Bewertung des Geldes stellten die Beamten im Grenzgebiet den Kaufleuten eine Quittung für das Geld aus, den so genannten "Lieferführer", und die Kaufleute kehrten mit dem Führer in die Hauptstadt zurück, um das Geld von den Beamten abzuholen. Die Regierung verfügte nicht über genügend Bargeld und ersetzte einen Teil der Barzahlungen durch Salztee-Scheine, die die Händler abgeholt hatten.

Salz ist eine Lebensnotwendigkeit, und Tee entstand in der Tang-Dynastie und stieg in der Song-Dynastie auf. Die wohlhabende städtische Mittelschicht der Song-Dynastie hatte eine enorme Nachfrage nach Tee, so dass die Regierung das Angebot an Salz-Tee monopolisierte und zu einer wichtigen Quelle für nationale Steuereinnahmen wurde. Salz und Tee gehören zu den superprofitablen Monopolwaren der Regierung. Der Preis für eine Katta Salz beträgt nur 2,5 Yuan, d.h. zweieinhalb Kupfermünzen, wenn die Regierung das Salz kauft und es auf dem Markt zu einem hohen Preis von 26 Yuan verkauft, "hat die Regierung den neunfachen Nettogewinn"! Und beim Verkauf von Tee liegt die Gewinnspanne zwischen 100 und 300%. Händler können legal Franchise-Waren kaufen und verkaufen, solange sie die offiziellen Salz- und Teescheine, den "Salzführer" und den "Teeführer" besitzen, was enorme Gewinne bedeutet.

Die offizielle Regierung in Peking hat keinen Salztee vorrätig, die Geschäftsleute müssen die Rechnung für Salztee zur "Genehmigung", d. h. zum offiziellen Siegel, bei der zuständigen Abteilung einreichen. Die zuständigen Behörden geben den Ort für die Annahme von Salz oder Tee und das für den Verkauf vorgesehene Gebiet an. Das Salz wird im Allgemeinen in Xiechi in der Provinz Shanxi gesammelt, während der Tee meist in der Provinz Jiangnan zu finden ist. Nach Erhalt des Salztees müssen die Händler in ein von der Regierung festgelegtes Verkaufsgebiet transportiert werden und dürfen die Grenze nicht überschreiten, um ihn zu verkaufen, da sie sonst streng bestraft werden. Mit dieser Verkaufspolitik will sich die Regierung natürlich ein Monopol auf die hohen Gewinne aus dem Salztee sichern.

Für den cleveren Geschäftsmann gibt es ein größeres Öl und Wasser im staatlichen Outsourcing-Geschäft des Transports von Getreide und Gras. Sie waren in der Lage, die Kosten für die Lieferung von Rationen zu überschätzen, indem sie sich um die lokalen Beamten in den Grenzgebieten "kümmerten". Inwieweit werden sie überschätzt? Zum Beispiel kostet ein Eimer Gerste auf dem Festland nur 30 Yuan, und die Grenzbeamten rechneten den Preis, die Fracht und die Zugeständnisse zusammen und kamen auf einen Wert von 1 Guan 254 Yuan, also das 30-fache der Preisdifferenz! Dafür gibt es viele "vernünftige" Erklärungen der Grenzbeamten, wie z. B. Entfernung, schlechte Straßenverhältnisse, Banditentum, Überschwemmungen, Brückeneinstürze, Schlammlawinen, Erdbeben, Brände, was auch immer Sinn macht. Schließlich hatte die Grenze große Opfer für den Krieg gebracht, wer würde also für den Hof arbeiten wollen, ohne etwas Öl und Wasser abzugeben?

Auf diese Weise ist die Salztee-Note viel mehr wert.

Als die Händler den Wind hörten, eilten sie in Scharen an die Grenze, um Lebensmittel und Gras zu liefern, und folgten dem Aufruf der Regierung, dem kaiserlichen Hof zu helfen und selbst Geld zu verdienen.

Als die Bankiers in der Hauptstadt den großen Wert der Salztee-Scheine sahen, begannen sie, bei den zuständigen Abteilungen des kaiserlichen Hofes Lobbyarbeit zu betreiben, indem sie sagten, dass diese ausländischen Geschäftsleute aus unbekannten Quellen stammten und ihre Kreditwürdigkeit sehr problematisch sei, wenn sie die Salztee-Scheine rückwärts kaufen und verkaufen oder sie illegal über die Grenze verkaufen würden, würde das nicht den Markt durcheinander bringen und die allgemeine Politik des Landes untergraben?

Geschäftsleute müssen in der Hauptstadt eine Bankgarantie vorweisen können, sonst verweigern ihnen die zuständigen Behörden die "Zulassung". Händler aus dem ganzen Land, die Getreide transportierten, mussten in die Hauptstadt laufen, um mit den Bankiers in Verbindung zu treten.

Der Bankier nutzte diese Gelegenheit, um den Geschäftsmann auf bittere Weise zu belehren: Sie verdienen zu viel Geld, nehmen die Rechnung für den Salztee und laufen über die Berge nach Shanxi, um Salz zu holen, oder reisen tausend Meilen in den Süden des Jangtse-Flusses, um Tee zu holen, und verbringen dann Zeit und Mühe damit, den Salztee in weitere Gebiete zu transportieren, um ihn zu verkaufen, und treffen unterwegs auf Banditen? Was ist mit minderwertigem Salztee? Was ist mit dem Salztee, wenn er durch einen Regensturm nass wird? Es lohnt sich nicht, ein halbes Jahr lang zu laufen, durch China zu reisen, hart verdientes Geld zu verdienen und Angst zu haben. Anstatt so hart Geld zu verdienen, verkaufen Sie uns Bankern die Salztee-Scheine mit einem Rabatt, Sie machen schnelles Geld, es ist einfach und problemlos, der Gewinn ist gut, und dann können Sie wieder Getreide und Gras transportieren und uns die Scheine wieder verkaufen, was das Geld schneller macht, was für uns beide gut ist.

Als die Kaufleute dies hörten, hielten sie es für sinnvoll und verkauften die in ihren Händen befindlichen Salztee-Scheine mit einem Abschlag an die Bankiers. So begannen die Bankiers in der Hauptstadt, Geldscheine zu kaufen und zu verkaufen, und die Wechselstube wurde zur "Gold- und Silberwechselstube", der Wechselbankier entwickelte sich zum "Wechselbankier" und wurde zur zweiten Generation von Bankiers in der Nördlichen Song-Dynastie.

Was aber, wenn einige Geschäftsleute einfach nur starrsinnig sind oder es zu verlustreich finden, eine abgezinste Salztee-Note einzulösen? Dann schlossen sich die Bankiers der Hauptstadt zusammen und weigerten sich, solchen Kaufleuten Garantien zu geben. Auf diese Weise konnten sie keine "Genehmigung" von der Regierung erhalten, und der Salztee-Schein konnte nur in seinen eigenen Händen verrotten. Selbst der mächtigste Geschäftsmann muss vor der Tür eines Bankiers in der Hauptstadt den Kopf einziehen. Was ein paar Rabatte angeht, so ist das eine interne Verhandlung zwischen den Bankchefs, ob es zwei oder drei Rabatte sind, hängt davon ab, wie gierig die Chefs sind.

Natürlich wird es auch verärgerte Geschäftsleute geben, die sich bei der Regierung beschweren, die hohen Tiere haben enge Beziehungen zur Regierung, und die Aufrechterhaltung der Finanzmarktordnung ist gerechtfertigt, eine solche Klage kann nicht gewinnen. Von da an schlossen sich die hohen Tiere der Bank zusammen, um eine solche Klage zu verhindern, und der Geschäftsmann wollte nie wieder Salztee trinken.

Je mehr "Chips" die Banker in ihren Händen haben, desto mehr Kontrolle haben sie über die Marktpreise. Sie sind in der Regel auch im Finanzierungsgeschäft tätig, z. B. als Wucherer und Pfandleiher, und haben einen direkten Einfluss auf das Kapitalangebot in der Hauptstadt. Wenn sie bereit sind, Banknoten zu kaufen, können sie die Silberwurzel anziehen, indem sie die Finanzierungskosten in der Hauptstadt erhöhen, und dann die Banknoten in großen Mengen vor Ort verkaufen, um eine Preislawine auszulösen, einerseits, um die Regierung abzuschrecken, und andererseits, um sie zu niedrigen Preisen aufzunehmen. Wenn sie einen hohen Abverkauf benötigen, ziehen sie den Preis der Banknoten in die Höhe und locken damit gewinnsüchtige Spekulanten an, die einen Happen essen wollen. Dies ist dem modernen Ansatz von JPMorgan Chase und Goldman Sachs nicht unähnlich.

Der kaiserliche Hof wollte Kaufleute für den Transport von Getreide und Gras für das Grenzland einsetzen, um finanzielle Ausgaben zu sparen, und ließ sich daher von den riesigen Gewinnen aus dem Salztee verlocken, wollte aber nicht, dass die Kaufleute übervorteilt wurden, kümmerte sich um die Grenzlandbeamten, verkaufte Getreide und Gras an das Grenzland zu einem Durchschnittspreis, der das Sechsfache des Marktpreises betrug, und schwemmte dem Südosten des kaiserlichen Hofes 3,6 Millionen Guan Tee-Gewinnsteuer ab.

Aber die klugen Kaufleute treffen auf die intelligenteren und rücksichtsloseren Bankiers des Kapitals, und die großen Bankiers machen sich aus dem Staub, indem sie den Kaufleuten ihre unrechtmäßig erworbenen Gewinne wieder abnehmen.

Im Zeitalter der Geldwirtschaft kann nur derjenige mit dem Markt spielen, der mit Geld spielt. Nördliche Song-Dynastie Literaten Beamten, in der heftigen Auswirkungen der Währung kann nicht helfen, aber beklagen, "aufkaufen (kaufen Getreide) nur 500.000, und 3,6 Millionen Tee im Südosten zu den Händlern. Mit anderen Worten: Geschäftsleute und Bankiers haben das Land um 3,6 Millionen Kyat an Steuern beraubt, die 500.000 Kyat kosten! Dies entspricht in der Tat der römisch-republikanischen Klasse der Steuerzahler, die durch die Auslagerung der staatlichen Finanzgeschäfte staatliche Steuern veruntreuten und die römischen Bürger in großem Stil ausbeuteten. Die Literatenregierung der Nördlichen Song-Dynastie und das aristokratische Regime der Römischen Republik waren in Bezug auf den "Reichtum" keineswegs Konkurrenten der Händler- und Bankiersklassen, sondern taten sich sogar mit ihnen zusammen, um das öffentliche Vermögen aufzuteilen.

Der Kampf zwischen Gold und Macht

Da die Bankiers die riesigen Bestände an Salztee-Scheinen kontrollieren, können sie sowohl große Salz- als auch große Teehändler werden und so mit dem kommerziellen Umlauf von Salztee ein weiteres Vermögen machen. Mit ihrem großen Reichtum sind die Finanzbosse noch mächtiger geworden. Sie waren in der Lage, riesige Summen auszugeben, um mehr Beamte zu bekommen und so die Politik des Hofes zu beeinflussen. Viele haben sogar die Karriereleiter erklommen und sind in die Ränge der Bürokratie aufgestiegen.

In der Nördlichen Song-Dynastie kursierte eine berühmte Geschichte. Nachdem Song Renzong die Kaiserin Guo abgesetzt hatte, zahlte ein großer Teehändler in der Hauptstadt viel Geld, um mächtige Leute im Harem zu bestechen, schickte seine Tochter in den Palast, wollte die Kaiserin von Song Renzong werden und erhielt die Unterstützung der Kaiserinwitwe, worauf Song Renzong verwirrt zustimmte. Später erinnerte ein alter Eunuch den Kaiser daran, dass der Kaufmann nur ein Sklave eines Ministers war. Erst dann kam Song Renzong zur Vernunft und schickte die Frau eilig aus dem Palast. Ein Teehändler hat überraschenderweise die Energie, sich die Unterstützung der Kaiserinwitwe zu erkaufen, die lange Zeit im tiefen Palast lebte, was zeigt, wie erstaunlich der Einfluss des Geldes in der Nördlichen Song-Dynastie war.

Im Jahr 1023 beschloss der kaiserliche Hof schließlich, den Teeservice zu korrigieren, akzeptierte den Rat des Ministers Li Konsultation, die Verschwendung von Tee Gewinne zu begrenzen, abgeschafft das Salz Tee Rechnung "zu führen" System, die Umsetzung der "see Geld Gesetz".

Im Kern ersetzt das "Seegeldgesetz" die Selbstveranlagung der Transportkosten durch die Grenzgebiete in Form von zentralen finanziellen Zuschüssen. Im ersten Jahr der Umsetzung des neuen Gesetzes beliefen sich die Mehreinnahmen und Minderausgaben der Staatskasse auf insgesamt 6,5 Millionen Kyat! Die Steuerersparnis durch die Abschaffung der Salz-Tee-Note übertraf den Spitzenwert der gesamten in einem Jahr ausgegebenen Geldmenge in der Song-Dynastie (5,06 Millionen Guan). Vergleicht man dies mit Chinas Geldmengenzuwachs im Jahr 2013, so entspricht dies einem Steuerzuwachs von über 13 Billionen Yuan!

Die gigantische Geldgier der Salztee-Rechnung schockierte den kaiserlichen Hof.

Das neue Gesetz hat den Interessen von Geschäftsleuten und Finanzinteressen einen schweren Schlag versetzt, die nun in ein Wespennest gestochen haben, was dazu geführt hat, dass "Geschäftsleute verloren haben und es von Verleumdungen wimmelt". Nach nur drei Jahren der Umsetzung ist das neue Gesetz zum Wohle der Nation und des Volkes unter heftige Angriffe von Interessenvertretern innerhalb und außerhalb des Landes geraten. Der Reformminister Li Cun wurde degradiert, seine Leute wurden sogar ermordet und ins Exil geschickt, und das System wurde wiederhergestellt.

Offenbar konnte die Macht der superreichen Gruppe der Northern Song die Dynastie ins Wanken bringen.

Im Jahr 1036 beschloss Song Renzong erneut, das Teegesetz zu reformieren, und ermächtigte Li erneut zur Beratung. Seit dem letzten Mal, als er in den Rang eines Beamten zurückgestuft wurde, hatte Li etwas Herzklopfen, und dieses Mal setzte er die hässlichen Worte vor den ersten. Er erklärte dem Kaiser, dass, wenn er das Zitat wieder aufgehoben, "die Angst vor Unannehmlichkeiten für die reichen und mächtigen Kaufleute, sich auf die mächtigen und edlen, um den kaiserlichen Hof zu bewegen", fragte Li Tuan der Kaiser muss eine feste Haltung der Unterstützung haben. Mit der direkten Unterstützung des Kaisers schaffte Li Tuan die alte Teemethode wieder ab. Doch die guten Zeiten währten nicht lange, und schon bald gab es wieder heftige Angriffe der Tycoons, und das neue Gesetz hatte keinen Bestand.

Das Teegesetz der Nördlichen Song-Dynastie wurde bis zum Ende der Song-Dynastie wiederholt geändert. Im Mittelpunkt des Streits stehen die goldene Macht und das Regime, die um riesige Mengen an Tee-Gewinnabgaben konkurrieren. In einer stark zentralisierten Feudaldynastie war die Finanzmacht bereits stark genug, um mit dem Regime um staatliche Steuereinnahmen zu konkurrieren, was vor der Song-Dynastie undenkbar war.

Nicht nur die Änderungen des Teerechts stoßen auf den Widerstand der Finanzbosse, sondern auch die Reformen des Salzgesetzes sind keine Ausnahme.

Fan Xiang, der Minister für die Reform des Salzgesetzes, schlug vor, das "Salzgeld"-Gesetz durch ein "Salzstiefel"-Gesetz zu ersetzen, bei dem die Händler Bargeld zahlen, um "Salzgeld" zu erhalten, wodurch die Nachteile einer Überschätzung der Kosten für den Transport von Lebensmitteln in die Grenzgebiete beseitigt würden. Darüber hinaus widmet sich das Salzinstitut, eine spezielle Einrichtung zur Nivellierung der Salzpreise in der Hauptstadt, der Manipulation der Salzpreise durch die Finanzbosse, um die Schwankungen der Salzpreise zwischen 35 und 40 Yen pro catty zu kontrollieren.

Die hohen Tiere müssen sich natürlich wehren. Das Ergebnis war Fan Xiangs Degradierung. Nach seinem Comeback nahm Fanxiang die Salzscheinmethode wieder auf. Später, während der Finanzkrise der späten Nördlichen Song-Dynastie, mussten die Salzgeldscheine stark übermäßig ausgegeben werden, was zu einem erheblichen Wertverlust führte.

Die Finanzbosse lieferten sich eine Salz-und-Tee-Schlacht mit dem kaiserlichen Hof, bis Cai Jing an die Macht kam. Die Finanzbosse sind alle zur Caijing-Gruppe übergelaufen, Caijing hat wieder einmal die Methode von Salz und Tee geändert, und die Finanzbosse haben nachgezogen, um ein Vermögen zu machen. Die Wei Bo Rou, auf die sich Caijing verlässt, stecken alle mit den Finanzbossen der Hauptstadt unter einer Decke. Unter der Schirmherrschaft von Wei Bojou mussten die Kaufleute mit Bankiers verhandeln und eine "Gebühr" von 40% für den Umtausch alter gegen neue Banknoten zahlen. Und beim Umtausch von alten und neuen Scheinen muss man auch "den neuen mit dem alten zusammenstecken", sonst bekommt man keinen Salztee. Der häufige Austausch alter und neuer Banknoten in Caijing hat die Geschäftsleute gezwungen, immer wieder schwindelerregende "Gebühren" an die Bankiers zu zahlen.

Die Wolle kommt von den Schafen, und die "Gebühren" der Händler werden natürlich an die Salz- und Teebauern sowie an die Verbraucher auf dem Markt weitergegeben, was letztlich zu einem Verlust an staatlichen Einnahmen führt.

Nach wiederholten Kämpfen wurden die Jin-Macht und das Regime allmählich zu einer Interessengemeinschaft, die Finanzbosse mischten sich mit der bürokratischen Klasse und wurden eins mit den großen Tee- und Salzhändlern. In der Flut der Geldwirtschaft konsolidiert das Finanzkapital die Interessen von Bürokraten, Großunternehmern und Großgrundbesitzern und verfestigt sich allmählich zu einer wohlhabenden und mächtigen Klasse von

Mächtigen und Mächtigen, die sich zu einer Art institutioneller Gier entwickelt, die den Reichtum der Gesellschaft auffängt.

Nachdem sie die Besteuerung des Landes durchbrochen hatten, begannen sie, riesige Mengen an Reichtum auf das Land zu übertragen, wurden zur Hauptkraft bei der groß angelegten Landaneignung und zu den großen Landbesitzern der Nördlichen Song-Dynastie.

6-7% der Wohlhabenden haben 60-70% des Landes annektiert

Die Landannexionen des Nördlichen Liedes ähnelten auffallend denen der römischen Zeit, wobei beide Reiche den Höhepunkt zweier Annexionen erlebten, und letztere in einem viel größeren Ausmaß als die erste. Die erste Landannexion wird die Staatskasse hart treffen und zu einer starken sozialen Polarisierung und Steuerungerechtigkeit führen, und ohne Reformen wird das Regime allmählich in eine Krise geraten. Die zweite Landannexion wird noch verrückter sein als die erste, und die extreme Verteilung des Reichtums wird jede Hoffnung der Armen auf eine Regierung zerstören und zu einem bösartigen Hass auf die Reichen und die Aristokratie führen. Wenn die letzten Reformbemühungen scheitern, wird dies schnell zu blutiger Gewalt, anhaltendem Bürgerkrieg oder Invasion durch ausländische Feinde und schließlich zum Zusammenbruch des Reiches und zum Sturz der Dynastie führen.

Die römische Landaneignung begann mit dem Aufstieg einer Klasse von Steuereintreibern, die die Universalsteuer, das "erste Goldfass" der römischen Landaneignung, beschlagnahmten; die Nördliche Song-Dynastie war eine Zeit, in der die Bankiers zufällig die Gewinne der Regierung aus dem Salz- und Teehandel mitnahmen, der ebenfalls die Universalsteuer und das Startkapital für ihre Landaneignung war.

Die erste große Flut von Landaneignungen in der Geschichte der Nördlichen Song-Dynastie ereignete sich während der Herrschaft des Wahren Song-Kaisers und des Song Inzong.

Der militärische Konflikt zwischen den Nördlichen Song und den Liao dauerte bis zur Neunten Südlichen Expedition der Liao im Jahr 1004, die in der "immer noch abgrundtiefen Allianz" der Song und Liao endete. Aufgrund des großen Bedarfs an Nahrungsmitteln und Gras im Krieg im Norden florierte das Transportwesen, so dass die

Finanzmächte in der Hauptstadt enorme Gewinne einfahren und aus der nationalen Katastrophe Kapital schlagen konnten.

Die Salz-Tee-Note erschien ab 985, mit einer kurzen Unterbrechung dazwischen, und dauerte bis zum Ende des westlichen Sommerkriegs um 1050. Mehr als 60 Jahre lang setzten Händler und Bankiers die staatliche Konzession für unzählige Tee-, Salz- und Sherryscheine durch und erhielten so Zugang zu erheblichen Mitteln, um massive Landanpassungen vorzunehmen.

"Die Reichen haben das Kapital, um Land zu kaufen, und die Mächtigen, um es zu besetzen", während der kaiserliche Hof der Landaneignung völlig freie Hand gelassen hat, die so genannte "Nichtunterdrückung der Annektierung" Staatspolitik. Oder besser gesagt, es gab im Northern Song nie eine Wirtschaftspolitik. Unter dem Gesichtspunkt der staatlichen Intervention in die Wirtschaft kann die Nördliche Song-Dynastie als Vorreiter bei der Übernahme des neoliberalen Wirtschaftsmodells bezeichnet werden.

Zu Beginn der Nördlichen Song-Dynastie, aufgrund des Zusammenbruchs des Systems der Gleichstellung von Land, gehört das Original zur staatlichen Regelung von Ödland, unkultiviertem Land, jeder kann das Ödland besetzen, solange die offizielle Registrierung für die Aufzeichnung, dann die Besteuerung nach Kapitel sein kann. Wem das Land gehört und wie viel davon im Besitz ist, interessiert die Krone weder, noch greift sie ein. Solange sich Käufer und Verkäufer freiwillig auf eine Transaktion einlassen, brauchen sie nur die Urkunde an die Regierung zur Eintragung zu schicken, sie mit dem Siegel der Regierung zu versehen (die so genannte "rote Urkunde") und die Steuer auf die Urkunde zu zahlen, dann ist die Transaktion abgeschlossen, und der neue Eigentümer ist für die Übergabe des Landes verantwortlich.

Wenn die Landübertragung nicht über die Regierung läuft und die Urkunde nicht mit dem Siegel der Regierung versehen ist, handelt es sich um die so genannte "weiße Urkunde", deren Rechtmäßigkeit die Regierung nicht anerkennt. Im Fall der "White Covenants" hat die Krone lediglich darauf bestanden, dass die Transaktion gemeldet wird, und nicht in die Transaktion selbst eingegriffen. Im Falle von staatlichem Land hatten diejenigen, die das Land pachteten, kein Landeigentum, sondern "Feldrechte", die nördliche Version der "kleinen Eigentumsrechte", und das Land konnte auch gekauft und verkauft und in Umlauf gebracht werden.

In den feudalen Dynastien, die Land als Leben ansahen, kann die Politik der Nördlichen Song, die den An- und Verkauf von Land völlig freizügig handhabte, als eine feudale Geschichte des "Sonderlings" bezeichnet werden. Selbst in der Tang-Dynastie, die für ihre Offenheit bekannt war, wurde der Verkauf von einem mu "mundgeteiltes Feld" mit 20 Peitschenhieben belegt, während der Verkauf der Felder der Shiye-Ahnen von der Regierung streng begrenzt wurde.

Im Jahr 966, die Song Taizu gerade die Welt gewonnen, auf einem hohen Ruf: "die lange offizielle, die Oracle Menschen, gibt es eine breite Palette von Pflanzung Maulbeere Datteln, Rückgewinnung unfruchtbaren Feldern, und nur die alte Steuer, nie überprüfen. "In den ersten Jahren der Nördlichen Song-Dynastie zeigten das boomende Wirtschaftswachstum, die rasche Vermehrung der Bevölkerung und die enorme Landgewinnung, dass die frühe Politik der freien Landnutzung wirksam war. Aber wenn die Urbarmachung von Ödland allmählich abgeschlossen ist, wird der Widerspruch zwischen mehr Menschen und weniger Land immer deutlicher, die Politik kann nicht mehr angepasst werden, Landaneignung ist unvermeidlich, der Widerspruch zwischen Arm und Reich wird sich zwangsläufig verschärfen.

Die ersten, die eine Flut von Landaneignungen in Gang setzen, sind natürlich die mächtigen Beamten und adligen Verwandten, die zu den "mächtigen Feldbesetzern" gehören, die Felder des einfachen Volkes werden durch Tricks beschlagnahmt, "wählen Dünger aus und verschlingen ihn", sogar das staatliche Land, wie die staatlichen Weiden, die Felder der staatlichen Schulen, die öffentlichen Berge und Wälder sind ebenfalls Ziel ihrer gewaltsamen Besetzung geworden, selbst die "gesegneten Felder" der Klöster werden nicht verschont. Im Jahr der Hungersnot befand sich die Bevölkerung in einer schwierigen Lage und musste ihr Land verpfänden oder verkaufen, während die mächtigen und adligen Verwandten die Situation ausnutzten, um es zu annektieren. Einige wenige mächtige und einflussreiche Familien sabotierten sogar Dämme und verursachten Überschwemmungen, um sich das Land der Menschen auf billige Weise anzueignen. Die erste Landaneignung der Nördlichen Song-Dynastie, die Eigendynamik der wilden, verrückten Mittel, war für alle Dynastien unvorstellbar.

Unter dem Anstoß und der Stimulierung der bürokratischen Klasse waren die Finanzbosse, Großunternehmer und Großgrundbesitzer mit riesigen Geldsummen nicht gewillt, hinterherzuhinken, sie gehörten zur Generation "Reiche haben das Kapital, um das Land zu kaufen" und dominierten später in der Flut der Landaneignung. Auch die

Nachkommen der adligen und wohlhabenden Beamten verpfändeten oder übertrugen ihnen wegen ihrer übermäßigen Ausgaben Tausende von Hektar ihres angestammten Landes. In den Han- und Tang-Dynastien wurden die "Annexionisten", die als "hao-min" bezeichnet und von der Regierung streng unterdrückt wurden, in der Nördlichen Song-Dynastie zum Neid der Welt, aber zum "Herrn von Daitian".

Die mächtigen und wohlhabenden Gruppen von Bürokraten, Bankern, Großunternehmern und Landbesitzern machen 6 bis 7% der Bevölkerung aus, verfügen aber über 60 bis 70% des Landes und die Hälfte des Reichtums.

Die Regierung muss Kriege führen und das Land am Laufen halten, und der Finanzverbrauch reicht nicht aus, um die Staatskasse leer zu machen. Die reiche Gruppe muss weniger Steuern zahlen, die arme Klasse muss mehr zahlen. Infolgedessen verschlechterte sich die Lebensqualität der Mittelschicht in der Song-Dynastie durch die zunehmende Zahl exorbitanter Steuern und verdeckter Ausbeutung.

Die Zerstörung des Traums der Song-Dynastie

Als Song Shenzong 1067 den Thronsaal betrat, saß er weniger auf einem Drachenstuhl als auf einem Haufen trockenen Brennholzes, das durch einen einzigen Funken entzündet werden konnte. Er wusste, dass ohne Reformen die Grundlagen der Song-Dynastie zusammenbrechen würden. Er hatte ein Auge auf einen kühnen Minister geworfen, der den New Deal umsetzen sollte, nämlich Wang Anshu.

Wang Anshi sieht seit langem die ernste Lage, in der sich die Wirtschaft des Landes befindet, nämlich die Anhäufung von Armut, die finanzielle Erschöpfung, die wirtschaftliche Depression und die ungleiche Steuerbelastung. Wie ernst ist das Problem also?

Zunächst einmal ist die Lebensqualität der einfachen Leute viel geringer als früher. Ein typischer Landwirt mit einer fünfköpfigen Familie, mit zwei Arbeitern und drei Kindern, einer Familie mit Zuchtvieh und kompletten Produktionsmitteln, braucht 28,8 Steine für eine Jahresration an Lebensmitteln, 1,2 Steine für Salz, 3-4 Steine für Kleidung und 3-4 Steine für Futter. Darüber hinaus besteht von Zeit zu Zeit Bedarf an der Reparatur von landwirtschaftlichen Geräten und Düngemitteln. Letztendlich benötigt eine Bauernfamilie mindestens 36 bis 38 Steine an Lebensmitteln pro Jahr, um das Nötigste zum Leben und zur Fortpflanzung zu haben.

Aufgrund des Bevölkerungswachstums ist das Land einer typischen Bauernfamilie von durchschnittlich 95 mu in der frühen Nördlichen Song-Dynastie auf 50 mu in der Song-Dynastie gesunken. In der Nördlichen Song-Dynastie lag der durchschnittliche Getreideertrag bei etwa 2 Steinen pro mu Ackerland, und wenn man berücksichtigt, dass Ping, Feng und das rückständige Jahr jeweils ein Drittel ausmachten, lag der durchschnittliche Getreideertrag bei etwa 1 Stein. Die Familie erntet also etwa 50 Stein Getreide pro Jahr, und nach Abzug von 5 Stein für Saatgut bleiben etwa 45 Stein Getreide übrig (etwa 92 kg pro Stein). Nach dem Verzehr einer Familienmahlzeit blieben 7-9 Stein (644-828 catties) übrig, die einen Geldwert von etwa 2.100-2700 Yen haben.

Das sind 1.000 Münzen, die damals etwa so viel wert waren wie 276 kg Getreide oder 33 kg Salz.

Die beiden Steuern (Sommer- und Herbststeuer), die die Familie an die Regierung zu entrichten hatte, beliefen sich auf etwa 500 Yuan, was es der Familie ermöglichte, relativ gut zu leben, solange die Steuern nicht hoch waren. Zur Zeit der Song-Dynastie jedoch führte die Landaneignung zu einem starken Anstieg des Anteils der Bevölkerung an der Steuerlast.

Die Regierung bedient sich zunehmend verdeckter Mittel, um die Steuern bei der Erhebung der positiven Grunderwerbsteuer heimlich zu erhöhen. Die so genannte "Diskontierungsmethode" ist beispielsweise der willkürliche Austausch dieser Art von Rabatt gegen jene Art von Rabatt oder die Diskontierung jener Art gegen Bargeld zu einem höchst unangemessenen Preis. In Chenzhou schreibt die örtliche Regierung vor, dass die Sommersteuer nur Geld, aber kein Getreide einbringt. Der offizielle Preis wird auf 140 Yuan pro Eimer festgesetzt, während der Marktpreis nur 50 Yuan beträgt, was die Landwirte auf dem Markt zwingt, fast 3 Eimer Weizen zu verkaufen, um einen Eimer Steuern zu bezahlen; zur gleichen Zeit, die offizielle Regierung, um die Gewinne der Salz-Franchise zu gewährleisten, zwangsweise an die Menschen verteilt, um Salz zu kaufen, den Marktpreis von 30 Yuan pro catty von Salz, die offizielle hart verkaufen 100 Yuan, eine verdeckte Erpressung 3.3 mal; dann die offizielle wieder das Salz in Weizen umgewandelt, wurden die Landwirte noch einmal ausgebeutet; die Dinge sind nicht vorbei, die offizielle wieder den Weizen in Bargeld umgewandelt, die endgültige 1 catty von Salz verkauft, um 350 Yuan, während der Marktpreis nur 30 Yuan. Nach wiederholtem "Falten" haben sich die Steuern der Bauern mehr als verzehnfacht! Obwohl die anderen

Bundesstaaten nicht so gierig waren wie Chenzhou, führte die "Gesetzesänderung" dazu, dass der Steuerdruck auf die Landwirte drastisch anstieg und die Landwirte statt der 500 Yuan des Staates ein Vielfaches davon für ihre Felder ausgaben.

Neben der nationalen Positivsteuer, der Grundsteuer, treten auch verdeckte Steuern in vielfältiger Form auf. Um Militärgetreide im Norden zu horten, verteilte das Nördliche Song-Gericht zwangsweise den Kauf von Getreide an verschiedenen Orten, der Kaufpreis von nur 300 Yuan pro Stein der Regierung, die Landwirte haben eine Menge Verluste erlitten. Nicht nur das, die Regierung zahlte nur 1/4 des Geldes für einen Getreidestein, d.h. 75 Kyat, die restlichen 3/4 wurden in Tee umgewandelt, während der Marktwert des rationierten Tees nur 37 Kyat betrug, wurde ein Getreidestein in 112 Kyat umgewandelt. Noch lächerlicher ist, dass selbst der 37 Wochen alte Tee nicht vorhanden ist, sondern ein "Teeführer" ist, den die Bauern in weit entfernten Teeanbaugebieten abholen müssen. In ihrer Verzweiflung mussten die Bauern ihren "Tee" an Händler verkaufen. Am Ende verkaufte der Bauer einen Stein Getreide für nur 100 Kyat. Wenn zwei oder drei Steine verteilt werden, verliert der Bauer 400 bis 600 Yuan an Einkommen.

Zusätzlich zu diesen versteckten Steuern wurden von der lokalen Regierung auch noch andere exorbitante Steuern in eklektischer Weise erhoben. In der ursprünglichen südlichen Tang-Herrschaft der Jiangnan-Region, so viele wie 17 Steuern, den Verkauf von Rindern und Schafen, Getreide, Felder und Häuser haben eine Steuer, bauen Sie Ihr eigenes Haus, um die "Holz-Steuer Geld" zu zahlen, Vieh lebendig haben eine Steuer, tot auch Steuern zahlen müssen ("Kuhhaut Geld"), hat die Bevölkerung eine Vielzahl von Knechtschaft zu tragen, Trennung von Familienleben ist eine "Geldstrafe" zu zahlen; wie für Artemisia Geld, Schuh Geld, Fuß Geld und so weiter ist eine Vielzahl von Möglichkeiten. Wie Zhu Xi sagte: "Die alte Methode des Schnitzens und Abziehens ist in dieser Dynastie noch vorhanden".

Die Hauptursache für die steigenden exorbitanten Steuern ist die Annexion von Grundstücken!

Die großflächige Landaneignung durch die Großen und Mächtigen ist für die einfachen Landwirte äußerst nachteilig, und das von den Großen und Mächtigen besetzte Land wird selten besteuert. Der "Ziping Accounting Record" hatte berechnet: "Zählen Sie die Pacht, um die Anzahl der Hektar und mu zu kennen, während die Steuer nicht zehn von ihren sieben addiert. "Das bedeutet, dass bis zu 70% des Bodens überhaupt nicht besteuert werden! Die überwiegende Mehrheit davon ist natürlich von den Mächtigen und Einflussreichen besetzt. In den frühen Jahren der Song Renzong, Land-Annexion begann zu erhitzen, die mächtigen und mächtigen kaufte eine Menge Land, sondern versucht sehr hart zu verstecken, oft 15 mu ~ 20 mu Land nur 1 mu der Steuer zu zahlen. In den späteren Jahren der Song-Dynastie, "die offizielle Fu Nachname besetzen unbegrenzte Felder, Annexion und Fälschung, und gewohnheitsmäßige, schwere Gnade kann nicht verboten werden". Das Ausmaß der Steuerhinterziehung auf den versteckten Feldern der großen und mächtigen Familien erreichte ein alarmierendes Ausmaß: Die bei der Regierung registrierten Felder sanken von 5,24 Millionen Hektar unter dem Wahren Kaiser der Song-Dynastie auf 2,28 Millionen Hektar unter dem Renzong der Song-Dynastie, und fast die Hälfte des Landes der Song-Dynastie "verschwand"!

Der starke Rückgang der landwirtschaftlichen Nutzflächen zwang die Regierung, dies auf andere Weise zu kompensieren, und die landwirtschaftlichen Nutzflächen, die eigentlich den Mächtigen zustehen sollten, wurden auf verschiedene Weise an die einfachen Landwirte weitergegeben.

Das Leben der einfachen Leute soll für diese Haushalte Tee, Reis, Öl und Salz und so weiter bedeuten, wo kann das bäuerliche Leben noch weitergehen. In einem guten Jahr reicht es gerade noch für den Lebensunterhalt, und im Falle einer Naturkatastrophe kann man das Land nur mit einer Hypothek belasten und ist gezwungen, sich zu Zinssätzen von 100% bis 300% zu verschulden, und wenn man den Kredithaien erst einmal etwas schuldet, werden die Bauern ihr Land definitiv verlieren.

Unter der schweren Unterdrückung durch exorbitante Abgaben und Steuern waren immer mehr Menschen gezwungen, ihr Land zu verkaufen und als Teilpächter für die Mächtigen zu arbeiten. Die von den großen und mächtigen Pächtern gezahlten Grundsteuern stammten aus den Pachtzinsen der Pachtbauern, die dachten, dass der Verkauf ihres Landes an die großen und mächtigen Pächter ein Ausweg sei, aber schließlich feststellten, dass dies ein noch tragischerer, verzweifelter Weg war.

Für die Bauern war der Besitz von Land der größte Traum ihres Lebens, und nun ist der "Traum der Song-Dynastie" völlig zerplatzt.

WÄHRUNGSKRIEGE - V

Der wirtschaftliche Wohlstand der Nördlichen Song-Dynastie beruhte auf der Arbeit und dem Schaffen Tausender einfacher Familien, die ursprünglich enthusiastisch waren, erfanden und schufen, mehr und mehr konsumierten, ein wohlhabendes Leben führten und voller Hoffnung auf die Zukunft waren. Doch als die Landnahme zunahm, mussten sie feststellen, dass das Leben immer härter wurde, egal wie hart sie gearbeitet hatten. Sie wurden depressiv und verloren die Hoffnung auf die Zukunft.

Der Tag, an dem die Träume der Menschen zerschlagen werden, ist der Tag, an dem das Land den Bach runtergeht!

Unter den drei Bergen von Landaneignung, ungerechten Steuern und Währungsabwertung begann die Wirtschaft des Nördlichen Liedes ihre Vitalität zu verlieren und ging von Wohlstand in den Niedergang über. Die Zivilmacht ist am Rande der Erschöpfung, während die Staatsausgaben in die Höhe schnellen.

Die Zahl der Beamten am kaiserlichen Hof stieg von 3.000 bis 5.000 während der Song-Dynastie auf mehr als 20.000 während der Herrschaft des Song-Kaisers Renzong, was zu einem ernsthaften "Überflüssigkeitsproblem" führte. Zu Beginn der Song-Dynastie gab es nur 220.000 Soldaten, und zur Zeit der Qing-Dynastie des Song-Kaisers Renzong waren es bereits 1,25 Millionen! Allein die Militärausgaben beliefen sich auf schwindelerregende 48 Millionen Kwang, die 70 bis 80 Prozent der Einnahmen des Hofes ausmachten, und der Hof befand sich in einem gewaltigen Dilemma aus "überflüssigen Truppen" und "überflüssigen Ausgaben". Das damals größte stehende Heer der Welt schuf den "Mythos", dass es in ausländischen Kriegen keinen Sieg gab.

Seit der Song-Dynastie belief sich das nationale Steuerdefizit auf bis zu 3 Millionen Guan pro Jahr. Bis zum Jahr des Huang You (1049-1054) war die Hauptsteuer der aufeinanderfolgenden Dynastien - Tianfu - bei weitem nicht in der Lage, die finanziellen Ausgaben zu decken, die Geldeinnahmen von Tianfu betragen nur 5 Millionen Guan, ein Defizit von 22 Millionen Guan; Seideneinnahmen von 3,8 Millionen, ein Defizit von 5 Millionen; Getreideeinnahmen von 18 Millionen Stein, ein Defizit von 887 Millionen Stein.

Der kaiserliche Hof überstürzte die Steuer wie eine Eile, lokale Beamte wurden zur Eile gezwungen, nur um "falten" zu spielen, das Feld ruhig mehrmals verdoppelt, alle Arten von exorbitanten Beiträgen und Steuern, Arbeit und Service schwere Last ernsthaft frustriert die Arbeit Begeisterung der Song Menschen, erschüttert die finanziellen

Ressourcen des Landes. Gleichzeitig unternahm der kaiserliche Hof große Anstrengungen, um die Erhebung von Handelssteuern auszuweiten. Die Song-Dynastie war in der Tat weiter entwickelt als die Han- und Tang-Dynastien, die Wirtschaft erreichte die vierfache Größe der Sheng- und Tang-Dynastien, aber die Handelssteuer war mehr als zehnmal höher als die der Tang-Dynastie. Während der Song-Dynastie erreichten die Gesamteinnahmen der Nördlichen Song-Dynastie 100 Millionen Guan, und allein die Handelssteuer machte 56% der Gesamteinnahmen aus, was zum ersten Mal in der chinesischen Geschichte die Tianfu-Steuer überstieg.

Das Land war auch durch die Bauern überlastet, was zu einem Verlust der Arbeitsfreude führte, und das "Herz" der Wohlstandsbildung stand kurz vor dem Zusammenbruch; die Handelssteuern waren ungewöhnlich hoch, was den Warenverkehr hemmte, den reibungslosen Fluss der wirtschaftlichen Blutlinie erschwerte und die physische Verfassung der Dynastie schwächte; Währungsabwertung und Vermögensinflation führten zu "hohem Blutfett", "hohem Blutzucker" und "hohem Blutdruck" in der Wirtschaft, und die "drei Hochs" verschlimmerten die wirtschaftliche Lage der Nördlichen Song-Dynastie.

Die "Geldknappheit" wird durch den Schnee noch verschärft

Die Abwertung der Währung in der Nördlichen Song-Dynastie wurde immer gravierender, und das Vermögen der großen und mächtigen Haushalte musste erhalten und im Wert gesteigert werden, so dass die Umwandlung des umlaufenden Geldes in Sachwerte zur unvermeidlichen Wahl der Großen und Mächtigen wurde, was das Problem der "Geldknappheit" aufkommen ließ, das für die einfachen Bauern noch verheerender war.

Das erste Mal tauchte der Begriff "Geldmangel" in der Nördlichen Song-Dynastie auf und erregte die Aufmerksamkeit des Hofes während der Qing-Dynastie (1041-1048), die Ursache dafür war ebenfalls der Krieg mit dem westlichen Xia. 1040-1042 Songxia drei große Kriege endete mit der Niederlage der Nördlichen Song-Dynastie, die riesige Krieg Erschöpfung gezwungen, das Gericht zu beginnen, um die Währung zu entwerten, nicht nur die Sichuan Jiaotzu Papierwährung 600.000 Guan erhöhte Ausgabe, sondern begann auch, um den Wert von Kupfer und Eisen Geld, das die Qing-Dynastie für acht aufeinander folgenden Jahren nur ausgestellt "ein für zehn" Kupfer und Eisen großes Geld abwerten.

Die Standard-Kupfergeld der Nördlichen Song-Dynastie wurde als "kleine flache Geld", "wenn zehn Geld" ist größer als "kleine flache Geld" ein, aber weit von kleinen flachen Geld enthält 10-mal die Menge an Kupfer, sondern durch den kaiserlichen Hof mit 10 kleinen flachen Geld gleich dem Wert des Gesetzes, dieses Verhalten und das Römische Reich "Antonius-Münze" "Orleans-Münze" ist einfach ein Meister ausgebildet. Um es unverblümt auszudrücken, ist das Zehnpfand eine eklatante Abwertung der Währung, die natürlich eine Marktpanik auslöst. Die schlauen Kaufleute begannen, mehr Kupfer im kleinen Flachgeld zu horten, während die gierigen Kaufleute riesige Gewinne machten, indem sie Pfandzehnmünzen stahlen und prägten, der Effekt, dass schlechte Münzen gute Münzen verdrängten, trat automatisch ein, und es kam zu einer zunehmenden Verknappung des kleinen Flachgeldes im Umlauf.

Der Hof war schockiert, der Nutzen blieb aus, aber die Übel häuften sich, und das drakonische Gesetz des Kopfschüttelns und der Verbannung konnte die Gier der Menschen nicht aufhalten. Um die Piraterie einzudämmen, musste der kaiserliche Hof verkünden, dass die "zehn Pfund" in "fünf Pfund" geändert worden waren. Die wilden Spekulationen konnten dennoch nicht eingedämmt werden, später wurde sie in "drei Pfund" umgewandelt, was immer noch schwierig zu handhaben ist, und der Diebstahl von Gussstücken bringt immer noch riesige Gewinne. Am Ende musste das kaiserliche Gericht "zwei Pfund abziehen", d. h. ein großes Geld für zwei kleine Pfund, was den Drang zu spekulieren stoppte. Es ist nicht leicht, die menschliche Gier zu bekämpfen, aber es ist auch nicht leicht, eine harte Strafe zu bekommen. Glücklicherweise endete der Song- und Sommerkrieg vorerst, und dieses "dang ten"-Geld wurde nicht mehr wahllos verteilt, das Xiao-Ping-Geld kam wieder in Umlauf, und das Problem der Geldknappheit entspannte sich.

Später, mit der kontinuierlichen Verschlechterung der fiskalischen, der kaiserliche Hof wieder ausgegeben "Pfand zehn" Geld, aufgrund der heftigen Reaktion des Marktes, Piraterie gegossen ernst, die Inflation verschlimmert, dann wieder "Pfand drei", schließlich "Falten zwei". Allerdings wurde "Folding zwei" Kupfergeld allmählich die Praxis der Währung prägen, die großen Gewichtsverlust und schwere Über-Ausgabe von Kupfergeld wurde eine langfristige monetäre Alptraum der Nördlichen Song-Dynastie, das Problem der Geldknappheit begann sich zu verschärfen.

Zur Zeit der Flut von Zehn-, Fünffach-, Dreifach- und Zweifachgeld wurde das Xiao-Ping-Geld zu einer begehrten Ware. Händler horteten kleine Mengen von Flachgeld in großen Mengen, schmolzen dann gegossene Bronze wieder ein und tauschten sie gegen einen fünffachen Gewinn ein. Im Zuge der drastischen Währungsabwertung wurde die Bronze der Nördlichen Song, wie die heutige Wada-Jade und der Jadeit, zu einer begehrten Ware für Kapitalspekulationen. Angesichts des lukrativen und gewinnbringenden Gießens von geschmolzenem Geld waren sogar die Beamten mittendrin und reihten sich in die Reihen der "Verräter" ein, und der kaiserliche Hof konnte nicht umhin auszurufen, dass "der Beamte keine Bronze gießen soll".

Es gibt eine implizite Bedingung für das Prinzip, gute Münzen durch schlechte Münzen zu verdrängen, und das ist, dass das Gesetz vorsieht, dass schlechte Münzen und gute Münzen im Wert gleich sind, denn wer würde sonst auf dem freien Markt bereit sein, schlechte Münzen anzunehmen? Es ist die Macht des Staates, die die schlechten Münzen aus dem Verkehr zieht. Nachdem sie aus dem Verkehr gezogen wurden, strömen die guten Münzen immer dorthin, wo sie geschätzt werden. Das Kupfer in der guten Münze hat die ihm gebührende Anerkennung des Marktwerts erhalten, und manchmal treibt der Wind der Spekulation unter der psychologischen Erwartung einer Vermögensinflation den Preis des Kupfers an, das die Essenz des geschmolzenen Geldmachers ist.

Eine weitere Möglichkeit, gutes Geld zu verdienen, ist im Ausland.

Die westlichen Xia- und Liao-Länder sowie die Länder in Übersee respektierten den wahren Wert des Kupfers stärker, so dass das Xiao-Ping-Geld der Nördlichen Song-Dynastie wie ein Sturzbach unterging. Die Nördliche Song-Dynastie erließ das so genannte "Geldverbot", um der Geldknappheit zu begegnen. Es verbot das private Gießen von Geld, die Zerstörung von Kupfergeld, den Abfluss von Kupfergeld und die Überlagerung von Kupfergeld, wobei der Schwerpunkt darauf lag, den Abfluss und die Zerstörung von Kupfergeld zu verhindern. Auch wurde immer "wohlwollend" bekannt als Song Renzong auf das Geld Verbot sind außergewöhnlich hart, "Kupfer-Geld aus der Außenwelt, immer über, den Kopf der Ausführung", und Song Renzong vor der Todesstrafe Standard ist es, Kupfer-Geld 5 Guan aus dem Land zu tragen. Das Ergebnis war, dass weder die Liao noch die westlichen Xia ihre eigenen Münzen prägen mussten, und das Münzgeld der Nördlichen Song zirkulierte dort in so großen Mengen, dass sogar Japan und Vietnam daran verzweifelten. "Pan Yi erhielt chinesisches Geld, teilte es in Schatzkammern ein und bewahrte es als Staatsschatz auf. Deshalb geht in den Fan kein Kupfergeld, und die Fan-Waren werden auch nicht mit Kupfergeld verkauft."

Im Angesicht der menschlichen Gier verblasst sogar die Bedrohung durch den Tod.

Kein Wunder, dass Su Zhe, der große Schriftsteller, über den Exodus des Kupfergeldes klagte: "Wo es Profit gibt, ist kein Ende in Sicht."

Verschiedene Arten von großem Geld, die einen ernsten Mangel an Kupfer enthielten, waren in Mode, aber das kleine Flachgeld wurde immer knapper, je größer die Ausgabe von großem Geld war, desto schneller verschwand das kleine Geld, die ernste Inflation machte schließlich die Produktion von kleinem Flachgeld zu einem Verlustgeschäft, das Angebot an Kupfergeld im Nördlichen Song begann schnell zu sinken. Weil der Hof knapp an Geld war, wurde großes Geld gegossen; weil das große Geld gegossen wurde, verschwand das kleine Geld; weil das große Geld gegossen wurde, wurden die Dinge teurer, und die Produktion des kleinen Geldes verlor Geld; und das Angebot an noch weniger kleinem Geld verschärfte die Ausgabe von noch mehr großem Geld, so dass die Geldversorgung des Nördlichen Song in einem schrecklichen Teufelskreis gefangen war.

Unter Geldknappheit versteht man den raschen Abzug von kleinem Flachgeld aus dem Umlauf unter dem Zusammenspiel von Währungsabwertung und Vermögensinflation. Je stärker Jiangsu und Zhejiang wirtschaftlich entwickelt sind, desto größer ist die Geldknappheit. Dies liegt nicht nur daran, dass der Umlauf von kleinem Flachgeld in wirtschaftlich entwickelten Gebieten größer ist, sondern auch daran, dass die großen und mächtigen Haushalte in diesen Gebieten stärkere Anreize zum Abschmelzen von Geldgießern haben.

Die Landwirte in Jiangsu und Zhejiang sind weitaus abhängiger von der Geldwirtschaft als die Menschen in anderen unterentwickelten Regionen und sind auf die exorbitanten Steuern der Regierung und die "Faltung" aller Arten von Landzuschüssen angewiesen, um Barzahlungen aus dem Verkauf landwirtschaftlicher Erzeugnisse zu erhalten. Der Mangel an kleinen, flachen Geldbeträgen, der zu einem merkwürdigen Mangel an Marktliquidität führt, zwingt die Landwirte dazu, landwirtschaftliche Erzeugnisse zu einem niedrigeren Preis zu verkaufen, was für die einfachen Landwirte, die ohnehin schon in großen Schwierigkeiten stecken, nichts anderes bedeutet, als dass sie den Frost noch verstärken.

Die Landannexion hat zu einer Erhöhung der Steuerlast der einfachen Landwirte, der Abfluss von Land Zuschüsse und die Ausweitung der Staatsausgaben, was in der fiskalischen Einkommen überschritten, schwere Defizite zwang die Regierung, die Währung abzuwerten, Währungsabwertung stimuliert Asset-Inflation, Asset-Inflation beschleunigt die Land-Annexion, und zur gleichen Zeit induziert eine Geldknappheit, während die Land-Annexion und Geldknappheit verschlimmert die Notlage der Landwirte, wie ein Teufelskreis, sind die Menschen nicht in der Lage zu leben.

Dies war die große wirtschaftliche und soziale Krise der Nördlichen Song, bevor Wang Anshu seinen Weg änderte.

Warum hat Wang Anshi seinen Weg geändert und warum ist er gescheitert?

Im Jahr 1069 begann Wang Anshi mit der starken Unterstützung von Song Shenzong die berühmte Bewegung für eine Gesetzesänderung.

Wang Anshis Einblick in die Ursachen der wirtschaftlichen Misere ist ebenfalls sehr scharfsinnig, und sein Denken trifft den Nagel auf den Kopf: "Diejenigen, die heute noch nichts getan haben, sollten ihr Geld dringend einsetzen. "Die Verknappung der Steuereinnahmen ist ein Gebot zur Gesetzesänderung, und die Lösung besteht darin, die Kosten zu senken.

Open Source ist das, was Wang Anshi als "Vermögensverwaltung" bezeichnet, die auf der Entwicklung der Produktion und der Schaffung von Wohlstand beruht. Wang Anshi äußerte sich einmal in seinem Ratschlag an Song Renzong: "Deshalb denke ich, dass die Verwaltung des Wohlstands heute oberste Priorität hat", und "die Verwaltung des Wohlstands ist ein Notfall für die Landwirtschaft". Wang Anshi hatte den Zustand des Landes genau erfasst: Die Grundlage der Wirtschaft der Nördlichen Song war die Landwirtschaft, und ein Mangel an Landwirtschaft würde zu einer Depression führen. Und wie konnte man die landwirtschaftliche Produktion ankurbeln? Wang Anshi sagte sogar: "Landwirtschaft ist eine dringende Angelegenheit, wenn es darum geht, Krankheiten und Leiden zu beseitigen und die Annexion zu unterdrücken."

Wang Anshis wirtschaftlicher Gedanke der "Unterdrückung der Annexion" ist derjenige, in dem er am deutlichsten hervortritt. Die Nöte der Bauern, die geringe Begeisterung für die Arbeit und die Unannehmlichkeiten der Produktionsbedingungen sind die Hauptursachen für die Annexion von Land! Eine vernünftigere Reihenfolge wäre, zuerst "Fusionen und Übernahmen zu verhindern", bevor "Krankheiten und Härten zu beseitigen" und "die Landwirtschaft zu pflegen" erreicht werden kann.

Was die wichtigsten Maßnahmen zur Änderung des Gesetzes betrifft, so sieht Wang Anshi in der "Beseitigung der Übel und Leiden" einen Durchbruch und damit indirekt die Lösung des Problems der "Unterdrückung des Zusammenschlusses" als heiße Kartoffel. So sieht das "Grünpflanzengesetz" beispielsweise vor, dass alle Bundesstaaten und Landkreise vor der jährlichen Sommer- und Herbsternte bei der örtlichen Regierung Geld oder Getreide zur Subventionierung der Landwirtschaft leihen können. In jenen Jahren wurde das Darlehen mit den Frühjahrs- und Herbststeuern zurückgezahlt, und der Zinssatz betrug 20 bis 30%. Ohne die "zinsgünstigen" Kredite der Regierung müssten sich die Landwirte bei den großen Finanziers verschulden. Der Zinssatz von 30% klingt hoch, aber der Wucher der großen Finanziers liegt bei 100% bis 300%. Die Kreditaufnahme zu Wucherzinsen bedeutete, dass das Land des Landwirts mit einer Hypothek belastet wurde, und wenn das Geld nicht gezahlt wurde, wurde das Land von den großen Jungs annektiert. Mit dem "Gesetz über die grünen Triebe" soll der Ausbeutung durch Wucher mit staatlichen Krediten entgegengewirkt werden, damit die Landwirte ihr Land auch in "schlechten Jahren" bewahren können und nicht von den großen Familien annektiert werden".

Das Gesetz der Befreiung vom Dienst basiert auf jeder Familie Reichtum Ebene, die Anzahl der Hektar, die Zahl der kleinen und starken, um den Geldwert des Dienstes zu bestimmen, die Reichen mehr Anteil, die Armen weniger Anteil, können die Menschen wählen, um "Befreiung Geld" anstelle der Dienstleistung des Dienstes zu zahlen. Seit der Antike ist der Arbeitsdienst eine schwere wirtschaftliche Belastung der Landwirte, Garnison, Reparatur Paläste, bauen Mausoleen, Graben Drainagen, für die offizielle Regierung, wenn ein Job, einen Monat oder mehr, nicht nur die Familie der landwirtschaftlichen Produktion zu verzögern, sondern auch geschwächt das Handwerk und kommerzielle Arbeitsangebot, mehr unfair ist die Regierungsbeamten nicht nehmen Getreide, nicht um einen Job zu sein, ist die gängige Praxis, die Last der nationalen Dienst alle auf die einfachen Bauern fiel.

Das Freistellungsgesetz brach diesen unvernünftigen Mechanismus der Verteilung der schweren Arbeit auf, die mächtigen und großen Haushalte mussten die wirtschaftliche Hauptlast der schweren Arbeit tragen, während die "Härten" der Bauern bis zu einem gewissen Grad gelindert wurden. Noch wichtiger ist, dass "freies Geld" und die Anzahl der Hektar Land miteinander verknüpft sind: Je mehr Hektar Land, desto höher ist das "freie Geld", was ähnlich wie die moderne Grundsteuer auf "Hausschwester" "Hausonkel" eine große hemmende Wirkung hat. Daher lindert das Freistellungsgesetz zwar direkt die "Härte" der einfachen Landwirte, hemmt aber indirekt auch die Landanbindung. Als die Nachricht, dass eine mächtige und einflussreiche Familie in Zhejiang gezwungen war, 600 Guan "Freigeld" in Anspruch zu nehmen, die Hauptstadt erreichte, war der kaiserliche Hof schockiert. Wang Anshi sagte zu Song Shenzong: "Gebt sechshundert Guan oder unfreiwillig, und dann zerstört die Annexion, als solche!"

Das "Fangtian"-Gesetz zur Ausgleichssteuer ist ein wirksames Instrument zur Verhinderung der Landaneignung, "Fangtian" ist die Neuvermessung des nationalen Bodens, "Ausgleichssteuer" auf der Grundlage der Messung des "Fangtian", entsprechend der Größe des Hektars Land und des armen Düngers für die Neueinstufung der Feldbewertung. Die Fangtian-Ausgleichssteuer stieß im ganzen Land auf den entschiedenen Widerstand mächtiger und einflussreicher Familien und lokaler Behörden und wurde schließlich nur in Teilen des Nordens eingeführt. Die fünf nördlichen Provinzen machen nur 20% der Gesamtfläche des Landes aus, während die ermittelten Felder 54% der Steuerflächen des Landes ausmachten, woraus ersichtlich wird, wie ernst die Situation der großen und mächtigen Haushalte ist, denen die Grundsteuer entgeht. Wenn die Politik der gleichmäßigen Besteuerung von quadratischen Feldern auf das ganze Land ausgedehnt wird, wird sie der rasenden Dynamik der Landaneignung einen tödlichen Schlag versetzen.

Die Umsetzung des Ausgleichs- und des Tauschgesetzes zielt darauf ab, die "Fusionen" im Handelsverkehr einzudämmen und das Preismonopol der Finanzbosse und Tycoons zu brechen, um dem freien

Wettbewerb der kleinen Händler Raum zu geben und gleichzeitig die Einnahmen der Staatskasse zu erhöhen und die Bürger zu entlasten.

Neben Open Source legt das neue Gesetz auch Wert auf Kosteneinsparungen. Als Reaktion auf die "Überflüssigkeit" fusionierten und reduzierten die Reformisten landesweit die Zahl der Staaten und Kreise und schafften 38 Staats-, Militär- und Aufsichtsorgane sowie 127 Kreise ab. In den fünf Jahren nach der Gesetzesänderung von Wang Anshi verzeichneten die Finanzen der Nördlichen Song einen großen Überschuss, der Wind der Landaneignung wurde hart getroffen, und der Steuerdruck auf die einfachen Bauern wurde gemildert.

Auch wenn Wang Anshi nicht direkt Maßnahmen zur Eindämmung der Landaneignung ergriffen hat, könnte dies seine politische Strategie sein, um den Feind nicht zu sehr in die Enge zu treiben und eine starke Gegenreaktion der Interessengruppen auszulösen, was die Umsetzung der Gesetzesänderung erschweren würde. Aber seine Maßnahmen trafen den Nagel auf den Kopf der Landaneignung, und die wohlhabende Gruppe sah es in ihren Augen, hasste es in ihrem Herzen und litt darunter.

Die meisten Beamten am Hof der Nördlichen Song sprachen für die Armen und arbeiteten für die Reichen". Wang Anshi so bewegt, "für die Armen zu sprechen, sondern auch Dinge für die Armen zu tun", brach nicht nur die Regeln des Beamtentums, sondern auch direkt berührt die Bürokraten und Herren und die mächtigen und großen Haushalte der lebenswichtigen Interessen, sie haben lange eine unzerstörbare Gemeinschaft von Interessen gebildet, ein Verlust, ein Ruhm und Ehre, die Änderung des Gesetzes ist verpflichtet, den Wahnsinn der institutionellen Gier Rückschlag zu provozieren.

Und Wang Anshis einziger Unterstützer war der böswillige und unnachgiebige Song Shenzong. Die Tatsache, dass der Fünferangriff auf Xia gescheitert war, zeigt, dass der Kaiser nur über ein mittelmäßiges Talent verfügte, ohne Ehrgeiz zu herrschen und ohne Entschlossenheit zu töten oder anzugreifen. Angesichts der überwältigenden Kritik der von Sima Guang angeführten Literaten, des offenen Widerstands und der finsteren Kämpfe der bürokratischen Machthaber am kaiserlichen Hof und sogar des enormen Drucks der Verwandten des Kaisers, einschließlich der Kaiserinwitwe und der Kaiserinwitwe, trat Song Shenzong, der sich um die Stabilität des Throns zu sorgen begann, schließlich den Rückzug an.

Weniger als fünf Jahre nach der Änderung des Gesetzes trat Wang Anshi in Ungnade zurück. Obwohl die Song-Dynastie die Bestimmungen der Gesetzesänderung beibehielt, verlor eine große Anzahl von Ministern der Gesetzesänderung die strenge Aufsicht, von der zentralen bis zur lokalen Beamtenschaft, um den Verlust der Gesetzesänderung Fraktion zu sehen, wo ist der Geist, um ernsthaft die Details der Gesetzesänderung umzusetzen. Nachdem Wang Anshi zurückgetreten war, wurde das Gesetz nur dem Namen nach geändert.

Die letzte Reform der Nördlichen Song-Dynastie zur Kontrolle und zum Ausgleich der Mächtigen und Mächtigen scheiterte schließlich, und als Sima Guang 1085 an die Macht kam und das neue Gesetz aufhob, begann die Nördliche Song-Dynastie mit einer noch größeren Ausweitung der Habgier.

In der Geschichte Chinas hat es nur wenige Fälle gegeben, in denen Reformen letztendlich erfolgreich waren, weil sie nicht stark genug waren, um die institutionelle Gier zu durchbrechen, die sich festgesetzt hatte. Der Grund für das Scheitern von Wang Anshi lag darin, dass er nicht nur die wenigen Mächtigen und Mächtigen, die Land annektiert hatten, herausfordern wollte, sondern auch die gierigen Gelüste verschiedener Interessengruppen innerhalb und außerhalb des Landes. Ohne den eisernen Willen von Qin Xiaogong wäre es schwierig gewesen, das Gesetz zu ändern.

Reformen und Veränderungen sind in der Tat eine zweite Revolution, und zwar eine, die das Messer auf sich selbst richtet.

Der letzte Wahnsinn der Gier

Cai Jing wurde als Kopf der "Sechs Diebe der Nördlichen Song-Dynastie" bezeichnet, was eine treffende Bezeichnung ist. Cai Jing begann seine Karriere als mächtiger General, der zusammen mit Wang Anshi das Gesetz änderte und gut darin war, den Wind und das Ruder zu erkennen. Sima Guang hatte in seinem "Allgemeinen Leitfaden für die Herrschaft des Qi" die Begriffe "Gentleman" und "Schurke" sehr tiefgründig definiert; er war der Meinung, dass die Tugend größer ist als das Talent des Gentleman und das Talent größer ist als die Tugend des Schurken. Aber selbst Leute wie Sima Guang, der die Geschichte durchschaut, müssen sich auf die kleinen Leute verlassen, um etwas zu tun.

Sima Guangs Abneigung gegen die Gesetzesänderung von Wang Anshi war allen bekannt, und als er an die Macht kam, nahm er natürlich eine vollständige Restauration vor. Die reformorientierten Kader von Wang Anshi wurden alle beseitigt, und Cai Jing war keine Ausnahme. Als Sima Guang das neue Gesetz aufhob, begann er als erstes mit dem "Gesetz über die Befreiung vom Dienst", was die Interessengruppen sehr unglücklich machte. Er ordnete dringend an, das alte "Gesetz über den Militärdienst" innerhalb von fünf Tagen wieder in Kraft zu setzen, was bedeutete, dass alle Durchführungsbestimmungen vollständig geändert werden mussten, mit einer Vielzahl von Auswirkungen, einer Vielzahl von betroffenen Personen und einem scheinbar nicht zu bewältigenden Arbeitsaufwand, um die Bevölkerung zu überzeugen und sogar zu unterdrücken, wobei Beamte auf allen Ebenen Schwierigkeiten hatten, sie rechtzeitig fertig zu stellen. Choi Kyung, ein ehemaliger General der gesetzesbrechenden Fraktion, vollendete jedoch die Wiederherstellung des gesamten "Gesetzes der Magistrate" innerhalb der Frist. Im Handumdrehen wurde Cai Jing von einem Generalkader der neuen Partei zu einem fähigen Beamten der alten Partei. Sima Guang war von Cai Jings Talent beeindruckt und lobte ihn: Wenn jeder so wie du nach dem Gesetz handeln würde, wie könnte es dann ein Gesetz auf der Welt geben, das nicht funktioniert?

Sima Kuang ist sehr anspruchsvoll, wenn es um die Aufarbeitung der Geschichte geht, aber ohne einen fähigen Mann wie Cai Jing kann man nicht wirklich ein Geschäft führen. Doch die Qingliu des kaiserlichen Hofes hassten beide Seiten des Kopfes und der Ratte, Sima Guang war von Cai Jing beeindruckt, konnte es aber nur vorübergehend beiseite schieben.

Der größte Unterschied zwischen Wang Anshi und Cai Jing liegt nicht in der Handlung selbst, sondern im Zweck der Handlung. Wang Anshi änderte das Gesetz, um den Menschen in der Welt zu helfen und dem Land zu dienen, während Cai Jing unter dem Banner der Gesetzesänderung, ja sogar durch die Änderung des Gesetzes, versucht, seine eigenen Interessen zu maximieren. Für den Schurken spielt es keine Rolle, ob es richtig oder falsch ist, noch gibt es Gerechtigkeit oder Ungerechtigkeit; was falsch ist, ist richtig, und was nicht richtig ist, ist auch gerecht, solange es gut für ihn selbst ist. Keiner der Schurken in der Geschichte ist talentiert, aber je talentierter sie sind, desto schädlicher sind sie letztlich für das Land.

Was den Bösewicht am meisten auszeichnet, ist seine Hochsensibilität für Gelegenheiten und oft seine Fähigkeit, die

Gelegenheit zu ergreifen, um sein Schicksal zu ändern. Cai Jings künstlerische Kultivierung war extrem hoch. Als er erfuhr, dass der neue Kaiser Song Huizong ein Meister der Kalligrafie und Malerei war, sammelte er in Hangzhou seltene Gemäldeeinladungen sowie exotische Steine und Schätze und nutzte die Gelegenheit, dass Tong Guan, ein enger Minister von Song Huizong, in den Süden reiste, um Schätze für den Kaiser zu finden. Cai Jing gab sich große Mühe, ihn rund um die Uhr zu begleiten, freundete sich mit Perlen und Schätzen an und erlaubte Tong Guan schließlich, seine Gemälde und Kalligraphien in die Hauptstadt zu bringen. Der Eindruck, den der Kaiser von Cai Jing hatte, wurde durch Tong Guans schöne Worte erheblich verbessert. Später rief Kaiser Huizong aus der Song-Dynastie Cai Jing in die Hauptstadt und wurde zu einem Vertrauten der Malerei und Kalligraphie.

Mit der Anerkennung des Kaisers und seinen eigenen Fähigkeiten wurde Cai Jing bald zu einer mächtigen Figur am Hof. Bürokraten, Beamte, Finanzmagnaten und die Mächtigen und Mächtigen kamen ihnen zu Hilfe und bildeten die "Caijing-Gruppe", vertreten durch Caijing, Wang (Stickerei), Tong Guan, Liang Shi Cheng, Zhu und Li Yan, mit Song Huizong als ihrem General im Hintergrund.

Um Song Huizong gut zu dienen und sich die Gunst des Kaisers zu sichern, scheute die Caijing-Gruppe keine Kosten, um Song Huizongs Wünsche zu erfüllen. Er errichtete Paläste und Gärten, baute überall den Daoismus auf, richtete das Yingbong-Büro und das Baubüro ein, förderte die Schlacht von Huashizhizang, baute den Yanfu-Palast und das Burgunderschloss, was enorme Summen kostete. Um seine eigenen politischen Erfolge zu steigern, begann er den Krieg im Nordwesten und setzte Truppen ein; im Norden schloss er sich mit dem Goldenen Staat zusammen, um die Liao anzugreifen, was schließlich zum Einzug der Wölfe führte. Es geht Caijing also gar nicht um die Strategie des Landes, sondern um die Maximierung seiner eigenen Interessen auf Kosten des Landes.

Um all dies zu tun, müsste die Caijing-Gruppe eine große Menge Geld anhäufen. Als Nachfolger von Wang Anshi trieb er die Änderung der Gesetze auf die Spitze. Er stark verändert das Gesetz der Salz-Tee, der lokalen Salz-Tee Vorteile aller an die Zentralregierung, die armen und erschöpften lokalen Regierung, um mit Cai Jing's harte "Finanzmanagement" Bewertungsindikatoren zu bewältigen, nur grausame Unterdrückung der einfachen Menschen, schließlich gezwungen Fang La Rebellion, Fang La Armee ist die wichtigste Kraft in den Bankrott der Teebauern.

Zur gleichen Zeit startete die Caijing-Gruppe mit "Xichengzhao" als Kernstück die zweite und irrsinnigste Landaneignungswelle in der Geschichte des feudalen China.

Nachdem Caijing Li Yan, einen engen Freund von Caijing, mit der Leitung des Xicheng-Instituts betraut hatte, wurde die Ausweitung des offiziellen Landes zu einem Instrument für Caijings Gruppe, um sich zu "bereichern". Sie planten, das gesamte riesige zivile Land von Xiangsheng im Süden bis Mianchi im Westen und dem Gelben Fluss im Norden als "öffentliches Land" zu annektieren.

Sie erließen Gesetze, um die Eigentümer zu zwingen, die Urkunden über ihr Land vorzulegen, und verfolgten ihre Ansprüche einen nach dem anderen, bis sie vor hundert Jahren, als sie die ursprünglichen Urkunden von vor mehreren Generationen nicht wiedererlangen konnten, das Land beschlagnahmt und die Hektar neu vermessen wurden und die ursprünglichen Eigentümer gezwungen wurden, einen Pachtvertrag mit Xicheng zu unterzeichnen und danach die Miete zu zahlen.

Im Zuge der Annexion wies die Caijing-Gruppe jedes Mal, wenn sie an gutem Land interessiert war, heimlich Leute an, sich bei der Regierung zu melden, und behauptete fälschlicherweise, das Feld sei ursprünglich Ödland und alle Urkunden seien gefälscht, so dass das gesamte Land des Bezirks "konfisziert" wurde, was den Unmut der Bevölkerung erregte. Die örtliche Regierung wurde angewiesen, die Unruhestifter zu verhaften, Tausende von guten Menschen zu töten und allein im Gebiet Chushan in Henan 34.000 Hektar Land zu annektieren.

Im Zuge der verrückten Annexion von Land durch die Caijing-Gruppe befand sich auch Liang Shanbo innerhalb des eingekreisten Landes, was die Rebellion gegen die 108 Liang Shan good Han unter der Führung von Song Jiang nur noch verstärkte.

Die zweite groß angelegte Landaneignung führte dazu, dass "der südöstliche Teil des Landes von Zhu, der nordwestliche Teil von Li Yan und der grundlegende Reichtum der Welt von Cai Jing und Wang erschöpft wurde (Stickerei)".

Mit der Sommerexpedition im Nordwesten, der Liao-Expedition im Norden, der Fang-La-Rebellion im Süden und der Song-Jiang-Rebellion im Osten geriet der kaiserliche Hof in Aufruhr und die

Staatskasse war leer. Die Caijing-Gruppe begann daraufhin, die Währung in einem Rausch abzuwerten und die Welt zu bereichern. Infolgedessen wucherte die Teegurke und der Salzpreis sank. Gleichzeitig führte die Caijing-Gruppe auch eine groß angelegte Abwertung von Kupfer- und Eisenmünzen, kleinem Flachgeld, gefaltet zwei, wenn drei, wenn fünf in einer Reihe, das Geld ist immer noch weit von genug zu verbringen, so dass, wenn zehn Geld wieder, der Markt in Panik, Geschäftsleute ihre Konten geschlossen. Als das Zehnergeld in Konkurs ging, brachte die Caijing-Gruppe wieder das superschlechte, mit Münzen ummantelte Zinngeld auf den Markt, woraufhin die Unzufriedenheit der Öffentlichkeit überkochte und das Gericht schockiert war. Am Ende konnte selbst Kaiser Huizong aus der Song-Dynastie das nicht mehr mit ansehen und musste zugeben, dass "der Schaden des Zinngeldes noch größer war als der der verflixten Zehn".

Das Schicksal der Währung und letztlich auch der Nation. Am kritischen Wendepunkt zwischen dem Aufstieg und Fall von Imperien und Dynastien ist die Währungsabwertung der empfindlichste Beobachtungsindikator, der direkt den Zustand der fiskalischen Verschlechterung widerspiegelt und indirekt die Schärfe der Polarisierung von Arm und Reich, der Vermögenskonsolidierung, der Steuergerechtigkeit und der sozialen Konflikte zeigt.

Die dramatische Entwertung von Kupfer- und Eisengeld führte zu einem völligen Zusammenbruch des Geldsystems in der Nördlichen Song-Dynastie. Könnte die Nördliche Song-Dynastie als erstes Land der Welt, das ein Papiergeldsystem erfand, das Schicksal des Geldes verändern, indem sie Metallgeld durch Papiergeld ersetzt?

Dies geht auf die Ursprünge des Northern Song-Papiergeldes zurück.

Die erste Papierwährung der Welt

Im Jahr 965 fiel das Gebiet von Chengdu, das als Land Tianfu bekannt war, nach mehr als einem halben Jahrhundert mit fünf Generationen und zehn Staaten an die Nördliche Song-Dynastie. Nach mehr als 30 Jahren des Friedens und der Stabilität ist die ehemals blühende Region Chengdu wieder zum Handelszentrum Westchinas aufgestiegen und steht nach den beiden wohlhabendsten Regionen der Welt, Zhejiang und Zhejiang, an zweiter Stelle.

Die rasante wirtschaftliche Entwicklung Sichuans sah sich damals jedoch mit einem immer schwieriger werdenden Handelsengpass konfrontiert, einem Währungsdilemma.

In Sichuan herrscht ein großer Mangel an Kupfergeld, und die Markttransaktionen stützen sich hauptsächlich auf das äußerst unbequeme Eisengeld. Ein Stück Seide mit einem Gewicht von 130 Pfund kostete zum Marktpreis 2.000 Eisen-Dollar, und um ein paar Stücke Seide zu kaufen, musste man einen Wagen ziehen, um das Geld zu transportieren. Damals legte die Regierung fest, dass eine Kupfermünze für 10 Eisenmünzen zu haben war und eine Kupfermünze mit einem Gewicht von etwa 5 Katties die Kaufkraft von 65 Katties Eisenmünzen hatte. Die Menschen in Jiangsu und Zhejiang trugen 5 Pfund Kupfergeld lässig durch die Straßen, während die Menschen in Chengdu 65 Pfund Eisengeld mit sich führen mussten.

Die Einwohner von Chengdu waren zum Nichtstun gezwungen und entwickelten eine Finanzinnovation von Weltrang, die erste Papierwährung der Welt, die Jiaotzu, die vor etwa 1000 Jahren aufkam.

Die erste Papierwährung der Welt, die Jiaotzu (später in Regierung umbenannt und am Ende der Nördlichen Song-Dynastie in Qian Yin umbenannt)

Damals trafen sich 16 wohlhabende Geschäftsleute in der Gegend von Chengdu, um zu diskutieren: Warum sind wir so dumm, mit schwerem Eisengeld herumzulaufen, um Geschäfte zu machen, wir könnten das Eisengeld genauso gut in ein Lagerhaus legen, "Quittungen" für Transaktionen zu verwenden ist nicht einfach? Alle schrien unisono auf. Sechzehn wohlhabende Kaufleute einigten sich daraufhin darauf, Papierquittungen in gleicher Größe und aus gleichem Material zu drucken, mit Siegeln auf der Vorder- und Rückseite der Haus- und Baumfiguren, die jeweils gestempelt wurden. Um Fälschungen vorzubeugen, wurde ein "Kennwort" hinzugefügt, das nur von den anderen identifiziert werden kann, z. B. "Zhu Mo hat sich geirrt und dachte, es sei eine private Aufzeichnung". Die gedruckte Lieferung ist wie eine Quittung, bei der der Betrag frei gelassen und vorübergehend wieder ausgefüllt wurde.

Diese 16 wohlhabenden Geschäftsleute wurden "Jiaotzi-Haushalte" genannt und wurden zu den "Jiaotzi-Bankern" in Sichuan.

Auf diese Weise, 16 reiche Kaufleute von großen und kleinen Kunden, nur in den verschiedenen Zweigen des Haushalts der

Lieferung von schweren Eisen Geld, das Personal des Ladens, um die Höhe der Eisen-Geld in der Lieferung der Höhe der Eisen-Geld zu überprüfen, und dann die Kaufleute können eine leichte Eisen Geld Quittungen, Einkaufen um es zu kaufen. Ganz gleich, wie weit man in den von den 16 großen Kotoko-Filialen abgedeckten Gebieten entfernt ist, der Kotoko der Millionen-Kwan-Klasse kann ungehindert reisen. Eine Person, die im Besitz eines Kotokos ist, kann jederzeit zu einem Übergabehaus gehen und um den Umtausch in Eisengeld bitten, und das Übergabehaus löst es sofort ein, ohne auch nur die Stirn zu runzeln, außer dass eine "Druckgebühr" von 30 Yen, also etwa 3% der Bearbeitungsgebühr, erhoben wird.

Zu dieser Zeit war der Handel in der Gegend von Chengdu bereits hoch entwickelt, Handelskredite waren weit verbreitet, und die 16 Handelshaushalte unterhielten Geschäftsbeziehungen untereinander, auch der Kredithandel war üblich, wenn ihre Kunden große Transaktionen durchführten, die oft per Überweisung abgewickelt wurden, und schließlich durch die Handelshaushalte, um die Differenz täglich auszugleichen, nur der Rest des Eisengeldes musste zwischen den Handelshaushalten transportiert werden, die Transaktionskosten wurden stark reduziert.

Das Eisengeldlager der 16 großen Jiaotzu-Haushalte bildet das Eisengeld-Reservelager in Chengdu, und es ist ein Reservelager für 100% des Eisengeldes für einen Jiaotzu. Die PTIs waren so bullish wie JPMorgan Chase und HSBC heute, und ihre Eisengeldlager waren wie die Tresore der US COMEX heute, die aus verschiedenen Lagern zusammengesetzt sind. Jeden Tag musste jede Familie dem Familienoberhaupt über die Menge des gelagerten Eisengeldes und die Menge des von der Familie ausgegebenen Geldes Bericht erstatten, und das Oberhaupt musste sogar der Regierung Bericht erstatten.

Ein solches vollständiges System der Geldausgabe war eine epochale Revolution in der Finanzgeschichte der Welt, und das erste Papiergeld der Welt war geboren, das dem westlichen Papiergeld um sechs- oder siebenhundert Jahre vorausging!

Die Entstehung des Jiaotongzi, die Verringerung der Kosten für den Transport von Eisen-Geld in Markttransaktionen auf fast Null; die seriösen 16 wohlhabenden Kaufleuten gemeinsame Versicherung Mechanismus, der wiederum macht das Kreditrisiko von Jiaotongzi fast vernachlässigbar; der deutliche Rückgang der Transaktionskosten, bringen beispiellose wirtschaftliche und handelspolitische Wohlstand in Sichuan Region. Jedes Jahr in Sichuan Seide Tee, Reis und Weizen wird reif sein, die Kaufleute tragen leichte wiederum auf dem Land, gehen mehr entfernt, reisen leichter, das Handelsnetz mehr offen, die Zirkulation von Materialien ist größer, billigere Preise.

Alles ist so perfekt!

Nach etwas mehr als 20 Jahren begann Koshiko, seinen Geschmack zu ändern. Die menschliche Gier, insbesondere die Gier der Kotoko-Banker als Gruppe, begann, den Kredit von Kotoko leise aufzufressen.

Wenn man es anders betrachtet, wenn man das Recht hat, die Söhne zu verteilen, und es keine Überwachung von außen gibt, und man still und leise mehr Söhne druckt oder ein paar Zahlen mehr einträgt, wer wird es dann merken? Schließlich wird nur etwa ein Drittel der Menschen, die eine Behinderung haben, zum Umtausch von Eisengeld kommen, die Leute haben Angst vor Ärger, zweitens glauben sie an den Kredit des Behindertenhaushalts, und drittens haben sie lange Zeit Papiergeld benutzt und sich an diese Bequemlichkeit gewöhnt.

Jeden Abend, wenn die Familien auf die Stapel von Eisengeld schauen, die ungenutzt im Lagerhaus liegen, ist es wie eine Katze, die sich am Juckreiz kratzt, wenn du den Stift bewegst, kannst du morgen die Villa des Nachbarn in deinem eigenen Namen kaufen, und übermorgen kannst du Hunderte von Hektar gutes Land in deinem alten Zuhause kaufen, sowie Gold, Silber und Juwelen, Jade-Achat, kann leicht ihr eigenes Haus bekommen. Vielleicht kämpfte die Kotoko-Chan für einen halben Tag heute Abend, oder vergessen Sie es, Glaubwürdigkeit ist wichtiger. Aber wenn Sie darüber nachdenken, für eine halbe Nacht, für mehr als 20 Jahre, es ist eine lebenslange Strafe von psychischen Folter.

Die Gier setzt sich schließlich durch.

Wenn eine Familie anfängt, enorme Vorteile aus der stillen Erhöhung der Kinderzahl zu ziehen, wie können dann andere Familien nicht lernen? Auch sie wurden über 20 Jahre lang von der gleichen Versuchung gequält. Wenn Gruppen von Gesprächspartnern Interessengruppen bilden, können sie sich gegenseitig decken und sich mit Beamten anfreunden, um die Regierung davon abzuhalten, sich in die Angelegenheiten der Gesprächspartner einzumischen. Solange es kein Durcheinander gibt, ist die Regierung froh, frei zu sein.

Schließlich stellten die Unterbanker fest, dass das Drucken von Geld weitaus profitabler war, als am Morgen ihr Leben zu riskieren, und dass sie der großen Versuchung, für nichts ins Gefängnis zu gehen, nicht widerstehen konnten.

Das taten die Junzi-Banker der Nördlichen Song-Dynastie vor 1000 Jahren, das taten die Goldschmiede-Banker des Westens vor 300 Jahren, und das tun die Banker der Wall Street heute.

Nach mehr als 20 Jahren erfolgreicher Tätigkeit in der Region Sichuan wird das Problem der Überschwemmung mit Cross-Cuts immer deutlicher. Die Inhaber der Crossover sind nicht dumm, sie sind nur aufgrund der Informationsasymmetrie einen halben Takt langsamer, um zu reagieren. Als Zweifel und Angst den Markt zu durchdringen begannen, schnellten die Kreditkosten der Transaktion in die Höhe. Infolgedessen wurden die Dinge schließlich groß, und eine große Anzahl von Kunden nahm das Geld, um das Geld auf das Konto zu quetschen, die Banker schlossen die Tür, einige trugen sogar Gold und Silber und Weichheit von zu Hause weg. "Oder die Leute kamen, um nach Geld zu fragen, versammelten sich, um das Siegel des Kopfes zu bekommen, schlossen die Tür, ohne herauszukommen, oder versammelten sich sogar in einer Menge von Streitigkeiten", obwohl nach Vermittlung durch die Regierung, die Haushalte "nicht zahlen konnte die Last und mehrere Klagen". Schließlich ist die Regierung von Chengdu besorgt über den Zusammenbruch der Finanzordnung und hat die Subunternehmer aufgefordert, ihre Unternehmen zu schließen und ihre Vermögenswerte zu verkaufen, um ihre Schulden zu begleichen.

Nach mehr als 20 Jahren der Gleichgültigkeit erkannte die Regierung schließlich, dass die "Finanzinnovation" des Papiergeldes so große Vorteile bringen kann. Also wandte sich die Regierung von Chengdu an den kaiserlichen Hof und erklärte, dass es gut sei, wenn die Menschen ihr eigenes Geld hätten, und dass es gut sei, wenn sie ihr eigenes Geld hätten.

Im November 1023, dem 64. Jahrestag der Gründung der Nördlichen Song-Dynastie, genehmigte Song Renzong die Einführung der "Yizhou Jiaozuo" und führte damit offiziell die erste souveräne Kreditwährung der Menschheitsgeschichte ein.

Staatliche Kredite, Gier wie immer

Streng genommen war die von der Nördlichen Song-Regierung verwaltete jiaozi keine rein souveräne Kreditwährung, denn die von der Regierung verwaltete jiaozi konnte jederzeit Eisengeld eintauschen, das als eine frühe Version der Bank of England von 1694 angesehen werden kann, allerdings nicht als Goldstandard, sondern als "Eisenstandard".

Das Regierungsbüro des Jiaotongzi hat einen souveränen monetären Königszug unternommen, beginnend mit den fünf Kapiteln des Gesetzes zwischen der Regierung und dem Volk von Sichuan.

1. Der Druck der Banknotenvorlagen durch die Regierung muss streng kontrolliert werden, wobei der "Yizhou Jiaozi Service" für den Druck der Banknoten und die Yizhou-Beobachtermission für die Überwachung zuständig sind und gegenseitige Kontrolle ausüben, um Gerechtigkeit, Fairness und Offenheit zu gewährleisten.

2. Die Bücher über die Ausgabe von Söhnen und Töchtern werden streng geführt, und jeder ausgegebene Sohn und jede ausgegebene Tochter, von 1 Guan bis 10 Guan, wird vollständig registriert und zur Einsichtnahme durch den Bürgerbeauftragten versiegelt.

3. Zurückgewonnene Söhne werden angekauft und über die Emissionsbücher verkauft und dann sofort vernichtet.

4. Für die Ausgabe von Söhnen und Töchtern muss ein Umtauschvorbehalt bestehen.

5. Alle zwei Jahre wird ein neuer Ersatz ausgestellt.

Der erste staatliche Jiaozi wurde im November 1023 in großem Stil eingeführt, und es wurden insgesamt 125.630.340 Guan-Noten ausgegeben, mit einer Reserve von 360.000 Guan in Eisengeld und einem Reservesatz von 28,7%. Das Hauptumlaufgebiet ist auf die Region Sichuan beschränkt, während im übrigen Land noch immer der Umlauf von Kupfergeld dominiert.

Es liegt auf der Hand, dass das Niveau der Verwaltung und der sozialen Glaubwürdigkeit des staatlichen Konsortiums weit über dem des privaten Konsortiums liegt. Um die Bequemlichkeit der Jiaozi weiter zu verbessern, senkte die Regierung im Jahr 1069 den Wert der Jiaozi von 5 und 10 Guan auf 500 und 1 Guan in kleinen Stückelungen, und zwar um 40% bzw. 60%. Darüber hinaus erlaubte die Regierung dem Volk, verschiedene Steuern zu zahlen, wie z. B. Wang Anshi's

Gesetzesänderung während des Qingmiao-Geldes, kostenloses Dienstgeld kann zur Bezahlung der Jiaotzi verwendet werden. Gleichzeitig kann der Jiaotzu auch verwendet werden, um die offizielle Regierung für Salz-Tee-Wein-Franchise-Gebühren, Händler-Zollabfertigungsgebühren, Brückenübergangsgebühren, Gewerbesteuern und andere Verkehrsverbindungen von Steuern zu bezahlen, die offizielle Regierung akzeptiert auch den Jiaotzu zu zahlen. Infolgedessen sind alle Schichten Sichuans nicht glücklich darüber, die Jiaotzu zu benutzen.

Der wichtigste Grund für die Beliebtheit von Kotoko ist natürlich, dass die Regierung eine ausreichende Reserve aufrechterhält. Wenn der Wert der Sklaven zu hoch ist, gibt die Regierung sofort mehr Sklaven aus, um den Preis zu drücken. Dies ist genau das gleiche Prinzip, mit dem die Bank of England in der Zeit des Goldstandards den Wert des Pfunds durch Goldkäufe und -verkäufe steuerte. Tatsächlich war die "Ishu Jokko Misa" das Äquivalent zur Zentralbank des eisernen Geldkreislaufs in der Nördlichen Song-Dynastie.

54 Jahre lang, von 1023 bis 1077, war der Wert des von der Regierung ausgegebenen Geldes sehr stabil, und zeitweise gab es sogar einen Wettbewerb zwischen allen Teilen der Gesellschaft, Papiergeld zu halten, anstatt Eisengeld zu tragen. Um 1 Guan Papiergeld zu erhalten, waren die Menschen in Chengdu sogar bereit, 1 Guan und 100 Eisengeld zu bezahlen, das Papiergeld erschien sogar als ein Premiumpreis. Das britische Pfund während der Blütezeit des britischen Empire und des amerikanischen Imperiums nach dem Zweiten Weltkrieg Dollar, gab es auch eine Zeit, als das Pfund und Dollar-Noten waren begehrter als Gold.

Vertrauen ist wichtiger als Gold, und der Schlüssel zur Aufrechterhaltung des Vertrauens in Papiergeld liegt darin, dass der Emittent der Papierwährung Glaubwürdigkeit über das Leben stellen muss. Leider kann das weder der private Sektor noch die Regierung leisten.

Der erste stille Vertragsbruch durch das Amt Jiaozi erfolgte im Jahr 1044, gefolgt von weiteren Brüchen in den Jahren 1047 und 1051, die auf den Krieg mit Xixia zurückzuführen waren.

In den Jahren 1040-1042 führte Kaiser Yuan Hao von West-Xia persönlich ein großes Heer gegen die nördliche Song-Dynastie und schlug drei Schlachten: Sanchuankou, Haoshuichuan und Dingchuan, und vernichtete die Hauptstreitmacht der Song-Dynastie mit mehr als

40.000 Mann. Um die Stärke der Armee im Nordwesten zu stärken, mobilisierte der kaiserliche Hof der Nördlichen Song-Dynastie dringend das Militär, setzte mehr als 200.000 Truppen an der nordwestlichen Front ein, und eine große Anzahl von militärischem Nachschub wurde kontinuierlich in den Nordwesten gebracht.

Nachdem die Händler das Getreide in den Nordwesten transportiert hatten, konnte die örtliche Regierung nicht genügend Bargeld oder Salzgeld auftreiben, um es zu bezahlen, so dass der kaiserliche Hof den "Yizhou Jiaotzu Service" in Chengdu bat, 600.000 Guangs Papiergeld zu drucken und dringend nach Shaanxi zu transportieren, um die Händler zu bezahlen. Diese Charge wurde jedoch zum Zeitpunkt der Ersatzausgabe nicht zurückgezogen.

Dies ist das erste Mal, dass die Anzahl der ausgegebenen Exemplare und die Auflage eines Kindes die gesetzliche Grenze überschritten haben!

Von 1023 bis 1044, also mehr als 20 Jahre später, begannen sowohl der Staat als auch der private Sektor leise zu säumig zu werden. In der Anfangsphase des Ausfalls war das Ausmaß der zusätzlichen Lieferung nicht offensichtlich, der Markt bemerkte es nicht, so dass sich die Preise nicht wesentlich veränderten. Sobald jedoch ein Zahlungsausfall eingetreten ist, ist die moralische Basis des Emittenten zusammengebrochen und alles, was übrig bleibt, ist der wachsende Wunsch nach Gier.

Im Jahr 1069 änderte Wang Anshi das Gesetz, um die Einnahmen zu erhöhen, in der Papierwährung System, nahm die "zwei parallele" Ansatz, der zwei Jahre aus dem Verkehr der Jiaotzi und die neue Jiaotzi parallel zu den Markt, der gleichbedeutend mit der Zirkulation der Papierwährung über-ausgegebenen ein mal ist gewesen sein sollte.

Ab 1077 verlor der Kokozuna erheblich an Wert, und der Markt konnte den Kokozuna nur noch gegen 940 bis 960 Yen eintauschen, was einer Abwertung von 4 bis 6% entspricht. Obwohl der Jiaotongzi nur in Sichuan in Umlauf war, spiegelt die Abwertungstendenz des Jiaotongzi bis zu einem gewissen Grad die allgemeine Abwertungstendenz der Währung im Lande wider.

Nach dem Scheitern der Gesetzesänderung von Wang Anshi verschärften sich die innenpolitischen Konflikte. Song Shenzong schätzte die innere und äußere Lage der Dynastie falsch ein und startete in den Jahren 1081-1082 eine massive Fünffach-Offensive gegen West-

Xia, die zu zwei beispiellosen Niederlagen in Lingzhou und Yongle führte, mit Verlusten von über 600.000 Mann und unsäglichen Militärausgaben. Song Shenzong hörte, dass die Dynastie weinte und ihre Stimme verlor, die Minister "wagten nicht aufzuschauen". Drei Jahre später war Song Shenzong erschöpft und starb.

Der Krieg war gescheitert, das Land verwahrlost, die Finanzen in Schieflage geraten, die Wirtschaft im Niedergang begriffen und die Kluft zwischen Arm und Reich groß. Bis 1086 hatte der Wert des Kreuzes um mehr als 10% abgenommen. Zu diesem Zeitpunkt hatte die Regierung allmählich das Vertrauen in die Stabilität des Währungswertes der Übergabe verloren, und es herrschte überall Geldknappheit, und nur das Drucken von Geld kam am schnellsten. Die Gier der Regierung hat den Wendepunkt überschritten, und Jiaotzu beginnt, sich auf die Überholspur der Währungsabwertung zu begeben.

Cai Jing kam im Jahr 1100 an die Macht, als Kaiser Huizong aus der Song-Dynastie den Thron bestieg. Im Jahr 1105 stand Cai Jings Kampagne zur Eskalation des Nordwestkriegs, mit der er seine politischen Erfolge demonstrieren wollte, kurz vor dem finanziellen Zusammenbruch der nördlichen Song-Dynastie.

Die Ausweitung des Krieges erforderte enorme Militärausgaben, und die Caijing-Machthaber kamen auf die Idee, das Finanzdefizit durch eine Überausgabe von Papiergeld zu decken. Da der Umlauf der Söhne jedoch auf die Region Sichuan beschränkt war, wurde der Effekt der Anreicherung stark behindert. Daher setzt sich die Tsai Kyung Gruppe für die landesweite Verbreitung des Jiaotzu ein, "was die Einführung neuer Drucksorten verteuert". Danach wurde der Name in "Qian Yin" geändert, und die Ausgaben der Soldaten im Nordwesten wurden alle durch den Druck von Geldscheinen gedeckt, und das Volumen der ausgegebenen Papierwährung begann stark zu steigen. Obwohl die Caijing-Gruppe alle Mittel ausgeschöpft hatte, konnte das "Geld" nur in Sichuan und in der nordwestlichen Region in Umlauf gebracht werden, und der Rest des Landes weigerte sich entschlossen, dies zu tun.

Im Jahr 1105, die Zirkulation des Geldes so hoch wie 265.600.000 Guan zitiert, in diesem Jahr eine zusätzliche 5,4 Millionen Guan, bis 1107, wieder 554.000 Guan erhöht, und "zwei parallel" zusammen mit der Zirkulation, die gesamte Zirkulation von Papiergeld ist 40-mal höher als im Jahr 1023, als die offizielle Übergabe offiziell begann! Als die Geldverleiher wechselten, erhielten die neuen Geldverleiher die alten Geldverleiher im Verhältnis 1:4, was eine einmalige Entwertung von 75% bedeutet! Gleichzeitig schaffte die Regierung auch die Reserve für die Ausgabe von Papiergeld ab.

Das Vertrauen der Öffentlichkeit in das Papiergeld begann zu bröckeln, gefolgt von dem "souveränen Kredit" der Regierung.

Nach 1110 Jahren ist 1 Guan Papiergeld in den Augen der Menschen in Chengdu nicht einmal mehr 100 Eisengeld wert, und das Papiergeldsystem steht kurz vor dem Bankrott.

Im Jahr 1127 ging die Nördliche Song-Dynastie unter.

Erläutern Sie

Das Wasser kann ein Boot tragen und umkippen, und so ist auch die menschliche Natur. Mäßige Gier kann die Wirtschaft ankurbeln, während übermäßige Gier sie zerstören kann.

Der Grund, warum ein gesunder Mensch auch Krebszellen in seinem Körper haben kann, die sich nicht zu Krebs entwickeln, ist, dass das körpereigene Immunsystem das Wachstum von Krebszellen wirksam unterdrückt. Sobald Krebszellen die Abwehrkräfte des Immunsystems durchbrechen und beginnen, sich zu teilen und in großer Zahl zu vermehren, rauben sie anderen normalen Zellen rasend schnell die Nährstoffe, was zu Organversagen führt und letztlich lebensbedrohlich ist.

Wenn einige wenige in der Gesellschaft ihren Reichtum so weit ausdehnen, dass sie Einfluss auf die Politik nehmen und Gesetze ändern können, wird dies bei ihnen den Wunsch wecken, noch mehr vom Reichtum der Gesellschaft zu besitzen. Diese Anomalie in der Verteilung des Reichtums untergräbt unweigerlich die Fähigkeit der Mehrheit der Gesellschaft, auf wirtschaftliche Ressourcen zuzugreifen, um sich selbst weiterzuentwickeln, und bekämpft damit die Wohlstandskreativität der Gesellschaft. Wenn der Reichtum der Wenigen einen sehr hohen Anteil erreicht, verliert die Mehrheit die Grundlage für die Schaffung von Reichtum, die Wirtschaft verliert allmählich ihre Vitalität, die Politik beginnt sich zu verdunkeln, und die Menschen verlieren ihre Träume. Letztlich wird es schnell zu Revolutionen und Aufständen kommen, wenn einige wenige unter dem Schutz des Gesetzes und des Staatsapparates die Interessen der

Mehrheit mutwillig mit Füßen treten und den Reichtum der Gesellschaft wild aufteilen.

Die Gier wird deshalb als menschliche Natur bezeichnet, weil sie sich nicht ändern lässt. Menschliches Wissen kann sich ansammeln, die Produktion kann sich weiterentwickeln, Technologie kann erfunden werden, die Materie kann verbessert werden, das Leben kann verbessert werden, aber die menschliche Gier entwickelt sich nie weiter.

Nicht nur im Westen, sondern auch in China, nicht nur in der Vergangenheit, sondern auch in der Gegenwart. Wie ähnlich ist der Weg, der Verlauf und das Ergebnis der Kapitulation der Nördlichen Song-Dynastie dem Zusammenbruch des Römischen Reiches! Die Geschichte ist verblüffend ähnlich, und das liegt an der verblüffend ähnlichen Menschheit, die dahinter steht!

Das Regime der Nördlichen Song-Dynastie starb nicht durch das Militär, sondern durch die Stimmung im Volk; die Staatsmacht der Nördlichen Song-Dynastie brach nicht durch Finanzen, sondern durch Habgier zusammen.

Wenn die Gier blüht, wird es Annexionen geben; wenn Land konzentriert wird, wird es Steuern geben; wenn die Staatskasse leer ist, wird es eine Abwertung der Währung geben; wenn die Kraft des Volkes erschöpft ist, wird es inneren Streit und äußere Unruhen geben!

Die Beobachtung von Geld offenbart Gier, die Beobachtung von Fusionen offenbart Kummer.

Diejenigen, die Politiker sind, dürfen in ihrem Denken nicht zurückhaltend sein.

KAPITEL IX

Was ist nicht der chinesische Traum?

Die ersten acht Kapitel des Buches konzentrieren sich auf ein typisches Beispiel von Zivilisationen in drei historischen Perioden, dem Römischen Traum, dem Traum der Song-Dynastie und dem Amerikanischen Traum, die alle einst glorreich und erstrebenswert waren, etwa 1.000 Jahre voneinander entfernt liegen, geografisch Europa, Asien und Amerika umspannen und die drei monetären wirtschaftlichen Höhepunkte der menschlichen Zivilisation darstellen.

Der "Römische Traum" und der "Traum der Song-Dynastie" sind schon lange verschwunden, und nun hat sich auch der "Amerikanische Traum" seine Flügel gebrochen. In der Geschichte gibt es keine langlebigen Imperien oder Dynastien, und der Stoffwechsel der Zivilisation wechselt immer und bleibt nie stehen.

Eine neue Zivilisation wird zwangsläufig neue Träume wecken, neue Träume, die zu neuem Ruhm führen werden.

Der "Chinesische Traum" ist ein faszinierender Bereich, der aus verschiedenen Blickwinkeln ausgearbeitet, interpretiert und erdacht wurde und in Zukunft durch die Praxis noch reicher werden wird.

Doch der Weg vom schönen Traum zum endgültigen Erfolg ist nicht der Weg der blühenden und tanzenden Blumen, sondern die Stromschnellen sind dicht und gefährlich. Die Geschichte ist der beste Lehrmeister dafür, wie man sich nicht verirrt oder in Gefahr gerät.

In diesem Kapitel wird versucht, die Optionen zu definieren, die für den chinesischen Traum im Lichte der Lehren aus der Fragmentierung des römischen Traums, des Traums der Song-Dynastie und des amerikanischen Traums vermieden werden sollten.

Wenn es China gelingt, die Lehren aus der Geschichte zu vermeiden, dann wird der "chinesische Traum" nicht länger nur ein Traum sein.

Der römische Traum, der Songtraum, der amerikanische Traum ist zerbrochen

Es besteht kein Zweifel daran, dass Rom, das Nordische Lied und die Vereinigten Staaten alle einen bemerkenswerten Beitrag zur menschlichen Zivilisation geleistet haben: 50 Jahre römische Zivilisation auf ihrem Höhepunkt, 1050 Jahre Wohlstand des Nordischen Liedes in seiner Blütezeit und 1950 Jahre amerikanische nationale Stärke in ihrer jeweiligen Epoche, und ihre Völker hatten alle wunderbare Träume.

Doch wenn es schlecht läuft, dann läuft es schlecht, und in den glanzvollsten Momenten liegt oft der Schatten des Niedergangs. Die Annexion von Land und die Aufteilung des Reichtums aufgrund ungezügelter Gier werden immer ein wichtiger Faktor für den Ruin des Landes sein.

In der Geschichte Roms, des Nordischen Liedes und der Vereinigten Staaten gab es zwei schwerwiegende Landaneignungen oder Aneignungen von Reichtum.

Die erste große Landnahme in der römischen Geschichte begann mit dem Ausbruch des Ersten Punischen Krieges (264 v. Chr.) und erreichte ihren Höhepunkt mit dem Ende des Dritten Punischen Krieges (146 v. Chr.). Die römischen Bauern waren gezwungen, ihr Land für lange Zeiträume des Krieges zu verlassen, ihre Wirtschaft ging unter hohen Verlusten in Konkurs, und die mächtigen und wohlhabenden Gruppen nutzten die Situation, um das Land der Bauern zu plündern, wodurch eine ernsthafte Spaltung zwischen Arm und Reich in Rom entstand.

Der Grund, warum die römischen Legionen unbesiegbar waren, Tausende von Kilometern Land plünderten und zahllose Länder zerstörten, lag darin, dass die italienischen Bauern die zentrale Stärke der römischen Legionen waren. Sie verteidigten ihr Land, schützten ihr Eigentum, teilten die Rechte des Gesetzes, liebten ihr Land und ihre Ehre und bildeten eine uneinnehmbare Interessengemeinschaft mit dem römischen Staat.

Die übermäßige Gier der Mächtigen und Reichen zerstörte jedoch die Grundlagen der römischen Republik. Das Scheitern der Reformation der Gracchus-Brüder (133 v. Chr. - 121 v. Chr.) bedeutete, dass das "Immunsystem" der römischen Republik lahmgelegt war und sich die "Krebszellen" der Gier der Mächtigen und Reichen mit voller Wucht ausbreiteten. Letztendlich begann in Rom ein Jahrhundert blutiger Bürgerkriege und der völlige Zusammenbruch des republikanischen Systems.

Die erste Welle der Landaneignung in der Nördlichen Song-Dynastie begann in der zweiten Hälfte der Regierungszeit des Kaisers Zhenzong von Song (997-1022) und erreichte ihren Höhepunkt in der zweiten Hälfte der Regierungszeit des Kaisers Renzong von Song (1023-1063). Die Landpolitik des Staates, die "Annexion nicht zu unterdrücken", stimulierte die mächtigen und wohlhabenden Gruppen, "das Land mit ihrer Kraft zu besetzen" oder "das Land mit ihrem Geld zu kaufen", was schließlich dazu führte, dass die 6% der mächtigen und einflussreichen Haushalte in der Nördlichen Song-Dynastie 60% bis 70% des Landes monopolisierten.

Der wirtschaftliche Wohlstand der Nördlichen Song-Dynastie beruhte auf dem großen Produktivitätsfortschritt, dem dramatischen Anstieg der Eisenproduktion, der sprunghaften Verbesserung der Qualität der landwirtschaftlichen Werkzeuge, der großen Steigerung der landwirtschaftlichen Effizienz und der Nahrungsmittelproduktion, die die Konvergenz der drei Strömungen Urbanisierung, Kommodifizierung und Monetarisierung auslöste und eine städtische Mittelschicht von nie dagewesenem Wohlstand hervorbrachte. Sie haben die freie Wahl, sie haben eine professionellere Arbeitsteilung, sie haben einen starken Anreiz zur Innovation, sie erhalten reichere soziale Informationen, sie haben einen unabhängigeren Geist und eine unabhängigere Kultur, und sie sind voller besserer Träume.

Die unkontrollierte Annexion von Land hat jedoch zu einer groben Ungleichheit bei der Steuerlast geführt, und die enorme finanzielle Belastung des Landes lastet immer schwerer auf den Köpfen der einfachen Leute. Haushaltsdefizite führen zu einer Abwertung der Währung, was die Landaneignung verschärft, und die Landaneignung führt zu noch größeren Haushaltsdefiziten. Die wirtschaftliche Vitalität wurde unterdrückt, die Träume des Volkes zerplatzten, und das Scheitern der Gesetzesänderung von Wang Anshu (1069-1076) bedeutete, dass der Niedergang des Nördlichen Song-Staates unumkehrbar war.

Die erste große Aneignung von Reichtum in der amerikanischen Geschichte begann mit dem Ersten Weltkrieg (1914) und erreichte ihren Höhepunkt im Jahr 1927. Die Kriegsdividenden und die Dollar-Dividenden haben die 10 Prozent der Reichen in den Vereinigten Staaten bereichert, und zwar durch die rasche Ausweitung der amerikanischen industriellen Produktionskapazitäten und die starke Abhängigkeit vom europäischen Markt, während die europäischen Länder im Allgemeinen auf Dollarkredite angewiesen sind, um die amerikanischen Kriegsanleihen zurückzuzahlen und den nationalen Wirtschaftsaufschwung zu unterstützen. Um hohe Profite zu erzielen, verhinderten die amerikanischen Kapitalinteressen jedoch durch hohe Zölle den Export europäischer Waren auf den amerikanischen Markt, was dazu führte, dass die in Dollar verschuldeten europäischen Länder ihre Schulden übermäßig aufblähten und unweigerlich in Zahlungsunfähigkeit gerieten.

Die Vereinigten Staaten haben in ähnlicher Weise eine Politik der "Nicht-Fusionskontrolle" bei der Verteilung des Reichtums verfolgt, bei der die 10 Prozent der Reichen die Hälfte des Nationaleinkommens an sich reißen, während die 90 Prozent der allgemeinen Bevölkerung der Fähigkeit beraubt werden, den Konsum nachhaltig auszuweiten, und der Binnenmarkt träge wird. Als Europa mit seinen Dollar-Schulden in Verzug geriet, brach der Außenmarkt der Vereinigten Staaten zusammen, während der Binnenmarkt die enorme Überschussproduktivität nicht verdauen konnte, und damit verschlechterte sich die Investitionsrendite der amerikanischen Industrie, Bankkredite fielen aus, die Finanzmärkte brachen zusammen, Fabriken schlossen, Banken scheiterten und Arbeitnehmer verloren ihre Arbeitsplätze. Letztendlich war die Große Depression der 1930er Jahre der Auslöser für den blutigen Zweiten Weltkrieg.

Die ersten großen Fusionen der mächtigen und wohlhabenden Gruppen in Rom, im Nordischen Lied und in den Vereinigten Staaten waren immer mit Blutvergießen, Krieg oder einer großen wirtschaftlichen Depression verbunden.

Der Höhepunkt der zweiten Megafusion und oft der letzte Wahnsinn des Imperiums wird nicht nur die Wirtschaft, sondern auch die Gesellschaft und die Herzen und Köpfe der Menschen zerstören und zu den schrecklichen Folgen des Zusammenbruchs des Imperiums, des Sturzes der Dynastie und des Niedergangs der Zivilisation führen.

Die Verstädterungspolitik, die während des Römischen Reiches begann, war nicht das Ergebnis einer natürlichen wirtschaftlichen Entwicklung, sondern einer politischen und militärischen Notwendigkeit zur Beherrschung. Extrem verzerrte und extrem niedrige Lebensmittelpreise plünderten nicht nur brutal die landwirtschaftlichen Früchte Ägyptens, Afrikas, Siziliens und Spaniens, sondern zerstörten gleichzeitig auch die italienische Getreidewirtschaft und setzten eine zweite Welle von Mega-Landaneignungen in Gang.

Bei dieser Annexion bereicherten sich die kaiserliche Aristokratie und wohlhabende Gruppen nicht nur an den Ländereien in Italien, sondern kauften sich auch auf noch skrupellosere Weise große Landstriche in den kaiserlichen Provinzen auf, wie im Fall der sechs Großgrundbesitzer Afrikas, die 50 Prozent des Territoriums annektierten, mit einer weitaus größeren Landkonzentration als in der republikanischen Zeit.

Die Horden bankrotter Bauern im Reich wurden in die Städte getrieben, wo sie zu gefährlichen Landstreichern wurden, die sich mit noch ressentimentgeladeneren Sklaven vermischten, und die Städte des Römischen Reiches waren mit trockenem Holz für Rache und den Flammen des Ressentiments gefüllt. Um die städtischen Vagabunden zu stabilisieren, musste das Reich sie kostenlos mit Lebensmitteln versorgen, was zu billigerem Getreide, einer bankrotten Agrarwirtschaft und großem Leid für die Menschen in den Provinzen führte. Die Landnahme war im ganzen Reich in vollem Gange, und es drohten explosive soziale Konflikte auszubrechen.

Wo es Unterdrückung gibt, gibt es Widerstand, und je tiefer die Unterdrückung, desto stärker der Widerstand. Als die Barbaren an den Grenzen zum Aufstand bliesen und sich die Nachzügler im Inneren erhoben, musste das Reich ein großes stehendes Heer unterhalten, das zur Eroberung und Unterdrückung bereit war. Der Krieg zerrte nicht nur an den Finanzen, sondern es fehlte auch an Truppen zu einer Zeit, in der es im Reich keine freie Bauernklasse gab, und die römischen Legionen mussten in großer Zahl städtische Landstreicher rekrutieren, die von Hass auf die wohlhabenden Gruppen erfüllt waren, so dass sich der Charakter der römischen Legionen allmählich zu Pöbelgruppen entwickelte.

In den wiederholten Auseinandersetzungen zwischen dem Kaiser und der durch den Senat vertretenen wohlhabenden Gruppe stützte sich der Kaiser zunehmend auf die Unterstützung des Militärs, während die Gruppe des Pöbels ein Erwachen der Macht erlebte. Als der Kaiser und der Senat zur Beilegung ihres Streits auf Gewalt zurückgreifen mussten, griff die Wildheit der Armee um sich. Unabhängig davon, wer den Bürgerkrieg gewann oder verlor, begannen die Armeen beider Seiten ein wildes Gemetzel gegen die wohlhabenden Cliquen der Stadt, bei dem die Patriarchen, Adligen, prominenten Clanmitglieder und Tycoons des Reiches fast abgeschlachtet wurden. Die wohlhabenden Gruppen haben einen hohen Preis für ihre extreme Gier gezahlt, und die Elite des Reiches ist seitdem so schwer verwundet, dass sie nicht mehr zu Kräften kommt.

Der römische Kaiser war nicht mehr Oberbefehlshaber des Heeres, sondern eine Geisel einer Mob-Gruppe. Die Geschichte Roms ist seither eine Geschichte des Königsmords und der Thronbesteigung, der Kriege im Ausland und der Bürgerkriege, der wirtschaftlichen Entbehrungen und der Verarmung bis zum endgültigen Zusammenbruch des Reiches.

Die zweite Landannexion in der Nördlichen Song-Dynastie war ebenfalls ein Vorspiel für die Zerstörung der Dynastie, und als Kaiser Huizong der Song-Dynastie im Jahr 1100 an die Macht kam und die Caijing-Gruppe wieder einsetzte, ging die Landannexion in eine rasante Phase über. Das Ergebnis der zweiten Mega-Landannexion war, dass "der Reichtum des Südostens durch Zhu Zhou, der Reichtum des Nordwestens durch Li Yan und der grundlegende Reichtum der Welt durch Cai Jing und Wang (Stickerei) erschöpft wurde".

Mit der Erschöpfung der Nördlichen Song Finanzen, die Caijing-Gruppe sogar geopfert die Abwertung der Währung von schweren Rechtsinstrumenten, als Folge der Land-Annexion, hohe Steuern und Abwertung der Währung der drei großen Berge der Unterdrückung, provoziert die Fangla Aufstand, Liang Shanbo Rebellion der bürgerlichen Unruhen, die zu den westlichen Xia, Liao und Jin ausländischen Schwierigkeiten geführt, die Nördliche Song wurde schließlich von den Jin Menschen zerstört.

Die zweite Landnahme dauerte etwas mehr als 20 Jahre, um den "Traum der Song-Dynastie" von 150 Jahren Wohlstand und Reichtum zu begraben.

Die zweite Reichtumsfusion in den Vereinigten Staaten

Die Folgen von Amerikas erster Aneignung von Reichtum waren die Große Depression und der Krieg. Der Ausbruch des Zweiten Weltkriegs führte dazu, dass mehr als 10 Millionen US-Arbeitskräfte in das Kriegssystem eingegliedert wurden, was nicht nur eine jahrzehntelange Arbeitslosigkeitsfalle löste, sondern auch eine massive Umschichtung der Staatsfinanzen zugunsten der allgemeinen Bevölkerung erzwang. Millionen armer Kinder zogen in den Krieg nach Eurasien, und nach dem Krieg erhielten sie enorme Wohlfahrtsleistungen wie Studiengebühren, Berufsausbildung, bevorzugte Beschäftigung, Gesundheitsfürsorge für Veteranen und eine gerechtere Chance auf Wettbewerb. Mit einem Wort: Der Zweite Weltkrieg hat die Kluft zwischen Arm und Reich in den Vereinigten Staaten verringert.

Von Anfang der 1940er bis Anfang der 1980er Jahre war die Verteilung des Reichtums in den Vereinigten Staaten weitgehend rational, wobei die 10 Prozent der Wohlhabenden etwa 33 Prozent des nationalen Einkommens erhielten und die 90 Prozent der Mittelschicht sich die restlichen 67 Prozent teilten. Auch die Steuerlast des Landes ist in etwa ausgeglichen, die Finanzlage ist nach wie vor gesund, der Dollar ist im Rahmen des Goldstandards immer noch zu haben, die Vermögensblase ist fast ausgestorben, die Harmonie zwischen den sozialen Klassen ist weit verbreitet, und die Vereinigten Staaten haben das goldene Zeitalter von 40 Jahren wirtschaftlichem Wohlstand nach dem Krieg erlebt.

Die mächtigen und wohlhabenden Gruppen in den Vereinigten Staaten waren jedoch mit einer solchen proportionalen Verteilung des Reichtums nicht zufrieden und verlangten nachdrücklich einen größeren Anteil daran. Dies war die Welle des "Neoliberalismus", die Mitte bis Ende der 1970er Jahre in den Vereinigten Staaten aufkam, als die wohlhabenden Gruppen nachdrücklich eine "zweite amerikanische Revolution" forderten.

In weniger als 30 Jahren hat sich die zweite Reichtumsfusion in den Vereinigten Staaten auf das Niveau von 1927 verschlimmert, und die Finanzkrise von 2008 hat den unvermeidlichen wirtschaftlichen Zusammenbruch von 50 Prozent des nationalen Einkommens durch 10 Prozent der wohlhabenden Gruppen offenbart, genau wie es 1927 war.

Die "Occupy Wall Street"-Bewegung in den Vereinigten Staaten von Amerika zeigte einen scharfen sozialen Klassengegensatz.

Auch die US-Regierung hat sich bemüht, das System zu korrigieren. Präsident Obama hat mehr als einmal gesagt, er wolle der Spaltung zwischen Arm und Reich den "Krieg erklären", und der Kongress hat intensiv an der Gesetzgebung zum "Dodd-Frank-Gesetz" gearbeitet, das das Tempo der Vermögenskonsolidierung durch die Tycoons der Wall Street eindämmen soll. Das Ergebnis ist, dass das Gesetz von den Reichen und Mächtigen manipuliert wurde, mit einem riesigen und komplexen Inhalt, mit zahlreichen Hindernissen für die Kernbestimmungen, mit "Ausnahmen" für wichtige Regeln, ohne Zeitrahmen für die Umsetzung und mit einer sich verschärfenden Kluft zwischen den Reichen und den Armen.

Obamas Finanzreformen sind größtenteils gescheitert, und eine weitere wichtige Initiative, die Gesundheitsreform, hat sich nicht durchsetzen können.

Das Gesundheitsgesetz, auf das Obama stolz ist, tut nichts weiter, als 50 Millionen arme Menschen ohne Krankenversicherung dazu zu zwingen, Beiträge an die Versicherungsgesellschaften zu zahlen, und es geht überhaupt nicht an die Wurzel der absurd hohen Gesundheitskosten. Das Trio aus Versicherungsgesellschaften, Pharmaunternehmen und dem Gesundheitssystem ist nicht weniger supergierig als die Bonzen der Wall Street, in deren Augen der menschliche Körper ein Vermögenswert ist, ein Super-Geldautomat, der einen ständigen Geldfluss generiert.

Pharmazeutische Unternehmen und die Lebensmittelindustrie haben sich zusammengetan, um gemeinsam ein Vermögen zu machen. Die Lebensmittelindustrie liefert kalorien- und fettreiches Junkfood wie McDonald's und KFC, was zu einer Verschlechterung der öffentlichen Gesundheit führt; Coca-Cola und Pepsi, kohlensäurehaltige Getränke, die den Magen verletzen und die Zähne ruinieren, sind weit verbreitet; und genetisch veränderte Lebensmittel, die allgegenwärtig sind, sind ebenfalls gefährlich. Wenn der Körper krank ist, kommt das Geschäft des Pharmaunternehmens, vor allem die hohen Blutfettwerte, Bluthochdruck, hoher Blutzucker solche chronischen Krankheiten ist die beste, das Leben nicht aufhören, nehmen Sie mehr als Medizin, Cash-Flow ständig, jeder Patient hat sich zu einem langfristigen "ausgezeichneten Vermögenswert" des Pharmaunternehmens.

WÄHRUNGSKRIEGE - V

Der Gesamtpreis für verschreibungspflichtige Medikamente in den Vereinigten Staaten ist mehr als 50 Prozent höher als der ähnlicher Medikamente in Europa und Japan, was auf die Laissez-faire-Politik der US-Regierung bei den Medikamentenpreisen zurückzuführen ist, während die überwiegende Mehrheit der Industrieländer die Preisgestaltung der Pharmaunternehmen reguliert und ihre Gewinnspannen auf ein bestimmtes Niveau begrenzt.

In den USA ist nicht nur die Medizin teuer, sondern auch der Arztbesuch ist noch teurer.

Jeder weiß, dass die Gesundheitskosten in den USA lächerlich hoch und unverschämt teuer sind, aber der Artikel "Bittere Pillen" im Time Magazine vom Februar 2013 hat uns die Augen geöffnet: Why Medical Bills Are Hurting Us" (Warum uns Arztrechnungen wehtun) war ein Augenöffner: ein Sturz, ein 15-minütiger Besuch beim Arzt und eine Rechnung von 9.400 Dollar am Ende; ein ambulanter Besuch im Krankenhaus mit Rückenschmerzen und eine Rechnung von 87.000 Dollar; wenn es sich um einen schweren Fall wie Krebs handelte, würde die Rechnung 900.000 Dollar betragen!

Das Preissystem in US-Krankenhäusern ist fast vollständig eine Blackbox, was direkt zum Scheitern der Preisfindung auf dem Markt beiträgt. Die Ärzte sind zwar nicht an der Preisgestaltung beteiligt, zeigen aber eine starke Präferenz für Arzneimittel und Medizinprodukte, und die Schmiergelder, die diese Unternehmen den Ärzten zahlen, sind ebenso unverhohlen. "Wir haben herausgefunden, dass die vier Pharmaunternehmen, die 75 Prozent des Marktes für künstliche Hüft- und Kniegelenke kontrollierten, zwischen 2002 und 2006 im Rahmen von etwa 6.500 Beratungsverträgen mehr als 800 Millionen Dollar an Ärzte gezahlt haben", so die Times. Krankenhäuser stellen den Patienten eine Vielzahl von Medikamenten, medizinischen Geräten, Bluttests, CT, OP-Mänteln und anderen Gebühren in Rechnung, die im Allgemeinen mehr als das Zehnfache des transparenten Marktpreises betragen. Die so genannten Non-Profit-Krankenhäuser in den USA haben sich zu den größten gewinnorientierten Einrichtungen entwickelt, in denen die Führungskräfte der Krankenhäuser Millionen von Dollar pro Jahr verdienen und damit die Wall Street einholen und die Klasse der CEOs weit übertreffen.

Obwohl Ärzte bis zu 200.000 Dollar oder mehr verdienen können, arbeiten sie für Versicherungsgesellschaften, weil sie eine

Versicherung gegen ärztliche Kunstfehler abschließen müssen, die 80.000 bis 140.000 Dollar pro Jahr kostet und 40 bis 70 Prozent des Jahresgehalts der Ärzte ausmacht. In Amerika geht es den Ärzten nicht in erster Linie darum, ihre Patienten zu heilen, sondern zu verhindern, dass sie von ihren Patienten verklagt werden, und ein einziger Prozess kann den Arzt in den Bankrott treiben. Nicht selten sieht man Anwälte im Krankenhaus herumlaufen, die auf der Suche nach einer Chance sind, mit einem Prozess wegen eines ärztlichen Kunstfehlers ein Vermögen zu machen. Das führt dazu, dass Ärzte, obwohl sie die Ursache der Krankheit des Patienten kennen, ihn trotzdem auffordern, sich allen möglichen unnötigen Tests zu unterziehen, die teuersten Medikamente einzunehmen und einen Plan zu befolgen, der zwar unwirksam, aber korrekt ist, um künftige Probleme zu vermeiden. Wenn der Arzt nicht nach dem Standardverfahren, den Standardrezepten und den Standarddosen der Versicherungsgesellschaft behandelt, trägt er die Folgen selbst.

In der gesamten medizinischen Industrie Kette, Pharmazeutika, Geräte und andere Unternehmen, kann nicht Gegenstand von Zwängen, um die grundlegenden Kosten der medizinischen Versorgung zu erhöhen, Krankenhaus-System tasten, um die Gelegenheit zu nutzen, um die Kosten für die medizinische Versorgung zu erhöhen, Versicherungen sitzen auf dem Boden, um Versicherungsgebühren zu erhöhen. In einem solchen Teufelskreis verschlingt das Gesundheitswesen der Vereinigten Staaten 60 Prozent der Bundeseinnahmen, weit mehr als 25 Prozent der Militärausgaben und weniger als 12 Prozent der Ausgaben für Umwelt, Landwirtschaft, Energie, Bildung, Verkehr, Wohnungsbau usw., wobei die Gesundheitskosten der wichtigste Faktor für das riesige Defizit der Vereinigten Staaten sind.

Das US-Gesundheitssystem verschlingt 18 Prozent des BIP, mehr als doppelt so viel wie in anderen Industrieländern, und das Ergebnis ist die niedrigste Lebenserwartung aller Industrieländer.

Der Anteil der Gesundheitskosten am BIP ist in den USA in den letzten 40 Jahren nie gesunken, sondern immer weiter angestiegen. Von den 10 Billionen Dollar an versteckten Verbindlichkeiten in den Vereinigten Staaten ist der "Beitrag" der Gesundheitsausgaben der bedeutendste und wird es auch weiterhin bleiben.

Das amerikanische Gesundheitssystem, das zunehmend dem römischen System der Charterer und Vertragspartner ähnelt, ist zum

Steuerloch Nr. 1 für alle geworden. Ohne eine Reform des Gesundheitswesens werden die US-Finanzen mit Sicherheit in Mitleidenschaft gezogen werden.

Obama sieht die Gefahr, dass die aufgeblähten Gesundheitskosten sinken, genauso wie er die Gier der Wall Street sieht. Er kann weder die Wall Street, noch das Gesundheitssystem bewegen.

Die Laissez-faire-Politik der US-Regierung, die keine Fusionen im Gesundheitssystem zulässt, ist die Ursache für die anhaltende Inflation der Gesundheitskosten in den Vereinigten Staaten. Die Times kommentierte: "Die US-Gesetze hindern die Regierung nicht nur daran, die Arzneimittelpreise zu begrenzen, sondern machen auch den größten Abnehmer (d. h. Medicare) nicht verhandelbar - ein dauerhaftes Geschenk des Kongresses an die Pharmaunternehmen (der Kongress akzeptierte auch deren Argument, dass unbegrenzte Arzneimittelpreise und Gewinne ein notwendiger Schutz gegen F&E-Risiken sind). Der Kongress hat den dem US-Gesundheits- und Sozialministerium unterstellten Centers for Medicare and Medicaid wiederholt untersagt, mit den Arzneimittelherstellern über Arzneimittelpreise zu verhandeln. Medicare legt einfach den durchschnittlichen Verkaufspreis fest, zuzüglich eines Zuschusses von 6%. "Es handelt sich um eine moderne amerikanische Version der Praxis der Nord-Song-Kaufleute, Getreide an die Grenze zu transportieren, wobei die Grenzbeamten die Kosten überschätzten und gleichzeitig die Gewinne der Kaufleute mit einkalkulierten.

Eine solch absurde Politik kann nur bedeuten, dass das Rechtssystem angesichts der Gier versagt hat und dass die allgemeine Besteuerung von einigen wenigen mächtigen und großen Unternehmen in Beschlag genommen wurde.

Obama hat Angst, die Interessen der Pharmaunternehmen anzutasten, und noch mehr Angst, den Kuchen der Versicherungsunternehmen anzutasten. Er versuchte, die Gründung einer staatlichen Versicherungsgesellschaft anzukündigen, die mit privaten Versicherungsgesellschaften konkurrieren sollte, wurde aber sowohl von Liberalen als auch von Konservativen abgelehnt, und es gab einen Aufschrei in den Medien, die Obama des Sozialismus beschuldigten und ihn sogar als Nazi bezeichneten. Einige kündigten offen ihre Absicht an, Obama zu ermorden, und gingen sogar so weit, Waffen zu Obamas Wahlkampfveranstaltungen zu bringen, um ihn zu erschrecken, damit er von dem Vorschlag zurückweicht und die wichtigste Schlüsselmaßnahme zur Senkung der Gesundheitskosten umgeht und die Gesundheitsreform nur dem Namen nach bestehen lässt.

Einfach ausgedrückt, ist ein Leben in den Vereinigten Staaten ohne Krankenversicherung nicht weniger als ein Superabenteuer, bei dem man nicht wegen einer Krankheit in die Armut zurückkehrt, sondern mit einer einzigen Krankheit bankrott geht. Das liegt daran, dass die Versicherung so teuer ist, dass 50 Millionen Menschen in den USA sie sich nicht leisten können, und Obamas Gesundheitsreform wird die Gesundheitskosten nicht senken und kann nur die Großen und Mächtigen mit einer allgemeinen Steuer weiter subventionieren.

Obamas Gesundheitsreform zwingt diese 50 Millionen Menschen dazu, eine Versicherung abzuschließen, was darauf hinausläuft, den Großen und Mächtigen einmal mehr Tribut zu zollen, und die Versicherungsunternehmen können sich im Schlaf vor Lachen krümmen.

Für einen Freiberufler, der 50.000 Dollar im Jahr ohne Krankenversicherung verdient, würde der Abschluss von "Obamacare" bis zu 7.200 Dollar im Jahr kosten, das Vierfache des Preises einer regulären Versicherung, mit 14.000 Dollar aus eigener Tasche für echte Besuche und über 20.000 Dollar für Versicherung plus Besuche, oder 60% des Einkommens nach Steuern!

Ist das eine Versicherung? Es ist ein Raubüberfall! Sie dient nicht den Menschen, sondern den Versicherungsgesellschaften, Pharmaunternehmen und großen Krankenhäusern.

Wenn Sie denken, dass es zu teuer ist, wollen Sie nicht teilnehmen, okay? Das geht nicht. "Obamacare" ist eine Pflichtversicherung, die Verweigerung der Teilnahme wird mit einer Geldstrafe geahndet, und Sie erhalten eine Bußgeldrechnung von bis zu $4000 pro Jahr! Wenn Sie nicht zahlen, wird Ihnen zunächst der Führerschein entzogen, was für Amerikaner auf Rädern dem Abhacken Ihrer Beine gleichkommt; wenn Sie sich weigern, die Strafe 24 Monate lang in Folge zu zahlen, und Sie zufällig Eigentümer einer Immobilie sind, wird Ihr Eigentum von der Regierung eingefordert, was bedeutet, dass Sie Ihr Eigentum verlieren könnten. Wenn Sie bereit sind, Ihr Haus in einem Anfall von Wut zu verkaufen, tut es mir leid, aber diese aufgelaufenen Strafen und Zinsen werden von der Regierung zuerst abgezogen.

Begrenzte Besuche, unbegrenzte Haftung. Das ist es, worum es bei Obamacare geht.

Die Finanzreform ist nur ein Tropfen auf den heißen Stein, und die Gesundheitsreform ist noch mehr ein Selbstzweck. Die Regierung ist nicht mehr in der Lage, das Muster der Vermögensverteilung umzukehren, so dass der Mythos der systemischen Fehlerkorrektur in den Vereinigten Staaten verschwinden kann!

Bei den beiden großen Reformen der Präsidentschaft Obamas ging es weniger darum, die Konsolidierung des Reichtums einzudämmen, sondern vielmehr darum, die Gier der Mächtigen und Mächtigen anzuheizen, um den Reichtum der Gesellschaft aufzuteilen. Der Präsident ziviler Herkunft, aber nicht der Hilfe des einfachen Volkes, hat weder den Mut der Brüder Gracchus noch den Charakter von Wang Anshi.

Die zweite Welle von Vermögensfusionen in den Vereinigten Staaten, die in den frühen 1980er Jahren begann, gewinnt nach der Finanzkrise von 2008 weiter an Fahrt, und alle Reformen unter normalen Bedingungen können das Tempo der Vermögensfusionen nicht mehr aufhalten, die Widersprüche zwischen Arm und Reich werden sich verschärfen, und die nächste Finanzkrise wird an Schärfe zunehmen.

Wenn man sich an der Geschichte orientiert, befinden sich die Vereinigten Staaten in einem Teufelskreis aus Vermögenskonsolidierung, ungerechten Steuern, Haushaltsdefiziten, Währungsabwertung und Klassengegensätzen.

Was ist nicht der chinesische Traum?

Die gesamte Geschichte ist moderne Geschichte, wobei Rom, Northern Song und die Vereinigten Staaten jeweils drei Wellen der monetären Wirtschaftsexplosion repräsentieren, die, obwohl sie Tausende von Jahren auseinander liegen und Tausende von Kilometern zurücklegen, ziemlich ähnliche logische Anhaltspunkte bieten. Auf diesem Weg kann man nicht nur die Vergangenheit betrachten und die Gegenwart analysieren, sondern auch weit in die Zukunft blicken.

Die heutige Theorie des "Chinesischen Traums" sollte in das historische Bezugssystem eingeordnet werden, um einen vollständigeren Überblick zu erhalten.

Um zu wissen, was der "Chinesische Traum" ist, muss man wissen, was nicht der "Chinesische Traum" sein sollte.

Eine Gesellschaft, in der die Mächtigen die Macht haben und die Elite gierig ist, sollte nicht der "Chinesische Traum" sein!

Eine Gesellschaft, in der der Reichtum annektiert und die Reichen von den Armen getrennt werden, sollte nicht der "Chinesische Traum" sein!

Eine Gesellschaft mit einer ungerechten Steuerlast und einem Haushaltsdefizit sollte nicht der "Chinesische Traum" sein!

Eine Gesellschaft mit abgewerteten Währungen und aufgeblähten Vermögenswerten sollte nicht der "Chinesische Traum" sein!

Eine Gesellschaft mit erschöpfter Volkskraft und internen und externen Problemen sollte nicht der "Chinesische Traum" sein!

Gibt es in China große und mächtige Menschen? Derzeit nicht, aber vielleicht in der Zukunft.

Als 1949 das Neue China gegründet wurde, wurde die Kluft zwischen Arm und Reich in der chinesischen Gesellschaft in den folgenden 30 Jahren im Wesentlichen beseitigt, was das erste Mal in der Geschichte Chinas war, dass die Praxis der Angleichung von Arm und Reich in großem Umfang praktiziert wurde, was einer "Null"-Verteilung des Wohlstands in ganz China gleichkam.

Bedeutet der Ausgleich zwischen Arm und Reich zwangsläufig eine wohlhabende und starke Gesellschaft? Die Antwort ist nein.

Im Laufe der Geschichte, in jedem Land, in jeder Nation, in jeder Epoche, in jedem System hat die Gesellschaft die typische pyramidale Struktur mit den elitären 10 Prozent an der Spitze der Gesellschaft und den gewöhnlichen 90 Prozent der Bevölkerung am unteren Ende gezeigt, und nur diese Struktur kann soziale Stabilität garantieren. Im Laufe der Geschichte der menschlichen Zivilisation hat es in jeder Epoche Versuche gegeben, eine völlig egalitäre Gesellschaft zu erreichen, aber dieses Ziel wurde nie wirklich erreicht, und selbst wenn es kurzzeitig in Erscheinung tritt, kann es nicht dauerhaft aufrechterhalten werden.

Da jeder Mensch einen anderen Fleiß, eine andere Persönlichkeit, andere Qualifikationen, andere Umstände und andere Möglichkeiten hat, ist die letzte Lücke eine logische Notwendigkeit. In jeder

Gesellschaft wird es immer etwa 10% fleißige und intelligente Menschen geben, die in der Gesellschaft schnell aufsteigen können, solange die Politik ihre Arbeitsmoral nicht unterdrückt. Einige von ihnen mögen von ihren Eltern, ihrer Familie und ihren sozialen Beziehungen profitiert haben, aber die meisten von ihnen haben sich hauptsächlich auf ihre eigene harte Arbeit und Intelligenz verlassen, um einen höheren sozialen Status und ein großes Vermögen zu erreichen. Sie sind die Schöpfer des Wohlstands und die Träger des sozialen Fortschritts. Ein Land, das den Enthusiasmus dieser sozialen Elite unterdrückt, kann keine Vitalität, keinen Antrieb, keine Chancen und keine Träume haben.

Deng Xiaopings Politik, "die Wenigen zuerst reich werden zu lassen", hat den großen Enthusiasmus der gesellschaftlichen Elite Chinas für die Schaffung von Reichtum wirksam mobilisiert, von denen die meisten es wagen, die Ersten in der Welt zu sein, das Risiko einzugehen, die gewöhnlichen Menschen zu entmutigen, ihren Verstand einzusetzen, mit Konventionen zu brechen und innovativ zu sein, und den ersten Eimer Gold für die Karriereentwicklung zu erhalten. Ihr Handeln hatte einen deutlichen "Aaleffekt" in einer Gesellschaft, die lange Zeit stumpf war, und regte mehr Menschen dazu an, den Ehrgeiz zu entwickeln, Wohlstand zu schaffen, was zu einem großen Wohlstandssprung für die gesamte Gesellschaft führte und das Gesicht der Armut in China grundlegend veränderte.

Deng Xiaoping schlug die Politik "Lasst die wenigen zuerst reich werden" vor.

Da 10% der gesellschaftlichen Elite einen großen Teil des Reichtums in erster Linie durch eigene Anstrengungen geschaffen haben, verdienen sie zu Recht die Ermutigung und den Schutz der Gesellschaft, um einen größeren Anteil am Kuchen der Wohlstandsverteilung zu erhalten, sowohl um harte Arbeit zu belohnen und Faulheit zu bestrafen, als auch um die Schaffung von Wohlstand zu fördern.

Die Reform und Öffnung der chinesischen Gesellschaft nach 1979 hat zu einer Rückkehr zur historischen Norm geführt; mehr als 30 Jahre rasanter wirtschaftlicher Entwicklung haben ein explosives Wachstum des Wohlstands, das Wiederauftauchen sozialer Schichten, das Entstehen mächtiger und einflussreicher Haushalte, das allmähliche Entstehen von Interessengruppen und eine deutliche Vergrößerung der Kluft zwischen Arm und Reich bewirkt. Wir befinden uns an einem kritischen Wendepunkt in der Gesellschaft, an dem einerseits wirtschaftlicher Wohlstand mehr Möglichkeiten mit sich bringt und andererseits die Verschmelzung von Vermögen Gestalt annimmt.

In Zeiten allgemeinen Wohlstands, in denen die Produktivität rasch zunimmt, werden die Reichen schneller reich, der gemeine Mann wird langsamer reich, und die Haltung der Gesellschaft gegenüber den Reichen ist hauptsächlich von Neid geprägt; wenn sich das Produktivitätswachstum deutlich verlangsamt und der Wohlstand auf einige Regionen oder Branchen beschränkt ist, wächst der Reichtum der Reichen tendenziell schneller, während das reale Einkommenswachstum des gemeinen Mannes zu stagnieren scheint, und die gesellschaftliche Stimmung ist dann von Neid gegenüber den Reichen geprägt; Wenn das Produktivitätswachstum stagniert und die Reichen beginnen, mehr erstaunliche Vorteile durch Vermögensfusionen als durch die Schaffung von Reichtum zu erzielen, entfremdet sich der Unternehmergeist zu übermäßiger Gier, das Einkommen des einfachen Mannes scheint zu sinken, und die Gesellschaft wird die Reichen allgemein hassen.

Der so genannte Neid, die Eifersucht und der Hass auf die Reichen treten nicht gleichzeitig auf, sondern entfalten sich schrittweise. Während der meisten Zeit der 1980er und 1990er Jahre war die vorherrschende gesellschaftliche Haltung gegenüber den Reichen die des Neids; von 2000 bis zur Finanzkrise nahm das Element des Neids allmählich zu; und seit 2009 taucht der Begriff "Hass auf die Reichen" deutlich häufiger auf, was eine Seitwärtsverschiebung bei Qualität und Umfang des Wirtschaftswachstums in China widerspiegelt.

Im Allgemeinen können die Reichen in Zeiten allgemeinen Wohlstands mehr Reichtum erwerben, wenn die Gesellschaft toleranter ist; in Zeiten teilweisen Wohlstands müssen die Reichen die unendliche Ausdehnung gieriger Begierden eindämmen und die normale Verteilung des Reichtums ertragen; in Zeiten wirtschaftlicher Stagnation oder Rezession müssen die Reichen Kompromisse eingehen, was nicht nur der emotionalen Stabilität der Gesellschaft förderlich ist und die Verschärfung der Mentalität des Reichtumshasses mildert, sondern auch den Reichen langfristig mehr Einkommen und Konsum beschert.

Die Frage ist, welchen Anteil am Volkseinkommen sollten die 10 Prozent der Reichen haben, um gerecht zu sein?

Der Historiker Huang Renyu beklagt in seinem Buch Fünfzehn Jahre Wan Li, dass die Feinheiten der digitalen Verwaltung in der chinesischen Gesellschaft weit hinter denen des Westens zurückbleiben. Damit hat er nicht unrecht, denn nicht nur historisch gesehen, sondern auch im Hinblick auf das moderne China liegt es noch weit hinter dem Westen zurück.

Das chinesische Statistikamt verfügt nicht über genaue Zahlen zur Verteilung des Reichtums in der Gesellschaft, und die Menschen wissen nicht, wie viel Prozent des Nationaleinkommens derzeit auf die reichsten 0,1 Prozent, 1 Prozent und 10 Prozent der Bevölkerung des Landes entfallen, noch haben sie eine klare Vorstellung vom Ausmaß des Problems der Spaltung zwischen Arm und Reich, geschweige denn historische Daten für die letzten 60 oder 100 Jahre. Die Gelehrten können nur nach Gefühl sprechen, und die genaue Entscheidungsfindung der Regierung kann beeinträchtigt werden.

Berücksichtigt man die historischen Erfahrungen der Nördlichen Song-Dynastie, so ergibt sich als ungefähre Proportion der Vermögensverteilung, dass in den späten Jahren der Song-Dynastie die 6% der mächtigen und wohlhabenden Menschen der Nördlichen Song-Dynastie 60 bis 70% des Landes besaßen und die Hälfte des Nationaleinkommens auf sich vereinigten. Nach der Blütezeit von Song Renzong begann die Nördliche Song-Dynastie, die Krise der Reichtumsverteilung durch die Gesetzesänderung von Wang Anshi zu beheben. Die Erfahrung der Vereinigten Staaten hat gezeigt, dass die Wirtschaft unweigerlich zusammenbricht und die Gesellschaft in eine Krise gerät, wenn auf die 10% der Reichen mehr als 50% des Volkseinkommens entfallen.

Es stellte sich heraus, dass die 10 Prozent der wohlhabenden Klasse, wenn sie die Schwelle von 50 Prozent des Nationaleinkommens überschreiten würden, mächtig genug wären, um jede Reform zu vereiteln, die institutionellen Korrekturmechanismen würden versagen und das Schicksal des Landes stünde kurz vor dem Wendepunkt zwischen Wohlstand und Niedergang. Nach dem Scheitern von Wang Anshis Gesetzesänderung stagnierte das Nördliche Liedland nur 30 Jahre lang, und mit der gewaltsamen Aneignung von Reichtum durch reiche Konglomerate kam es in den letzten 20 Jahren zu einem raschen sozioökonomischen Zusammenbruch des Nördlichen Liedlandes.

Die Vereinigten Staaten sind ein weiteres reales Beispiel dafür, was passiert, da die 10% der wohlhabenden Gruppen nach 2008 die

Schwelle von 50% des Nationaleinkommens überschritten haben. Ohne den Ausbruch eines massiven Krieges oder eines gewaltsamen sozialen Konflikts ist das System machtlos, seine Fehler zu korrigieren. Das Scheitern von Obamas Finanz- und Gesundheitsreform ist ein klarer Beweis für dieses Argument. Bei einer so großen Kluft zwischen Arm und Reich kann jede Hoffnung auf wirtschaftlichen Aufschwung nur die Illusion einer Fata Morgana sein. Vielleicht bleiben die USA noch 20 bis 30 Jahre lang weitgehend stabil, während die Spaltung des Reichtums unaufhaltsam zunimmt, bis es schließlich zu einer dramatischen Verschlechterung kommt.

Man kann sagen, dass die 10 Prozent der Vermögenden, die 50 Prozent des Nationaleinkommens auf sich vereinen, den Kipppunkt des Vermögens eines Landes darstellen, der nicht weniger bedeutsam ist als die landwirtschaftliche rote Linie von "1,8 Milliarden Hektar Ackerland", und jede verantwortungsbewusste Regierung muss diesen Kipppunkt streng bewachen. Wenn diese Grenze überschritten wird, wird sich die Gier in die Krebszellen der Gesellschaft verlagern, und keine Macht kann sie davon abhalten, die Ressourcen anderer Zellen zu plündern, bis die Organe versagen und das Leben aufhört.

China sollte die Grundsätze und Proportionen der Verteilung des gesellschaftlichen Reichtums ausdrücklich in der Verfassung verankern. Alles andere würde nicht ausreichen, um die langfristige Sicherheit des Landes zu gewährleisten.

Immobilien und Vermögensverteilung

Der Neoliberalismus betont, dass sich der Staat ganz aus dem Markt zurückziehen muss, da er sonst die Marktwirtschaft verzerrt. Viele Menschen glauben fälschlicherweise, dass der Markt flach ist, während er in Wirklichkeit immer gekrümmt ist.

Die Geschichte hat gezeigt, dass eine Regierung, die eine Politik des völligen Laissez-faire in der Wirtschaft verfolgt - sei es die wirtschaftsfeindliche Politik des Römischen Reiches, der "kompromisslose" Ansatz der Nördlichen Song-Dynastie oder der gegenwärtige "Deregulierungstrend" in den Vereinigten Staaten -, ein extremes Ungleichgewicht bei der Verteilung des Wohlstands zur Folge hat. Je freier die Gesellschaft ist, desto größer ist die Verteilung des Reichtums, was nicht nur den wirtschaftlichen Wohlstand zerstört, sondern auch zu einer Umkehrung der nationalen Geschicke führen wird.

Das gesamte menschliche Handeln im Laufe der Geschichte war nichts anderes als die Schaffung und Verteilung von Reichtum, von dem alle anderen Handlungen abgeleitet wurden. Die Theorie der effizienten Schaffung von Reichtum gehört zu den Wirtschaftswissenschaften, während die Theorie der rationalen Verteilung von Reichtum zur Politikwissenschaft gehört, und nur die politische Ökonomie, die die Schaffung und Verteilung von Reichtum kombiniert, kann das gesamte Bild des Schicksals eines Landes sehen.

Der Staat sollte so wenig wie möglich in den Markt eingreifen, muss aber das Prinzip der Wohlstandsverteilung stark schützen.

Das anschaulichste Beispiel ist die Frage, ob die Regierung die Immobilienpreise regulieren sollte oder nicht, und wie sie den Immobilienmarkt regulieren sollte.

Der Marktfundamentalismus vertritt die Auffassung, dass die Immobilienpreise durch Angebot und Nachfrage auf dem Markt bestimmt werden sollten und dass jeder noch so hohe Preis, solange jemand bereit ist, einen höheren Preis zu bieten, vollkommen angemessen ist und jegliche staatliche Intervention völlig ungerechtfertigt ist.

Betrachtet man jedoch das Prinzip der Vermögensverteilung, so muss die obige Behauptung durch historische Beweise in Frage gestellt werden. Steht es im Einklang mit der Marktwirtschaft, dass 6 der mächtigen und einflussreichen Grundbesitzer der Nördlichen Song-Dynastie 60% bis 70% des Landes besaßen und dass die sechs Großgrundbesitzer des Römischen Reiches die Hälfte des afrikanischen Territoriums besaßen? Der Zusammenbruch des Römischen Reiches und der Untergang der Nördlichen Song-Dynastie haben die Vorstellung, dass der Markt alles entscheidet, eindrucksvoll widerlegt.

Verzerrte Hauspreise haben eine weit verbreitete Ungleichheit in der Verteilung des gesellschaftlichen Reichtums im ganzen Land geschaffen, wobei die Verzerrung umso größer ist, je größer die Stadt ist. "House Schwester" "Haus Onkel" sie besetzen Dutzende von Hunderten von Wohnungen, und sie sind nur die Spitze des Eisbergs ausgesetzt, die weit verbreitete Phänomen der hohen Hauspreise und hohe Mieten ist die Ursache des Phänomens der unzureichenden Zirkulation, sondern als die absolute Bestand an unzureichenden.

Es gibt keine Grundsteuer, was der Nördlichen Song-Dynastie entspricht, die das meiste Land besetzte, ohne Steuern zu zahlen. Die Reichen halten die Immobilie einfach und warten auf die Wertsteigerung, sie haben keinen Anreiz, die Immobilie zu vermieten, weil die Mieteinnahmen ihr Interesse nicht wecken; sie haben auch nicht die Absicht, das Haus zu verkaufen, weil die Währung abwertet und der Hauspreis steigen wird, es ist kostengünstiger, spät zu verkaufen als früh. Die große Zahl leer stehender Häuser in den chinesischen Städten ist ein deutliches Beispiel für dieses Phänomen. Was die Leerstandsquote anbelangt, so hat das Statistikamt, um noch einmal auf Huang Renyus Argument einzugehen, überraschenderweise erklärt, dass nicht klar ist, wie hoch die Leerstandsquote ist! 15%? 20%? 30%? Das weiß nur Gott!

Da die Immobilien des Landes nicht online sind, weiß niemand genau, wie hoch die Konzentration des Immobilienbesitzes ist. Dies ist nicht wirklich ein technisches Problem, sondern das Ergebnis einer bewussten Behinderung durch Interessengruppen, und es ist bereits jetzt offensichtlich, dass der Mechanismus der Fehlerkorrektur im Immobiliensektor häufig versagt.

In der Zukunft wird das nationale Immobiliennetzwerk eine wichtige Initiative sein, die als Lackmustest für die Fähigkeit des derzeitigen Systems, die Gier einzudämmen, dienen wird.

Die Wohnungspreise werden durch die Nachfrage und nicht durch den Bestand bestimmt. In einer Gemeinde mit 100 Häusern muss nur ein einziges Haus verkauft werden, um zu bestimmen, wie viel es für die gesamte Gemeinde kosten wird. In den Vereinigten Staaten beispielsweise beträgt das jährliche Transaktionsvolumen für neue und bestehende Wohnungen nur 3 bis 4% des Gesamtbestands an Immobilien, d. h. der Fluss beträgt 3 bis 4% des Bestands. Ein plötzlicher Zustrom von 500.000 neuen Häusern auf den Markt würde den Preis von 130 Millionen Bestandsimmobilien erheblich beeinflussen. Würden 5 Millionen neue Gebäude entstehen, würden die Hauspreise in den USA im Handumdrehen einbrechen. In ähnlicher Weise kehrte die Wall Street am 12. April 2013 die Preiserwartungen für die 170.000 Tonnen Goldvorräte der Welt mit einem konzentrierten Ausverkauf von nur 400 Tonnen Gold um. Tatsächlich hat das marktpsychologische Teppichbombardement der Wall-Street-Medien das Vertrauen in den Goldmarkt schwer erschüttert, wobei 0,3% der Goldbestände explosionsartig auf den Markt einschlugen und einen Preiseinbruch auslösten. Einfach ausgedrückt, der entscheidende Faktor für die Beeinflussung der Preise ist die Marktpsychologie, und die Medien sind ein wichtiges Instrument zur Beeinflussung dieser Psychologie. Ein plötzlicher und heftiger konzentrierter Ausverkauf kann einen überwältigenden Preisdruck erzeugen und letztlich mit sehr geringem Handelsvolumen einen großen Preiseinfluss erzielen.

Es war diese Strategie, die Chen Yun Anfang der 1950er Jahre in Schanghai anwandte und mit einem Schlag die spekulativen Kräfte besiegte, die die Stadt jahrzehntelang auf rein marktwirtschaftliche Weise beherrscht hatten. In den letzten Jahren regelt die Regierung die Wurzel der Unwirksamkeit der Hauspreise, liegt in der Hinterhalt Krieg in eine Begegnung Krieg, der schnelle Krieg in einen langwierigen Krieg, der Vernichtungskrieg in einen Konsumkrieg, wird der Markt voraussichtlich vollständig auf die andere Seite umkehren, begrenzen den Kauf von begrenzten Darlehen und andere administrative Mittel werden durch die bullish Erwartungen der Hauspreise verschärft.

Die Grundsteuer ist nicht nur ein wichtiges Instrument, um die ungleiche Verteilung des Wohlstands zu korrigieren, sondern auch ein notwendiger Weg zu finanzieller Nachhaltigkeit. Um die Interessen der großen Mehrheit der Bevölkerung zu schützen, wird die Grundsteuer für das erste Einfamilienhaus vollständig befreit; für das zweite Haus wird eine symbolische Abgabe von 0,1% erhoben, die mehr als 90% der Stadtbevölkerung erfasst; für das dritte Haus gilt ein allgemeiner marktbezogener Satz von 1%; und für das dritte Haus wird ein Strafmultiplikator für mehr als drei rein spekulative Einheiten erhoben.

Die bloße Behauptung, dass die Grundsteuer eingeführt wird, wird einen schockierenden Effekt auf die Immobilienpreise haben, ähnlich wie die Fed das psychologische Spiel des Ausstiegs aus dem QE spielt. Die meisten Hauskäufer kaufen aufgrund von Erwartungen, und wenn sich die Preiserwartungen umkehren, wird ein großer Teil der Kaufkraft sofort zugunsten einer abwartenden Haltung verschwinden. Noch wichtiger ist, haben mehr als 3 Sätze von "Haus-Schwester" und "Haus Onkel" sie katastrophalen Steuersatz Gesicht wird sofort leerstehende Immobilie in den Markt, die gleichbedeutend mit "vier - eins zwei" Goldmarkt Wiederauftauchen, psychologischen Schock und inkrementelle Eigenschaft Druck zur gleichen Zeit ausbrechen, wird Eigentum Angebot und Nachfrage Widerspruch eine große Veränderung sein.

Wenn die Einführung der Grundsteuer 5% der leerstehenden Wohnungen auf den Markt drängt, wird ihre preiszerstörende Kraft nicht weniger als ein Erdbeben der Stärke 8 sein; wenn 10% der leerstehenden Wohnungen auf den Markt drängen, werden außer ein paar Leuten, die es gerade noch wagen können, sich gegen den Markt zu stellen, alle anderen potenziellen Kaufkräfte verscheucht; wenn die Grundsteuer schließlich mehr als 20% der leerstehenden Wohnungen verdrängt, werden die Einwohner der Stadt fünf Jahre später klagen: "Wer hat gesagt, dass Immobilien ein ständiger Gewinn ohne Verlust sind? "Tatsächlich gibt es in China keinen gravierenden Mangel an absoluten Immobilienbeständen, sondern eine gravierende Ungerechtigkeit der Immobiliennutzung, die das Verhältnis zwischen Angebot und Nachfrage verzerrt. Wie viel weniger Ackerland, Umweltverschmutzung, Energieverbrauch und Ressourcenverschwendung würde es in China geben, wenn alle leerstehenden Häuser in allen Städten mit Bewohnern besetzt wären?

Nur wenn die Immobilienbranche die enormen wirtschaftlichen Ressourcen, die sie ineffektiv genutzt hat, ausspuckt, können andere Branchen diese Ressourcen zurückgewinnen, wachsen und gedeihen, mehr Arbeitsplätze schaffen und zu echtem wirtschaftlichen Wohlstand führen.

Eine Grundsteuer ist das wirksamste und wirtschaftlichste Mittel, um den Leerstand von Immobilien zu beseitigen, und eine deutliche Verteuerung des Eigentums wird sich unmittelbar auf die Verbesserung des Widerspruchs zwischen Wohnungsangebot und -nachfrage sowie auf die Anspannung im Mietwohnungsmarkt auswirken. Sie erfordert nicht die enormen, kostspieligen Ausgaben eines Massenabrisses oder die Entnahme eines einzigen Cent an Ackerland, und ihr Ziel ist es, den Fluss der Wohlstandsverteilung umzulenken und die Verteilung der wirtschaftlichen Ressourcen durch die Steuerpolitik wieder ins Gleichgewicht zu bringen.

Es ist klar, dass der Immobilienmarkt im Moment nicht stagniert, sondern ernsthaft verzerrt ist. So wie Obama es nicht wagte, die Ursache für die hohen Gesundheitskosten in den Vereinigten Staaten wirklich in Frage zu stellen, zeigt auch die Schwierigkeit der Grundsteuer oder die fehlende Regulierung das Versagen des Systems, Fehler zu korrigieren.

Einer der größten Widerstände gegen die Einführung von Grundsteuern sind die Kommunalverwaltungen. Hohe Grundstückspreise treiben die Hauspreise in die Höhe, hohe Hauspreise stimulieren hohe Grundstückspreise, und die Kommunalverwaltungen profitieren eindeutig am meisten von den Grundstücksgewinnen. Die Hauspreise sinken, die Grundstückspreise steigen nicht, und die Kommunalfinanzen geraten in Schieflage. In den letzten Jahren haben die Kommunalverwaltungen in großem Umfang in die Infrastruktur und die Stadterneuerung investiert, zumeist durch Fremdfinanzierung und Bankkredite, und die Einnahmen aus Grundstücksverkäufen sind eine wichtige Quelle zur Unterstützung der lokalen Verschuldung.

Auch das Finanzsystem sieht den Rückgang der Immobilienpreise nur ungern, da es eine Wertminderung der Grundstückssicherheiten und steigende Ausfallquoten bei Bau- und Hypothekarkrediten befürchtet, was die Kapitalausstattung bedroht und die Rentabilität und die Aktienkurse beeinträchtigt. Gleichzeitig sind mit der vor- und nachgelagerten Immobilienkette Dutzende von Branchen verbunden, an denen das Finanzsystem ebenfalls in erheblichem Umfang beteiligt ist, so dass der Abschwung im Immobiliensektor auch die Qualität der Vermögenswerte des Finanzsystems in anderen Branchen ernsthaft in Mitleidenschaft ziehen wird.

Immobilienentwickler machen ihr Geld in der hellen und hohes Profil, und zu Recht in den Mittelpunkt der sozialen Unzufriedenheit, während hinter einigen lokalen Regierungen und Finanzsysteme machen ihr Vermögen in der Stille, bilden ein eisernes Dreieck von Interessen, die fast uneinnehmbar ist. Housing Preiskontrolle Politik vor dem Eisernen Dreieck immer wieder Division Veteranen Müdigkeit, stumpfe Kraft, um auf die Stadt zu halten, war es zu erwarten.

Begehrlichkeit liegt in der Natur des Menschen und lässt sich zwar einschränken, aber nicht blockieren. Eine wirksame Förderung der Grundsteuer muss das eiserne Dreieck der Interessen aufbrechen, und die Finanzinnovation kann einige Ideen liefern.

Bei den von BlackRock entwickelten "rent-backed securities" handelt es sich um verbriefte Produkte, die durch die Verwendung von Miet-Cashflows als Sicherheiten geschaffen werden, ähnlich wie MBS-Anleihen, die durch die Cashflows von Hypothekendarlehen gesichert sind, oder ABS-Anleihen, die durch die Cashflows von Forderungen gesichert sind. Da alle Zahlungsströme verbrieft werden können, können auch die festen Zahlungsströme, die durch Grundsteuern generiert werden, verbrieft werden, d.h. es handelt sich um "hypothekarisch gesicherte Grundsteuer-Wertpapiere".

Es stimmt, dass kein Land der Welt die Verbriefung von Grundsteuern ausprobiert hat, aber ein Versuch ist eine Innovation, und gerade diese Innovation wäre ein wirksamer Anreiz für lokale Regierungen, die Grundsteuern voranzutreiben, und eine potenziell große Einnahmequelle für das Finanzsystem.

Wenn 650 Millionen Stadtbewohner im Durchschnitt etwa 160 Millionen Häuser für eine vierköpfige Familie besitzen, würde der Gesamtwert der Immobilien in China satte 16 Billionen Yuan betragen (der Gesamtwert der Immobilien in den Vereinigten Staaten beträgt etwa 23 Billionen Dollar), wenn jedes Haus 1 Million Dollar wert ist. Wenn die durchschnittliche Grundsteuer von 0,5%, dann wird die gesamte Grundsteuer Einnahmen 800 Milliarden pro Jahr, wenn die Finanzinstitute werden die nächsten 10 Jahre der Grundsteuer in Anleihen verpackt werden, das heißt, der Wert von bis zu 8 Billionen finanziellen Vermögenswerten, in das Gesicht eines solchen Super-Kuchen, Banken, Wertpapierhändler und andere Finanzinstitute werden nicht mit Begeisterung unterstützen die Grundsteuer Grund?

Manchmal ist es wirksamer, das Gift mit dem Gift zu bekämpfen und die Gier mit der Gier zu bekämpfen, als die Gier einfach zu zügeln.

Für einige Kommunalverwaltungen werden die Erlöse aus Grundstücksverkäufen wie ein Grundgehalt sein, während die Erlöse aus Grundsteuerhypothekenanleihen eher wie ein Bonus wirken. Da die Boni gezahlt werden, wird natürlich das Grundgehalt gesenkt, aber die Gesamteinnahmen steigen.

Die Kommunalverwaltungen erzielen zwei Arten von Einnahmen, wenn sie Grundstücke versteigern: zum einen Einnahmen aus dem Verkauf von Grundstücken. Die andere ist die Grundsteuer auf künftige Immobilien, wie z.B. Wohnhäuser und Gewerbeimmobilien auf dem Grundstück. Das Innovationsteam des Finanzsystems kann der lokalen Regierung dabei helfen, den zukünftigen Cashflow der Grundsteuern auf diesem oder anderen Grundstücken zu nehmen, zu schätzen, zu mischen, zu schichten, zu verfeinern, die Produktion von standardisierten Anleiheprodukten abzuschließen, dann eine Rating-Gesellschaft für die Bewertung zu finden und schließlich auf dem Finanzmarkt zu verkaufen, wobei die erhaltene Finanzierung in den Haushalt der lokalen Regierung aufgenommen wird, der für alle Ausgaben verwendet werden kann, die die Regierung für notwendig hält. Dies wäre eine zusätzliche Einnahmequelle, die es bisher nicht gab, und der Anreiz für die Kommunen, die Grundsteuer zu erhöhen, würde drastisch steigen. Gegenwärtig sind die Kommunen nicht befugt, Kreditanleihen auszugeben, und neue Anleihen könnten den Kommunen bei der gesicherten Finanzierung helfen.

Das Wesen einer Grundsteuerhypothekenanleihe besteht in einer einmaligen abgezinsten Realisierung der Grundsteuereinnahmen der Kommunen über die nächsten 5, 10, 15 oder 20 Jahre, wobei die künftigen abgezinsten Erlöse an Investoren auf den Finanzmärkten übertragen werden. Um diesen zusätzlichen Bonus zu erhalten, müssen die Kommunalverwaltungen natürlich Zugeständnisse bei den Einnahmen aus Grundstücksverkäufen machen, z. B. 2 Dollar bei der lokalen Finanzierung mit neuen Anleihen und 1 Dollar bei den Einnahmen aus Grundstücksverkäufen, die als Sonderfonds für Transferzahlungen zur Subventionierung von Landwirten, die ihr Land verloren haben, oder für Investitionen in die landwirtschaftliche Infrastruktur verwendet werden sollten, entweder in den Händen der Kommunalverwaltungen oder auf nationaler Ebene durch die Zentralregierung.

Unter dem Gesichtspunkt des Geldflusses entspricht der Transferfonds dem Finanzmarkt reicher Leute und einer großen Zahl von Immobilienbesitzern, um die drei landwirtschaftlichen Betriebe zu kompensieren, die Konsumfähigkeit der Landwirte zu verbessern und die ungleiche Verteilung des Wohlstands zwischen städtischen und ländlichen Gebieten auszugleichen.

Die Grundsteuer unterscheidet sich von der Miete, bei der ein Mietobjekt leer stehen kann und kein Cashflow vorhanden ist, während das Objekt immer einen Eigentümer hat, der die Steuern zahlt und der Cashflow nicht unterbrochen wird. Daher ist die Qualität der Grundsteuerhypothekenanleihen natürlich besser als die der Miethypothekenanleihen der Black Rockers. Gleichzeitig können grundsteuerlich gesicherte Hypothekenpfandbriefe auch Qualitätsprodukte für Versicherungsgesellschaften, Pensionsfonds, Geldfonds, die Vermögensverwaltung von Banken und andere Institutionen auf dem Finanzmarkt bieten, die Sicherheit und hohe Renditen suchen, was dem Finanzsystem erhebliche Vorteile bringt.

Wichtiger noch: Da die Grundstückseinnahmen außerbudgetär sind, es an Transparenz bei der Verwendung von Grund und Boden durch die Kommunalverwaltungen mangelt und die Überwachung schwierig ist, wird es zwangsläufig zu Problemen bei der Investitionseffizienz kommen. Ein teilweiser Ersatz der

Grundstückseinnahmen durch die Finanzierung aus Grundsteuerpfandbriefen würde den Anteil der Einnahmen am Haushalt erhöhen, die Effizienz bei der Mittelverwendung steigern und mehr Wohlstand schaffen.

Grundsteuerhypothekenanleihen sind ein wirksamer Mechanismus zur Regulierung der Kommunalverwaltungen. Anleihen werden auf dem Finanzmarkt gehandelt, und ihr Preis spiegelt das Urteil des Marktes über die Projekte der Kommunalverwaltungen in jedem Moment wider; Finanzanalysten laufen nur ungern zu Immobilienprojekten und gehen von Tür zu Tür, um Verkaufszahlen, Steuerstatus, tatsächliche Eigentümer und andere Informationen zu untersuchen, um den Preis von Anleihen zu beurteilen. Der Erfolg der Kommunalverwaltungen bei einem Entwicklungsprojekt wird die Kosten für die Finanzierung anderer Projekte senken, was die Kommunalverwaltungen effektiv dazu motiviert, bei Entwicklungsprojekten vorsichtig zu sein, da die Finanzmärkte von Zeit zu Zeit ihre politische Leistung bewerten werden. Eine Grundsteueranleihe, die wild auf den Markt geworfen wurde und deren Kurs stark einbrach, würde das Ausmaß des Scheiterns des Projekts offenlegen und die Beamten unter erheblichen Druck setzen.

Die Überwachung der Kommunalverwaltungen durch die Finanzmärkte und die Verwendung von Anleihekursen zur Bewertung des Erfolgs oder Misserfolgs von Projekten ist weitaus effektiver als die Verwaltung durch höhere Stellen.

Der Schlüssel zur Urbanisierung ist die Schaffung von Arbeitsplätzen

Laut dem China New Urbanization Report 2012 der Chinesischen Akademie der Wissenschaften überschritt Chinas Urbanisierungsrate 2011 erstmals die 50-Prozent-Marke und erreichte 51,3 Prozent, was den höchsten Urbanisierungsrekord in der Geschichte Chinas darstellt und bedeutet, dass Chinas städtische Wohnbevölkerung zum ersten Mal die Landbevölkerung übersteigt. Die städtische Wohnbevölkerung umfasst dabei die Bevölkerung mit einer landwirtschaftlichen Haushaltsregistrierung, die seit mehr als sechs Monaten in der Stadt lebt. Zieht man die 180 Millionen Wanderarbeiter in landwirtschaftlichen Haushalten ab, so liegt die tatsächliche Urbanisierungsrate in China bei etwa 35 Prozent.

Viele schätzen optimistisch, dass ein jährlicher Anstieg des Anteils der städtischen Bevölkerung in China um 1 Prozentpunkt die Inlandsnachfrage um mehr als 5 Billionen Dollar ankurbeln könnte. Ein Anstieg der künftigen Urbanisierung um 10 Prozentpunkte könnte die Inlandsnachfrage um 50 Billionen ankurbeln, was dem Wiederaufbau eines BIP der derzeitigen Größe entspricht.

Folgt man dieser Logik, dann braucht China, um ein entwickeltes Land zu werden, nur noch seine Städte zu vergrößern und seine Bauern dorthin umzusiedeln, und das BIP-Wachstum wird da sein, die Urbanisierung wird hoch sein, und wirtschaftlicher Wohlstand wird automatisch eintreten. Diese Denkweise hat den gleichen Fehler wie die Urbanisierungsbewegung im Römischen Reich, wo die Verstädterung das Ergebnis des wirtschaftlichen Wohlstands war und nicht dessen Ursache.

Künstliche Verstädterung bedeutet, dass die Menschen in der Stadt leben und viele von ihnen der Stadt zur Last fallen, während wirtschaftlicher Wohlstand eine Verstädterung bedeutet, bei der jeder einen Arbeitsplatz hat und jeder einen Beitrag zur Stadt leistet.

Chinas Urbanisierung muss Hunderte von Millionen von Arbeitsplätzen schaffen, und zwar Vollzeitarbeitsplätze mit Sozial- und Krankenversicherung. Ohne Arbeit gibt es kein Einkommen und keine Möglichkeit, die Binnennachfrage zu steigern. Die 180 Millionen Wanderarbeiter, die jetzt in den Städten leben, sind im Grunde nur kurzfristig und befristet beschäftigt, und wenn sie in Vollzeitarbeitsplätze mit Sozialleistungen, Krankenversicherung und sozialer Absicherung umgewandelt werden, die in etwa der Absicherung der Stadtbewohner entsprechen, fürchte ich, dass die Zahl der Arbeitsplätze nur geschätzt werden kann, d.h. die Städte haben in den letzten 30 Jahren insgesamt 90 Millionen städtische Vollzeitarbeitsplätze für Landwirte geschaffen, das sind im Durchschnitt etwa 3 Millionen pro Jahr, was dem ungefähren Umfang der Verstädterung der landwirtschaftlichen Bevölkerung im Zusammenhang mit der raschen wirtschaftlichen Entwicklung Chinas entspricht.

Wenn das Urbanisierungsziel für 2020 bei 55 Prozent liegt, muss die städtische Wirtschaft in den sechs Jahren bis 2020 150 Millionen Vollzeitarbeitsplätze schaffen, um bisherige und künftige Arbeitsmigranten in städtische Beschäftigung zu überführen, was durchschnittlich 26 Millionen neue Vollzeitarbeitsplätze pro Jahr erfordert - eine unmögliche Aufgabe.

Tatsächlich werden in Chinas Städten jedes Jahr nur etwa 10 Millionen neue Arbeitsplätze geschaffen, und im Jahr 2012 warten 25 Millionen Menschen auf eine Anstellung in den Städten, die Hälfte davon mit Hochschulabschluss, was bedeutet, dass bei der angestrebten Urbanisierungsrate fünf städtische und ein ländlicher Jugendlicher um einen Arbeitsplatz kämpfen werden!

In Chinas Beschäftigungslandschaft stellen 11 Millionen kleine und mittlere Unternehmen (KMU) 75 Prozent der städtischen Arbeitsplätze. Sie beschäftigen im Durchschnitt 13 Mitarbeiter, haben eine durchschnittliche Lebensdauer von nur 2,5 Jahren und überleben nicht einmal sieben bis acht Jahre; seit 2013 ist der Anteil der KMU, die in Konkurs gehen oder ihr Geschäft aufgeben, Monat für Monat auf fast 15 Prozent gestiegen. Anstatt die finanzielle, steuerliche und politische Unterstützung zu erhalten, die sie verdienen, werden KMU von Großunternehmen weiterhin auf den Müllhaufen der Risikoübertragung reduziert. Großunternehmen zahlen immer längere Rechnungen, der Anteil der Schuldscheine nimmt zu, und die Außenstände kleiner und mittlerer Unternehmen haben mehr als die Hälfte der Vermögenswerte der Unternehmen erreicht, weit mehr als der internationale Durchschnitt von 20 Prozent. Das harte Überlebensumfeld hat die unternehmerische Erfolgsquote der KMU auf 1/40 gesenkt, deutlich unter 1/7 in den Vereinigten Staaten.

Ob die Verstädterungsrate bis 2020 55% erreichen wird, hängt nicht von der Regierung ab und sollte auch nicht von ihr abhängen, sondern von den 11 Millionen KMU, die um ihr Überleben kämpfen. Das Haupthindernis für die Verstädterung ist nicht der Mangel an Büro- und Gewerbeflächen in den Städten, sondern die zunehmende Schwierigkeit für kleine und mittlere Unternehmen, die sich Miete und Betriebskosten leisten können, zu überleben. Urbanisierung ohne Beschäftigungsmöglichkeiten ist gleichbedeutend mit städtischer Gentrifizierung und Gentrifizierung.

Das Tempo der Verstädterung sollte auf der Schaffung von Arbeitsplätzen beruhen, wobei stabile Arbeitsplätze allmählich die überschüssige landwirtschaftliche Bevölkerung absorbieren, ein Prozess, der 30 Jahre oder mehr dauern könnte, bevor Chinas Verstädterungsrate wirklich 50 Prozent erreicht. Die Industrialisierung und Urbanisierung eines großen Landes mit einer Bevölkerung von 1,3

Milliarden Menschen ist in der Weltgeschichte beispiellos und kann niemals in einem Schritt erreicht werden.

Es sollte klar sein, dass auf dem Weg zur Urbanisierung in China auch Veränderungen der weltwirtschaftlichen Lage und sogar die Möglichkeit einer abrupten Umkehr berücksichtigt werden müssen. In Gebieten, in denen die städtische Wirtschaft auf die internationalen Märkte ausgerichtet ist, kann es zu einem ernsthaften Umschwung kommen, bei dem die Arbeitsplätze in den Städten sogar erheblich schrumpfen und 180 Millionen Wanderarbeiter möglicherweise auf das Land zurückkehren müssen.

Chinas größtes Risiko besteht darin, das Risiko nicht zu kennen. 30 Jahre rasante wirtschaftliche Entwicklung, 60 Jahre fehlende Erfahrung mit Finanzkrisen lassen jeden glauben, dass das Wirtschaftswachstum einfach nur ein lineares Wachstum ist, bei dem nur der Unterschied zwischen 7% und 10% besteht, so dass überhaupt kein Gefühl für die Absicherung von Risiken besteht. Was die Politik betrifft, so bleibt nicht genug Raum für die große Kluft zwischen optimistischen Einschätzungen und der harten Realität.

Wenn eines Tages 80 Millionen der 180 Millionen Wanderarbeiter gezwungen sind, in ihre Heimat zurückzukehren, wie werden sich dann die ländlichen Gebiete anpassen und wie werden die Städte reagieren? Wenn Pekings leere Straßen, spärliche Fußgänger und kalte Geschäfte während des Frühlingsfestes beeindruckend sind, dann ist es die Rezession. Die Menschen erleben keine Depressionen und glauben nicht an Depressionen, aber das heißt nicht, dass es keine Depressionen gibt oder dass sie nicht plötzlich auftreten.

Die Weisheit, die die Alten hinterlassen haben, wird von den Menschen von heute ignoriert.

Landübertragung und Einkommen der Landwirte

Gegenwärtig sorgen die Vereinigten Staaten mit enormen finanziellen Subventionen für einen weltweiten Super-Billigpreis für Lebensmittel, der wie eine Reinkarnation der römischen Ära anmutet.

Unter dem Druck der US-amerikanischen Lebensmittelpreise befinden sich die chinesischen Landwirte in einer ähnlichen Situation wie die italienischen Landwirte in jenem Jahr. Die Landwirtschaft hat zehn Jahre in Folge eine Rekordernte eingefahren, aber die Landwirte haben im Allgemeinen das Problem, dass sie ihre Produktion steigern können, ohne ihr Einkommen zu erhöhen, und dass die gestiegene Produktion teilweise durch die steigenden Kosten aufgefressen wird, während der Preis durch die internationalen Lebensmittelpreise blockiert wird.

Im internationalen Handel mit Lebensmitteln sind es tatsächlich die kleinen Ströme, die den Preis der großen Bestände bestimmen. Die Vereinigten Staaten, die 58%, 43% und 22% des Welthandels mit Mais, Sojabohnen und Weizen exportieren, sind in einer guten Position, um die Weltmarktpreise für Lebensmittel zu kontrollieren. Verzerrte internationale Lebensmittelpreise hatten zu ähnlichen Problemen wie im Römischen Reich geführt, wo die landwirtschaftliche Basis der Entwicklungsländer durch niedrige Lebensmittelpreise ausgehöhlt wurde, die Agrarwirtschaften am Rande des Bankrotts standen und viele Bauern in die Städte strömten, wodurch in den Großstädten der Entwicklungsländer Slums entstanden. Die armen Landwirte stellen einen ständigen Strom von Arbeitskräften für die Exportindustrie bereit und sichern so die Versorgung der Vereinigten Staaten und anderer Industrieländer mit billigen Waren.

Chinas tiefes historisches Verständnis für die Bedeutung von Nahrungsmitteln hat es dem Land ermöglicht, nicht in die Fußstapfen anderer Entwicklungsländer mit ihrem agrarwirtschaftlichen Bankrott zu treten, sondern seine Agrarwirtschaft unter anderem durch die Abschaffung von Agrarzöllen und den Ausbau von Agrarsubventionen zu erhalten. Es ist jedoch zu einem Konsens geworden, dass die Landwirtschaft nicht rentabel ist und dass die Landübertragung diesen Trend nicht grundlegend ändert.

Die Hauptursache für das mangelnde Interesse an einer Steigerung der Nahrungsmittelproduktion nach der massiven Annexion von Land durch die römische Aristokratie lag darin, dass Rom die Preise für Nahrungsmittel absichtlich niedrig gehalten hatte und die Bauern mit der Bewirtschaftung ihres Landes kein Geld verdienten. Die Aristokraten schenkten der Landwirtschaft nicht einmal so viel Aufmerksamkeit wie die Großgrundbesitzer, die während der republikanischen Ära in großem Umfang Sklavenarbeit einsetzten, in Rom oder anderen Städten lebten und ihre Höfe nur selten selbst bewirtschafteten. Für sie war es am wirtschaftlichsten, das Land an Pächter zu verpachten und auf den Pachteinnahmen sitzen zu bleiben. Was den Bau von Wasserschutzanlagen, die Verbesserung der Bodenqualität, die Auswahl guten Saatguts und andere Dinge angeht, so ist die Investition in Land wie die in Immobilien, die Werterhaltung ist der Hauptzweck, die Rettung des Herzens das oberste Prinzip, Geld auszugeben, um die Landwirtschaft zu verbessern, ist nicht ihre Spezialität und schon gar nicht ihre ursprüngliche Absicht. Und die einfachen Pächter, die weder Geld in die Verbesserung des Bodens anderer Leute stecken noch die Fähigkeit zu investieren haben, bewirtschafteten früher für sich selbst, jetzt aber für andere, mit weniger Verantwortung und Begeisterung für ihre Arbeit. Der Rückgang der Nahrungsmittelproduktion im Römischen Reich nach der massiven Aneignung von Land war unvermeidlich.

Die natürliche Folge des Landtransfers in China ist zwangsläufig eine Konzentration von Land und letztlich eine Konzentration in Richtung Kapitalintensität. Dies wirft die interessante Frage auf, ob das Kapital hinter den Gewinnen aus dem Getreide her ist. Oder reicht der Gewinn aus der Nahrungsmittelproduktion aus, um andere Nutzungen aufzuwiegen?

Bei den stark unterbewerteten Lebensmittelpreisen würde nur ein Narr weiterhin Lebensmittel produzieren. Chinesische kapitalistische Tycoons sind wahrscheinlich wie die römischen Aristokraten ihrer Zeit, die in Großstädten wie Peking und Schanghai leben und über Land und Besitz im ganzen Land verfügen. Selbst wenn sie weiterhin Lebensmittel produzierten, verpachteten sie das Land an die fähigen Pflanzer, die es ihnen bereitwillig als Pächter überließen, oder wegen der Verlockung des Kapitals, der niemand widerstehen konnte. Wird der Enthusiasmus der fähigen Pflanzer, die das Land früher für sich selbst bewirtschafteten und jetzt für andere produzieren, und die auch die Pacht für das Land zahlen müssen, zunehmen oder abnehmen?

Kapitalstarke und große Haushalte investieren in Land, um vor allem den Wertzuwachs von Immobilien zu steigern, anstatt die Gewinne aus der Nahrungsmittelproduktion im Auge zu behalten. Sie kümmern sich nicht um die Bodenverbesserung, auch nicht um die Präzisionslandwirtschaft, den Bau von Wasserschutzanlagen zur Verbesserung der Bewässerung und andere Ausgaben - je weniger, desto besser. Die großen Landwirte sind sicherlich zurückhaltender, wenn es darum geht, ihr eigenes Geld zu nehmen und das Land anderer Leute zu subventionieren, und das alles bei bestehender Infrastruktur, und sie könnten in der Lage sein, die Pro-Kopf-Erträge auf Kosten der Produktion pro Flächeneinheit erheblich zu steigern, so wie die amerikanischen Landwirte höhere Einkommen und niedrigere Erträge haben. Das Ergebnis ist eindeutig, dass die durch die Landübertragung geschaffene Landkonzentration nicht notwendigerweise zu einem Anstieg der Gesamtnahrungsmittelproduktion führt; der Effekt kann sogar das Gegenteil sein: je größer die Landkonzentration, desto geringer die garantierte Gesamtnahrungsmittelproduktion.

Historisch gesehen unterscheidet sich das Ziel der landwirtschaftlichen Effizienz in China sehr stark von dem der Vereinigten Staaten, die den maximalen Output pro Flächeneinheit, d. h. die Bodenproduktivität, anstreben, während die Vereinigten Staaten den maximalen Output pro Bevölkerungseinheit, d. h. die Arbeitsproduktivität, anstreben, was durch die harte Realität bestimmt wird, dass China nur 7 Prozent der weltweiten Ackerfläche besitzt, aber 22 Prozent der Weltbevölkerung ernähren muss. Während chinesische Landwirte kleine Parzellen mit intensiver Arbeit bewirtschaften können, bevorzugen amerikanische Landwirte arbeitssparende Maßnahmen wie landwirtschaftliche Mechanisierung und chemische Düngemittel, die relativ kostengünstig sind, wenn die Betriebsmittel gleichmäßig auf große Pro-Kopf-Anbauflächen verteilt werden. Bei der geringen Pro-Kopf-Anbaufläche in China wird dieser Input jedoch unerschwinglich.

Die Frage ist, ob China bereit ist, seine Ziele für die landwirtschaftliche Effizienz zu ändern. Wenn eine maximale Pro-Kopf-Produktion angestrebt wird, dann muss China bereit sein, die Konsequenzen zu tragen, wenn es sich nicht selbst ernähren kann, und die Prophezeiung, wer China ernähren wird, könnte durchaus wahr werden. Sollte es eines Tages zu einem militärischen Konflikt zwischen China und Japan um die Diaoyu-Inseln kommen, müssten die Vereinigten Staaten keine Armee entsenden und lediglich einen Stopp der Lebensmittelexporte nach China ankündigen, und der potenzielle geopolitische Konflikt, dem sich China gegenübersieht, geht weit über die Diaoyu-Inseln hinaus.

Ernährungssicherheit ist nicht nur eine Frage der wirtschaftlichen Effizienz, sondern auch des nationalen Wohlstands!

Einer der von Rogers seit langem angeführten Gründe für seine positive Haltung gegenüber der Landwirtschaft trifft den Nagel auf den Kopf: Die Überalterung der landwirtschaftlichen Bevölkerung stellt ein weitaus größeres Problem dar als die der Städte.

Das Durchschnittsalter der bäuerlichen Bevölkerung liegt in den Vereinigten Staaten bereits bei 58 Jahren, in Europa bei 60 Jahren und in Japan bei 62 Jahren, und auch in den Industrieländern lieben junge

Menschen das städtische Leben und hassen die Tristesse der Landwirtschaft. Unter dem Druck der niedrigen Lebensmittelpreise in den Vereinigten Staaten leiden die Entwicklungsländer seit langem unter dem Zusammenbruch ihrer Agrarwirtschaft und dem gravierenden Verlust von Arbeitskräften jungen und mittleren Alters. Stellen Sie sich vor, dass in 10 Jahren die landwirtschaftlichen Arbeitskräfte in den Industrieländern 70 Jahre alt sein werden und die ländlichen Gebiete in den Entwicklungsländern längst verödet sind, und die Weltbevölkerung wird 8 Milliarden betragen, ein Nettozuwachs von einer ganzen Milliarde! Eine stark alternde landwirtschaftliche Erwerbsbevölkerung wird unweigerlich zu einem Rückgang der landwirtschaftlichen Produktivität führen, während die Bevölkerung weiterhin stark wächst, der strukturelle Widerspruch zwischen der gesamten Nahrungsmittelproduktion und der Gesamtnachfrage wird sich zwangsläufig verschärfen, und es ist nur eine Frage der Zeit, bis die internationalen Nahrungsmittelpreise erheblich steigen.

China sollte sich keine Illusionen darüber machen, dass in den nächsten 10 Jahren 1,4 Milliarden Chinesen von importierten Lebensmitteln leben können! Deshalb ist die Bedeutung der landwirtschaftlichen Produktion pro Flächeneinheit in China immer noch weit größer als die Produktion pro Kopf, und das Ziel der landwirtschaftlichen Effizienz in China kann nicht geändert werden.

Unter dieser Prämisse muss die Politik des Landtransfers einen klaren Rahmen für die nächsten 10 Jahre abstecken und darf nicht einseitig eine große Landwirtschaft in großem Maßstab und eine hohe Landkonzentration anstreben. Die kapitalistischen Tycoons können indirekt über den Kapitalmarkt in die Landwirtschaft investieren, müssen aber das Ausmaß der direkten Landbesetzung kontrollieren; die rote Linie von 1,8 Milliarden Hektar Anbaufläche kann nur streng bewacht werden.

Das bedeutet, dass die Landwirte enorme Opfer für die Ernährungssicherheit bringen werden, und dieses Opfer muss übermäßig belohnt werden, am direktesten durch einen größeren Ausgleich für ihr Einkommen. Tatsächlich kann eine signifikante Erhöhung des Einkommens der Landwirte den Binnenmarkt effektiv erweitern, die Verwirklichung des wirtschaftlichen Wandels fördern und das Ausmaß der Wohlstandszersplitterung mildern. 800 Millionen Landwirte erhöhen ihr Einkommen um jeweils 1.000 Yuan, was bedeutet, dass 800 Millionen Hemden, 800 Millionen Paar Schuhe oder 800 Millionen Mobiltelefone an Kaufkraft für neue Waren zur

Verfügung stehen, deren Gesamtkonsumvolumen den Beitrag von 8000 Milliardären zur Wirtschaft bei weitem übersteigen wird. Insbesondere wenn 800 Millionen Landwirte ihren Konsum steigern, wird dies einen Skaleneffekt auslösen, der eine neue soziale Arbeitsteilung und neue Beschäftigungsmöglichkeiten schafft.

"Überproduktion" ist eine weitgehend falsche Behauptung; in der Geschichte der Menschheit hat es nie einen Überschuss an Reichtum gegeben, abgesehen von der Unfähigkeit der überwiegenden Mehrheit der Bevölkerung zu konsumieren, als Folge der Polarisierung von Reichtum und Armut. Wenn 800 Millionen Landwirte einen Überanreiz erhalten, wird dies die exportorientierten Wohlstandsabflüsse weitgehend ersetzen.

Um 1940, nach dem Ausbruch des "Zweiten Weltkriegs", haben die Vereinigten Staaten Millionen arbeitsloser Arbeiter und Millionen armer Söhne und Töchter, die in den Krieg zogen, mit Hilfe der Kriegsmaschinerie subventioniert und so den Trend der Polarisierung zwischen Arm und Reich umgekehrt, was zu 40 goldenen Jahren wirtschaftlicher Entwicklung führte. Die Fähigkeit Chinas, die wachsende Kluft zwischen Stadt und Land in friedlichen Zeiten umzukehren, ist der Schlüssel zu seinem weiteren wirtschaftlichen Wohlstand in der Zukunft.

Der Ausgleich für die Einkommen der Landwirte ist lediglich eine Korrektur der bis zu einem gewissen Grad schwerwiegenden Verzerrung der internationalen Lebensmittelpreise. Die Ausweitung der Verbrauchskapazität der Landwirte wird eine Zunahme der Waren und Dienstleistungen in der städtischen Wirtschaft anregen, was zu einem stetigen Beschäftigungswachstum führt, das wiederum die Verstädterung der überschüssigen landwirtschaftlichen Arbeitskräfte auffängt und sie auf einen gesunden und nachhaltigen Urbanisierungspfad bringt. Wenn die internationalen Lebensmittelpreise schließlich stark ansteigen, können die Entschädigungen für die Landwirte schrittweise gesenkt werden, und sie werden vom Markt mehr profitieren.

Die Entschädigung der Landwirte sollte nicht nur in der Verantwortung der Regierungen liegen, sondern auch in der vollständigen Mobilisierung der Kapitalmärkte, um das gierige Geld dorthin zu lenken, wo es am meisten gebraucht wird, und genau hier kann die Finanzinnovation ansetzen.

Ein wichtiger Grund für den langsamen Anstieg der Einkommen der Landwirte sind Naturkatastrophen und Marktveränderungen, und chinesische Versicherungsunternehmen haben sich um die Absicherung der Landwirtschaft, einschließlich der Einkommensversicherung für Landwirte, gekümmert. Die Einkommensversicherung ist ein Bindeglied zwischen dem Produktionsverlust aufgrund von Naturkatastrophen in der traditionellen Agrarversicherung und dem Einkommensverlust aufgrund von Preisschwankungen in der Marktpreisversicherung. Wenn die landwirtschaftliche Produktion einen Verlust erleidet, wird das Bruttoeinkommen des Landwirts berechnet, indem der tatsächliche Ernteertrag des Jahres mit dem durchschnittlichen Großhandelspreis pro Einheit auf dem Markt multipliziert und mit dem Einkommen in einem normalen Jahr verglichen wird, und die sich daraus ergebende Differenz wird von der Versicherungsgesellschaft entschädigt und ausgeglichen.

Eine gute Idee für eine Einkommensversicherung, aber die Kosten sind hoch. Eine bestimmte Einkommensversicherung in Songjiang, Shanghai, hat zum Beispiel eine Prämie von 350.000 Yuan und eine Deckung von über 2,6 Millionen Yuan. Die Regierung muss einen hohen Prozentsatz an Subventionen bereitstellen, sonst sind die Versicherungskosten für die Landwirte zu hoch, um sie sich leisten zu können.

Wenn die Versicherungskosten zu niedrig sind, wird es für die Versicherer schwierig sein, Gewinne zu erzielen, da Naturkatastrophen immer häufiger auftreten und Marktveränderungen nur schwer vorherzusehen sind. Gibt es eine Möglichkeit, die Versicherungskosten deutlich zu senken und die Versicherungsunternehmen dazu zu bewegen, in ländlichen Gebieten im ganzen Land Einkommensversicherungen in großem Umfang anzubieten? Auch Finanzinnovationen können Ideen liefern.

Naturkatastrophen und Marktschwankungen können nicht in allen Regionen des Landes und bei allen landwirtschaftlichen Erzeugnissen gleichzeitig auftreten, und ein risikogerechter Ansatz für alle Regionen und landwirtschaftlichen Kulturen würde den Durchschnittspreis der Einkommensversicherung erheblich senken. Versicherungsgesellschaften können Einkommensversicherungspolicen aus verschiedenen Regionen in einem Pool von Vermögenswerten zusammenfassen und mit Treuhandgesellschaften oder Investmentbanken zusammenarbeiten, um deren Risiko und Rendite zu rationalisieren und standardisierte

Wertpapierprodukte zu bilden, die auf den Finanzmärkten verkauft werden können.

Die Versicherungsgesellschaft verdient nur einen bestimmten Betrag an den Gebühren und verteilt alle Risiken und Vorteile auf die Anleger, indem sie das Geld zurückzahlt und den Geschäftsumfang weiter ausbaut. Auf den Finanzmärkten gibt es Credit Default Swaps (CDS), bei denen es sich um Derivate von Wetten auf den Ausfall von Unternehmen handelt, und Einkommensversicherungspapiere für Landwirte, bei denen es sich um Derivate von Wetten auf Naturkatastrophen und Marktveränderungen handelt. Durch den Kauf solcher Wertpapiere beteiligt sich der Anleger effektiv am Geschäft der Versicherungsgesellschaft, wobei er einen Gewinn oder Verlust bei einer einzelnen Police, aber mit Sicherheit einen Gewinn bei einem zusammengesetzten Wertpapier erzielt, das verschiedene Regionen und verschiedene Versicherungsarten umfasst. Je mehr Anleger sich beteiligen, desto mehr können die Versicherungsgesellschaften ihre Prämienkosten senken und desto mehr Landwirte profitieren davon. Im Endeffekt verdienen die Versicherungsunternehmen an der Geschäftsentwicklung, Entschädigungen und Schadensfälle werden von den Finanzmärkten finanziert, und die Anleger erhalten eine hohe Wahrscheinlichkeit für eine gute Nahrungsmittelernte.

Auch die Verbriefung von landwirtschaftlichen Einkommensversicherungen hat weltweit keinen Präzedenzfall, aber wenn sie erreicht werden kann, wird sie die Einkommen der Landwirte effektiv erhöhen und die finanzielle Belastung verringern, und der Effekt wird gleichbedeutend sein mit direkten Transfers von den Reichen an die Landwirte, was ihnen selbst und dem Land zugute kommt.

Nur durch die Bereicherung der Landwirte kann die Binnennachfrage gesteigert, die wirtschaftliche Transformation abgeschlossen und der Urbanisierungsprozess vorangetrieben werden.

Nur mit grenzenloser Kraft kannst du deine Träume fliegen lassen

In den 1980er Jahren war die Fernsehserie Huo Yuanjia sehr beliebt, und es gab eine Handlung, die die Zuschauer beeindruckte. Einmal überquerte Huo Yuanjia in einem Boot den Fluss, und als das Boot die Mitte des Flusses erreichte, stieß es plötzlich gegen ein Riff, und er fiel unglücklicherweise ins Wasser. Leider kennt Huo Yuanjia das Wasser nicht, und wenn er verzweifelt versucht, mit dem Strom zu schwimmen, wird er am Ende vor Erschöpfung ertrinken. Huo Yuanjia blieb ruhig und gefasst, hielt den Atem an, sank auf den Grund des Flusses, hielt sich an einem großen Felsen fest und ging Schritt für Schritt zum Ufer, um die Gefahr schließlich in nichts zu verwandeln. Diese Geschichte hat sich tief in die Köpfe von Millionen von Zuschauern eingeprägt, und im wirklichen Leben gibt es sogar Menschen, die sich mit der gleichen Methode erfolgreich gerettet haben.

Das Geheimnis von Huo Yuanjias Überleben lag darin, dass er nicht in Panik geriet oder mit dem Strom schwamm, sondern sich Schritt für Schritt aus seiner misslichen Lage befreite, was große Beharrlichkeit erforderte.

Alte Leute sagten: für den Weg der allgemeinen, das erste, was zu tun ist, um das Herz zu heilen, Tai Shan kollabiert vor, aber die Farbe nicht ändern, und der Elch steigt auf der linken Seite, aber das Auge nicht ändern, dann kann die Kontrolle der Nutzen und Schaden.

Das ist die Kraft der Entschlossenheit und der Konzentration! Das gilt nicht nur für die großen Generäle, sondern auch für die herausragenden Unternehmer. In Chinas High-Tech-Industrie ist Huawei ein solches Unternehmen mit Entschlossenheit.

Ausgezeichnete Unternehmer werden keineswegs mit Entschlossenheit geboren, in jedem Menschen steckt ein Zögern und Zaudern, und kein Unternehmer ist angesichts hoher Gewinne immun. Auch Huawei wurde von den lukrativen Gewinnen aus Immobilien in Versuchung geführt, und gierige Instinkte können von Zeit zu Zeit die Nerven von Unternehmern strapazieren. Wenn die Größe des Unternehmens schnell wächst, sind Unternehmer am meisten anfällig für Selbstüberschätzung, aber auch am anfälligsten für Selbstverlust, das Risiko, auf Abwege zu geraten, ist viel höher als bei der Gründung eines Unternehmens, das keine andere Wahl hat, und das Unternehmen ist zu groß, um sich nach den Abwägungen anzupassen.

Der brutale Wettbewerb in der Telekommunikationsbranche und die Stärke der internationalen Giganten haben Huawei dazu gezwungen, ein fast paranoides Gefühl der Besorgnis aufrechtzuerhalten, aber auch seinen Drang geschürt, in die margenstarke Branche mit geringem Wettbewerb einzusteigen. Stress und Versuchungen schärfen die Entschlossenheit, und wenn der Weg erst einmal eingeschlagen ist, gibt es kein Umherirren des Willens oder des Geistes mehr. Letztendlich haben die Familienmitglieder von Huawei allen möglichen "Elch"-Einflüssen widerstanden, ihr Herz gesenkt, den Stein ihrer Träume umarmt und Huawei Schritt für Schritt zum Ruhm geführt.

Es gibt viele Unternehmen, die in China Geld verdienen können. Alle Geschäftsinhaber, bei denen Geld an erster Stelle steht, können nur als Chefs, aber nicht als Unternehmer betrachtet werden; diejenigen, die unternehmerische Träume haben und mit ihren eigenen Händen ein Geschäftsimperium aufbauen, können als herausragende Unternehmer betrachtet werden; und diejenigen, die eine tiefe Entschlossenheit haben, konzentrierte Ziele verfolgen und entschlossen sind, nur eine Sache im Leben gut zu machen, können als herausragende Unternehmer betrachtet werden, und Unternehmer in diesem Bereich sind in China wirklich selten.

Ein herausragendes Unternehmen ist nicht gleich ein großartiges Unternehmen. Nur ein herausragendes Unternehmen, das seit hundert Jahren überliefert ist und eine lange Geschichte hat, verdient das Wort großartig. Unter den herausragenden Privatunternehmen Chinas sind Lenovo, New Hope, Fuyao, Wanda, Huiyuan und andere prominente Vertreter, die immer an ihrem Hauptgeschäft festgehalten haben und in den Jahrzehnten des schwierigen Unternehmertums nie mit dem Strom geschwommen sind, und sie alle haben das Potenzial, große Unternehmen zu werden.

China braucht mindestens 10 oder mehr große Unternehmen, die nicht von der Regierung, nicht durch ein Monopol, sondern durch ihre eigene Entschlossenheit und Konzentration neue Wege auf dem internationalen Markt gehen und unbesiegbar sind. Ohne eine solche große Gruppe von Unternehmen wäre es für China schwierig, ein großes Land zu werden. Das ist die wahre Herausforderung des chinesischen Traums!

Mehr als 10.000 Unternehmen, drei oder sogar fünf Generationen, haben sich in der jahrhundertealten deutschen Fertigungsindustrie auf einen Bereich der Exzellenz konzentriert. Ihr täglicher Job ist es, unermüdlich an Details und Verbesserungen zu arbeiten, die Optimierung von Prozessen voranzutreiben, technische Verbesserungen zu erforschen, das endlose Streben nach Präzision und die akribische und unbedingte Einhaltung von Vorschriften. Es ist diese unvergleichliche Stärke des verarbeitenden Gewerbes, die die deutsche Produktion letztlich so wettbewerbsfähig macht.

Auch in Japan gibt es bis zu 10 000 jahrhundertealte Geschäfte, die von Superkonzernen umgeben sind und Tag für Tag, Jahr für Jahr, still und klaglos arbeiten, während eine Generation nach der anderen ausscheidet und neue Leute hart weiterarbeiten. Tadelloser Service, exquisite und perfekte Ersatzteile und ein ständiger Nachschub an japanischen Vorzeigeunternehmen, um Kunden in aller Welt zu erobern.

Die Vereinigten Staaten von Amerika heute und das Vereinigte Königreich früher, im Zeitalter des Aufschwungs, haben mit Entschlossenheit und Zielstrebigkeit eine technologische Revolution nach der anderen hervorgebracht und sich Stück für Stück neue Märkte erschlossen. Der Niedergang Großbritanniens ist in erster Linie auf den Zerfall der Produktionskräfte und die Streuung der Schwerpunkte zurückzuführen, die industrielle Revolution brachte riesige Gewinne, die Großbritannien aus der Bahn warfen, in der Flut des Geldes ertrank die Industrie, die Finanzen erreichten, der profitfressende Kapitalismus herrschte vor, leichte Anlagegewinne, rasche Vermögensvermehrung, die harte Arbeit des Steineschmeißens für die Amerikaner. Das Ergebnis waren zwei Weltkriege, die das britische Empire wieder zum Leben erweckten.

Jahrhunderts, mit höheren Gewinnen an der Wall Street, größerer Auszehrung der Wirtschaft, mehr Vermögensblasen und einem schnelleren Verlust der Industrie. Die amerikanischen Unternehmen von heute schwelgen in der Euphorie einer enormen Wertsteigerung von Vermögenswerten, mit einer industriellen Entschlossenheit, die der der 1970er Jahre nicht unähnlich ist, und noch viel weniger der des frühen 20. Jahrhunderts. Die besten Talente sind schon lange nicht mehr Wissenschaftler und Ingenieure, sondern Banker und Anwälte.

Das menschliche Herz strebt nach Bequemlichkeit und Komfort, während Reichtum durch Fleiß und Ausdauer entsteht. In einer Zeit, in der die Welt mit Geld überflutet wird und Vermögensblasen aufgeblasen werden, haben sich die Wurzeln der Industrie gelockert, harte Arbeit wird lächerlich gemacht, Sparsamkeit wird verachtet, Spekulation wird zur Mode, extremer Reichtum wird zum Ideal, Gier verschlingt die öffentliche Tugend, Betrug wird bewundert, Unternehmern mangelt es an Ausdauer, der Einzelne ist unfähig, sich zu konzentrieren, und die ganze Gesellschaft schwimmt mit dem Strom in einer Flut von Geld.

Chinas Traum von einer großen Renaissance hängt nicht vom Wunsch nach Reichtum ab, sondern von Ausdauer und außerordentlicher Konzentration, von Fleiß und Beharrlichkeit, die von Generation zu Generation weitergegeben werden, und von der Entschlossenheit, mit einem festen Stein ans Ufer zu gehen, selbst wenn er auf den Grund des Flusses fällt.

Kann China seinen Traum von einem starken Land und einem reichen Volk verwirklichen?

Wie tief ist die Entschlossenheit, wie hoch kann der Traum fliegen!

POSTSCRIPT

Es ist ein anstrengendes Buch und eine Selbsterkenntnis.

Vieles denkt man, dass man es durchdacht hat, nur um dann festzustellen, dass es ein Problem gibt, sobald man es ausspricht; und wenn man es ausspricht, merkt man, dass es eine Lücke gibt, sobald man es schreibt. Das Denken ist der Funke des sprunghaften Denkens, das Sprechen ist das improvisierte logische Fragment, das Schreiben ist der überstürzte Gedankenkörper.

Als ich anfing, mit Leidenschaft zu schaffen, hätte ich nie erwartet, dass die Arbeit, die hinter mir liegt, so hart sein würde. Zu Beginn eines jeden Kapitels war ich zuversichtlich, dass ich genug Daten, Informationen und Wissen angesammelt hatte, nur um dann zu entdecken, dass diese Dinge nicht wirklich mir gehören. Je mehr Wissen angehäuft wird, desto schlimmer wird die Lähmung des Verstandes, in einem Durcheinander kämpfe ich verzweifelt, wie ein Mensch, der zu ertrinken droht, unfähig, die primären und sekundären Anhaltspunkte zu erfassen, unfähig, die logische Quelle zu finden, unfähig, die Richtung des Denkens zu erkennen, nur eine Welle von mehr als einer Welle von Informationen, die mich in den Wahnsinn treiben, Energie, die ständig abfließt, Zuversicht, die immer wieder zusammenbricht, Angst, Frustration und Verzweiflung, die den verbliebenen Willen verschlingen.

In dem kritischen Moment, als ich aufgeben und mich darauf vorbereiten wollte, mit dem Strom zu schwimmen, tauchte in meinem Kopf immer wieder das klare Bild von Huo Yuanjia auf, der ins Wasser fällt, auf den Grund des Flusses sinkt, einen Stein festhält und Schritt für Schritt zum Ufer läuft. Zu diesem Zeitpunkt verstummte all der Aufruhr um mich herum langsam, die turbulenten Gedanken wurden so ruhig wie das Wasser, ich schien auf den Grund des Wassers zu sinken, kein Vertrauen, kein Wille, kein Kampf, nur der Verstand wurde fixiert, der Verstand verinnerlicht. Allmählich begannen kritische Daten schwach zu flackern, wichtige Details tauchten mit klaren Umrissen auf, Glanzlichter und Highlights konnten sich verbinden, Hinweise und

Indizien erschienen kausal, und die Quelle der Logik tauchte langsam auf, endlich sah ich das Licht am Ende des dunklen Tunnels. Gehen Sie hinaus und es gibt eine neue Welt voller Sonnenschein.

Als ich die Kapitel endlich logisch zusammengefügt hatte, wurde mir plötzlich klar, dass das Leben genauso sein sollte. Nur ein Mensch mit einem tiefen Sinn für Entschlossenheit wird in der Lage sein, durch die tückischen Gewässer zu navigieren und die Freuden zu erleben, die andere nicht erleben können.

Die Heilung des Herzens ist die Heilung des Bösen. Die sogenannte "Heilung des Herzens" besteht darin, alle Ablenkungen aufzugeben, alle Verblendungen zu verwerfen, die ganze Energie des Lebens auf eine sinnvolle und wertvolle Sache zu konzentrieren, trotz aller Schwierigkeiten, aber nicht scheu, und ohne Bedauern zu sterben. Wann immer das Herz eine bestimmte Ebene erreicht, erreicht auch die Stärke des Geistes eine bestimmte Tiefe. Nur wer die Kraft des Geistes hat, kann die wirklichen Vor- und Nachteile abwägen, und nur dann kann er auch bereit sein, die Nachteile und Vorteile zu vermeiden.

Alle Menschen, die in der Vergangenheit und in der Gegenwart etwas erreicht haben, sind Meister der Gedankenkontrolle und der Entschlossenheit. In Wirklichkeit sind sich viele Menschen ihrer Ziele nicht unbewusst, aber sie sind einfach nicht in der Lage, ihr Herz wirksam zu heilen, und können daher der Versuchung nicht wirksam widerstehen, was oft zu einer Schädigung des Profits führt, und das Potenzial des Lebens kann nicht maximiert werden.

In der Tat ist es nicht leicht, der Versuchung zu widerstehen, ist der Ausschluss von Störungen oft nicht im Kopf, in der endgültigen Analyse, oder der Geist von zu vielen Ablenkungen, Größenwahn, ist es schwierig, den Geist der sehr konzentriert zu tun. Unter solchen Umständen sind Mentoren extrem wichtig.

Die Herausgeberin von *The Currency Wars*, Ying-Yan Zheng, war ein seltener Mentor im Schreibprozess, nicht nur bei der Planung der Bücher, sondern auch bei der Verwirklichung der Träume. In den letzten Jahren hat sie darauf bestanden, dass qualitativ hochwertige Inhalte und Ideen immer ohne Kompromisse" umgesetzt werden müssen. Wenn ich unterwegs war, betonte sie immer, dass "ein Mensch nur eine Sache im Leben zu tun hat, und er ist ein erstaunlicher Mensch. "Die Worte habe ich nicht weniger als hundert Mal gehört, mehr als tausend Mal gedacht, aber auch nicht immer umsetzen können, ihre Ermutigung und ihr Drängen haben mir sehr geholfen, viele der vielen

Ablenkungen und Verblendungen in der Wiege zu ersticken. Die vielen Rückschläge, die sie erlebt hat, und die Menge an verschwendeter Zeit haben ihre Weitsicht immer wieder bestätigt.

Was ist die Abkürzung zum Leben? Das heißt, es muss weniger Umwege geben. Ein guter Lehrer und Freund ist wie eine bittere Pille, und obwohl die Worte schwer zu hören sind, wirkt die Vernunft. Es wäre sehr schade, wenn man in seinem Leben nicht auf einen solchen mutigen Freund treffen würde.

Ein guter Lehrer hilft nicht nur, Ablenkungen auszublenden und Wahnvorstellungen zu unterdrücken, sondern macht einen oft auch nüchterner, was die eigene Person angeht: "Die heutigen Bestseller der 'Währungskrieg'-Serie bedeuten nicht alles, und wenn deine Bücher in zwanzig oder dreißig Jahren immer noch von jungen Leuten gelesen werden, dann ist es das, worum es geht". Die Alarmglocken meiner guten Lehrer und Freunde schockten mich mit goldenen Sternen in den Augen, und mir wurde plötzlich klar, dass meine Zeit schon ziemlich knapp bemessen war.

Während meines Schreiburlaubs in Peking in diesem Jahr besuchten mich meine Frau und meine Tochter im Sommer. Wir kauerten jeden Tag in einer Hütte, redeten und lachten zusammen, und ich spürte plötzlich, dass das Leben in materieller Hinsicht extrem einfach sein kann, aber gleichzeitig die größte Freude auf der Welt bereitet. Wir gingen jeden Tag mit unserer Tochter zu den Marktständen am Fuße des Duftenden Hügels, und ein paar Dollar für Kleinigkeiten konnten uns einen halben Tag lang glücklich machen. Wenn die Haut von allen Substanzen abgezogen wird, ist die Verwandtschaft stattdessen duftender und reicher.

Vom späten Frühjahr bis zum Winter habe ich jeden Tag die Nacht durchforstet und studiert, und ich habe mir allmählich ein grundlegendes Urteil über die zukünftige Entwicklung der Weltwirtschaft gebildet. Als ich aus dem duftenden Berg herauskam, schien noch die Sonne. Am fernen Horizont zogen langsam dunkle Wolken auf, der Bergwind war in Böen aufgekommen.

Song Hongbing

Xiangshan, Peking,

November 22, 2013

Andere Titel

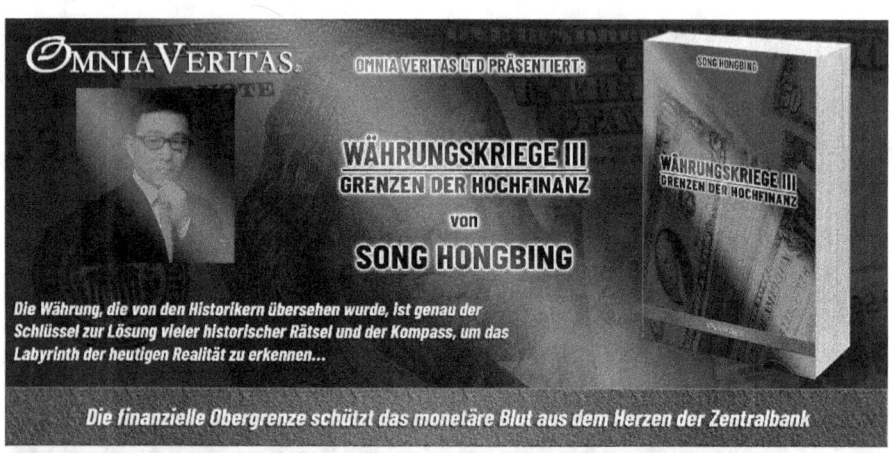

DIE NÄCHSTE FLUT

Omnia Veritas Ltd präsentiert:

KEVIN MACDONALD

DIE KULTUR DER KRITIK
Die Juden und die radikale Kritik an der Kultur der Nichtjuden

Ihre Analysen zeigen den vorherrschenden kulturellen Einfluss der Juden und ihr Bestreben, die Nationen, in denen sie leben, zu unterminieren, um die vielfältige Gesellschaft, für die sie eintreten, besser beherrschen zu können, während sie selbst eine ethnozentrische und homogene Gruppe bleiben, die den Interessen der weißen Völker feindlich gegenübersteht.

Eine evolutionäre Analyse der jüdischen Beteiligung an politischen und intellektuellen Bewegungen im 20.

www.ingramcontent.com/pod-product-compliance
Lightning Source LLC
Chambersburg PA
CBHW071939220426
43662CB00009B/920